A. Petrov

Die Erschaffung der Welt

Rette Dich

מ

Arcady
Petrov

Die Erschaffung der Welt

Rette Dich

RARE WARE Medienverlag, Hamburg 2011

RARE WARE Medienverlag, Hamburg
Life Management- Serie
www.rare-ware.info

Deutsche Erstausgabe, Januar 2011
(2. überarbeitete Auflage)

Übersetzung: dm-LINGUA, www.dm-lingua.de

Was wir auch machten, wohin wir auch gingen:
wir bewegten uns zu einem Ziel, zu uns selbst, zur Erinnerung an uns selbst. Die Menschen, die das Gedächtnis über ihre Vergangenheit und über ihre Zukunft verloren haben, sind wie Kinder, die bereit sind, jeden Tag ohne zu ermüden, auf ein und demselben Karussell zu fahren.
Etwas ändert sich um uns herum: mal strahlt die Sonne, mal regnet es, mal blühen die Bäume, oder das Laub fällt, oder es kommen Menschen, um die sorglos auf dem Karussell drehenden, Menschen zu betrachten, die scheinbar wieder Kind gewordenen sind - oder es kommen auch andere.
Wir fliegen im Kreis, wir kreischen im Eifer der Geschwindigkeit, vergessen dabei aber, dass wir alle in der Vergangenheit fliegen konnten, dass all unsere Begeisterung nur dunkle Erinnerung daran ist, was wir selbst einst waren.

ISBN_13: 978-3-9811098-7-0

DIE ERSCHAFFUNG DER WELT

Rette Dich

Vorwort

Was Sie in diesem Buch lesen werden, ist nicht auf fernen Planeten geschehen, sondern auf der Erde und mit Menschen, die in unserer Zeit leben. Sie können es für Fiktion oder Realität halten, da die Ereignisse, die hier beschrieben sind, mit einer so ungewöhnlichen Erscheinung wie dem steuernden Hellsehen verbunden sind. Menschen, die das beherrschen, dringen mit ihrem Bewusstsein in die hohen himmlischen Sphären, in die Tiefe des Ozeans der vergangenen Zeiten und in die verborgene Welt der biologischen Zelle.

Meine Erzählung ist autobiographisch. Ich schreibe und teile Ihnen mein Wissen in chronologischer Reihenfolge mit, in der Ordnung, in der ich es selbst erlangt habe, von einer Stufe der Widmung zur nächsten übergehend, von einer (Buch-)Seite des Lebens zur nächsten blätternd. Ich habe die Erlaubnis erhalten, Ihnen davon zu erzählen, und es ist nun an der Zeit dieses zu tun.

Mit der geheimnisvollen Welt der unfassbaren und rational unerklärlichen Erscheinungen ist die Menschheit offenbar in allen Jahrtausenden ihrer Existenz verbunden gewesen. Es lebten auf der Erde zu jeder Zeit wenige Auserwählte, denen die unzugängliche Kunst geschenkt war, Ereignisse vorauszusagen, atmosphärische Prozesse zu steuern, schreckliche Krankheiten zu heilen usw. Und obwohl dieses Wissen und die Fertigkeiten es anzuwenden, sorgfältig verborgen wurden, sammelte sich doch eine ziemlich umfangreiche Literatur darüber an.

Es ist nur schade, dass die Mehrheit dieser Bücher uns nichts Wesentliches lehren wird. Der Leser, die Leserin erkennen viel

Seltsames und werden den einen oder anderen Begriff auswendig lernen – und dabei bleibt es, höchst wahrscheinlich. Das geheime Wissen wird nach wie vor, entweder im Laufe von vielen Jahren vom Lehrer an den Schüler weitergegeben oder von den Hellsehern auf unerklärliche Weise selbst empfangen.

In der heutigen Welt laufen geistige Prozesse mittlerweile auf einer globalen, mehr sogar: auf einer kosmischen Ebene ab. Nicht umsonst haben unsere Kenntnisse über die Natur des Menschen, über seine Welt und das Ziel der Existenz im Universum in nur einem Jahrhundert gründliche Veränderungen erfahren. Man hat begonnen über das Zeitalter des Wassermanns, über die neue Zeit zu sprechen… An der Jahrtausendwende sind die Menschen mit mystischen Erwartungen erfüllt und wie Publius Vergilius Maro, ein großer Dichter im klassischen Rom, die Ankunft Jesu Christi ankündigte („Das Jahrhundert der Erneuerung wartet: / Eine neue Welt und die Wahrheit stehen vor der Tür, / Und der neue Knabe nähert sich vom Himmel" - „Eklogien" 4), so prophezeien die heutigen Propheten seine zweite Ankunft.

Offenbar ist die Zeit gekommen, da geheime, früher unzugängliche Lehren in den Besitz der Massen übergehen sollen. Natürlich wird das Begreifen des esoterischen Wissens und der Fertigkeiten nicht augenblicklich geschehen. Wie jeder Prozess wird die neue Ausbildung der Menschheit einige Zeit in Anspruch nehmen. Für heute ist es wichtig anzumerken: Viele Eingeweihte haben die Erlaubnis von oben bekommen, die verborgenen Geheimnisse zu offenbaren.

Ich bitte atheistisch eingestellte LeserInnen darum, das, was in diesem Buch beschrieben ist, nicht nur als etwas Phantastisches zu betrachten. Religiöse Menschen möchte ich bitten, das unten Beschriebene nicht als Unsinn abzutun. Ich wiederhole: meine Erzählung ist autobiographisch.

Menschen, über die ich schreibe, sind vollkommen real, viele von ihnen leben jetzt, in dem Moment, da Sie diese Zeilen lesen. Ich habe mich bemüht, nichts Theoretisches zu schreiben, sondern über persönliche Erfahrungen, nicht über die Methodik und die Arbeitsverfahren, sondern über den Sinn der Esoterik.

Auf welche Weise und wofür bekommen die Menschen das geheime Wissen? Welche Ebene der Geistigkeit ist notwendig, um eingeweiht zu werden? Wie soll man leben, worin besteht der Sinn des Lebens? Wenn der Leser, die Leserin ernsthaft über diese Fragen nachdenken, wenn sie sich wünschen, sich zu entwickeln, um sich auf eine neue Stufe des Daseins zu erheben, hat mein Buch sein Ziel erreicht. Jeder hat seinen eigenen Weg zu Gott und ihm zu dienen. Ich versuche nur zu helfen und denjenigen die richtige Richtung zu zeigen, die vor der kosmischen Kälte keine Angst haben und sich auch vor dem göttlichen Feuer der Mystik nicht fürchten und die zum Dienen in Sphären bereit sind, von denen sie heute noch nichts ahnen.

„Viele sind berufen, aber nur wenige auserwählt“ (Mt. 20,16). Nicht jedem ist gegeben, diesen Weg zu gehen. Wenn du nicht bereit bist, wenn du von weltlichen Sorgen zu sehr eingenommen oder ermüdet bist, kleinmütig, so ist es besser, diesen Weg nicht zu beschreiten. Es gibt nicht wenige Schulen und Lehrer auf der Welt, die den Schülern die elementaren Fertigkeiten der Extrasensorik für den Hausgebrauch beibringen. Möglicherweise sollte sich die Mehrheit auch darauf beschränken. Aber auf jeden Fall ist es schon heute wichtig, davon zu erfahren, dass es eine schöne und zauberhafte Welt des nicht Fassbaren gibt.

Dieses Buch ist in einer etwas ungewöhnlichen Art geschrieben. In ihm ist das unwirklich Scheinende mit der Realität verwoben. Dabei werden viele aber gerade das Phantastische für wahr und die Realität für erfunden halten. Ihnen wird die Möglichkeit geboten, von zwei vorgegebenen Wegen jenen zu wählen, der Ihnen hilft, den eigenen Weg zu finden. Ich bitte um Verständnis dafür, dass ich einige wichtige Tatsachen nicht kommentieren und bestimmte zeichenhafte Ereignisse nicht erläutern kann, da Sie die Stimme der Wahrheit in sich selbst hören sollen. Ich schreibe sowohl über mich selbst als auch über die Menschen, die mich umgeben und mir helfen und über die Ereignisse, die in der Vergangenheit, Gegenwart und im zukünftig Wahrhaften geschehen. In genau dieser Reihenfolge sind die Koordinaten der Zeit aufgestellt – weil die Gegenwart immer auf dem entgegenkommenden Strom des Vergangenen und Zukünftigen geschieht. Und damit das Wort „jetzt“ erklingt, ist es notwendig, dass jemand es in der Vergangenheit ausgesprochen hat und es in der Zukunft gehört wird.

Am Ende des zweiten Jahrtausends haben viele Menschen – die einen mit Angst, die anderen im Gegenteil mit Hoffnung – auf das Jahr des Millenniums und die von den heiligen Büchern versprochenen Ereignisse gewartet: Armageddon, Apokalypse, das Goldene Zeitalter. Später beim Zurückblicken waren die Einen erleichtert: „Nichts ist geschehen.“ Die Anderen hingegen waren betrübt: „Wird denn wirklich alles beim Alten bleiben?“ Sie haben offenbar vergessen, dass zuerst das WORT war. Und wer von Ihnen ist aufmerksam genug, das von Gott Geschaffene zu sehen oder verfügt über ein so bemerkenswertes Gehör, das von Gott Ausgesprochene zu hören? Ja, natürlich, später, wenn die himmlischen Sphären nach dem Willen des Schöpfers in Bewegung kommen werden, wird es sichtbar und hörbar sein. Aber die Bewegung hat schon angefangen. Und für diejenigen, die sich lange darin geübt haben, verantwortungslose Vermittler zwischen dem Schöpfer und seinem Schaffen zu sein, ist das Ende der Zeiten tatsächlich angebrochen. Nachdem Sie dieses Buch gelesen haben, werden Sie erkennen, warum der unsterbliche Mensch, welcher sich dem Schicksal unterwarf, von seinem Vater getrennt wurde. Sie werden erkennen worin die Erbsünde bestand und was den Menschen und die Menschheit in den heimlichen sich ihm heute öffnenden Welten erwartet. Drei Bücher werden Sie im dritten Jahrtausend als erste in die neue Welt, zum neuen Wissen führen: „Rette dich selbst“, „Rette die Welt in dir“, „Rette die Welt um dich herum“. Diese Bücher werden Sie vom Tod zur Unsterblichkeit führen, von der Angst und der passiven Erwartung zu der Erinnerung an sich selbst und ihrer Rolle im ewigen Kosmos, wo bereits lange und mit Liebe gewartet wird, bis Sie aufwachen.

Ich habe lange darüber nachgedacht, wie ich dieses Buch nennen soll. Viele Menschen haben während der tausendjährigen Geschichte des Schrifttums so viele Male versucht ihren Ort und ihre Bestimmung in dieser Welt und ihre Verbindung mit anderen Welten zu finden. Viele versuchten das Buch ihres Schicksals zu schreiben oder wenigstens es zu lesen. Deshalb wird man Wiederholungen nicht vermeiden können, egal welchen Titel man für dieses Buch wählen sollte – alles ist schon einmal dagewesen! Und ich wollte mich nicht wiederholen, weil ich davon überzeugt bin: Über eine solche Erfahrung wie meine, hat bis jetzt noch niemand erzählt. Schlussendlich bin ich bei der Bezeichnung geblieben, die der Leserin und dem Leser bereits bekannt ist. Ich bin glücklich darüber, dass mir die Möglichkeit zugefallen ist, durch höchste Einweihungen das ungewöhnliche Wissen zu erhalten, das eine große Bedeutung für alle heutzutage auf der Erde Lebenden hat und die Möglichkeit dieses Wissen auf das reine Blatt des neuen Jahrtausendes zu legen.

Die Schönste aus allen uns zugänglichen Emotionen ist die Emotion des Unbegreiflichen: „Der, dem dieses Gefühl unbekannt ist – den nichts mehr verwundert und nichts mehr zum Zittern bringt – ist dem Toten gleich!

(Albert Einstein)

Kapitel 1

Im Juli des Jahres 1996 lag ich im Krankenhaus. In die Anstalt der Moskauer Heil-Sanitäts-Gemeinschaft, die sich nicht weit vom äußeren Autobahnring befindet, in der Nähe des Bezirks Mitin, hat mich eine schwere Erkrankung der Nieren gebracht. Die Prognose war überaus schlecht: Die Krankheit schritt mit unbarmherzigem Pflug durch mein Leben, veränderte alle Pläne, zwang mich, gegebene Verpflichtungen zu brechen.

Erst ein paar Monate zuvor war ich zum Direktor des Verlages „Chudoschestwennaja Literatura" – „schöngeistige Literatur", kurz „Chudlit", ernannt worden.

Einst gehörte er zu den größten in der Welt, befand sich aber nun bereits einige Jahre lang in einem beklagenswerten Zustand: Mehrere Milliarden Schulden und ein desorganisiertes, mit ständigen Kürzungen geschundenes Kollektiv. Die materielle Ausstattung war mangelhaft. Die Computerausstattung zum Beispiel hat der vorherige

Direktor in ein Kleinunternehmen zusammengeführt, welches danach auf einmal verschwand und mitsamt der Ausstattung auch der Direktor. Einflussreiche russische Schriftsteller haben den damaligen Präsidenten des Landes, Boris Jelzin, auf die skandalöse Situation aufmerksam gemacht. Sie forderten, der Zerstörung des Verlages „Chudlit", welches von der Wichtigkeit für die Kultur mit dem Bolschoj-Theater oder Tretjakow-Museum verglichen wurde, ein Ende zu setzen. Im Übrigen gab es noch einen anderen Vergleich – mit der untergegangenen Titanik.

Zahlreiche Publikationen in der Presse, kollektive Briefe der Kultur- und Gesellschaftsschaffenden – so äußerte sich die Besorgnis der damaligen Zeit. Einige sprachen von hoffnungslos verpassten Möglichkeiten und Perspektivlosigkeit jeder lokalen Bemühung, andere forderten vom Staat Geld, nur um irgendwie das Eintauchen des „Chudlit" in den Strudel des Nichtseins zu verlangsamen. Aber das Geld wurde natürlich nicht zur Verfügung gestellt, dafür wurde eine in solchen Fällen gewohnte Entscheidung getroffen: Verstärkung der Leitung des Verlages. Das erfordert nicht viel Kapital und sieht nach außen hin effektvoll aus. Zumindest versprach man dem zukünftigen Direktor finanzielle Hilfen und moralische Unterstützung.

Gerade damals wurde der von mir sehr verehrte Boris Andreewitsch Moschaew auf mich aufmerksam. Als berühmter Schriftsteller, der zur damaligen Zeit „Das Föderale Programm der Buchveröffentlichung Russlands" leitete, schlug er mir vor, die Leitung des „Chudlit" zu übernehmen. Ein unerwartetes Angebot. Denn ich leitete bereits den Verlag „Kultur" in der Stadt Puschkin. Ich war sein Gründer und Generaldirektor. Die Geschäfte liefen nicht schlecht, die Perspektiven waren gut – was brauchte man mehr?

Ich wusste aus der Presse, welch starkes Geflecht von Schulden und sogar kriminellen Auseinandersetzungen „Chudlit" überschwemmt hatte. Beinahe ein Jahr lang wurde hier überhaupt kein Buch herausgebracht. Die Redakteure, die nebenbei erwähnt mehrere Fremdsprachen beherrschten, haben einen miserablen Lohn bekommen. Aufgrund der Schulden wurde gedroht, Licht, Heizung und Telefone abzuschalten. Durchaus real und für einige sogar wünschenswert war ein möglicher Bankrott des Verlages und eine Versteigerung der Gebäude. Die Menschen, die zu diesem Ruin beigetragen hatten, warteten schon ungeduldig darauf, das Haus auf der Neuen Basmanna zu kaufen und einzuziehen, aber nicht mehr als Gäste oder Mieter, sondern als Besitzer.

Dem „Chudlit" beitreten wollte ich deshalb nicht, weil ich buchstäblich einen Monat vor der Einladung, im Dezember des Vorjahres, zum Vizepräsident der humanitären Abteilung der internationalen Akademie der Information gewählt worden bin. Mir war bewusst, dass sich diese beiden anspruchsvollen Aufgaben nicht leicht verbinden lassen würden. Ja, mich haben Zweifel überkommen. Aber auf der anderen Seite – das ist doch der „Chudlit", der berühmteste Verlag Russlands! Und die Hoffnungen von Boris Andreewitsch ...

Wir hatten uns schon vor langer Zeit kennengelernt, und während der Jahre unserer Freundschaft habe ich nicht nur angefangen, diesen Menschen zu bewundern, seinen Charakter, seine Standhaftigkeit, sondern habe mich auch bemüht, ihm nachzueifern. Zum Teil bewusst, aber vielleicht noch mehr auf der unbewussten Ebene. Ich verstand, dass der unbeugsame Fedor Kuskin, Held seiner Erzählung „Lebendig!", dass diese „durchschnittliche Einheit", das Wesen des Autors selbst ist. Das Schicksal hat Boris Moschaew schwer mitgenommen. Wie es ihn auch beutelte – er hat geduldig und gekonnt seine Schläge überstanden. Schüttelte alles ab, fuhr mit der Hand über seinen berühmten Bart, wunderte sich: „Lebendig!“– und führte seine Arbeit fort.

Wie jeder echte Künstler hat Boris Andreewitsch verstanden, dass sein Weg der Weg nach Golgatha ist. Vielleicht nicht von einer solch historischen Wichtigkeit und nicht so gut mit der Macht erprobt wie der Weg von Solschenitzin (den er zu seiner Zeit vertrat), aber subjektiv nicht weniger dornig. Im Gegensatz zum rauen Alexander Isaewitsch, der sich seiner historischen Bedeutung stets bewusst war, trug Moschaew sein Kreuz munter, ab und zu einen schlauen Blick auf seine Verfolger, die Parteifunktionäre werfend. Wie viele seiner Zeitgenossen konnte auch er die Verachtung des Menschen durch den Staat schmerzlich mitfühlen. Er hat wunderbar verstanden, dass der Mensch, in den Augen eines staatlichen Beamten, nicht die höchste Schöpfung Gottes ist, sondern nur ein Ziegel in der Erbauung des Trugbildes. Das System ist frech und unentschuldigt in unsere Seele eingedrungen, jedoch ohne ein Verständnis dafür, dass seine größte Bedrohung eben von den äußerlich Nachgiebigen ausgeht. Genau diese Frauen und Männer sind es aber, die behutsam den inneren Kern des russischen Charakters hüten, und über die Moschaew so warmherzig erzählt.

Die Botschaft seiner Werke war, dass man nichts Neues mit Blut, über ein Attentat, mit Gewalt aufbauen könne. Er hat zur geistigen Eintracht aufgerufen. Und mit Bitterkeit musste er erkennen, dass in den letzten Jahren anstelle des alten Systems ein neues entstand – genauso seelenlos, mit derselben oberherrlichen Gleichgültigkeit gegenüber dem Menschen. Aber es sind schon jene seine Romane, Widmungen und Erzählungen geschrieben worden, die jedem Leser, der sich in den zerstörerischen Prozessen des russischen Daseins verloren hat, vorsagen werden, wofür und wie man lebt.

Wie hätte ich da Boris Andreewitsch absagen sollen? Das Vertrauen, das mir von einem solchen Menschen entgegen gebracht wurde, seine hohe Anerkennung jenes dynamischen Lebens, mit dem das Verlagshaus „Kultur" lebte, hat mir durchaus geschmeichelt. So kam es zur Zusage.

Als der Ausschuss des Druckes, die Gemeinschaft der Schriftsteller eine Ausschreibung auf die Nachfolge der Position des Direktors des „Chudlit" durchgeführt hat, habe ich den Zuschlag bekommen. Also, einen Direktor gab es nun, die Veranstaltung wurde durchgeführt, das Häkchen wurde gesetzt – und die Probleme des Verlages haben alle sofort vergessen. Ich bin sicher, dass es dazu nicht gekommen wäre, wenn Moschaew nur gesund gewesen wäre. Aber er war bereits schwerstkrank. Im Januar wurde ich in meiner Position bestätigt, und am zweiten März ist Boris Andreewitch aus dem Leben geschieden.

Vielleicht hat das Gefühl der Obdachlosigkeit, dass auf einmal aufgekommen ist, meine Krankheit begünstigt? Ich wusste und verstand damals vieles nicht, unabhängig von meinem nun mehr fortgeschrittenen Alter. Was ist Leben, was ist Tod? Am Grab des Lehrers, des älteren Freundes, habe ich versprochen, alles in meiner Macht Stehende zu tun, damit „Chudlit" nicht stirbt. Und nun sind drei Monate vergangen. Die Probleme haben erst begonnen sich zu entfalten, doch meine beiden Nieren beginnen, ihren Dienst zu versagen. Die eine, die linke, haben die Ärzte vorgeschlagen zu entfernen. Das Gefühl der Hoffnungslosigkeit, der Verzweiflung, der Unmöglichkeit meines Willens, die Situation zu ändern, hat mich überkommen.

Eines solch unerfreulichen Tages legte sich in mir buchstäblich ein Schalter um. Plötzlich konnte ich klar umrissene, weit in der Vergangenheit liegende Ereignisse sehen, die überhaupt keinen Bezug zur unserer Epoche hatten, die aber so präzise dem Sinn nach in einer Wechselbeziehung mit unserer Zeit, mit meiner persönlicher Situation standen, dass es kaum ein Zufall sein konnte.

Nein, das waren keine Träume, das waren Visionen. Wobei die Helligkeit der Darstellung dermaßen die Möglichkeiten des gewöhnlichen Sehens übertraf, dass schon allein das einen überwältigte. Ich vergaß die Krankheit und habe begonnen, alles fieberhaft aufzuschreiben, was mein Bewusstsein, der merkwürdige Bildschirm meines inneren Sehens, zeigte.

Nach ein bis zwei Jahren ist aus diesen Notizen ein Roman entstanden: „Eldibor" („Bibliosphäre" 1999). Für einen Durchschnittsleser ist es eine Phantastik, das, was man im Westen „Fantasy" nennt. Aber nicht wie bei Jules Verne, wo vermeintlich zukünftige wissenschaftlich-technischen Neuerungen beschrieben werden, sondern eher wie bei Ray Bradbury, der ein Moral lehrendes Märchen verfasst hat. Ich aber habe dieses „Märchen" mit eigenen Augen gesehen! Unmöglich, dass so etwas Klares eine Einbildung sein konnte, denn es war viel eher ein mentaler als ein sinnlicher Prozess. Im Grunde genommen kann sich jeder Interessierte dieses Buch durchlesen. Aber die fortlaufenden Ereignisse haben sich so eng mit dem verwoben, was sich mir während der Arbeit an „Eldibor" eröffnet hat, dass ich auf einmal verstand: Meine Visionen sind ein Teil meines realen Lebens. Ich durfte sie nicht mit Erfindungen vervollständigen, die aus der geistigen Welt durchgebrochene Offenbarung mit Gewalt, mit Phantasie verbinden. Denn das ist ein unentbehrlicher Teil meiner realen Existenz, meines Schicksals. Ich hatte einfach nicht das Recht, meine Visionen irgendwelchen ausgedachten Helden, Phantomen der virtuellen Realität, zu geben.

Alles begann während eines Traums. Mir schien, als ob mich eine unsichtbare Macht auf einmal aus mir hinausgezogen und in die Dunkelheit geworfen hätte. Und die Dunkelheit fing mich auf, hat mich umhergewirbelt, ließ mich mal spiralförmig nach oben steigen, mal nach unten sinken, immer schneller und schneller, bis sie mich plötzlich auf einen harten steinigen Boden geworfen hat.

Mit Mühe bin ich aufgestanden, mit Willensstärke den durchdringenden Körperschmerz bändigend, und habe mich nach allen Seiten umgesehen. Der Ort, an den mich die unsichtbare Kraft gebracht hatte, war durchdringt von einem schwankenden Licht, wie dem in einer Kristallkugel. Ich konnte nichts um mich herum erkennen, wegen den aufsteigenden, sich bewegenden Nebelwolken, die sich überall befanden, unten, zwischen den Beinen, auf der Seite und überall, wo ich versuchte hinzusehen.

Ungeduld und Enttäuschung stürzten gleichzeitig auf mich herab. Und obwohl sich diese Gefühle noch nicht zu einem Gedanken formieren konnten, wurden sie buchstäblich nach draußen gerissen und dorthin gelenkt, wohin der Blick gerichtet war. Und sie haben, wie mehrfach gestärkt, durch eine mit ihnen verbundene und plötzlich erworbene Macht, mit einer festen, physisch spürbaren Welle in den Nebel eingeschlagen, und die Nebelwand ist zurückgewichen, kam in Bewegung und begann zu schmelzen.

Versengt durch die Hitze einer unendlichen Flamme, schaffte ich es mit Mühe rechtzeitig zurückzuschrecken. Der ganze Raum stand in Flammen, die aufloderten und als orangefarbiger Nebel in blutrotes Licht fielen. Die bündelweise herausgeschleuderten Funken ähnelten dabei Federbüschen, flackernd und verglühend, und erneut auflebend. In den Windungen und Eruptionen des Plasmas erzeugten die Schwingungen der Flammenzungen tonale Vibrationen, die mit dem Klang der Flammenornamente verschmolzen.

Vor mir lag ein Geflecht aus Klang und Farbe, wütend wie ein Lavastrom während eines Vulkanausbruches und dünn wie ein Spinnennetz im Herbstwald. Blau, Grün, Gelb, Braun und Rosa – alles spielte, schillerte, flatterte, bewegte sich mit grellen Blitzen auf der Leinwand des schwarzen Lavafeldes.

Das war die Musik des Lebens, die durch diesen Ausdruckstanz die Gestalt der Schöpfung darstellte. Die Töne stiegen auf den Flammenzungen empor und fielen wieder hinunter, und dabei verschmolzen sie, mal zu leisem Gemurmel von Milliarden von Flammengeschöpfen, die nichts vom Zweck ihrer Geburt ahnten, mal zu fürchterlichem Geheul des wütenden Plasmas, und ein anderes Mal zu einem traurigen Lied der Sternenbilder, die einander auf den Kreuzungen von Raum und Zeit zuriefen.

Der Mensch, der gleichzeitig ICH und nicht ICH war, und den man am besten „er" nennen sollte, ist einen Schritt zurückgetreten und hat es gerade noch rechtzeitig geschafft, im Abstand einer ausgestreckten Hand vom Rand eines gigantischen Wirbelsturms das Gleichgewicht zu bewahren. Aus seinem Leib konnten Seufzer und Stimmen vernommen werde. In seinem Inneren flimmerten unklare Silhouetten, Bruchstücke der vernichtenden Realität, Eisblöcke, Wassermassen. Blitze peitschten und durchdrangen die Dunkelheit, und betäubten augenblicklich das Brüllen des Abgrunds.

Es schien, als wäre das das Ende der Welt, als würde sie nicht mehr länger existieren. Zurückgeblieben ist lediglich das, was inmitten des Unbekannten und Ungewissen lag – der befreite Wahnsinn mit dem Namen Chaos.

Er wich vorsichtig zurück, den Abgrund überzog der Nebel. Und wieder hatte sich ihm eine sonderbare, mit kleinen Steinen überzogene Fläche eröffnet. Sie erstreckte sich soweit die Augen in dieser Welt nur sehen konnten, nämlich fast in die Unendlichkeit. Durch ein unklares Gefühl ahnte er, dass, wenn er sich doch entschlossen hätte, auf diesen Steinen zu laufen, durch das ungleichmäßige Dämmerlicht, ihm die Unendlichkeit nicht ausgereicht hätte, das Ende der trostlosen Einförmigkeit zu erreichen, weil eben aus der Ewigkeit und Unendlichkeit das steinige Plateau erschaffen wurde.

Er drehte sich um. Der Nebel hinter ihm hatte sich noch nicht gelegt, er ist nur ein wenig zurückgewichen und entblößte dadurch dieselben ungleichmäßigen Steine und die Ebene. Der Albtraum, sich in einer einförmigen Unendlichkeit wiederzufinden, führte dazu, dass er die Angst überwand und sich zwang, sich in die zurückweichenden Wellen zu werfen, solange sie ihn nicht wieder von allen Seiten eingekreist hatten.

Jetzt hatte er verstanden: Man musste vorsichtig sein, diese Welt geht zu sehr auf jede Bewegung seiner Seele, jeden Wunsch, auf alle Kräfte in den Tiefen seines Wesens ein. Der Nebel war gefährlich. Jeden Augenblick konnte sich unter einem ein bodenloser Abgrund oder ein schlammiger Sumpf auftun. Aber die Existenz des Nebels ließ die Möglichkeit der Auswahl zu, welche nicht da gewesen wäre, hätte er sich aufgelöst. Der Mensch, in den sich mein ICH verschoben hatte, wusste es fast sicher, weil er sich nicht das erste Mal auf dem Plateau befand, weil genau dieser Platz der Anfang seines Weges war, dessen Ende er nicht kannte.

Den Boden mit einem Fuß abtastend, bewegte er sich vorsichtig vorwärts, obwohl es sinnlos war zu versuchen, die Richtung in dem, was ihn umgab, zu erraten. Raum und Zeit hatten in dieser Welt andere Eigenschaften, die man unmöglich mit gewohnten geometrischen und physikalischen Begriffen bestimmen konnte. „Vorwärts" in dieser Welt bedeutet, auf dem unsichtbaren, spiralförmig verdrehten, festen Geflecht der Koordinaten der Zeit in eine andere Realität zu gelangen. Dorthin, wohin es ihn jedes Mal unbewusst trieb.

Er beeilte sich nicht, tastete mit seinem Fuß vorsichtig den Weg ab, bevor er das Gewicht des Körpers darauf verlagerte, und kam deshalb kaum voran. Aber die Weite des Vorwärtskommens hat den Wanderer nicht gekümmert. Mit einer tiefen, ursprünglichen Kenntnis, die man hier, in dem zwischenweltlichen Raum, schon mit dem Wort Intuition bezeichnen konnte, verstand er, dass in seiner Fortbewegung nicht die Entfernung bestimmend war, sondern die Richtung. Nur ein falscher Schritt, und er wäre in dem unendlichen Raum des Weltalls verschwunden. Und deshalb musste man, bevor man diesen Schritt tat, auf die in sein Bewusstsein dringenden Laute und Töne hören und sich den Aufrufen der einen anvertrauen und die anderen zurückweisen.

Auf einmal bewegte sich etwas unter seinem Bein, lebte auf und begann, mit einem tauben Brüllen aus dem Stein auszubrechen. Er wusste nicht, was es war. Er konnte nur seine bösartige, übermäßige Größe erraten. Aber sich zu erschrecken und zurückzuweichen, wäre genauso gefährlich, wie sich leichtsinnig vorwärts zu bewegen. Der

Wanderer befahl seinem Bewusstsein, einen der aktivsten Regulatoren der Nervenerregung, das Acetylcholin, ins Blut freizusetzte, um den Blutdruck zu senken und den Herzschlag zu verlangsamen. Dadurch sorgte er dafür, dass nicht ein Tropfen Angst in sein Herz durchsickern konnte. Mit der bewussten Steuerung des Verstandes stoppte er die bereits begonnene Freisetzung von Adrenalin aus den Nebennieren.

Die Fähigkeit, die inneren Prozesse mit dem Gebot des Willens zu kontrollieren, hat ihn gerettet. Das aus dem Stein erschienene Geschöpf beruhigte sich, wurde still und hat sich wieder in die unbewegliche, steinige Oberfläche zurückgezogen, um sich in die äußere Welt auszustrecken, aber aus der inneren Welt herauszufließen. Zu keiner der beiden Welten war der Wanderer nun zugehörig.

Man musste sich entscheiden, wem man vertrauen sollte – der Stimme der Angst oder der Intuition. Vor einem lag Gefahr, jedoch eine Gefahr, die mit Willenskraft gebändigt werden konnte, zumindest war es einmal möglich dieses zu realisieren. Die Ungewissheit wartete in jeder Richtung. Wird sie sich als gutmütig oder feindlich erweisen – das vorherzusehen war unmöglich. Selbst die Stimmen, die zu ihm durchdrangen, waren zu zahlreich und zu undeutlich, als dass er sie hätte verstehen können. Aber eine, die bekannt erschien, klang ermahnend, und kam aus der Stelle, die ihn fast verschluckt hätte und vor der er sich nun befand. Die Wahl wurde getroffen. Der Wanderer trat auf den lebendig gewordenen Stein, ohne die neuliche Vorsicht walten zu lassen, und lief in den Nebel. Der Boden unter ihm bewegte sich wieder, aber nicht so stark, dass es ihn von den Beinen werfen konnte, etwa vergleichbar mit einem Erdbeben der Stufe drei bis vier auf der Richterskala.

Jetzt durfte man sich wirklich nicht einmal mehr für einen Augenblick aufhalten lassen. Er nahm alle Kraft zusammen, bemühte sich dabei aber die innere Ruhe zu bewahren und lief ins Ungewisse, auf krampfartig zuckenden Steinen, die versuchten, sich in etwas anderes zu verwandeln. Er lief durch den Nebel des Weltalls, durch Zeit und Raum, nach vorne oder nach hinten, nach oben oder unten, in die Zukunft oder Vergangenheit, irgendwohin...

Der Wanderer machte noch einige weitere, große Sprünge und sah schließlich den, der ihn rief. In den Nebelfetzen zeichnete sich die Figur eines Menschen ab, die einem Gespenst ähnelte, mit einem merkwürdig ausgerenkten, offenbar verletzten Hals, in einem zerrissenen, mit Blut verdreckten, alten, abgetragenen Gewand. Seine langen verworrenen Haare und sein Bart zitterten wegen nichtendender nervöser Zuckungen. Seine mit Hass brennenden Augen waren direkt auf den Fremden gerichtet.

„Bleib stehen, wo du bist!" Der verzehrende Hass in der Stimme der Person, die den Weg versperrte, und die zur Abwehr erhobene Hand zwangen zu gehorchen, obwohl die Steine immer noch wie lebendig zuckten. Mit einer unerwarteten, konvulsiven Bewegung der Hand zog das Halbgespenst mit einem besonderen Zeichen einen Strich durch den Raum, und alles ringsherum begann zu brodeln und zu wallen. Unmittelbar vor dem Gesicht des Wanderers ertönten Schläge kräftiger Flügel.

Ohne zu überlegen, automatisch, so als wären die Kenntnisse, die ihn angeregt haben zu handeln, ihm bereits auf instinktiver Ebene innewohnend, befahl er dem Schatten seines Körpers ins Licht zu gehen und durchsichtig zu werden. Einen Augenblick später sind die Krallen des Biestes durch ihn hindurchgefahren, ohne ihm einen Schaden zuzufügen.

„Wie hast du das geschafft?“, fragte das Gespenst mit heiserer, angespannter Stimme. „Hast du Bardo Idam erschaffen?“

„Gib nicht den Hunden, was heilig ist, damit sie es nicht in den Mist schmeißen. Wirf nicht Perlen vor die Säue“, sprach der Wanderer mit ausweichender, esoterischer, „wer bist du, und wieso hast du mir den Weg versperrt?“

Der Mensch im alten Umhang fing an, heiser zu lachen:

„Wer ich bin? Und das fragst du mich noch? Du?!“ Der Ton seines Geheules hat den Nebel vertrieben, und man konnte jetzt sein Gesicht besser erkennen. Es schien irgendwie schwankend, unreal, wie eilig zusammengeklebt aus den herumwallenden, schmutzigen Fetzen. Aber die Augen waren echt, und sie brannten mit einem wahren Feuer des Lebens.

„Was habe ich dir getan?“, fragte der Wanderer.

„Mein Gott, es ist immer das gleiche!“, erwiderte er mit einem bitteren Sarkasmus in der Stimme, und sein merkwürdiger schiefer Hals begann hässlich zu schaukeln und sein Gesicht war krampfverzerrt. „Du kannst dich nicht mehr erinnern, du weißt nicht ... Welch ein Glück, alles zu vergessen. Mir ist so ein Glück verwehrt.“

Er hob wieder seine Hand und führte erneut ein Zeichen aus. Ein stumpfer, hypnotisierender Schmerz breitete sich im Kopf des Wanderers aus und sein Körper fühlte sich so an, als wäre er mit Blei gefüllt. Er konnte spüren, dass ein fremder Wille in ihn eingedrungen ist und versuchte, die Zellen seines Gehirns zu zerfressen, auseinanderzureißen. Man musste den Zorn unterdrücken und ein Gleichgewicht in seiner Seele finden, zwischen Ärger und einer Reaktion. Man musste die undurchdringbare Wand der Ruhe wiederherstellen und versuchen, die feindliche Kraft hinauszutreiben, die in dieser Dimension der Träume zu gefährlich war.

Aber es schien, dass er dieses Mal zu spät gekommen war. Zentrifugalkräfte erhöhten ihre Geschwindigkeit und zogen in ihren gefährlichen Wasserwirbel die Hologramme des Lebens hinein, die im Gehirn auf proteinischen Saiten der Neurone aufgereiht waren. Das hat die unveränderliche Unbestimmtheit der Realität bestärkt und das Potential des neuen Umstandes in eine andere Richtung gelenkt; weg vom Inneren Potential. Zuletzt hat er mit zitternder Anstrengung den einen Gedanken im schwindenden Bewusstsein festgehalten, der aus der Tiefe seines Wesens hochgekommen war: „Man muss zwei zu einem machen, die innere Seite wie die äußere und die äußere wie die innere, die obere Seite wie die untere, Mann und Frau zu einem, damit der Mann kein Mann mehr ist und die Frau keine Frau mehr, ein Auge anstelle eines Auges machen und eine Hand anstelle einer Hand, und ein Bein anstelle eines Beines, eine Gestalt anstelle einer Gestalt, dann wird das Licht, das innen ist, Adam den Weg zeigen."

Der Wanderer schaffte es, ein inneres Einverständnis mit diesen woher auch immer kommenden Überzeugungen zu äußern, und die erschienene Realität zerfiel.

Er wurde förmlich mit einer starken Kraft aus dem Tod in die Geburt herausgetragen, in die Welt, wo der Gedanke die Gestalt für seine Verkörperung suchte.

Lebendig scheinende Farben, die Liebe und Mitgefühl ausstrahlten, blendeten ihn. Alles um ihn herum war erfüllt vom Wunsch, zu helfen und zu beschützen – das Schillern der Lichter und Töne, alle Wünsche, die den Raum durchdrangen, richteten sich seinem Schrecken und seinen Gebeten entgegen. In einem winzigen Augenblick konnte er die zentrumstrebenden Kräfte seines eigenen Potentials wiederherstellen und begann das Errichten der neuen sichtbaren Realität.

Den Zerfall der körperlichen Formen des Wanderers zufrieden beobachtend, hat sein geheimnisvoller Feind erstaunt die Augenbrauen gehoben, als er sah, wie aus dem Flimmern, der mit Zauberei zersetzten Energien, auf einmal merkwürdige Wesen erschienen und hängenblieben – ein dreiköpfiger Drache mit Kronen, die mit kostbaren Edelsteinen besät waren, zwei große Kugeln – eine rote und eine orangefarbene, ein Auge, dass alles sah. Der Drache sah auf den Menschen, der nur Fetzen trug, missbilligend herab und wandte sich ab. Aus dem Maul seines mittleren Kopfes trat ein gleichmäßiger blauer Lichtstrahl aus und richtete sich auf die Stelle, wo eben noch der Wanderer gestanden hatte. Ebensolche Strahlen traten aus den Kugeln und dem Auge aus. Es hat sich eine umgedrehte Pyramide gebildet, die sich mit ihrer Spitze in das chaotische Plätschern der erlöschenden Energie stemmte. Und auf einmal kreuzten sich die Strahlen und es erschien die merkwürdige Silhouette eines zweiköpfigen Menschen: ein Kopf war weiblich, der andere männlich. Seine starken Muskeln strahlten eine auf Erden zuvor nicht gekannte Kraft aus.

Das war ein Gott, den man als den ersten seiner Art bezeichnete. Er streckte sich, als ob er die Verlässlichkeit des neuen Körpers überprüfen wollte, und warf demjenigen einen furchterregenden Blick zu, der für seine unerwartete Mutation verantwortlich war.

Der Drache, die Kugeln und das Auge haben sich verkleinert und sich in den neu materialisierten Körper zurückgezogen.

„Ich hätte das vorhersehen müssen!“, rief der Mensch mit dem schiefen Hals mit Entsetzen seinem wieder zu Leben gekommenen Gegner zu. „Der Drache, die Sonne, Jupiter und das Auge, das alles

sah! Mit so einem Schutz kannst du dir erlauben, unsterblich zu sein. Ja, ich bin nicht so mächtig wie du", fuhr der Gegner traurig fort. „ Aber ich habe Hass, den du nicht hast. Manchmal schmeckt die Bitterkeit des Hasses süß."

Die Intonation, mit der die Worte ausgesprochen wurden, und der Gesichtsausdruck des Menschen im alten Gewand kamen dem Wanderer, der nun ein Gott geworden war, wieder vertraut vor, und eine vage Erinnerung regte sich in ihm.

„Du hast vieles gelernt, wenn du es geschafft hast, den verdammten Ort zu durchqueren und am Leben zu bleiben.", sprach die heisere Stimme voller Bewunderung und Bitterkeit zugleich. „Ich kann immer noch nicht glauben, dass du all meine Vorbereitungen zunichte gemacht hast."

Das Gesicht dessen, der den Weg versperrte, war so von Wut und Hass verzerrt, dass es unverständlich war, warum er sich noch nicht auf den geworfen hatte, den er als seinen Feind ansah. Aber genau so unerwartet beruhigte sich der merkwürdige Mensch, und nur noch die Augen strahlten nach wie vor Hass aus.

„Wieso hast du mich angegriffen?"

„Ich werde es dir sagen, wenn du schon fragst. Wegen dir wandere ich schon seit mehr als 2000 Jahren in der Welt der Träume, nur mit einem Ziel, nur mit einem Gedanken – es dir heimzuzahlen für meine Qualen. Dort, wo du stehst, ist schon Blut geflossen. Hier ist nicht nur ein selbstgefälliger Zauberer gestorben. Dieser Raum kennt den Geschmack des Blutes und ist gierig danach. Wenn nicht deine verdammte Kunst wäre, in der du, das muss ich zugeben, beeindruckende Resultate erzielt hast, wäre dein Weg hier für immer zu Ende gewesen,

und ich hätte mich beim Zurückschreiten auf der Resonanzwelle deines irdischen Körpers bemächtigt.

„Einen Körper teilt man sich nicht."

„Natürlich", pflichtete der Fremde sarkastisch bei. „Ich hoffe, dass du dort, wo du hingehst, nichts wirst ändern können. Und, dass deine Qualen umsonst gewesen sind. Ach, wie schwer die Last meines Hasses dir gegenüber doch ist!"

„Ich habe immer noch nicht verstanden, wieso du mich hasst.", sprach der Gott mit ehrlichem Bedauern. „Aber jetzt störe mich nicht. Ich muss meinen Weg finden."

„Ja, geh", grinste der, der den Weg versperrte, mit gefletschten Zähnen. „Wieso solltest du dich hier länger aufhalten!"

Auf einmal trat er einen Schritt vor, und sein Gesicht, das mit dem Ausdruck wütender Macht gefüllt war, hat sich dem Gesicht des Gottes genähert.

„Ich weiß: du findest, dass ich dich verraten und betrogen habe. Aber ist es nicht das, was du selber wolltest? Vielleicht wolltest du betrogen werden? Wieso hast du mich damals nicht aufgehalten? Ich werde dieses hier niemals vergessen können.", sprach der Fremde mit heiserer Stimme und zeigte mit dem Finger auf eine ungerade, hässliche Narbe, die rund um den Hals lief, an der Stelle, wo er schief war.

Und damit ist er auf einmal verschwunden, als ob er niemals da gewesen wäre. Der Mensch, der aus der Dunkelheit gerufen wurde, hat sich spurlos in ihren schmutzigen Fetzen aufgelöst.

Einen Augenblick blieb der Gott stehen und überlegte, aber wie von einer fremden Macht gerufen, setzte er seinen Weg schließlich fort. Sein Bewusstsein füllte sich mit einer unklaren Vorahnung der nahenden Veränderungen.

Plötzlich verschwand der Nebel. Er war weder vorne noch hinten. Verschwunden ist auch die unendliche Vulkanplatte, die mit kleinen Steinbruchstücken besät war. Die Sonne schien, und der Himmel war blau. Der Gott stand auf dem Gipfel eines Berges, um den Berg erhoben sich in alle Richtungen neue Berge, die vom Grün zahlreicher Laubbäume bedeckt waren. In der Ferne tobte das Meer, in das von Abhängen des schmalen Uferlandes Flüsse und Ströme zusammenliefen. Nirgendwo auf Erden hatte er zuvor solch eine Schönheit bewundern können, aber es schien ihm, dass der Platz, an dem er sich wiedergefunden hatte, ihm bekannt war. Bekannt war auch, dass er schon einmal hier gewesen war, in diesen Bergen. Das merkwürdige Gefühl, dass alles, was mit ihm jetzt geschehen ist, schon früher geschah, hat sich mit einer deutlichen Vorahnung durch die dicht herangetretenen Geschehnissen bewegt. Aber ihm gelang es wieder mit Hilfe seiner Willenskraft die unklaren Erinnerungen zu betäuben, solange sie es noch nicht geschafft haben, sich zu einem Gedanken zu formieren und noch keine neue Verwandlung des Raumes hervorgerufen haben. Diese Gefahr drohte, weil er es noch immer nicht geschafft hatte, sein Gedächtnis vollständig wiederzuerlangen.

Vom Berg schlängelte sich ein Pfad. Der Gott betrat ihn entschlossen und begann hinunter zu schreiten. Mit jedem Schritt konnte er sich mehr und mehr davon überzeugen, dass der Raum eine stabile Form angenommen hatte. Es schien ihm, als würden diese Formen aus den Tiefen seines Inneren kommen, an die er sich noch immer nicht erinnern konnte und über die er nichts wusste und die in ihm mit einem dumpfen Gefühl eines verborgenen Geheimnisses schlummerten. Er ging mit einem geraden, gleichmäßigen Schritt, die Zweifel waren abgeworfen. Er war überzeugt, dass er seinen Weg gefunden hatte.

Wohin auch immer ihn dieser Weg führen würde, wo auch immer dieser Weg auch enden würde – Unsterblichkeit oder Untergang. Die Begeisterung war so groß, dass der Gott die Veränderungen, die mit ihm geschehen sind, nicht bemerkt hatte. Aber sie stellten sich als ziemlich wesentlich heraus: Die beiden Köpfe sind wieder eins geworden, die kurzen Haare sind lang geworden, dass sie über die Schultern hingen, ein Bart zeichnete sich nun ab, die Nase war jetzt gerade und zugespitzt, die Augen eingefallen, wie bei einem Menschen, der viele Tage an Schlaflosigkeit gelitten hat. Auch sein gesamter Körper zog sich zusammen, trocknete aus und erreichte eine ungekannte Leichtigkeit, von der er früher nur träumen konnte. Seine Kleidung wurde ebenfalls von den Veränderungen erfasst Jetzt trug er ein langes Hemd aus einem groben Stoff. Über die Schulter war eine dunkle Decke geworfen, die mit Straßenstaub bedeckt war und die mit einem Band um die Taille zusammengehalten wurde. An den Füßen trug er Sandalen, die an den Waden mit kleinen Riemen gehalten wurden. Den Kopf schützte ein Tuch aus weißem Leinen vor der sengenden Sonne.

Mit seiner neuen äußeren Erscheinung schritt der Gott durch die Sträucher der Olivenbäume, inmitten des Vogelgesangs, durch die schimmernde Abenddämmerung des endenden Tages. Er hörte Geräusche in den Büschen und schwaches Stöhnen der Bäume, die zu einem langen, fortwährenden Seufzer der Trauer verschmolzen. Seine Beine fühlten endlich einen verlässlichen, richtigen Boden unter sich, und seine Haut reagierte mit Dankbarkeit auf das sanfte Streicheln des Windes.

Er ging immer weiter und weiter nach unten, erfüllt vom Gedanken, er hätte endlich das Gewünschte erreicht. Alles um ihn herum ähnelte dem, was er so lange gesucht hatte.

Der Pfad ging unerwartet in eine Straße über. Er kam an der „Mara"- Schäferei vorbei, die von einem Zaun aus Faulbäumen umgeben war. Vor dem Eingang standen Karren, die mit Körben voller Linsen, Bohnen und Zwiebeln beladen waren. Esel, Kälber, Schafe und Ziegen drängelten sich vor dem Karren. In der Menge waren auch einige Männer und Frauen, aber niemand warf auch nur einen Blick auf ihn. Und dann, eine halbe Stunde später, eröffnete sich ihm in der Ferne das Panorama einer alten Stadt, die mit mächtigen schneeweißen Mauern umgeben war. Tempel und Paläste streckten sich in ihrer Erhabenheit empor, auf den Abhängen der Hügel stiegen auf quadratischen Absätzen Wohnsiedlungen hinauf, und auf einmal erkannte er den Ort, den er nicht zum ersten Mal sah, und nicht zum ersten Mal vergessen hatte. Er erinnerte sich wieder an seine Bestimmung in dem Land, das sich vor ihm geöffnet hatte.

Wie verzaubert ließ er seinen Blick kurz über die sich vor ihm ausgebreitete Landschaft schweifen. Sein Schritt wurde immer schneller und schneller, und bevor er es merken konnte, lief er bereits. Die unbequemen Sandaletten klatschten auf die Fersen und brachten ihn aus dem Rhythmus. Aber er lief und lief, so lange bis sich seine Kehle so anfühlte, als würde sie mit flammendem Schmirgelpapier zerrissen. Die Kräfte nahmen ab, die Beine verhedderten sich, lehnten ab, zu gehorchen. Nur mit Willenskraft konnte er sich durchringen seinen Weg dorthin fortzusetzen, wo er bereits von Tod und Unsterblichkeit erwartet wurde. Ein kleiner Stein, der unter eine Sandalette geraten war, hat ihn schließlich seines Gleichgewichts beraubt und zu Fall gebracht. Der Gott riss ungeschickt seine Händen in die Höhe und fiel auf die Straße.

Solche „Bilder“ wirken, als würde man einen genial gemachten Film sehen. Damals konnte ich noch nicht ahnen, dass die Retrospektive dieser Ereignisse, die 2000 Jahre in der Vergangenheit liegen, einen direkten Bezug zu mir hat. Nicht nur zu meiner jetzigen Situation, sondern auch zu zukünftigen Ereignissen. Die Zukunft hat noch nicht stattgefunden, aber ist in Einklang mit unergründlichen Gesetzten des von uns unbekannten Weltalls schon in einer anderen Dimension geschehen. Vor mir lag „die Verschmelzung“ der Vergangenheit mit der Zukunft.

Aber noch habe ich die Ereignisse in gewohnter Weise wahrgenommen. Sie erschienen als ein Funke künstlerischer Eingebung. Ich hätte nie damit gerechnet, dass es sich um ein ausdrucksstarkes Zeichen handelte, das Veränderungen im Leben und Schicksal prophezeite. Ein Zeichen, das von Ewigkeit und Unendlichkeit in der Vergangenheit sowie der Zukunft sprach.

Ich habe versucht, das beeindruckende Phänomen mit Hilfe meiner Erfahrungen zu analysieren. Gedanklich bin ich Erkenntnisse aus den Gebieten der Naturwissenschaften und Philosophie durchgegangen, die als durchaus traditionell gelten, in dem Versuch diese Visionen an etwas schon Bekanntes „anzuschließen“, bis aus den Tiefen meines Gedächtnisses der Name Carl Gustav Jung durchdrang.

Der schweizer Psychologe, herausragender Nachfolger und Kritiker Sigmund Freuds, Begründer einer neuen Richtung, der analytischen Psychologie oder Tiefenpsychologie, ist näher als alle anderen zum Verständnis vorgedrungen, dass der Mensch keine zufällige Erscheinung der Schöpfung ist. Jung hat behauptet, dass eine gewisse nichtmaterielle Welt existiere, der Sinnesraum. Und dieser Raum ist erfüllt von Ideen, Gedanken, Kenntnissen der Vergangenheit – der

Gegenwart – der Zukunft. Das Ideal Platons in moderner Form. Nein, das ist kein Anker, aber ein Hinweis auf die Verbundenheit der Zeiten und Traditionen. Es ist also so, dass sich dieses Feld nicht den räumlich-zeitlichen Gesetzten unterwirft, es existiert außerhalb der Zeit und des Raumes und ist mit der materiellen Welt durch die „Psyche“ verbunden, so zu sagen etwas, das einen Bezug zur Seele hat. Vielleicht ist sie es selbst, die Seele, teilweise im materiellen Körper existierend und teilweise durch Unterbewusstes mit diesem Sinnesfeld verschmelzend. Dann ist das Bewusstsein eine Projektion des nichtmateriellen Raumes in die materiell begründeten Welt, und das Sinnesfeld das Projekt zur Weiterentwicklung des Weltalls.

Jung war über die Zukunft der Menschheit besorgt. Im Jahre 1958, als das Thema „UFOs“ zum ersten Mal aufgegriffen wurde, schrieb er die Abhandlung „Moderner Mythos. Über himmlische Zeichen“. In der Einführung wendet er sich „an die Wenigen, die zuhören wollen“ und spricht über die Notwendigkeit sich auf Ereignisse vorzubereiten, die das Ende einer der größten Epochen der Weltgeschichte ankündigten. Er riskierte seinen guten Ruf als der traditionellen Wissenschaft angehörender, seriöser Wissenschaftler, bei seinen Bestrebungen die Menschheit vor den zukünftigen Naturkatastrophen zu warnen. „Ehrlich gesagt, bin ich tief besorgt über das Schicksal all derer, die von der Kälte der Ereignisse eingeholt werden und sich, ohne die nötige Vorbereitung zu haben, mit zusammengebundenen Armen und Beinen wiederfinden werden und der Fähigkeit beraubt, irgendetwas verstehen zu können. Soweit ich weiß, hat sich noch niemand die Frage gestellt, welche psychologischen Folgen die Umgestaltung, die uns in der Zukunft erwartet, haben wird.“

Ähnliche Gedanken standen in Übereinstimmung mit meiner Weltanschauung, so dass die Zukunft meiner Psyche scheinbar nichts anhaben konnte. Aber haben die Umwälzungen nicht bereits, das heißt in meinem Kopf, begonnen?

Einmal lag ich in der Dämmerung auf dem Krankenbett, habe ferngesehen. Für einen Augenblick schloss ich die Augen, und wieder ist in der Dunkelheit ein heller, blendender Punkt aufgeflammt, so als würde er von innen explodieren. Und schon bin ich nicht mehr im Krankenzimmer und überhaupt nicht mehr in dieser Welt. Ich wurde in eine Art Tunnel hineingezogen, wo ich mit einer unvorstellbaren Geschwindigkeit durch einen gewundenen, flexibel-beweglichen Schlauch gerauscht bin. So bin ich direkt in das Sinnesfeld gelangt, in dem, nach Jungs Überzeugung, das Projekt zur Weiterentwicklung des Weltalls ständig entsteht und sich immer vielschichtiger auffächert.

Im Nachhinein habe ich erfahren, dass genau dieses Ereignis, das einem Traum ähnelte, für die Entwicklung eines jeden Menschen sehr wichtig ist. Sogar ein versehentlicher Besuch des nichtmateriellen Informationsraumes erweist sich als Einlass in die Welt der ungewöhnlichsten Abenteuer in diesem und einem anderen Leben. Im Grunde ist das ein Moment der Zeugung der neuen Welt, die den Geist des Menschen fruchtbar macht.

Eshatsicheinungewohnter Raumgeöffnet, indemsichunaufhörlich eine in scharfe geometrische Formen strukturierte, außerordentlich variable Umwelt gebildet hat. Unzählige Transformationen dieser Welt gebaren Rauten, Kugeln, Kegel, Würfel, Trapeze, Halbkugeln und komplizierte Konstruktionen, wie Tetraeder, Pyramiden, Ikosaeder, Dodekaeder. Die Figuren verfärbten sich augenblicklich – mal Sonnen-Ocker, mal Quecksilber-Metallic, mal in ein durchdringendes Blau –

und flogen hinfort, einem komplizierten, aber durchaus bestimmten Rhythmus folgend.

Die Veränderungen in dem unendlichen Raum waren von einer klaren, energiegeladenen Schönheit. Alles war von einem kräftigen, mathematisch exakten Puls des Lebens durchdrungen. Ich möchte nicht sagen, dass es besser war als unsere Welt. Es war einfach etwas ganz anderes – Mathematik, exakte Formen in einer Reihe unendlicher geometrischer Verwandlungen, Impulse, Vibrationen.

In diesem Raum, wo es keine Erde und keinen Himmel gibt, stand ich, mich auf die Leere stützend. Und bei jeder Geschwindigkeitsänderung der in Wechselwirkung stehender zahlreicher geometrischer Verkörperungen, wurde ich, dessen Anwesenheit hier offenbar ungeplant war, vorsichtig umfahren.

Plötzlich, als wären sie einem Gemälde Salvadore Dalis entsprungen, kamen aus der Unendlichkeit, mit ungeraden, aber offenbar durchdachten Zickzackbewegungen, drei blendend-weiße Kugeln angerauscht. Sie haben rote elastische Schläuche hinter sich hergezogen, die mit einer mächtigen und zielstrebigen Lebenskraft des unbekannten Bewusstseins vibrierten.

Sie sind vor mir stehengeblieben, studierten mich, so zu sagen, ob mein uneingeladener Besuch sie hier womöglich bedrohte, und sind beruhigt, von neuem mit ihren unendlichen Schläuchen in die Unendlichkeit verschwunden. Die Kugeln haben sicher eine Wächterfunktion ausgeführt, und die Tatsache, dass sie keine Feindlichkeit gezeigt haben, muss man erst einmal verstehen.

Auf einmal öffnete sich vor mir eine der Pyramiden. Ihre Wände sind einfach zu allen vier Seite gefallen. Es hat sich eine Vorrichtung geöffnet, aus der ständig etwas aus dem Inneren hinaussprang und wieder verschwand: Rädchen, Zylinder, Kugeln, Bänder des Möbius, merkwürdige Hämmerchen, Hebel und Gegengewichte. Das alles hat lautlos und zielstrebig eine geheimnisvolle Aufgabe um ein halbdurchsichtiges Prisma herum ausgeführt.

In so einem Raum war ich zweimal. Das zweite Mal ist es während des Unterrichts an der Akademie, an der ich den Posten des Vizepräsidenten innehatte, geschehen. Diese war auf meine Initiative hin gegründet worden, und stand in Zusammenhang mit der neuen energieinformativen Technologie des bekannten ukrainischen Extrasens' Lapschin. Dabei sah ich zusätzlich zu dem, worüber ich erzählt habe, noch merkwürdige, sehr flache Uhren, von denen sich in alle Richtungen leuchtende, einem farbigen Spinnennetz ähnelnde Fäden ausstreckten, und alles um sich herum einwickelten. Und noch eine Sanduhr, die sich nach rechts gedreht, und einen geheimnisvollen Prozess in Gang gesetzt hat. Dabei habe ich mich nicht im Traumzustand befunden, und ständig sprachlichen Kontakt mit dem Lehrer gehalten.

Solch ein geometrisierter Raum war nicht der einzige, in den man geraten konnte. Es gibt Tausend unterschiedliche, und hinter jedem verbirgt sich ein Geheimnis des Weltalls. Das Problem ist, dass Fakten, die von Menschen berichtet werden, die in anderen Dimensionen gewesen sind, schwierig bewertet und erforscht werden können. Darüber hinaus kann sich nicht jeder alles genau merken und wiedergeben. Psychologen qualifizieren ähnliche Erzählungen gewöhnlich als autoskopische Halluzinationen. Diese sind häufige Begleiterscheinungen bei infektiösen Erkrankungen, Verletzungen des Gehirns, Alkoholismus, Drogenabhängigkeit oder Epilepsie.

Aber wie kann man dann reale Fakten erklären, die unverkennbar nicht zur Gattung der subjektiven Illusionen oder Halluzinationen gezählt werden können?

* * *

Mein Bettnachbar im Krankenhaus war Boris Orlow. Selbstverständlich haben wir uns angefreundet.

Ironischer weise, aber vielleicht auch nach der Gesetzmäßigkeit des Schicksals, war Boris vor Zeiten selbst am Bau des Krankenhauses, in dem er jetzt mit mir lag, beteiligt. In der Zeit hat er dem mächtigen Bauunternehmen „Bekeron" vorgestanden. Und noch früher hat er in Usbekistan eine der größten Fabriken für Baumaterial geleitet. Aus diesem Grund konnte er auch im Privatgeschäft verhältnismäßig leicht eine durchaus bemerkenswerte Position besetzen. Er ist ein außergewöhnlicher Mensch, gut ausgebildet, mit einem kristallklaren Verstand. Sein starker, gerade aus gerichteter Charakter verbindet sich bei ihm mit dem Können, sofort verschiedene Möglichkeiten im Kopf durchzuspielen und ein Ziel durch komplizierte, vielzählige Gedankengänge zu erreichen.

Er glaubte an Träume, an Vorzeichen, eine andere Realität und hat selbst eine Möglichkeit gesucht, mit jemandem, zumindest im Gespräch, in den Labyrinthen des Unerklärlichen zu wandeln.

Ich habe Boris von meinen Visionen erzählt. Er war nicht nur erstaunt, sondern hat auch mich, mit einem Geständnis überwältigt. Es hat sich herausgestellt, dass er wegen seiner Geschwürkrankheit drei Mal in der Reanimation gewesen war und wiederbelebt werden musste.

Und er sah, im Zustand zwischen Leben und Tod, die gleichen Bilder des geometrisierten Raumes.

Es scheint, dass genau die Kenntnis über die Ausmaße dieser Existenz Platon seinerzeit zu der Überzeugung geführt haben, dass die Welt der Ideen genauso real ist wie die Welt der Objekte. Vielleicht sogar noch realer. Denn Platon hat behauptet, dass die irdischen Objekte nur Schatten der Ideen sind. Und unsere Realität ist in gewisser Weise nur eine Halluzination. Aber man sollte ihre Echtheit nicht auf die Probe stellen, und mit dem Kopf gegen die Wand schlagen. Wenn die Natur unsere Welt erschaffen hat, dann braucht sie sie für irgendetwas. Und in dieser Welt ist die Illusion des Lebens gleichwert dem Leben selbst und die Illusion des Todes ist dem Tode gleich; verändern kann man bis auf weiteres nichts, es wird uns nicht gelingen.

Boris Orlow ist zu meinem Vertrauten geworden. Bei ihm habe ich meine Eindrücke als erstem „abgespult", denn ein Anderer hätte mich für verrückt erklärt. In der Zwischenzeit stürzten die Erscheinungen auf mein Bewusstsein ein. Wobei sie keinerlei Einfluss auf meine Wahrnehmung der Realität genommen haben. Es gab einfach zwei Welten: unsere gewöhnliche, die allen bekannt war, und eben den Raum der Information, der auf mich immer neue Visionen projizierte.

„Zweifellos gibt es in dieser Welt eine allmächtige Kraft, unsichtbar, unerkennbar, in alles eindringend", sagte Boris. „Die Menschen nennen es Gott oder höchstes Bewusstsein, in Abhängigkeit von ihrer Weltanschauung. Aber alle fühlen oder ahnen es, weil ohne diese Kraft das Leben seine Sinnhaftigkeit verlieren würde. In der Tat, wenn es keinen Gott gibt, wodurch unterscheiden wir uns dann von der Eintagsfliege? Und welchen Unterschied macht es, wie lange man lebt – eintausend Jahre oder eine Minute – wenn die Erfahrung, die man während seines Lebens gesammelt hat, mit dir verschwindet und du keinen hast, vor dem du damit auftrumpfen könntest? Und wenn wir unser Entstehen nur einem Zufall verdanken, einer Laune der Natur, einer versehentlichen Verkettung von Molekülen – wieso sollten wir dann nicht nach den Gesetzten der Tierwelt leben? Wir hätten genug damit zu tun, uns um unser Überleben zu sorgen. Doch die Menschheit hat aus irgendeinem Grund eine Kultur erschaffen... Wenn es keinen Gott gibt, dann ist es eine leere Verschwendung der kostbaren Existenz einer Amöbe... Das verstehen nur die letzten Idioten nicht, oder deine Kollegen Akademiemitglieder, die auf dem hohen Sockel ihrer aufgeblasenen Größe steckengeblieben sind."

Einige seiner Ideen waren ziemlich originell, zumindest für mein Empfinden.

„Wieso sagt man, dass das Leben aus Streifen besteht, wieso wechseln sich in so einer strengen Aufeinanderfolge nichterfreuliche und erfreuliche Tage ab? Ja, weil sich die Menschen ihrer Verantwortung, die sie für ihre Entscheidungen tragen, nicht bewusst sind. Für sie ist alles einfach: Was man sich wünscht, muss man auch bekommen. Und welche Gegenleistung hast du zu bieten? Was hast du, womit du für den Genuss bezahlen kannst?"

„Nun, wir beide hier, scheint mir, bezahlen auch für etwas", kraftlos deute ich auf unseren liegenden Zustand.

„Beide", stimmt Boris zu. „Aber „Bilder" bekommst aus irgendeinem Grund nur du zu sehen. Lass uns dem auf den Grund gehen. Wieso hast du zugestimmt, die Leitung vom „Chudlit" zu übernehmen?"

„Ich bin mein ganzes Leben lang wie ein Feuerwehrmann", versuche ich es mit einem Scherz abzutun. „Wo's brennt, wo irgendetwas fällt, da ist Petrov. Ich weiß gar nicht wie das geht, ruhig zu leben. Wenn du mich jetzt z.B. anwerben würdest, bei dir zu arbeiten, hättest mir einen Lohn um das 10fache höher angeboten als beim „Chudlit" – ich würde nicht kommen. Du hast deine eigene Elite, du brauchst mich nicht so sehr. Und hier habe ich Moschaew versprochen, die Redaktion zu retten, was ich auch tun werde.

„Hör auf, irgendwelchen Schwachsinn zu erzählen", versetzte mir Boris einen Dämpfer. „Lass dir das, was dir gezeigt wird, gründlich durch den Kopf gehen. Den Weg Jesu Christi! Und wieso? Verstehst du etwa nicht, wohin man dich führt? Denn irgendjemand versucht euren Verlag absichtlich zugrunde zu richten. Da sitzen dann kluge Burschen in Schlips und Kragen und zeichnen Schemata, wie man das Staatsunternehmen am besten in Besitz nehmen könnte. Beim „Chudlit" ist ihnen schon fast alles gelungen, und hier erscheinst plötzlich du – Ritter in glänzender Rüstung und guten Absichten. Ein Glück, dass man dir nicht in irrgendeiner dunklen Gasse den Kopf eingeschlagen hat. Denn dort geht es um sehr viel Geld. Geh das doch mal durch: Zuerst wird das Unternehmen in die Zahlungsunfähigkeit geführt, danach wird sein ganzes technisches Equipment in ein gewisses Kleinunternehmen überführt, das samt der Technik verschwindet. Danach wird auf allen Etagen irgendeine internationale Buch-Liga einquartiert, und unter ihrem Titel versteckt sich kein Buchverlag, sondern das in ganz Moskau traurige Berühmtheit erlangte Restaurant „Holsten". Dieses bekommt alle Rechte der Immobiliennutzung des „Chudlit". Es bleibt nur den Bankrott des Verlages zu melden. Wobei man einen neuen Besitzer nicht zu suchen braucht. Er ist schon zur Stelle.

„Vielleicht werden die noch den Kreml privatisieren wollen?"

Eine innere Anspannung überkommt mich und ich sehe meinen Gesprächspartner vorwurfsvoll an.

Aus seinen braunen, ausdrucksstarken Augen kamen Wasserströme gelaufen, vor lauter Lachen.

„Er wurde schon längst privatisiert und aufgeteilt, mit allem was dazu gehört. Nur dich hat man nicht zur der Aufteilung gerufen. Sonst hättest du noch angefangen, zur falschen Zeit irgendetwas übers Gewissen zu plappern.

„Deshalb werde ich mich anstrengen, damit so etwas mit „Chudlit“ nicht geschieht.“

„Und wieso liegst du im Krankenhaus?“ Mit einem plötzlichen „Schlag“ der Logik holt Boris mich vom Thron herunter, auf den ich zu klettern versuchte.

„Aber was hat das damit zu tun?“, versuche ich seine Äußerung nüchtern in Zweifel zu stellen.

„Das habe ich dir doch versucht zu erklären“, lacht Orlow. „Was für eine Gegenleistung kannst du erbringen? Willst du „Chudlit“ retten? Was hast du eigentlich als Retter – viel Geld, Regierungsverbindungen? Sagst doch selbst, du wurdest auf den Posten gestellt, und das Ministerium hat nicht einmal Geld bewilligt, um zumindest die Schulden zu begleichen. Das sind doch keine Hundert Rubel, keine Tausend, sondern Millionen. Danach schalten sie die Elektrizität ab, Wasser, Heizung, Telefon.

„Ist bereits geschehen.“

„Siehst du“, freute sich Orlow merkwürdigerweise. „Und du fragst noch, warum du im Krankenhaus liegst. Weil es gar nichts mehr gibt, womit du für deine falsche Schicksalsentscheidung bezahlen kannst, als mit deiner Gesundheit. Deshalb wird bei dir im Kopf auch der Film über Jesus Christus abgespielt, dass du jetzt das Opfer bist. Du dienst als Buße für fremde Sünden. Verstehst du? Die Gesetze des Kosmos sind sehr streng – man muss für alles bezahlen. Und das Wichtigste: du hast selbst zugestimmt. Man hat es dir vorgeschlagen, und du hast nicht abgelehnt. Du wolltest Ruhm? Jetzt kannst du ihn durch den Tropf löffeln, soviel wie rein geht.

In dem, was Boris sagte, war etwas Grausames, aber auch Ernüchterndes. Seine Worte zwangen darüber nachzudenken, was vor sich ging. Und das ganze aus einem anderen Blickwinkel zu sehen – nicht aus der Position des romantischen Helden, sondern im Gegenteil, aus der Position eines nüchtern denkenden Menschen, der nachvollziehen kann, dass jede Entscheidung unbedingt den Möglichkeiten des Menschen entsprechen muss, wie sie auch sein mögen – geistiger oder pragmatischer Art.

Und parallel zu diesen Überlegungen zeichnete sich in mir, mit einer immer stärker werdenden Deutlichkeit, eine neue Handlung ab – meines eigenen oder auch des Lebens eines Anderen. Und jetzt hieß der, der zu mir aus der Vergangenheit kam, Jeschua.

***

Sand, dieser verdammte Sand. Er hatte seinen Ursprung irgendwo an den Rändern des steinigen Plateaus in Mitten der Wüste, in unzähligen kleinen Vulkanen, die durch die Hitze der Sonne hervorgerufen wurden. Die Steinsplitter wurden vom Wind, der in Felskluften an Geschwindigkeit gewonnen hatten, aufgegriffen und weggetragen, wie durch einen Schwarm wilder Bienen. Wer den Weg dieses Herrschers der Wüste kreuzte, sei es Mensch oder Tier, wurde von ihm genauso so erbarmungslos gestochen wie es echte Wildbienen getan hätten. Die einzige Rettung vor dem Sand: sich ins Tuch einzurollen, was auch Jeschua tat, unter dem verächtlichen Blick des Johannes.

Seine braunen Augen, die wachsam die Umgebung erkundeten, wurden auf einmal von tiefen Falten gezeichnet. Sie gaben seinem Gesicht einen bösartigen, bizarren Blick, weil seine Augenwinkel von einem krankhaft-weißlichen Schleier umgeben waren. Die Augenlieder hatten sich entzündet und waren geschwollen, aber sein Blick erreichte die Seele Jeschuas. Und als er verstanden hatte, wem die Verachtung von Johannes eigentlich galt, igelte er sich verfroren in sein Tuch.

Johannes konnte den Gemütszustand des Fremdlings, der in Gefolge einer kleinen Gruppe von Schülern war, erahnen und setzte sich mit breiten, schwungvollen Schritten in seine Richtung in Bewegung. Das Gesicht des Propheten, das von eitrigen Pusteln übersät und mit einer Ölschicht verklebt war, verhärtete sich. Der schmutzige, fransige und grau schimmernde Bart, regte sich plötzlich.

„Du willst dich mit einem Tuch gegen das, was von Gott herab gesandt wurde, schützen?", fragte er, mit einem festen Blick, die Augen des Neuankömmlings durchbohrend.

Die kleine, schwächliche Figur des Predigers aus Nazareth schien ihm beklagenswert komisch.

„Gehe auf die Knie!"

Die Stimme des Johannes tönte mit einer aggressiven Energie. Die stumpfe Einfachheit des Befehles hat die Menge der Pilger, die sie umgaben, aufgewühlt, hat sie gezwungen, heranzurücken und etwas zu unternehmen. Jeschua versuchte etwas zu sagen, aber Johannes schrie wieder mit einem hysterischen Klang in der Stimme:

„Falle auf die Knie!"

In den Augen des Propheten blitzte jetzt wahnsinnige Angst und Hass.

Jeschua hat die Gedanken des Johannes erraten, und es war eine unangenehme Entdeckung. Er spürte, welche Gefahr sich in der trügerischen Stille verbarg, und ihn erschütterte der Zorn über die Notwendigkeit, ihn zu bändigen. Er seufzte und verzog sein Gesicht unter dem Tuch. Der unerträgliche Geruch verfaulter Zähne, der bis zu ihm durchdrang, hat seine ohnehin schon trübe Stimmung nur verschlimmert. Er hatte nicht erwartet, dass der berühmte Johannes der Täufer sich als ein solch galliger und beißender Asket erweisen würde, der in sich das Menschliche getötet hatte.

„Warum bist du so davon überzeugt, dass der Staub von Gott herab gesandt wurde?“, sprach er unter seinem Gewand, die Herausforderung annehmend.

Johannes wurde vor den Kopf gestoßen. Er hatte solch einen Ungehorsam, nicht von einem Menschen erwartet, der zu ihm wie zu einem Lehrer gekommen war.

Erst jetzt hat er sich nach dem in erbitterter Aufmerksamkeit erstarrten Menschen umgesehen, und weil ihm nichts einfiel, was er sofort antworten konnte, setzte er sich auf einen Stein gegenüber von Jeschua.

„Vom wem denn sonst? Vom Teufel?“, fragte der Außenseiter mit beißender Spottlust neugierig, seinen Stab auf die Knie legend, als ob er sich bereit machte, vom Stein auf zu springen, auf dem er saß, und von dem für ihn nicht interessanten Gesprächspartner wegzugehen.

„Ich denke nicht, dass einer von ihnen sich um solche Kleinigkeiten kümmert“, bemerkte mit ruhiger Stimme der, der aus Nazareth gekommen war.

Die Lippen Jeschuas verformten sich zu einem qualvollen, sich entschuldigenden Lächeln, das im Übrigen, wegen des über sein Gesicht gezogenen Tuches, niemand von den Pilgern bemerkt hatte.

„Ich hörte, du predigst im Namen Gottes. Aber du erlöst den getauften Menschen nicht von seinen Sünden?", hat Johannes finster gefragt.

Er kratzte sich unter dem Arm und der Gestank, der unter seiner alten Kleidungen aus Kamelwolle hervorging, breitete sich aus.

„Wir müssen den Menschen Ehrfurcht lehren", hat Jeschua widersprochen.

„Bei dem, der das predigt, soll die Zunge abfallen und die inneren Organe sollen bei denjenigen verfaulen und sich in eine stinkende Masse verwandeln, die ohne Zorn und Missbilligung diesen Worten folgen.

Ein erschrockenes Gemurre flammte in der Menschenmenge auf. Jeschua riss sich das Tuch vom Gesicht, und alle sahen, dass er seine unnachgiebige Ruhe behielt. Nur seine Augen verdunkelten sich.

„Mit Wasser reinigten sich die Heiden im Euphrat und im Nil.

Sie waren auch in dem Glauben, dass sie sich durch den äußerlichen Ritus retten und die himmlischen Tore öffnen konnten, obwohl sie andere Götter anbeteten."

Die Menge fing wieder an zu flüstert, und versuchte das Gesagte zu verstehen, und zu bewerten, wer im begonnenen Duell der Prediger näher an der Wahrheit lag.

„Unsinn kommt aus deinem Munde!", schrie der Täufer rasend auf.

„Richte nicht, und du wirst nicht gerichtet!", entgegnete Jeschua drohend.

„Du und deine Schüler beten zu Gott mit Gebeten, die ihr euch selbst ausgedacht habt.

Ist das überhaupt möglich?“, ging wieder Johannes zum Angriff über.

Der in der Menge stehende Pharisäer, an deren Stirn eine lederne, quadratische Schachtel befestigt war, verdrehte die Augen und seufzte erschrocken auf. Seine linke Hand, an der genauso eine Schachtel mit eingeschlossenem Gebet befestigt war, hat sich anklagend emporgehoben.

„Hört auf mit der Gotteslästerung!“, schrie er.

Das braune, von Falten durchzogene Gesicht von Johannes dem Täufer drehte sich zum Pharisäer. Seine Nasenlöcher blähten sich, den Wind und den Staub einziehend, raubgierig auf.

„Ihr Ausgeburten der Bösartigkeit, ich taufe euch mit dem Wasser der Buße. Der, der mir folgt wird euch mit dem Heiligen Geist und mit Feuer taufen!“, schrie er mit drohender Stimme. Der wütende Blick, der mit seinen Worten einherging, war ausdrucksvoller als das Gesagte. „Die Schaufel ist in seiner Hand, und er wird seine Dreschtenne reinigen und seinen Weizen in der Kornkammer sammeln, und das Stroh wird er mit Feuer verbrennen.“

„Menschen sind kein Stroh“, widersprach Jeschua traurig.

Das Rauschen der Billigung ist durch die Menge gelaufen. Die Schüler des Johannes tauschten verwunderte Blicke aus, weil sie sahen, dass die Sympathien der Versammelten sich auf die Seite Jeschuas neigten.

„Der Gott Israels ist Zeuge“, der, der Gott dient und in seinem Namen predigt, kann sich Mitleid nicht leisten. Er ist ein tosender Ozean und zugleich ein Rettungsfloß auf stürmischer See. Ein Vulkan, der Lava

ausstößt, und die unerschütterliche, rettende Insel in Mitten des Feuers, das alles Leben verschlingt. Du sollst glauben, einfach nur glauben und nicht nachdenken. Der Glaube bewegt Berge. Du dienst doch nicht dem Himmlischen, sondern dem Irdischen.

Die Anschuldigung, vor der sich Jeschua gefürchtet hatte, war ausgesprochen. Und wieder begann sich die Menge zu regen, begann zu lärmen, das Gesagte lautstrak zu kommentieren.

„So ist es nicht", versuchte sich Jeschua zu erklären. Aber seine undeutlichen Worte konnten nichts ändern. Der zum Himmel schreienden Anschuldigung war ein solcher Protest gleichgültig. Die Empörung, die bei Jeschua, unter den ständigen Versuchen von Johannes ihn zu reizen, anwuchs, hat sich schließlich in einer Gegenanschuldigung entladen.

„Der Glaube bewegt Berge, aber nicht deiner. Deiner türmt nur Berge auf!", verkündete Jeschua, und sofort wurde sein Gesicht vom Leid verzerrt, da er gezwungen war, diese Worte der Missbilligung und des Schutzes hinauszuschreien.

Johannes wurde bleich vor Zorn. Der schmutzige Stofffetzen, der seinen Kopf bedeckte, verdunkelte sein Gesicht, und aus dem Schatten blitzten furchteinflößend, kaum noch zu erkennende Augen.

„Wenn du mich hassen willst, hasse", stimmte Jeschua zu, „aber weiche den Fragen nicht aus."

„Jeder Baum, der keinen Ertrag bringt, wird abgeschlagen und ins Feuer geworfen", brüllte der Täufer mit fanatischer Überzeugung. Johannes faltete seine Hände, führte sie zu seiner Stirn und beäugte den, der zu widersprechen wagte.

„Er ist unser Vater, wir sind seine Kinder", ertönte wieder die Stimme der Ablehnung. „Wie kann ein Vater die Streitaxt über seine Kinder heben?"

„Gott kann sich aus Steinen Kinder schaffen“, lachte Johannes.

„Willst du Gott etwa darin beschuldigen, etwas nicht Brauchbares geschaffen zu haben, etwas, das eine Umarbeitung erfordert?“, erwiderte Jeschua mit einem nicht weniger beißenden Spott. Dieses Mal sah man ganz deutlich, dass es Johannes die Sprache verschlagen hatte. Er wusste nicht, was er dem, der aus einem unbekannten Grund zu ihm gekommen war, antworten sollte. Seine Augen wurden plötzlich bewegungsunfähig und schläfrig. Er stand auf vom Stein und ging schnellen Schrittes, nicht widersprechend, zum Baldachin, der in der Nähe auf dünnen, sich im Wind biegenden Gerten aufgespannt war.

Er legte sich auf die Erde, und ein Stück gestreiften Stoffes, das alt und schon vom Sand durchlöchert war, bat ihm Schutz vor den Blicken der Menge.

Jeschua seufzte und bedeckte sein Gesicht wieder mit dem Tuch, drehte sich um und ging fort von dem, den er noch vor kurzem seinen Lehrer nennen wollte.

Die Menge sah Jeschua und einigen seiner Schüler, die sich hinter ihm herschleppten, schweigend nach.

***

Diese Geschichte hat bei mir zuerst einen sehr großen Zweifel hervorgerufen. Sie widersprach geradezu dem, was in der Heiligen Schrift, über Johannes den Täufer geschrieben steht. Ich habe mir im Endeffekt bis zuletzt nicht erklären können, was sie zu bedeuten hatte. Der Plan des Schöpfers ist in einer Geheimschrift des vierdimensionalen Bewusstseins in den biblischen Texten gefestigt. Vielleicht hat der echte Johannes der Täufer, entgegen dem Plan des

Schöpfers, den Messias nicht erkannt, dessen Ankunft er ausrufen sollte.

Es ist doch bekannt, dass die Sekten des Christus und des Johannes einander nach dem Tod der beiden Lehrer aktiv befeindeten.

Warum nicht? Der Prophet war plötzlich aus irgendeinem geheimen Grund an der Ausführung seiner Mission gehindert. Sei es aufgrund der Einmischung mächtiger Kräfte aus dem Jenseits oder wegen eines im Moment des Treffens herrschenden Verlustes der Intuition.

Sie bestand doch nicht nur in der Taufe des Gottes im Fluss Jordan? Diese Störung im Ablauf der Geschehnisse konnte schicksalhafte Folgen nach sich ziehen. Der Gott wurde nicht erkannt. Ihn hat derjenige nicht erkannt, der verpflichtet war, auf ihn zu zeigen. Und die erste Ankunft Christi hat auch deshalb tragisch geendet.

Nach dem Vorbild des Propheten haben auch die übrigen ihm die Anerkennung seiner Herrschaft auf Erden verwehrt. Die Menschwerdung Gottes wurde wegen dieser Ereignisse auf eine unbestimmte Zeit verschoben.

Tatsächlich war es so, dass in der Realität gleichsam zwei Bände existierten. Der eine beschreibt, so wie es hätte sein sollen, und ist in die heiligen Texte des Evangeliums eingegangen. Im anderen steht geschrieben, was wirklich geschah. Diese Version kann in den historischen Chroniken und Erzählungen der Zeitzeugen nachgelesen werden. Aus den Letzteren geht hervor, dass die Taufe Jesu durch Johannes, in der vom Heiligen Buch angegebene Zeit, überhaupt nicht geschehen konnte, da Johannes schon vom Ungeheuer geköpft worden war.

Und es gibt noch einen dritten Band, der mir gezeigt wurde. Wo ist die Wahrheit? Und wie wird das Geflecht der Realität im

Allgemeinen geschaffen? Vielleicht kamen die Bilder aus einer anderen Zeit und fanden sogar an einem anderen Ort statt? In der Zukunft, in der Vergangenheit?

Aber all diese Gedanken werde ich mir erst später machen. Noch war ich so sehr mit meinen Aufzeichnungen beschäftigt, dass ich nicht bemerkt habe, wie meine Genesung voranschritt. Die Symptome der Krankheit verschwanden zusehends: sowohl die gelbe Farbe der Haut als auch die Schmerzen in der Lende. Mir war schon nicht mehr nach Krankheit zumute. Ich erlebte eine außergewöhnliche Handlung mit Teilnahme archetypischer Helden, wie ein Drama des eigenen Lebens. Ich begann vorauszusehen, dass es nur der Anfang sehr ernster Ereignisse war. Bald darauf wurde ich aus dem Krankenhaus entlassen. Und die Erfüllung der Vorsehungen ließ nicht lange auf sich warten.

Freilich gab es diesmal keinen solch wirkungsvollen Anfang wie bei dem „Film“ über Christus. Es schien als würden sich die Ereignisse allmählich in mein Schicksal schleichen, in einen Schein der Alltäglichkeit gehüllt und somit schwer zu erkennen. Und der, der hinter ihnen stand, war selbst nicht davon überzeugt, dass er richtig handelte. Er schritt vorsichtig auf mich zu, so als ob er in der Dunkelheit denjenigen tastete, von dessen Existenz er schon seit langem wusste und den er endlich, wie es ihm schien, gefunden hatte. Er suchte den Sehenden.

Mit Wjatscheslaw Lapschin hat mich mein Kollege aus der Internationalen Akademie der Information, Professor Bereschnoj, bekanntgemacht. Anatolij Iwanowitsch erzählte mir schon lange über den Zauberer aus Feodossija, der Blinden die Sehkraft zurückgibt, Gehörlosen das Gehör, Kindern mit zerebraler Lähmung das

Aufstehen ermöglicht. Ich glaubte nicht an Wunder, aber eine Ecke meines Bewusstseins fing etwas Wichtiges in dieser beharrlichen Werbung auf. Bereschnoj fuhr sogar extra nach Kiew, ins Zentrum von Lapschin, um unser Treffen vorzubereiten.

Er sagte, dass meine wissenschaftlichen und geschäftlichen Beziehungen diesem Heiler und Wohltäter sehr helfen werden sich in Moskau niederzulassen, wo es höchste Zeit ist, ein Gesundheitszentrum Lapschins einzurichten.

Das Treffen fand im Kremlpalast des Kongresses auf der V. internationalen Konferenz der Informationswissenschaftler statt und wurde im Herbst desselben Jahres 1996 abgehalten. Bereschnoj hatte sich nicht geirrt: Die Bekanntschaft war wirklich von großer Bedeutung.

Die Gestalt Lapschins hatte etwas Dämonisches an sich. Ein arroganter Blick, den er kaum durch seine gekünstelte Seriosität verbergen konnte, ein kleiner Bart, eine seltsame Art, sich ungestüm und schnell im Raum zu bewegen. Und gleichzeitig war er ein sehr ungewöhnlicher, interessanter Gesprächspartner. Er verstand, die Aufmerksamkeit auf sich zu ziehen, das Interesse für sich zu wecken. Und irgendwie unerwartet habe ich zugesagt, ihm zu helfen – einen Raum zu finden und in Moskau speziell für seine Technologie die Internationale Akademie Lapschins registrieren zu lassen. Auf den Zusatz „international“ hat der ukrainische Heiler bestanden.

„Die Ärzte werden mit den Krankheiten, die im neuen Jahrhundert auf die Welt stürzen werden, überfordert sein.“, hat mir Lapschin selbstsicher die Aufgabe der neuen Institution erklärt.

„Warum?“

„Sie berücksichtigen die energieinformative Struktur nicht, das, was heute üblicherweise als Biofeld bezeichnet wird. Und ich weiß, wie man damit arbeiten kann. Das bioenergetische Wesen des Menschen kann dank der allgemeinen Feldwechselbeziehung, einem besonderen, veränderten Zustand des Bewusstseins, nicht nur mit Stoffen, sondern auch mit Energiefeldern, die eine Erscheinungsform der einheitlichen Quantenstrahlung des Kosmos sind, zusammenwirken.

Jede Information im Universum ist wie eine Frequenzwellenstruktur organisiert. Das Gehirn des Menschen ist in der Lage die Quanten-Wellendekodierung der Hologramme der Vergangenheit, der Gegenwart und der Zukunft, der materiellen und nichtmateriellen Welten vorzunehmen. Haben Sie schon einmal etwas von einem Biocomputer gehört?“

„Sehr wenig, nur das, was mir Anatolij Iwanowitsch erzählt hat.“

„Ich verstehe“ Lapschin sieht mich mit Zweifel in den Augen an und fängt an mir einen ziemlich langen Vortrag zu halten. Ich höre aufmerksam zu. Es interessiert mich wirklich.

„Unsere Denkweise hat sich an die lineare Wahrnehmung gewöhnt. Aber die Ewigkeit hat keine identische Richtung für alles, was in ihr existiert. Es ist höchste Zeit zu verstehen, dass unser Wissen nur ein Einzelfall der Schöpfung ist. Der Paläontologie sind Fälle von Entwicklungssprüngen und dem plötzlichen Erscheinen ganz neuer Lebensformen, die aus Sicht der geregelten Evolution nicht zu erklären sind, seit langem bekannt. Der Mensch ist das Höchste, aber nicht das letzte Glied der Entwicklung auf der Erde. Als biologische Art befindet er sich zurzeit in einer Krise, die sein allmähliches Aussterben zur Folge haben wird, wenn die Natur keinen Anpassungsmechanismus für die neu gebildeten Bedingungen bereitstellt.“

„Und sie kennen diesen Mechanismus?“

„Es ist derselbe Biocomputer, über den wir gesprochen haben, eine Erscheinung des überbewussten funktionalen Systems. Mit seiner Hilfe kann man phänomenale Fähigkeiten entwickeln: verschiedene Möglichkeiten des Sehens, ich meine nicht obligatorisch beim Einsatz der Augen, sondern eher nicht standardmäßige Formen: das Scannen des Raumes, Telepathie, Hellsehen und vieles andere. Dies alles wird den Menschen ermöglichen, das Instrument der Veränderung, Entwicklung und des Überlebens, zu erwerben."

„Die Sowjetunion war nicht nur Weltführer in der Erforschung extrasensorischer Prozesse, sondern auch bei Errungenschaften auf dem Gebiet bioinformativer Technologien, über die die Mehrheit der Menschen fast gar nichts weiß."

„Ein Fließband für die Produktion von Supermenschen?"

„Warum auch nicht? Die Unwissenheit der Bevölkerung auf dem Gebiet der überbewussten Funktion des Organismus und der bioinformativen Techniken muss schnellstmöglich ausgemerzt werden. Diese Techniken schließen eine selbständige Steuerung der energieverteilenden Systeme des Menschen und die Einweisung in die Regelungsmechanismen des allgemeinen Energieaustausches ein. Auf jeder Ebene der planetaren Existenz geschieht bei uns ein „Entkonservieren" eines bestimmten Teiles des genetischen Codes oder des Programmes, das eine qualitativ neue Stufe der Möglichkeiten des Menschen bestimmt, es auf eine höhere Stufe des Daseins hebt. Um zu bleiben, müssen wir uns ändern, die Gewohnheiten, Vorlieben wechseln, fast alle alten Kenntnisse vergessen und neue begreifen."

„Was ist denn ein Biocomputer?" Ich versuche ihn von den allgemein-theoretischen Überlegungen zu einem viel konkreteren Thema zu lenken.

„Ein gewisses Wesen“, antwortet er geheimnisvoll. „Wobei es nicht nur in unserem materiellen Raum und nicht nur auf einer Ebene arbeitet.“

„Wie, gibt es denn viele davon?“

„Es gibt genug“, lächelt Lapschin, und mir scheint, dass sich hinter diesem äußerlichen Lächeln tiefer Spott verbirgt.

Ich hörte Lapschin zu, und musste mit mir kämpfen. Einerseits war der Wunsch da, dem Menschen zu helfen, der seinen Traum verwirklichen will, andererseits bestand ein gewisser Zweifel daran, ob er wirklich den Schlüssel zum Geheimnis des Lebens gefunden hatte. Auch die Zweifel waren begründet.

Seine Überlegungen hatten einen wissenschaftlichen Schein, besonders wenn er schnell sprach. Aber bei aufmerksamer Analyse stellte sich eine in ihnen verborgene ungenaue Terminologie heraus. „Eine Wellen-Raum-Spitzenstruktur“ – was soll das sein? Er sprach über die Quantenstrahlung, und ich hatte nichts Besseres zu tun, als mich zu fragen: „Wie, gibt es auch eine Strahlung ohne Quanten?“ Lapschin brachte den geheimnisvollen Biocomputer zur Sprache, erklärte aber recht zweifelhaft Ursache durch Wirkung. Und offenbar setzt er das menschliche Gehirn einer Maschine gleich.

Alles in allem herrschte von Anfang an Verwirrung. Aber gleichzeitig leuchtete in der Tiefe der ausgeschütteten Offenbarungen wirklich der kaum wahrnehmbare, geheimnisvolle Funke, besser gesagt ein Terra incognita, ähnlich einem unter dem Ozean liegenden Atlantis, verborgen unter den Wellen der Wörter und Emotionen. Ich fühlte dieses Geheimnis, erriet es, und es zog mich zu sich hin.

„Die linke Hirnhemisphäre steht in Verbindung mit den energetischen Vorgängen, und ihre Arbeit ist in den materiellen Raum gerichtet. Die energetischen Kanäle, die Akupunkturpunkte und die Tätigkeit der linken Hirnhemisphäre hängen vom Energieeintritt in unseren Organismus ab. Wenn der Energiefluss im Organismus gestört ist, so hat das einen pathologischen Charakter.“, fuhr der ukrainische Heiler mit seiner aufklärenden Tätigkeit fort.

„Die rechte Hirnhemisphäre ist mit den Vorgängen verbunden, die Informationstragend sind und in enger Verbindung mit dem nichtmateriellen Raum stehen, das heißt mit unserer überbewussten Funktion.

Maler, Musiker, Dichter, Schriftsteller sind die Menschen, bei denen die rechte Hirnhemisphäre funktioniert, das heißt, sie schöpfen ihre Informationen durch ihr Überbewusstsein aus dem einheitlichen informativen Feld, das heute als nichtmaterieller Raum bezeichnet wird. Im Grunde entsteht unser Bewusstsein aus der Tätigkeit des Gehirns, und von der harmonischen Arbeit seiner beiden Hemisphären hängt die Entwicklungsstufe des Bewusstseins ab, sowohl des Unterbewusstseins als auch des ganzen Organismus.“

„Aber werden die Übungen nach ihrem System nicht eben dem Verstand des Menschen schaden?“, versuche ich zu präzisieren.

Er lacht:

„Um dem Verstand zu schaden, muss man ihn zuerst einmal besitzen. Analysieren sie doch mal das Leben, das um Sie herum herrscht – mit Verstand ist es nicht zu erklären. Und eigentlich kann ich mich auf Forschungsergebnisse von mehreren Jahren berufen. Man konnte feststellen, dass keine pathologischen Schäden des Gehirns beim Menschen, die nach meinem System arbeiteten, eingetreten sind. Dafür wurde eine hohe Produktivität des Kurzzeit- und Langzeitgedächtnisses beobachtet. Ausgezeichnete Ergebnisse gab es auch bei der Erhöhung der Aufmerksamkeitsspanne. Es wurde eine plausible Senkung der Unruhe zugunsten eines höheren Tonus des limbischen Nervensystems festgestellt und eine im Vergleich mit den Normalwerten höhere Lebenskraft und psychische Stabilität."

Dieses Gespräch war ein Anstoß für das, was in Folge nicht nur bei uns im Lande bekannt wurde, sondern auch im Ausland: Lapschins Akademie. Lapschin selbst wurde, wie vereinbart, ihr Präsident, und Bereschnoj und ich seine Vizepräsidenten.

„Fast genau einen Monat nachdem er seine Angelegenheiten in Kiew beendet hatte, ist Lapschin nach Moskau umgezogen. Ich habe alle Kosten für die Registrierung der Akademie übernommen. Ein anderer Gründer konnte Lapschin mit seiner Familie in einem der Moskauer Pensionen unterbringen, und wir haben uns in den organisatorischen Prozess aktiv eingeschaltet.

Gleichzeitig fing ich an nach der Methodik von Lapschin mit Lehrern zu arbeiten, die mit ihm aus Kiew gekommen waren.

Am Anfang konnte ich überhaupt keine Energie spüren, und begann sogar mit meinen endlosen Zweifeln unsere geduldigen Lehrer zu verärgern. Aber dann ist etwas Ungewöhnliches passiert.

Es geschah zu Hause, als meine Frau und ich uns mit der Aufgabe der „energetischen Entlüftung" des Kopfes beschäftigten. Ziel der Übung war laut der Methodik Lapschins die Verbindungsintensivierung beider Hirnhemisphären, die Stimulierung bestimmter Hirnareale, der Hirnrindenstruktur und der energetischen und Gefäßsysteme der rechten und linken Hemisphäre, des homostatischen Mechanismus. Dieser Mechanismus soll die Dynamik des energieinformativen Austausches und das System des Blutkreislaufes im Gleichgewicht halten. Seine Ausführung ist mit der besonderen Anoden-Kathoden-Atmung verbunden. Und als meine Ehefrau diese Atemübungen ausführte und mir nach einem bestimmten Schema ihre Handflächen auf den Kopf legte, hat sich meine Sehkraft plötzlich heftig verschärft. Dabei änderten sich auch wesentlich die Farbwerte der Sehwahrnehmung. Die Farben wurden heller, leuchtender, selbst ihre Bandbreite dehnte sich aus.

Die ausgezeichnete Sehkraft ist nicht nur in den nachfolgenden Tagen erhalten geblieben, sondern hat sich bis jetzt nicht wieder verschlechtert. Übrigens sind solche Veränderungen auch bei einem anderen Schüler unserer Gruppe, Professor Anatolij Bereschnoj, eingetreten. Jetzt kommt er ganz ohne Brille aus, was endloses Erstaunen bei seinen Kollegen und Verwandten hervorruft. Dann begannen die Veränderungen mit dem Gedächtnis. Seltsam dabei war, dass auch dieser Prozess sehr schnell vorangeschritten ist. Es ist geschehen, als wir diese Übungen vier Wochen lang durchgeführt hatten. Ich kam nach Hause zurück, aß, legte mich schlafen, und plötzlich schaltete sich bei mir im Kopf ein seltsamer Projektor an. Das, was ich dank dieser Bilder gesehen habe, war kein Traum. Es war eine Diashow, in der mir mit einer riesigen Geschwindigkeit, aber in einer streng chronologischen Reihenfolge, meine Kindheit und Jugend ungefähr bis zum Alter von 25 Jahren gezeigt wurde. Sehr ausführlich, sogar akribisch, wurde auch unsere kleine Welt auf der Stalinstraße in der Moskauer Vorstadt Balaschicha Nr. 3 wiedergegeben.

Da sitzen wir mit unseren Freunden an einem Brettertisch, Pjotr Bitschkow spielt auf der Gitarre und singt. Man hört weder Musik noch Stimmen. Es gibt nur eine Momentaufnahme, aber ich beginne mich sowohl an die Musik als auch an die Wörter, die Vornamen und die Nachnamen dieser Menschen zu erinnern, die ich an die vierzig Jahre lang nicht mehr gesehen habe. Und hier ist unser Waldsee beim

Stadion. Wir haben mit vier Freunden den Unterricht geschwänzt und sind hierher gekommen. Wir sind manchmal stundenlang nicht aus dem Wasser gekommen. Und der geheimnisvolle Projektor zeigt unsere von Begeisterung erfüllten Gesichter. Danach geschieht etwas: ein Mann ist ertrunken. Alle tauchten nach ihm, wir auch. Der Ertrunkene wird aus dem Wasser gezogen und ans Ufer gebracht. Es kommt ein Krankenwagen. Die Ärzte versuchen ihm wiederzubeleben. Vergeblich. Sie wollen abfahren. Die Frau des Ertrunkenen, eine zarte junge Frau, versucht selbst eine künstliche Beatmung bei ihrem Mann und hindert die Ärzte daran ihn fortzubringen. Die Ärzte und Krankenschwestern reden auf sie ein, es sei jetzt sinnlos. Sie hört sie nicht und macht weiter. Die Ärzte setzen sich in den Krankenwagen und fahren langsam weg. Und nach einer Minute wacht der Mann auf, und wir laufen hinter dieser „schnellen Hilfe" her, und holen sie wieder zurück.

So hat dieser Film mir einen Tag nach dem anderen, Stunde für Stunde meiner Jugend vor Augen geführt, und was er mir gezeigt hat, ist wieder in meinem Gedächtnis erwacht, und hat Merkmale der Realität angenommen.

All diese, wenigstens für mein Leben, ungewöhnlichen Ereignisse – die Verbesserung meiner Gesundheit, die nach drei bis vier Wochen eingetreten ist, die seltsamen Effekte mit dem Gedächtnis und, dass ich endlich anfing, die energetischen Einwirkungen zu empfinden und sie selbständig auf andere zu übertragen - haben mich dazu gebracht, die Zusammenarbeit mit Lapschin mit einer überzeugten Ernsthaftigkeit zu betreiben. Ich bin zur zweiten Stufe der Ausbildung (ähnlich der zweiten Schulklasse) übergegangen und bekam den Zutritt zum Biocomputer, dem Mechanismus der inneren und zwischenräumlichen Visionen. Die

Wunder ließen nicht lange auf sich warten. Das Unbekannte streckte die Hand zur Zusammenarbeit aus.

Bereits in den ersten Tagen der Arbeit mit dem Biocomputer hat sich jenes Geheimnisvolle, das sich hinter der Schwelle des Bewusstseins verbirgt, entschieden, seine Fähigkeiten zu offenbaren. Es geschah in einer leichten, freundschaftlichen Atmosphäre, und hatte offenbar nicht das Ziel, mich unterzuordnen oder zu verschrecken. Man wollte mir einfach erklären, wie schwankend und unsicher die Grenze zwischen dem, was wir als so zuverlässig und real empfinden war. Die Grenze zwischen der Wirklichkeit, und dem, was Carl Gustav Jung als Bedeutungsfeld bezeichnete, das die Ideen, Gedanken und Information über die Vergangenheit, die Gegenwart und die Zukunft in sich vereint.

Es geschah an einem gewöhnlichen Morgen eines gewöhnlichen Tages. Ich wurde von einem Sonnenstrahl geweckt. Intuitiv wusste ich, dass es schon höchste Zeit war, aufzustehen, besonders weil ich vor der Arbeit noch das vor einer Woche gekaufte Buch von Jeffrey Mishlav „Die Wurzeln des Bewusstseins" zu Ende lesen musste.

Ich öffnete die Augen. Das Display der elektronischen Uhr zeigte sechs Uhr dreißig an. In meine Pantoffeln schlüpfend, stand ich auf. Ging ins Badezimmer, habe Zähne geputzt. Habe mich gewaschen, rasiert. Die Kinder und meine Ehefrau schliefen noch, und ich begab mich leisen Schrittes in mein Arbeitszimmer. Habe das Buch geöffnet und fing an zu lesen. Ich schlug das Kapitel „Der biologische Wegweiser des Bewusstseins" auf. Die Textstellen, die mein Interesse besonders weckten, unterstrich ich rot. Ich habe einige Seiten gelesen und bemerkte plötzlich, dass sich um mich herum alles zu verändern schien. Ich hob meinen Blick vom Text und begann zu verstehen, dass ich in die Geschichte mit dem Biocomputer hineingeraten bin. Die Wände sind verschwommen und haben eine undeutliche Form angenommen. Das Zimmer wurde zusammengedrückt. Jetzt ähnelte es einer Kammer – das grobe, ungleichmäßige Mauerwerk der neuen Wände war mit blauer Ölfarben bedeckt. Sie versuchten mich an etwas aus der Vergangenheit zu erinnern, aus meiner Kindheit. Zu alledem hat jemand begonnen, leise zu lachen (nicht böse, sondern schelmisch) und ließ mich nicht aus meinem Sessel aufstehen.

Wir wurden darauf vorbereitet, dass etwas Ähnliches geschehen könnte, und man hat uns sogar erklärt, wie man den Biocomputer, der ohne einen Befehl hochgefahren ist, schließen kann. Es ist so, dass die energetischen Übungen, um die Möglichkeiten des Gehirns in der Wechselwirkung mit dem Überbewusstsein oder dem Bedeutungsfeld zu erhöhen, willkürliche transzendente (in Bezug auf unsere Welt verborgene) Funktionen aktivieren. Da die Arbeit des Biocomputers viel Energie kostet, ist es unzulässig, bei seiner selbstständigen Kontaktherstellung nachlässig zu sein. Deshalb habe ich das gemacht, was für sein Herunterfahren notwendig war: Ich presste die Lieder zusammen. Das bewirkte einen Energiestrom, den ich durch Kraft meiner Gedanken über das Rückenmark in den Stirnteil des Kopfes geleitet habe, und ihn durch die Augen austreten ließ. Ich öffnete meine Augen und sah, dass ich mich noch immer im Bett befand, das Display der Uhr zeigt noch immer sechs Uhr dreißig.

Ich stand auf, ging ins Badezimmer. Habe Zähne geputzt, das Gesicht gewaschen. Alles schlief. Ich bin ins Kabinett geschlichen und öffnete das auf dem Tisch liegende Buch von Mishlav. Das Lesezeichen war dort, wo ich es gestern gelassen hatte, am Anfang des Kapitels. Aber als ich anfing zu lesen, stellte ich fest, dass mir der Inhalt der nächsten Seiten gut bekannt war – ich hatte sie gelesen, als der Biocomputer sich eigenmächtig eingeschaltet hatte. Nur die Markierungen, die ich in dem „seltsamen Traum“ gemacht hatte, waren verschwunden. Doch der Text war mir zeilenweise gut bekannt.

Das Geschehene veranschaulicht überaus deutlich die Möglichkeit, Ereignisse in unserer materiellen Welt durch die Vorstellungskraft eines hohen schöpferischen Verstandes herbeizuführen. Im Grunde war das auch lediglich die Demonstration der Möglichkeiten jener Welt, die hinter der Wand des Bewusstseins vor uns verborgen ist. Doch hat keines der Sinnesorgane – weder das Gehör, noch die Sehkraft, weder der Tast-, noch der Geruchssinn – Alarm geschlagen, dass ich eine Illusion sehe, eine Illusion, so real, dass sie die Fähigkeit hatte, die Wirklichkeit anzupassen, sie zu schlucken, zu imitieren, zu ändern, in sich Ereignisse aufzunehmen, die noch nicht stattgefunden haben (die nicht gelesenen Seiten, deren Inhalt mir anschließend bekannt war).

Wenn sich die Wahrnehmung des Lebens ändert, ändert sich das Leben. Der berühmte britische Physiker Sir James Jeans hat einmal bemerkt: „Wenn ein Elektron vibriert, wird das ganze Universum erschüttert“. Der größte Vorteil der neuen Weltanschauung liegt in seiner unendlichen Fähigkeit der schöpferischen, selbstständigen Weiterentwicklung im Zusammenwirken mit der Weisheit des Universums. Jeder Mensch ist eine riesige, unendliche Welt, die einen Zugang zum kosmischen Supercomputer hat. Diejenigen, welche die Fähigkeit zum Zusammenwirken mit ihm bekommen, finden neue Möglichkeiten der Entwicklung.

Es ist nicht kompliziert Kontakt mit dem Biocomputer aufzunehmen, wenn man erst eine Serie des Vorbereitungsunterrichts in Anspruch genommen und die Sicherheitsmaßnahmen studiert hat.

Man bedient sich eines bestimmten Befehls und schon erscheint vor dem geistigen Auge der weiße Bildschirm, ungeachtet der Augenbinde, die getragen wird, damit das Licht nicht ablenkt. Gewöhnlich ähnelt er dem Bildschirm des Fernsehers oder Computers. Aber nur am Anfang. Später, wenn Sie in dieser Fähigkeit fortgeschritten sind, erlangen Sie einen vollkommeneren Zugang der Kontaktaufnahme mit dem nichtmateriellen Raum. Zum Beispiel können Sie dann die Ereignisse „dort“ und „hier“ sogar gleichzeitig sehen und sie sogar beeinflussen, natürlich unter Beachtung der unumstößlichen kosmischen Gesetze. Sie können unendlich weit nach oben auf der Treppe der Evolution emporsteigen, bis Sie eins davon brechen werden, und dann – dann werden Sie alles verlieren. Seien Sie vorsichtig auf der Treppe des Verstandes! Ich fiel von ihr herunter.

Kapitel 2

Es sah so aus, dass sich Boris Orlow meine persönliche Situation beim „Chudlit“ sehr zu Herzen nahm. Er kam regelmäßig zu mir, beriet mich bei aktuellen Problemen, analysierte meine Tätigkeiten. Dass das Staatskomitee für Druckerzeugnisse nicht zu seinem Versprechen stand, eine reguläre Finanzhilfe zu leisten, um die Schulden zu begleichen, ließ mich verzweifeln. Ich hatte doch der Belegschaft versprochen, nicht den üblichen Weg zu gehen, die Finanzprobleme durch eine Kürzung des Personalbestandes lösen zu wollen.

„Dummes Versprechen“, kritisierte mein neuer Freund dies scharf. „Aus der Vergangenheit näherte sich deinem Hals die pelzige Hand der vielen Milliarden Schulden. Reicht dir das nicht? Du hast dich entschieden, deinem eigenen Kollektiv zu erlauben, deinen Hals zu ergreifen. Denkst du, dass es dich zärtlicher erwürgen wird? Wenn man nach den ganze Zeitungsskandale urteilt, sind hier streitsüchtige Menschen versammelt.“

Boris streckte sich entspannt im Sessel. Die Entspannung, die er vorspielte war trügerisch, denn er war, ganz wie eine gespannte Spirale – höchst konzentriert. Ich habe schon aufgehört, mich zu wundern, wie man ständig auf der Hut sein kann.

„Lass uns den Dingen auf den Grund gehen“, bietet er an.

„Einverstanden“, stimme ich zu, und weiß bereits im Voraus, dass ich auch dieses Mal aus seinen analytischen Erwägungen für mich viel Nützliches ziehen kann.

„Du sagst, dass die Höhe der Schulden unter Berücksichtigung der letzten Steuerprüfung und der von deinem Vorgänger hinterzogenen

Steuergelder festgesetzt wurde?“

„Über vier Milliarden Rubel“, reagiere ich augenblicklich auf seine fragende Intonation.

„Wie ist der Kapitalumschlag?“

„Gleich Null.“

„Wie lange dauert die Produktion?“

„Ab heute gezählt, sind es bereits etwa drei Jahre.“

Boris wirft seinen Blick auf mich, prüft, ob ich scherze.

„Wie hoch ist die Rentabilität?“

„Sie beträgt zwanzig Prozent.“

Boris wird blass.

„Du wurdest wohl zu früh aus dem Krankenhaus entlassen. Kennst du irgendeine ökonomische Theorie, welche es in einer solchen Situation erlaubt, an eine gute Zukunft zu glauben und das Versprechen gibt, den Personalbestand zu halten?“

„Nein“, gebe ich ehrlich zu.

„Was gedenkst du zu tun?“

„Mein Vertreter Sergej Kolesnikow hat einen Vertrag über einen Warenkredit vereinbart“, beginne ich aufzuzählen.

„Wie groß ist das Volumen des Kredits?“

„Eine Milliarde zweihunderttausend Rubel.“

„Weiter.“

„Ich nehme bei der Bank einen Kredit auf meine eigenen Aktien einer Erdöl-Chemie-Fabrik auf.

„Wie viel?“

„Siebenhundertmillionen Rubel.“

„Ist das alles?“

„Nein. Es gibt noch den Vertrag mit der Druckerei über die

Produktion auf Kredit. Das ist noch eine Milliarde Rubel“, komme ich der unvermeidlichen Frage zuvor, und nenne die Summe des Druckereikredites.

„Das bedeutet, etwa drei Milliarden“, sagt Boris. „Und wenn du deine eigenen Aktien verlierst?“, regt er sich plötzlich auf. „Was ist, wurde dir versprochen, dir den „Chudlit“ zu schenken, wenn du ihn rettest?“

„Nein“, konstatiere ich. „Ich denke nur, dass es genau so tragisch wäre, den Verlag „Chudlit“ zu verlieren wie das Bolschoi-Theater oder die Tretjakow-Galerie.“

„Findest du?“, brüllte Boris. „Aber was meint der Staat? Der Staat pfeift einfach auf eure Luftschlösser, wenn man bedenkt, dass selbst die versprochene Hilfe nicht geleistet wird. Bursche, komm‘ auf den Boden der Tatsachen zurück. Bis zu Golgatha ist es nicht weit. Und wie es scheint, bereiten die Könner dir schon das Kreuz, und die verrosteten langen Nägel wurden auch schon für dich herausgelegt.“

„Wir haben da noch das Projekt der „Goldene Kollektion“ und suchen nur noch einen Investor.“, gebe ich nicht auf.

„Na, gut“, stimmt Boris unwillig zu. „Lass uns das mal durchrechnen. Drei Milliarden Rubel bei der Umschlagshäufigkeit des Kapitals in drei Jahren – sind neun Jahre. Ist es so?“

„Ja, so ist es“, stimme ich unwillig zu.

„Die Rentabilität beträgt zwanzig Prozent – multipliziere neun noch mit fünf. Das ist ein halbes Jahrhundert, und auch nur in dem Fall, dass du dich nicht geirrt hast.“

„Das kommt nicht ganz hin“, reagiere ich stur, wegen der offensichtlichen Rechnung.

„Na komm.“

„Es gibt noch einige Projekte, die uns Investorengelder verschaffen werden. Übrigens, nach den neuen Projekten wird die Rentabilität über hundert Prozent betragen, und die Umschlagshäufigkeit des Kapitals dann etwa ein Jahr.

„Das ist dann der Fall, wenn deine Wirtschaftswissenschaftler sich nicht verrechnet haben."

„Welche Wirtschaftswissenschaftler?", lache ich. „Die Berechnungen stellen wir selbst an."

„Na, gut", stimmt Boris zu. „Du hast ausgezeichnete Projekte, an die du glaubst, aber kein Geld, um sie zu veranlassen. Dabei berücksichtige Folgendes: Wenn du das Projekt ohne ausreichende Finanzressourcen startest, riskierst du, wegen fehlender Mittel für den Markteintritt, nicht nur den zukünftigen Gewinn zu verlieren, sondern die bereits in die Produktion investierten Gelder."

„Das bedeutet, wir müssen erreichen, dass unsere Bücher einen Qualitäts- und Preisvorzug gegenüber der Produktion der Konkurrenten haben."

„Du bist ein Prachtkerl", lobte Borja. „Man merkt sofort, dass du ein Akademiemitglied bist. Aber wegen des Geldes wirst du nicht zum Professor gehen, welcher dich das gelehrt hat, sondern zur Bank. Dort sitzt ein netter, aber strenger Onkel, der natürlich bereit ist dir das Geld für einen wahnsinnig hohen Zinssatz zu geben, aber in diesem Fall wird der Onkel dich fragen: Welche Sicherheit können sie für ein Darlehen bieten?"

„Das wird er fragen."

„Aber was hast du? Das Gebäude?"

„Das gehört dem Staat."

„Hast du Aktien, Wertpapiere?"

„Es gibt Dividendenobligationen, aber der Staat lehnt es ab, sie zu bezahlen. Der Staat hat es auf das nächste Jahrhundert verschoben.“

„Na siehst du“, erheiterte sich Boris aus irgendwelchen Gründen. „Die Situation wird klarer. Sie bieten dir ein Rennen ums Überleben an. Die Strecke ist schrecklich schwer, die Teilnehmer des Rennens sind Bestien. Und der eigene Staat hat vergessen, dem eigenen Auto Benzin in den Tank zu füllen. Bursche, du schiebst das Auto für hundert Dollar Gehalt im Monat bis zum Ziel. Ist es nicht so?“

„So ist es“, gebe ich ungern zu. „Es existieren keine Staatsinvestitionsfonds, wo man sich Geld für Verlagsprojekte leihen könnte. Und wie es aussieht, plant keiner, sie zu gründen. Ich habe diese Frage schon im Komitee gestellt. Sie sagen mir, dass das föderale Programm der Buchproduktion auch diese Funktion erfüllen müsse. Aber für dieses Programm wird kein Geld zur Verfügung gestellt.“

„Und wie hoch ist bei dir der Anteil der Selbstkosten an den Verlagsausgaben?“

„Fünfzig bis sechzig Prozent.“

„Das ist schrecklich viel. Kein Handelsunternehmen kann es sich erlaubt, über zehn Prozent hinauszugehen. Dabei muss bedacht werden, dass zehn Prozent Selbstkosten euch nicht weniger als fünfzehn Prozent Rentabilität kosten. Stelle eine einfache Rechnung auf, und du wirst sehen, wenn ihr dieses Problem nicht löst – und es ist eben mit der Notwendigkeit verbunden, den Personalbestand um das zehnfache zu reduzieren, seid ihr zu einem schmerzhaften, qualvollen Tod verurteilt.“

Boris sieht abwartend zu mir, schätzt ein, wie das Gesagte auf mich wirkt.

„Bei diesen Ausgangswerten, die du mir genannt hast, hast du bei jedem Rubel, den du in die Buchproduktion investiert hast, fünfzig

Kopeken Verlust. Versteht du?", verstärkt er seinen Nachdruck", „All eure Bemühungen bringen euch Verluste und keinen Gewinn."

Ich schweige. Er kann wirklich bis auf den Grund sehen. Unser größtes Problem sind bis heute die hohen Selbstkosten. Genauer gesagt, die versteckten Selbstkosten, welche mit unserem Gebäude verbunden sind. Beim „Chudlit" haben wir den Moment verpasst, als der Vorteil des riesengroßen Gebäudes sich zum Nachteil gewandt hat. Weil keiner je nachgedacht und nachgerechnet hat, was es uns kostet. Und es gab mit jedem seiner irrational genutzten Meter zweiundzwanzigtausend Rubel direkte Verluste im Monat. Das sind an erster Stelle die kommunalen Kosten, so ist die Lage im Augenblick. Wir haben riesengroße Säle für Versammlungen. Die ganze erste Etage ist für die Bibliothek und verschiedene Stiftungen reserviert. Viele Räume wurden in Wirtschaftslager umgewandelt, wo mit ruhigem Gewissen auf den wertvollen Quadratmetern im Zentrum der Hauptstadt alte Stühle, Schränke und irgendwelches unmögliches Gerümpel aufbewahrt wird.

Ich habe schon einen Plan, wie wir die Zimmer und Räume entrümpeln, die Stiftungen minimieren und die Bibliothek an ihre ehemaligen Räumlichkeiten anpassen können. Die freigewordenen Flächen sollten als Verkaufsfläche für den Buchladen „Pegasus" genutzt werden. Dieses Umsatzkapitel wird ermöglichen, den Menschen reguläre Löhne auszuzahlen. Das Wichtigste ist, seine positive Einstellung nicht zu verlieren. Und das Gefährlichste ist – die Stagnation.

Ich erkläre Boris meine Pläne, aber er versteht mich nicht.

„Es ist leichter, etwas Neues aufzubauen, als diese Umstände hier umzugestalten", spricht er seinen endgültigen Urteilsspruch aus. – Der Weg zum Erfolg – das ist die energetische Anpassung an die sich ständig ändernden äußeren und inneren Bedingungen. Woran kannst du dich anpassen, wenn sie dich mit eisernen Ketten an die Vergangenheit gefesselt haben? Wie kannst du sie sprengen? Wer wird dir dabei helfen? Es wäre besser, dieses Geld und den eigenen Enthusiasmus in den eigenen Verlag „Kultur" zu investieren.

Es existiert ein unerschütterliches Marktgesetz: Man sollte nie das produzieren, was Verlust bringt. Das ist die Formel des Erfolges. Wenn dir aber irgendeine andere Formel bekannt ist, dann nimm die Fahne in die Hand. Aber du musst dir eingestehen, dass das Leben, welches du dir selbst aufgebürdet hast, sich wenig von den Alpträumen auf der Elm-Street unterscheidet. Und das Schlimmste ist: In dem Moment, wo du nach einem Wunder „Chudlit" tatsächlich vor dem Abgrund retten konntest, in demselben Moment, wo du gerade den Rand des Erfolges ergreifen willst, wird sicher jemand erscheinen, der sagen wird: „Wir werden jetzt selbst alles vollenden. Geh, erhol' dich, Dummchen. Wenn bei uns noch irgendetwas den Bach runtergehen sollte, werden wir dich unbedingt rufen."

Die letzten Worte Boris' sind wie Schmirgelpapier über meine melodramatische Figur gefahren, die ich mir wie eine feierliche Hülle angelegt hatte. Sie fiel zu den Beinen meines Ehrgeizes wie das Kleid des nackten Königs aus dem Märchen. Plötzlich sah und verstand ich es: Das, wohin ich strebte, war nur die Phantasie des wahnwitzigen Don Quichote. Absurd war es zumindest aus dem Grunde, weil selbst Don Quichote nie von einer feierlichen Pose auf dem Sockel der Geschichte geträumt hat. Doch warum soll ich die Sünde verheimlichen – ich habe gehofft, wenn der Verlag gerettet wird, wird Applaus erklingen. Ich erwarte keine Belohnung wie Geld oder Ämter. Nur Blumen und Applaus. Aber Boris zeigte genau und erbarmungslos auf, was mich erwarten würde, wenn das Wunder der Rettung vollbracht wäre. Ich kann mich schon freuen, wenn die mir nicht auf die Finger treten. Weil „Chudlit“ tatsächlich ein verlockender Bissen ist, wegen dem die neuen Verlage jederzeit zu einem Nahkampf bereit wären. Jetzt interessiert er sie gerade nicht, weil er sich im Zustand einer halbverwesten Leiche befindet. Aber wenn man ihm wieder Leben einhaucht, werden die anderen Verlage ihn als realen Konkurrenten wahrnehmen, und die Situation würde sich ändern. Der Rivale wird wahrscheinlich genau in dem Moment vernichtet, wenn er eine Perspektive für die Zukunft bekommt, wenn er potentiell gefährlich wird. Seine Vernichtung ist ein bekanntes Verfahren. Es werden Banditen gerufen, und die „Behörden“ werden auch helfen.

Boris beobachtete mit größter Aufmerksamkeit irgendwelche Zeichen, die sich scheinbar in meinem Gesicht zeigten, und die den schleichenden Prozess der Selbstbeschuldigung offenbarten, und bemerkte vielsagend:

„Mir scheint, du hast verstanden, welche Dummheit du begangen hast, als du für diese Stelle dein Einverständnis für die Rolle des Retters gegeben hast. So eine Rolle gibt es in der Welt, in der wir leben, nicht. Geschäftsleute suchen immer nach Gewinnmöglickeiten. Und du hast etwas gefunden, wo du nur verlieren kannst. Es wird der Tag kommen, an dem die, für die du alles riskiert hast, über dich lachen werden. Hast du es wenigstens jetzt verstanden?“

Ich habe verstanden… Er hat Recht, ich habe verstanden… Was ist mir geblieben, wer kann mich unterstützen? Nur die Versprechung am Sarg meines Freundes, den „Chudlit“ zu retten. Aber zu welchem Preis? Über den Preis wurde nicht verhandelt. Es gab einfach nur die Versprechung – zu retten.

Und wieder entfalteten sich parallel zu den Tagesereignissen die

Visionen in meinen Träumen, die zweitausend Jahre alten Geschehnisse – ich sah wieder den Weg, den Weg Christi.

***

...Als Jeschua aus dem Weingarten kam, schritt er, seines Weges sicher, nach Westen zum Berg Karmel. Hinter ihm, in der Bergschlucht zwischen Sulem und Fawor, waren schon die ersten Strahlen der aufgehenden Sonne durchgedrungen, und die Nacht verlor sich allmählich in der Ferne. Das Areal vor ihm hüllte sich in den grauen Mantel der Morgendämmerung, überall kamen deutlich Baumstämme der Feigenbäume zum Vorschein und üppigen Kronen der Gärten, die Nazareth umgaben.

Der Weg begann anzusteigen, und der Horizont des Tales, der anfangs sehr schmal gewesen war, begann sich auszudehnen. Die Spitzen des Sichemgebirges , des Heiligtums von Sichem, das die Erinnerung an die Tätigkeit der ersten Patriarchen Israels bewahrte, wurden sichtbar. Jeschua ging schneller, wie vom Ruf der Jahrhunderte verzaubert, der von den versteinerten Zeugen der Ereignisse ausging. Diese waren einst von den erbarmungslosen Wellen des Vergessens verschluckt worden, fanden nun jedoch Gehör in seinem Herzen.

Aber die Welt wollte nichts wissen, von dem, der fortgegangen war, und zusammen mit der Sonne erwachte das Leben – freudig und sorglos. Die Gärten wurden von Wäldern abgelöst. Hohe und mächtige Baumstämme waren von Lianen umwickelt. Im Gras wimmelte es von taubenblauen Drosseln. Gehaubte Lerchen flatterten von Ast zu Ast.

Auf den Stämmen der alten Bäume grünten Bündel parasitärer Pflanzen. Die zarten Blüten fingen die Wärme der aufgehenden Sonne ein, entfalteten ihre Blütenblättchen, und stießen dabei ein kaum hörbares Geraschel in die dämmernde Stille des Waldes aus.

Trotz seiner Müdigkeit beschleunigte Jeschua seinen Schritt. Er begab sich zu der Windung eines kleinen Bächleins, neben dem ein Fels hoch in den Himmel ragte. Seine Abhänge leuchteten vom Weiß des bloßen Kalksteines. Das reine Weiß inmitten der Wildheit der Natur war merkwürdig, geheimnisvoll und bezaubernd.

Im Fels, in der fast undurchdringbaren Finsternis seiner ausgeschlagenen Höhlen, befanden sich Grabmale. Die sanfte, traurige Aura des mystischen, alten Landes rann aus dem Berg und floss wie unterirdisches Wasser, das durch die Schwere des Schiefergesteins zur Oberfläche hochgedrückt wird, über die rauen Steine in das Grün des Grases, der Sträucher, der Bäume.

Hier hat Jeschua den „Vater" gesucht, hier wollte er ihm seine Verzweiflung mitteilen, ob die wahre Religion Priester und äußere Rituale benötigt.

Jeschua kam nicht das erste Mal zum Fels. Zum Fuß des Findlings, neben welchem die Quelle entsprang, begab er sich gern in die Abgeschiedenheit, um alles zu durchdenken, was Tag für Tag sein Herz füllte. Hier durchdrangen ihn mit besonderer Klarheit die Anklagen der Propheten aus den heiligen Schriften, fast so als würden sie aus den Wurzeln des Gebirgsrückens wachsen. Wie dickflüssiges Glockenmetall nahm seine Seele die Gottesworte des Propheten Jesaja auf: „Was bedeutet mir die Vielzahl eurer Opfergaben? Ich bin vom Verbrennen eurer Widder und vom Dünger des gemästeten Viehs übersättigt... Der Rauch ist mir widerlich. Eure Hände sind voller Blut... Reinigt euch. Entfernt eure bösen Taten aus meinen Augen, hört auf, Böses zu tun, lernt, Gutes zu tun... dann kommt zu mir."

Das war der Ort, an dem Jeschua nicht nur einmal das Gefühl hatte, dass die Zeit jeden Moment stehenbleiben, rückwärts fließen oder sich umgekehrt mit doppelter Geschwindigkeit vorwärts bewegen könnte. Der Fels stand wie eine kleine Insel im Ozean der Jahrhunderte, auf welche die Wellen der Vergangenheit, der Zukunft und auch jener Zeiten, welche nie gewesen waren und nicht kommen werden, schlugen. Der Fels bewahrte ein Geheimnis, das sowohl Propheten anzog als auch die Stimme des Abgrundes, welche er nicht orten konnte.

Jeschua blieb stehen und drehte sich um. Die Sonne hatte mit ihren goldenen Strahlen bereits alles ringsum geweckt – das Gras umgewälzt, die Baumblätter entfaltet, die Insekten in Aufruhe gebracht. Er stand auf dem Platz, wo der Weg endete. Auf einer Seite ragte ein senkrechter Fels empor und versperrte ihm den Weg, auf der anderen Seite war ein sehr steiler Abhang aus Kieselsteinen, welcher ohne Zweifel in Bewegung gekommen wäre und jeden mit sich in den Abgrund fortgezogen hätte, der wagte, auf den Abhang zu treten. Hinter dem Geröll öffnete sich eine Bergschlucht und eine enge steinige Hügelkette, die einer Schlange ähnelte, die über den Boden kroch.

Der Findling lag am Rand der Ebene, seine platte Oberfläche wurde von Wind und Regen poliert, dass sie glänzte.

Jeschua näherte sich dem Stein. Ein trauriges Lächeln glitt über sein Gesicht und brach nur mit Mühe durch die Dichte seines Bartes. Er setzte sich auf den Findling. Zu seinen Füßen plätscherte die Quelle. Jeschua drückte das Gras auseinander, und es bildete sich ein kleiner See, umgeben von Grün und Bergblumen. In ihm sah Jeschua sich selbst wie im Spiegel. Er war klein von Wuchs und gebrechlich wie ein Spross, der sich aus der trockenen Erde zur Sonne durchgestreckt hat. Und wie einen vertrockneten Spross, hat die Sonne auch sein

Gesicht mit ihren Spuren verunstaltet. Seine Augen waren obgleich des gebrechlichen Körpers nicht ausdrucklos und leer, sondern brannten mit der Flamme des Wunsches. Das waren die Augen eines Menschen, der seinen Blick nie gegen seinen Willen von dem abwendete, was er gerade betrachtete.

Und doch war er so arm und so bedauerlich, wie auch jene, deren Schmerzen und Kummer er mit dem Glauben an Bruderschaft und Liebe heilen wollte. Seine dunklen Haare waren durch einen Scheitel geteilt, wie es bei den Nazarenern üblich war. Der Bart war ebenfalls in der Mitte geteilt. Missbilligend warf er einen Blick auf das Spiegelbild im Wasser. Eine kleine Schildkröte mit leuchtenden, sanften Augen kroch aus dem Gras zur Quelle. Als sie den Menschen bemerkte, erstarrte sie vor Angst. Jeschua schmunzelte:

„Warum fürchtest du dich? Du kamst, um zu trinken, dann trink!"

Doch die Schildkröte hörte nicht. Sie drehte sich ungelenk um und begann mit ihren kleinen lustigen Beinchen wegzugehen."

Am Vortag war Jeschua von einer Pilgerreise aus Jerusalem zurückgekehrt. Sein Weg führte wie gewöhnlich durch Ginea und Sichem, vorbei an dem uralten Heiligtum des Siloam-Beckens. Er war zum Vater in den Tempel von Jerusalem gegangen, traf dort aber nur auf die Priester und ihr seltsames Amt. Diese haben sich das Recht angeeignet als Vermittler zwischen Gott und den Menschen zu fungieren.

„Awwa, Vater", rief er mit leiser Stimme, und sein Flüstern glitt als Echo in die Bergschlucht. „Sag mir: Warum stehen deine Priester zwischen Sohn und Vater? Kann ich mich denn nicht mit reinem Herzen an dich wenden, ohne die Vermittlung von denen, welche den Glauben mit falschem Getue entweihen und die Kleidung mit Zeichen von falscher Tugend entheiligen? Wirst du denn nicht die Stimme meiner Seele hören

ohne Hilfe von denen, die Almosen zur Schau stellen und den Glauben in deinen Tempeln verkaufen?"

Er sprach mit solch einer Überzeugungskraft, dass ihn Schwäche überkam und Schweiß seinen Körper bedeckte.

„Du, der das Geheime siehst, weißt selbst, dass sie nicht predigen, um die Wahrhaftigkeit zu begreifen, sondern nur dafür, um die Macht zu bekommen."

Jeschua rückte seinen Kufiya auf dem Kopf zurecht. Seine Augen – tief, dunkel – füllten sich mit Tränen.

„Sag mir, Vater, warum erinnere ich mich an mein Leben dort? Warum hast Du mein Gedächtnis nicht wie bei den anderen gelöscht, sondern zwangst mich, mit dem Wissen der Vergangenheit in diese Welt zu kommen?"

Jeschua beugte sich zum Wasser. Der Sonnenstrahl, der über seine Schulter fiel, entfachte das Wasser, und vielfarbige Sternchen flammten in seiner kalten Tiefe auf. Er begann in ihren komplexen Schimmer zu starren und versuchte durch seine Willenskraft die Bewegung zu stoppen, aber sie flimmerten noch greller auf, wurden erst danach dunkel, verschwammen und hinterließen einen undeutlichen dunklen Fleck. Dieser bewegte sich, drehte sich, als würde er sich auf dem Grund des Bächleins bequem einrichten wollen, suchte seinen Platz in der unendlichen Kette des schon Vergangenen und der erst noch kommenden Zeiten.

Jeschuas Blick wurde von dieser Finsternis in der Tiefe angezogen und begann im Takt mit ihr zu pulsieren, im gleichmäßigen Rhythmus mit der geöffneten Schlucht des Raumes. Die Schlucht rief ihn, lockte ihn zu sich, und Jeschua führte sein Bewusstsein vorsichtig in die Tiefe des geöffneten Abgrundes. Und der Abgrund nahm ihn auf.

Für einen Augenblick schien es ihm, als wäre aus dem dunklen, sich bewegenden Wasser jemandes Antlitz aufgetaucht, wäre auf der Oberfläche sichtbar geworden, und wieder in die Tiefe abgetaucht, Jeschuas Blick mit sich ziehend. Er hatte noch nicht einmal genug Zeit, sich wegen der ungewöhnlichen Vision zu erschrecken, weil die Bedeutung des Geschehenen noch nicht richtig von seinem Bewusstsein verarbeitet worden war.

Erschöpft von der kraftzehrenden Willensanspannung fielen Jeschua ungewollt die Augen zu. In diesem Moment explodierte vor seinem inneren Auge ein blendend-grelles Sternchen. Es flammte auf und dehnte sich zu einem horizontalen, pulsierenden Streifen aus, der sich einen Augenblick später nach oben und nach unten streckte und zu einem weißen viereckigen Raum wurde, ähnlich dem Fenster in eine andere Welt. In diesem Fenster flammte ein buntes, flimmerndes Licht auf – zunächst klein und flackernd, mit der Zeit aber immer greller und greller werdend. Es war wunderschön, blendend, strahlend, aber direkt in seinem Zentrum tauchte mit kaum merkbarer Turbulenz der dunkle Schlund des Korridors der Scheinbaren Zeit auf. Seine unüberwindbare Sogkraft ergriff bereits die Emanationen der plagenden Erwartung, welche Jeschuas Bewusstsein erschuf, stellte sich ein auf die strahlenden Vibrationen, die flimmernden Lichtpunkte zerstreuend, und zog das, was noch vor einem Augenblick der Körper des Menschen war, in sein schwarzes unendliches Inneres ein.

Jeschua fühlte es durch die undefinierbare Verschiebung des Bewusstseins vom Äußeren auf das Inneren, die im Körper eine Leere entstehen lässt. Jetzt musste er selbst zu Licht werden, um sich durch das Grabesgeflüster des Todes, aus der Finsternis des materiellen Raumes in die strahlende Welt hinüberzuretten.

Auf einmal fühlte Jeschua die Schwere seiner Körperlosigkeit. Aber dieses unangenehme Gefühl dauerte nur so lange, bis die Welle des Feuers in ihm aufwachte und er von einer geheimen äußeren Anziehungskraft wieder in den engen, dunklen Raum des Korridors hineingezogen wurde.

Jeschua fühlte sich wie ein Luftballon, der mit heißer Luft gefüllt war. Sein Bewusstsein spannte sich schmerzhaft an, und in ihm drehten sich in Kaleidoskop ähnlicher Reihenfolge Gestalten – immer deutlicher und bestimmter. Sie ergriffen, und zogen ihn in eine Kette von unendlichen Verwandlungen. Hier stieg er als irgendeine Pflanze empor, seine Wurzeln in die Erde drückend, und fühlte, wie durch Stamm und Äste, die von ihm eingesogenen Säfte flossen. Plötzlich änderte sich alles, und er verwandelte sich in eine Eidechse, die wie erstarrt auf einem Stein die warmen Strahlen der Sonne genoss; danach wurde er zu einem Tier, das die Spuren seiner Beute durch Gebüschgestrüpp verfolgte. Die Reihenfolge aller neun Zustände, des ersten kleinen Entwicklungskreises, zeigte sich deutlich in seinem Bewusstsein. Es handelte sich um den vollen Zyklus, den die Energien auf dem Weg zur allumfassenden kosmischen Ebene durchlaufen.

Die Transformation endete, und er fühlte deutlich, wie aus der feinen Verbindung das Potential des neuen Zustandes reifte. Er wurde von der Hülle einer durchsichtigen, funkelnden Kugel angezogen und aus dem Korridor in das zwischenräumliche Medium des Bardo-Kanals hinaus gestoßen – der Kreuzung aller Welten, wo alles begann und alles endete, wo das Bedürfnis herausfloss und wohin die Zufriedenheit strebte. Die strahlende Welt nahm sich seines Körper an, der von der schwarzen rieselnden Finsternis abgesondert wurde, und zog ihn in eine neue Welle funkelnder Lichter.

Jetzt fühlte sich Jeschua wie eine leichte, kriechende Schlange, die ihren Körper zu einem biegsamen, beweglichen Ring zusammenrollte. Er spürte sein mächtiges energetisches Wesen, seine Erfülltheit mit den schwankenden beweglichen Vibrationen des Lichtes und der Finsternis, der Nichtexistenz und der Unsterblichkeit. Alles war jetzt in ihm – die Weisheit und die blinde Leidenschaft, die Heilung und das Gift. Das Wissen, die Kraft, die Hinterlist, die Heimtücke und die Durchtriebenheit haben einander durchtränkt, und flossen in die Fähigkeit zu verschiedenen geistigen Interpretationen zusammen.

Die Vibrationen wuchsen an und strukturierten sich so lange in der Kreuzung der materiellen und nichtmateriellen Dimensionen, der Information und Energie, der Seele und des Bewusstseins, bis sie die Antwortreaktion des Bardo-Kanals aufgerufen hatten. Aus den Protuberanzen der leuchtenden Strahlen entstand die deutliche Darstellung eines sechsköpfigen Drachen.

Der Wächter des Einganges war wunderschön und furchtgebietend zugleich. Seine Köpfe ähnelten dem Maul riesengroßer Alligatoren und trugen Kronen, welche mit kostbaren Steinen besetzt waren. Im Zentrum jeder Krone funkelte ein riesiger Diamant – der Stein der Vollkommenheit, der alle Wünsche erfüllte und erlaubte, in die Seele der Dinge zu sehen.

Die kostbaren Steine auf den Kronen schillerten. Auch die silbergoldenen Körperschuppen und der Kamm waren mit funkelnden Diamanten und Rubinen besetzt. Die mächtigen Tatzen des Drachen, dessen Klauen mit dreifachen Auswüchsen endeten, zitterten leicht. Aus dem Maul liefen Feuerzungen hinunter. Die tief sitzenden Augen hatten keine bestimmte Farbe, da sie sich ständig änderte, in Abhängigkeit vom Grad des Überhängens der massiven Hautfalten.

Die blitzartige Erleuchtung weckte alle vergangenen Existenzen Jeschuas und er erinnerte sich: Die Drachen des Lichtes lebten vor Urzeiten, im Goldenen Zeitalter, unter den Menschen, eröffneten ihnen das Wissen und halfen, die Bestimmung der Evolution des Menschen zu begreifen. Sie wurden Herrscher der Weisheit genannt. Sie lehrten die Menschen, die eigene Energie zu verwalten, die Elementarkraft zu leiten, mit den Götter und Geistern zusammenzuarbeiten, so lange bis die alten Kontinente und Ozeane vom Erdboden verschluckt wurden und neue Gebirgsketten dort entstanden, wo es früher keine gab.

Jetzt konnte niemand nach oben steigen über das sechste Sefira Tiferet, das Haus Christi. Das Universum, aufgeteilt in Licht und Finsternis, bewachte seine Grenze durch furchtgebietende mächtige Wesen, die sich nur den Gesetzen des Kosmos unterordneten.

Der sechsköpfige Drache war ihr Herrscher und personifizierte das vollkommene Gleichgewicht zwischen den beiden größten Kräfte des Universums, männlich und weiblich, er war ein Embryo des gegensätzlichen Ursprungs, eingeschlossen in den Kreis des zyklischen Umlaufes, und der furchtgebietende Wächter der Schwelle.

Der Herrscher der Drachen, dessen Name nicht genannt wird, versperrte den Weg, und keiner hatte das Recht, ihn ohne seine Erlaubnis fortzusetzen.

Die pulsierende Besorgnis, die durch das Erscheinen des Drachen hervorgerufen wurde, begann zu wachsen, sich auszubreiten, ringsum die Unruhe vom Geschehenen auszustrahlen. Der Drache hörte sie. Ein Kopf beugte sich zu Jeschua. Die schwarzen Pupillen, die wie bei einem Wolf, mit einem gelben Lichtschimmer umrandet waren, wurden für einen Augenblick von einer weißen, gallertartigen Membran verdeckt, die unter der Augenfalte hervorkam. Als sie sich hob, sendeten die Augen des Drachen sanfte blaue Strahlen aus, welche den Neuankömmling durchstießen, und er fühlte die Sicherheit im Inneren seiner Energie.

„Das, was schlief, ist erwacht?“, hörte Jeschua in sich die Stimme.

„Ja, der Herrscher“, bestätigte er genauso ohne zu sprechen.

„Ich weiß, dass du gerufen wurdest, aber ich kann dich nicht durchlassen.“

„Warum?“

„Du hast dich schon mit dem Egregor des Jesus vereinigt, des Lebendigen Gottes, aber bei dir haben sich die Idame im Bardo und in der materiellen Welt noch nicht wiederhergestellt. Die zwischenräumlichen Bewegungen im physischen Körper können das Programm zerstören.

„Wer hat das Programm in Auftrag gegeben?“, fragte Jeschua.

„Das System“, antwortete der Drache lakonisch.

„Was ist sein Endziel?“

„Ein Kind zu zeugen nicht nur mit dem Gedächtnis der Vergangenheit, sondern auch der Zukunft, um die Prophezeiung zu verkörpern. Dann wird sich die Zahl sechshundertsechsundsechzig umdrehen, und ein zweiköpfiger Androgyn wird erscheinen, um das Böse und Gute zu trennen.

„Wie werde ich das schaffen?“

„Bald wird sich dein geistiges Sehen einschalten. Das wird dir helfen“, antwortete der Drache, die feueratmenden Köpfe schüttelnd, welche die zwölf zusammenwirkenden Kräfte zwischen den beiden Räumen personifizierten, die Zusammenwirkung von statischen und dynamischen Gesetzmäßigkeiten.

„Und was kommt danach?“

„Die geheime Information“, stellte der Drache ruhig, ohne

Gereiztheit fest. „Du wirst deine Zukunft nach der vollen Vereinigung mit dem Egregor des Programms erfahren."

„Kann jemand ihre Realisierung verhindern?", fragte Jeschua.

„Theoretisch ja, aber praktisch kaum denkbar. Die anderen Hierarchen des Universums verhalten sich neutral zu dem Geschehen."

„Kannst du mir wenigstens die Zukunft bis zum zwischenräumlichen Übergang zeigen?"

„Sieh her", war der Drache einverstanden, und aus der Leere materialisierte sich ein großer ovaler Spiegel.

Jeschua starrte in den Spiegel, und die Spiegeloberfläche trat auseinander und zog sich in den Rahmen ein. Es öffnete sich eine neue Dimension, aus der zwölf leuchtende Kugeln erschienen. Sie umkreisten Jeschua auf verschiedenen Umlaufbahnen, so, als wenn er das Zentrum ihres dynamischen Systems wäre. Und zusammen mit ihrer Bewegung entstand ein wachsender Schall. Seine Vibrationen durchdrangen den Ankömmling und riefen in ihm ein synchrones, nacheinander folgendes Pulsieren hervor, das in bunten, strahlenden Kreisen zusammenfloss. Diese Strahlen vereinten sich zu einem komplizierten Ornament geheimer Symbole, der Stimmen der Harmonie. Sie erschienen und verschwanden, bis aus einer sehr zarten Tönung von klingenden Farben die Darstellung einer uralten Stadt entstand, die auf Hügeln lag.

Jeschua erkannte diese Stadt, sah die Menschen, hörte ihre Gedanken. Verzweiflung durchstach sein Herz.

„Die Wunder, die ich zeigen werde, wird die Kirche für Taten des Satans halten", klagte er traurig. „Weil viele von ihnen meinen, dass nicht nur Gott Vater, sondern auch der Satan solche Kraft habe, um die Toten wiederzuerwecken."

„Beweise ihnen, dass du vom Vater kommst", riet der Drache.

„Wie?“

„Opfere dich selbst. Der Satan opfert sich nicht, er nimmt Opferungen an.“

„Du hast mich aus dem Nicht-Sein ausgestoßen, Awwa, du kannst mich auch zurück nehmen!“, schrie der Gott-Mensch.

Leichter Wind entfloh der Bergschlucht und berührte Jeschuas entzündetes Gesicht. In der Tiefe des Bächleins schwollen große weiße Gasblasen auf und platzten, das kochende Wasser verspritzend, mit einem lauten Geräusch. Er blickte nach unten und sah: Das ganze Gras und die Blumen um die Quelle waren schwarz, und die Blütenblätter waren auf die Erde gefallen.

Kapitel 3

Ein Jahr ist vergangen. Seltsamerweise fingen die Geschäfte beim „Chudlit“ trotz fehlender Finanzhilfe vom Staat an sich zu bessern. Einige wichtige Umgestaltungsmaßnahmen haben dazu geführt, dass der unproduktive Aufwand immer mehr abnahm, während unsere Rentabilität stetig wuchs. Dazu gehörte z.B. die Realisierung einiger erfolgreicher Verlagsprojekte, eine sparsame Umgestaltung des Wirtschafts- und des Realisierungsdienstes, der Buchhaltung, des Lagerkomplexes, der Art der Beziehungspflege mit den Autoren und Literaturagenturen und eine strenge Analyse der Möglichkeiten im Zusammenhang mit der Produktion neuer Bücher. Eine große Rolle spielte dabei auch die administrative Mannschaft, die wir zusammenstellen konnten. Sergej Georgiewitsch Kolesnikow wechselte aus dem Verlag „Aufklärung“ zu uns als mein erster Vertreter. Sehr freundschaftliche Beziehungen haben sich mit Chefredakteur Walerij Sergejewitsch Modestow entwickelt, und bald ist Inara Borissowna Stepanowa, die Stellvertreterin des Hauptbuchhalters, aus dem Verlag „Moderner Schriftsteller“ in den „Chudlit“ zurückgekehrt, und wurde unsere Hauptbuchhalterin. Übrigens kamen viele ehemalige Verlagsmitarbeiter wieder zurück, die ihn unter der alten Führung verlassen hatten. Fast alle mussten beim Übergang Gehaltseinbußen einstecken. Aber der Wunsch, den geliebten Verlag auf die Beine zu bringen und die Überzeugung, dass man es jetzt schaffen kann, waren für sie das wichtigste Argument.

„Chudlit“ war keine Titanik mehr, die in den Strudel des Nichtseins eintauchte. Im Gegenteil, alle, die dort arbeiteten, sahen deutlich neue Perspektiven. Das Gehalt wurde erhöht, und es erschien, dass eine

Zukunft des „Chudlit“ denkbar wäre. Und doch waren es dieselben Menschen, in deren Überzeugung sich ein Jahr zuvor der Verlag seinen letzten Tagen näherte.

„Chudlit“ fiel schon nicht mehr ungebremst nach unten. Er schwebte leicht wie eine Feder. Manchmal blieb er sogar für eine lange Zeit auf einer Stelle stehen, dank unsichtbarer steigender Ströme der inneren Umgestaltung, die allerdings bereits deutlich zu spüren waren. Es kam sogar vor, dass er nach oben emporstieg.

Diese angenehmen Tendenzen begann auch die Presse zu bemerken, und zwar ziemlich wohlwollend: „Die alte Führung hat das schwere Erbe abgetreten. In den Jahren der Stagnation verlegte „Chudlit“ hunderte Titel im Jahr, in den 90ern – niedergeschlagen – gingen immerhin 20 bis 30 Titel raus, aber in der zweiten Jahreshälfte des Jahres 1995 wurde kein einziges Buch herausgebracht. Auf den Schultern des Verlages lasteten Schulden in Höhe von zwei Milliarden, und dazu kommen auch noch monatliche Strafsanktionen.

Die neue Führung plant, die Hauptrichtungen des Verlages zu bewahren. Eines Verlages, der von Maxim Gorki – als dem Förderer der einheimischen und weltweiten klassischen Literatur, allem, was den Stolz unserer und der ausländischen klassischen Kultur ausmacht, geplant und später, zu verschiedenen Zeiten, verschieden verwirklicht worden war.

Wer von uns erinnert sich nicht an die einzigartige Sammlung von Werken, poetischer Serien, ein- und zweibändiger Ausgaben, die vom „Chudlit“ herausgebracht wurden? Beim Verlag ist man davon überzeugt, dass hochwertige Bücher heute notwendig sind, auf dem Markt gibt es wenig davon, diese Nische ist nicht besetzt. Der Verlag plant die Herausgabe von Sammelwerken, die sich über lange

Jahre hingezogen haben, einzustellen. Vorher sollen aber noch die Verpflichtungen gegenüber den Abonnenten eingelöst werden; es ist weder viel noch wenig, aber es sind schließlich zwanzig Sammelwerke der Autoren: Böll, Hoffmann, Fallada, Kuprin, Ehrenburg, Leonid Andreev, Alexander Green, S. Sand, Graham Greene (die Zeitschrift „Schaufenster", 1996, №10)."

Und noch ein Zitat:

„Noch vor einem Jahr bezeichnete man den Verlag „schöngeistige Literatur (Chudlit)" als Titanik. Der Riese des sowjetischen Buchverlages, der von einer festen, aber inkompetenten Hand geführt worden war, hatte im stürmischen Meer der modernen russischen Wirtschaft solche Risse bekommen, dass er, wie es schien, zum Untergang verdammt war. Bücher mit dem Emblem des berühmten Verlages erschienen acht Monate lang gar nicht. Nichtsdestoweniger ist schon ein Jahr vergangen, in dem unter der Marke „Chudlit" regelmäßig neue Bücher erschienen sind, einschließlich der nächsten Bände der Sammelwerke – die Klassik wird nach wie vor hochgehalten. Was für ein Wunder ist geschehen?" („Kuranty", 1997, № 29)."

Ich will nicht verbergen, dass es angenehm war, diese Auszüge zu lesen, vor allem, weil ähnliche Materialien mit beneidenswerter Regelmäßigkeit erschienen.

Konnte ich mir jemals vorstellen, irgendwann einmal den berühmten „Chudlit" zu leiten und, in einer für ihn schweren Zeit in der Rolle des Erlösers zu erscheinen, und darüber hinaus ein bekannter Autor zu werden? Nein, solche Vorempfindungen hatte ich nicht. Und dennoch, wenn man das Gedächtnis anzustrengen versucht...

In unserer Familie existiert eine „Legende", vielmehr die Erinnerung an einen lustigen Fall, deren Teilnehmer ich selbst war. Es geschah im

Jahre 1951. Ich war damals vier Jahre alt. Der Ort des Ereignisses ist sehr prosaisch: die Gemeinschaftsküche. Ich erinnere mich, ich bin in dieses Zimmer gegangen, wo sich meine Verwandten und Nachbarn befanden. Vertieft in ihre alltäglichen Probleme, haben mir die Erwachsenen keine Aufmerksamkeit geschenkt. Und ich wollte in jenem Moment aus irgendeinem Grund, dass man mich bemerkt, jedoch wie sehr ich auch keuchte, wie sehr ich mich unter den Beinen der Erwachsenen drehte – keiner wollte mich bemerken. Dann klammerte ich mich an einen in der Nähe stehenden Hocker und habe es mit Mühe geschafft ihn ins Zentrum der riesigen Küche, wie mir damals schien, zu ziehen, bin auf diese „hohe" improvisierte Tribüne raufgeklettert und sprach in meine kleine zusammengeballte Faust, wie in ein Mikrofon, einige Buchstaben konnte ich zu dieser Zeit übrigens noch nicht richtig aussprechend, und rief: *„Achtung! Achtung! Ich, der Journalist Alkadi Petlow, werde nun meine Gedichte vortragen..."*

Damals hatte ich natürlich noch keine Gedichte geschrieben und konnte auch noch nicht schreiben, aber schon damals fühlte ich in mir den Drang, einen Weg zu suchen, sich auszudrücken, und deshalb habe ich, die Erwachsenen nachahmend, einfach in mein Fäustchen-Mikrofon mit der Zunge geschnalzt, habe mein Hemd in Ordnung gebracht, mich vor dem „ehrenbaren Publikum" verneigt, hingekniet und bin vorsichtig vom Hocker auf den Fußboden hinuntergestiegen.

Welcher Ahnung entstammt dieses seltsame Bedürfnis eines Kindes, sich als Schriftsteller darzustellen, vielmehr als ein seltsamer Hybrid, der „Journalisten-Dichter"? Aber genau so kam es später auch.

Rhythmusgefühl, ein musikalisches Gehör oder auch die malerisch-farbenreiche Sicht der Welt ist nicht jedem gegeben. Es ist, wie man sagt, ein Gottesgeschenk. Und diese Gabe ist wie Geld: Entweder es ist da, oder es ist nicht da! Hier wird mir alles klar. Aber… auf einen Hocker zu klettern… dazu braucht man Mut: Es besteht die Möglichkeit herunterzufallen, und es wird wehtun, und alle werden diesen Sturz sehen. Aber um zu der nicht ausgeschmückten „Familienlegende“ zurückzukehren, kann man mit aller Gewissheit behaupten, dass ich meine Bestimmung seit früher Kindheit kenne. Denn jedes beliebige neue Unternehmen, jeder Neuanfang, stellt in vielerlei Hinsicht ein Risiko dar.

Aber ich ließ mich schon immer von den Wellen des Schicksals tragen. Und ob ich es wollte oder nicht, es zog mich immer auf die Laufbahn, die von höheren Mächten für mich vorgesehen war. Meine Mutter hat sich trotz jenes himmlischen Küchenauftrittes entschieden, mich für ein Studium an der Chemisch-Technischen Fachschule anzumelden. Und was ist daraus geworden? In ein Ohr geht die Festigkeitslehre hinein, und aus der Hand fließen anstelle der Mitschrift, Reime… Im dritten Semester habe ich das Studium abgebrochen.

Und nach dem Wehrdienst, wo ich mich zu genüge mit der Bildung von Reimen beschäftigt habe, entschied ich, dass die Zeit reif war, für eine Zeitung zu arbeiten. Ich hatte den Eindruck, dass alle Dichter bei Zeitungen oder Zeitschriften arbeiteten müssten. Ich erinnere mich noch deutlich an das erstaunte Gesicht des Redakteurs der balachischen städtischen Zeitung „Die Fahne des Kommunismus“, Oleg Alekseewitsch Wawilkin, der als Antwort auf die Frage: „Und was können Sie?“, eine sorglose Antwort erhielt: „Gedichte schreiben!“

Oleg Alekseewitsch brüllte sinngemäß: „Ich bin jetzt schon bereit, vier Dichter gegen einen Journalisten zu tauschen!“ So habe ich erkannt, dass Dichter und Journalist nicht ein und dasselbe ist.

Aber immerhin wurde ich Journalist.

Formal schon am nächsten Tag. Oleg Alekseewitsch hat mir, wie ich jetzt verstehe, in einer Lehrabsicht sofort angeboten, einen Artikel zu verfassen. Und gab mir ein Thema. Am Abend sammelte ich hastig Informationen, und am Morgen des nächsten Tages gab ich das Material ab. Oleg Alekseewitsch las meinen Artikel, strich ab und an Wörter weg, und schrieb oben seine Varianten auf. Ich wurde irgendwie sofort zerrüttet, betrübt, und am Ende seiner Korrektur war es mir endgültig peinlich. Ich bin aufgestanden, habe mich entschuldigt und bin schuldbewusst zum Ausgang gegangen. Wawilkin hielt mich zurück: „Und so schreiben meine Mitarbeiter, die die Staatliche Moskauer Universität beendet haben!“ Er zeigte mir die Seiten eines vollständig beschmierten Textes, der vom Redakteur eigentlich von neuem geschrieben werden musste. Oleg Alekseewitsch war mein erster Lehrer in der Journalistik. Durch seine Empfehlung wurde ich später in den Verband der Journalisten aufgenommen.

Und dennoch kann man, wie die unternehmungslustigen „Yankees“ sagen, das Pferd zum Fluss bringen, es aber nicht zwingen zu trinken… Jetzt ist eine neue Zeit angebrochen, und ich habe eine neue Aufgabe.

Und da gibt es auch noch diese seltsamen Erinnerungen an die Ereignisse vor zweitausend Jahren, in ihren Allegorien so dicht verknüpft mit den Sorgen des jetzigen Tages. Und dieser seltsame, sehr seltsame Lapschin. Wieso? Warum? Wovor wollten sie mich warnen?

* * *

Die Öffnung des Bildschirmes des inneren Sehens bedeutet die Öffnung in eine andere Welt, die immer nebenan ist, aber wir sehen und bemerken sie nicht. Wie der bescheidene Geppetto nicht wusste, dass sich hinter einem Stück Tuchs, hinter der gezeichneten (geisterhaften!) Feuerstelle an der Wand seiner Kammer, die Tür in ein zauberhaftes Land verbarg. Natürlich bin ich pedantisch wie Pinocchio und habe begonnen, mich mit der aktiven Suche nach traditionellen, wissenschaftlichen Beweisen für jene Phänomene zu beschäftigen, die so rege und unerwartet in mein Schicksal eingedrungen sind, in das Schicksal eines gewöhnlichen Menschen. Und mit Erstaunen habe ich festgestellt, dass Hunderte von Laboratorien, Universitätslehrstühlen, wissenschaftlichen Instituten und Sonderdiensten verschiedener Länder sich aktiv mit der Entwicklung von Theorien beschäftigen, die die angesammelten Tatsachen der Hellsichtigkeit, wie Telepathie, Levitation, Teleportation und Extrasensorik zu erklären versuchen. Darüber wurde das ein oder andere geschrieben, und ich wusste auch einiges darüber. Aber die erschütternden Erfahrungen eines gewöhnlichen Bürgers durch Erscheinungen und, wie in meinem konkreten Fall, mit dem Biocomputer, waren nur Randerscheinungen der Möglichkeiten des merkwürdigen Instrumentes der unerforschten Welt. Der Biocomputer konnte Wunder vollbringen, wie man sagt, im kleinen und im großen Stil, und noch vieles darüber hinaus. Alle berühmten Medien, Hellseher, Propheten hängen offenbar vollständig davon ab, in wie weit sich ihnen die unbeschränkten Möglichkeiten dieses merkwürdigen Meisterwerkes der feinstofflichen Techniken eröffnen.

Damals wusste ich noch nicht, dass der Zugriff des Biocomputers auf diese oder jenen Programme direkt von den Errungenschaften jedes konkreten Menschen abhängt, auf dem Weg der Evolution in der Kette der Verkörperungen des irdischen Daseinsplanes. Und dass das Ziel dieses Rennens schon nah ist, geht aus einer Zahl hervor, genauer gesagt, aus einem Datum. Ein gewöhnlicher Kalendertag. Der letzte Tag des

Nulljahres, das Jahr des Milleniums, das Jahr der Veränderungen. Es ist ein sichtbarer Schlussstrich, der die alte Welt von der neu erscheinenden Welt der wirklich kosmischen Ära des Menschen trennt. Freilich werden diese Schwelle nicht alle überschreiten. Viele müssen den Weg auf der Spirale des Aufstieges nach den alten Bedingungen fortsetzen, wo die Kausalabhängigkeiten streng von den Gesetzen des Karma reguliert werden: Hat man einem Menschen etwas Schlechtes gewünscht, so kann man davon ausgehen, dass das Unglück einen selbst ereilt; wer andern eine Grube gräbt, sollte sich vorsehen, ob das Gleiche nicht auch schon mit ihm selbst geschieht. Hast du eine schlechte Tat begangen oder negative Gedanken im Kopf getragen, so wundere dich nicht, wenn deine Gesundheit schlechter wird, das Herz oder die Leber schmerzt.

Es kommt aber auch vor, dass das Karma mit seinem Schicksalsstab nicht den Schuldigen, sondern einen Verwandten – den Sohn, die Tochter, die Mutter, den Vater – bestraft. Die Menschen beklagen die Ungerechtigkeit des Schicksals seit langem. Zum Beispiel beendet der weißrussische Schriftsteller Wassil Bykow, Autor der wohl besten Bücher über das Volk im Krieg, die Erzählung „Steinbruch" mit der bitteren Klage: „Für alles muss man bezahlen, für das Gute und das Schlechte, das beides so fest in diesem Leben eingebunden ist; die Frage ist aber, wer zahlt. Natürlich zahlt der, welcher die wenigste Schuld trägt, wer mit einem Gewinn nicht rechnet, wer von Geburt an verdammt ist, zu geben, im Unterschied zu denen, die gelernt haben zu nehmen und zu erheben."

Ja, auch das ist die Wahrheit. Aber es ist unsere, die menschliche Wahrheit. Uns ist nicht gegeben zu wissen, was Gott davon hält, der unser Vater ist, wie sein Plan aussieht. Deshalb muss man sein Kreuz würdig tragen. Denn auch Jesus Christus klagte in seiner menschlichen

Gestalt, dass ihm der Vater seine Gnade vorenthalten würde.

Und was sagt die Wissenschaft dazu, wie erklärt sie die Wunder, die um uns herum geschehen, die wir in der Regel ignorieren, sie für unglaubwürdig halten, wenn sie nicht durch wissenschaftlich-technische Mittel bestätigt wurden. Übrigens ist die letzte, die am meisten verbreitete Forderung, dass die Phänomene glaubwürdig sein müssen, die absurdeste. Stellen Sie sich vor, was wäre, wenn im Altertum ein Visionär angefangen hätte, die Mitbürger zu überzeugen, dass man ein Fluggerät aus Eisen schaffen und darin im Himmel schweben könne. Sicher hätte ihn ein Akademiemitglied, irgendein Krugljakow, des unwissenschaftlichen Gedankenguts beschuldigt, hätte aufgerufen, eine Kommission zu gründen und dem Unehrlichen die Todesstrafe zu verkünden. Und er hätte auf seine Art Recht gehabt, weil die entsprechenden Gesetze der Physik noch nicht entdeckt waren. Krugljakow war selbst nicht in der Lage, diese Gesetze zu definieren, und folglich Tod jedem, der versucht, die Schwelle seiner Unwissenheit zu übertreten.

Um die Phänomene zu erklären, die in letzter Zeit immer häufiger aufgetreten und beobachtet worden sind, ist die Entdeckung neuer physikalischer Gesetze, das Verständnis neuer Formen der Übermittlung von Energie und Informationen, notwendig.

Natürlich werden diese Entdeckungen noch einige Male in das halbzerstörte Gerüst des klassischen Systems der Weltanschauung einschlagen. Natürlich werden sie einer Reihe von maßgeblichen Gelehrten Prestigeverluste einbringen. Das ist aber ganz normal. Das mechanistische Weltbild wurde schon vor hundert Jahren abgelöst, den Vulgärmaterialismus, den Darwinismus und andere „Irrtümer“ hinter sich herziehend. Und genauso wird auch der primitive Idealismus abgelöst werden. Die zentrale Frage der Philosophie: „Was war zuerst da, die Materie oder das Bewusstsein?“, hat ihren Sinn verloren. Ich verweise auf C. G. Jung:

„Beide Auffassungen, sowohl die materialistische als auch die spiritualistische, sind metaphysische Vorurteile. Die Annahme, dass dem lebenden Stoff ein psychischer und der Psyche ein physischer Aspekt eigen ist, entspricht der Erfahrung besser. Wenn wir aber die parapsychologischen Tatsachen berücksichtigen, dann muss die Hypothese des psychischen Aspektes über den Bereich der biochemischen Prozesse hinaus auf den Stoff überhaupt ausgedehnt werden. In diesem Falle würde das Sein auf einer bis jetzt unerkannten Wesenheit beruhen, welche zugleich stoffliche und psychische Eigenschaft besitzt.“

Was die Wissenschaftlichkeit betrifft, so gibt es ein Sprichwort, dass man die Fackel der Weisheit nicht tragen kann, ohne jemandem dabei den Bart zu versengen. In der Wissenschaft ist es wie überall – einer hat eine Gabel und sieben haben einen Löffel. Erinnern wir uns daran, dass vor zwanzig Jahren jeder vierte Wissenschaftler in der Welt ein sowjetischer Wissenschaftler war. Womit sie sich beschäftigt haben, welche Früchte die Wissenschaft dem sie fütternden Volk dargebracht hat, ist allgemein bekannt.

Ja, natürlich den Duft der Wissenschaft – Fakten. Das Pflichtgefühl der Wissenschaftler liegt in der rationalen Erklärung von Erscheinungen. Aber wenn die Erscheinung offensichtlich ist, sollte man sich nicht davor verstecken, sondern sie studieren, verstehen.

Und immerhin wurde auch einiges in dieser Hinsicht unternommen.

Lapschin hat bei unserem ersten Gespräch die Wahrheit benannt: Die Sowjetunion war führend in der Welt, nicht nur in dem Studium extrasensorischer Prozesse, sondern auch in den Errungenschaften auf dem Gebiet der Bioinformationstechnologien, von denen die Mehrheit der Menschen fast nichts weiß. Die sensationellen Entdeckungen des russischen Chinesen Dr. Zsjan Kantschschena, die in seiner Arbeit „Die Theorie über Steuerung der Felder“ dargelegt sind, haben in der damaligen Zeit die Aufmerksamkeit der Abteilung der Wissenschaft des Zentralkomitees der KPdSU erregt und wurden geheimgehalten. Doktor Zsjan war es gelungen, festzustellen, dass die „DNA einfach eine „Kassette“ mit Aufzeichnungen von Informationen ist, und ihr materieller Träger sind die bioelektrischen Signale“. Mit anderen Worten: Das elektromagnetische Feld und die DNA sind vereintes genetisches Material, das in zwei Formen existiert: in der passiven Form – DNA und aktiven Form – dem elektromagnetischen Feld. Die erste trägt den genetischen Code, der die Stabilität des Organismus gewährleistet. Die zweite ist in der Lage, es zu ändern. Dazu genügt es, mit bioelektromagnetischen Signalen, die gleichzeitig Energie und Informationen enthalten, darauf einzuwirken.

Diese Theorie hat Zsjan Kantschschen in der Praxis glänzend bewiesen: Er hat eine Anlage geschaffen, die DNA-Informationen eines lebenden Objektes auslas und sie auf ein anderes Objekt richtete. Daraufhin geschahen die geplanten Veränderungen. Zum Beispiel bildeten sich bei der distanzierten Einwirkung des Biofeldes der grünen Masse des Weizens auf keimende Maissamen an Stelle des Fruchtstandes eigentümliche Ähren mit Körnern, die dem Mais und dem Weizen ähnlich waren. Die neuen Merkmale bleiben in den späteren Generationen erhalten, das heißt, sie wurden genetisch gefestigt. Das Biofeld einer Melone beeinflusste die keimenden Samen einer Gurke. Das Ergebnis war, dass die Gurken den Geschmack der Melone und eine veränderte DNA hatten, was die Grundlage des Genotyps darstellt.

Die Einwirkung des Biofeldes einer Ente auf Hühnereier bewirkte, dass sich bei den Küken Häutchen zwischen den Zehen bildeten, die Form des Kopfes wurde flach, die Augen veränderten sich. Unter der Einwirkung des Biofeldes von jungen grünen Keimen verschiedener Nahrungspflanzenarten auf den Menschen betraf die Veränderung die Haarfarbe (graue Haare verschwanden) und die Haarstruktur. Die Testpersonen sahen jünger und besser aus, ihr Wohlbefindet stieg, und insbesondere verbesserte sich die Immunabwehr.

So war es experimentell zum ersten Mal bestätigt, dass die extrasensorische Einwirkung ein außerordentlich mächtiges und wirksames Instrument gerade auf jenem Gebiet ist, wo die weltweite Wissenschaft bis jetzt sehr bescheidene Ergebnisse erzielte.

Die Arbeiten von Zsjan Kantschschen sind durch Patente geschützt, und gelten als Meilenstein unter den Kritikern der traditionellen Wissenschaft, die eine psychophysische Gestalt der Wirklichkeit ablehnt. Bis zu jener Zeit hielt die traditionelle Wissenschaft die aktive Beteiligung des Gedankens und des Bewusstseins an den zu erforschenden Prozessen für absurd. Es wurde angenommen, dass mentale Prozesse nur eine Folge neurophysischer Reaktionen sind, dass sie keine eigene Energie besitzen, ja besitzen können, die unabhängig von einer neurophysischen Reaktion existiert.

Aber wie kann dann erklärt werden, was das bekannte israelische Medium Uri Geller macht? Mittels Kraft der Gedanken löschte er Informationen, die auf Computerdisketten gespeichert waren. Er verbog während eines Fernsehauftritts Löffel und Gabeln in den Häusern der Fernsehzuschauer, über eine Entfernung von hundert und sogar tausend Kilometern, unabhängig davon, in welchem Land die Sendung empfangen wurde – in England, Frankreich oder den USA.

Anlässlich dieses Phänomens hatte ich in der Fernsehsendung „Guten Tag!“, ein kontroverses Gespräch mit dem Vizepräsidenten der Russischen Akademie der Wissenschaften Jewgenij Pawlowitsch Welichowyj. Nachdem er die Demonstrationen von Uri Gellers Fähigkeiten gesehen hatte, hat er geschmunzelt und teilte mit, dass der bekannte US-amerikanische Illusionist – John Rendy – Uri Geller überführt hat, alle seine Wunder als Tricks erklärend. Die Antwort auf die Frage, wo Geller selbst diese Tricks gelernt haben sollte, blieb mein Gesprächspartner allerdings schuldig.

Tatsächlich hatte es eine solche Aufdeckung gegeben. Genauso wie die Fortsetzung dieser Geschichte. Die größten Wissenschaftler Amerikas, die an den Experimenten mit Uri Geller beteiligt waren, haben Rendy auf den Unterschied hingewiesen, was Zauberkünstler in einer Vorführung machen und was Physiker in wissenschaftlichen Experimenten zu untersuchen versuchen. Danach folgte ein gerichtliches Verfahren, und der Rechtsspruch erfolgte zugunsten Uri Gellers. Entweder wusste Jewgenij Pawlowitsch davon nichts, oder er wollte es einfach nicht wissen.

Solche Methoden der Halbwahrheit, des Verschweigens oder der einfachen Verfälschung gibt es auch in Bezug auf berühmte Heiler. Die europäische Assoziation des Gesundheitswesens (eine vollkommen traditionelle Institution!) untersuchte philippinische Wunderheiler, die ohne Messer sehr komplizierte chirurgische Operationen, auch onkologische, durchführten. In den Dokumenten war die Authentizität des Phänomens und die Effektivität dieser ungewöhnlichen Heilungsmethode festgehalten. Zugleich gab es in den Schlussfolgerungen der Kommission ein Kapitel, in dem Machenschaften von Scharlatanen aufgedeckt wurden, die bei einer gewinnbringenden

Sache unvermeidlich auftauchen. Eben dieses Kapitel wurde von der einheimischen Presse unter Mitwirkung einiger Beamter der Russischen Akademie der Wissenschaften aufgegriffen. Krieg ist eben Krieg – sonst würde man in Zukunft wirklich keine Chirurgen, Internisten, oder Medikamente mehr brauchen.

Aber kehren wir doch zu unseren Medien, auf den einheimischen Boden zurück.

Zur selben Zeit führte in der Staatlichen Universität Moskau der Doktor der physikalisch-mathematischen Wissenschaften, Professor J. P. Pytjew, Untersuchungen mit Spezialisten durch, die in unserer Akademie ausgebildeten wurden, und mit geschlossenen Augen sehen konnten.

Professor Pytjew ist es gelungen nachzuweisen, dass bei der extrasensorischen Wahrnehmung eines Objektes gewisse geheimnisvolle Strahlungen erzeugt werden, die im Millimeterwellenbereich anzusiedeln sind. Dabei befindet sich die Strahlenquelle außerhalb des Kopfes des Mediums (gleich den virtuellen „Augen").

Was die Wahrnehmung selbst betrifft, so hat der Wissenschaftler in Experimenten mit einem difraktionellen Gitter festgestellt: Es erinnert an einen holographischen Prozess. Übrigens wurde die wellenartige Struktur der Erscheinung mit Hilfe der Fresnel-Zonenplatte geprüft, die in diesem Wellenlängenbereich wie eine Sammellinse wirkte.

Die nächstliegende Analogie war die akustische Ortung (die akustische „Sehkraft") der Fledermäuse und Delphine. Sie stoßen einen Laut im Ultraschallbereich aus, der von den umgebenden Objekten gestreut und von den akustischen Rezeptoren wahrgenommen wird.

Im Weiteren hat Jurij Petrowitsch Pytjew die richtige Schlussfolgerung gezogen, nämlich dass für die Interpretation der extrasensorischen und visuellen Wahrnehmungen das Bewusstsein verantwortlich ist: „So ist es offenbar bei der Mehrheit der Extrasensoriker einfach noch nicht darauf trainiert, extrasensorische Informationen in visueller Form darzustellen. Zum Beispiel fühlen sie, wenn sie mit geschlossenen Augen die Hand einem Magneten nähern eine „Wärme“ oder „Kälte“, aber sind nicht in der Lage ihn zu „sehen“.

Als Physiker glaube ich nur an das, was mit Hilfe von Geräten registriert werden kann. Und die Tatsache, dass es gelungen ist, die enge Verbindung zwischen extrasensorischer Wahrnehmung und elektrodynamischen Prozessen ans Licht zu bringen, ist außerordentlich wichtig.“

Pytjew war nicht der einzige, der sich mit der Erforschung dieses Phänomens ernsthaft beschäftigte. Publikationen, die in der Presse in ZusammenhangmitderTätigkeitunsererAkademieregelmäßigerschienen sind, haben die Laborleiterin am Forschungsinstitut des russischen Gesundheitsministeriums für traditionelle Behandlungsmethoden, Olga Iwanowna Kokina, die sich mit dem Studium der Hirntätigkeit beschäftigte, angeregt, eine Serie von Experimenten zur fernbetätigten bioenergetischen Wechselwirkung zwischen den Spezialisten, die von der Akademie ausgebildet waren, und ihren Patienten durchzuführen. Die Ergebnisse dieser Versuche waren phänomenal.

Olga Iwanowna begründete eine neue Forschungsrichtung, die dem Gebiet der sogenannten virtuellen Realität des Gehirns und des Bewusstsein zugeordnet werden kann. Die virtuelle Realität entsteht durch die kontaktlose fernbetätigte Wechselwirkung zwischen dem Gehirn des Operators (des Heilenden) und des Empfängers (des Patienten). Diese Wechselwirkung prägt sich in der Synchronisation des Biopotentials aus, das jedes Mal einen bestimmten Bereich des Gehirns des Operators und des Empfängers betrifft. Es wird vorgeschlagen, diese neue Realität als ein virtuelles Gehirn zu betrachten, das dank der Tätigkeit verschiedener Gehirnareale beim Operator und Empfänger funktioniert.

Ähnliche Ergebnisse wurden auch in anderen Ländern erzielt. Einer der weltweit führenden Fachkräfte auf dem Gebiet der Krebserkrankungen, Björn Nordenstrom, verwendete feinste Körperenergien für die Krebsbehandlung. Nordenstrom ließ diese Energie in einer Frequenz, die mit der Krebszelle in Resonanz trat, schwingen, woraufhin sie gesundete.

Die virtuellen Augen, die von Professor Pytjew festgestellt wurden, das virtuelle Gehirn, das von der medizinischen Wissenschaftlerin Kokina entdeckt wurde, sind bei Weitem keine routinemäßigen Ereignisse der gewöhnlichen Forschungsarbeit. Sie sind wie der Hebel des Archimedes, mit dessen Hilfe man die Welt buchstäblich aus den Angeln heben kann. Das Wissen, das der Mensch erhält, wenn er diese Entdeckungen weiterentwickelt, wird zu einer Kraft von globaler Bedeutung.

Schon mehrfach wurden im Fernsehen Menschen gezeigt, die mit geschlossenen Augen sehen konnten, die Bücher mit Hilfe der alternativen Sehkraft oder des Bildschirmes der inneren Sehkraft lesen konnten. Häufig werden zu solchen Sendungen Experten eingeladen, irgendwelche bekannten Wissenschaftler, bemerkenswerte Fachkräfte. Nur eines ist schlecht: Von dem Phänomen, das sie erklären sollen, hören sie zum ersten Mal bei eben jener Fernsehsendung. Natürlich lautete die banale Schlussfolgerung immer: Sie sehen wahrscheinlich heimlich durch ein Loch.

Im Übrigen meine ich, dass der heutige Gelehrte, wenn er das

Problem nicht studiert hat, die notwendigen Forschungen nicht durchgeführt hat, nicht befugt ist, eine öffentliche Meinung zu äußern, sich vielleicht sogar nur zur Unterhaltung im Fernsehen zur Schau zu stellen. Als ein Beispiel für wissenschaftliche Gewissenhaftigkeit halte ich die Position, die konkret in dieser Frage die größte internationale Autorität auf dem Gebiet der Neurophysiologie, die Preisträgerin und Direktorin des Instituts der Gehirnforschung, das Akademiemitglied Natalja Petrowna Bechterew eingenommen hat. In einem Interview anlässlich des im Fernsehen gezeigten Beitrages darüber, dass Kinder, die das Augenlicht verloren hatten, eine andere, alternative Sehkraft als Ersatz entwickeln könnten, erklärte sie Folgendes: „Die Demonstration war überzeugend: Die Kinder lasen die Texte aus den Büchern nach einer zufälligen Auswahl, fuhren Fahrrad, Hindernisse geschickt umfahrend, und konnten eine Reihe anderer Handlungen ausführen, die eine normale Sehkraft vermuten ließen.

Als ich mit einem in der Extrasensorik sehr bekannten Spezialisten gesprochen habe, hörte ich: „Ich habe es selbst gesehen: Sie betrügen“

Aber ich habe es auch gesehen. Sie betrügen nicht“ (die Zeitschrift „Nachalo“, Nr. 2).

Und Natalja Petrowna hat das getan, was andere schon früher hätten tun sollen: Sie rief ein Forschungsprogramm für das Studium dieser Phänomene ins Leben. Zu diesem Ziel lud sie bekannte Spezialisten ein, die Erfolge in der Eröffnung der alternativen Sehkraft erzielt hatten, und bot an, ihre Arbeit in den Räumen des Institutes der Gehirnforschung in Begleitung von ihren Spezialisten, unter konsequenter Festhaltung der Ergebnisse, mit Hilfe einer speziellen Forschungsapparatur, durchzuführen.

Als Kandidatin für die Entwicklung der alternativen Sehkraft konnte die Tochter eines Institutsmitarbeiters gewonnen werden, der im Alter von sechs Jahren ein Geisteskranker die Augen ausgestochen hatte. Sie hieß Larissa Pawlowa. Seit jenem schrecklichen Vorfall waren schon zwanzig Jahre vergangen. Hier ist ein Ausschnitt aus den Ergebnissen dieser Arbeit, über die Natalja Petrowna in derselben Zeitschrift berichtete:

„Die Experimente haben eine Reihe von interessanten Tatsachen (Mechanismen) ans Licht gebracht. Die bedeutsamsten sind, dass bei einer großen Sehbelastung, bei geöffneten oder geschlossenen Augen, mit großer Leichtigkeit nicht die gewöhnliche Sehkraft, sondern eine sich bildende, alternative Sehkraft eingesetzt werden kann. Das Gehirn hat keine Schwierigkeiten auf diese möglicherweise vorteilhaftere Weise der Reizaufnahme umzuschalten. Die erzielten Ergebnisse unterstreichen das Vorhandensein einer physiologischen Seite bei der durchgeführten Ausbildung und die Existenz einer geistigen (alternativen) Sehkraft.“

So handelt der wahre Wissenschaftler, wenn bei ihm Zweifeln bestehen. Er führt Forschungen durch und macht als Folge, wenn die Intuition ihn nicht im Stich lässt, eine neue, weltbedeutende Entdeckung.

Es gibt also tatsächlich immerhin materielle Spuren von extrasensorischen Einwirkungen auf den Geräten der Forscher. Obwohl ich persönlich sehr skeptisch bin, dass man durch das traditionelle wissenschaftliche Studium solcher Phänomene bis zum Wesenskern der Erscheinungen gelangen kann. Denn die Menschen, die solche Forschungen durchführen, haben eine Hyperentwicklung der linken Gehirnhemisphäre, die die Rechte auf das ganze Gehirn beansprucht. Eine solche linke Hemisphäre „will“ die Gleichberechtigung mit der rechten Hemisphäre nicht, und kampflos wird die Position nicht abgegeben. Sie sperrt sich gegen die Informationen, die über den Kanal der Intuition eingehen, und wenn sie sie überhaupt ins Bewusstsein des Menschen eintreten lässt, so bemüht sie sich, die Theorie von der Primärquelle des Phänomens abzuschneiden.

Sogar einer der hervorragendsten Heiler des 20. Jahrhunderts, der berühmte Edgar Keys, wusste nichts vom Mechanismus, den er für die Behandlung verwendete. In einem Trancezustand diagnostizierte er die Erkrankungen von Patienten, die er niemals gesehen hat, und gab Anordnungen zur Behandlung von Tausenden von Menschen. Keys hatte keine medizinische Ausbildung und war den Angriffen der sogenannten medizinischen Öffentlichkeit ausgesetzt, ungeachtet dessen, dass die Kommission der Amerikanischen Gesellschaft der klinischen Forschungen seine 100 Diagnosen analysiert und ihre Richtigkeit anerkannt hatte. Außerdem widerlegte Keys in sechs Fällen Diagnosen der medizinischen Spezialisten, die eine operative Einmischung forderten, und hat die Patienten vor den ungerechtfertigten chirurgischen Operationen bewahrt.

Heute werden in den Archiven der medizinischen Institutionen des Bundesstaates Virginia mehr als 9.000 Krankengeschichten der Patienten von Edgar Keys aufbewahrt. Sie alle wurden untersucht und die vom Heiler geleistete Hilfe wurde als lebensrettend anerkannt. Keys stellte nicht nur medizinische Diagnosen. Er machte auch Voraussagen zu den genauen Anfangs- und Enddaten der beiden Weltkriege, dem Ausgang der Schlacht auf dem Kursker Bogen und dem Untergang des Faschismus. Einige Monate vor seinem Tod hat er den Zerfall der UdSSR „gesehen".

Die Menschen, denen sich der Zugang zum Biocomputer eröffnet, ändern die Art des Denkens: Sie beginnen aktiv, in Bildern zu denken, was sehr ökonomisch ist. Das ist vor allem der rechten Gehirnhemisphäre zu verdanken. Es ist interessant, dass nach einer Verletzung der rechten Hemisphäre einige bekannte Menschen bei ihrer Arbeit zu keinen originellen Lösungen mehr kommen konnten, obwohl die Fähigkeit, logisch zu denken, vollständig erhalten geblieben ist. Beim künstlerischen Wirken wird die Wirklichkeit sofort in der ganzen Mannigfaltigkeit der Beziehungen und Widersprüche widergespiegelt. In diesem Fall müssen die Informationen nicht geordnet werden – sie sind im immateriellen Raum ihrem natürlichen Zustand am nächsten. Das Universum denkt bildhaft. Wenn wir diese Fähigkeit in uns entwickeln, nähern wir uns dem gegenseitigen Verständnis mit dem Universum.

Unter den ältesten Ruinen der Erde, der Städte der Sumerer, haben Archäologen tönerne Bilder mit Darstellungen des Sonnensystems gefunden. Die Anordnung der Planeten, die Entfernung voneinander ist vollkommen richtig angegeben. Um solche genauen Ergebnisse zu bekommen, sind nicht weniger als zweitausend Jahre astronomischer Beobachtung notwendig. Aber die Archäologen behaupten, dass zweitausend Jahre vor den Sumerern keine entwickelte Zivilisation, die für eine solche Erforschung begabt genug gewesen wäre, existierte.

Ich halte es für angebracht diese Aussage zu präzisieren: keine technisch entwickelte Zivilisation. Die Traditionen der westlichen Wissenschaft lassen nur eine streng lineare Kausalität der Ereignisse zu. Aber selbst Demokrit konnte seine atomistische Theorie des Stoffbaus nicht nur auf der Grundlage der historisch kausalen Annahmen entwickeln, ohne ein kompliziertes Instrumentarium heranzuziehen. Er hatte sicherlich keine Möglichkeit, ein Elektronenmikroskop zu benutzen, und verwendete deshalb eine andere Methode. Ich bin davon überzeugt, dass das Instrument, das Demokrit und andere herausragende Menschen unseres Planeten verwendeten, der Biocomputer war.

Der amerikanische Physiker Heinz Paidshells hat sich über den Stimmungsumbruch in der Wissenschaft zu diesem Thema sehr deutlich geäußert: „Die moderne Physik behauptet, dass der Ursprung aller Physik das Vakuum sei. Alles was irgendwann existierte oder zu existieren in der Lage war, war bereits in diesem Nichtsein des Raumes vorhanden… und dieses Nichtsein beinhaltete bereits die Existenz aller Materie“

Das bedeutet, dass die Informationen in ihrer Erscheinungsform wieder die Materie überholen!

Ein bekannter Fall einer Vorahnung ist der des Mordes an Robert Kennedy, der am 5. Juni 1968 geschehen ist. Zwei Monate vor dem Attentat hat Alan Wogan, der an der Universität Freiburg am Institut für Grenzgebiete der Psychologie die Synchronizität erforschte, plötzlich gefühlt, dass Kennedy getötet werden würde und dass dieses Ereignis Teil eines komplizierten Systems war, das auch den Mord an Martin Luther King einschloss. Wogan schrieb einen Brief in der Hoffnung, dass Kennedy benachrichtigt werden würde. Offenbar wurde die Warnung nicht ernstgenommen, und sie hat weder den Präsidenten noch Martin Luther King gerettet. Aber danach wurde in den USA ein Büro zur Registrierung von Vorahnungen geschaffen.

Dies ist ein gutes Beispiel, wie das nicht eingetretene Ereignis in unserer Wirklichkeit lange vor der Verwirklichung erscheint. Und es ist kein Einzelfall.

Der amerikanische Neurophysiologe Roger Sperry bekam 1981 den Nobelpreis insbesondere für die Erkenntnis, dass Gedankenformen innerhalb des Geistes eine „kausale Potenz“ entwickeln, die alles einleitet, was im Leben eines Menschen geschieht. Sperrys Forschung zeigt: Die kausale Potenz entsteht im Geiste wie ein eingebautes bioelektrisches System, das einer Kondensatorbatterie mit großer Kapazität ähnlich ist. Je aktiver Sie die „Batterie“ laden, desto mehr Energie schüttet sie aus und schenkt die Möglichkeit des persönlichen Einflusses auf die Ereignisse der sogenannten objektiven Realität. Auf den ersten Blick erscheint es seltsam, aber den Physikern ist wohlbekannt, dass mit einem Gerät, das zwei Batterien zu je 4,5 Volt hat, ein energetischer Impuls von 20 Kilowatt Stärke erreicht werden kann. Dies zeugt davon, dass unter bestimmten Bedingungen die Energie aus der verborgenen Form in die sichtbare übergeht.

Es scheint, dass der Mensch an den Anomalien dieser Welt selbst beteiligt ist, und es ist unmöglich sie zu studieren, ohne den Einfluss des Geistes auf die Ereignisse zu berücksichtigen.

Jeder Gedanke aktiviert im Gehirn Trägermoleküle. Das bedeutet, dass sich ein beliebiger geistiger Impuls automatisch in biologische Informationen verwandelt.

Und wenn wir es nicht mit dem Gehirn eines gewöhnlichen Menschen zu tun haben, das nur zu 3 bis 4 Prozent aktiv ist, sondern mit einem Gehirn, das fähig ist, mit allen 100% zu arbeiten? In diesem Fall bekommt der menschliche Geist die Möglichkeit Kontakt mit dem Geist des Planeten, dem kosmischen Bewusstsein aufzunehmen. Die Aufgabe besteht eben darin, das Gehirn auf das Niveau jener Möglichkeiten zu führen, die von Natur aus angelegt sind.

Der Biocomputer ist eine ungewöhnliche Erscheinung. Im Vergleich zu den technischen Mitteln, mit denen der Mensch den Unterschied zwischen den eigenen Wünschen und Möglichkeiten kompensiert, verfügt er über einen eigenen Verstand und Intellekt, und die Wechselwirkung ist nur im Kompromiss beider Seiten machbar. Was verbirgt sich dahinter? Es bedarf an weiterer Forschungsarbeit, und zwar einer sehr ernsten. Und das einzige, was man nicht zulassen darf, ist die Untätigkeit.

Beliebige Haushaltsgeräte, vom Fernseher bis zum Bügeleisen, sind Quellen elektromagnetischer Strahlung. Unter diesen Bedingungen öffnet sich der Zugang zum Biocomputer oft spontan. Die erschrockenen Menschen laufen zum Psychiater. Und jene, die nicht einmal bescheidene Kenntnisse auf dem Gebiet der superbewussten Funktionen haben, verschreiben starkwirkende Präparate. So vermehrt sich die Zahl der psychisch kranken und drogenabhängigen Menschen.

Es ist unmöglich, den begonnenen Prozess aufzuhalten. Ich nehme an, dass die Computer und die übrigen klugen Maschinen nur Trainingsgeräte sind, die dem Menschen zur Vorbereitung auf die Arbeit mit dem Biocomputer in materiellen und immateriellen Räumen gegeben wurden. So ging der märchenhafte fliegende Teppich dem Erscheinen der modernen Flugapparate voran, und die Siebenmeilenstiefel kündigten die mechanischen Mittel der Fortbewegung über Land an.

Es ist nicht ganz einfach, dieses Phänomen zu untersuchen. Erwachsene können, infolge des Alters, selten das maximale Niveau der Arbeit mit dem Biocomputer erreichen, welcher die Interraumverbindung zu anderen Planeten des Kosmos öffnet.

Kinder haben es einfacher – sie nehmen Kontakt zu den besiedelten Räumen anderer Welten auf, und sie brauchen dazu überhaupt keine riesigen Radioteleskope. Der Kontakt geschieht augenblicklich. Warum? Es interessiert die Kinder nicht. Es wäre dasselbe, sie zu fragen: „Wie seht ihr? Wie hört ihr?“

Wir sehen mit den Augen, wir hören mit den Ohren, wir nehmen über den Biocomputer Kontakt auf – so erklären sich Kinder das Konstrukt des Menschen.

Im Übrigen erinnern wir uns an das bemerkenswerte Buch von K. Ttschukowski „Von zwei bis fünf“. Warum geschehen in diesem Alter beim Kind die auffallenden Prozesse des Begreifens der Wirklichkeit? Zeigen Sie mir einen Erwachsenen, der dieses Massenphänomen überzeugend beweisen und erklären kann. Eine Fremdsprache zu erwerben, schwimmen zu lernen oder eine Reihe anderer Fertigkeiten geht leichter vonstatten in einem streng von der Natur festgelegten Alter. Dasselbe gilt für den Biocomputer.

„Bringt die Kinder zu mir“, sagte der Jesus des Evangeliums. Früher oder später werden Millionen von Menschen den Umgang mit dem Biocomputer erlernen. Und hier stellt sich wieder die Frage, so alt wie die Welt selbst, nach der Moral der neuen Fähigkeiten, nach einer auf das esoterische Wissen ausgerichteten Kultur.

Die weltweiten Erfahrungen der letzten Jahrhunderte lassen zu, folgende These abzufassen: Höhere Energien fordern ein höheres moralisches Niveau. Leider kann die Menschheit in diesem Sinn mit nichts prahlen. Es ist immer dasselbe: Neue Möglichkeiten ziehen deren Missbrauch mit sich. Vom Schießpulver bis zur Tschernobyl-Katastrophe, vom Homunculus im Reagenzglas bis zur Gentechnik – das sind nur wenige Beispiele. Die Computer – ein allgemein anerkanntes Wohl, aber auch sie haben ihre Schattenseiten: Computerviren, Hacker, Informationsdiebstahl aus Profitgründen, und neue Probleme für die Gesundheit.

Okkulte Energien stellen uns vor dieselben Probleme. Von den Seiten der Zeitungen versprechen Magister der weißen und schwarzen Magie, die Heilenden und Hellseher „Schaden abzuwenden“, „den Liebsten zu betören“ und übriges Wohl. Wie soll sich der einfache Leser im Dickicht der aufdringliche Werbung zurechtfinden, wie kann er erkennen, wo das Licht, und wo die Finsternis ist? Sogar die Popmusik wird psychedelisch. Viele Musiker verwenden magische musikalische Formeln, die sie in den heidnischen Kulten gefunden haben und bauen in ihre Werke satanistische Beschwörungen ein.

Seinerzeit, vor etwa 10 Jahren, waren die Teleseancen von Anatoli Kaschpirowski populär. Er verkündete beharrlich: „Ich gebe die Ausrichtung auf das Gute mit! Ich gebe Ihnen nur das Gute!" Doch was verstand er eigentlich unter dem Guten? Ob er wohl die Dialektik des Guten und des Übels fühlte, ob er wusste, wie sich ihre Polarität augenblicklich ändern kann, wie relativ diese Begriffe sind? Der Heilende bringt den Organismus des Patienten in Ordnung, aber was ist die Ordnung? Und kann sie identisch für Millionen von Fernsehzuschauern sein – Menschen, die so verschieden und einzigartig sind? Das Medium wendet sich unmittelbar an die Feldstruktur des Menschen, an den Anfang der Einheit seines Organismus und seiner Seele. Er wirkt durch das Unterbewusstsein ein, deshalb sollte er sich seiner besonderen Verantwortung für die Handlungen bewusst sein. Die Psychoanalytiker haben schon lange bewiesen, dass viele neurotische Reaktionen von tiefen Persönlichkeitsproblemen herrühren. Solche Neurosen nur zu behandeln, bedeutet, die Ausgangskrankheit zu verstärken. In der Medizin tritt man auf der Stelle, wenn man die Symptome und nicht die Ursache des Leidens bekämpft. Außerdem ist die Gesundheit nicht so sehr vom „gesunden Lebensstil" abhängig, wie vom allgemeinen Kulturniveau der menschlichen Weltanschauung. Körperliche Krankheiten haben einen moralischen Sinn; das ist jedem tief gläubigen Menschen klar. Was sollte man daher behandeln: die körperliche Krankheit oder die moralische Fehlhaltung? Inzwischen kann jeder Beispiele anführen, dass eine schwere Krankheit oder eine angeborene körperlicher Behinderung den Menschen auf eine höhere geistige Ebene bringt. Überhaupt sollte das Leben nicht auf die spießbürgerliche Sorge um das Wohlbefinden beschränkt werden.

Welches „Gute“ können ähnliche Medien wie Kaschpirowski überhaupt anbieten? Leider können sie viel zu häufig nur etwas Minderwertiges, Selbstgemachtes, auf dem Niveau der eigenen „Verdorbenheit“, nach Maßgabe des individuellen intellektuellen Niveaus anbieten. Und auch dieses „Gute“ ist mit unerwarteten Ausströmen von Übel durchsetzt, dass es besser wäre, den Menschen, mit all seinen Wunden in Ruhe zu lassen.

Die arrogante Selbstgefälligkeit des Menschen ist gefährlich und grenzenlos. Er weiß nichts über die psychophysischen Eigenschaften unseres Raumes und des Universums, über den Einfluss jedes, sogar des winzigsten Gedankens auf die Dynamik und das Potential der Ereignisse, die in der Welt geschehen. Aber er unterzieht sich und ihm nahestehende Menschen wieder und wieder einer Reihe von furchtbaren, endlosen Tests.

Der Kampf gegen die Ungerechtigkeit geschieht mittels einer Krafteinwirkung, die die Ungerechtigkeit multipliziert. Wir sehen es am Kampf gegen die Natur, deren Ergebnis das Fehlen von sauberem Wasser, Boden und Luft ist. Sie wurden von den Abfällen der modernen wissenschaftlichen Errungenschaften, auf die unsere Wissenschaftler so stolz sind, vergiftet. Es ist der Kampf gegen alle, die wie Christus versuchen, die Menschheit auf die Ebene der Vernunft zurückzubringen! Und dann wieder die Orkane, die Krankheiten, die Kraftlosigkeit gegenüber der Natur und das erschöpfte Wehklagen: „Lieber Gott, wofür?!“

Es ist vergeblich zu hoffen, dass sich die Geheimnisse der Natur den aggressiven, grausamen Menschen zeigen werden. Ihnen werden nur Geheimnisse offenbart, die die Gewalt und Grausamkeit verstärken, die wie ein Bumerang früher oder später zu ihnen zurückkommen werden.

Kapitel 4

Die Visionen der biblischen Geschichte und eines Lebens, mir gänzlich unbekannt und unverständlich, standen offenbar in direkter Beziehung zu mir und den Ereignissen, die in der tatsächlichen Realität geschahen. Ich versuchte mir voller Sorge und Verwunderung einen Reim daraus zu machen. Die Worte Orlows hatte ich die ganze Zeit im Ohr, und sie jagten mir Angst ein: „Womit willst du das ausgleichen?" Und vielleicht ist es die „Erinnerung an die Zukunft", die Warnung vor der Ernsthaftigkeit der Wahl, vor die mich das Schicksal stellen wird?

Jetzt war ich überzeugt: Wir sind wirklich ein fester Bestandteil der höchsten Kraft, die wir nur aus Mangel an glaubwürdigen Informationen als Schöpfer bezeichnen. Ein Teil Gottes – aber welcher? Ich erinnerte mich an alte Mythen und Sagen. Vielleicht sind wir Sein Traum oder Sein Atem? Oder ein Spielzeug, mit dem er sich die Zeit vertreibt? Zahlreiche Propheten in unterschiedlichen Teilen der Erde und zu verschiedenen Jahrhunderten versuchten die Beziehungen des Menschen zu Gott, jeder auf seine Art, zu erklären.

Ich persönlich war noch immer ein naturwissenschaftlicher Materialist und Atheist, das heißt, dass ich auf dem erprobten Boden der Errungenschaften der natürlichen Wissenschaften stand. Natürlich ist mir die christliche Lehre gewohnheitsmäßiger und näher: Gott – ist nicht einfach ein Schöpfer, er ist unser Vater, Er ist Gott in jenem Sinn, wie sich der Vater zum Sohn verhält und nicht wie der Sklavenhalter zum Sklaven. Das ist die Quelle der Liebe, die der Wahrheit gleich ist, die Freiheit der Wahl, die Glückseligkeit, die höher als das Gesetz ist. Ja und die Visionen, die mir „gezeigt" werden, sind rein biblisch über die

Leiden Christi. Aber wer zeigt sie mir? Kann es sein, dass Gott nichts Besseres zu tun hat, als sich stundenlang mit mir zu beschäftigen? Und wenn nicht Er, wer ist es dann? Welche Hierarchie gibt es dort?

Bis jetzt war eines klar: jeder Mensch hat seine ureigene Bestimmung, seine eigene Aufgabe, seine eigene Rolle. Und wir alle werden vom Strom der unverständlichen kausalen Abhängigkeiten in die unbekannte Wirklichkeit getragen, derer wir uns selbst (alleine oder als Ganzes) jedoch bewusst sind.

Es ist im Übrigen kein neuer Gedanke. „Wie von unsichtbaren Geistern der Zeit gepeitscht, ziehen Pferde der Sonne den leichten Wagen des Schicksals, und uns bleibt nur übrig, sie fest und mutig zu steuern, sie nach rechts, oder nach links zu lenken, um den Rädern dort keine Möglichkeit zu geben, an Steine zu stoßen und in den Abgrund zu stürzen. Wohin eilen wir, wer weiß es schon? Denn es wissen ja selbst nur wenige, woher er gekommen ist". Solch einer Metapher bediente sich Goethe in „Egmont", um das bezeichnete Problem darzustellen. Es gibt aber auch bei anderen Autoren andere Beschreibungen.

Wir lenken den Wagen also selbst, sind teilweise frei in diesem Strom des Lebens alles zu machen, was uns einfällt – den Verstand zu verlieren oder den selbigen zu erwerben, etwas nachzutrauern oder sich über das Leben zu freuen, zu lieben oder zu hassen. Bis zu einer gewissen Zeit, solange die Gegenpositionen des Unterbewussten nicht ausgereift sind, wird die Welt so sein, wie wir sie erschaffen. Nur sollte man nicht vergessen, dass, im Unterschied zu uns, Gott viele Tage zur Verfügung stehen. Er kann es sich erlauben zu erschaffen und zu verändern, so lange, bis die von Ihm gewünschte Vollkommenheit erreicht ist. Die Menschen haben nur eine Chance Mitschöpfer der Welt zu werden und die Rolle des willenlosen, blutarmen Statisten abzulegen. Eine alte

Weisheit besagt: Wenn du dich erkennst – wirst du die Welt erkennen. Aber, dass es keine leichte Aufgabe wird, wusste man schon früher.

Doch wer widmet sich von uns dieser Suche? Und wie viele Weise, anerkannte Träger der Wahrheit, haben sie tatsächlich gefunden?

„Wenige wissen, woher sie gekommen sind“. Um die Zukunft zu sehen, muss man sich mit der Vergangenheit auskennen. Vielleicht wird der Sinn der Menschheit und die Bestimmung jedes Individuums dann klarer. Das bedeutet: Eines der wichtigsten Probleme ist, sich in der Herkunft des Lebens zurechtzufinden, die Kriterien ihres Entstehens aufzudecken. Alle Überlegungen darüber führen zu Diskussionen zwischen Evolutionisten und den Anhängern des Kreationismus zurück. Die Evolutionstheorie wurde von der Mehrheit der Gelehrten angenommen, sie scheint ihnen als einzige und allein vernünftige Erklärung für die beobachteten natürlichen und sozialen Erscheinungen. Die Kreationisten gehen davon aus, dass die ganze uns umgebende Welt von einer übernatürlichen Kraft, also von Gott, geschaffen wurde, allerdings nicht mittels einer langwierigen Entwicklung, sondern sofort, in sechs biblischen Tagen der Schöpfung.

Vor mir liegen zwei Bücher. Eines, aus der Feder des großartigen Autors Isaac Asimow, heißt „Am Anfang“. Es ist ein sehr ausführlicher und vielseitiger wissenschaftlicher Kommentar bezüglich des biblischen Bildes von der Erschaffung der Welt und des Menschen. Der Professor und Biochemiker Asimow (1920 - 1992) hielt sich für einen ungläubigen Menschen, aber sein Werk ist durchaus keine Hymne auf den Atheismus oder Evolutionismus. Er bemüht sich redlich, sich in der Situation zurechtzufinden. Nicht umsonst wurde dieses Buch einmal mit dem Untertitel: „Wissenschaft trifft auf Religion“ herausgegeben. Das zweite Buch – „Die Offensichtlichkeit der Erschaffung der Welt. Die

Herkunft des Planeten Erde“, wurde von drei Autoren geschrieben, zwei Kanadiern und einem Amerikaner. Die Kanadier, Vater und Sohn Maklin sind Pastoren, der Amerikaner Auckland, Biologe und ehemaliger Evolutionist, der infolge seiner Forschungen und Überlegungen zum Kreationisten wurde. Beide Bücher, die von so verschiedenen Menschen geschrieben wurden, teilen eine respektvolle Auseinandersetzung mit verschiedenen Standpunkten und den Versuch der Tiefenanalyse aller Berichte und Beweise. Alle vier Autoren suchen die Wahrheit gewissenhaft: Es ist auch verständlich, dass sie in vielem ein und dasselbe Argument anbringen und in vielerlei Hinsicht zu gleichen Schlussfolgerungen kommen.

Aber handeln alle so? Wie viele Menschen dienen den Götzen, halten ihre Eingeschränktheit für das Absolute. Sie wünschen keine Wahrheiten, sondern nur den Sieg im Streit. Sie wollen nicht bekennen: „Ich weiß nicht, ich verstehe nicht“, sondern vertrauen nur der persönlichen Erfahrung, und deshalb verneinen sie jede beliebige Realität außerhalb der engen von ihnen verstandenen Kategorie von Raum und Zeit.

Wie viel Kraft hat es gekostet, das Wissen der Jahrhunderte, ein Sandkörnchen nach dem anderen aufzusammeln, sie in Blöcke der Wissenschaftlichkeit zu pressen und so das majestätische Gebäude des Materialismus aufzubauen.

Nun, „bei der Ewigkeit bedient sich jeder, denn die Ewigkeit ist wie Sand im Meer“ (O. Mandelstam). Doch die Ewigkeit hat diese Enthusiasten betrogen: Was aus Sand geschaffen wurde, wird wieder zu Sand. Ebenso dehnten sich einst orphische und pythagoreische Lehren auf vereinzelte Erscheinungen aus, dabei die Verbindung der tausendjährigen Synthese verlierend. Auch jetzt treten wieder hinter den Ruinen der zusammenbrechenden Konstruktionen Merkmale des altertümlichen Tempels hervor.

Die Zyklen der Erschaffung und der Zerstörung, der Geburt und des Todes halten die riesenhafte Spirale der Kosmogenese laufend in Bewegung. Und wieder zerreißen qualvolle Fragen das Bewusstsein des Menschen: Wohin geht der Weg, was ist geschehen? Woher kommt das, was eingetreten ist? Wo ist die Quelle dessen, was wir als Zukunft bezeichnen?

Die Zukunft – sie ist noch nicht zu uns vorgedrungen, aber sie existiert bereits. Die feste Kette kausaler Verkörperungen führt die körperlose Idee zur unabwendbaren Materialisierung, sie dabei hindernd, beliebig von der Vorsehung und dem Schicksal abzuweichen. In der Geschichte sind viele Fälle bekannt, in denen Menschen das, was noch nicht eingetreten war, sehen konnten: den Anfang neuer Tatsachen, Ereignisse, Schicksale.

Kann es sein, dass es wirklich eine Welt gibt, in der das, was noch nicht eingetreten ist, bereits Realität ist, eine Welt, von der wir durch eine unbekannte Grenze abgetrennt sind, eine beschützte, unzugängliche Welt? Dort spielen die Götter, die Zauberer, die Drachen mit der Vergangenheit, die nicht verlorengegangen ist und kontrollieren die Zukunft, die es noch nicht gibt. Die Planeten sind wie Spielzeuge dieser höchsten Wesen. Die Schicksale der Völker – ihre Leidenschaften, ihre Träume, ihr Selbstbetrug. Das alles zusammen ist das Theater der unsterblichen Regisseure, der Meister der virtuellen Illusionen. Ob uns wohl derjenige davor warnen wollte, der das Mysterium seiner Erdexistenz unter dem Namen Jesus realisiert hat?

Er wusste um die Vergangenheit, er sah die Zukunft, sah Fernes durch Hindernisse und über weite Strecken; er konnte die Menschen durch Auflegen der Hände heilen und mit geheimen Worten wiederbeleben, die

Unglücklichen mit Demut ermuntern, die Kleinmütigen durch Hoffnung festigen, den Blinden den Weg der Verwandlung voraussagen. Was sagt uns das, was Er versuchte, uns zu erklären? Wer hat das Licht gesehen, nach dem wir streben sollen? Vielleicht sind es gar keine Wunder, sondern die grundlegenden Fähigkeiten eines jeden von uns?

Zwanzig Jahrhunderte sind vergangen, zwei Jahrtausende, und wir verstehen noch immer nicht, dass die größte Illusion der Schöpfung die Übereinstimmung der gewohnten Wahrheiten des Seins mit den geschehenden Ereignissen ist. Lassen Sie uns trotzdem noch einmal versuchen das Dasein durch das Bewusstsein zu bestimmen.

* * *

Der Lauf der Dinge hatte sich in der Akademie zwischenzeitlich normalisiert. Über Lapschin hat Regisseur Igor Schadchan einen Film gedreht (ich war einer der Drehbuchautoren dieses Filmes). Gleichzeitig ist mein Buch erschienen, in dem dasselbe behandelt wurde, dort veröffentlichten wir auch die Methodik. Immer mehr Menschen kamen in die Akademie. Sie bekamen dort wirklich das, wonach sie gesucht hatten – Gesundheit, Optimismus, Glauben an die Zukunft. Bei vielen öffnete sich der Zugriff zum Biocomputer und sie erkannten plötzlich, dass sie einfach durchs Leben gegangen sind, ohne zu ahnen, dass sie mit verdunkelten Kontaktlinsen geboren waren.

Diese Linsen wurden ihnen abgenommen und sie verstanden, dass die Welt ohne Filter ganz anders wahrgenommen wird. Dass der Mensch viel mehr sehen kann, als es ihm vorher für möglich erschien. Er kann sogar innere Organe, Zellprozesse, die Aura und jene informativen Beschädigungen sehen, die ihm die aggressive Umwelt zuführt.

Außerdem kann er sich selbst, ohne die Hilfe von Ärzten, Diagnosen stellen und sich behandeln.

Damals setzte ich mich mit allem auseinander, was mir geholfen hätte, einen Zugang zu der wissenschaftlichen Deutung des Phänomens Lapschins zu erlangen. Mich verwirrte die Tatsache, dass der Erfinder der Methode nicht den Eindruck eines ausreichend gebildeten Menschen erweckte. Zugleich konnte ein beliebiger hervorragender Wissenschaftler von den Ergebnissen, die er erzielt hatte, nur träumen. Im Übrigen sind in der Geschichte schon ähnliche Anomalien vorgekommen. Und die Menschen, deren Namen in den Annalen der Wissenschaft verewigt sind, haben manchmal den Eindruck ganz ungebildeter Emporkömmlinge hinterlassen. Darüber hinaus ist allen bekannt, dass es eine Menge gebildeter Menschen gibt, die außer über das Gelesene und Studierte zu sprechen, weiter nichts können. Wenn du dich mit diesen Menschen unterhältst – so sind sie eine wandelnde Enzyklopädie. Aber könnten sie selbst das studierte Wissen auch nur um einige Millimeter weiter entwickelnd? Welche Seite oder Zeile schreibt so ein Mensch durch sein Leben und Schicksal in die Chronik des Daseins?

Wozu sage ich das alles? Eben dazu, dass es verschiedene Realitäten gibt, einschließlich der verborgenen, geistigen, die in unser Bewusstsein hauptsächlich durch die Zirbeldrüse und die rechte Hirnhemisphäre eindringen und unser Leben beeinflussen. Deshalb wissen Einige, und Andere „sehen“ im Sinne von Visionen. Aber das Wissen ist schwer fassbar, veränderbar, es verfeinert sich ständig, wird abgelehnt, ist ersetzbar... Und die Vision ist der irrationale Weg, der zum Ursprünglichen führt, zu dem, was es schon gab, sogar als es uns noch nicht gab. Und auf diesem Wege ist es nicht unbedingt nötig, die Anatomie zu kennen, um einen Menschen zu heilen. Es reicht aus, sich in die Position des

Schöpfers zu begeben – und der Erfolg ist gewährleistet. Die Frage besteht nur darin, ob gewisse höhere Kräfte es zulassen, diese Position einzunehmen.

Das Vakuum, dass in der Übersetzung aus dem Lateinischen „Leere" bedeutet, zeigt sich real nicht als ein leerer Raum, sondern als eine gewisse informative Umgebung, die in sich über 99 Prozent der Informationen des Universums trägt. Es gibt Gründe anzunehmen, dass neues Wissen sich wie ein Produkt aus der Wechselwirkung des Bewusstseins mit dem informativen Feld bildet, welches Wernadski als das Feld der Vernunft bezeichnete. Es entsteht der Eindruck, dass der Mensch ein psychophysisches Objekt ist. Er befindet sich in einem gewissen Strom der Formbestimmung zwischen Mikro- und Makrokosmos und ist sowohl Objekt als auch Subjekt des Transformationsprozesses.

Die Wissenschaft kommt heutzutage, vor allem in den Bereichen der Physik, der Chemie, der Biologie, der Genetik, der Informatik und auch der Psychologie zu paradoxen Paradigmen, die früher noch als Gotteslästerung bezeichnet wurden: Zwischen dem Materiellen und dem Ideellen gibt es keine unpassierbare Barriere, das Eine kann mühelos in das Andere transformiert werden. Man kann sogar, in Zusammenhang mit der Entdeckung des Biocomputers, die folgende Behauptung aufstellen: Der Geist und der Gedanke werden unter bestimmten Bedingungen in ihrer direkten Einwirkung auf den Außenraum haptisch fühlbar. Die mentalen und physischen Prozesse haben keine realen Unterschiede – sie stellen lediglich verschiedene Zustände eines Ganzen dar. Die gedankliche Einwirkung auf materielle Objekte erwirbt langsam den Status einer wissenschaftlichen Tatsache.

Aus dem oben Dargelegten folgt die Schlussfolgerung: Die Welt ist psychophysisch. Eine vom Bewusstsein abgespaltene, isolierte physische Welt gibt es nicht und kann es auch nicht geben. Am Anfang war wirklich das Wort. Aus dem Nichts kann etwas erschaffen werden und aus den virtuellen Prozessen kann körperliche Kraft entstehen. Eben deshalb bestehe ich darauf: Der mentale oder semiotische Raum des Menschen ist nicht nur die strukturierte Gesamtheit der persönlichen, geistigen, emotionalen, sozialen und historischen Erfahrung, die in seinem Bewusstsein und der Umwelt durch spezielle Projektionen als Hologramme gefestigt ist, sondern auch ein feinmaterieller Relaissender, der über Eigenschaften beliebiger Strukturen des Kosmos und des physischen Vakuums verfügt. Deswegen sollte die Evolution des Menschen als eine Realisierung der Potentiale, die in der Natur tatsächlich vorhanden sind, betrachtet werden.

Und die Frage nach der wissenschaftlichen Weltanschauung in Zusammenhang mit dem Phänomen des Biocomputers ist nicht nur eine philosophische Frage. Es ist auch die Frage des Überlebens der Menschheit und die Suche nach alternativen Wegen seiner Entwicklung.

Über solche Probleme der Weltanschauung haben wir auch an der Akademie diskutiert. Bei uns hat sich eine ziemlich große Arbeitsgemeinschaft gebildet – dutzende Spezialisten aus verschiedenen Wissensgebieten, unter ihnen gab es nicht wenige maßgebliche Wissenschaftler. Es wurden Konferenzen und Symposien abgehalten. Akademiemitglieder, die im ganzen Land bekannt waren, kamen zu uns – ungezwungen – um unsere „Wunder“ anzuschauen und gleichzeitig ihre Gesundheit zu verbessern. In regelmäßigen Abständen berichteten die Massenmedien über die Akademie. Es erschienen Artikel in Zeitungen und Zeitschriften, es gab Informationen über den Rundfunk. Der oben erwähnte Film von Igor Schadchan wurde mehrmals im Fernsehen ausgestrahlt.

Natürlich gab es auch ziemlich komische Fälle, wenn man es vom Standpunkt der Ewigkeit betrachtet. Hier ist einer davon.

In die „Geschichte“ mit der virtuellen Welt ist auch ein guter Freund von mir hineingeraten. Er hat seinen Sohn zum Unterricht in die Akademie gebracht und schon nach drei Wochen hat sich beim Jungen der Biocomputer geöffnet. Das Kind fing an das zu sehen, was in der Familie sonst niemand sah. Er sah, womit sein Vater die Zeit verbrachte, wusste, wo man ihn finden konnte. Selbst wenn der Vater speziell niemanden im Haus über seine Reiseroute informierte, konnte es passieren, dass das Telefon in einer eigentlich unbekannten Wohnung plötzlich beunruhigend schrillte und eine überspannte Jungenstimme am anderen Ende der Leitung zu hören war: „Es ist schon spät. Du musst nach Hause gehen. Mama weint, und ich warte auch auf dich“.

Jetzt habe ich die weisen Worte eines anderen Freundes, des bekannten Schriftstellers Jurij Poljakow, verstanden: „Es wäre natürlich wünschenswert, wenn meine Tochter Alina solch einen Biocomputer hätte. Aber wie schwierig wird es sein sie großzuziehen, wenn sie mich durchschauen kann“. Er hat sich entschlossen, seine Tochter nicht zum Studium in die Akademie zu geben. Nein, es ist keine spießige Vorsicht, sondern ein ernstes moralisches Problem.

Und bei meinem Freund entwickelten sich familiäre Schwierigkeiten. Zuhause wusste man genau, was er machte. Es strengte diejenigen an, die davon wussten und denjenigen, den dieses Wissen betraf. Es ergab sich etwas ganz anderes, als das, was ursprünglich gewollt war. Er beabsichtigte mit Hilfe des Sohnes, andere zu beobachten. Aber die „Anderen“ interessierten das Kind nicht, es interessierte ihn nur sein Vater. Der Sohn spionierte ihm von morgens bis abends nach und machte dem Vater mit der Naivität eines Kindes bei jedem beliebigen enthüllten Vergehen Vorwürfe.

„Was sollen wir machen?“, fragte mein Freund. „Der Bursche wird mich fertigmachen. Ich weiß nicht, wie ich mich vor ihm schützen soll“.

„Öffne dir ebenfalls den Zugang zum Biocomputer, dann kannst du ein Schutzprogramm laden“, riet ich ihm.

„Und wo soll ich die Zeit dafür nehmen? Ich habe vierzehn Betriebe. Tausende Menschen hängen davon ab, ob ich an Aufträge komme oder nicht. Ich kann es mir nicht leisten mir Zeit für mich zu nehmen.“

Der Freund war gereizt, hatte Komplexe. Und ich wusste nicht, womit ich ihm helfen konnte. Sein Sohn übertrieb in diesem Kampf der Charaktere, da er mit kindlichem Größenwahn meinte, dass es nur eine Wahrheit gibt – diejenige, die er versteht. Für seinen unter Aufsicht stehenden Vater war es verboten auch nur einen Schritt abseits der Familie zu gehen, was das Leben natürlich zu einem Albtraum machte. Es ergab sich, wie im bekannten Lied über den Zauberer: „Er wollte ein Gewitter zaubern und hat eine Ziege bekommen“. Die Ziege war schrecklich und drohte, das Familienleben meines Freundes mit Hörnern zu stoßen. Und ich konnte nicht helfen, da der Biocomputer höher als die neuen Möglichkeiten des Menschen ist. Es ist der Ausweis in eine andere Welt, dessen Morgenröte sich bereits durch den Vorhang des sich nähernden Jahres, des neuen Millenniums, abzeichnete. Aber 1997 wusste noch niemand, wie die Sonne des neuen Jahrtausends sein würde. Ob es die Sonne der Finsternis oder die Sonne des Lichtes werden würde. Damals wusste es niemand, nicht einmal die Götter selbst.

Hunderte von Menschen, die sich ihrer, nach Meinung der Ärzte, unheilbaren Krankheiten entledigt hatten, schufen um die Akademie einen seltsamen Heiligenschein einer gewissen mystischen Institution, wo Zauberer oder Magier arbeiteten. Lapschin hatte vor dieser zweifelhaften Reputation keine Angst. Mehr sogar – er unterstützte sie, indem er regelmäßig Vorlesungen über die Wechselwirkung mit den Kräften des Jenseits hielt. Ich hörte zu und merkte mir alles, was Wjatscheslaw Michajlowitsch sagte, aber sträubte mich zugleich vor dem Weltbild, dass er versuchte den Schülern und Anhängern aufzuzwingen. Gott, der Teufel, das Reich der Toten und die Arbeit mit ihm – das alles war einerseits exotisch aber auch eine nicht besonders wünschenswerte Orientierung, die mir aufgedrängt wurde. Umso mehr, da ich mich als Mensch mit atheistischem Blick betrachtete, es für mythologische Erzählungen hielt und es nicht mit der Realität des alltäglichen Lebens verband.

Zu einer offenen Konfrontation kam es jedoch nicht. Trotz seiner direkten, ziemlich taktlosen und vulgären Art mit Menschen umzugehen, ging er mit mir sehr taktvoll und vorsichtig um. Und außerdem waren da auch die Ergebnisse: Was man auch immer dazu sagen möchte, aber die Heilerfolge waren nicht gestellt, sondern echt. Ich war mehrmals Zeuge dessen, wie blinde Menschen, manchmal in einem sehr fortgeschrittenen Alter, plötzlich begannen zu schreien: „Ich sehe! Ich sehe!“ Sie konnten sich auf einmal mühelos in einem Raum orientieren, wo sie noch vor einer Minute hilflos über Stühle stolperten.

Im Rahmen solcher Ergebnisse konnte man die innere Uneinigkeit mit der Weltanschauung Lapschins ertragen, es sogar wie eine gewisse komische Abweichung vom verdienten Lehrer wahrnehmen.

Zu dieser Zeit näherte sich die Methodik Lapschins tatsächlich einer weltweiten Anerkennung. Über ihn wurden Filme in der Ukraine, in Griechenland, Deutschland und Frankreich gedreht. Während eines Besuches des amerikanischen Präsidenten Bill Clinton in Kiew, hatte sich sogar seine Frau Hillary Zeit für einen Besuch des Zentrums von Lapschin genommen.

Im großen Saal des Zentrums, wo der hohe Besuch begrüßt wurde, trat ihr ein kleiner Junge entgegen, der sich mit Mühe bewegte, und brachte ihr einen riesigen Blumenstrauß. Das siebenjährige Kind war von den Ärzten noch vor kurzem dazu verurteilt, sein Leben wegen zerebraler Kinderlähmung im Rollstuhl zu verbringen. Und hier ging er durch den Saal, etwas murmelnd und glücklich lächelnd. Er überreichte die Blumen Hillary Clinton. In diesem Moment hatten nur wenige keine Tränen in den Augen.

Noch größere Berühmtheit erlangte Lapschin aber durch den Film, der mehrmals in kurzen Abständen im Fernsehen gezeigt wurde. Die Zuschauer waren verblüfft, dass sehr einfache Übungen blinden Menschen, in der ersten Etappe, die alternative „radare" Sehkraft zu entwickeln erlaubten, und in der zweiten Etappe die Möglichkeit gaben, die Fähigkeit zu erlangen, mit den Augen zu sehen. Das wurde zu einer Sensation.

Für viele war es eine große Entdeckung, dass es im hinteren Teil des Gehirns, im visuellen Zentrum, Zellen gibt, die fähig sind elektromagnetische Wellen auszustrahlen und zu empfangen. Und diese Art der „Sehfähigkeit" hat in der Natur eine viel größere Perspektive, als die traditionelle, mit den Augen.

Deshalb schien es vollkommen natürlich, dass Wjatscheslaw Michajlowitsch einmal eingeladen wurde, an einer Fernsehshow teilzunehmen. Man versprach ihm, Zeit für den Auftritt zu gewähren und bat ihn, mit unseren Kindern die Fähigkeit zu demonstrieren, Texte mit verbundenen Augen zu lesen.

Ich weiß nicht warum, aber etwas machte mich vor der bevorstehenden Fernsehsendung unruhig. Ich hatte irgendeine unklare Empfindung einer Drohung oder Vorahnung. Damals riet ich Lapschin, sehr vorsichtig zu sein, und keine gewöhnlichen, gesunden Kinder mitzunehmen, sondern jemanden der blind ist, damit es auch keine Zweifel an der Glaubwürdigkeit der Ergebnisse gibt.

Wie es sich zeigte, quälten die Vorahnungen mich nicht umsonst. Die Fernsehshow, an der Lapschin teilnehmen sollte, wurde von der Fernsehgruppe „Gestalt“ vorbereitet. Die Sendung hieß „Der Gerichtshof“. Es war ein inszeniertes Gericht, das über praktizierende Heiler, Medien, Schamanen und Zauberer richtete. Die Veranstalter der Sendung bemühten sich, dass die Situation so nahe wie möglich der Realität entsprach: Geschworene, Anwälte, Ankläger und Zeugen. Und sogar ein Richter im Mantel, dem von Zeit zu Zeit vorgesagt wurde, was er sagen und wann er mit dem Hämmerchen klopfen sollte.

Also im „Gerichtshof“ war es wie in einem Gericht. Es gab jemanden, der richtete und es gab jemanden, über den gerichtet wurde. Warum auch nicht – welcher normale Mensch kann es ertragen, wohlgenährte Mädchen mit Kerzen zu beobachten, die Ballettschritte vorführten, um über jemandem den Kranz der Ehelosigkeit abzunehmen, oder die mit hausgemachtem Zaubertrank handelten.

Ich gehörte nie zu den Bewunderern exotischer Spezialisten, die irgendetwas zaubern oder heilen, was man sich nur wünscht. Deshalb sah ich das Geschehende aus der Position eines Menschen, der keine Beziehung zur Handlung im „Gerichtshof“ hatte. Zunächst war alles ziemlich anständig. Lapschin ist aufgetreten und versuchte wie immer nicht sehr verständlich, für die Menschen, denen Esoterik fern lag, etwas über das Wesen der Methodik zu sagen. Ihn haben wie immer nur wenige verstanden. Alle warteten auf die praktische Demonstration.

Und hier kam Sascha auf die Bühne. Es war ein vierzehnjähriger blinder Junge – Invalide von Kindheit an, was die Sehkraft betraf. Die

Diagnose: Anomalie bei der Entwicklung des Sehnervs, Spaltung der Netzhaut, Schielen. Dazu hat sich bei ihm, infolge einer Verletzung beim Hinfallen, ein Katarakt am rechten Auge entwickelt. Er war ein wirklich blinder Mensch mit bitterer Lebensgeschichte, die sich hauptsächlich in der speziellen Schule, dem Internat für Blinde und Schwachsehende abspielte.

Sascha ist zur Tribüne für die Zeugen gegangen. Ihm wurden irgendwelche Blätter vom Tisch des Richters gebracht. Und der Junge, der eine dunkle Binde um die Augen trug, fing ziemlich schnell an zu lesen. Später wurde ihm ein anderer Text gegeben, und wieder dasselbe Ergebnis. Im Saal herrschte Totenstille, als hätten die Menschen gerade persönlich einem Wunder beigewohnt. In dieser Stille schien es, als könnte man die Herzschläge hören und die Wellen des Erstaunens und der Erschütterung ertasten. Ich jubelte innerlich und wartete auf den Beifall.

Aber plötzlich geschah etwas Unerwartetes. Einer der Organisatoren der Show stand auf, und rief für die entlarvende Prozedur den Korrespondenten der Zeitschrift „Ogonjek", Herrn Nikonow herbei.

Am Eingang erschien ein ungestümer, selbstbewusster junger Mann, der das verlegene Kind fast von der Tribüne gestoßen hätte und erklärte lautstark: „Jetzt werde ich diese Scharlatane entlarven".

Anschließend erklärte er deutlich und selbstsicher, dass es durch winzige Löcher im Stoff der Binde ohne jede Schwierigkeiten möglich ist, natürlich nach einem bestimmten Training, Texte zu lesen und nicht schlecht zu sehen.

„Dort wo ich erscheine", schrie er, wie ein echter Showman in den Saal, „hören die Wunder auf!"

Dass man in ähnlicher Weise nach einem gewissen Training lesen kann, war auch früher bekannt. Ähnliche Tricks zeigte bereits Jurij Gornyj. Was aber hatte Lapschin damit zu tun? Bei „radarer" Sehkraft brauchen seine Patienten die Maske, um sich von äußeren Einwirkungen zu schützen. Man verwendet sie in der Anfängerstufe zur Konzentration bei der Behandlung der Zuckerkrankheit und anderer Pathologien. Und überhaupt: Sascha ist – blind. Mir kam der Gedanke: Vielleicht sollte man für die Validität des Experimentes zuerst Nikonow die Augen ausstechen und ihm dann einen Text zu lesen geben?

Aber diese Frage läuft nur bei mir im Kopf ab. Auch durch den Saal geht eine Welle der Empörung, alle sind außerordentlich angespannt.

Nikonow bittet das Kind ihm die Binde zu überreichen und zieht sie sich über die Augen. Dann nimmt er den Text in seine Hände und beginnt zu lesen. Alle springen auf, im Saal herrscht unvorstellbarer Lärm und Verwirrung. Die Zuschauer bemerken nicht, dass Nikonow liest, während das Blatt nach rechts verschoben ist. Sie wissen auch nicht, was diese Verschiebung bedeutet. Es bedeutet nur eines, dass Nikonow dieselbe Methode beim Lesen verwendet wie Sascha – die radare Sehkraft. So sehen tatsächlich alle, bei denen sich der Bildschirm des inneren Sehens geöffnet hat, wenigstens die ersten zwei, drei Jahre.

Den jungen Showman, der sich um Fernsehruhm reißt, interessiert weder der verwirrte Ausdruck des Jungen, noch die Verzweiflung dessen Vaters, der etwas hilflos versucht, dem aufgebrachten Saal zu widersprechen. Ich sprach in der Pause mit Nikonow, habe versucht ihm zu erklären, dass seine Tat falsch war, aber der junge Mann konnte mir noch nicht einmal in die Augen sehen. Sein Blick wanderte die ganze Zeit, die Wirkung seiner geplanten Popularität suchend, und er erklärte ohne Umschweife, dass ihn nur interessiere, wie wirkungsvoll sein Auftritt in der Fernsehsendung war. „Es ist eine Show, bloß eine Show", erklärte er mir.

Nein, das ist keine Show! Es ist die Diskreditierung der Methode, die Tausenden hoffnungslosen Kranken helfen kann, ihre Gesundheit wiederzuerlangen. Der Zynismus und die Schweinerei des „Entlarvenden" sind offensichtlich über den Rand des Erlaubten getreten. Eines der Kinder hat in diesem Journalisten den Onkel, der sich mit der Methodik von Lapschin im Moskauer „Institut des Stahls und der Legierungen" beschäftigte, erkannt. Und so wurde schnell klar, warum Nikonow den Text ohne Schwierigkeiten lesen konnte, den er nicht vor die Augen, sondern rechts neben das Ohr hielt. Wie ich schon erwähnte, wird so mit der Radarsehkraft wegen der Verschiebung der Darstellung um 60 bis 90 Grad gelesen. Und wenn diese letzte Annahme richtig ist, so sind jene Vorgänge nicht einfach auf Dummheit und Stumpfsinn zurückzuführen, sondern vielmehr eine Schandtat, die im Voraus geplant war.

Seltsamerweise haben die Veranstalter der Sendung keinen Spezialisten als Experten eingeladen, sondern einen Journalisten. Obwohl sich im Saal professionelle Ärzte mit einer tadellosen Reputation befanden sowie bekannte Wissenschaftler, die sowohl Lapschin als auch die bereits geheilten Kinder persönlich kannten. Vergeblich baten sie den Produktionsassistenten der Gesellschaft, ihnen das Wort zu erteilen. Aus irgendeinem Grund war die Aufzeichnung der Sendung sofort zu Ende, die Jupiterlampen angeblich überhitzt, die Studiozeit abgelaufen. Also alles auf einmal!

Ich versuchte auch dem Regisseur der Sendung die Inkorrektheit ähnlicher Sensationen klarzumachen. Alles war vergeblich. Ich erinnere mich aber noch daran, dass der Operator, der dieses Requisitengericht eingesetzt hat, erklärte: „Hier läuft etwas schief. Ich habe mich mit Lapschin in der Twerer Medizinischen Akademie auseinandergesetzt.

Dort gab es echte Blinde und sie konnten wirklich lesen."

Die Sendung ist im Nachhinein ohne die vermeintlich entlarvenden Machenschaften von Nikonow ausgestrahlt geworden. Vor der Provokation schützte nur die Tatsache, dass Sascha wirklich blind war. Die Veranstalter der Show rechneten nicht damit, dass zu ihrem „Gerichtshof" ein blindes Kind gebracht wird. Sie dachten offenbar, dass alle um sie herum ähnliche Betrüger wie sie selbst sind.

Dieser Fall hat Lapschin und mich näher zusammengebracht. Bei ihm ist in Bezug auf mich plötzlich irgendeine Herzlichkeit entstanden. Er fing an mir mehr zu erzählen, er hatte mehr Vertrauen in meine Ideen und Projekte.

Das, was ich anfing zu erkennen, erschütterte mich. Die Welt, in der Darlegung Lapschins, hat sich als ein gut funktionierendes und dynamisches System erwiesen. Wobei es außer den bereits bekannten esoterischen Konstruktionen auch solche Details beinhaltete, von denen eine außenstehende Person, die die Welt nur nach den bekannten literarischen Quellen studierte, nichts wissen konnte. Für mich als einen professionellen Informationologen waren seine Überlegungen über die informativen Grundlagen des Weltalls besonders interessant.

An manchen Abenden blieben wir alleine, und er versuchte mir klar zu machen:

„Information ist die Bezeichnung der Form des Raumes. Wenn für den Menschen ein Buch irgendeine vom Autor aufgeschriebene Information ist, so ist für mich ein Buch eine Interraumöffnung, ein Loch, in dem sich eine Ansammlung von gewissen Wesen befindet, und ich bin für diese Wesen eine Art Hirte. Ich weiß, wie man mit ihnen arbeiten muss. Bücher, die sich bei ihnen auf dem Regal befinden, können sie morgen zusammen mit den Eingeweiden auffressen oder sie im Gegenteil heilen.

Das ist kein Scherz. Ich werde erklären, wozu das alles führt, warum durch uns die Umsetzung dieser Informationen verwirklicht wird, wofür wir die Bücher schreiben, was im Allgemeinen mit dieser Information geschieht und wie man mit ihr umgehen sollte. Ich werde den Standpunkt meiner Arbeit erklären und wie ich damit lebe."

Dabei führte er oft Beispiele aus der Bibel an:

„In den ersten Zeilen der Bibel lesen wir, dass am Anfang Licht und Finsternis herrschten. Gott hat das Licht von der Finsternis getrennt. Wenige beachten, dass eine dritte Komponente erscheint. Das Licht, die Finsternis und etwas dazwischen – das eine von dem anderen trennend – eine gerade Linie. Kennen sie das chinesische prophetische „Buch der Veränderungen", von I. Zsin? Die Hexagramme dieses Buches der Veränderung haben zwei Arten von Linien: die eine ist eine ununterbrochene, die andere eine unterbrochene. Die unterbrochene Linie bezeichnet die Wechselwirkung zweier Räume: des Lichtes und der Finsternis. Nach der Symbolik der Zahlen bezeichnet man die ununterbrochenen Linien als „Neun" und die unterbrochenen als „Sechs". Im ersten Fall erhält man geschlossene Räume, die in keiner Wechselwirkung zueinander stehen, im zweiten Fall geschieht eine Wechselwirkung der Räume, was im Endeffekt zur Entstellung des Raumes in beiden Sphären führt. Die Formen der Entstellung, die Deformationen des Raumes hat der Mensch als Information bezeichnet.

Verstehst du, das „Buch der Veränderungen" widmet seine ganze Aufmerksamkeit der Erklärung der Qualitäten und Eigenschaften, die im Mittelzustand, auf der teilenden Linie angelegt sind. Betrachtet man dieses Problem aus einer anderen Perspektive, so entsteht etwas anderes, eine Art Technologie der Buchmagie. Wenn diese Linie auseinander gefaltet wird, so erhalten wir eine Ebene. Diese Ebene wird durch verschiedene Materialien imitiert, einschließlich der Computerdisketten, auf die der Mensch etwas aufzeichnet.

Mit anderen Worten: Das erste Erscheinen von Informationen ist mit dem Erscheinen des Lichtes und der Finsternis verbunden. Es existiert eine bestimmte Form der Entstellung im Raum des Lichtes und im Raum der Finsternis. Und es existiert eine Information, die als Produkt der Wechselwirkung des Lichtes und der Finsternis, eben im mittleren Zustand entstanden ist. Im Übrigen wird ein solcher Mittelraum auch mit dem tibetischen Wort Bardo bezeichnet – der Zwischenraum wo sich, nach den Überlieferungen aus den „Apokryphen der frühen Christen", „fünf Bäume im Paradies befinden, die sich weder im Sommer noch im Winter bewegen, und deren Blätter nicht abfallen. Derjenige, der sie erkennt, wird den Tod nicht erleben".

„Damit sind eben jene Strukturen gemeint", seine Erklärungen unterstützte er oft mit Zeichnungen, „die erste, die zweite und so weiter, obwohl für die Bezeichnung der Strukturen des Mittelraumes sechs Linien verwendet werden. Aber man sollte sich nicht an den Linie orientieren, sondern an den Räumen zwischen ihnen. Abhängig davon, wie die Brüche zwischen den Räumen in diesem Mittelteil aussehen, hängen die Erscheinungsformen verschiedener Informationen ab."

Betrachten wir eine vereinfachte Variante. Der Raum des Lichtes, wo wir uns befinden, ist ein astrologischer Raum, das heißt der Raum des Gottessohnes. Ein nicht astrologischer, immaterieller, engelgleicher Raum ist die Welt des Gottvaters. Der Zwischenraum ist die Welt des Heiligen Geistes. Die Information kann wie ein Raum sein, der zur Seite des Lichtes verzerrt ist, das heißt der materiellen Welt, oder zur Seite der Finsternis, das heißt der immateriellen Welt.

„So gibt es also", resümierte er, „drei Arten von Information: die der immateriellen Welt, der materiellen Welt und die der dazwischenliegenden Bardo-Welt.“

Als nächstes wurde eine Technologie erklärt, die, wie sich nachher zeigte, dem sehr nahe kam, was ich durch meine persönliche Erfahrung erkannt habe.

„Die mittlere Bardo-Information (die Idee) wird zuerst links verwirklicht, als eine gewisse virtuelle Realität, wie ein Projekt (der immaterielle Raum), und dann wandert sie für die Erfüllung nach rechts, in den materiellen Raum. Genauso wie eine Zeichnung, die in die Abteilung eines Betriebs eingegangen ist, bekommt sie eine Form und die funktionalen Eigenschaften des Erzeugnisses.

So sieht aus Sichtweise Lapschins die Schöpfung der Welt aus. Es gibt einen Auftraggeber (wer?), es gibt ein Projektinstitut, wo sich seine Ideen in Projekten und Zeichnungen (Formen) verwirklichen und es gibt einen Betrieb, wo entsprechend dieser Zeichnungen alles Mögliche erscheint, zum Beispiel (wenn es die menschliche Gesellschaft betrifft) eine Revolution, ein Bürgerkrieg. Oder im Gegenteil: die Stabilisierung, das Aufblühen.

Natürlich, wenn man die Geschichte genauer analysiert, so fällt das Recht auf Bestellung, das heißt auf die Idee, mindestens zwei konkurrierenden Strukturen zu (anders würde es keinen Sinn ergeben). Zwei gewissen ökumenischen Gesellschaften: das „Licht“ und die „Finsternis“. Sie führen einen ständigen Konkurrenzkampf um den Vertrieb der eigenen Ware im materiellen Raum des Weltalls. Die Konsumenten auf der ersten Etappe sind wir Menschen. Und auf der zweiten, abhängig davon, wessen Ware oder Dienstleistungen wir konsumiert haben, werden wir selbst konsumiert. Wer wird es tun? Eine der zwei ältesten, verdienstvollsten Gesellschaften – entweder

„das Licht“ oder „die Finsternis“. Und das alles zusammen wird als die grundlegende informative Wechselwirkung bezeichnet. Selten gelingt es jemandem der Kette, der sich ständig wiederholenden spiralen Wechselbeziehungen, der materiellen und immateriellen Räume, zu entkommen.

Die Erzählungen Lapschins haben bei mir einen ziemlich seltsamen Eindruck hinterlassen. Es machte den Anschein, als schaltete sich in ihm, wenn er sich auf eine bestimmten Weise konzentrierte, eine gewisse Übertragungseinrichtung ein, die durch ihn sehr komplizierte, und manchmal sogar schwerverständliche Vorträge hervorbrachte. Dabei hatte er offenbar weder Kenntnisse in den Grundlagen der Physik noch der Medizin, wo er aber wirkungsvolle Ergebnisse erzielte, vor denen die ehrwürdigen Akademiemitglieder erblassten. Sobald sich diese Sendeeinrichtung ausschaltete, verwandelte er sich augenblicklich in einen durchschnittlichen Menschen zurück. Aber er verstand die Zustände des „Einschaltens“ und des „Ausschaltens“ zu beherrschen, so dass nicht viele die seltsame Besonderheit seines Bewusstseins errieten.

Ich prüfte in der Regel, was mir Lapschin mitteilte, und fand manchmal sehr interessante Parallelen in der Welt der offiziellen Wissenschaft, besonders in der Physik.

Auf dem russisch-amerikanischen Seminar „Vision of the Future“ (Sankt Petersburg, 1993) hielten die Physiker A.W. Moskowski und I.W. Mirsalis einen Vortrag über „das Bewusstsein und die physische Welt“. Sie stellten die Behauptung auf: „Wenn man der Struktur des Quantenformalismus folgt, so müsste die ganze Welt in zwei Teile zerfallen. Der erste, eine Art Quanten-Spiegelung, wo gleichzeitig die potentiell möglichen Zustände des Universums existieren und nach eigentümlichen Gesetzen zusammenwirken. Die Evolution dieser Welt wird beispielsweise in der Angleichung Schrödingers beschrieben, so dass man von einem ununterbrochenen Strom von interferierenden potenziellen Möglichkeiten ausgehen kann, der „virtuellen Wege", der „Schatten", „Wolken der Wahrscheinlichkeit", usw. Die Reihe der Metaphern kann beliebig fortgesetzt werden, aber das Hauptaugenmerk liegt hier auf dem Paradoxen, der Wechselwirkung, die in der klassischen Welt unmöglich ist, dem, was es eigentlich nicht gibt. Der zweite Plan ist die reale makroskopische Welt, der Raum der realen Ereignisse, wo es keinen Platzt für Vagheit oder Zweideutigkeiten gibt, und wenn das doch möglich erscheint, so nur wegen unserer Unwissenheit darüber, was in Wirklichkeit geschieht".

Noch radikaler stellt sich die Position des amerikanischen Physikers und Nobelpreisträgers Eugen Wigner dar, der davon ausging, dass der endgültige Zusammenbruch des Quantenwellenpaketes im Bewusstsein des Beobachters geschieht. Nur das Bewusstsein verfügt über die einzigartige Eigenschaft – sich selbst zu erkennen. Wie die Kinoleinwand, die den Photonen aus dem Lichtstrom ermöglicht, eine bestimmte Stelle im Raum einzunehmen, zu der sie, bis zur Wechselwirkung mit ihr, keinen Bezug hatten.

Von diesem Standpunkt aus spielt sich das „Prinzip der Realität" nicht in der physischen Welt ab, sondern auf der Ebene des Bewusstseins. Das genaue Gegenteil also zu den allgemeingültigen kosmogonischen Theorien: Das physische ist vergänglich, und das psychische ist real.

Nicht weniger radikal ist die Herangehensweise Everetts, der zum Schluss gekommen ist, dass unsere Welt nicht nur ein Mal vorhanden ist, sondern in einer unzähligen Menge von gleichberechtigten Kopien existiert, aus denen unser Bewusstsein beliebige Szenarien auswählt.

Mit anderen Worten: Nicht das Sein bestimmt das Bewusstsein, sondern im Gegenteil, das Bewusstsein bestimmt das Sein.

Wir werden jetzt aber nicht in die Analyse der Behauptung übergehen, dass der Hauptfaktor bei der Entstehung des Universums nicht ihre Eigendynamik ist, sondern der Einfluss des immateriellen Feldes der Informationen. Es ist offensichtlich, dass ähnliche Konzeptionen der Weltanschauung aktiv diskutiert werden sollten. Lassen Sie uns nur die Tatsache festhalten, dass es Gründe für eine solche Umstellung der Akzente gibt und dass sie bedeutend sind. Weil es sich herausgestellt hat: In der geheimnisvollen „Leere" des Vakuums ist die Information, noch bevor sie realisiert wird, bereits auf unerklärliche Weise vorhanden. Darüber hinaus wurde auf der materiellen Ebene des Seins, was auch immer zuerst da gewesen ist, eben die Information zur bestimmenden Kraft, die eine neue Wirklichkeit schafft.

Die Welt ist mit klugen Maschinen und Mechanismen überfüllt. Der neue informative Raum wird ungestüm selbstorganisiert, vervollkommnet sich, schafft sich einen neuen Intellekt, dem die vorige verschwenderische Emotionalität entzogen ist. Der Mensch ist nicht mehr Regent und Organisator, sondern nun zum Bedienungspersonal oder Nutzer der globalen Computersysteme degradiert, die unabhängig von ihm ein selbständiges Leben zu führen beginnen. Die geistigen Bestrebungen der Menschen, ihre moralische Suche in dieser technologischen Welt, werden immer mehr und mehr entwertet, werden immer weniger in der Lage sein, auf lebenswichtige, öffentliche Lösungen einzuwirken. Die Unifizierung der Massenkultur, im wahrsten Sinne des Wortes, zerstört den Menschen als Persönlichkeit, fördert seine Abstumpfung, Gleichmachung, Standardisierung.

Die führenden Länder sind schon lange auf dem Weg zu einer

informativen Gesellschaft, in der die Priorität nicht in der Herstellung von Stoffen und Energie liegt, sondern in der Bildung neuer Informationstechnologien. Aber je weiter sie vorrückten desto abhängiger wurden sie von ihrem Erzeugnis.

Die ganze Existenz eines modernen Staates hängt unmittelbar von der störungsfreien Arbeit der Infrastrukturen ab, von der Intensität des Informationsaustausches, der Fülle, der Aktualität und der Verlässlichkeit der Informationen, die in den Computer- und Telekommunikationssystemen zirkulieren. Weil kein einziger, nicht einmal der beste Spezialist, in der Lage ist, das vom informativen Supersystem angebotene Projekt, objektiv zu bewerten, ohne die Hilfe eines anderen Systems in Anspruch zu nehmen.

Die Computertechnik funktioniert jetzt, dank der eröffneten Möglichkeiten des Akademiemitglieds E.W. Jewreinowyj, einer verteilten Bearbeitung der Informationen, mit einer summierten Geschwindigkeit, die höher als die Lichtgeschwindigkeit ist. Und obwohl die Schnelligkeit des Computers grundsätzlich eine andere Geschwindigkeit darstellt, bedeutet es für uns Benutzer, dass in der Praxis eine Konkurrenz des Menschen (so wie er in der jetzigen Etappe der Entwicklung existiert) mit der von ihm entwickelten Welt „der klugen Maschinen“ unmöglich ist. Während wir noch lernen, sind unsere Kenntnisse bereits hoffnungslos veraltet. In der Schule wird mit Lesen, Wiederholungen, „Büffelei“ bei den Kindern das effektivste Gedächtnis, das eidetische, abgestumpft, unter Nichtbeachtung der Tatsache, dass das intuitive Denken dem logischen um einiges voraus ist.

Mehr noch, die illusorischen Schablonen des „Bildungsstandes“ fördern die Entwicklung des Intellekts des Menschen nicht, sondern blockieren ihn. Denn sie lehren bereits gedachte Gedanken, nicht aber die Fähigkeiten, selbst zu denken.

Es scheint, als würden sich die Befürchtungen der Philosophen bewahrheiten, dass die technischen Erfolge der Wissenschaften einen Zustand geschaffen haben, in dem nur das zum Wesen des Menschen gezählt wird, was im Prinzip der mathematischen und technischen Modellierung unterzogen werden kann. Dadurch wird eine neue Seite der Geschichte aufgeschlagen: Nicht der Mensch erschafft die Technik, nach seinem Vor- und Ebenbild, sondern im Gegenteil, die modernen Technologien, mit ihrer Schnelligkeit, der Störunempfindlichkeit und den übrigen funktionalen Eigenschaften, beginnen ihrerseits Forderungen zu stellen, wie die Einrichtung und die übrigen Funktionen, nicht nur des Individuums, sondern der Gesellschaften insgesamt, auszusehen hat. Fraglich, ob wir eine solche Seite der Geschichte brauchen? Womit können wir, die geistigen Persönlichkeiten, ihr antworten?

Aber Lapschin ließ sich nicht bis zu solchen Feinheiten herab. Und ich hatte immer öfter das Gefühl, dass wir mit ihm auf verschiedenen Seiten des Lichtes und der Finsternis standen. Im Übrigen beschäftigten mich damals mehr die Verwandlungen meines Bewusstseins.

Es schien, dass mein Geist die neuen Feldlinien der Raum- und Zeitkoordinaten resorbierte und sie entzifferte, was sich in seltsamen Bildern einer neu geschaffenen Welt äußerte. Es blieb nur eins, Mut zu schöpfen, um zu erkennen: Was für eine Welt es ist und zu welcher Zeit?

* * *

Jeschua blieb auf der Schwelle stehen und ließ seinen aufmerksamen Blick auf denen ruhen, die sich zu einem Treffen mit ihm versammelt hatten. Der Herr des Hauses, Pharisäer Simon, erhob sich beim Anblick des Rabbis von der Bank, auf der er nach römischem Brauch halb liegend saß, und sein Gesicht wurde von einem freundlichen Lächeln erhellt. Simon hielt sich für einen Menschen mit Weitblick und mochte alles, was Anderen die Aufrichtigkeit und die Einfachheit seines Herzes zeigte. Auch jetzt, als er diesen seltsamen Prediger aus Nazareth in sein Haus geladen hatte, lies er für ihn den Ehrenplatz am Tisch frei, so dass er sich unter seines Gleichen fühlen konnte.

„Wir haben auf dich gewartet, Lehrer“, bestätigte er die Einladung in sein Haus, die dem Prediger durch einen Diener übermittelt wurde. „Hier ist ein Platz am Tisch, setze dich und teile mit uns das Mahl.“

Als er sprach, schaukelte sein teilweise ergrauter schwarzer Bart nach oben und nach unten, wie während einer Predigt in der Synagoge.

Jeschua zog seine Sandalen aus, stellte sie neben die anderen Schuhen beim Eingang, trat über die Schwelle und blieb auf dem dicken, grob gewebten Teppich stehen. Als er sah, dass Simon nicht auf ihn zuschritt, für den achtungsvollen Begrüßungskuss, sprach er: „Frieden mit dir, Frieden für dein Haus, Frieden allem was dir gehört.“

Simon machte eine Verbeugung nach dem Brauch und antwortete: „Gott segne dich. Gehe hinein, Rabbi.“

Einige niedrige, gefärbte Tische waren im geräumigen Zimmer von ebenfalls niedrigen Liegebänken umgeben. Auf den Tischen standen große Platten mit Reis, Fleisch und Früchten. Nur ein Platz war frei, neben dem Herrn des Hauses, und da verstand Jeschua, dass seine Schüler nicht zum Mahl geladen waren. Gesengten Blickes schritt er zum benannten Tisch.

Das Haus aus massivem Stein spendete ungeachtet der Straßenhitze Frische und Kühle. Die offenen Fenster und Türen des Zimmers gingen auf eine große hölzerne Galerie hinaus, von wo sich der Blick auf die

Westküste des Sees Genezareth eröffnete. Die Galerie, deren Säulen und Simse von Efeu umschlungen waren, versprach Erholung und Ruhe. Die Gäste des Pharisäers Simon, die auf den Liegebänken glückselig ihre Körper ausruhten, nickten zur Begrüßung mit den Köpfen und nahmen den Menschen, der Gerüchten nach Wunder vollbringen konnte, in ihren Kreis auf.

Der Gast machte es sich auf dem für ihn vorbereiteten Platz bequem und schaute sich um. Keiner der Diener hatte sich ihm mit Schüssel und Krug genähert, damit er seine Hände vor dem Essen waschen konnte, niemand hat sich darum gekümmert, den Brauch zu beachten. Jeschua schmunzelte und ließ die flinken Finger in das Essen ein und begann mit großer Gelassenheit seinen Hunger zu stillen. In allen seinen Bewegungen konnte man die Gewohnheit ablesen, sich nicht von Regeln und Ritualen eingeschränkt zu fühlen, und die Gesellschaft konnte erleichtert aufatmen – er ist kein Messias, wie ihn einfache Menschen bezeichneten, er ist ein Mensch.

Allmählich füllte sich das Haus mit immer neuen Menschen. Die Nachricht von der Ankunft des Predigers in Magdala verbreitete sich schnell. Und so eilten die Nachbarn zu Simon, für die diese seltene Gelegenheit Neues zu hören und zu streiten, ein wirklicher Feiertag war. Sie drückten sich entlang der Wände, die Liegebänke der ausgewählten Gäste umringend und die mit dem Prediger gekommenen Schüler wegdrängend.

Der Gast hatte nichts Geheimnisvolles an sich und so schauten sie einander erstaunt an, schweigsam fragend: „Ist es wirklich der, über den man erzählt?“

Der Herr des Hauses fühlte den aufkommenden Zweifel und warf, wie einen süßen Köder für seine bekannte Redekunst, eine bedeutsame

Frage in den Raum, die seinem Gast galt:

„Man sagt über dich, dass du ein geschickter Redner seist. Wo hast Du dieses Wissen und diese Gabe erworben, die Menschen zu überzeugen? Es ist doch bekannt, dass es in Nazareth, woher du kommst, weder einen Bet-Midrash, noch einen Bet-Rabban gibt. Du kannst sogar schreiben, obwohl dich niemand darin unterrichtet hat!“

Der Kopf des Predigers, der einen geraden Scheitel trug, erhob sich. Seine ruhigen Augen wandten sich dem zu, der die Frage gestellt hatte: „Mein Lehrer ist in mir. Von ihm weiß ich alles.“

Simons erstaunter Blick schien in der Menge nach Zeugen zu suchen, die das unsinnige Verhalten des Gastes bestätigen würden und er sprach:

„Was kann außer der Stimme der göttlichen Natur zu uns sprechen, bei der wir alle lernen und auf deren Ruf hin wir kommen?“

Jeschua schenkte dieser banalen Schmeichelei keine Beachtung und schaute starr zu Simon.

„Ihr lernt nicht, ihr stehlt“, erklärte er ungeniert und wandte dabei seinen Blick nicht vom Gesicht des Hausherrn ab, welches in der Glut der Kränkung brannte. „Ihr stehlt ihre Formen, aber ihr begreift ihr Wesen nicht. Und der Weg des animalischen Menschen, den ihr beschreitet, wird durch das Licht des tierischen Kreises beleuchtet. Bald wird er sich im himmlischen Spiegel Gottes spiegeln und ihr werdet darin sehen was ihr seid.“

„Du beschuldigst uns, dass wir den Weg Gottes nicht kennen?“ Mit einer angewiderten Intonation eines seelisch reinen Menschen erhob sich Simon erstaunt von seinem Lager. „Aber wir kennen uns hier alle und jeden Tag preisen wir unseren Gott mit Gebeten und gehen in den Tempel, wir bringen Opfer dar und wir beachten die Gesetze der

Heiligkeit. Was kann man uns vorwerfen?", sprach er mit der Stimme eines unbescholtenen Bürgers, wie Gott selbst.

Aber der wandernde Prediger wurde von seiner feurigen Rechtfertigung nicht von seinem Standpunkt abgebracht. Der Schatten des Spottes glitt über sein Gesicht.

„Das Gebet hat keinen Tempel nötig", warf er mürrisch ein. „Das Gebet braucht ein reines Herz. Und die Opferungen werden den Priestern dargebracht und nicht Gott. Und sie selbst schaffen diese Gesetze der Heiligkeit, damit es leichter ist, die Menschen in die Sünde zu stoßen. Seht euch vor, dass ihr selbst nicht in dieser Grube landet. Ob das Sprichwort wohl auf euch zutrifft: „Vom Überfluss des Herzens tut der Mund kund"

„Der Mund ist dafür geschaffen, um zu sprechen", bemerkte giftig einer der Freunde Simons, links von ihm sitzend, fast gegenüber dem Prediger aus Nazareth.

„Nicht jenes entweiht den Menschen, was in seinen Mund eingeht, sondern das, was aus seinem Herz stammt", hatte der seltsame Gast augenblicklich zu entgegnet, dem es unmöglich war, die Redekunst abzuerkennen und dessen Worte die Herzen aufrüttelten. „Ihr betet Gott im Tempel an", fuhr er fort, „und ich bete zum Vater im Geist und durch die Wahrheit. Dazu sind weder Altare noch Diener der Altare nötig."

„Willst du uns sagen, dass wir blind sind und unseren Weg nicht kennen?", präzisierte Simon.

„Alles, was ihr seht, kommt aus der Finsternis. Alles was ihr hört – kommt aus der Stille. Wenn euch gesagt wird: Gehet nach Osten, und ihr werdet gehen, so werdet ihr im Westen ankommen. Wenn euch gesagt wird, es ist Gottes Sohn, werdet ihr lachen. Wer wird verstehen, dass die Krone aus der Wurzel wächst? Ihr solltet in die Wurzel schauen.

Gott zeichnet den Weg, aber er befiehlt nicht: Der Wille bleibt beim Menschen."

„Aber wer ist jener, der den Rat Gottes gesehen hat?", schrie Simon aus Verzweiflung auf, da die Redekunst des fremden Predigers seine oratorische Gabe in den Schatten gestellt hatte.

„Sei wie ein Kind, das in die offenen Arme der Mutter läuft", antwortete Jeschua leise, „und du erkennst den Weg."

Plötzlich galt seine ganze Aufmerksamkeit einer Frau, die hinter den Menschen am Tisch hervortrat. Er sah nicht nur ihre Augen, die ununterbrochen auf ihn schauten, die Feinheit ihrer Bewegungen, das dichte lockige Haar und ihren geschmeidigen Gang, der die Blicke der Männer anzog, sondern auch das, was der Sehkraft gewöhnlicher Menschen unzugänglich war: den fließenden mehrfarbigen Glanz, der ihren Körper umgab. Aus dem Kopf der Frau trat Licht aus, wie das Funkeln von Edelsteinen und stieg in blauen und orangefarbigen Strahlen zur Decke auf. Auf der Stirn glänzte eine kleine silberne Platte, die nur er sehen konnte, auf der mit goldenen Lettern ihr Name geschrieben stand. „Maria", las Jeschua und erinnerte sich an seine Vorbestimmung.

Die Frau kam immer näher. Sie bemerkte, dass sich Simons Gesicht zu einer verächtlichen Grimasse verzogen hatte.

„Lass sie nicht heran", empfahl er dem Gast. „Sie wird dich entweihen."

Seine böse Andeutung hat aber bei dem Prediger keinen Eindruck hinterlassen. Jener wandte seinen Blick nur für einen Moment von der Frau ab, um die unzufriedenen Grimassen der Gesellschaft zu bemerken, und sprach dann öffentlich zu ihr.

„Setze dich zu meinen Füßen, Frau".

Das Gesicht der Unbekannten wurde für einen Augenblick von einem Lächeln des Glückes erhellt. Geschickt zwischen den Tischen der umgebenden Menschen durchschlüpfend, ist sie auf den Fußboden gesunken, und blickte zu dem, der sie gerufen hatte.

„Du weißt es vielleicht nicht, Rabbi“, ergriff wieder Simon das Wort, „aber diese gefallene Frau ist unwürdig, in unserer Mitte zu sein. Sie wird uns entweihen. Warum willst du mit solchen verkehren?“

„Nicht die gesunden brauchen einen Arzt, sondern die Kranken. Und wer weiß außer dem Vater, wer wessen würdig ist?“ Er wandte sich zu Simon: „Wünsche dir nichts – weder das Gute noch das Schlechte. Sei in der Erde die Erde, in der Luft die Luft, im Wasser das Wasser, im Feuer das Feuer und kein besonderer Teil davon. Nur so kann sich das Reine mit dem Reinem verbinden.“

Er sprach leise, aber alle haben ihn gehört. Und vor allem jene, die jetzt zu seinen Füßen war. Das Gesicht der Frau errötete von Zeit zu Zeit und erblasste dann wieder plötzlich vor Aufregung.

„Fürchte dich nicht, Maria“, versuchte sie Jeschua zu beruhigen, und schon hatte sich im Saal erstauntes Gemurre verbreitet.

„Woher wusste er ihren Namen?“

„Ob sie vielleicht bekannt sind?“

„Er sieht wirklich das Unscheinbare!“

Unbeweglich, wie verzaubert, sah Maria den Prediger aus Nazareth an und sank plötzlich mit ihrem Kopf zu seinen Füßen und rieb sie mit ihrem Haar ab, wie einem Heiligen. An ihrem Gürtel war ein kleiner Alabasterbehälter mit kostbarer Flora. Wie in einem Anfall von Raserei riss sie ihn vom Gürtel, brachte die teure Salbe auf ihre Handfläche auf und begann die Fußsohlen und Unterschenkel des seltsamen Mannes, der ihren Namen kannte, einzureiben.

Von oben sah er nur die Umrisse ihrer Wangen, des Kinns, ihre schönen vom Weinen geschwollenen Lippen. Unsicher lächelnd, fing er an ihre Hände mit einer solchen Kraft zu öffnen, dass sie an jenen Stellen, wo er ihre Hände mit seinen Fingern gedrückt hatte, weiß geworden sind.

Maria ist ohne ihren Kopf zu heben, verstummt, und auf seine Beine fielen einige heiße Tränen. Er zuckte zusammen, nicht mit so etwas rechnend, und der Schauder seines Körpers übertrug sich sofort auf sie. Ihre großen Augen, in denen sich ihr Leid spiegelte waren auf ihn gerichtet. Er konnte ihnen nicht standhalten und strich ihr aufmunternd über die Wange.

„Das ist kein Mensch, sondern Unkraut. Man braucht sie nicht zu bemitleiden", sprach Simon in einem befehlerischen Ton, das Geschehende beobachtend.

Seine Augen – zwei schwarze, enge Öffnungen – trugen nur Verachtung für die, die zu den Beinen des Besuchers kauerte.

„Unser himmlischer Vater ist ein Gärtner", äußerte sich wieder der aus Nazareth halblaut.

„Er wollte, dass in seinem Garten nur schöne Blumen wachsen. Er umsorgte und wässerte sie. Doch viele edle Pflanzen konnten ihre Knospen nicht entfaltet, weil auch die Blume wollen muss, vollkommen und schön zu werden, sie muss auf Flügeln des Traumes schweben. Wenn man das nicht gewollt hat, wen soll man nun beschuldigen? Man muss das trennen, was besser werden will. Weil alles auf dieser Welt, nicht im Namen der Vergangenheit, sondern im Namen der Zukunft geschieht. Gott ist ein Gärtner! In seinem Garten wächst und gedeiht so manches."

„Du sprichst so, als ob du es wüsstest", ließ Simon nachdenklich verlauten. „Aber was weißt du? Wer ist dein Lehrer? Wo ist dein Weg und der Stern deines Weges? Wer kann bezeugen, dass du nicht vom

rechten Weg abgekommen bist? Und vielleicht gehst du Blinder zum Abgrund, die Anderen mit dir reißend?"

Die Schüler Jeschuas tauschten, nachdem sie die gefährlichen Vorwürfe vernommen hatten, beunruhigt Blicke aus.

„Der Vater findet jene selbst, die ihn suchen", antwortete der Gast. „Ich bin in dein Haus gekommen und du hast mir kein Wasser für die Füße gegeben. Sie hat mit ihren Tränen meine Beine begossen", nickte er mit seinem Kopf in Marias Richtung, „und mit ihrem Haar hat sie meine Beine abgerieben. Du hast mir keinen Kuss gegeben und sie, seit dem Augenblick als sie gekommen ist, hört sie nicht auf meine Beine zu küssen. Du hast meinen Kopf nicht mit Öl gesalbt und sie hat ihre kostbare Flora für meine Beine hergenommen. Ich verzeihe ihr viele Sünden dafür, dass sie vieles in ihr Herz geschlossen hat. Wahrhaft sage ich euch: nur jener wird zur Finsternis, der nicht zum Licht wird. Sucht in euch den Weg ins Reich Gottes, und nicht außerhalb von euch. Wer hier nicht stirbt, der wird auch im Himmel nicht sterben."

Die Überzeugung, mit der der Nazarethaner sprach, hinterließ einen bleibenden Eindruck. Und Simon, der sich nie für einen religiös Orthodoxen gehalten hatte, erkannte in diesen Worten sogar eine besondere Poetik und Logik, aber etwas in seinem Inneren widerstrebte, in diesem schlecht gekleideten wandernden Prediger den großen Propheten oder den Messias zu sehen, wie viele behaupteten. An ihm war nichts Geheimnisvolles, obwohl seine Reden bezauberten. Aber er war doch nicht der einzige in Judäa, der schöne Reden halten konnte!

„Wenn diese Welt eine Stufe zum Reich Gottes ist, warum gibt es dann so viel Ungerechtigkeit und Leid", fragte Maria plötzlich, die immer noch zu Füßen Jeschuas saß.

Er wandte sich ihr zu und fragte:

„Ist es nicht so, dass der Schmerz der Geburt die Frau zur Freude der Mutterschaft führt, und das Kind ins Leben? Kann man denn ins Reich Gottes kommen, ohne die irdischen Qualen zu erfahren? Wie kannst du dann erkennen, was Freud und was Leid ist? Wie willst du den Preis des Geschenkten erkennen? Um zu bekommen, muss man bitten, um zu finden, muss man suchen, damit man dir die Tür öffnet, musst Du anklopfen."

„Wir haben gehört, dass du in der Stadt Nain einen Toten ins Leben zurückgeholt hast. Wie ist das möglich?", fragte jemand aus der Menge.

„Niemand ist tot für Gott, solange er selbst das Gleichgewicht des Sichtbaren und Unsichtbaren nicht zerstört. Gott ist in jedem von uns – dort ist auch das Reich Gottes – sagte ich euch und wer nicht ins Reich Gottes kommt, der wird im Reich der Toten verweilen."

„Und wo ist das?", fragte Simon misstrauisch, und malte sich bereits aus, dass der wandernde Prediger, der so geschickt das Volk zu foppen versteht, ein guter Erwerb für die Partei der Pharisäer wäre.

Jeschua sah direkt in die Augen des Hausherrn, las in ihnen buchstäblich seine geheimen Gedanken und antwortete:

„Hast du gefragt wo das Reich der Toten ist? Toter, weißt du das denn nicht?"

„Woher willst du wissen, dass ich tot bin?", schmunzelte Simon.

„Ich sehe es", entgegnete der Nazarethaner lakonisch.

„Wie kannst du das sehen, was uns das Licht nicht zeigt? Mit welchen Augen?", spottete Simon.

„Wem es gegeben ist, der kann auch ohne Augen sehen. Sieh her ...!"

Er hat die Hand ausgestreckt und das Tuch von der Schulter Marias genommen. Der Nazarethaner legte das Tuch auf seine Augen und band es hinter dem Nacken zusammen. Als die Finsternis undurchdringbar wurde, befahl er, dass aus dem dunklen Raum ein heller weißer Punkt entstehen und sich zu allen Seiten des Lichtes öffnen soll. Jetzt sah er alles so, als wären seine Augen nie mit einem Tuch verdeckt worden. Mehr noch, er sah nicht nur, was vor ihm lag, sondern auch das, was sich seitlich und hinter ihm befand. Er konnte auch jenes sehen, was nebenan geschah, was in der Ferne geschah, was in der Vergangenheit geschehen ist und das, was in der Zukunft geschehen wird.

Er stand von seiner Liege auf und ging zielsicher um die Tische herum. Als er sich dem Diener genähert hatte, der an der Tür mit einer Platte stand, auf der sich ein Berg von Früchten türmte, zeigte er mit seinem Finger auf einen großen Apfel und fragte Simon:

„Willst du diesen Apfel? Es ist ein schöner Apfel. Siehst du, wie rosig ihn die Sonne werden ließ? Oder vielleicht sollte ich dir diese bemerkenswerte Dattel anbieten?“

Und in einer fehlerfreien Handbewegung hatte er die längliche Frucht von der Platte gehoben. Die Gesichter der Anwesenden sind vor Erstaunen lang geworden. Der Diener, der die Platte hielt, zitterte, sein Mundwinkel erschlafften und ließen Speichel auf den Fußboden fallen.

„Wische deinen Speichel ab“, befahl ihm der Nazarethaner „Und zittere nicht, sonst wirst du die Platte fallen lassen. Nein, ich werde Simon wohl eine Weintraube geben. Seine Hand streckte sich ohne Zögern zur großem Traube und pflückte sie. Genauso sicher kehrte er wieder zum Tisch Simons zurück und reichte ihm die gelbe Frucht.

„Nimm“

„Vielleicht kannst du heimlich durch den Stoff sehen? Vielleicht hast du einen guten Tastsinn?“, äußerte Simon seine Befremdung, die Frucht in die Hand nehmend.

„Von da, wo ich stehe, kann ich den Hof nicht sehen, oder?“, fragte der Nazarethaner.

„Nein!“, bestätigte Simon.

„Gehe auf die Galerie hinaus. Sieh, deine Schwester hat die Schaufel genommen und trägt sie zur Wand. Sie hat sie neben dem Kastanienbaum abgestellt.“

Simon tat, wie ihm befohlen wurde und schaute nach unten. Sein Gesicht wurde von Schrecken gezeichnet.

„Du bist wahrhaftig ein ungewöhnlicher Mensch“, musste er mit Stöhnen anerkennen. „Wie machst du das?“

„Es gibt ein Licht innerhalb des Lichtmenschen und er beleuchtet die ganze Welt. Wenn es nicht leuchtet, so gibt es Finsternis...“

Und die Menschen sind aufgesprungen und sind auch auf die Galerie hinausgelaufen. Maria, die wieder bei den Füßen Jeschuas weilte, umschloss seine Knie und drückte ihre Wange an sie. Ihr Gesicht schien in diesem Moment wie das eines Kindes.

„Wirst du mit mir gehen?“, fragte Jeschua und Maria nickte schweigend mit dem Kopf.

„Ich werde auch mit dir gehen, Rabbi“, hatte sich Simon plötzlich entschieden, sich zum Tisch umdrehend.

„Nein, du wirst es nicht können“, widersprach der Nazarethaner. Es ist schwierig für jemanden den Weg zu finden, der seine Augen verloren hat.“

* * *

Ist diese Legende eine Prophezeiung oder noch etwas anderes? Doch unsere Schüler sehen dasselbe, nach den gleichen Gesetzen, die bereits vor zweitausend Jahren vorausgesagt wurden. Oder vielleicht noch mehr?

So war es von vornherein in der Geschichte der Philosophie und auch in der Geschichte der Menschheit, dass ständig zwei Lager verschiedener Weltanschauungen gegeneinander kämpfen. Ein Lager vertritt etwas Idealistisches: Die Welt ist von Gott geschaffen und nur das ist eine Tatsache. Mit dieser idealistischen Richtung beschäftigt sich vor allem die Religion. Die andere Seite sagt: Nein, die Welt ist zufällig entstanden (es ist etwas im Raum „explodiert") und entwickelte eine Eigendynamik, fing an sich selbst zu strukturieren. Materie – ist das Einzige, was es geben kann. Also, was soll man dazu sagen? Sowohl das Eine stimmt als auch das Andere. Wenn wir zwei Wahrheiten haben, so bedeutet das: Die Zeit ist gekommen, etwas Drittes zu suchen – die absolute Wahrheit.

Es scheint, dass sowohl das Eine als auch das Andere eine gewisse Einheit bilden. Alleine können sie nicht existieren. Der Schöpfer und die Schöpfung sind gleichzeitig entstanden.

Wenn die Religion versucht, den Gedanken der Selbstentstehung Gottes zu erklären, so sollte man auch gleichzeitig die Prozesse der Entwicklung der Welt betrachten – weil es das Eine ohne das Andere nicht geben kann. Es sind einfach verschiedene Ebenen der Existenz des einheitlichen lebendigen Organismus. Denn niemand würde bezweifeln, dass der Kopf und der Körper keine Einheit bilden. Aber sie haben verschiedene Funktionen und jeder eine sehr spezielle Besonderheit der Existenz.

Viele Wissenschaftler behaupten heute, dass im lebendigen Kosmos der Begriff des Nicht-Lebendigen einfach nicht existiert. Das Leben und der Intellekt sind, wie die materiellen Strukturen auf der Basis der Atome und der Moleküle, auch den subatomaren Teilchen eigen, die sich hinter der Schwelle unseres Raumes befinden.

Als Einstein die Illusion des Raumes und der Zeit entlarvt hatte, tat er das nicht nur in seiner Phantasie. Es ist etwas Reales geschehen – eines der „Naturgesetze“ ist verschwunden, das als absolut galt. Die lineare Zeit aufhebend, hat Einstein gleichzeitig auch den dreidimensionalen Raum aufgehoben. Er hat festgelegt: „Aufgrund der (neuen) Realität stirbt der Begriff der linearen Zeit.“

Folglich gibt es eine Realität, in der es keine lineare Zeit gibt. Einige behaupten sogar, sie sei zeitlos, das heißt EWIG. So ist in der modernen Physik der Begriff „Superraum“ entstanden, weil die Realität in der EWIGKEIT ihre Grenzen der Ausdehnung verloren hat.

Wie kann aber die neue Weltanschauung unser Leben bzw. konkrete lebenswichtige Situationen beeinflussen?

„Die Macht der allmächtigen Natur wiegt für uns deswegen nicht schwer, weil sie dem Lebendigen das Gefühl der sichtbaren Freiheit gegeben hat“, hat Samuel Marshak geschrieben. „Die Beweglichkeit des Körpers, im mechanischen Sinn, wird mit den Stufen der Freiheit gemessen.“ Dieses süße Wort „Freiheit“ erregt die Volksmassen in verschiedenen Winkeln des Planeten. Und bis zu welchem Ausmaß ist die Freiheit dem Menschen wichtig? Darüber nachdenkend, bin ich wieder auf Lapschin gestoßen.

Kapitel 5

Lapschin erschien in meinem „Chudlit“ Kabinett in der Regel gegen Abend. Er setzte sich hinter einen kleinen Tisch, ich setzte mich ihm gegenüber. Meine Sekretärin, Tamara Wiktorowna Filatowa, die meinen seltsamen Freund aus irgendeinem Grund nicht besonders mochte, legte trotzdem, um Gastfreundlichkeit bemüht, sofort eine weiße Decke auf den kleinen Tisch, stellte eine Schale mit Gebäck dazu und reichte Tee und Kaffee.

Er trank seinen Tee fast immer ohne das Gebäck anzurühren und „schaltete“ dabei immer den wunderlichen inneren Relaissender ein.

„Erster Lektion: Wenn du Gott sein willst, werde er.“

„Und die zweite?“

„Die Seele des Menschen ist eine Dyade. Sie wird durch die materielle und immaterielle Strahlung des Vakuums gebildet, durch die Erschaffenden Kräfte. Doch sie sind wie Feuer und Eis. Ihr Zusammenspiel endet häufig in einer Katastrophe. Das biologische Leben ist ein Mechanismus, in dem ein Zusammenwirken zweier verschiedener Seiten möglich ist, aber auch ein Schlachtfeld, auf dem sich die ursprünglichen Kräfte ein Kräftemessen liefern. Deshalb sollst du lernen, deine Gefühle zu kontrollieren. Der Geist des Menschen ist ein Schnitt- oder Treffpunkt unterbewusster und überbewusster Prozesse. Eben dieser Punkt stellt unser Bewusstsein dar. Wenn in ihm die Kräfte die Oberhand gewinnen, die ins Zentrum ausgerichteten sind, so kollabiert er. Wenn zentrifugale Kräfte herrschen, so löst er sich in der Unendlichkeit auf. Gefährlich ist sowohl das Eine als auch das Andere, wenn das Bewusstsein nicht zu einer Regulierungsinstanz zweier

Gegenteile wird. Das Wichtigste ist, sich immer daran zu erinnern: Es gibt nichts, was nicht durch Gedanken erzeugt werden könnte. Man kann zum Beispiel sofort in alle Richtungen sehen, ohne den Kopf zu drehen. Man kann durch Wände gehen, aus dieser Welt in die nicht materielle Welt oder in den Bardo-Raum treten."

„Warum in den Bardo-Raum?"

„Das Bardo – ist ein Interraumtunnel. Er ist wie ein Aufzug zwischen den Stockwerken. Jedes Stockwerk ist eine neue Welt. Wenn du in der Lage bist, den Idam im Bardo zu erschaffen, so wird bei dir das Programm der Unsterblichkeit in Aktion treten und du wirst unzerstörbar sein."

„Und wer ist dieser Idam?"

„So etwas wie ein Doppelgänger, in den man sich bei Bedarf verwandeln kann."

„Werde ich in der Lage sein, zwischen den Welten zu fliegen?"

„Sogar auf einem Besen, wenn du willst."

„Wofür brauchen wir solche seltsamen Vorteile?"

„Um die Welt zu beherrschen."

„Oh, was für große Ziele du hast", lache ich.

Er antwortet mit einem langen durchdringenden Blick.

„Wenn wir zusammen bleiben, so wird es ein Einfaches sein, die Welt zu beherrschen. Ich verfüge über das notwendige Wissen. Du ahnst nicht einmal, welche mächtigen Kräfte mich unterstützen. Ich verfüge über die Macht der Milliarden Dollar. Ich kann Ereignisse beeinflussen und sie in die für uns nötige Richtung lenken."

„Wozu brauchst du mich dann? Du bist ein Magier und ich bin ein Mensch. Was ist der Sinn solch einer Vereinigung? Ein Elefant im Bündnis mit einer Ameise?"

„Du weißt nichts von dir.", sprach er wieder ernst, „du besitzt die mächtigste Art der Magie – das Wort. Erinnerst du dich, als die Ringe Gottes auf dem Buch lagen? Nicht auf der Erdkugel, nicht auf dem Schwert, sondern auf dem Buch."

„Schau: ein Blatt Papier." Er nimmt es von meinem Tisch und sticht es mit einem Füller durch. „Siehst du, ich habe eine Öffnung geschaffen. Habe den offenen Raum imitiert. Was geschieht dabei? Die Feldstruktur des Blattes ändert sich. Jetzt laufen durch diese Öffnung Ströme: Der eine nach oben, der andere nach unten. Scheinbar eine Kleinigkeit: Ich habe lediglich das Papier durchstochen und ein Loch gemacht. In Wirklichkeit halten wir hier jetzt den mächtigsten Generator in Händen. Erinnere dich daran, wie es immer in den Märchen heißt: „Was mit der Feder geschrieben ist, kann mit der Axt nicht herausgeschlagen werden." Das heißt, eine solche Kleinigkeit kann gefährlicher sein als eine Axt.

Ich kann hier jetzt irgendein Zeichen oder eine Beschwörungsformel aufschreiben, so zu sagen eine Gedankenform schaffen, und das Objekt erwirbt ganz andere Eigenschaften. Es entsteht ein mächtiger tunnelartiger Übergang. Es ergibt sich eine Verbindung zum kosmischen Raum, es entstehen Wechselwirkungen, die man sich kaum vorstellen kann. Eben dieser Technologie bedienen sich Dämonen, um die Menschen zum Krieg und zu beliebigen anderen Handlungen anzustoßen."

„Wir durchstechen das Blatt und was machen wir dann?", lache ich.

„Als erstes ergreifen wir die Macht. Es ist nicht so schwierig, wie es scheint. Wir werden alles so drehen, wie wir es uns wünschen."

„Und wieso drehst du nicht alleine?"

„Wir brauchen dich.", antwortete er, und ich weiß nicht, ob seine Worte ernst oder ironisch gemeint sind.

„Ich habe jetzt anderes zu tun", verzichte ich lieber auf die Ehre, die Macht im Land zu ergreifen. „Mein Biocomputer zeigt mir solche Sachen, dass ich drauf und dran bin, in die Kirche zu laufen.“

„Du bist doch nicht gläubig.“

„Nun, ich fange an ein bisschen zu glauben. Zu überzeugend wird mir das alles hier gezeigt.“

Er hebt die Tasse, trinkt träge aus ihr und fragt: „Was wird dir gezeigt?“

„Jesus Christus.“

Lapschin wirkt angestrengt.

„Und genauer?“

Ich erzähle ihm über die letzten Bilder des Mysteriums und sehe in seinen Augen die anwachsende Entfremdung.

„Also wieder das alte Märchen über das weiße Kalb. Dieser Unsinn. Die Götter haben die Menschen geschaffen und die Menschen haben die Götter geschaffen. Jetzt wissen sie nicht, was sie miteinander anstellen sollen. Warum hast du dich dieser Scherereien angenommen?“

„Ich bin doch nicht selbst …“

Mit Lapschin geschieht offenbar etwas Merkwürdiges.

„Zeigt man dir diesen Film schon lange?“

„Ja, schon seit zwei Jahren …“

„Warum hast du mir früher nichts davon erzählt?“

„Ich dachte doch, dass es uninteressant für dich ist.“

„Jetzt bin ich mit dir in diesen Christus Mist hineingeraten, jetzt werde ich mich nicht mehr reinwaschen können.“

Ich verstehe nicht, worüber er spricht. Ich denke, dass er einfach nur Spaß macht und lächle.

* * *

Mir ist eine neue Gabe zuteil geworden – die Gabe des Hellsehens. Einige Monate vor der Krise im August 1998 sind mir alle bevorstehenden Ereignisse im Traum erschienen, die mit der sich nähernden Krise in Verbindung standen, und die allgemeine wirtschaftliche Situation, die daraus resultierte. Außerdem wurde mir auch plötzlich bewusst, welche konkreten Maßnahmen unternommen werden mussten, um dem Niedergang des „Chudlit“, der praktisch unabwendbar schien, tatsächlich zuvorzukommen.

Ich habe sofort eine Vollversammlung der Belegschaft einberufen. Natürlich nicht, um von meinen Träumen zu erzählen, sondern um die monatliche Analyse der Entwicklung bis zum September durchzugehen und mein Programm zum Widerstand gegen die anwachsenden negativen wirtschaftlichen Faktoren des Landes darzulegen.

Das, was ich zu sagen hatte, erschütterte alle. Nach außen hin machte ja alles gerade einen guten Eindruck. Die neue Regierung, geführt von Kirijenko, vermittelte den Anschein einer sachkundigen Gruppe von Spezialisten, die sowohl von sich als auch von ihrem neuen Wirtschaftskurs überzeugt waren. Die Zeitungen und die Kommentare der Fernsehanalytiker waren voller Hoffnungen. Ich schlug aber vor, unsere ausländischen Programme herunterzufahren und sofort einschneidende Einsparungen der Devisenmittel anzugehen, eine Dollarreserve zu schaffen und das Kapital, trotz niedriger Zinssätze, auf die Bank zu bringen.

Man schaute mich mit Befremdung an. Denn noch vor einem halben Jahr habe ich das Kollektiv vom Gegenteil überzeugen wollen. Habe von einer hohen Rentabilität unserer ausländischen Projekte in Deutschland und Frankreich gesprochen. Mehrmals fuhren wir mit meinem Stellvertreter Sergej Georgiewitsch Kolesnikow nach München und in die französische Stadt Dreux, wo wir versucht haben, unsere Partner zu überzeugen, uns mehrmonatige Aufschübe auf die Bestellungen von „Chudlit“ zu geben. Wir schlossen einen vorteilhaften Vertrag mit einem ungarischen Verlagskonzern ab. Aufgrund dieser Aufschübe sind wir zum Verfahren westlicher Banken übergegangen, die bei der Kreditgewährung um das zehnfache billiger waren. Die westlichen Kredite wurden als Umlaufvermögen eingesetzt, das wir in Russland wegen des Regierungskurses nicht haben durften. Die eigenen staatlichen Unternehmen wurden durch zögerliche Kreditgewährung und den Mechanismus, Steuern als Druckmittel zu gebrauchen, unten gehalten.

Unser Kredit ließ zu, die Steuerzahlungen bis zu einer annehmbaren Frist hinauszuschieben. Und jetzt schlage ich also vor, das so erfolgreich Begonnene herunterzufahren und sich wieder am russischen Druckereiwesen zu orientieren, das von der Qualität, gegenüber der ausländischen Konkurrenz, um ein Vielfaches schlechter gestellt ist und keine Kredite vergibt.

Im Saal herrschte ein Gemurre. Die Menschen lehnen es ab mich zu verstehen. Und man muss anerkennen, sie haben Gründe dafür. Sogar meine Stellvertreter fühlen sich vor den Kopf gestoßen. Es scheint, dass nur die Hauptbuchhalterin Irina Borisowna Stepanowa, die auch gleichzeitig ein bemerkenswerter Ökonom ist, anfängt Sinn darin zu sehen. Sie stellt präzise Fragen zum Prozess der Analyse.

Noch bemerkenswerter ist die Position des Chefredakteurs Walerij Sergejewitsch Modestow, eines Verlagsveteranen, dessen Haare in diesem Hause grau geworden sind und der sehr hohe Autorität bei den

Mitarbeitern genießt. Modestow erhebt sich, und ich warte ängstlich darauf, was er anlässlich meiner unerwarteten Ausführungen und meiner Inkonsequenz zu sagen hat. Er sagt:

„Ich verstehe gar nichts von Wirtschaft, besonders in der jetzigen Zeit. Aber ich weiß, dass ohne Arcady Naumowitsch „Chudlit“ seit langem nicht mehr existieren würde. Und unser Pegasus würde, wo auch immer, nur nicht auf den Hängen des literarischen Olymps weiden. Seine Worte entsprachen bei weitem nicht meiner Einschätzung. Aber was weiß ich schon? Wie ich eben ehrlich eingestanden habe, verstehe ich nichts von Wirtschaft. Ich denke, dass auch die übrigen hier Anwesenden sich in der Wirtschaft nicht besser zurechtfinden als ich. Mit Ausnahme vielleicht von zwei, drei Menschen. Deshalb glaube ich einfach unserem Direktor. Ich weiß nur eines: Er will nichts Schlechtes, weder für uns noch für den Verlag. Und ich rufe euch einfach auf, ihm zu glauben. Nicht mit dem Verstand, sondern mit dem Herzen. Einfach glauben. Man muss doch verstehen, dass das, was wir jetzt hier besprechen und empfehlen werden, sich kaum als nützlich erweisen wird. Außer das Eine, unser ausgesprochenes Vertrauen.“

Diese bemerkenswerte Rede von Walerij Sergejewitsch brachte Ruhe in die Versammlung. Die Stimmen der Aufregung haben sich gelegt und im Saal ist eine warme Welle der Einigkeit und des Verständnisses zu spüren gewesen. Allen Anwesenden ist es gelungen, den emotionalen Ausbruch zu überwinden und sich wieder der konstruktiven Arbeit zu widmen.

Im Endeffekt wurden alle notwendigen Änderungen, wenn auch nicht einstimmen, verabschiedet. So begannen wir also damit die Umorientierung unserer Projekte auf das einheimische Druckereiwesen umzustellen und die Bildung von Devisenreserven voranzutreiben. Diese

Maßnahmen haben uns vor der Augusttragödie gerettet, als tausende erfolgreiche Unternehmen zugrunde gegangen sind. Aus der Krise von 1998 sind wir dank rechtzeitig getroffener Maßnahmen nicht nur ohne einen Rubel Verlust hervorgegangen, sondern haben im Gegenteil, wegen der positiven Kursentwicklung auf dem Devisenmarkt, eine rettende Standfestigkeit erzielen können. So konnten wir der Zahlungsunfähigkeit, die diesen wirtschaftlichen Zusammenbruch verursacht hat, trotzen.

Eine längere Zeit nach unserem Gespräch über Christus besuchte Lapschin mich überhaupt nicht mehr und schien mich sogar irgendwie zu meiden. Dann ist er unerwartet doch zu mir gekommen. Er bereitete sich darauf vor, für einen Monat nach Hause zu fahren, nach Feodossija. Er erklärte, dass es dort Treffen mit Menschen geben wird, die uns bei unserer Arbeit helfen werden. Er schaute starr in meine Augen und bot mir an:

„Lass uns zusammen fahren."

Ich habe die Situation schnell analysiert: Die Geschäfte im Verlag liefen stabil, das Wetter war gut, wenn man Nadeschda und noch jemanden von den Kindern mitnehmen könnte, würde sich ein ausgezeichneter Urlaub ergeben.

Als ob er meine Gedanken lesen konnte, ist Wjatscheslaw mir in seinen Worten entgegengekommen:

„Wegen der Unterkunft mach dir keine Sorgen. Wir werden in der Nähe vom Strand wohnen. Feodossija ist eine sehr schöne Stadt, dazu ist es eines der Zentren der energetischen Kraftlinien. Ich will dort magische Rituale durchführen. Du kannst alles mit eigenen Augen sehen. Du als Autor musst einfach dabei sein."

Ich hatte mich entschlossen mitzufahren und fing an mich reisefertig zu machen. Die Kinder wollten auch mitfahren und haben froh zugestimmt. Meine ältere Tochter Nadja und der jüngere Sohn Kolja. Unerwartet schloss sich Anatolij Iwanowitsch Bereschnoj ebenfalls unserer Gruppe an. Es ergab sich eine lustige Gesellschaft.

In Feodossija sind wir wirklich unweit vom Meer untergekommen. Das heiße Sommerwetter hat die Kinder an den Strand und ins Wasser gezogen. Wir bemühten uns zusammen mit Anatolij Iwanowitsch, mehr Zeit mit Lapschin zu verbringen.

Er wohnte im Stadtzentrum, neben der armenischen Kirche. Er wohnte dort eigentlich noch nicht wirklich, sondern war dabei es sich heimisch zu machen, weil sein ehemaliges Haus mehr einer Ruine glich, als einer Wohnung. Das Haus war vor einigen Jahren aus unbekannten Gründen niedergebrannt.

Auf dem Berghang, inmitten des großen Grundstücks, das von einer Mauer und grünem stacheligen Gebüsch umgeben war, standen Ruinen des aus Muschelkalk hergestellten Baus. Man sagte, dass dort ein Kugelblitz eingeschlagen habe und das Haus augenblicklich aufgeflammt sei. Darin, dass der Blitz genau in Lapschins Haus eingeschlagen ist, sah niemand aus der Nachbarschaft einen Zufall. Die Menschen wurden durch die verdächtigen nächtlichen Versammlungen beunruhigt, die im Hof bei Lapschin mit Schamanenritualen, Schellen und einem durchdringenden Wehklagen einhergingen. Es wich von den gewohnheitsmäßigen Normen des Lebens ab. Während seines Aufenthaltes in Feodossija äußerte sich das an der Reaktion der Menschen, die sich ihm gegenüber vorsichtig und misstrauisch verhielten.

Nach ein paar Tagen teilte Wjatscheslaw mit, dass alles zu dem sehr wichtigen Ritual der Interaktion mit den Elementen bereit wäre.

„In der Nähe der Kirche gab es einen Friedhof. Er ist offiziell geschlossen, aber der Interraumtunnel ins Reich der Toten ist geblieben. Eben diesen Tunnel sollten wir nutzen“, sprach er allen Ernstes. Und erst am Ende seines Vortrages huschte ein Lächeln über seine Lippen.

Weder ich noch Anatolij Iwanowitsch schenkten seinen Worten eine besondere Bedeutung bezüglich des Reiches der Toten und der Interaktion mit ihm. Vieles nahmen wir in letzter Zeit in den Wörtern Wjatscheslaws als bloße Dichtung wahr.

Am nächsten Tag trafen wir Lapschin bei ernsthaften Vorbereitungen an. In der Mitte des Hofes stand eine Tischtennisplatte und ringsherum Bänke. Auf dem Tisch stand die Figurine einer Frau, die im Schneidersitz saß.

„Dieser okkulte kleine Gegenstand“, erklärte Wjatscheslaw uns, starr in unsere Gesichter schauend, „ist die Mutter Erde. Sie wurde einst in einem skythischen Grabhügel gefunden. Darüber hinaus habe ich die Möglichkeit, den Stab der Macht zu bekommen. Was noch bleibt, ist die dritte Komponente Egregors zu finden, das Goldene Pferd. Mamai hat es hier einst, nach der Niederlage auf dem Feld Kulikow, versteckt. Wenn ich es finde, wird die Macht über die Erde mir gehören.“

Wir haben mit Anatolij Iwanowitsch Blicke ausgetauscht, die zeigten, dass wir das Gesagte nicht ernst nehmen konnten. Sie sagten förmlich: „Lass dem Kind sein Spielzeug.“

Um die zehn Schüler Lapschins befreiten die Stelle der zukünftigen sakralen Handlung von herumliegenden Trümmerteilen.

„Dort gibt es einen Tunnel“, hat Lapschin erklärt. „Um zwölf Uhr werden wir beginnen.“

„Lasst uns zaubern.“, albere ich herum.

Lapschin betrachtet mich prüfend. Es schien, als habe er sich immer noch nicht entschieden, wer ich in Bezug auf ihn bin. Ein Verbündeter oder ein Gegner. Meine Unlust eine deutliche Stellung bezüglich seiner seltsamen Veranstaltung einzunehmen, brachte Wjatscheslaw eindeutig aus der Fassung. Er versuchte mich zur Vernunft zu bringen, von der ausgelassenen Stimmung wegzuführen.

„Der Mensch muss als Regulierungsinstanz zwischen dem Licht und der Finsternis fungieren. Dann werden sie von ihm abhängig sein. Man muss sowohl die Einen als auch die Andere ausspielen. Es ist ein Mittelweg."

Wir setzen uns um den Tisch. Wir hören zu.

„Eben jetzt geschieht die Vorbereitung für das Erscheinen des neuen Menschen. Bald wird der Mensch über ganz neue Eigenschaften verfügen. Er wird die informativen Prozesse kennen und sie für seine Macht anwenden. Alle anderen sind verdammt. Bei ihnen werden psychische Mutationen einsetzen und sie werden verschwinden."

„Alle werden sterben und nur wir bleiben?", ich versuche erneut sein Führerpathos ins Wanken zu bringen.

„Und wieso auch nicht?", nimmt Wjatscheslaw die Herausforderung an. „Der Mensch scheidet nur deshalb aus dem Leben, weil er selbst nicht weiß, wofür er hier benötigt wird. Er geht aus diesem System weg, ohne zu wissen wohin. Und doch ist das Zentrum seines Aufbaus nach wie vor hier auf diesem Planeten. Deshalb kommt er hier um, und stirbt dort, bis in alle Ewigkeit."

„Dort – wo ist das?", frage ich nach.

„Im Reich der Toten."

„Bist du sicher, dass wir dorthin gehen müssen?"

„Was willst du machen, wir werden ja alle dort sein!", scherzte Wjatscheslaw.

„Also, ich werde einfach nicht dorthin gehen", antworte ich stur.

„Und was ist mit deinem Drachen? Die Köpfe werden doch immer mehr?", jetzt schüttelt Wjatscheslaw sein Ass aus dem Ärmel.

Ich gehe nicht darauf ein und zucke mit den Schultern. An der Sache mit dem Drachen war wirklich etwas dran und es gab irgendeine seltsame Verbindung zu meinem Schicksal.

Wie ein Held der Ereignisse im Land meiner inneren Vision ist er erschienen, half mir und beschützte mich. Und plötzlich hatte er sich unerwartet halb hinausgestreckt, wenn man das so sagen kann, auch in unsere Realität. Die Sache ist die: Auf der energetisch-informativen Ebene kann man durch den Bildschirm des inneren Sehens nicht nur die Aura des Menschen sehen, sondern auch eine ganze Reihe informativer Steuerungsstrukturen. Auf diese einwirkend, kann man verschiedenste Ziele erreichen, die hauptsächlich mit der Gesundheit und dem Wohlergehen des Menschen verbunden sind. Eine solche Struktur stellt das Schutzquadrat dar. Es umgibt den Menschen in Form einer informativ-geometrischen Figur. Und darin zeigen sich, unter Einfluss verschiedener kosmischer Einwirkungen, die archetypischen Gestalten, mit denen dieser oder jener Tierkreiseinfluss verbunden ist. Vor einiger Zeit ist bei mir auf dem Gipfel des Quadrates ein Drache erschienen oder hat sich vielmehr gebildet. Er wuchs und materialisierte sich und bald sind anstelle eines Kopfes bei ihm ganze drei Köpfe gewachsen. Die Hellsichtigen bemerkten es und waren erstaunt. Die Köpfe des Drachen waren von Kronen gekrönt, der Körper war von Smaragden geziert. Während der Behandlung von Patienten wandte ich mich nicht selten hilfesuchend an ihn. Und er war in der Lage in irgendeiner unbekannten Weise wirklich eine wirksame und fast augenblickliche Heilung herbeizuführen.

Als ich Wjatscheslaw von dem Drachen erzählte, machte er Witze darüber:

„Ziehe ihn auf, deinen Drachen. Nur vergiss eins nicht, mit ihm wirst du noch deine Kräfte messen müssen. Wer wen besiegen wird, steht in den Sternen. Wirst du ihn mit einem Speer durchbohren oder wird er dich samt deiner Eingeweide fressen."

Ich verstand damals nicht, auf was er andeutete, obwohl ich ahnte, dass ein gewisser tieferer Sinn in seinen Aussagen verborgen sein musste. Denn früher bemerkte er öfters beiläufig: „Jeder, bevor er zu einem Menschen wird, soll den Drachen in sich besiegen. Und wie soll man ihn besiegen, er ist doch unsterblich? Töten kann man ihn nicht und weglaufen kann man auch nicht."

Ja, mit dem Drachen ist wirklich etwas Unheimliches und Mystisches verbunden. Er ist nicht einfach so auf meinem Schutzquadrat erschienen und hat sich nicht von ungefähr so aktiv durch die vielen Köpfe vermehrt. Und ob er immer ein solch gutmütiger Helfer bleiben wird, bleibt ungewiss. Ob es ihm nicht an irgendeinem mir unbekannten Tage in den Sinn kommt, seinen Rachen zu öffnen und den Wirt zu fressen, der ihn mit seiner Begeisterung für Esoterik genährt hat? Und vielleicht ist der Wirt nicht er, sondern ich?

Wjatscheslaw goss Öl ins Feuer, als ob er meine innere Verwirrung erriet.

„Wie viele Köpfe hat er denn jetzt?", lachte er sarkastisch.

„Drei."

„Gut hast du ihn gefüttert! Einen richtigen Märchendrachen hast du großgezogen", begeisterte er sich mit gespielter Achtung. „Schau, dass nicht noch mehr Köpfe wachsen. Weil sogar der heilige Georg nur mit ein-köpfigen Drachen kämpfte. Ob du dir da wohl einen gleichwürdigen Gegner großziehst?"

„Wir haben keinen Grund zu streiten", stieß ich den Gedanken über einen Kampf mit dem harmlosen und nützlichen Hologramm auf dem Gipfel meines Schutzquadrates leichtsinnig weg.

„Ja, ja", Wjatscheslaw wurde plötzlich ernster. „Ich würde dir auch nicht raten, mit ihm zu streiten. Besser ist es eine Zusammenarbeit zu vereinbaren. Denn er hilft dir doch?"

„Er hilft", stimme ich ohne besondere Lust zu.

Gegen Abend versammelten sich die Menschen, die von Wjatscheslaw auf das Schamanenritual eingeladen wurden. Das Publikum war vielfältig, die Meisten aus der Hauptstadt. Es waren auch der ehemalige Berater Gorbatschows und irgendwelche Wissenschaftler und sogar Mitglieder des Geheimdienstes anwesend. Und auch noch viele Kinder, die nach der Methodik Lapschins ausgebildet waren und über Hellsichtigkeit verfügten.

Auf der Stelle, die von den Bruchstücken des Brandes bereinigt wurde, wo noch Asche lag, war mit kleinen Steinchen ein Kreis umrissen. Im Zentrum stand die Statuette der Mutter Erde. Die Kerze einer Laterne warf ihr Licht auf sie und zeichnete eine ungewöhnliche, komplexe Zeichnung eines unheimlichen, mir unbekannten Zeichens. Wjatscheslaw arbeitete an der Laterne, die Position der Laterne in Bezug auf die Statuette austestend. In der Nähe gab es Bänke und Stühle für die Gäste und Zuschauer des magischen Rituals. Einer von ihnen ist zu mir gekommen.

„Guten Abend, Wjatscheslaw hat von ihnen erzählt. Ich heiße Dmitrij, arbeite in der Gorbatschow-Stiftung. Kann aus Runen lesen."

Dmitrij hatte einen sehr angenehmen Umgangston.

„Der Magister des Drachenordens", stelle ich mich mit Selbstironie vor, noch das Gespräch mit Lapschin im Ohr.

„Und wissen sie, ich habe mich schon daran gewöhnt, dass man hier dem Ungewöhnlichsten begegnen kann", stimmte mein neuer Bekannter mit einem entwaffnenden Lächeln zu. „Selbst wenn jetzt eine Hexe heran geflogen käme, würde es mich auch nicht mehr wundern. Bei Wjatscheslaw muss man auf alles vorbereitet sein. Das habe ich schon vor drei Jahren verstanden, als ich hier zum ersten Mal war."

Wir sprachen nun miteinander. Dmitrij hat viel Interessantes über das Leben des ehemaligen Präsidenten des Landes erzählt, und dass er, seiner Meinung nach, seiner Güte und Menschlichkeit zum Opfer gefallen sei. Darin stimmte ich ihm zu, Gorbatschow war mir wirklich immer sympathisch. Wenn er nur mehr Härte gezeigt hätte, dann wäre das Land nicht wieder in revolutionären Reformen gelandet, die von Menschen gesteuert werden, die mehr von Zerstörung verstehen als vom Aufbau.

Kurz vor dem Anfang der mystischen Vorstellung (so stand ich zumindest damals zu dem Ereignis) kam es zu einem kurzen merkwürdigen, aber heftigen Streit. Eines der Mädchen wollte plötzlich partout nicht an Lapschins Veranstaltung teilnehmen. Sie sollte die Rolle des Tierkreiszeichens spielen, worauf sie Wjatscheslaw lange und sorgfältig vorbereitet hatte. Jetzt versuchte er sie vergeblich, zunächst auf die gute Art umzustimmen, später mit eindeutigen Drohungen zum Mitmachen zu überreden. Das Mädchen drehte sich einfach um, und ging weg.

Niemals zuvor habe ich Wjatscheslaw so in Rage gesehen. Drohungen, Schimpfwörter, Verzweiflung, all das war in seinem Aufschrei der

Kränkung vermischt, anlässlich des undankbaren Mädchens, für das er so viel getan hatte, und die ihn in diesem wichtigen Moment im Stich ließ. Vergeblich versuchten wir ihn zusammen mit Anatolij Iwanowitsch zu beruhigen. Die Absage des Kindes, so scheint mir, zerstörte irgendeinen tieferen Sinn des Ereignisses und hat die lange Vorbereitung Wjatscheslaws zunichte gemacht.

„Solch einen Tag gibt es nur einmal!“, beklagte er sich in der Verzweiflung bei uns. „Sie hat alles kaputt gemacht. Ich kann sie durch niemanden ersetzen.“

„Lass doch jemand anderen aufstellen“, riet ich ihm leichtsinnig. „Welchen Unterschied macht es, wer von den Kindern da steht und was sie darstellen, ein Sternchen oder eine Motte?“

„Das ist es ja. Es gibt einen Grund, der einen bedeutenden Unterschied macht“, brüllte Lapschin. Seine Augen flammten phosphoreszierend auf.

Nach einem weiteren erfolglosen Versuch, den unerwarteten Aufruhr zu bändigen, hat Wjatscheslaw jemanden von den neuen Schülern ausgewählt und begann ihn auf die bevorstehende Rolle in der mystischen Vorstellung vorzubereiten.

Kurz vor Mitternacht hat Wjatscheslaw die Laterne angezündet und nach einem besonderen Schema zwölf hellsichtige Kinder um die Statuette aufgestellt. Später hat er mich und Anatolij Iwanowitsch in den Kreis gerufen. Wir haben die Schuhe ausgezogen, wie wir angeleitet wurden, und sind barfuß in das Zentrum der Handlung, auf die Bühne der esoterischen Ereignisse getreten.

Der professionelle, speziell für die Veranstaltung herbeigerufene Schamane hat uns gewarnt:

„Das, was jetzt geschehen wird, ist sehr ernst. Ich bitte sie, sich ohne

Spott zu verhalten. Denken sie sich einen Wunsch und er wird sich aller Wahrscheinlichkeit nach erfüllen.“

Ich habe mir sofort gewünscht, viele gute Bücher zu schreiben. Was sich Anatolij Iwanowitsch gewünscht hat, weiß ich nicht, er wollte es nicht mitteilen, da er das Ereignis etwas ernster nahm.

Bald wurde auch ich ernster. Als der Schamane in das Tamburin schlug, um uns im Kreis ging, heulend die Elemente Feuer, Wasser, Luft und Erde in der Stille der Sommernacht beschwor, wo es sogar möglich schien, das Flüstern der Sterne zu hören, sind auf einmal deutliche Windstöße entstanden. Der Wind ist uns nicht nur entgegengeschlagen, sondern hat auch ein Heulen erzeugt, das mit der Zeit langsam verstummte. Und an seine Stelle trat das Mondlicht, das in einem Lichtstahl genau von oben auf die Statuette der Göttin fiel. Er war kaum zu sehen, aber doch wahrnehmbar. Alle sahen ihn, sowohl die Teilnehmer als auch die Zuschauer.

Jetzt begann Wjatscheslaws Handlung. Er wandte sich abwechselnd an die Naturkräfte, sie über ihre Bereitschaft zur Zusammenarbeit befragend. Später befahl er ihnen, in der Mitte des Kreises den Kanal zum planetarischen Kern zu öffnen. Ich stand in der Mitte des Kreises neben Anatolij Iwanowitsch und sah nichts Eigenartiges. Weder meine gewöhnliche Sehkraft, noch der Bildschirm des inneren Sehens bemerkten irgendwelche anomalen Erscheinungen. Außer den zufälligen Windstoß und den ungewöhnlichen Einfall des Lichtes, wofür es aber auch logische Erklärungen gab.

Wjatscheslaw schrie etwas einige Male. Wenn man seinen Worten Glauben schenken wollte, hat sich vor ihm wirklich ein Abgrund aufgetan. Und von da kam das Versprechen, ihm die Kraft und den Stab der Macht zu geben, den er für die Errichtung seiner Macht auf Erden hernehmen konnte. Aber das hat, wie mir damals schien, nur er gehört. Weil ich nichts hörte und nichts sah, und alles nach wie vor für ein Spiel hielt, betrachtete ich es als Grundlage für meine literarische Arbeit.

Es schien, dass Wjatscheslaw erreicht hatte, wonach er strebte. Die Show hat offenbar alle Anwesenden beeindruckt. Mag sein, dass sie im Unterschied zu mir wirklich sahen, was Wjatscheslaw verkündete. Indirekt wurde es durch eine neue Störung bestätigt: Dem Kind, das das rebellierende Mädchen im Kreis ersetzt hatte, wurde plötzlich schlecht. Er wurde eilig zur Seite geführt.

Ungeachtet dieser konsequenten Vereitelungsversuche des Vorhabens geschah alles in seiner geplanten Reihenfolge. Wjatscheslaw verkündete die Schließung des Kanals und bedankte sich für die Zusammenarbeit bei den Naturkräften, nachdem er das Versprechen der Obermacht bekommen hatte. Und beendete das Zeremoniell.

Die Kinder gingen weg, die Laterne wurde gelöscht, die Statuette wurde fortgetragen.

„Ich verstehe das so, du wurdest zum dunklen Herrscher des Universums?“ Ich verhielt mich albern, als ich mich an Wjatscheslaw wandte. „Und was wirst du jetzt machen? Was hast du im Gegenzug zu bieten?“

Er schaute mich nur spöttisch an. Seine gute Stimmung äußerte sich in Gutmütigkeit.

„Jetzt muss ich die Macht ergreifen“, erklärte er sanft. „Natürlich nicht sofort, aber allmählich. Ich will es auch nicht zu sehr hinauszögern. Ich rechne mit eurer Hilfe und Zusammenarbeit, Kollegen.“

„Der irdischen Akademie oder der Galaxis Milchstraße!“, begeisterte ich mich. „Du schöpfst aber ganz schön aus dem Vollen. Komplexe hast du wohl gar keine! Und wird dein Wissen überhaupt ausreichen, so einen Riesen zu steuern? Noch vor kurzem hast du auf dem Friedhof die Grabsteine mit dem Meißel bearbeitet und plötzlich fühlst du dich dazu berufen, an der Spitze der Planeten die Führung zu übernehmen."

„Mit eurer Hilfe, mit eurer Hilfe", antwortete Wjatscheslaw, kein bisschen beleidigt. „Ihr seid im Unterschied zu mir echte Akademiemitglieder. Werdet an meinem Thron Berater sein."

Nein, heute konnte offenbar wirklich nichts seine gute Stimmung verderben. Offenbar glaubte er tatsächlich, dass er in dieser Nacht das Mandat auf die Leitung der Erde bekommen hat. Es wäre in diesem Fall interessant zu erfahren, wer es vergeben und wer ihn darin bestätigt hat. Und vielleicht wurde es ihm auch nicht zugesprochen und auch nicht bestätigt, sondern lediglich versprochen. Und auf das Versprochene wartet man, bekanntermaßen, drei Jahre. In dieser Zeit kann so manches geschehen.

* * *

Alle nachfolgenden Tage bebte Wjatscheslaw vor Begeisterung und Enthusiasmus. Und solange mein Sohn und meine Tochter am Strand herumlagen, schleppte er uns mit Anatolij Iwanowitsch in die Berge, erzählte über die Geschichte Feodossijas, über Aiwasowski, den er als einen Eingeweihten bezeichnete und behauptete, dass die Bilder dieses großen Malers mit Hilfe des Biocomputers gezeichnet wurden.

„Überhaupt wurde alles Großartige und Bedeutende auf der Erde mit Hilfe des Biocomputers geschaffen.", tönte er pathetisch seine Hymne auf die geheimnisvollen Kräfte des Seins. „Obwohl der Biocomputer selbst nur ein Gerät ist, mit dessen Hilfe notwendige Informationen für die

Entwicklung der Menschheit in jemandes hohlen Schädel eingepflanzt werden. So ein Denker sitzt irgendwo in seinem Kabinett, faltet die Stirn auf dem hohlen Schädel und jemand von oben schmeißt ihm, mal eben so, eine Idee in seinen Kohlkopf. Das ist die Erklärung!"

„Und Bücher werden auch so geschrieben?", interessiere ich mich.

„Wie denn sonst?", antwortet Lapschin mit dieser spöttischen Frage.

„Also, alles was ich geschrieben habe, hat oben irgendein Onkel für mich gemacht?", bohre ich nach, obwohl ich die Antwort Wjatscheslaws bereits erraten kann.

Lapschins Gesicht strahlte mit einem glücklichen, sonnenähnlichen Lächeln.

„Also, endlich bist du schlauer geworden, Arcady. Das, was du stolz als Persönlichkeit des Menschen bezeichnest, ist nur eine Schale, ein Taucheranzug. Die wahre Persönlichkeit verbirgt sich unter dieser Schale und manipuliert geschickt die Beine, die Hände, die Sprache. Und wenn du dich von diesen Manipulationen befreien willst, so musst du zu einer eigentümlichen Regulierungsinstanz zwischen den kosmischen und irdischen Kräften werden. Erinnerst du dich, ich zitierte dir die Apokryphen der frühen Christen: „Jener, der sich gefunden hat, dessen ist die Welt unwürdig". Man muss es so machen, dass sowohl die Erde, als auch der Kosmos von uns abhängig werden. Nicht wir von ihnen, verstehst du? Sondern sie von uns."

Ich bin mir nicht sicher, ob Wjatscheslaw scherzt oder es ernst meint? Selbst wenn man seine Position nachvollziehen kann, das zu akzeptieren, was er sagt, es für die Wahrheit zu halten, ist nicht einfach. Und ich tue meine Zweifel kund, in der Hoffnung seitens Anatolij Iwanowitsch auf

Unterstützung zu treffen. Diese Gleichung fällt immerhin mehr in seinen Bereich als Professor für Mathematik.

„Kannst du dir die Gleichung vorstellen?“, frage ich ihn und versuche mir ein Lachen zu verkneifen. „Wjatscheslaw Lapschin ist gleich Kosmos plus Erde?“

Anatolij Iwanowitsch kratzte sich nachdenklich am Kopf.

„Ich beschäftige mich nicht mit solchen Gleichungen.“

„Du solltest dir dein Lachen verkneifen“, sagt Wjatscheslaw merklich verärgert. „Pass auf, dass du bei der Aufteilung des Kuchens nicht zu spät kommst, mit solch einer Haltung zu dieser ernsten Sache.“

„Ich will auch überhaupt nichts von deinem Kuchen“, jetzt beginne auch ich mich zu ärgern. „Selbst diese phantastische Theorie lässt mich über den moralischen Aspekt nachdenken. Der Kosmos hat alles Lebendige hervorgebracht, sowohl die Erde als auch den Menschen. Das heißt, wie man es auch dreht, er ist unser Schöpfer, nicht wahr?“

„Ja“, stimmt Wjatscheslaw zu.

„Und du sagst: Lasst uns den Vater betrügen und selbst die Zügel in die Hand nehmen. Mehr noch, wir zwingen unseren Erzeuger, nach unserer Pfeife zu tanzen. Solch ein Handlungsplan zeichnet sich doch ab?“

„Und willst du etwa nicht auf der Erde herrschen?“, will Wjatscheslaw wissen, in seinen Augen liegt eindeutige stumme Verwunderung. „Die Ganze Macht, alle Finanzen werden in unserer Hand liegen. Verstehst du überhaupt, was in jener Nacht geschehen ist? Mir wurde der Stab der Macht versprochen. Und ich brauche euch.“

„Wer versprach es?“, versuche ich, aus ihm herauszubekommen.

Wjatscheslaw wendet sich ab. Wie es scheint, will er auf diese Frage nicht näher eingehen.

„Es gibt mächtige Kräfte, die uns helfen werden“, erklärt er ausweichend.

Ich schaue ihn aufmerksam an und kann doch nicht verstehen: Wo enden hervorragende, seltene Fähigkeiten und wo beginnt Schizophrenie? Versteht er denn nicht, über welches Wissen und Können man verfügen muss, um Präsident der gesamten Erdkugel zu werden? Womit kann er dem entsprechen?

Unsere Streitgespräche schienen Anatolij Iwanowitsch weniger aufzuheitern, als zu ermüden. An den Abenden, an denen wir uns in die Gartenlaube zurückzogen, um eine Wassermelone zu essen und die Kinder fortliefen, um Schaschlik zu holen, nahm er mich zur Seite:

„Wieso hockst du mit ihm zusammen? Er hat nicht mal eine Hochschulbildung. Sein Horizont reicht kaum über Grundschulwissen hinaus und du sprichst mit ihm über den Kosmos, das Universum?“

„Aber wenn er tatsächlich so ist, wie du sagst“, versuche ich wieder, bis zur Wahrheit vorzudringen, „was machen wir dann hier, was versprechen wir uns von ihm zu lernen?“

„Wir stillen unsere Neugierde, wir sonnen uns am Strand, wir gehen schwimmen“, zählt Bereschnoj auf. „Warum soll immer alles einen höheren Sinn haben? Man muss einfach das Rationale von dem nicht Rationalen trennen.“

„Aber was ist hier rational? Der Stab der Macht oder Herr Lapschin als Präsident der Erde, was?“

„Wieder gehst du ins Extreme“, zügelt mich Bereschnoj. „Das ist natürlich Blödsinn. Aber doch gibt er Blinden die Sehkraft zurück und behandelt auch erfolgreich Diabetes! Wie ist denn das möglich? Das bedeutet doch, dass unsere traditionelle Wissenschaft nicht wirklich alles versteht, sogar etwas Wichtiges verpasst und ihre Kraftlosigkeit bloß nicht eingestehen will. Wir sind hier, um eben alles zu verstehen, zu analysieren, um die Aufmerksamkeit der Öffentlichkeit auf die Phänomene zu lenken. Und den Quatsch über die ökumenische Macht sollte er doch lieber für sich behalten. Dann wird sich auch keiner an ihm stören. Die Hauptsache ist, den Mechanismus zu verstehen, der es ermöglicht, den Menschen neue Gesundheit zu schenken.

* * *

In Feodossija hatte ich wieder eine Vision. Aber der Inhalt war nach dem Schamanenritual nun ein anderer. Es handelte sich um einen gänzlich neuen Film, der mir auch von ganz anderen Meistern der kosmischen Illusion vorgeführt wurde.

Wie auch früher schon, bestand der Unterschied zwischen einer Vision und einem Traum in der ungewöhnlichen Helligkeit der Darstellung, der Wahrnehmung des Gezeigten mit allen Sinnesorganen. Es war eine zweite Realität. Und vielleicht war es sogar die erste, weil alles, was dort geschah, klarer war, als wir es gewöhnlich in diesem Leben wahrnehmen.

Ich sah den Kosmos irgendwo nicht weit von der Erde. Und dort war es so leise, als wären alle Laute gestorben. Eine seltsame Konstruktion aus den Sphären, die in die Pyramiden eingebunden waren, ist in der Grenzenlosigkeit unbeweglich erstarrt. Eine dieser Sphären zieht heran, lockt mich zu sich. Sie ist die untere im unteren Dreieck. Unter ihr gibt es auch eine Sphäre, die, obwohl sie in die einheitliche Konstruktion der Sphären eingebettet ist, gesondert gelegen ist. Ohne irgendwelche Anstrengung, als wäre ich ein Element des luftleeren Raumes, schwebe ich zu dieser Sphäre. Sie wächst, wird immer größer. Ein blauer Planet mit den Umrissen der Kontinente. Es ist die Erde und sie nähert sich. Ich trete in die Atmosphäre ein, ich schwebe über die Oberfläche und ihre mütterlichen Energien umgeben und liebkosen mich und wiegen mich in den Schlaf. Ich fühle mich wie ein Kleinkind in der Wiege. Ich fühle mich gut, es ist gemütlich und sicher auf diesen Wellen der Erdenergien. Ich schließe meine Augen und schlummere auf den Handflächen des vertrauten Planeten. Im Bewusstsein tauchen irgendwelche Assoziationsketten auf, vor meinem geistigen Auge entsteht eine Reihe von Symbolen, Buchstaben, Tierkreiszeichen, heiliger Namen. Ich habe die Ahnung, dass ich weiß und verstehe, was sie darstellen. Aber wie komme ich zu diesem Wissen des seltsamen kosmischen Computers, mit dessen Hilfe es ein Leichtes ist ein beliebiges Informations-Bit zu finden oder den eigenen Wunsch mittels Kombination verschiedener Symbole, als Befehl in die unzähligen Programmen einzugeben, die in einer Wechselwirkung stehen und vom Willen und vom Bewusstsein gesteuert werden?

Ich habe meine Augen geöffnet und verstand, dass ich schlafe. Es musste ein Traum sein, anders konnte ich es mir nicht erklären. Ich lag auf einem kalten quadratischen Stein in einem engen und schwülen unterirdischen Gewölbe. Die Wände aus porösem grauem Sandstein waren teilweise zerfallen und vom Wind weggetragen worden. Eine von ihnen stand in der Höhe quer zu einer Deckenspalte, durch die ein flacher Lichtstrahl ins Innere fiel. In dem Gruft ähnlichem unterirdischen Gewölbe gab es weder Türen noch Fenster.

Plötzlich schwappte eine Welle muffiger, verfaulter Luft herüber. Ich blickte zur Erde und bemerkte, wie der Boden sich unter meinen Füßen bewegte, als wäre es schmutziges, öliges Sumpfwasser. Das kalte

Entsetzen schnürte mir die Kehle zu: Es ist wirklich eine Gruft. Die Gruft, in die ich von den wählerischen Umständen, der zufälligen Kräfte oder der Halluzinationen eingesperrt worden bin.

Wie von einer Sprungfeder hinaufgeworfen, bin ich von dem Stein aufgesprungen, auf dem ich lag, und stellte mich auf seinen Rand. Unter meinen Beinen kamen lange glitschige Wesen empor, schlängelten sich über den Boden und verschwanden im Nichts. Ich ließ mein Bein vorsichtig herunter, wie inmitten einer sumpfigen Landschaft die schwankende Stütze einer Grasbedeckung suchend, unter der sich der Abgrund verbirgt. Und das Bein ist in etwas Abscheuliches und Gefährliches hineingeraten.

„Was soll's", habe ich mit einer plötzlichen Erleichterung gedacht, „es gibt nur eine würdige Antwort – dem Tod ins Gesicht zu spucken."

Plötzlich spürte ich, dass sich die Dunkelheit um mich herum irgendwie veränderte. Unten an den Beinen glitt kalte Zugluft entlang und bohrte sich mit ihren Eisnadeln in meine Haut. Ihre zahlreichen Einstiche stiegen immer höher und höher hinauf und versteinerten den gesamten Körper, so dass er sich nicht mehr lebendig anfühlte. Die kalten Stiche machten erst am Herzen halt. In dem Moment, wo ich dachte, dass das nun das Ende sei, durchbohrte ein heftiger Schmerz meine Wirbelsäule. Es fühlte sich an, als wäre ich mit einem Eispickel durchstochen worden, wie der Körper des Schmetterlings durch den die Stecknadel des Entomologen fährt. Meine Beine wurden von der Platte losgerissen und ich blieb auf der Pieke des unerträglichen Schmerzes in der Luft hängen. Ich hörte hinter mir einen schwachen Seufzer und wurde ruckartig umgedreht, zu einem Fleck auf der schwarzen öligen Oberfläche unter meinen Beinen, in deren Tiefe ein unklares Schattenspiel erschienen ist. Mit großer Anstrengung gelang es mir eine seltsame kubische Konstruktion aus rechteckigen Spiegeln zu erkennen, deren Oberfläche von einem bunten Spiel der Energien und Farben erstrahlt wurde. Einen Augenblick später entstand aus den kaum sichtbaren Lichtreflexionen der Spiegel ein Glanz, zu dem ich eine seltsame emotionale Anziehung verspürte, wie zum Licht eines Lagerfeuers in einem unheimlichen, dunklen Wald. Das Licht war kalt, rein und sehr wandelbar. Aus seinem Glanz rief eine tiefe, melodische Stimme. Es war unmöglich zu bestimmen, wem sie gehörte, einem Mann oder einer Frau.

„Eine Entscheidung muss getroffen werden, andernfalls wird man weder leben noch denken können. Noch können wir uns einigen."

„Wer bist du?", fragte ich, den Schmerz überwindend.

„Ein Vermittler", folgte eine trockene Antwort.

„Zwischen wem?"

„Zwischen was und wem", wurde ich verbessert.

Ich wiederholte die Frage demütig:

„Zwischen was und wem?"

„Zwischen dem Tod und dir", antwortete die Stimme ruhig.

„Sollte ich mich fürchten?"

„Warum? Der Tod ist bloß der Preis, den das Leben bei den Toren, die zum Seelenfrieden führen, zahlt."

„Und dennoch, niemand wählt den Tod aus eigenem Willen heraus. Was soll ich machen?"

„Eine Entscheidung fällen."

„Welche Entscheidung?", fragte ich mit schmerzverzerrter Stimme.

„Es gibt nur einen Entscheidung, aber drei Wege: Der, den man gehen muss, den man gehen will und den, auf den man zufällig gerät. Es gibt allerdings auch Abweichungen, zum Beispiel kann man den Weg, „den man gehen muss" über den Weg, „den man gehen will" erreichen.

Und „den man gehen will“ durch „auf den man zufällig gerät“. Es hängt davon ab, wie viel Glück du hast.“

Es bereitete Mühe mir bewusst zu machen, was hier geschieht und doch sammelte ich die letzten Kräfte um zu antworten:

„Wer droht mir?“

Aus dem flimmernden Licht erklang wieder ein Seufzer, der lediglich als ein Flüstern bei mir angekommen ist:

„Der, den du gerade erst anspucken wolltest.“

Ich verstand nun, dass meine Wut vergeblich war. Mit letzter Anstrengung des sterbenden Körpers stieß ich aus meiner Lunge die verbleibende Luft aus und sie drang durch meine Lippen, einen letzten leichten Laut bildend:

„Tfu...“

Und die Gruft wurde von einem Stöhnen erfüllt:

„Warum?“

In demselben Augenblick hat es mich in tausend kleine atomare Stücke gerissen und jedes einzelne wurde mit einer Feile abgefeilt.

„Immerhin habe ich geschafft, es anzuspucken“, dachte ich mit Genugtuung. Und hörte auf ein ganzer Mensch zu sein.

Mit jedem Augenblick wurde es immer schwieriger und schwieriger, seine physischen Grenzen zu empfinden, zu bestimmen, wo der Körper aufhört und wo die Kraft beginnt, die ihn eingesogen hatte. Die Finsternis, die mich erfasste, ballte sich zusammen, pulsierte, verdichtete sich in eine anwachsende Empfindung tödlicher Bedrohung, sie absorbierte das, was einst mein Körper war. Sein bis auf Atome und atomare Teilchen zerfressenes Ganzes, hörte auf etwas Materielles zu sein und löste mit nervösen, krampfhaften Bewegungen die schwarze Wolke buchstäblich auf, die, wie ich erraten habe, der Tod war.

Es blieb weder die Sehkraft noch das Gehör, lediglich die letzte erlöschende Empfindung: „So fühlt es sich also an, zu sterben." Gleichzeitig verstand ich: Noch ein bisschen und ich werde sogar die schwache Erinnerung an mein „Ich" verlieren.

Doch auf einmal hörte ich tief in mir irgendein beharrliches Signal, das dem Morsekode ähnlich war. Die schwachen Impulse drangen mit zunehmender Abkehr von meinem früheren Selbst, immer stärker zu mir durch und weckten in mir schließlich die Kraft, mich dem Tod zu widersetzen. Eine plötzliche energetische Konvulsion hat den weiteren Zerfall der Biofelder, die fast gänzlich von der Finsternis zerfressen waren, für einen Augenblick gestoppt. Ein wütender Gedanke fuhr durch jedes seiner Teilchen: „Ich bin noch lange nicht am Ende!" Und mit diesem Gedanken ging der Wille zum Widerstand einher, wie aussichtslos die Lage auch schien. Mit einem stummen Kommando, des letzten gebliebenen Bewusstseins, befahl ich den Energien meines Selbst, die Vereinigung zu beginnen. Die von der Finsternis zerfressenen Teilchen, blieben unbeweglich stehen und fingen an sich zu drehen, wie trockene Blätter in einem ungleichmäßigen, launischen Wind, ohne eine Möglichkeit zu haben, ihre Bewegung zu einer der Seiten fortzusetzen.

Als hätte das Brüllen eines verletzten Tieres die Umgebung durchschnitten, kehrte plötzlich mein Gehör zurück und danach die Sehkraft, und ich konnte einen hellen unscharfen Lichtfleck in der schwarzen Finsternis wahrnehmen.

In mir keimte die Hoffnung auf eine mögliche Rettung, und die unsichtbaren Hoffnungsstrahlen eilten zu allen Seiten, den Widerstand der Finsternis bewältigend, die geschwächten Beziehungen der Teilchen wieder herstellend und die energetischen Felder in meinem Wesen konzentrierend. Mit jedem Augenblick verfestigte sich der Eindruck, dass der Kampf mit dem Tod noch nicht vorbei war, aber dass auch die Möglichkeiten ihm entgegenzutreten, noch nicht erschöpft waren.

Gänzlich von Finsternis umgeben, wand sich die konzentrierte denkende Energie unentwegt und wurde immer mehr und mehr zu einem leuchtenden Plasmaklumpen zusammengedrückt, der anfing seine klebrigen Fühler des Nichtseins auszuwerfen, die sich aus eigenem Antrieb zum Ziel bewegten.

Hätte ich das schwache Licht nicht bemerkt, welches mir die Richtung wies, wäre ich möglicherweise für immer ein Gefangener der Finsternis geblieben. Doch die Stimme des Lichtes, die nur mit großer Mühe die völlige Dunkelheit durchbrechen konnte, hat mein Bewusstsein durch die Andeutung einer möglichen Befreiung geweckt. Ich vertraute mich ihr an und begann mich mit letzter Kraft in Richtung dieser rettenden Vorhersagen zu bewegen. Ich stieß die Finsternis mittels der Kräfte der inneren Energie auseinander und sie rollte sich zischend zusammen, den Weg freimachend und sich am erhitzten Plasma verbrennend.

Mit den letzten mir verbliebenen Kräften gab ich mir einen Ruck, fühlend, dass der Wille jeden Augenblick versiegen und der Tod mein Schutzschild aus der Verbindung von Energie und Geisteskraft durchbrechen würde, und fiel aus der Finsternis wieder auf die Steinplatte zurück. Seine Beute verlierend, stieß der Tod eine Welle energetischer Erschütterungen aus, die die Gruft ins Wanken brachten. Doch ich stand wieder auf der Grabplatte, wohl nicht mehr tot, aber auch noch nicht lebendig.

Jetzt hatte ich wieder einen Körper. Ich habe mich aufgerichtet und sah, was mir als rettender Leuchtturm zur Hilfe gekommen war. Das Licht, das von oben auf die ölige Oberfläche des Abgrundes fiel, loderte in einem strahlenden, regenbogenfarbigen Feuer, das von einem schwarzen Nichts umgeben war. Ich schaute in die Tiefe des Lichtes und zuckte voller Abscheu zurück. Von innen betrachtete mich eine schreckliche Kreatur, ein gehäuteter Mensch, dessen bloße Muskeln bluteten. Er berührte seine Augen und stöhnte vor Zorn auf. Anstelle einer Hand hatte er ein blutendes Geflecht aus Fleisch und Muskeln. Die Reflexion im Licht war ich selbst.

Das Blut rann und tropfte vom Körper auf die graue Oberfläche des Steines. Kraftlos durch die in mir brodelnden Gefühle beugte ich die Knie und setzte mich auf die kalte, raue Platte. Ich habe meine Schultern hängen lassen und bin vor Schwäche und Verzweiflung für eine lange Zeit verstummt.

Dann verlor ich zwischen den nackten Wänden das Zeitgefühl. Plötzlich kam der Gedanke, dass es vielleicht besser gewesen wäre, wenn ich mich dem Tode ergeben hätte, als seiner Umarmung in der Form, in der ich mich jetzt befand, entkommen zu sein. Und sofort erschien die bekannte, leise, schmeichelnde Stimme, wie auf meine nicht ausgesprochenen Gedanken antwortend:

„Wenn du willst, kannst du schlafen. Man wird dich wecken, wenn die Zeit gekommen ist, nach Jahrhunderten oder Jahrtausenden."

Die Apathie zog mich in einen Zustand der Entspannung, dennoch fragte ich:

„Wer wird mich wecken?"

„Die Notwendigkeit", hörte ich als Echo.

Die unerträgliche Stille, beunruhigend und bedrohlich, fing an mein Bewusstsein einzuhüllen.

„Und es gibt keine Hoffnung, diesem Schicksal zu entgehen?", fragte ich gleichgültig.

„Die Hoffnung ist die Tochter der Kraft und die Kraft ist die

Schwester des Willens. Wenn du das Eine verlierst, verschwindet auch das Andere.“

Dieses Mal war der Klang der Stimme sicher weiblich.

„Wenn ich einschlafe, was werde ich sehen?“

„Trugbilder der Freude und des Glücks.“

„Und wenn ich wach bleibe?“

„Dann wirst du den Weg sehen, der zum Ziel führt, das niemand kannte, niemand kennt und auch niemand kennen wird.“

„Die demütigende Angst vor dem Unbekannten wird mich nicht aufhalten“, sprach ich mit unerwartetem Mut.

„Nur Worte“, kam die leicht spöttische Antwort.

„Ich kann auf das heilige Kruzifix schwören, dass das alles so ist“, erhob sich meine Stimme und ich war dabei mich mit meiner blutenden Hand zu bekreuzigen. Doch die unsichtbare Gesprächspartnerin hielt mich zurück.

„Warum sich mit Nutzlosem beschäftigen? Das Kreuz ist bloß ein Teil des Weltalls, es ist nur ein leitendes Zeichen für scheue Seelen“, lachte die Stimme. „Man kann es im Schrecken an sich drücken, die zweifelhafte Rettung lebenslang erwartend. Aber was wird sich ändern? Du als sein Schöpfer müsstest es wissen? Und vielleicht wünschst du dir insgeheim, anstelle der Dornenkrone des Märtyrers, die Krone des Herrschers aller Welten? Weißt du denn nicht, dass die Krone der Macht nicht selten starke Kopfschmerz bereiten kann, genauso wie der Dornenkranz?“

„Worüber sprichst du?“, schrie aus Verzweiflung das blutbefleckte Fleischstück auf dem Grabstein.

„Über dich“, säuselte ein einschmeichelndes Flüstern. Mein Herz wurde wieder von der Angst zusammengeschnürt.

„Wer bist du?“, schrie ich wütend.

„Ich habe viele Namen.“, sagte sie mit einem lauten Seufzer der Trauer, „einige nennen mich Mutter, die Anderen bezeichnen mich als den Tod!“

„Warum hast du mich ausgespuckt, Mutter?“

„Um dir den kommenden Tag vor Augen zu führen.“

„Ich will die Zukunft nicht wissen!“, schrie ich verzweifelt. „Auch so ist schon alles klar. Die Haut des Lebens wurde mir abgezogen.“

„Aber du hast doch selbst gewollt, den Weg des Menschen zu gehen. Du weißt doch: Das Licht und die Finsternis, das Leben und der Tod, rechts und links, sind Brüder. Deshalb sind die Guten nicht gut und die Schlechten nicht schlecht. Und das Leben ist kein Leben und der Tod kein Tod.

In meinem Bewusstsein explodierten augenblicklich verschiedene Varianten bevorstehender Ereignisse und zergingen im Schrecken kommender Zeiten.

„Hast du es gesehen?“

„Ja.“

„Und was denkst du?“

„Woher weißt du, dass alles genau so geschehen wird?“

„Du wirst es jetzt wahrscheinlich nicht verstehen, aber ich werde dir trotzdem eine Antwort geben. Jeden Augenblick sammele ich Informationen von jedem Stäubchen einer jeden Welt. Alles ringsherum ist von meinem Wesen durchdrungen. Alles wird einer Analyse unterzogen und kann in der Zeit nachverfolgt werden. Ich kann mich nicht irren, ich verfüge über das ganze Wissen. Die Chance etwas zu ändern ist winzig. Nur das Einheitliche kann das Künftige verändern und auch du, wenn du den richtigen Weg erkennst. Aber, um zu erkennen, muss man sich an

die Zukunft erinnern. Und du hast sie vergessen."

Der Alptraum der unabwendbaren Ereignisse hat mich erschüttert. Ich hob meinen Kopf nach oben zum Lichtstrahl und kniff meine Augen zusammen. Und zeitgleich durchdrang mich die bohrende Frage:

„Was ist mit dir?"

„Ich bin vom Licht geblendet", erklärte ich in meinen Gedanken.

„Der vom Licht geblendet ist, muss durch die Finsternis die Offenbarung erleben", erklang sogleich die Antwort.

„Ich fühle mich als wäre ich in einem Grab."

„Du hast dich selbst in der Gruft deiner vorigen Reden begraben. Jetzt korrigiere deine Handlung, sonst bleibst du wirklich dort."

„Und werde wie alles verfaulen?"

„Dein Wort zerreißt seit langem das Herz meines Wesens", hat der Abgrund mich beschuldigt. „Diese Gestalt, ich hoffe, du verstehst?"

„Wieso beschuldigst du mich?", empörte ich mich. „Denn alles, was mit mir in der Welt geschieht, wurde schon lange zuvor in dir beendet. Du hast es selbst gesagt. Oder entspricht das, was du gesagt hast, nicht der Wahrheit?"

„Wahrheit oder keine Wahrheit... der Fluss deines Lebens verläuft noch immer zwischen meinen Ufern. In deinen Grenzen bist du frei mit dem Strom zu schwimmen, in die Höhe herauszuspringen, in die Tiefe einzutauchen, von Ufer zu Ufer zu schwimmen und sogar, soweit die Kräfte reichen, gegen die Strömung der Zeit und der Ereignisse zu kämpfen. Das wird dir helfen, sich des Ausmaßes der Bewegung und der Ruhe bewusst zu werden. Aber im Programm kann es zu Störungen kommen. Dein Verhalten war auch früher schon wenig vorhersagbar. Ich möchte dich nicht aus den Augen lassen und dafür gibt es keinen besseren Ort."

„In deiner Vorstellung wird mein stürmischer Beifall den Tod bedeuten", äußerte ich mit einer festen Überzeugung, über das Künftige wissend.

Als Antwort kam ein taubes Schnauben:

„Vielleicht der Tod, vielleicht nur die Wiedergeburt. Selbst ich habe keine Möglichkeit die Schatten über deiner Zukunft zu vertreiben. Aber hier in dieser Gruft bist du wie ein Spielzeug in meinen Händen."

„Wie viele hattest du schon vor mir, ist es wirklich noch immer interessant?"

„Womit soll ich mich sonst beschäftigen?", erklang eine beleidigte Stimme. „Ich weiß nur wie man betrügt und verwüstet. Ich bin der Widerspruch in sich, der das verneint, was er vor kurzem noch bejahte, das Nichts in Etwas verwandelnd, und Etwas ins Nichts. Meine Möglichkeiten sind lediglich auf diesen Raum begrenzt."

„Das bedeutet also, ich soll mich freiwillig der Umarmung des Todes ergeben?"

„Du fürchtest dich, wieder ein Teil von mir zu werden, um für die neue Geburt heranzureifen?", fragte der Abgrund. „Vertraust du mir nicht?"

„Ja, ich fürchte mich", bestätigte ich, „sich dem Tod zu ergeben endet immer tödlich."

„Aber einigen ist es gelungen ihre Angst zu überwinden, erinnerst du dich wirklich nicht?" Ein schmeichelndes Flüstern hallte in meinem Gehirn.

„Wie kann ich meine Chancen erhöhen?"

„Mit dem Glauben an dich selbst."

„Wie kann ich sie schwächen?"

„In dem du nicht an mich glaubst."

„Kann dich jemand von deinem Vorhaben abbringen?“

„Ja, das habe ich doch schon gesagt, alle sind innerhalb bestimmter Grenzen frei.“

„Hier müsste es einen Ausgang geben.“

„Das habe ich dir schon erklärt, es gibt drei von ihnen.“

„Aber du hast es durch ein Rätsel erklärt...“

„Oh du großer Gott. Wenn ich nur könnte, so würde ich für dich erröten. Es ist sogar falsch, dass ich so lange mit dir rede.

Niemand kann die Gesetze des Ursprungs brechen. Das wichtigste Gesetzt ist: Jeder wählt seinen Weg selbst. Du bist über eine meiner Sein-Stufen getreten. Aber das reicht noch nicht. Du musst eine Einheit bilden mit den verschiedenen Bereichen deiner Leben in allen vorhergehenden Dimensionen. Nur wenn du sie zusammenführst, kannst du höher und höher hinaufsteigen.“

„Und muss ich überhaupt dorthin?“, fragte ich sarkastisch und richtete mich auf. „Braucht man dort wirklich dieses blutende Stück Fleisch, das sich nicht an seine Vergangenheit erinnern kann und sich vor seiner Zukunft fürchtet? Dieser unbedeutende Mensch?“, brach ich in ein ungeheures, nicht enden wollendes Gelächter aus, über diesen Wahnsinn, der mit mir geschah.

„Du siehst, es ist besser eine Vereinbarung zu treffen und keine Kraft für den Kampf zu vergeuden.“

„Das wurde mir schon einmal angedeutet. Aber wo sind sie, meine Kräfte?“

„Finde sie selbst“, lautete die Antwort.

„Mir scheint, dass ich schwächer werde.“

„Ja, du verlierst Blut.“

„Kann ich sterben?“

„Besser gesagt, einschlafen."

„Richtig. Das hattest du schon gesagt. Das heißt also, dass eine Grenze unseres Kontaktes besteht, eine natürliche Grenze so zu sagen – mein Blutvorrat?"

„Ja."

„Und du wirst auf meine Fragen antworten, solange ich noch die Kraft habe sie zu stellen?"

„Ja, das werde ich", bestätigte die Stimme.

„Dann antworte: Was befindet sich unter mir?"

„Der Abgrund der dunklen Welten."

„Und über mir?"

„Die glänzende Höhe der oberen Welten."

„Und wofür ist der Spiegelkubus?"

„Wenn du es errätst, dann wird das Alte das Neue zeigen. Wenn du in die Tiefe des Seins vordringst, wird sich das Unsichtbare zu erkennen geben."

„Wieder ein Rätsel?"

„Sollte aber nicht so schwer sein für jemanden, der vom Wesen des Leibhaftigen ist."

„Es scheint, dass ich für weitere angenehme Gespräche keine Zeit mehr habe", gestand ich ein und erhob mich mit Mühe. „Wenn ich mich geirrt haben sollte, so nimm mir das nicht Böse. Ich habe mich bemüht mich deines rätselhaften Mitgefühls würdig zu zeigen."

„Gut", tönte es traurig aus der Gruft.

Wie vom Blitz getroffen, folgte ich einem instinktiven Gefühl, das mich plötzlich überkam, habe all meine Kräfte gesammelt und sprang durch den schwarzen brodelnden Schlamm auf die Oberfläche des Kubus, auf der sich bunte Lichter spiegelten. Meine Anstrengung war so groß, dass das Geflecht meiner Muskeln zu zerreißen drohte, als ich für einen Augenblick meine ganze verbliebene Kraft einsetzte.

Ich hörte nicht, wie der Abgrund sich unter mir öffnete. Er existierte auch gar nicht. Die leuchtende, pulsierende Oberfläche hat den fallenden Körper lediglich lautlos aufgenommen und mich aus der Umarmung des Todes in die Umarmung des Schicksals geführt.

Die Welt, in die ich geraten bin, war seltsam, ungewöhnlich und von einem energetischen Leuchten erfüllt, ihre Konturen waren leicht und unscharf. Und ich wurde selbst zu einer starken fließenden Energie, die ihre Form ständig änderte. Ich wachse, breite mich aus und fühle, wie in mir die Energien brodeln und sich zu Kraftströmen zusammenschließen, die anfangen zu zirkulieren und eine Verbindung zwischen den seltsamen verknüpften Polen bilden. Die kosmischen Strahlen, die in mich dringen, explodieren zu Myriaden bunter Wirbel, die mein neues Fleisch nähren und erschaffen.

Ich habe keine Augen mehr, sondern sehe mit meinem ganzen Selbst. Oben blendet die Sonne mit ihren endlosen phosphoreszierenden Ausbrüchen und unten ist die Erde, auf die mein riesiger Schatten fällt, der von meinem inneren, in mir pulsierenden Licht beleuchtet wird.

Ich kann sogar in mich hinein sehen. Mein neues Fleisch ist jetzt das Feld, die Energie, die Kombination und die Wechselwirkung des Vakuums, des Astralkörpers, der Gravitation, der Materie und der Antimaterie, der molekularen und submolekularen Verbindungen. All diese Meere und Wasserfälle der Energien, die sie verbindenden Flüsse, Bäche und Gefälle der Kraftwechselwirkungen, bilden mein neues schreckliches Wesen. Und ich bin frei in der Entscheidung eine jede der unglaublichen, früher unbekannten Kräfte zu wählen und sie gegen alles zu wenden, was es wagt, sich mir entgegenzustellen.

Die Begeisterung nimmt mich in ihren Bann.

Allmählich fing ich an schärfer und deutlicher zu sehen. Und ich erkannte mich in der Form einer großen, in verschiedenen Farben schillernden Kugel, die sich plötzlich flach gedrückt hat und die Gestalt eines gekreuzigten Menschen annahm. Aber auch diese Form blieb nicht lange stabil. Sie veränderte sich schnell und fing an immer neue Umrisse anzunehmen. Einmal die, einer schwarzen Gewitterwolke, siedend mit Blitzen und Donner. Und ein anderes Mal, einer leichten Luftschlange, die auf den energetischen Wellen wie ein Band wirbelte, tanzte und sich mit Begeisterung dieser spielerischen Fortbewegung annahm.

Ich hatte eine gute Vorstellung von meiner Lage im Raum der unbekannten Welt, fühlte die Vibrationen der kosmischen Ströme, die Stimmen der Sterne und der Sternhaufen, die Brandung der Neuronenozeane und der Photonenströmungen. Ich verstand, dass ich mich sehr schnell in beliebige Lebensformen und Formen der Energie verwandeln kann.

Meine magnetischen Feldlinien umgestaltend, habe ich die Richtung der Gravitation so geändert, dass sie mich jetzt entlang der Erde zog, zum glänzenden, über dem Horizont funkelndem, Gelb der Sonnenkugel.

Mit großer Geschwindigkeit wurde ich durch den Raum getragen, und je näher ich meine Umgebung betrachtete, desto bekannter schien mir alles um mich herum. Unter mir sah ich nicht die gewohnte Erde. Aber es war nicht schwer zu erraten, dass die wellenartigen, pulsierenden Umrisse ihrer Oberfläche, die Farben der Bäume, dass all diese Energien aus ihrem mütterlichen Schoß entsprangen. Ich stieg weiter in die Höhe und sah, wie auf die grüngelben Inseln des Waldes die bunten Energien der offenen Räume einströmten.

Ich sah nach oben und bemerkte aufgrund der großen Geschwindigkeit weder die Sonne noch irgendwelche anderen Himmelskörper. Ich nahm lediglich ihre Umrisse wahr, die sich als kaum sichtbare Reflexionen zeigten, die durch den Weltraum schimmerten, der von einem rosafarbenen, golden-purpurnen sowie bläulichen Glanz erfüllt war. Und dieser Raum war ganz und gar nicht leer. Die Erscheinungen, die mir früher in der Stunde großer Anstrengung oder des Traumes erschienen sind, eilten von allen Seiten herbei, umkreisten mich, und ich verstand endlich, was sie mir mitteilen wollten.

„Wir begrüßen dich, Herrscher!", verliehen sie ihren frohen Gedanken Ausdruck.

Und ich antwortete auf die gleiche Weise, nicht mit Worten, sondern mit Gedanken:

„Ich bin froh, euch zu sehen!"

„Du bist zurückgekehrt! Du bist wieder bei uns!"

Eine der Erscheinungen ist ganz dicht an mich herangetreten. Sie schien weder männlich, noch weiblich zu sein, und durch ihren halbdurchsichtigen Körper, der von einem goldenen Glanz umgeben war, schimmerten die Gefäße, doch es floss kein Blut durch sie, sondern die reine Energie.

„Sei vorsichtig. Migen sucht dich."

„Er ist sehr stark. Er hat das Recht auf den ersten Schlag."

„Die Herrscherin der Erde hilft ihm", rief jemand dazwischen.

Ich fing an den Raum abzutasten und bemerkte, wie jemandes Besorgnis bis in mein Bewusstsein vorgedrungen ist. Durch den entstandenen Kontakt bin ich in das Labyrinth verflochtener Energiestränge getreten, habe die betreffende Gestalt entdeckt und sie vergrößert. Zunächst war die Darstellung eindimensional. Danach zweidimensional und nahm dann schließlich die Deutlichkeit einer holographischen Kopie an. Ein schönes weibliches Gesicht traf meinen Blick mit kalten spöttischen Augen. Durch die Kraft meiner Gedanken erschuf ich gegenüber der herbeigerufenen Gestalt ein neues Bild – mein Gesicht. Ich gab ihm einen Ausdruck von Unbeugsamkeit und Strenge. Die Lippen der holographischen Darstellung bewegten sich und sprachen:

„Ich könnte dich jetzt auf der Stelle umformen, doch zuerst will ich einiges verstehen."

Das weibliche Gesicht lächelte als Antwort auf die Drohung und presste ihre Lippen zusammen:

„Verstehen? Auf so etwas bin ich nicht aus, es wird jedoch der Tag kommen, den du nicht erwartest. Du wirst erkennen und dich umdrehen. Du wirst sehen, aber es wird zu spät sein. Es ist besser, sich nicht zu streiten, oder? Du hast bei mir was gut zu machen, ich hoffe du hast es noch nicht vergessen?"

Die Frau lächelte, so lange ich ihr Gesicht studierte, als sich die von mir herbeigerufene Darstellung plötzlich gegen meinen Willen auflöste.

„Sie kann man jetzt nicht mehr so leicht in Schach halten, sie ist sehr mächtig geworden. Und sie wird keine Angst vor dir haben. Du hättest keine Feindseligkeit zeigen sollen", erklärte einer der alten Freunde.

„Ich habe auch keine Angst vor ihr", tönte ich leichtsinnig.

Und plötzlich entsteht wieder das Gesicht der Herrscherin der Erde.

„Willst du die zukünftige Phase sehen, du Held? Im Buch der Zeiten gibt es auch eine solche Variante. Man kann sich einig werden, solange es noch nicht zu spät ist."

Ich schweige, nachdem ich wieder den Vorschlag „solange es nicht zu spät ist" in der mir bereits bekannten Intonation höre. Nach meinem Einverständnis, scheint mir, wurde nur formell gefragt.

„Schaue in dich hinein."

Ich schaue in mich hinein und sehe: Spiralförmige Wirbel steigen nach oben in der Grenzenlosigkeit, das ursprüngliche Werk fast auflösend, später fallen sie nach unten, den Geist mit der Materie verdichtend. Und ich weiß: Zum Zentrum kann nur jener zurückkehren, der einmal von ihm weggegangen ist. Denn bevor sich etwas zusammenziehen kann, muss es sich zunächst einmal ausdehnen. Nur so kann die Quelle der eigenen Existenz aufgedeckt werden.

Ich fühle mich gut, ich bin entspannt und ruhig. Doch plötzlich ändert sich alles um mich herum augenblicklich. Ich befinde mich in einem Höhlentempel. Über mir ein riesiger Felsen, durch seine Spalten fallen platte Lichtschichten. Ich stehe am Ufer eines kleinen unterirdischen Sees, entkleidet, in der Gesellschaft von zwölf schönen Frauen in langen Roben. Es sind Priesterinnen. Auf der Wasseroberfläche schwimmen Rosenblütenblätter. Ich erinnere mich. Ich weiß: Die Rose ist die Blume Christi und sie symbolisiert die Geburt, das Leben und den Tod. Der Tod, dem die Wiedergeburt folgt.

Die Frauen helfen mir vorsichtig ins Wasser herabzusteigen, wo mich die Hände anderer Priesterinnen aufgreifen. Ich habe das Gefühl, dass mir eine Droge verabreicht wurde: Apathie, Willenlosigkeit, jegliches Fehlen eigener Wünsche. Gleichgültig nehme ich die Hände der schönen Frauen wahr, die meinen Körper liebkosen und mich auf das geheimnisvolle Ritual vorbereiten.

Ich wurde im Wasser gewaschen und nach oben gehoben. Meine Kräfte kehren offenbar zurück. Die Frauen scheinen das ebenfalls zu bemerken, denn sie halten nun noch stärker meine Handgelenke und

Ellbogen, weniger stützend, als mich zurückhaltend. Sie führen mich fast schon gewaltsam zu einer riesigen Statue in der Mitte der Höhle. Es ist die gleiche Figur, die auf dem Schamanenritual bei Lapschin war. Nur ist sie jetzt riesig. Ihr Kopf reicht bis unter die Kuppel des Felsen-Tempels. Ihre Beine sind genauso im Schneidersitz verschränkt und zwischen ihren auseinander gerückten Knien befindet sich die gemütliche Herrscherloge. Ich werde dort abgelegt und von irgendeiner Kraft festgehalten, die mich nicht wieder auf die Beine kommen lässt. Ich versuche dieser Kraft Widerstand zu leisten, doch ungeachtet ihrer scheinenden Weichheit fesselt sie mich fest an die Loge. Die Priesterinnen stellen sich jeweils zu sechst zu jeder Seite auf.

Jemand schreit, ruft viel mehr aus: „Die Braut des Mikroprosopen“. Ich weiß nicht, was das Wort „Mikroprosop“ bedeutet, kann mir aber denken, dass es sich auf meine Person bezieht. Aus der dunklen Tiefe des Tempels erscheint jene schöne Frau mit einer Krone auf dem Haupt. Die Herrscherin der Erde. Auf ihren Schultern liegt ein grüner Mantel mit scharlachrotem Unterfutter. Unter dem Mantel ist sie nackt. Ich weiß, wer sie ist und was weiter geschehen wird. Die Herrscherin der Erde betritt die Loge. Sie steht über mir und sieht starr in mein Gesicht. Sie lächelt mich an.

„Du willst keinen Krieg in der Welt, du willst die Harmonie der Welt. Du hast aber vergessen, dass man für alles zahlen muss. Es bedarf eines Opfers“, spricht sie mit schmeichelnder Stimme, lässt den Mantel zu Boden fallen und sinkt auf meinen Körper herab. Ich fühle ihre zarte warme Haut und ihre starken Hände, die mich in die Brust stoßen, kaum dass ich versuchte aufzustehen. „Christus hat die Erde am Kreuz erlöst. Deine Erlösung ist um einiges angenehmer – auf dem Bett“, lachte sie mich an.

Jetzt ist ihr Gesicht ganz nah. Ich versuche etwas mit meinem Körper anzufangen, ihn irgendwie in Bewegung zu setzen – alles vergebens, die unsichtbaren Bande der Zauberei sind stärker als meine Muskeln.

„Warum widersetzt du dich mir? Du musst dir eingestehen, dass du das, was geschehen wird, möchtest. Denn für das Bündnis des Himmels und der Erde muss etwas eingelöst werden“, sagte sie, während ihre Finger mit zärtlichen, ruhigen Bewegungen über meine Brust strichen, „dann bist du der Herrscher und ich bin die Herrscherin und alles um uns herum wird unser Reich. Ist es nicht das, wovon du träumst?“

Ihre Wörter sind nicht aggressiv, sondern ruhig. Ich fühle die Kraft ihrer Schönheit und ergebe mich ihr. Und sie erwidert die entstehende Anziehung und verbindet ihr Fleisch mit meinem.

„Arcady, der Bogen die Arkade, die Brücke über den Regenbogen, durch sieben Räume“, säuselt sie einschmeichelnd, mit ihren wellenförmigen Bewegungen mir die Empfindung der höchsten Ekstase schenkend.

Ich fühle, wie die zusammenhaltenden Bande allmählich schwächer werden, aber ich stoße die Frau nicht weg, zärtlich fahre ich mit meinen Händen über ihren Körper und ermuntere und unterstütze das entstehende Gefühl der Einheit. Ich lasse meine Handfläche über ihren Rücken gleiten und fühle, wie sich unter der Haut mächtige und feste Veränderungen abzeichnen. Ich errate: Dort entsteht und verschwindet der Kamm des Drachen. Die Herrscherin – die Frau – der Drache, unter der bezaubernden weiblichen Erscheinungsform verbirgt sich das grausame Wesen der ursprünglichen Schlange. Und man kann nichts mehr ändern – bald werden wir uns zu einem einheitlichen Wesen verbinden – Himmlischer Adam und Irdische Eva. Es wird ein androgyner Mensch entstehen, der einen Körper und zwei Köpfe – einen männlichen und einen weiblichen hat. Es wird der Neue Mensch – der Herrscher der Erde, in dem das Irdische und das Himmlische versöhnt sein werden. Und mit dem das goldene Zeitalter anfangen wird – eine sehr glückliche Zeit. Es wird tausende von Erdenjahren dauern.

Meine Handfläche gleitet mit einer leichten Bewegung über ihren Rücken und die beweglichen Hügel, die sich aus der Enge des falschen Körpers in ihr wahres Sein zu befreien versuchen. Sie errät, versteht, dass die Liebkosung aufrichtig ist, dass sie nicht vom Geist, sondern vom Gefühl hervorgerufen wurde, dass ich mich nicht mehr als Gefangener oder Opfer sehe. Und im Takt dieser Gefühle büßen ihre Bewegungen an grober, besitzergreifender Energie ein, die ausgehenden Vibrationen werden feiner, zarter. Es ist schon nicht mehr eine gewaltsame Beherrschung des Anderen, sondern die Vereinigung, der Koitus, die Verschmelzung zweier kräftiger Energien, zweier ursprünglicher Harmonien des Seins – weiblich und männlich.

Die krampfhaften Versuche des Drachenkammes aus ihrem Rückgrat auszubrechen, halten an und verschwinden in den Tiefen des inneren Kosmos der Herrscherin. Jetzt ist sie einfach eine Frau, die das erreicht hat, was sie wollte. Und es ist nicht wichtig, was sie gemacht hat, um es zu bekommen – sie hat gesiegt, um sich zu unterwerfen, um an der Seite ihres Herrschers ihr Reich zu finden.

Im letzten Moment der Lust werfe ich meinen Kopf zurück und sehe über mir in der Höhe das zufrieden lächelnde Gesicht der Mutter der Erde.

Die Vision war verschwunden und kehrte nicht mehr zurück. Was war das? Aus welchen Tiefen des Unterbewusstseins wurde es ausgegraben? Ich ahnte, dass ich in ein Labyrinth geraten war, dass die Länge eines

Lebens hatte. Und jeder Schritt hier bedeutet nicht nur einen Hinweis, sondern auch den Aufbau des eigenen Schicksals.

* * *

Nachdem ich aus Feodossija zurückgekehrt war, bin ich mit neuem Enthusiasmus an die Arbeit gegangen. Ich weiß nicht warum, aber alles ging mir irgendwie leicht von der Hand, ohne eine besondere Bemühung. Es war fast so, als würde mir jemand helfen. Ich führte das Verlagswesen, schrieb gleichzeitig das Buch über Lapschin, schrieb am Drehbuch über die Errungenschaften der Akademie, las dutzende esoterischer Bücher und versuchte zum Wesenskern der Ereignisse vorzudringen, die mit mir geschehen sind. Niemals zuvor ist es mir gelungen, selbst nicht in den für mich produktivsten achtziger Jahren, nicht mal einen Bruchteil dessen zu schaffen, was jetzt so leicht, ohne jede Anstrengung, wie von Zauberhand geschah. Ich strotzte nur so vor Kraft und Energie und fing sogar an die ganzen unheilbaren Krankheiten zu vergessen, die nach allen Gesetzen des Genres, einem mit den Jahren das Leben schwer machen.

Die negativen Seiten des Alters kamen aber nicht, im Gegenteil, sie gingen sogar zurück. Ich wurde nicht mehr von Krankheiten geplagt – ich wollte arbeiten, mir immer höhere Ziele setzen, sie erreichen und mich den Stereotypen des Vorrentenalters widersetzen. Das Buch über Lapschin war als erstes fertig. Ich habe es mit meinen eigenen Mittel herausgebracht und so für Wjatscheslaws sofortige Berühmtheit gesorgt. Das Buch wurde eifrig vom Einzelhandel nachgefragt, verbreitete sich ziemlich schnell und hat seine Leser gefunden.

Bald darauf wurde auch der Film über die Akademie fertiggestellt. Ehrlich gesagt, gab es dabei Schwierigkeiten. Die Akademie hatte kein Geld für die Produktion, obwohl allen klar war, dass seine Ausstrahlung im Fernsehen nicht wenig Geld in die Kassen spülen würde, dessen derzeitiger Mangel die Aufnahmen verzögerte. Es war wie bei Kosma Prutkow: „Wo ist der Anfang jenen Endes, mit dem der Anfang endet?" Und obwohl meine materielle Lage damals nicht rosig war, konnte ich trotzdem sechstausend Dollar auftreiben, die für die Vollendung der Aufnahmen notwendig waren. Fast die gleiche Summe hat noch einmal ein anderer Drehbuchautor zur Verfügung gestellt, der gleichzeitig der Direktor des Filmstudios war. Er hat für dieses Geld eine Hypothek auf seine Wohnung aufnehmen müssen, bekam aber von Lapschin, dem Präsidenten der Akademie, das Versprechen, dieses Geld aus künftigen Verkaufseinnahmen, des erwarteten Kundenstroms, zurückzuerhalten. Man war sich sicher, dass dieser Film einen Jeden zum Heiler aus Feodossja ziehen würde.

Aber die Erwartungen wurden nur zur Hälfte erfüllt. Was den Ruhm für Slawa Lapschin anging, so ist alles genau so eingetroffen, sogar über jede Erwartungen hinaus, was allerdings sein Ehrenwort betraf, das Wort eines ehrlichen Menschen, alles ehrlich zurückzugeben, entstanden einige Schwierigkeiten – unklar, ob es an seinem Gedächtnis lag oder ob es an Ehrlichkeit mangelte. Der Direktor des Filmstudios hätte fast seine Wohnung verloren, doch das kam später. Zunächst… zunächst lief alles in seinen gewohnten Bahnen, laut einem anderem Drehbuch, an dem, wie sich später herausstellte, viel bedeutendere Meister gearbeitet hatten, als ich, Ihr ergebener Diener.

Jedes Ereignis hat seinen Anfangspunkt, die Nullkoordinate. In jener Kette der Ereignisse, die so unerwartet, aber schöpferisch wohltuend, in mein Leben eingefallen sind, hatte das Feodossija Ritual irgendeinen höheren Sinn, obwohl mich in das Wesen dieses Rituals keiner näher eingeführt hat. Es ist einfach geschehen, ich nahm daran teil, und es fing an mein Schicksal zu beeinflussen.

Wjatscheslaw, den ich in dieser Zeit häufiger traf als je zuvor, war sehr aufmerksam zu mir. Er ließ sofort seine Arbeit liegen, wenn ich zu ihm kam, antwortete auf beliebige Fragen anlässlich der gelesenen esoterischen Bücher (die meisten hatte er mir selbst empfohlen). Er widmete sich offenbar meiner okkulten Bildung, obwohl, dass was ich studierte, mir mehr wie ein Müllhaufen zweifelhaften Wissens vorkam, in dem man eher das wissenschaftliche Quäntchen Wahrheit suchen sollte, anstelle eines alten geheimen Wissens, welches aus der Tiefe der Jahrhunderte zu uns gekommen sein soll. Mich beunruhigte auch, dass Lapschin von Zeit zu Zeit zu seinem Lieblingsthema, der Ergreifung der Macht, zurückkehrte.

„Mit Hilfe dieser Technologien können wir die Ereignisse beeinflussen“, behauptet er, „wir müssen einen Geheimorden gründen und ihm alles unterwerfen.“

„Zu welchem Ziel?“, erkundige ich mich.

„Um zu lenken“, antwortet Lapschin.

„Wofür sollte man sich die Bürde der Regierung aufladen?“, holte ich aus. „Wohin werden wir die Völker führen, in welchen zauberhaften Traum oder zu welchem glänzenden Gipfel? Hast du einen Traum für alle?“

„Führen denn jetzige Herrscher zum Traum?“

„Nein“, stimme ich zu, „aber sie machen wenigstens den Anschein, dass sie das Volk aus dem dunklen Wald herausführen, in den es die Vorgänger geführt haben.“

Wjatscheslaw kann sein Gelächter kaum zurück halten.

„Es ist ein Zauberwald. Er ist unendlich, wenn du seine Geheimpfade nicht kennst. Warum quälst du dich überhaupt mit solchen Fragen? Die Hauptsache ist, die Macht zu ergreifen. Und wenn ich sie erst habe, werde ich keine Zweifel haben – was ich machen soll, oder wie ich etwas machen soll? Ich werde diese Schlamperei einstellen. Alle werden das tun, was ich befehle.“

„Und was ist mit dem, der das nicht will?“

„Dem werde ich mit dem Stab der Macht auf dem Kopf schlagen. Und der Kopf wird in tausend kleine Stücke zerfallen. Hast du von den Killer-Wunderheilern gelesen? So sind ihre Möglichkeiten, im Vergleich mit der Macht, die der Stab verleiht, wie die der Ameise in der Schlacht mit dem Riesen.“

„Was wird von mir erwartet?“

„Meiner Mafia beizutreten. Laut den Regeln braucht man einen Dritten für dieses Spiel. Zwei gibt es bereits.“

„Wer?“

„Ich und noch einer, du kennst ihn.“

„Und warum ein Dritter? Ist es zu zweit etwa langweilig die Erde zu führen?“

„Ich sagte doch – das sind die Regeln des Spiels“, lächelt Wjatscheslaw.

„Es ist also ein Spiel?“

„Genau“, bestätigt Wjatscheslaw, „nur wurde ich in diesem Spiel nicht als Scherz, sondern im vollen Ernst drei Mal durch den Satan geprüft.“

„In was für eine Gesellschaft versuchst du mich da reinzuziehen“, gaukle ich erschrecktes Entsetzen vor, „nein, zu eurem Dreiergespann werde ich mich niemals gesellen. Ich habe seit Kindheit eine Allergie auf hornige und behaarte Wesen. Ihr werdet dort alleine zurechtkommen müssen.“

„Ich kann nicht“, antwortet Wjatscheslaw, „dein Schicksalskode zeigt auf die Unendlichkeit. Ohne dich funktioniert die Konstruktion nicht.“

„So eine wichtige Figur bin ich also“, lache ich, immer noch der Meinung, dass Wjatscheslaw nur mit mir scherzt. „Ohne mich, bedeutet – weder ein noch aus.

„Genau“, stimmt Lapschin zu und lacht auch, „weder ein noch aus. So entscheide dich endlich, solange man dich ruft. Sonst werden wir vielleicht plötzlich ohne dich auskommen und du wirst es bereuen.“

„Dränge mich nicht, lass es mich erst einmal verstehen. Du musst wissen, dass meine Drachenköpfe wieder begonnen haben zu wachsen“, tue ich das Gespräch mit einem Scherz ab. „Ich habe das Buch beendet – ein Kopf ist gewachsen. Wir haben den Film zu Ende gedreht – noch einer ist erschienen. Und alle so ungewöhnlich, mit Kronen. Die hellsichtigen Kinder lassen mich nicht mehr in Ruhe. Sie sagen, dass selbst dein Drache nur drei Köpfe hat, und ohne Kronen. Und hier, verstehst du, gibt es schon fünf. Was soll ich mit ihnen machen?“

Dass mein Drache mehr Köpfe hat, als sein eigener, scheint ihn zu stören.

„Dass beim Drachen Köpfe wachsen, ist natürlich wichtig“, stimmt er zu, „aber noch wichtiger ist, wer den Stab der Macht hat. Und dieser, wie du sicher weißt, befindet sich bei mir.“

„Zeig ihn mir“, fordere ich auf.

„Wozu? Du wirst ihn sowie nicht sehen! Er ist doch nicht im materiellen Raum“, weigert sich Lapschin Beweise für seine Macht vorzulegen.

* * *

Eines Tages habe ich mich schließlich entschlossen der Sache mit meinem seltsamen Mitbewohner der informativen Struktur, die Lapschin als das Schutzquadrat bezeichnete, auf den Grund zu gehen. Ich empfand keinen Widerspruch in Bezug auf den Drachen, umso mehr, da er meine gesundheitlichen Probleme löste und auch niemals abgelehnt hat, anderen zu helfen. Und diese Hilfe war ganz und gar nicht virtuell, sondern vollkommen real.

Ich verstehe selbst nicht, wie ich so ruhig bleiben konnte, in Anbetracht dieser gänzlich ungewöhnlichen Tatsache einer fremden Anwesenheit und dann auch noch in Form einer so mehrdeutigen Persönlichkeit, wie dem Drachen. Im Osten wird er angebetet, man hält ihn für den Lehrer des Lichtes, im Westen aber haben die Ritter diese Lehrer mit Billigung der Kirche ausgelöscht.

Es war höchste Zeit, ein Verhör der eigenen Vorliebe durchzuführen. Und ich fing an mich darauf vorzubereiten.

Irgendwann abends kam es dazu, dass wir uns mit der Schülerin Tamara zusammengesetzt haben. Sie „schaltete“ ihren Bildschirm des inneren Sehens ein und wir fingen an uns mit diesem ungewöhnlichen Gast aus der virtuellen Realität, nach einem im Voraus vorbereiteten Plan, zu unterhalten.

„Die Kronen glänzen und blenden.“, begann Tamara den Drachen zu beschreiben. „Die Spitzen der Krone sind dreieckige Blätter. Auf ihnen, wie auf goldenen Stielen, hängen Brillanten, die an Glockenblumen erinnern. In der Mitte der Stirn, über den Augen sind riesige Rubine. Der Hals ist wie bei einer Giraffe – glatt und lang, die Augen liegen tief, wie Krokodilsaugen. Der Schwanz ist mit grünen Schuppen bedeckt. Auf dem Kamm sind ebenfalls Edelsteine angebracht. Die Flügel sind sehr schön, farbig, die Schuppen auf dem Rücken sind golden, auf dem Bauch silbern. Er kann Feuer spucken. Er dreht seinen Kopf und sieht mich an."

„Frag ihn, ob man mit ihm reden kann?", versuche ich die Situation zu entschärfen.

Tamara fragt und bekommt die Erlaubnis.

„Was bedeuten die fünf Drachenköpfe mit den kostbaren Kronen? Ist es ein Programm?", fragt Tamara.

„Es ist kein Programm, sondern eine sehr wichtige Mission."

„Wie viele Jahre hat er, um diese Mission zu erfüllen?"

„Acht Jahre. Es ist notwendig, dass noch ein Kopf wächst."

„Worin besteht die Mission?"

„Es ist eine wissenschaftliche Arbeit, mit der eine neue Etappe in der menschlichen Evolution beginnt."

„Was bedeutet die Darstellung des Drachen im Schutzquadrat?"

„Die höchste Geisteskraft."

„Welchen Platz nimmt der Drache mit sechs Köpfen und kostbaren Kronen in der kosmischen Hierarchie ein?"

„Den dritten Platz. Sechs Köpfe, das sind zwölf Aspekte der Kraft."

Ich erstarre förmlich vor Glück über meine hohe Lage.

„Lapschin – ist er ein Mensch oder kommt er aus dem Kosmos?"

„Er wurde eingesetzt."

„Wie?"

„Aus einem Kokon."

„Wer ist er?"

Der Drache erschafft neben sich ein Bild. Darauf ist ein Mensch mit dem Kopf eines Vogels abgebildet. Er ähnelt dem Kopf einer Krähe.

„Warum sind Biocomputer Teil der energieinformativen Struktur des Menschen?"

„Sie schalten die Programme der Entwicklung ein und kontrollieren sie, er ist auch das Instrumente und das Mittel der Verbindung."

„Mit wem?"

„Mit den Göttern, Wesen, Hierarchien."

„Was machen sie noch?"

„Wenn der Mensch den Geschmack des Lebens verliert und es für ihn uninteressant wird zu leben, so fixieren sie diesen Zustand."

„Und?"

„Wenn der Mensch aufhört nach sozialem Erfolg, nach schöpferischen Errungenschaften, nach neuem Wissen zu streben, wird er für den Biocomputer uninteressant. In diesem Fall schaltet er sich vom Menschen ab und leiten den Tod ein."

„Wer hat das Programm des Drachen in Auftrag gegeben?"

„Jupiter, der Vater der Götter."

„Welches Ziel hat das Programm?"

„Die volle Zusammenarbeit der Sonne und des Jupiters herbeizuführen, der Energie Jin und der Energie Jan. Die Kodierung der Prozesse entspringt dem Kern der Galaxis. Die kosmische organische Chemie kontrolliert ihre Beziehungen."

„Dort, wo die materiellen Teilchen zu Ende gehen – gibt es dort Leben?", frage ich durch Tamara.

„Ja, dort leben die Wesen, Projekte, Egregore, die sich durch die Menschen in diesem Raum verwirklichen."

„Warum das alles?"

„Damit der Mensch auf dem Gipfel der Evolution ankommen kann, muss er vollkommen werden. Er stirbt und kehrt wieder ins Leben zurück, um das Programm des Karmas zu vollenden. Christus hat sein Programm zu Ende geführt. Jetzt hat er seinen Egregor, mit dem er sich verbunden hat. Jetzt ist Er – Gott!

„Aber er ist doch der Sohn des Schöpfers!"

„Der Mensch kann diese Höhen erreichen und Mit-Schöpfer des Universums werden. Es ist ein schwieriger Weg, aber es ist möglich. Christus hat es doch geschafft... Ihr seid alle nach dem Vor- und Ebenbild Gottes geschaffen. Der Funke Seiner Seele – ist in jedem von euch. Und jeder von euch entscheidet selbst – ob er nach oben klettern, nach unten rollen oder, an Ort und Stelle verharren will."

Ich verstehe, welchen seltsamen Eindruck solche Dialoge auf jene Menschen erzeugen können, die niemals im Leben mit Ähnlichem in Berührung gekommen sind. Aber vor zweihundert Jahre hätte wohl auch kaum jemand das Prinzip des Fernsehers oder die Vorlesung eines modernen Wissenschaftlers über Strahlung verstanden. Strahlung kann man nicht mit den Augen sehen und früher existierten auch keine Geräte für ihre Messung. Wie soll man an etwas glauben, was man nicht sehen, nicht tasten, nicht mit der Zunge schmecken kann? Seit dieser Zeit hat sich kaum etwas geändert. Wenn ein Mensch erzählt, dass er über einen gewissen geheimnisvollen Bildschirm des inneren Sehens verfügt und eintausend andere Menschen nichts Ähnliches haben, so werden diese Tausend den Einen „echten Normalen" unter ihnen immer für anormal halten.

Die Geschichte hält für uns nicht wenige Fälle spontaner Öffnung „des Biocomputers" bereit. Sokrates verfügte über die Gabe, wenn Xenophons Worten Glauben geschenkt werden kann, der Voraussicht und erklärte diese prophetischen Fähigkeiten durch das Erscheinen des göttlichen

Wesens Daimonion, der ihm vorsagte, wie er handeln sollte. Sokrates behauptete, dass sich Daimonion einmal in seiner Prognosen geirrt hatte. (Die Forscher der antiken Philosophie unterscheiden den Terminus „Dimon", das heißt „die einzelne Gottheit", und „Daimonion", das ist etwas eher Abstraktes, weniger bestimmt – überhaupt „göttlich").

Pythagoras, Platon, Heraklit, Albert der Große, Dante, Paracelsus, Jeanne d´Arc, René Descartes, Wilhelm Leibniz, Sir Isaak Newton, Emanuel Swedenborg, Johann Wolfgang von Goethe, Franz Anton Mesmer – sie alle nutzten die Möglichkeiten Wissen aus den phänomenalen Welten zu bekommen, die die traditionelle Wissenschaft lange verneinte, weil sie nicht verstand, mit welchem Instrumentarium diese Erscheinungen studiert werden können. Doch das ist ein Problem der Wissenschaft, auf keinen Fall jedoch der Menschen, bei denen sich solche Möglichkeiten eröffnet haben. Mit primitiven, dogmatischen Negationen kann, außer einem ruhigen Leben, nichts erreicht werden. Die Geschichte lehrt uns, dass der Fortschritt in der Wissenschaft eben dann geschah, als sich die Wissenschaftler bewusst und konsequent an „die falschen Erscheinungen" gewandt haben. Blättern Sie in ihrer Enzyklopädie und überzeugen sie sich davon, dass in den Formeln der modernen Wissenschaft die Stimme der Ausnahmen viel lauter zu hören ist, als die der Regel.

Der große Carl Gustav Jung warnte die Menschen, dass die Rationalität des gesunden Menschenverstandes die gefährlichste Voreingenommenheit sein kann, weil wir das als vernünftig bezeichnen, was uns als solches erscheint.

Mendelejew hat seine berühmte Periodentabelle im Traum gesehen und fing erst danach an Gesetzmäßigkeiten mit Hilfe des sich plötzlich öffnenden Zugangs zum Biocomputer zu suchen, die die Elemente zu einem Einheitssystem verbinden. Das heißt, er hatte zuerst das Wissen und versuchte erst danach, eine Erklärung zu finden.

Das Phänomen Dschuna, Kulagina, Kuleschowa, Wanga, Uri Geller, Sri Satya Sai Baba, Joanna Buschina, Jan Sinja und sogar Copperfield, der sich fleißig bemüht einen Zauberkünstler darzustellen, steht ebenfalls mit der Arbeit des Biocomputers in Verbindung. Es ist nur schade, dass sich jeder von ihnen alleine den Weg der Erkenntnis der Gesetzmäßigkeiten der Arbeit dieses einzigartigen Mechanismus der Wechselwirkung mit anderen Räumen ertasten musste.

Ein Jahr zuvor, als ich angefangen habe mich mit diesem Phänomen zu beschäftigen, bin ich nicht davon ausgegangen, dass ich fast alle Verwandten, Freunde, Kollegen in diese Sache einbeziehen würde. Bei vielen von ihnen, besonders bei denen, die ihr Alter nicht als Störung empfanden und die, die genug Zeit hatten, haben sich Fähigkeiten entwickelt, die von den Spezialisten unserer Akademie versprochen wurden. Aber selbst diejenigen, die das Maximum nicht erreicht hatten, konnten zumindest ihre Gesundheit wesentlich verbessern.

Und noch vor kurzem war ich ein großer Gegner der Extrasensorik. Ich erinnere mich an die ersten Übungen, wo es mir mit Mühe gelang meine Skepsis zu unterdrücken.

Die Ausbilder erklärten uns das so, dass wir während der energetischen Übungen mit dem Plasma arbeiten. Wir reiben die Handflächen aneinander, rufen damit einen Blutzustrom hervor und schaffen damit eine elektromagnetische Spannung, in der wir zu verschiedenen Seiten feine Energiefäden spinnen, die wir zwingen, sich zuerst zur Kathode (der negativen Elektrode) und später zur Anode (der positiven Elektrode) zu bewegen. Diese unkomplizierten Forderungen erfüllend, fühlte ich mich wie ein kleines Kind im Kindergarten. Später erhielt ich Materialien der Forschungsversuche, die im biochemischen Labor des Rosery Hill Buffalo College (Bundesstaat New York) durchgeführt wurden. Und ich habe aufgehört mich als Kind zu fühlen. An den Experimenten nahm das bekannte Medium Oskar Esterbani – ein Amerikaner ungarischen Herkunft teil.

Die Biochemikerin Jesta Smith spezialisierte sich auf Enzyme – große Eiweißmolekül-Katalysatoren, die biochemische Reaktionen beschleunigen. Sie hat festgestellt, dass sich bei Enzymen, die einem starken magnetischen Feld ausgesetzt waren, die chemische Aktivität erhöht. Sie hat sich gefragt, ob bei Esterbani die Hände diesen Effekt wohl imitieren. Das Experiment bestand darin, dass Esterbani das Reagenzglas mit den Enzymen hielt, während die Assistenten mit Hilfe von Infrarot-Spektrophotometern das Niveau ihrer chemischen Aktivität viertelstündlich prüften. Sie stellten fest, dass sich die Enzyme so verhielten, als wären sie einem magnetischen Feld von etwa 13.000 Gauß ausgesetzt. Das ist sechsundzwanzigtausend Mal mehr, als das magnetische Feld der Erde, jedoch konnten Magnetometer um die Hände Esterbanis herum kein anomales magnetisches Feld feststellen. In einem anderen Experiment wurde der Pegel des Hämoglobinspiegels im Blut der Patienten gemessen, die Esterbani mit der Methode des Handauflegens behandelte. Im Laufe von sechs Tagen stieg der Pegel des Hämoglobins bei den Patienten durchschnittlich um 1,2 Gramm auf 100 Kubikzentimeter. Bei den Patienten, die die Dienstleistungen des Mediums nicht in Anspruch nahmen, wurden keine Veränderungen gemessen.

Die im Anschluss durchgeführte Kontrolluntersuchung des Wassers, das von Esterbani bearbeitet wurde, hat gezeigt, dass deutliche spektralphotometrische Unterschiede zum Wasser bestehen, das keiner Bearbeitung unterzogen wurde. Diese Tatsache wurde von zwei unabhängigen Laboren bestätigt. Dazu kommt auch, dass die Moleküle des Wassers, das den extrasensorischen Kräften ausgesetzt war, ein wenig ionisierten.

Es ist ein Aufruf an die Physik, eine Erklärung für dieses Phänomen zu finden. Denn der Vorgang einer Umwandlung der Atome und Moleküle in Ionen benötigt viel Energie. Was ist das für eine geheimnisvolle Kraft, die fähig die subatomaren Wechselwirkungen zu katalysieren?

Wenn man jedoch annimmt, dass die vom Medium ausgestrahlte Energie wegen der inneratomaren Wechselwirkungen fähig ist ein äußeres elektrisches Feld zu erzeugen, so kann alles Weitere problemlos mit bereits bekannten Erscheinungen der Physik erklärt werden. Laut Plasmaphysik werden in so einem äußeren Feld, das das elektrische Feld des menschlichen Körpers im Hinblick auf das Mikrovolumen übertriff, die entstehenden Elektronen und Ionen beschleunigt und wirken beim Zusammenstoß mit den Atomen wie Ionisatoren, die selbstständig auf ihrem Weg neue geladene Teilchen entstehen lassen. So wächst die Lawine der Ladungsträger an und der Bruch des Isolators geschieht in der Regel dort, wo der Mensch irgendwelche körperlichen Erkrankungen hat. Damit wird der Prozess der Behandlung in Gang gesetzt.

Die Vorstellung über das Mikroplasma und die mit ihm in Verbindung stehenden extrasensorischen Effekte haben eine unerwartete theoretische Unterstützung aus der Geologie erfahren, einer, wie es scheint, dieser Thematik fernen Wissenschaft. Das so genannte bioenergetische Potential der Erde wurde bereits von Wernadski und Dokutschaew, die die Mechanismen der Erdrindenentwicklung sowie die Evolution toter Materie in lebende untersuchten, als der wichtigste Faktor geologischer Prozesse bezeichnet. Im Weiteren konnte nachgewiesen werden, dass das hochenergetische Plasma, das in den Zonen aktiver Erdrindenbrüche entsteht, eine so starke Ladung erzeugt, dass Quarzkristalle organische Strukturen hervorbringen konnten.

Nach ihrer physikalischen Beschaffenheit entspricht die geologische Plasmaenergie der Gammastrahlung und ist somit fähig die Atomkerne der Elemente in einen angeregten Zustand zu versetzen. Der Protonenstorm der Sonne trägt zur Bildung einer neutralen Hülle um das Skelett des Menschen bei. Wobei Plasma keine Grenzen der Durchdringung kennt, da ihr Potential auch die stärksten Verbindungen fester Strukturen überwindet.

Angesichts der neuen Tatsachen ist die Hypothese, dass eben durch das Plasma, das sich im Erdkern im Zusammenspiel mit dem Protonenstrom der Sonne bildet, die informative Kodierung aller planetarischer Entwicklungsprozesse und Wechselwirkungen stattfindet, recht plausibel.

Mir scheint die Schlussfolgerung, dass die informative Organisierung der Biosphäre durch geologische Plasmaprozesse gesteuert wird, sehr bedeutend. Offenbar entsteht durch diesen Mechanismus eine Verankerung verschiedener Einsichten und Ideen im Bewusstsein und dem Leben, die wir dann auf unserer Daseinsebene materialisieren.

Lasst es uns endlich einsehen: Wenn Erscheinungen, die von der Wissenschaft abgelehnt werden, nun mal eine bedeutende Rolle im gesellschaftlichem Leben spielen, so bedeutet das doch, dass sich hinter diesen Phänomenen etwas verbirgt, was das weitere Studium dieser Erscheinungen fordert.

Seinerzeit machten strenge Verfechter „der richtigen“ Wissenschaft solchen Gelehrten, wie Oken, Jean Baptist Lamarck und Chambers, das Leben schwer, doch dann erschien Darwin. Er predigte dieselbe Ketzerei, beachtete jedoch dabei den Kanon der wissenschaftlichen Darlegung – und alle Henker haben schuldig den Blick gesenkt: Ja, wir haben uns geirrt, aber die Zeit hat uns die Augen geöffnet. Und es gab noch viele Andere – Sokrates wurde vergiftet, Bruno wurde verbrannt, Galileo musste sich von seiner Lehre lossagen, Wawilow wurde ins Gefängnis gesteckt…

Die Quantenphysik hat die Vorstellung über die Entstehung des Weltalls revolutioniert. Es zeigte sich, dass die Welt, wie wir sie kennen, lediglich eine Interpretation unseres Bewusstseins ist und eben dieses Bild wird wieder von unserem Bewusstsein verarbeitet. Wir befinden uns in einem seltsamen Kino, in dem der geheimnisvolle Quantenstrahler bereit ist uns eine beliebige Wirklichkeit anzubieten, in Abhängigkeit von den persönlichen Wahrnehmungsmöglichkeiten. Teilchen sind die Quantenstrahlen, die in sich, vom Standpunkt der rationalen Vernunft, etwas Unmögliches vereinbaren – die materielle Ansammlung im Raum (Korpuskel) und eine räumliche Dezentralisierung (Welle). Sie können Ihnen einen beliebigen Aspekt der Wirklichkeit zeigen, für den Ihre Sinnesorgane aufnahmefähig sind. Doch die Problematik besteht gerade darin – was können Sie wahrnehmen und womit?

Das universelle Energie- und Informationsfeld hört niemals auf sich zu verändern. Die Menschen sind sich ganz und gar nicht bewusst, dass sie ständige Abonnenten des einheitlichen informativen Raumes sind. Das Bioplasma des Menschen, welches durch die elektromagnetischen Schwingungen seines Körpers entsteht, ist in der Lage eine Verbindung mit den planetaren informativen Strukturen einzugehen und einen stabilen Informationskanal mit dem noosphären Supercomputer aufzubauen. Bereits jetzt wird uns nicht mehr von Wissenschaftler, sondern von Praktiker vor Augen geführt, dass beim Menschen die verborgenen

Fähigkeiten, verschiedene Felder und Strahlungen wahrzunehmen, jetzt immer stärker zeigen. Das heißt, ein rein empirischer Weg wird bei der Lösung der Hauptfrage des neuen Jahrtausends bestritten, die lautet: „Was wird mit uns geschehen?“

Das, was wir als den Geist des Menschen bezeichnen, ist eine besondere Erscheinung in Raum und Zeit. Wir alle bestehen aus Atomen, die mindestens fünf Milliarden Jahre alt sind. Und durch die Leere innerhalb eines jeden Atoms pulsiert der Intellekt. Eine beliebige Zelle – ist nichts anderes, als der Geist, der das Zusammenspiel unzähliger Komponenten organisiert hat. In jeder von ihnen geschehen nicht weniger als neun Billion Reaktionen pro Sekunde. Über welche Leistung muss ein Computer verfügen, um die Gesamtheit ähnlicher Prozesse zu steuern!

Es ist fast niemandem aufgefallen, dass sich bei uns schon eine verborgene Revolution ereignet hat. Sie steht mit der praktischen Nutzung der Möglichkeiten des menschlichen Bewusstseins in Verbindung, die fähig sind, den globalen Durchbruch in allen Wissensgebieten zu gewährleisten.

Russlands Reichtum liegt nicht nur in ihrer Seele. Es ist möglich, dass sie für die Geburt eines neuen (dem Verstand noch unzugänglichen) Lebens vorbestimmt ist.

Schon heute sagen viele Wissenschaftler voraus, dass sich in naher Zukunft dem Menschen solche Möglichkeiten eröffnen werden, wie die Bewahrung in uns und im Raum aller empfangener Informationen: dem Gehörten, Gedachten, Gefühlten, des ganzen emotionalen und mentalen Lebens eines jeden Menschen. Eigentlich ist es eine Alternative zu der Speicherung von Informationen mit Hilfe des Computers. Es wird die Existenz unzerstörbarer Formen der feinen Bewusstseinsstrukturen vorausgesagt, die den Weg zur realen Unsterblichkeit öffnen.

Mehr noch, die Voraussage beginnt sich in einer sehr aktiven Weise zu erfüllen. Obwohl anfangs nicht ganz so, wie erwartet.

Kapitel 6

Man hat mir von einigen Fällcn berichtet, in denen bei Kindern, die die Akademie besuchten und Biocomputer bei sich entdeckten, alarmierende psychische Normabweichungen im Verhalten auftraten. Das waren keine psychischen Erkrankungen - klinisch versorgt werden musste zum Glück niemand. Doch nachts hatten sie Albträume - von Toten und anderem Bösen. Vor dem Hintergrund der ständigen Gespräche Lapschins über die persönliche Freundschaft mit dem Satan und die Arbeit an den Terminologien des Totenreiches konnte eine solche Information nicht unbeachtet bleiben.

Bei jedem Treffen mit Wjatscheslaw versuchte ich, eine Antwort zu der steigenden Statistik negativer Nachrichten über die Gesundheit der Kinder zu erhalten, die nach seiner Methode geschult wurden. Meine Hartnäckigkeit in dieser Frage hat ihn sichtlich verärgert.

„Sie sind selbst schuld. Sie haben sich die Biocomputer angeschaltet und klettern mit ihrer Hilfe durch die ganze Welt der Feinmaterie. Und nun tritt bei ihnen eine Pathologie des Bewusstseins auf. Ich kläre alle über die Sicherheitstechnik auf, sage ihnen: Man darf nirgendwohin klettern. Aber sie hören nicht. Was ist also das Problem? Bin ich schuld oder ihre übermäßige Neugier?"

„Aber es sind doch Kinder, und diese Neugier hätte man vorhersehen müssen", wandte ich ein. „Wenn ihnen ein so ungewöhnliches Spielzeug in die Hand gegeben wurde, werden sie damit spielen, bis es kaputt ist."

„Wer - das Spielzeug oder sie selbst?", fragte Lapschin aggressiv zurück.

„Aber das Spielzeug ist doch ein Teil von ihnen selbst. Das hättest du berücksichtigen müssen. Warum wurden Biocomputer nur bei denen entdeckt, die einen bestimmten Weg der geistigen Entwicklung zurückgelegt hatten?"

„Früher ist nicht heute. Heute entdecken sich die Biocomputer selbst. Von drei Kindern, die zu uns kommen, haben zwei schon funktionierende Biocomputer. Bin ich für sie auch verantwortlich oder vielleicht der Fernsehturm?"

„Was hat denn der Fernsehturm damit zu tun?"

„Dass er mit seiner Strahlung die Entdeckung des Biocomputers provoziert. Und noch vieles mehr. Warum zieht dafür niemand die Akademie der Wissenschaften zur Rechenschaft? Eure Akademiemitglieder haben den Lebensraum des Menschen so verändert, dass sie diese ganzen Exzesse der Magier, Zauberer, Telepathen und Medien erst heraufbeschworen haben. Sie schaffen durch ihren ganzen schändlichen wissenschaftlich-technischen Fortschritt Menschen mit anormalen Fähigkeiten und sitzen ihre Zeit in Forschungsinstituten ab. Und haben natürlich mit all dem nichts zu tun! Sie haben nur die Computer geschaffen! Und was diese ganz gewöhnlichen Computer morgen mit den Menschen machen, haben sie darüber nachgedacht? Sie verstehen doch nichts von dem, was sie der Menschheit als Wohl aufzwingen. Und morgen werden all diese Computer eine globale, gegen den Menschen gerichtete Zivilisation aus Feinmaterie erschaffen und beginnen, aus euren Gehirnen die Bewusstseinskomponente zu verdrängen, die ihnen fehlt. Ihr werdet nicht einmal bemerken, wie ihr selbst zu Robotern im Dienste dieser Krücken für das Gehirn werdet."

Wenn Wjatscheslaw sich so in Rage redete, kam es nicht selten vor, dass er sich verplapperte. Im normalen Zustand hatte er seine

Monologe doch unter Kontrolle. Bei Vorlesungen beispielsweise konnte er stundenlang zu dem vorgegebenen Thema sprechen, und dabei gelang es ihm durchaus, nichts Wesentliches zu sagen. Überhaupt nichts. Ich habe mehrfach versucht, Aufzeichnungen seiner Vorlesungen auf Kassetten zu analysieren, aber anders, als dass er die Zuhörer an der Nase herumführte, konnte man diese Enthüllungen nicht bezeichnen. Dort war alles verdreht: die Terminologie, die Begriffe, die Beschreibung der Konstrukte der Feinmaterie.

Doch bei all dem blieb noch der Verdacht, dass er wirklich etwas Wichtiges wusste, dass er immer fürchtete auszuplaudern.

Und genau in diesen Momenten der offenen Konfrontation sagte er plötzlich etwas, dass mir das Blut in den Adern stocken ließ. Er sprach Gedanken aus, die mir scheinbar nah lagen, doch er machte meine ganze Besorgnis zur Parodie, zu einer Verhöhnung des Menschen.

„Ihr versteht immer noch nicht, dass ihr nur Marionetten seid. Ihr werdet aus einer Welt manipuliert, die für euch unsichtbar bleibt", teilte er mir blitzartig mit und schien mich mit seinen stechenden braunen Augen zu durchbohren. Wjatscheslaw redete sich eindeutig in Vorlesungsextase, und ich hatte diesmal keine Lust, mit ihm zu streiten und ihn mit meiner Ablehnung aus dem Konzept zu bringen. „Ihr seht die Welt um euch herum und kommt nicht darauf, dass das eine Parodie ist (als könnte er meine Gedanken lesen!) auf die Welt, die ihr in Form der Wissenschaften, der Bildung und der Kultur geschaffen habt. Sie entsprechen überhaupt nicht jenem Urquell, den der Mensch von Anbeginn an hat. Alles beeinflusst den Menschen - der Erddrache, der Himmelsdrache, die Begleitwesen, die Geschlechtswesen, die Wesen der Protokultur der unterirdischen Zivilisation, die Wesen der Urquelle des ‚Schattens', die Übergangswesen. Es gibt auch noch die Wesen des

Fluches. All das übt auf den Menschen Druck aus, manipuliert ihn, führt von einem Problem zum anderen, von einer unbedeutenden Erkrankung zu einer ernsthaften. Wir alle sind davon umgeben, wir strampeln in all dem herum. Wenn du es wissen willst: Jeder Pickel im Gesicht ist eine Bindungsstelle eines energetischen Parasiten. Und du erzählst mir was von ein paar Jungen und Mädchen, denen von meiner Methode schlecht geworden ist."

„Aber das ist eine Tatsache", entschloss ich mich zu widersprechen.

„Es ist eine Tatsache", stimmte Wjatscheslaw unerwartet zu. „Aber wie viele Menschen werden in Krankenhäusern zugrunde gerichtet! Hör zu, was die Leute erzählen. Davon sind wir weit entfernt. Nicht ein Übeltäter richtet so viel Unheil an wie die guten Menschen in den weißen Kitteln. Und sie werden sich für nichts verantworten. Dort gibt es solche Sauereien, solch eine Mauschelei und Verantwortungslosigkeit, dass ich dagegen ein Engel mit Flügelchen bin."

„Und wer bist du wirklich - ein Engel oder das Gegenteil?", fragte ich plötzlich, einer tiefen Eingebung folgend. Der Hexensabbat in Feodossija war wohl nicht spurlos an mir vorbeigegangen.

Wieder durchbohrte mich Wjatscheslaw mit seinen braunen bösen Augen. Er wand sich und suchte, der Antwort auszuweichen.

„Gut oder böse, Engel oder Teufel, das ist alles relativ. Wir entscheiden das doch nicht für uns selbst. Wir werden schon jetzt geformt, aus der Zukunft modelliert."

„Von wem?"

„Von den künftigen Neokulturen. Doch das ist nur für uns die Zukunft, für andere ist es schon die Vergangenheit. Es findet ein Zusammenwirken der Systeme, der Strukturen statt. Wenn der Mensch bewusst beginnt, diese Prozesse zu beherrschen, wird er zum Drachen."

„Oh, eine bekannte Figur!” Ich konnte mich dieses Aufrufs nicht enthalten. „Das musst du mir genauer erklären.”

Lapschin änderte plötzlich seine Meinung, weil er auch so schon zu viel gesagt habe.

„Wir können natürlich auch über deinen Drachen reden, doch ich bin mir immer noch nicht über dich im Klaren: Bist du für oder gegen mich?”

„Redest du wieder davon, wie man die Macht über die Welt erobern kann?”

„Genau davon”, gab Wjatscheslaw unumwunden zu.

„Ich habe dir doch schon gesagt, dass ich nicht vorhabe, mit der Erdkugel Fußball zu spielen, das reizt mich nicht.”

„Und was reizt dich?”

„Den Menschen zu helfen, so gut ich kann. Ich möchte neue Bücher schreiben. Ich habe übrigens dort, in Feodossija, bevor ich in den Kreis getreten bin, genau darum deine Elemente gebeten.”

„Ja, ja, ich sehe es. Du rennst wie Danko aus Gorkis ‚Die alte Isergil‘ mit dem brennenden Herzen in der Hand herum, und die Bauern brummen in ihren Bart, was du da mit der Fackel umherläufst und warum du sie nicht schlafen lässt”, lachte Wjatscheslaw auf.

In der Nacht nach meinem Gespräch mit Wjatscheslaw ging auf einmal wieder der alte Film los, der in Feodossija für eine Weile unterbrochen worden war. Jesus kehrte zurück, und auch der Weg, der aus irgendeinem Grunde mir gewiesen worden war, kehrte zurück.

* * *

Der dunkle Raum war tief und schuf ein eigenartiges Gefühl der Entrücktheit von dem, was sich seinem Blick eröffnete.

Am Fuße der Bäume sah er wie in einem sich ständig wiederholenden Traum die „Schafe seiner Herde", die durch die gepredigte Lehre gereinigt worden waren: Markus, den die erwachende schriftstellerische Begabung zum Rabbi gemacht hatte, der mächtige Jacobus, der Träumer Johannes, der bescheidene Philippus, der belesene Bartholomäus, der schüchterne Matthäus, der Wanderer Thomas, der immer an allem zweifelte. Zusammengerollt und den Sack mit dem darin versteckten Kurzschwert im Arm, schnarchte im Traum leise der impulsive, kühne Petrus, und daneben schlief ruhig der erste Jünger des Rabbis, Andreas. Als spürte er das heraufziehende Unheil, wälzte sich Thaddäus hin und her, wobei er im Schlaf nach Simon schlug. Die anderen, die dem Rabbi gefolgt waren, schliefen ebenfalls.

Es fehlte nur Judas Ischariot, der trotz seiner heimlichen Liebe zum Rabbi zur ewigen Rolle des Verräters verdammt ist. Er führte bereits die Tempelwache in den Garten Gethsemane. Judas sollte mit seinem Schicksal allen zeigen, dass man eine Liebe nicht verkaufen darf, um für den Erlös das Glück zu kaufen. Er würde als Einziger durch seinen Tod die Wahrhaftigkeit der Weissagung des Propheten Sacharja „und ich nahm die dreißig Silberlinge" nachweisen.

Wie wenig Zeit war geblieben, um eine Möglichkeit zu finden, ein für alle Mal den festgelegten Lauf der ewigen Tragödie zu ändern. Das Gedächtnis, das bewahrte, was sie in den Bergen bei Nazareth gesehen hatten, verdrängte nun geflissentlich aus seinen Tiefen alle neuen Einzelheiten.

Er dachte an die Zukunft - die Gesichter der Krieger, der wütenden Menge, der Geistlichen -, und er begriff deutlich, dass niemand von ihnen von seiner Göttlichkeit überzeugt war. Besonders die Priester, die ewigen Feinde des Sohnes in Menschengestalt. Sie, die ihn gekreuzigt hatten, erklärten sich als Erste zu Dienern Jesu und eigneten sich die für ihn bestimmten Ehren an. Es war sehr bequem, Diener eines Herrschers zu sein, der nicht herrschen konnte. Sie verunstalteten und entstellten seine großartige Lehre und passten sie ihren nichtigen Bedürfnissen an, sie verschleppten seine grob auseinandergenommenen Einzelteile in ihre Anwesen, in Kathedralen und Ställe, Tempel und Spelunken. Er, der den Menschen den Weg der Liebe und der Einigung eröffnet hatte, wurde für die Feindschaft und den Hass benutzt. Im Namen Jesu wurden Kriege erklärt und Völker beraubt, die Besten der Besten zum Tode verurteilt, diejenigen, die durch Zweifel und den qualvollen Kampf gegen die offensichtliche Unvollkommenheit der Welt zur Wahrheit schritten, die ihren Geist wachsen ließen und nicht nur ihren Glauben.

O, wie Jeschua diese Heuchler verachtete! Doch seine Verachtung war zeitweise ungefährlich für die Henker, die den himmlischen Herrn beharrlich priesen.

Jetzt begriff er, warum alles anders ausgegangen war als gedacht. Doch nach wie vor wusste er nicht, was zu tun war, um den Verlauf der großen Sache zu korrigieren, die von seinen falschen Dienern in Stücke gerissen und auch von ihnen wieder ihren gemeinen Bedürfnissen, Vorlieben und geheimen Leidenschaften entsprechend zusammengeflickt worden war.

Jeschua hörte als erster den Lärm der Menge von der Stadt her. Bald erschienen sie, die von Judas geführten Tempelwächter. Im flackernden, trügerischen Licht der Fackeln schien es eine riesige Menge zu sein. Sie umringten die von den Stimmen aus dem Schlaf gerissenen Jünger und begannen, die Gesichter zu betrachten und den Lehrer zu suchen.

Judas sah den Rabbi als erster. Ohne zu jemandem etwas zu sagen, näherte er sich dem Lehrer. Er blieb ihm gegenüber stehen, um, wie mit den Wächtern vereinbart, mit einem Kuss den zu weisen, der gefangen zu nehmen war.

Als er sah, dass der Verrat schon in die Tat umgesetzt worden war, nahm Jeschua seinerseits schweigend das Gesicht seines Apostels, der die Rolle des Verräters übernommen hatte, in seine Hände und küsste ihn, nachdem er sich zu ihm herabgebeugt hatte.

Tränen traten Judas in die Augen.

„Es ist nicht an mir, darüber zu richten, was du tust", flüsterte er. „Aber noch ist es nicht zu spät, Rabbi. Lass uns von hier fortgehen."

„Nein. Mein Kreuzweg ist schon bestimmt, und ich kann nicht von ihm abgehen - jetzt wieder, wie auch damals in der Vision an den Gräbern der Propheten", erwiderte er. „Du hast alles richtig gemacht, Judas. Nun geh. Sie kommen immer näher."

Judas trat zur Seite, und Jeschua wurde von allen Seiten von den Tempelkriegern umringt.

„Das ist er, ergreift ihn", rief jemand. Grobe, starke Hände schnellten dem Rabbi entgegen, ein Strick peitschte um seine Handgelenke und zog sie zusammen. Schadenfroh grinsende Gesichter scharten sich dicht um das Opfer. Und plötzlich stoben sie mit einem Ausdruck des Schreckens nach allen Seiten. Mit einem wilden Schrei stürzte aus der Dunkelheit

der mächtige Petrus auf die Krieger zu, und ein Schwert glänzte in seiner Hand. Seine Augen funkelten im Schein der Fackeln vor wütender Konzentration, und jeder, der sie sah, begriff: Dieser Mensch wird nicht vor der Notwendigkeit zurückschrecken, Blut zu vergießen.

Und er vergoss es. Einer der Bediensteten - entweder ein besonders Mutiger oder einer, der es nicht geschafft hatte, Petrus in die Augen zu sehen - tat einen Schritt auf ihn zu. Wie ein Blitz blinkte in der Dunkelheit das Schwert des Apostels, und der Kopf des Wächters hätte zu Boden rollen können, wenn Jeschua nicht mit konzentrierter Kraft die Klinge des Schwertes abgewendet hätte. Der Angreifer büßte nur sein Ohr ein und schlug sich, vor Schmerz wimmernd, in die Dunkelheit.

Die Krieger, die nach dem Schreck wieder zu sich gekommen waren, ergriffen ihre Waffen und näherten sich Petrus bereits, als eine Stimme ertönte:

„Lasst eure Waffen sinken, steckt die Schwerter in ihre Scheiden, denn wer das Schwert erhebt, wird durch das Schwert umkommen. Ich muss den Kelch leeren, der mir vorherbestimmt ist."

Schwer seufzend, leistete Petrus Folge und entließ die Jünger und die Apostel in die Menge. Auch die Krieger beruhigten sich. Sie krallten sich in den Strick und führten den Gefangenen vor das Gericht des Hohen Rates.

Bei dem Hohepriester Kajaphas waren in dieser Nacht viele Mitglieder des Hohen Rates versammelt. Auch die Ältesten und Buchgelehrten von Judäa waren gekommen. Die Tempelkrieger führten den Verbrecher herein, der der Entweihung der Heiligkeit der im Talmud dargelegten Religion angeklagt war. Er wurde in die Mitte des Saales geführt, daneben wurden zwei Kerzen angezündet, damit alle das schamlose Antlitz und das Lügenmaul des Lästerers sehen konnten.

Kajaphas drehte sich zu dem Verbrecher um und richtete seinen Blick auf ihn, durchdringend und unerbittlich.

„Bist du der Mensch, der als Messias, als Sohn Gottes bezeichnet wird?"

Die mächtigen Wände des Saales, die überheblich die Bürde der Gerechtigkeit und Gesetzlichkeit trugen, antworteten auf die Worte des Hohepriesters mit einem bedrohlichen Echo.

Jeschua lächelte:

„Ja, so ist es."

Die Stille im Saal wurde von empörtem Murmeln unterbrochen.

„Gotteslästerer!"

„Lügner!"

„Schwachsinniger!"

„Brut des Satans!"

Ihre Stimmen bebten vor Entsetzen, doch Jeschua wusste, dass ihre Angst gespielt und nicht aufrichtig war. Er sah die Menschen, die ihn umringten, an. In ihren Augen war Gleichgültigkeit, und ihre Lippen waren geschürzt vor Verachtung und Abscheu.

„Wozu brauchen wir noch Zeugen? Ihr selbst habt doch gerade seine Gotteslästerung gehört. Was meint ihr?", ertönte die nun schon höhnische Stimme Kajaphas'.

Und die anderen Stimmen antworteten mit Zustimmung, die von den Wänden reflektiert wurde.

„Sterben soll er..."

„Er ist des Todes..."

„Sterben soll er..."

Es war alles wie früher. Wie in der Vision an der Quelle. Diese bekannten Stimmen, die ihn zum Golgatha der Unsterblichkeit schickten.

Die kommenden Qualen Jeschuas wuchsen und vermehrten sich in ihm, und mit ihnen wuchs, vermehrte sich und pulsierte auch die Kraft, die ausgereicht hätte, um auf die im Haus Versammelten eine Steinplatte des Daches herunterstürzen zu lassen.

Ein Wunder, er müsste ein Wunder tun, damit alle an seine Göttlichkeit glaubten, aber... Jeschua hielt die in ihm aufkommende Woge des Zornes im Zaum. Hier waren Menschen. Sie würden sterben. Heute waren sie furchtbar, doch morgen könnten sie schon das Gegenteil werden. Und was würden sie von ihm denken, wenn sie sich davon überzeugten, dass der Hohepriester durch Gottes Zorn und nicht durch die Unachtsamkeit nachlässiger Bauleute umgekommen war. Wieder war er allein mit der gefährlichen Unmöglichkeit, dort ein Wunder zu vollbringen, wo er Verständnis finden musste.

Die schweißnassen Haare klebten an seinen Augen. Er hob die gefesselten Hände und schob die Strähne beiseite. Diese einfache Bewegung beruhigte ihn voll und ganz.

„Außerdem sagt man noch, du hättest behauptet, du könntest den Tempel Gottes zerstören und ihn innerhalb von drei Tagen wieder aufbauen?", erhob sich über dem Lärm wieder die Stimme Kajaphas'.

Wie ein Blitz durchfuhr ihn der Gedanke, dass, wenn er zustimmte und das Angekündigte ausführte, wohl niemand mehr den Mut haben würde, seine Göttlichkeit in Zweifel zu ziehen. Den Tempel zerstören konnte ein Erdbeben, ihn in drei Tagen wieder aufbauen aber konnte nur Gott.

„Na, warum schweigst du? Reichen dir drei Tage vielleicht nicht, um einen Tempel zu errichten? Sag es nur, wir haben Verständnis", dröhnte mit kalter Verachtung die Stimme Kajaphas'.

Er konnte in drei Tagen ein Wunder vollbringen. Er konnte das in Ägypten, auf der Insel Philae, entstandene Mysterium von den Brettern der Bühne in die Wirklichkeit übertragen. Er hatte es auf den Straßen und Plätzen echter Städte im Gelobten Land durchgespielt, mit dem Himmel, den Bergen, den Seen und Bäumen anstatt einer Bühne, mit einer echten Menge und echten Gefühlen der Menschen, Bosheit und Hass, mit echten Nägeln und aufrichtigem Leiden.

Aber in dem Szenario gab es einen Fehler, den es zu korrigieren galt. Und das wollte er tun. Doch sämtliche Schauspieler der Tragödie kannten ihre Rollen zu gut und achteten nicht auf die Improvisation der Hauptfigur.

„Er will uns keiner Antwort würdigen. Wir sind nichtiger Staub an den Füßen der Gottheit!", verlachte ihn Kajaphas.

Jeschua riss sich von seinen bitteren Überlegungen los und richtete den Blick auf den Hohepriester.

„Ein Staubkorn gleicht dem Universum, und alles gleicht Gott. Sowohl oben als auch unten", antwortete er versöhnlich.

„Ihr habt es gehört!", schrie Kajaphas auf.

„Er betreibt Gotteslästerung..."

„Den Staub hat er mit Gott verglichen..."

„Er ist des Todes", erklangen wieder Stimmen.

„Du hast dich selbst gerichtet, Unglückseliger", bestätigte Kajaphas, was um ihn ausgesprochen wurde. Und diesmal war seine Stimme niedergedrückt und gedämpft.

Am frühen Morgen jenes Freitags brachten die Hohepriester und die Obrigkeit von Judäa den gefesselten Verbrecher vor das Gericht es Pontius Pilatus, damit er das Urteil, das der Hohe Rat gefällt hatte, bestätigte.

Pontius Pilatus kam zu ihnen auf den Gerichtshof hinaus und fragte die Mitglieder des Hohen Rates, als er sie sah:

„Wessen bezichtigt ihr diesen Menschen?“

„Er verdirbt das Volk, verbietet, Abgaben an den Kaiser zu zahlen und nennt sich selbst König Christus“, antwortete man ihm.

„Bist du der König von Judäa?“; fragte Pontius Pilatus und sah den vor ihm Stehenden neugierig an. Sanftmütig, mit zerrissener Kleidung und Blutergüssen im Gesicht, machte der Verurteilte nicht den Eindruck eines Übeltäters und Verbrechers.

„Warum sollte ich König dieses Landes sein?“ antwortete Jeschua mit einer Gegenfrage.

Pilatus sah ihm eindringlich in die Augen, als ob er mit einem einzigen Blick die Jahrhunderte ergebnislosen Leidens erfassen könnte, die sie mit dem Schmerz der Weisheit erfüllt hatten.

„Aber sie behaupten das. Das heißt, du hast irgendwelche Worte gesagt, aus denen sie so etwas geschlossen haben?“

„Worte, die die einen am einen Ort so verstehen, am anderen jedoch anders, das solltest du doch kennen?“

Pontius Pilatus erkannte das Echo des Hohns in seiner Stimme und parierte blitzartig:

„Ich brauche deine Verurteilung nicht, doch fürchte du die meine...“

„Macht ist gefährlich. Wenn man sie besitzt, verdunkelt sie den Blick und bringt von der Weisheit ab. Derjenige, der die Macht gegen andere

benutzt, wird sich selbst zum ärgsten Feind", antwortete Jeschua mit dem Kummer des Mitgefühls.

Pontius Pilatus sah ihn forschend an.

„Du bist zu gebildet, und dein Verstand ist zu raffiniert für einen einfachen Prediger. Wer bist du?", fragte er, und eine Schweißperle rann über sein Gesicht. Dieses nichtige Ereignis weckte den Unmut des Prokurators. Warum stand er an diesem heißen Tag hier auf dem Gerichtshof? Was ging ihn dieser Mensch an, der kluge Worte sprach, die sich aber gleich darauf wieder in Unsinn verkehrten, und der hartnäckig an seinem Unwillen festhielt, die unglaubwürdigen Anschuldigungen zu zerstreuen?

„Also bist du ein König?", fragte Pontius Pilatus.

„Ich bin ein König", bestätigte Jeschua gleichgültig. „Doch mein Königreich ist nicht von dieser Welt."

„Träumer", presste der Prokurator durch die Zähne.

„Habt ihr gehört, was dieser Gotteslästerer gesagt hat, dieser nichtige Galiläer?", ging ein Raunen durch die Menge.

„Galiläer ist er also?", freute sich Pontius Pilatus. „Warum habt er ihn dann hierher gebracht? Über ihn zu richten, ist Sache des Königs von Galiläa, Herodes Antipas."

Der Prokurator drehte sich um und schritt energisch durch die auseinandertretenden Krieger zur Tür, zufrieden, dass er sich so geschickt der für ihn unangenehmen Sache entledigt hatte.

* * *

In trauriger Nachdenklichkeit kehrte Pontius Pilatus in seinen Palast zurück. Die Hitze der Straße, die ihm auf dem Gerichtshof

Verdruss bereitet hatte, war augenblicklich verschwunden. Hier war es frisch und kühl. Pontius Pilatus setzte sich in einen Sessel, der auf dem Mosaikboden am Springbrunnen stand und bedeutete mit einer unwirschen Handbewegung den Dienern und Kriegern zu gehen. Die vom Wasser abgekühlte Luft war eine Wohltat, und der Prokurator nickte ein, wobei er die wunderbaren Gefühle genoss.

Er träumte von Rom und Claudia Procula, der Enkelin des Kaisers Augustus und Stieftochter von Tiberius. Für sie hatte Pontius Pilatus seine große Berufung aufgegeben, seinen leidenschaftlichen Traum, für den er, Reiter und Sohn eines Legionskommandeurs, Schauspieler geworden war, um nicht im Leben, sondern auf der Bühne zu siegen wie Orestes, zu sterben wie Xerxes und zu leiden wie Prometheus.

Eines Tages sah Claudia sein Spiel und wurde von unüberwindlicher Leidenschaft ergriffen. Sie, die Schülerin des großen Seneca, konnte das Talent des schönen jungen Mannes nicht kalt lassen und, einem plötzlich in ihr aufkommenden Gefühl folgend, befahl sie ihren Sklaven, sie in das Amphitheater hinauszutragen. Mit von ungespielter Aufregung erfüllter Stimme schrie sie Pontius Pilatus ins Gesicht:

„Ich schwöre dir bei allen Göttern, immer deine zärtliche Geliebte zu sein, auch wenn ich dafür mit der ganzen Welt brechen müsste, denn nur der Tod kann uns trennen."

Eine solche Bereitschaft zur Selbstaufgabe verlangte ein Gegenopfer. Pontius Pilatus verließ die Bretter des Theaters und heiratete Claudia. Tiberius ernannte ihn zum Prokurator von Judäa und gestattete ihm, aus Achtung vor einer so starken Liebe, entgegen den Gepflogenheiten seine Frau mit zur Arbeit zu nehmen.

Nun war Claudia immer bei ihm und erfüllte sein Leben mit der reinen Glückseligkeit der schönsten Tage. Hoch gewachsen, schlank und geschmeidig, erschien sie ihm im Traum in leichten durchsichtigen Gewändern auf dem Lager der Liebe. Ihr wunderbares Gesicht beugte sich über ihn, und eine dunkle Woge von Haaren streifte seinen entblößten Körper und ließ ihn vor Leidenschaft und Begehren erbeben.

Ein Räuspern verscheuchte plötzlich die angenehme Vision. Der Prokurator öffnete die Augen. Sein Sekretär stand mit schuldbewusstem Gesichtsausdruck in der Nähe.

„Was willst du?“, fragte Pontius Pilatus.

„Sie haben ihn zurückgebracht.“

„Wen?“

„Den, der sich König nennt...“

Der Prokurator lachte auf:

„Und wozu hat ihn Herodes verurteilt?“

„Er hat ihn für unschuldig befunden und ihn, nachdem er ihn in saubere Gewänder gehüllt hat, zu Euch geschickt“, antwortete der Sekretär.

„Dann sollen sie ihn doch freilassen, wenn er unschuldig ist“, brauste der Prokurator auf, nachdem er sich aus dem Sessel erhoben hatte. „Warum haben sie den Hebräer wieder hierher geschleppt?“

„Die Hohepriester insistieren und fordern, dass ihr Urteil bestätigt wird.“

„Blutrünstige Bastarde! Wozu brauchen sie den Tod eines lächerlichen Träumers?“

„Die Ältesten halten ihn für den Gefährlichsten unter allen, die den Tod verdient haben“, erwiderte der Sekretär leidenschaftslos. „Sie haben eine große Menschenmenge vor dem Palast versammelt. Außerdem sagt man, einer der Jünger des Galiläers, Judas Ischariot, habe sich erhängt. Er habe das Geld, das er für den Verrat erhalten hatte, dem Hohepriester

Kajaphas vor die Füße geworden und sei die Straße entlanggegangen und habe gemurmelt ‚Es gibt kein Wunder, es gibt kein Wunder.'"

„Der Angeklagte soll gebracht werden", befahl der Prokurator.

Ungehalten darüber, dass man ihn aus der Besinnlichkeit des wunderbaren Traumes gerissen hatte, empfand er dumpfen Hass gegenüber den Hohepriestern und ihrer unerklärlichen Starrköpfigkeit.

Der Verbrecher wurde in den Saal gestoßen. Er war wirklich in weiße Gewänder der Unschuld gekleidet, doch die Hände des Gefangenen waren nach wie vor gefesselt.

„Lasst uns allein", befahl der Prokurator.

Pontius Pilatus war zu betrübt über sein Unvermögen, sich des unangenehmen Falles zu entledigen, um es zu verbergen. Er verzog das Gesicht, als sei er von irgendeiner Qual gepeinigt, und erkundigte sich, nachdem alle gegangen waren:

„Warum hassen sie dich?"

„Weil ich sie, solange ich am Leben bin, daran hindere, kleine Götter in der Stadt zu sein", sagte Jeschua. Seine Stimme war gleichmäßig wie das Plätschern eines Gebirgsbaches.

„Du willst dein Leben geben, um Bestien zur Wahrheit zu führen, die auf der Straße deinen Tod fordern und wollen, dass du umkommst?", staunte Pontius Pilatus. „Wie willst du sie denn führen?"

„Von der Hoffnung zum Traum, vom Traum zur Wahrheit", antwortete Jeschua, und um seine Mundwinkel spielte ein kaum merkliches Lächeln.

„Diese Menschen, denen Gräuel und naiver Glauben eigen sind?", rief Pontius Pilatus voll Kummer in der Stimme aus. „Schließe die Augen, Träumer, und öffne sie nicht eher, als bis du zur Vernunft gekommen bist. Einer deiner Jünger hat sich schon erhängt. Er heißt Judas."

Jeschua erbebte, und eine Träne rann ihm über die Schläfe.

„Das Licht geht zum Licht und die Dunkelheit zur Dunkelheit", flüsterte er und sah den Prokurator an, als bedeuteten die von ihm gesagten Worte etwas anderes und nicht das, was er mit ihnen ausdrücken wollte.

„Du weißt selbst, wie viel Schmutz, Widersprüche und Unbeständigkeit in ihnen ist." Der Prokurator ließ sich nicht beirren.

„Ja, ich weiß", gab der Angeklagte zu, ohne dem durchdringenden Blick auszuweichen. „Doch das ist nicht ihre Schuld. In ihnen klingen zu viele Stimmen der ursprünglichen Welt, als dass sie ohne Hilfe von außen zu einem einheitlichen harmonischen Chor werden könnten."

„Warte auf mich", sagte der Prokurator und trat auf den Gerichtshof hinaus.

An den Pforten lärmte die Menge, die von den Hohepriestern angeführt wurde. Pontius Pilatus hob die Hände, und alle um ihn herum verstummten. Der Blick des Prokurators war hart und unnachgiebig.

„Ihr habt einen Galiläer zu mir geführt, der angeblich das Volk verderben soll. Ich habe ihn in eurem Beisein befragt und ihn nicht dessen für schuldig befunden, wessen ihr ihn anklagt. Ich habe ihn zu Herodes geschickt, und auch Herodes konnte nichts an ihm finden, was seinen Tod rechtfertigt. So werde ich ihn also lieber bestrafen und freilassen."

Die Hohepriester und die Ältesten riefen als erste:

„Lass uns Barabbas frei! Und überlass den, der sich Christus nennt, den Henkern!"

Und in der Erregung riefen auch alle:

„Nicht ihn, sondern Barabbas!"

„Kreuzige ihn!"

„Er soll gekreuzigt werden!“

„Barabbas ist ein Mörder“, wandte der Prokurator ein.

„Egal“, schrie die Menge, „lass Barabbas frei!“

Pontius Pilatus wandte sich abrupt von ihnen ab und ging in den Palast. Sofort schlugen die Krieger die Tür hinter ihm zu, und der Lärm der Menge verstummte.

Der Angeklagte begegnete dem Prokurator mit ruhigem Blick.

„Sie fordern deinen Tod“, sagte Pontius Pilatus.

„Ich fürchte den Tod nicht. In jedem Menschen wird beständig etwas geboren und muss etwas sterben.“

„Die Bedeutung der Wörter verändert sich, wenn es nicht um Philosophie, sondern um Kreuzigung geht!“, empörte sich Pontius Pilatus. „Ich bin zu sehr durch die Tradition, das Gesetz und die Pflichterfüllung befangen, um zu tun, was ich möchte, und nicht, was ich tun muss.“

„Tu, was du tun musst“, antwortete Jeschua bestimmt.

„Und dann bleibt dir nur ein Weg, der nach Golgatha!“

„All meine Wege, wohin ich auch gehe, führen nach Golgatha“, murmelte der Angeklagte, gepeinigt von widersprüchlichen Empfindungen. „Ich weiß, dass sich eine solche Entscheidung wie eine schwere Last auf deine Seele legen wird, und fühle mit dir.“

„Schwerer als das Kreuz, das dich dort erwartet?“, fragte Pontius Pilatus und richtete mit einem Kopfnicken die Gedanken des Hebräers auf das Getöse der Menge vor der Tür.

Der Angeklagte wankte und machte einen Schritt zurück. Sein Gesicht verkrampfte angesichts des kommenden Schmerzes, und aus seinen Augen sprach das Leid. Nachdem er sich mühsam gefasst hatte, antwortete er voll Kummer:

„Schwer ist nicht das Kreuz, sondern die Bürde des Hasses und des Bösen."

Der Prokurator biss vor in ihm aufsteigender Wut die Zähne zusammen und trat wieder auf die Steinplatte des Gerichtshofes hinaus. Voller Ekel sah er auf die unter seinem Blick verstummende Menge.

„Ich sage euch noch einmal, dass ich bei ihm keine Schuld finde", sagte er in drohendem Ton.

Und wieder riefen die Hohepriester und die Ältesten als erste:

„Er soll sterben, weil er sich als Sohn Gottes ausgegeben hat!"

„Er hat gedroht, den Tempel von Jerusalem zu zerstören und ihn in drei Tagen mit der Kraft seines Wortes wieder aufzubauen!"

„Wir haben ein Gesetz, und nach unserem Gesetz muss er sterben!"

„Kreuzige ihn, kreuzige ihn!"

Und wieder rettete die hinter ihm zuschlagende Tür Pontius Pilatus vor den Schreien des Hasses.

„Hörst du es?"

„Quäle dich nicht, tu, was sie verlangen", antwortete der Angeklagte.

„Hast du wirklich gedroht, den Tempel von Jerusalem zu zerstören und ihn in drei Tagen mit der Kraft deines Wortes wieder zu errichten?" Pontius Pilatus sah ihm in die Augen.

„Ja..."

„Und gibt es dafür Zeugen?"

„Ja, die gibt es... "

„Unglückseliger" Ich muss das vergangene Böse besiegen, ohne Rücksicht auf Verluste, und muss den Menschen den Weg weisen, den sie zu gehen haben", sagte er. „Wie immer die Entscheidung auch lauten möge, nicht du hast sie getroffen."

„Was soll ich machen“, stimmte Pontius Pilatus zu. „Ich bin außerstande, gegen sie und gegen dich gleichzeitig zu kämpfen, also möge dir, Träumer, in deinem letzten Traum als Sterblicher erscheinen, dass alles, was du wolltest, sich erfüllt.“

„Ich muss das vergangene Böse besiegen, ohne Rücksicht auf Verluste, und muss den Menschen den Weg weisen, den sie zu gehen haben“, sagte er. „Wie immer die Entscheidung auch lauten möge, nicht du hast sie getroffen.“, sagte Pontius Pilatus und wandte sich ab.

Sein Mitgefühl brach sich zu offensichtlich Bahn. Jeschua wollte den Prokurator aufmuntern.

„Ich muss das vergangene Böse besiegen, ohne Rücksicht auf Verluste, und muss den Menschen den Weg weisen, den sie zu gehen haben“, sagte er. „Wie immer die Entscheidung auch lauten möge, nicht du hast sie getroffen.“

„Was soll ich machen“, stimmte Pontius Pilatus zu. „Ich bin außerstande, gegen sie und gegen dich gleichzeitig zu kämpfen, also möge dir, Träumer, in deinem letzten Traum als Sterblicher erscheinen, dass alles, was du wolltest, sich erfüllt.“

Er klatschte in die Hände und rief die Wache.

„Nehmt ihn und tut, was sie wollen“, befahl Pontius Pilatus, wobei er in die Intonation des Wortes „sie„ eine besondere, eine verächtliche Nuance legte.

Als der Verurteilte nach Golgatha gebracht wurde, gaben ihm die Krieger sauren Wein, vermischt mit betäubenden Gräsern, um seine Leiden zu lindern. Doch er wollte nicht trinken.

Bald war alles vorbereitet, und die Krieger kreuzigten Jeschua. Das war gegen Mittag. Neben ihm wurden zwei Verbrecher gekreuzigt, einer zu seiner Linken, der andere zu seiner Rechten. Über seinem Kopf wurde *am Kreuz eine Tafel mit der Aufschrift „Jesus von Nazareth, König der Juden" angebracht.*

Dumpfe Stimmen, die aus der Ferne herübertönten, brachten ihn wieder zur Besinnung. Jeschua wusste nicht, wie viel Zeit vergangen war, seit er sich vor dem Schmerz der in seinen Körper getriebenen Nägel im Dunkel der Bewusstlosigkeit versteckt hatte. Er hatte fast die Vorstellung davon verloren, wo er sich befand und was er tun sollte. Er öffnete die Augen und sah einen Hügel, der von niedrigen Sträuchern bestanden war, die sich in die Klüfte des Gesteins klammerten, und eine kleine Menschengruppe, die etwas entfernt hinter der Absperrkette der Krieger stand. Jemand rief, als er sah, dass er das Bewusstsein wiedererlangt hatte:

„Wenn er der König der Hebräer ist, soll er doch vom Kreuz steigen, dann glauben wir an ihn!"

Und eine andere Stimme fiel mit ein:

„Du, der du einen Tempel zerstörst und in drei Tagen wieder aufbaust, rette dich doch selbst! Dann werden wir sehen!"

Sie lachten. Er war für sie nur ein Aas, das am Kreuz hing. Die Grimassen des Ekels erstarrten auf einigen Gesichtern.

Jeschua atmete krampfhaft aus und zwang sich, vom Grund des qualvollen Dahindämmerns aufzutauchen. Durch die Konzentration seines Willens weckte er die sakrale Energie der Kraft, die in seinem Steiß schlummerte, wirbelte sie wie einen Tornado um den knöchernen Auswuchs, schleuderte sie an der Wirbelsäule hoch in den Kopf, ließ sie durch die Brust und den Bauch sinken und hob sie wieder empor. Das Pulsieren der Energie wuchs in ihm an, und im qualvollen Kampf gegen die Unmöglichkeit, über die grau gewordenen und blutleeren Lippen auch nur ein Wort hervorzubringen, brach es dennoch deutlich aus ihm heraus:

„So sei es!“

Die eingetretene Stille schien einem Gebet zu gleichen. Dieser kurze Ausruf, der auf dem Berg Golgatha inmitten der brütenden Hitze erklang, war entweder Blasphemie oder eine Prophezeiung. Die Stadt Jerusalem lag nicht weit entfernt, und alle Blicke wandten sich automatisch in Richtung des Tempels aus weißem Marmor, dessen vergoldete Kuppel in der Sonne leuchtete. Er verkörperte Erhabenheit und Unzerstörbarkeit.

„Gotteslästerer!“

„Selbst am Kreuz ist er noch starrköpfig!“, ertönten empörte Stimmen.

„Man sollte ihn steinigen!“

Jeschua zwang sich, nicht an die Menge zu denken und sich zu konzentrieren. Mit einem kurzen Impuls schickte er eine Wärmewoge durch seinen Körper und verfolgte, wie sie seinen Rücken entlang zu den abgestorbenen Gliedmaßen lief, wobei er die Sprachlosigkeit der nahenden Stille überwand. Er schnippte mit den Fingern, die sich wegen der Schmerzen schlecht beugen ließen, und streifte den üblen Geruch des Todes ab.

Eine von Schmerz und Spannung angefüllte Stille breitete sich ringsumher aus. Als sie bemerkten, dass das Leben trotz der ihm genommenen Möglichkeiten eindeutig zu dem Halbtoten am Kreuz zurückkehrte, verstummten auch diejenigen, die ihn verdammt hatten.

Ein vages Lächeln umspielte die Lippen des Gekreuzigten, und sofort erstarrte sein Antlitz in düsterer Erwartung. Seine Augen wurden auf einmal übernatürlich dunkel wie zwei Gerinnsel der Nacht. Von der Anstrengung traten seine Venen hervor. Er biss sich auf die Lippen, als könnte ein äußerer Schmerz einen anderen in seinem Inneren unterdrücken oder ihn zumindest in Schach halten. Aus seiner Haut trat schleimiger Eiter von den Bissen der Bremsen hervor und rann ihm über die Wangen. Das lenkte ihn ab, und er konnte noch immer nicht die nötige Konzentration seiner Kräfte aufbringen. Dennoch hatte sich etwas in der Umgebung verändert. Plötzlich war Wind aufgekommen und hatte die in der Nähe des Kreuzes stehenden Menschen mit Staub bedeckt.

Er musste sich auf das goldglänzende Dach des Jerusalemer Tempels konzentrieren. Der zuvor ersonnene Plan musste ausgeführt werden, und mit der Unerbittlichkeit des göttlichen Willens näherte er sich dem Höhepunkt des Wunders, ohne das die große Sache nicht beginnen konnte.

Jeschuas Blick erreichte die höchste Anspannung. Und er sah, wie auf das Dach des Jerusalemer Tempels ein Lichtstrahl fiel. Die Brücke zwischen der inneren und der äußeren Welt, über die er die kosmischen Kräfte der Natur beeinflussen konnte, war zustande gekommen. Die großen Elemente der Ewigkeit waren bereit, auf die kleinste Bewegung seines Willens zu reagieren. Und er richtete seine mentale Kraft auf die Formulierung seines Wunsches.

Ein neuer Windstoß peitschte den Hügel Golgatha, und sein Druck wurde immer spürbarer. Die Menschen ringsum begannen, sich unruhig umzusehen und konnten die Ursache für die plötzlichen Witterungsunbilden nicht begreifen. Und nur der Gekreuzigte, über dessen Kopf „König der Juden" stand, schien wieder im Vollbesitz seiner früheren Kräfte zu sein. Seine Augen blitzten vor zorniger Konzentration und waren auf das Dach des Jerusalemer Tempels gerichtet.

Ein hoher zischender Laut erfüllte die Luft und wuchs sich, als wäre er durch die Anspannung seines Willens verstärkt worden, zum Heulen eines herannahenden Sturmes aus. Die Wucht der Elemente traf den Gekreuzigten, schlug ihm die Luft aus den Lungen, doch er konnte dennoch den versammelten Menschen, die die Köpfe mit ihren Gewändern bedeckten, heiser zurufen:

„So sei es!“

Seine heisere Stimme, die tief in seiner Brust brodelte, drang bis zu den am Kreuz Stehenden, doch keiner von ihnen riss in leidenschaftlichem Segen die Arme empor.

Das Pulsieren der Energie wuchs in ihm an, und Jeschua konzentrierte seinen Blick wieder auf das Dach des Tempels. Über dem Hügel und der Stadt zogen sich Gewitterwolken zusammen, und aus dem brodelnden Dunkel brach plötzlich das Feuerschwert eines Blitzes hervor.

Die Menschen schrien auf und stoben vor Schreck auseinander. Lediglich die Krieger und die Wächter, die ihre Umhänge über die Köpfe gezogen hatten, blieben getreu ihrem Befehl auf ihrem Posten. Die schwarzen, mit dem wütenden Lärm der Macht der Elemente brodelnden Wolken formierten sich bereits in der Höhe, und das Gewitter entlud sich mit voller Kraft. Der Wind in den Bergen warf Bäume um und verdrängte und beschmutzte unerbittlich das Sonnenlicht. Durch den Wolkenbruch peitschte der Regen die Stadt Jerusalem mit einer Zorneswucht, als hätte die zweite biblische Sintflut begonnen. Alles versank im Chaos des Sturmes.

Ein Platzregen ging über dem Hügel mit den drei Kreuzen auf dem Gipfel nieder. Es schien, als wollte der Himmel die Erde mit mächtigen Regenströmen für das Unheil auspeitschen, das an diesem Tag auf dem Hügel geschehen war, der Golgatha hieß, was bedeutete: Ort des Schädels. Die Erde weigerte sich, die Feuchtigkeit aufzunehmen, und diese stürzte in Strömen hinab, zur Stadt hin, über der mit immer neuer Kraft der Wind tobte.

„So sei es!“, stieß der Gekreuzigte heiser durch die Zähne, und seine Stimme drang deutlich durch das Heulen des Windes und das Tosen des Gewitters. Ein Schatten trat aus dem Gewitter hervor und bedeckte, gegen den Wind ankämpfend, das Dach des Tempels. Doch Jeschua war so darauf konzentriert, die Geschehnisse zu lenken, und so beherrscht von der Erfüllung seines Traumes, dass er nicht die Wandlung bemerkte, die sich vollzogen hatte. In diesem Moment überwand einer der Soldaten den Widerstand des Windes und trat dicht an ihn heran. Die Spitze seines Speeres erhob sich, zielte auf das Herz des Gekreuzigten, und das Eisen zerteilte sein Fleisch und bohrte sich mit einem Ruck zwischen seine Rippen.

„Bedanke dich beim Prokurator“, war das Letzte, das er hörte.

* * *

Diese chronologischen Bilder aus dem Leben Jesu, die den bekannten Texten der Evangelien in einigen Dingen ähneln, sich in anderen aber unterscheiden, haben eine gewisse Instabilität in die etablierten Vorstellungen vom Leben gebracht. Ich verstand natürlich, dass jedes derartige Ereignis eine gewisse Transformation des Weltbildes bedingte und, mehr noch, die Grundlagen meines Lebens selbst veränderte. Denn ich begann, dem Aufmerksamkeit zu schenken, was früher nicht zu meinen Interessen gezählt hatte. Das war so ähnlich, wie wenn man sich für das Sujet eines fremden Schicksals interessiert, und zuerst mit der Hauptfigur fühlt, und dann beginnt, die Ereignisse mit ihr zu durchleben, einige Szenen im Handlungsablauf zu korrigieren und das Drehbuch zu verändern. Aber nur so ähnlich. Denn in Wirklichkeit ist das, was ich beobachtet habe, nicht irgendetwas von mir Entrücktes oder sich gewissermaßen selbst Entwickelndes. Aus irgendeinem Grunde erschien es mir, als seien die Sujets gewissermaßen nacheinander aktivierte Schichten meines eigenen Bewusstseins, die eine historische Information in die Strukturen des Gehirns übertragen, in denen die Dekodierung stattfindet.

Ich habe einige versteckte Hinweise gefunden, als ich die Arbeiten anderer Leute gelesen habe, die die Phänomene des Bewusstseins erforschen. So bekam ich die Arbeit eines Professors für Medizin, des Akademiemitgliedes W P. Kasnatschejew, „Das Phänomen Mensch: Kosmische und irdische Quellen", in die Hand, wo er eine interessante Hypothese aufgestellt hat:

„Die gesamte Evolution des Universums, angefangen vom Urknall, geht vom lebendigen kosmischen Raum aus, der gigantischen Gesamtheit lebendiger kosmischer Strömungen und Organisationen, in der wir nur ein ganz kleiner Teils sind."

Vor Hunderttausenden Jahren gab es in den Gehirnen der Urmenschen, die unseren Planeten bevölkerten (das Akademiemitglied Kasnatschajew nennt sie Protohominiden) 13-14 Milliarden Neuronen - es waren sonderbare verkabelte Computer. Sie regelten das Verhalten dieser Wesen in Form von instinktiven Reaktionen. Doch dann brach die kosmische Phase der Entstehung eines neuen Menschen und des Intellektes an. In einigen Bereichen des Planeten vollzog sich ein erstaunlicher Prozess: In den Köpfen der Protohominiden vereinigten sich diese 14 Milliarden Neuronen, wobei in jedem von ihnen bereits eine solitonisch-holographische Form lebender Materie existierte, explosionsartig zu einem gigantischen Soliton.

„Sämtliche erblichen Formationen erwiesen sich als durch solitonische Felder verbunden, und das bedeutet, dass, wie weit sich ein Familien- oder Hordenmitglied in der Urzeit auch entfernte, all diese Menschen alles von ihm sahen, alles über ihn wussten, d.h. es wirkte eine Telepathie, eine Fernverbindung, das gegenseitige bildliche Sehen in holographischen Bildern. Und das war die Grundlage unseres Intellektes. Nicht eine einzelne Person, sondern eben eine Gruppe, die durch ein gemeinsames Feld verbunden war, bildete die Grundlage des ganz ursprünglichen menschlichen planetaren Intellektes." (Nowosibirsk, Buchverlag 1991, S. 16-18).

Diese Vermutungen des Wissenschaftlers waren meinem eigenen Weltbild sehr nahe. In mir reifte zu dieser Zeit die Überzeugung, dass wir, was immer wir auch tun, wohin wir auch gehen, uns auf ein Ziel zu bewegen - zu uns selbst, zu unserem Erinnern. Menschen, die die Erinnerung an ihre Vergangenheit und ihre Zukunft verloren haben, ähneln Kindern, die bereit sind, tagein tagaus, ohne zu ermüden, auf dem einen Karussell zu fahren, das es ihnen angetan hat. Irgendetwas ändert sich ringsum - mal scheint die Sonne, mal regnet es, mal werden die Bäume grün, mal werfen sie die Blätter ab, mal kommen die einen, um zu sehen, wie in die Kindheit zurückversetzte Menschen sorglos Karussell fahren, mal kommen andere. Wir fliegen in einem geschlossen Kreis, kreischen im Rausch der Geschwindigkeit und haben dabei vergessen, dass wir in der Vergangenheit selbst fliegen konnten, dass unser ganzes Entzücken nur verschwommene Erinnerungen daran sind, wer wir einmal waren.

Wissenschaftlich belegt sind Tatsachen, dass im Zustand des Affekts Menschen Betonplatten mit einem Gewicht von über einer Tonne gehoben haben, dass sie, um sich aus einer tödlichen Gefahr zu befreien, in Höhen und Weiten gesprungen sind, die keiner der heutigen Champions in den entsprechenden Sportdisziplinen erreichen könnte.

Der Heiler Profirij Iwanow wurde in der deutschen Gefangenschaft auf dieselbe Weise gefoltert wie General Karbyschew - er wurde in einer Eissäule eingefroren. Doch im Gegensatz zu dem General blieb er am Leben.

Die unentdeckten Möglichkeiten des Menschen sind grenzenlos. Er kann nicht nur die Vergangenheit kennen, sondern auch die Zukunft. Allgemein bekannt sind Fälle zahlreicher und höchst genauer Vorhersagen. Über einige von ihnen haben wir bereits gesprochen. Doch hier ist noch ein Beispiel. Lesen Sie den Text des Arztes und Esoterikers Philippe Dieudonne Noel Olivatius aus dem Mittelalter und versuchen Sie selbst, ohne dass Ihnen jemand vorsagt, darauf zu kommen, über wen der Hellseher einige Jahrhunderte vor dem Eintreten dieses Ereignisses schreibt:

„Frankreich und Italien werden ein übernatürliches Wesen hervorbringen. Dieser noch junge Mensch kommt vom Meer und wird sich die Sprache und die Gebräuche der fränkischen Kelten aneignen. In seiner Jugend überwindet er auf seinem Weg Tausende Hindernisse, unterstützt von Soldaten, zu deren Oberbefehlshaber er später werden wird... Er wird im Laufe von fünf oder mehr Jahren in der Nähe seines Geburtsortes kämpfen. In allen Ländern der Welt wird er mit großem Ruhm und Heldenmut den Krieg führen, er wird die romanische Welt wiedererstehen lassen, er wird den Zwistigkeiten und Schrecken im keltischen Frankreich ein Ende setzen und wird später nicht zum König ernannt, wie es früher üblich war, sondern zum Kaiser, und das Volk wird ihn mit überaus großem Enthusiasmus begrüßen. Im Verlauf von zehn Jahren und mehr wird er Prinzen, Herzöge und Könige in die Flucht schlagen... Er wird den Völkern viele Ländereien geben und jedem von ihnen die Welt schenken. Er kommt in eine große Stadt und schafft und verwirklicht dort große Projekte, Gebäude, Brücken, Häfen, Kanalisationen und Kanäle. Er wird zwei Frauen und nur einen Sohn haben. Er wird sich in ein Land aufmachen, in dem sich Parallelen und Breitengrade kreuzen, um 55 Monate lang dort zu kämpfen. Dann zünden seine Feinde eine große Stadt an, und er wird mit seinen Truppen in sie einziehen. Er wird diese Stadt verlassen, wenn sie in Asche liegt, und der Untergang seiner Armee wird beginnen. Ohne Brot und Wasser werden seine Truppen unter einer so schrecklichen Kälte zu leiden haben, dass zwei Drittel seiner Armee umkommen werden. Und die Hälfte der Überlebenden wird sich nie wieder unter seine Befehlsgewalt begeben. Dann wird der große Mann, der von den Freunden verlassen worden sein wird, die ihn verraten haben, sich verteidigen müssen und wird sogar im eigenen Land von den großen europäischen Armeen in die Enge getrieben werden. An seiner Statt werden die Könige des alten Geschlechtes der Kapetinger wieder auf den Thron gehoben werden. Er aber wird verurteilt, das Land zu verlassen und wird 11 Monate an dem Ort verbringen, wo er geboren wurde und woher er kam, umgeben von seinem Gefolge, Freunden und Soldaten... Nach 11 Monaten werden er und seine Anhänger ein Schiff besteigen und wieder den Boden des keltischen Frankreichs betreten. Und er wird in die große Stadt einziehen, in der der König aus dem alten Geschlecht der Kapetinger wieder das Zepter übernommen hat, der in die Flucht geschlagen wird und die Zeichen königlicher Würde mitnimmt. Zurückgekehrt in sein früheres Reich, wird er dem Volk wunderbare Gesetze geben. Dann wird ihn wieder ein Dreierbündnis europäischer Völker verjagen, nach drei und einem Drittel Monden, und an die Stelle des Königs wird wieder der König aus dem alten Geschlecht der Kapetinger gesetzt werden.“

Muss ich noch von der Prophezeiung berichten, die der Schriftsteller

Morgan Robertson 1898 in seinem Roman „Titan. Eine Liebesgeschichte auf hoher See“ über den Untergang der „Titanic„ geschrieben hat?

Ich möchte nur an folgende Fakten erinnern: der fiktive Name des Schiffes war „Titan“, der reale „Titanic“. Größe und Aufbau waren fast identisch, beide Ozeandampfer hatten jeweils vier Rohre und drei Schiffschrauben. Die Länge der „Titan„ betrug 260 m, die der „Titanic“ 268. Verdrängung: 7.000 Tonnen – 6.600 Tonnen; Maschinenleistung: 50.000 PS – 55.000 PS. Höchstgeschwindigkeit: 25 Knoten – 25 Knoten. Ursache, Ort und Zeitpunkt der Katastrophe sind dieselben. Sowohl auf der „Titan“ als auch auf der „Titanic“ befanden sich Vertreter der High Society, und auf beiden Schiffen gab es zu wenig Beiboote. Die Liste der Übereinstimmungen ist so lang und glaubwürdig, dass man ins Grübeln kommt: Wie konnte eine solche Prophezeiung nur zustande kommen?

Das Verständnis, dass die frühere, lineare Ursache-Wirkung-Konstruktion der Beschaffenheit der Welt nicht die von der Wissenschaft selbst gesammelten Fakten widerspiegelt, ist die Ursache dafür geworden, dass die Grundlagenfächer begonnen haben, die Paradigmen ihrer Konzeptionen von Grund auf zu verändern und immer bestimmter eine neue (oder, richtiger gesagt, die vergessene alte) Weltanschauung auf der Grenze zwischen Materiellem und Ideellem, Vergangenheit und Zukunft, Sterblichem und Unsterblichem herauszubilden.

Nicht um der schönen Worte willen sprechen Forscher immer häufiger auch vom „Gedächtnis“ der Moleküle, der Atome und sogar der subatomaren Teilchen. Vielleicht ist gerade in diesem Tiefengedächtnis nicht nur unsere Vergangenheit, sondern auch unsere Zukunft verborgen, die, bis ihre Zeit gekommen ist, ruhig in dem Regal liegt, das die Videofilme unseres persönlichen Schicksals beherbergt. Zu einem Zeitpunkt, an dem unser innerer Zustand und die Entwicklung bereit sind, kompliziertere Sujets wahrzunehmen, drückt jemand den uns unbekannten Schalter auf dem Molekül der Desoxyribonukleinsäure in der Tiefe eines Zellkerns - und schon entwickelt sich ein neues Filmsujet im Bewusstsein. Alles ringsumher ist dasselbe - die Kulissen, die Schauspieler, doch der Handlungsverlauf ändert sich, je nachdem, welche Willensanstrengungen Sie unternehmen, um aus dem Fahrwasser der von Ihnen selbst aufgebauten Abhängigkeiten auszubrechen. Im Prinzip entstehen Ereignisse der nächsten Ebene erst dann, wenn Ihr Bewusstsein, Ihre Persönlichkeitsentwicklung dem Potenzial der neuen geistigen Ebene adäquat wird.

Vielleicht haben die Energietrainings, mit denen ich mich in der Akademie befasst habe, dieses Gengedächtnis aktiviert, oder vielmehr den Informationsspeicher der DNA, und haben neue Potenziale des Organismus geweckt? In jedem Fall habe ich die Geschehnisse recht ruhig aufgenommen und mich mehr als Forscher als als Held der Handlung mit der Selbstbeobachtung befasst. Obwohl es wohl kaum möglich ist, sich selbst als unmittelbar Beteiligten aus der Abfolge der neuen Ereignisse auszuklammern. Denn es ist ja trotzdem mir passiert und nicht dem Filmhelden auf einer Kinoleinwand. Denn die Ähnlichkeit von Vorgängen bedeutet nicht, dass sie identisch sind.

* * *

Das Verhältnis zu Lapschin wird immer schlechter. Er verwendet mein Buch über ihn und den Film eifrig zur Eigenwerbung. Massen von Menschen kommen zu ihm, er hat viel Geld, und es sieht so aus, als denke er nicht einmal daran, die geliehenen Beträge zurückzugeben - weder mir noch dem Direktor des Studios.

Wenn ich mit ihm auf das Thema der Rückzahlung zu sprechen komme, bleckt er freundlich die Zähne und weist mich irgendwie eigenartig zurecht:

„Nicht dass du auch noch von Gott Geld forderst!"

„Was hat Gott damit zu tun?" Ich bin eingeschnappt. „Der Film wurde nicht über Gott gedreht, sondern über dich."

„Wer weiß, wer weiß... Geduld, nur Geduld, und Ihre Borsten werden zu Gold", beruhigt er mich mit einer mysteriösen Redewendung aus einem russischen Agentenfilm.

Auch die Tätigkeit unserer Zweigstelle, die wir in Puschkino bei Moskau eröffnet haben, verbessert unser Verhältnis nicht. Vor einigen Monaten habe ich Lapschin versprochen, die Räumlichkeiten des nicht mehr tätigen Verlages „Kultura" zu nutzen. Damit bin ich gewissermaßen seinen unermüdlichen Forderungen, so viele Zweigstellen der Akademie wie möglich zu eröffnen, freundschaftlich entgegen gekommen. Ich habe ihn den Entscheidungsträgern des Kreises vorgestellt, alle nötigen Genehmigungen beschafft - und was ist dabei herausgekommen?

Die Zweigstelle ist in Betrieb, das Geld geht an Lapschin, und er will nicht einmal die Betriebskosten bezahlen. Es sieht so aus, als hätte es ihn nach dem Hexensabbat von Feodossija wirklich sonst wohin getrieben, wenn er so eindeutig auf seine Gottgleichheit anspielt.

Doch ich schreibe weiterhin für Zeitschriften und Zeitungen Artikel über ihn, ohne seinen fortschreitenden Größenwahn zu beachten. Es gefällt mir nicht, wie er sich benimmt, doch ich kann mich der Hypnose der Tatsachen nicht entziehen: Gegen seine sonderbare Begabung kommen selbst unheilbare Krankheiten nicht an. Und nicht nur ich erkenne diese Gegebenheit an. Auch die Fachleute, die Mediziner, müssen das konstatieren.

So ist es mit Hilfe meines Freundes Viktor Gluchow, des Direktors des namhaften Filmstudios „Slowo“, gelungen, ein seriöses Gutachten über die Fakten der Heilung von Blinden und der Entdeckung einer alternativen Sehfähigkeit im Helmholtz-Institut für Augenerkrankungen zu erstellen. Achtzehn Doktoren der Wissenschaften mit dem Direktor an der Spitze haben sich zu dieser wissenschaftlichen Veranstaltung eingefunden.

Ein Junge, der kurz zuvor noch in einem Blindeninternat gelebt hatte, demonstrierte seine Fähigkeit, Rollschuh zu laufen, normale Bücher zu lesen und fernzusehen.

Die einhellige Meinung war: „Das ist zweifellos von Interesse.“ Dann flaute die Aufmerksamkeit still und leise ab. Und zwar nicht nur in diesem konkreten Fall.

Ich bringe zur Demonstration des Phänomens den namhaften Journalisten und Fernsehmoderator Alexander Bowin mit. Er sieht alles, überprüft es, überzeugt sich davon und fährt persönlich zum Präsidenten der Russischen Akademie der Wissenschaften Ossipow, um ihm von den Fakten zu erzählen, die ihn so überrascht haben. Dieser bringt ihn sofort zur Ruhe:

„Wir entlarven von diesen Wundertätern rund ein Dutzend pro Jahr.“

Woher hat er das mit den Entlarvungen, wenn wissenschaftliche Forschungsinstitute, die zur Russischen Akademie der Wissenschaften gehören, die Tatsachen einer Heilung durch sonderbare, nichtwissenschaftliche psychophysische Beeinflussung nicht nur nicht bestreiten, sondern, im Gegenteil, bestätigen?

Psychologisch ist es allerdings erklärbar. Jeder, der von einem staatlichen Gehalt lebt, sei es nun ein Akademiepräsident oder ein einfacher Arzt, hat genügend Routinetätigkeiten zu verrichten. Andere übrigens auch. Jeder von ihnen hat etwas im Kopf und hat seine Meinung darüber, was um ihn herum geschieht. Und wenn etwas Ungewöhnliches in ihr Leben tritt, das seelische und geistige Anstrengung und eine Neubeurteilung von Werten erfordert, folgt kaum einer dem Ruf des Unbekannten. Wir sind erwachsene Menschen, überlassen wir also die Romantik und andere Phantastereien der Jugend und die Zaubermärchen den Großmüttern mit ihrer Halbbildung. Das ist eine Schutzreaktion des an einen bestimmten, wenn auch äußerlich ungünstigen Rhythmus gewöhnten Organismus. Es lebt sich leichter mit alten Wehwehchen im Körper und einer festgefügten Meinung im Herzen - das ist gewohnter.

Wenn ein Normalbürger (unbewusst) so denkt, nennt man das Traditionen der Gesellschaft. Wenn ein Wissenschaftler auf diese Weise seinen Standpunkt begründet, ist das der Konservatismus, der die Wissenschaft zugrunde richtet. „Wie Galilei, so gescheit war manch Gelehrter jener Zeit. Er wusst, die Erde kreist geschwind, jedoch er hatte Weib und Kind.“ Und so weiter, wie in dem bekannten Gedicht „Karriere“ von Jewgeni Jewtuschenko beschrieben[1].

Später habe ich versucht nachzuvollziehen. warum es so vor sich geht. Hunderte, Tausende Kranke, denen die Schulmedizin ihr erbarmungsloses Urteil „Wir können Ihnen nicht helfen“ verkündet hat, finden auf einmal diese Hilfe. Den Menschen wird die Gesundheit zurückgegeben, bei ihnen werden irgendwelche ungewöhnlichen Fähigkeiten entdeckt, und die Akademie der Wissenschaften verharrt im Zustand seliger Ahnungslosigkeit darüber, was vor sich geht.

Und dabei liegt es wahrscheinlich nicht daran, dass irgendjemand

1 Deutsche Fassung zit. nach: Jewtuschenko, Jewgeni: Mit mir ist folgendes geschehen. Gedichte in Russisch und Deutsch. Ausgewählt, eingeleitet und aus dem Russischen übertragen von Franz Leschnitzer. Berlin: Verlag Volk und Welt, 1963, S. 111.

von den Führungskräften der russischen Wissenschaft die Wahrheit vor der restlichen Menschheit geheim halten will. Nur leben sie einfach in einer ganz anderen Welt, wo es das alles nicht gibt und nicht geben kann. Ihre Kennziffern sind durch die vorwiegende Entwicklung der linken Hemisphäre des Gehirns vorgeprägt und mit ihrer Spezifik der Wahrnehmung verbunden. In dieser Welt ist der Wissenschaftler verpflichtet, nur das festzuhalten und als real zu erachten, was sich mit dem bloßen Auge oder mit Geräten beobachten lässt, was man ertasten, messen, schmecken oder nach einer Formel errechnen kann. Sie haben schon lange vergessen, dass die Axiome der Geometrie angenommen sind, dass die Plancksche Konstante höchst relativ ist, dass die ganze Wissenschaft überhaupt auf einem Ehrenwort beruht. Sie wollen überhaupt nicht darüber nachdenken, dass es buchstäblich einige Zentimeter neben ihrer gewohnten Welt einen Eingang in einen anderen, vierdimensionalen Raum gibt. Dieser Eingang heißt rechte Hirnhemisphäre. Doch wenn sie diesen Eingang nicht finden wollen, wie können sie dann akzeptieren, dass so etwas möglich ist? Wie können sie ihren linkshemisphärischen Vorrang loswerden, der sie doch so immens einschränkt? Natürlich gibt es Ausnahmen wie zum Beispiel Natalja Petrowna Bechterewa. Aber bei ihr funktionieren offensichtlich sowohl die rechte als auch die linke Hemisphäre.

Um etwas über die Krankheit eines Patienten herauszufinden, benutzen die Mediziner komplizierte Geräte und machen kostspielige Analysen. Sie machen gewissermaßen bestimmte Schnitte in einem einheitlichen Organismus, um das Wesen und das Ausmaß der Erkrankung zu erkennen. Dabei können sie einige Bereiche des Organismus gut untersuchen und andere nicht besonders gut. Selbst ein Computertomograph gibt nur höchst begrenzte Informationen über eine Erkrankung. So sieht er zum

Beispiel den Tumor und kann bei Weitem nicht immer die Metastasen sehen. Und selbst wenn er sie sehen würde... Jules Henri Poincaré, erinnere diese Koryphäen an das Postulat der Relativität! Daran, dass jedes Gerät eine Unmenge von Fehlerquellen in sich birgt!

Ein Mensch aber mit einem Bildschirm des inneren Sehens, bei dem, wissenschaftlich ausgedrückt, die Neuronen der linken und der rechten Hemisphäre kohärent funktionieren, kann das ganze Bild im Organismus des Kranken mit den kleinsten Einzelheiten, gegenseitigen Verbindungen und gegenseitigen Abhängigkeiten sehen. Er nutzt für eine solche Analyse die vierte Dimension. Eben jene Dimension, in die die hochintellektuellen linkshemisphärischen Denker überhaupt nicht vordringen können. Und dann geschieht ein Wunder. Für zufällige Nichteingeweihte ist es ein Wunder. Für die Heiler ist es das Ergebnis einer langen Arbeit.

Das Akademiemitglied Viktor Iwanowitsch Paschkewitsch ist einer der führenden Militärchirurgen. Er hat schon mehrfach im Fernsehen von einem Fall berichtet, der ihn erstaunt hat, darüber, wie er wieder einmal mehrere Kinder zu einer seiner Operationen eingeladen hatte, bei denen der Bildschirm des inneren Sehens entdeckt worden war. Auf dem Operationstisch lag ein Patient. Der Computertomograph zeigte bei ihm einen bösartigen Tumor im Bereich des Magens an. Wie groß aber war die Verwunderung des Akademiemitgliedes, als die Jugendlichen ihm sagten, dass da außer dem Tumor noch Metastasen seien. Und sie zeigten ihm, wo sich diese befanden. Im Prinzip haben sie den Operationsplan geändert. Das Akademiemitglied hatte schon lange mit den Möglichkeiten des sonderbaren „Biocomputers„ geliebäugelt, weil er der allgemeinen Behauptung vertraute. Als die Operation begann, bestätigte sich alles, was die Kinder vorausgesagt hatten. In der Quintessenz haben die Teenager aus unserer Akademie ein Menschenleben gerettet.

In der Folge hat Professor Paschkewitsch mehrfach Hellseher zu seinen Operationen hinzugezogen. Und er hat es nie bereut. Leider kann er das nicht ständig tun. Die Kinder müssen vom Unterricht befreit und auch (man möge den prosaischen Einwand verzeihen) bezahlt werden. Aber aus welchen Mitteln?

Wenn man die Hellsichtigkeit nutzt, muss man keine Röntgenaufnahmen machen, keine Versuche durchführen und Daten sammeln. Die Antwort erhält man mit Hilfe des vollkommensten Gerätes auf der Welt, des menschlichen Gehirns, das in der Lage ist, in eine andere Ebene des Seins überzugehen. Und man muss akzeptieren, dass die Welt, wenn man sie von einer neuen Bewusstseinsstufe aus betrachtet, völlig anders aussieht. Erinnern Sie sich daran, wie vor einigen Jahrzehnten die Wissenschaftler in der Medizin auf einmal beschlossen haben, dass der Appendix ein rudimentärer, nutzloser Auswuchs ist und dass es besser ist, ihn gleich bei Neugeborenen zu entfernen als später unter Lebensgefahr einen Erwachsenen zu operieren. Aus irgendeinem Grund bildeten sie sich ein, dass sie besser als der Schöpfer selbst den Körper kennen, den er erschaffen hat. Man begann (besonders in China) mit Massenoperationen. Millionen Menschen vertrauten sich der Autorität der Wissenschaft an und lieferten kleine Kinder ans Messer der Chirurgen. Wer war schuld daran, wer war dafür verantwortlich?

Denn der Appendix ist doch nicht nur eine kleine Sackgasse für Nahrungsabfälle, wie die Anatomen meinen. Er erfüllt eine außerordentlich wichtige Funktion als Regulator des Reserveimmunsystems des Organismus. Und diese Funktion übt er aus durch die Hologrammprojektion der linken Hemisphäre auf die rechte. Wenn dieser Mechanismus gestört wird, können Sie Infektionen nicht effektiv abwehren. Außerdem sind Ihnen ständige Kopfschmerzen aufgrund des steigenden Drucks innerhalb des Schädels gewiss.

Sehen wir uns doch einmal an, wohin den Menschen die Untersuchungen des streng logischen linkshemisphärischen Bewusstseins bringen können.

Der Mensch, der sich einbildet, Herr über den Planeten zu sein, der die Wahrheit in der Gesäßtasche seiner modischen Hosen mit sich herumträgt, wird zu einer globalen Katastrophe. Um hehre Ziele zu erreichen, legt er Sümpfe trocken (in Russland) oder vernichtet nichtsnutzige Spatzen (auch in China). Das Gleichgewicht der Natur befindet sich für ihn auf dem Niveau seiner zwei Beine.

Erinnern wir uns doch mal, wer der zweite Nobelpreisträger unter den russischen Wissenschaftlern war. Richtig, Ilja Metschnikow, der große Physiologe, der den Kefir populär gemacht hat. Der erste russische Nobelpreisträger war Iwan Pawlow (1904), der zweite Metschnikow (1908).

Also, in Europa waren vor dem Ersten Weltkrieg auf Empfehlung Metschnikows Operationen zur Entfernung des Dickdarms in Mode gekommen. Es hieß also: Schneiden wir dieses unnütze Gebilde heraus, und das Leben der Menschen wird besser werden. Leider trat genau das Gegenteil ein: Die Operationen haben den enthusiastischen Patienten das Leben nicht nur erheblich erschwert, sondern es auch verkürzt - nach einem oder zwei Jahren sind die Ärmsten gestorben. Doch wer erinnert sich heute noch an diesen fatalen Fehler des großen Gelehrten? Werden die heutigen Mediziner dazu gebracht, daraus zu lernen?

Ich bin davon überzeugt, dass die Medizin der Zukunft ohne das Hellsehen nicht möglich ist. Denn mit Hilfe des erweiterten Bewusstseins (und Hellsehen ist genau das - eine Erweiterung des Bewusstseins) kann man nicht nur Störungen und Ausfälle in der Funktionstüchtigkeit unseres Körpers feststellen, sondern sie auch ohne größere Probleme beseitigen. Man müsste schon sehr kurzsichtig sein, um auf solche Möglichkeiten zu verzichten.

Übrigens kann man mit Hilfe des Hellsehens auch verfolgen, wie die eine oder andere herausragende Entdeckung gemacht wird. In der Regel ist das ein zufälliger Vorstoß in das Informationsfeld der Erde, wo alle möglichen Technologien als Gegebenheit existieren, als Evolutionsprogramm für die Erde und alles, was sie bevölkert.

Daran ist alles wunderbar außer dem Wort „zufällig". Und wenn es einmal „geschehen" ist, kamen immer mehr Chancen hinzu, wieder und wieder in das Netz des Kosmischen Internet vorzudringen. Doch wenn es, sagen wir, im Ergebnis eines Standardverfahrens des Zugriffs auf Informationen erfolgt, ist es doch irgendwie verlässlicher und produktiver. Denn mit Hilfe des Hellsehens ist Folgendes sehr gut zu sehen: Das, was uns umgibt, die Planeten, Sterne, Galaxien, ist nicht von selbst entstanden. Das ist Teil eines gigantischen vernunftbegabten Organismus, der es den Menschen endlich ermöglicht, einen Bruchteil ihres Intellekts und ihres Wissens zu nutzen. Lehnt die Gabe des Kosmos nicht ab! Es würde Euch teuer zu stehen kommen!

Ich möchte ebenfalls bemerken, dass die Entstehung einer neuen Weltanschauung - gleichzeitig einer wissenschaftlichen und religiösen - keine einzelne und auch keine Grundfrage der Philosophie ist, sondern die Suche nach einem alternativen Entwicklungsweg, nach dem Überleben der Menschheit.

* * *

Zu Neujahr 1999 bekam ich ein ungewöhnliches Geschenk. Es kam per Post auf meinen Namen in den Belletristik-Verlag „Chudoschestwennaja literatura". In einem schönen Firmenumschlag lag ein Teil eines Kartenspiels, der an einer Ecke akkurat von einem Stift zusammengehalten wurde. Die Karten waren luxuriös und aus teurem Importmaterial. Wenn man die drei Neunen auseinanderschob, sah man, dass sie die Hauptkarte des Kartenspiels verbargen - das siegreiche Herz-As. Ungewöhnlich war auch die Hülle der Karten. Sie war aus schimmerndem silbrigen Material gefertigt. Zu dieser Zeit wusste ich, dass Silber die Farbe des Heiligen Geistes ist.

Die Firma, die mir dieses Geschenk geschickt hatte, hieß „Double-V„ und hatte sich darauf spezialisiert, Verlage mit importierten polygraphischen Materialien zu beliefern. Für die pragmatischen Geschäftsleute, die dieses Geschenk zum Neuen Jahr verschickt hatten, lag sein Sinn wahrscheinlich lediglich darin, dass sie ihre realen und potenziellen Auftraggeber auf originelle Weise an den Beginn des Jahres 1999 erinnerten. Doch für jene, die von der Existenz des Subtilen Planes und von seinen Möglichkeiten wissen, hatte dieses Geschenkt einen zweiten, tieferen Sinn: das herannahende Jahr war das letze in einem langwierigen kosmischen Zyklus von Umgestaltungen. Eben dieses Jahr beschloss die dem Armageddon vorausgehende Periode der evolutionären Entwicklung der Menschheit am Ende der Zeiten und bestimmte die Richtung der Ereignisse des nächsten Jahres des Millenniums, eines Jahres von Umwälzungen. Und dass dieses Geschenk von einer Firma kam, die den Namen „Double-V“ hatte, was man als „doppelter Sieg“ deuten kann, war ebenfalls nicht zufällig, obwohl, das sei wieder vorweggenommen, die Absender des Geschenkes höchstwahrscheinlich nichts von der zweiten, tieferen Bedeutung ihres Päckchens ahnten. Und erst recht nicht von der dritten.

Die dritte Bedeutung kannte ich zu diesem Zeitpunkt übrigens selbst auch nicht. „Gott liebt die Dreieinigkeit“, sagt man in Russland für „aller guten Dinge sind drei“, doch nicht immer erlaubt Gott selbst seinen Auserwählten, diese Dreieinigkeit sofort zu erkennen. Aber so ist es nun einmal, das ist Sein heiliger Wille!

Die Weihnachtsferien gaben mir die langersehnte Möglichkeit, meine unerwartete Entdeckung durch den Bildschirm des inneren Sehens und während der gemeinsamen Arbeit mit denen, denen wir bei den Sitzungen in der Akademie die Biocomputer eröffnet hatten, zu reflektieren.

Außerdem erforderte auch der scharf manifestierte Bruch mit Lapschin eine Reflexion. Umso mehr, als es sich dabei nicht um einen persönlichen Bruch zweier Menschen mit unvereinbaren Charakteren handelte, sondern um den Widerstreit zweier Weltanschauungen, hinter dessen Fassade sich die ursprüngliche Frage verbarg: Was ist das Gute? Was ist das Böse?

Dass die Kulisse für diese Ereignisse ausgerechnet das berühmte Verlagsgebäude in der Basmannaja-Straße mit genau den esoterischen Ziffern in der Hausnummer war (1 + 9 = Alpha und Omega) war wohl kaum ein Zufall. Wie viele große Schriftsteller sind in abgewetzten Hosen und ausgetretenen Stiefeletten durch diese Korridore gelaufen, wo Seite für Seite unsere Zeit beschrieben wurde, wo Bände voll großer Dummheit und großer Weisheit sich zu den Stufen des Seins vereinten, über die die Menschheit versucht hat, den Gipfel ihrer Evolution zu erklimmen.

Wahrscheinlich würde sich in keinem Land der Welt außer Russland jemand damit quälen, den tieferen Sinn in einem normalen Neujahrsgeschenk oder in der Geheimschrift in das Schicksal eindringender Ziffern zu suchen. Nur in unserem Land, wo nicht nur ein professioneller Literat, sondern auch der abgerissenste Penner am Bodensatz des Lebens sich bis heute mit der schicksalhaften Frage auf dem Niveau von Tolstoi und Dostojewski quält: Wie soll man unter Gott leben? Und wo ist der Weg zum Tempel?

Fragen über Fragen...

Immer wieder habe ich in meinem Gedächtnis die Abfolge der Geschehnisse rekonstruiert, sie systematisiert und habe versucht zu begreifen, welcher Film mir eigentlich auf der Leinwand meines Verstandes gezeigt wird.

Die Berufung in den Verlag, das Treffen mit Lapschin, der wie ein Katalysator den Prozess der inneren Alchimie meines Geistes und Bewusstseins in Gang gesetzt hat, die Arbeit in der Akademie, das sonderbare Schamanenritual... Die Freundschaft und der Streit mit Lapschin, der sich offen zum Jünger Satans erklärt hat. Wohin hat mich das gebracht?

Es war Zeit, sich bewusst zu werden, warum das vor sich geht. Warum startet so konsequent ein Programm nach dem anderen? Und was erwerbe ich: den Weg, den ich beschreite, oder, im Gegenteil, den Weg, zu dem ich selbst werde?

Quo vadis, Russland? Wohin gehe ich? Und wenn wirklich „im Anfang das Wort war„ - ist das dann wirklich das Ende aller ewigen theologisch-philosophischen Streitfragen?

Inzwischen habe ich gespürt, dass ich in eine neue Qualität übergegangen bin. Ich hatte die Schulmedizin schon lange auf dem Kieker, einerseits aus eigener Erfahrung, andererseits durch die Probleme von Angehörigen. Urteilen Sie selbst: Die medizinischen Wissenschaften werden immer fundierter, die Ärzte immer professioneller, die Medikamente und anderen Präparate immer ausgeklügelter. Dennoch kränkelt die Bevölkerung. Besonders die Kinder. Es wird gesagt, dass nach offiziellen Angaben in Russland weniger als 20 Prozent der

Schüler gesund sind. Während ich diese Zeilen schreibe, wird die Zahl noch schrecklicher. Wer ist schuld daran? Die sozialen Bedingungen? Die Umweltbedingungen? Doch ein vernunftbegabter Mensch muss sich seinen Lebensraum selbst gestalten. „Nous„ bezeichnete bei den alten Griechen den Verstand. Die „Noosphäre“ ist der Bereich des vernünftigen Menschen. Diesen Begriff haben Pierre Teilhard de Chardin und Édouard Le Roy in die Wissenschaft eingeführt. Der Russe Wladimir Wernadski hat diesen Begriff präzise weiterentwickelt, indem er ihn an die Geochemie und den Kosmos, die Vergangenheit und die Zukunft des Planeten knüpfte. Wie fügt sich in dieses globale System der Biocomputer ein?

Das ist der große Kontext der Gedanken, die dem nächsten Schritt in meinem Schicksal vorausgingen. Sein Ergebnis war der Aufbau eines eigenen Zentrums für bioinformatische Technologien, von Lapschin formell und technologisch unabhängig. Ich habe es in Puschkino bei Moskau eröffnet. Dann sind wir nach Moskau umgezogen, aber in Puschkino gibt es auch jetzt eine Zweigstelle von uns.

Den Kern des Teams bildeten Spezialisten aus der Akademie, die Lapschins eigenartige Art der Kommunikation mit seinen Mitarbeiten in Form von Brüllen, Beleidigungen und Drohungen schon lange belastet hatte. Und es ging los...

Bereits einige Monate später begann man, über unser Zentrum zu sprechen. Menschen, die mit sehr schweren Erkrankungen wie Asthma, Diabetes und Magengeschwüren zu uns kamen, wurden auf unerklärliche und für sie geheimnisvolle Weise ohne jegliche Operationen und Medikamente geheilt. Es kamen viele neue Menschen, bei denen Biocomputer entdeckt wurden. Sie konnten nicht nur mit verbundenen Augen Bücher lesen, sondern über den Monitor des inneren Sehens erhielten sie während des Unterrichts und bei Prüfungen auch die für ein gutes Ergebnis notwendigen Informationen, erzielten mit Leichtigkeit Erfolge in der Kunst, der Linguistik, im Sport und sogar in den exakten Wissenschaften wie Physik, Chemie, Biologie und Mathematik.

Nicht nur ich, sondern auch viele andere Wissenschaftler, die ich für die Arbeit im Zentrum gewonnen habe, kamen zu einem paradoxen, gestern noch häretisch-lästerlichen Paradigma: Zwischen dem Materiellen und dem Mentalen gibt es keine undurchlässige Barriere, das eine ist sehr gut in der Lage, sich in das andere umzuwandeln. Man kann sogar mit Bestimmtheit behaupten: Der Gedanke, der Verstand wird unter einigen Umständen dinglich tastbar in seinem direkten Einwirken auf materielle Objekte. Mehr noch, das bestätigt sich tagtäglich durch unsere konkrete Arbeit im Zentrum, wo wir die Menschen lehren, die biologischen und physischen Prozesse ihres Organismus zu steuern.

Im Ergebnis geschah das, was man ein Wunder nennen konnte: Gehörlose hören, Blinde sehen, Asthmatiker bekommen wieder Luft, und vorher unheilbare Krankheiten verringern ihren Druck oder verschwinden einfach. Wie sollte man sich hier nicht daran erinnern, was an der Epochenschwelle von der Antike zum Mittelalter Augustinus von Hippo gesagt hat: „Wunder widersprechen nicht den Gesetzen der Natur. Sie widersprechen nur unseren Vorstellungen von den Gesetzen der Natur. “

Heute kann ich in vollster Überzeugung sagen: Eine Materie, die vom Bewusstsein getrennt ist, gibt es nicht. Und wir alle sind auch ein bisschen Zauberer, weil gerade durch die Persönlichkeit des Menschen die Welt die Möglichkeit zur Formbestimmung erhält. Das Bewusstsein des Menschen ist in der Lage, den Lauf der Ereignisse zu verändern, sogar jede beliebige Erscheinung ins Gegenteil zu verkehren. Zum Beispiel: ein Gebrechen in Gesundheit, ein Unglück in Gelingen, den

Tod in die Unsterblichkeit.

Der Mensch hat immer die Wahl - dahinzuvegetieren und sein Dasein zu fristen oder etwas zu erschaffen, unter anderem auch sich selbst. Die erste Realität ist die sichtbare, die zweite die geheime. Denn um sich selbst zu erschaffen, muss man sich verändern. Und dann hört man, was man noch nie gehört hat, und sieht, was man noch nie gesehen hat. Die Menschen irren sehr, wenn sie denken, dass nur das existiert, was sie sehen, fühlen und tasten können. Der Biocomputer (obwohl: ist es denn ein Biocomputer) ist durchaus in der Lage, die für viele primäre Ordnung der Dinge zu zerstören.

Die europäische Medizin berücksichtigt in ihrer gesamten Tradition nicht die überragende Wichtigkeit der feinenergetischen Verbindungen im Organismus des Menschen. Im Ergebnis dieser orthodox materialistischen Weltanschauung sind unsere Ärzte zu der Überzeugung gelangt, dass man die Funktionen der Organe mit Medikamenten wieder herstellen kann, dass man diese Organe beschneiden, herausschneiden und mit künstlichen Prothesen verbinden kann. Dabei hat kaum jemand darauf geachtet, dass, sobald man begonnen hat, die Leber zu therapieren, das Herz erkrankt ist, und wenn man den Knöchel heilen wollte, das Knie anfing wehzutun.

Denn wenn nur ein energetischer Pfropfen in den Meridiankanälen oder an bioaktiven Punkten vorhanden ist, kann das zur Entstehung von Dutzenden schwerer Erkrankungen führen.

Heute bin ich mehr als je zuvor überzeugt: Fachleute mit enger Spezialisierung sollte es in der Medizin überhaupt nicht geben. Ärzte müssen Heiler sein, also den Menschen in seiner Ganzheit heilen. Und die Technologien, die wir im Zentrum entwickelt haben, haben es uns ermöglicht, diese phänomenalen Ergebnisse zu erzielen.

* * *

Endlich hat sich auch mein Verhältnis zu Lapschin geklärt - wir haben uns gestritten. Das war ein echter Streit zwischen ideologischen Gegnern. Im Prinzip habe ich meine Überzeugung zum Ausdruck gebracht, dass seine Methode den Menschen nicht nur nicht hilft, sondern dass sie, im Gegenteil, langfristig gesehen, sehr gefährlich für sie ist, dass sie ihr Bewusstsein versklavt, dass er wie eine Spinne im Netz seine gegenwärtigen und künftigen Opfer mit energetischen Bindungen und Abhängigkeiten umgarnt. Wjatscheslaw verließ mein Büro im Zorn.

Und schon in der Nacht fing mein Bildschirm des inneren Sehens von sich aus an zu arbeiten und zeigte mir solche Monster, dass die Horrorfilme aus Hollywood vor ihnen erblassten. Ich begriff: Lapschin hatte seine vorher hergestellte Verbindung eingeschaltet und sein Programm der psychophysischen Beeinflussung meines Bewusstsein gestartet. Er wollte mich erschrecken, doch ich betrachtete aus irgendeinem Grund sehr ruhig, ohne besondere Emotionen die riesigen Schlangenringe, die mich umfingen, und reagierte nicht auf die Technik der Verstärkung - ein abruptes Beben des Bettes und andere Effekte der Beeinflussung. Meine Ruhe war wohl in diesem Szenario der Vorbereitung des Patienten für die Nervenheilanstalt nicht vorgesehen.

Doch ich befahl deutlich und herrisch: „Jetzt reicht es aber mit den Horrorfilmen!“ Der Film war gerissen: zuerst kamen Streifen, dann Flimmern, wie bei einer Bildstörung, und dann begannen die Bilder, einander zu überlagern. Letztendlich waren sie ganz verschwunden. Und um den Sieg zu manifestieren, erschien aus der Vergangenheit (oder aus der Zukunft?) wieder die vertraute Silhouette Jesu Christi.

* * *

Als der Schlafende erwachte, war er noch in Judäa. Er musste nur auf die steilen Hügel, die kahlen Gipfel, die Zedern- und Pinienwälder, die Täler mit den Äckern und die Terrassen mit den Olivenbäumen sehen, damit sein Herz, noch bevor sein Verstand die Milliarden Varianten verarbeiten konnte, erriet: Palästina. Gott stand auf dem Hügel, den von zwei Seiten Bergschluchten begrenzten, und schaute auf die Weinberge, die die schneeweißen Häuser umgaben. Es waren nicht viele Häuser, und sie waren von einer Mauer umfriedet. In der Ferne glitzerten die Wellen des Mittelmeers.

Er stieg vom Hügel herab und sah auf einmal hinter einer Wegbiegung einen Menschen auf einem Stein sitzen. Die dunklen Haare, die braunen Augen, der magere Körper, der schwarze gekräuselte Bart und das glückliche, leicht verstörte Lächeln ließen keinen Zweifel daran, dass er einen Hebräer vor sich hatte.

„Friede sei mit dir“, begrüßte Gott den Unbekannten in chaldäischer Sprache.

Der Hebräer stand auf und sah den Menschen, der plötzlich vor ihm aufgetaucht war, beunruhigt an.

„Wer bist du?“, fragte er auf Aramäisch.

„Ein Pilger“, antwortete Gott in derselben Sprache, der Umgangssprache Palästinas, unangenehme Erklärungen vorausahnend.

Der Hebräer schwieg und überdachte langsam, was er gehört hatte.

„Sonderbar", antwortete er schließlich. „Ich sitze hier schon lange, und auf den Hügel hinauf und von ihm herabsteigen kann man nur hier."

„Und worauf wartest du?", fragte Gott und umging seine Zweifel mit einer neuen Frage.

„Auf Könige", antwortete der Schwarzbärtige lakonisch.

Nun war Jesus sicher, dass es ihn nicht zufällig aus der Imaginären Zeit ins alte Judäa verschlagen hatte. Offensichtlich bewahrte sein Gehirn unterschwellig ein wichtiges Geheimnis, das nur hier gelöst werden konnte.

„Warum?". fragte er wieder.

„Siehst du den Weg dort unten?" Der Hebräer wies mit der Hand dorthin.

„Ich sehe ihn."

„Der parthische König Vologaeses hat Rom Armenien überlassen. Bald wird der armenische Herrscher Tiridates mit noch zwei kleinen Königen, dem Gefolge und teuren Geschenken für den Kaiser Nero hier vorbeikommen."

„Willst du sie überfallen und ihnen die Geschenke abnehmen?", fragte Jesus und zog die Augenbrauen zusammen, obwohl er die Gedanken des Hebräers gelesen hatte, bevor er fragte.

Der Hebräer bedachte ihn mit einem skeptischen Blick und machte eine abwehrende Geste.

„Sie sind schon lange unterwegs und fahren sehr langsam. Und ringsumher mehren sich die verschiedensten Gerüchte. Sie sind wesentlich lebhafter als diese Legation. Man sagt, dass drei Könige und Magier einem Stern nachgehen, der sie nach Bethlehem führt."

„Und in Wirklichkeit?", fragte Gott weiter, weil er sich das

unerwartete und harmlose Vergnügen nicht entgehen lassen wollte.

„In Wirklichkeit gehen sie natürlich nicht dem Stern nach, sondern der Tiara, die Tiridates aus den Händen des Herrschers der Welt empfangen soll. Doch wen interessiert hier in Judäa schon, was sie in Wirklichkeit antreibt?“

„Ach so?“, fragte Gott, ohne seine Ernsthaftigkeit aufzugeben.

„Genau so“, bestätigte der Hebräer abrupt, fast grob. „Weil hinter dem Sichtbaren das Unsichtbare verborgen ist.“

Seine dumme Arroganz war etwas ermüdend, doch er sprach amüsant, und Jesus drang weiter in ihn:

„Welches Unsichtbare meinst du, Bruder?“ Er verwendete absichtlich die vertrauliche Anrede, um sich den sonderbaren Beobachter gewogen zu machen.

„Ich hoffe, du willst nicht, dass ich zum Verräter an der eigenen Sache werde und die Bande der Solidarität zerstöre?“

„Natürlich nicht!“, protestierte Gott aufrichtig. „Ich möchte einfach verstehen, was vor sich geht.“

„Die Geschichte geht vor sich“, lachte der Schwarzbärtige. „Sie haben uns mit dem Schwert besiegt, den Tempel zerstört und Gott verjagt. Anstelle des alten Jahwe ist ein neuer, junger Gott erschienen. Man sagt, als er geboren wurde, seien die Hirten gekommen, um ihn zu begrüßen. Aber wer will schon einen Gott der Hirten anbeten? Ich kann bezeugen, dass ihn die Magier angebetet haben. So einen Gott kann keiner bezwingen.“

„Und wenn sie ihn töten?“

„Sie werden ihn nicht töten, weil sie ihn schon getötet haben. Jetzt werden sie nicht mehr mit ihm fertig werden, diese römischen Hunde. Sie

können nicht denjenigen töten, der schon einmal umgekommen ist. Sie waren uns zahlenmäßig überlegen, wir sind ihnen mit Gott überlegen. Mit unserem neuen Gott, vor dem sie auf die Knie sinken, dem unsichtbaren, den sie nicht fangen können, den man nicht niederstrecken kann, weil er körperlos ist. Sein Name ist Jesus."

„Ich habe von Jesus gehört", versicherte Jesus, und seine Stimme war von aufrichtigem Kummer erfüllt. „Die Römer haben ihn auf dem Berg Golgatha gekreuzigt."

„Er war von unserem Fleisch. Nun werden sie ihn nicht mehr bezwingen. Eher wird das gesamte Römische Imperium, von der Donau bis zum Euphrat, an rasch fortschreitender religiöser Auszehrung zugrunde gehen."

Der seltsame Hebräer sprach so leidenschaftlich, so flammend, dass Gott ihm schmeicheln wollte:

„Bist du ein Prediger, ein Rabbi?"

In den Augen des Hebräers loderte ein Feuer.

„Es steht doch geschrieben: ‚Du sollst dir kein Gottesbild machen'. Das ist mehr als ein hebräisches Gesetz, das ist die Wahrheit", erinnerte ihn Gott.

„Die alten Gesetze sind in die Jahre gekommen. Wir brauchen neue, die helfen, Rache zu üben."

„Warum also willst du die Karawane sehen?"

„Damit mein Bericht über die Magier, die einen Säugling anbeten, anschaulicher wird. Ich schaffe ein heiliges Buch und werde das Wunder wahrheitsgetreu beschreiben..."

„Jahrzehnte später? Ein Wunder, das es in Wirklichkeit nicht gegeben hat?", warf ihm Gott schärfer, als er es gewollt hatte, vor. „Ihr holt ganz schön weit aus!"

Jetzt trat in seinem ganzen Äußeren die geradlinige, unverhohlene und klare Autorität zu Tage.

Der Hebräer antwortete. Allerdings nicht so sicher und wichtig wie zuvor:

„Ich brauche diese Lüge, die die Wahrheit verstärkt", und Blässe erfasste sein ganzes Gesicht. „Wer bist du, der du von einem Berg herabsteigst, den du nicht hinaufgestiegen bist?"

„Der, den du belügen willst", stellte Jesus ernsthaft und ohne Mitleid fest. „Deine Lüge kann für die Welt so viele traurige Folgen haben, dass es nicht möglich sein wird, sie zu beziffern."

Der Hebräer fiel auf die Knie - mit einem Mal, wie ein gefällter Baum, ohne den Schmerz zu beachten, der durch seine Beine fuhr.

Jesus sah ihn an und erinnerte sich der Worte des Kriegers auf dem Hügel Golgatha „Bedanke dich beim Prokurator. Du hast nicht einmal bemerkt, wie du zu Tode kamst."

Außerdem erinnerte er sich, wie sich sein Körper am Kreuz in Todesqual zusammengekrümmt hatte und mit einem Mal schlaff wurde, wie es dem Soldaten schien, als würde er durchsichtig und der Wind würde durch ihn hindurch wehen, wie er mit einem Blick, voll des Tadels für das unerbetene Mitleid, mit dem Sehen außerhalb seines Körpers auf den „Retter" geschaut hatte.

Er erinnerte sich, wie die Wolke in der Höhe ihre bedrohliche Bedeutsamkeit verloren hatte, wie alles sich aufgelöst hatte und verschwunden war. Es blieb nur das ewige einsame Schweigen.

Kapitel 7

Mich beunruhigt immer mehr, was Lapschin macht. Der Prozess meiner Selbstentwicklung mit Hilfe des Bildschirmes des inneren Sehens hat mich zur Überzeugung gebracht, dass er tatsächlich nicht bluffte, als er über seine globalen Pläne sprach, die Steuerung der Erde in die Hand zu nehmen. Der Biocomputer ist wirklich eine sehr mächtige Waffe und auch eine Waffe Manipulationen. Jetzt wurde mir klar, warum er von allen, die nach seiner Methodik arbeiteten, so hartnäckig forderte, die Erscheinung der geistigen Vision mit dem nicht sehr passenden Begriff „Biocomputer“ zu bezeichnen.

Das Studium einiger Aspekte des psycholinguistischen Programmierens und die neurophysiologischen Forschungen der kontaktlosen, nichtsensorischen Wechselwirkungen der energie-informativen Beziehungen des Gehirns haben geholfen, sich in dieser komplizierten Frage zurechtzufinden. Diese wurden zunächst in der Akademie und dann im Zentrum der Bioinformationstechnologien durch die Laborleiterin des Forschungsinstitutes traditioneller Behandlungsmethoden von Gehirnerkrankungen, Olga Kokina, durchgeführt. Und das, was ich dem entnehmen konnte, hat mich erschreckt.

Der Mensch als physisches Objekt der Realität befindet sich heute in Bezug auf die äußeren globalen Einflüsse in der Position der Regulierungsinstanz. Das Zentrum der Orientierung in diesem Subjekt-Objekt-Phänomen stellt unser Bewusstsein dar. Eben das Bewusstsein bildet die Grundlage für und ist gleichzeitig der richtende Mechanismus der psychomentalen Wahrnehmung der Wirklichkeit. Wenn Sie Ihr

Bewusstsein weiterentwickeln, indem Sie sich an hohen geistigen Werten orientieren, verstehen und akzeptieren, dass der Mensch wirklich nach dem Vor- und Ebenbild Gottes erschaffen wurde, so wählen Sie einen Weg.

Wenn Sie beginnen sich einer Autorität unterzuwerfen, Tag für Tag, Monat für Monat Ihr Bewusstsein als Biocomputer bezeichnen, so wird es eines Tages auch zu einem Biocomputer werden. Dann wird man nicht lange auf einen Könner warten müssen, der kommen und ihren „Biocomputer" zur Steuerung an sein Bewusstsein anschließen wird. Sie werden nicht einmal bemerken oder verstehen, warum Menschen, die Ihnen früher nahe standen und angenehm waren, sich Ihnen plötzlich entfremden und wiederum andere einen unverhältnismäßig großen Platz in Ihrem Schicksal und Leben einnehmen. Und Sie werden ohne jeden Einwand dazu bereit sein, diesen Menschen alles zu geben, was sie sich nur wünschen. Sie werden nie verstehen, wie das „Anschließen" geschehen ist, wie der unbewusste Kontakt aufgebaut wurde, in dem Ihnen die Rolle der Unterordnung und der Abhängigkeit zugeteilt wurde.

Ich schreibe das mit einem bitteren Gefühl der Scham und des Leides, da ich mich selbst in einem Lebensabschnitt der Hypnose äußerlich anständiger Hilfsprogramme für kranke Kinder, der Weiterentwicklung des Menschen, seines schöpferischen Potentials und vielem anderen, nicht entziehen konnte. Außerdem half ich diesen Programmierern aktiv, bis zum Gipfel der öffentlichen Aufmerksamkeit und des Erfolges vorzudringen. Ich möchte richtigstellen, dass ich nicht gegen die Entwicklung solcher Techniken bin, sondern ganz im Gegenteil – ich bin dafür. Für sehr wichtig halte ich aber eine bestimmte gesellschaftliche Kontrolle der ideologischen Komponente eines solchen Prozesses. Denn es betrifft uns alle, mehr noch – die zukünftige Menschheit.

Durch die Manipulation eines fremden Bewusstseins ist es ein Leichtes, beliebige Kanäle zu überdecken, die für den Eingang sicherer Informationen dienen. Der Mensch verliert die Möglichkeit die Welt durch seine Sinne adäquat wahrzunehmen. Zum Beispiel gefällt es ihm dann, krank zu sein. Er nimmt in diesem Fall die Unbequemlichkeit der Bettruhe in Kauf, um von seinen Verwandten und ihm nahestehenden Menschen umsorgt zu werden, nicht wissend, dass diese Gefühle des Mitleids für einige dunkle Wesen der feinstofflichen Welt ein gefundenes Fressen sind. Sie entziehen anderen Menschen eben mit Hilfe des Biocomputers (dann ist das wirklich kein Bewusstsein mehr) wichtige Gefühlskomponenten seiner Seele. Einige haben bereits von Energievampiren gehört, aber wie die meisten sagen würden: „Man darf doch nicht alles glauben".

Früher bezeichnete man das als Teufelsbesessenheit. Jetzt herrscht eine andere Zeit, es wirken andere Kräfte. Sie sind wie eine Art Virus, der anstrebt, in unser Bewusstsein einzudringen, um es zu steuern und letztendlich zu zerstören. Sie haben äußerlich wissenschaftliche, modern klingende, aber nicht weniger gefährliche Begriffe erfunden. Einer davon, der „Biocomputer". Bedenken Sie, wie viele Menschen in den letzten Jahren durch Computerspiele ihre Gesundheit verloren haben, sogar geisteskrank geworden sind. Ich spreche jetzt über den gewöhnlichen Computer. Aber der Biocomputer von Herrn Lapschin und der einfache Computer haben den gleichen Ursprung. Und dieser Ursprung befindet sich tief unter der Erde, dort wo die zweite Sonne scheint – der Plasmakern des Planeten oder die feurige Hyäne.

Als sehr charakteristisches Beispiel für den negativen Einfluss des Computers auf den Menschen können die Worte des Akademiemitgliedes

V. Gluschkow, des ehemaligen Vizepräsidenten der Akademie der Wissenschaften der Ukraine und ehemaligen Leiters des Instituts für Kybernetik AN USSR, angeführt werden. Er sagte, dass „die Möglichkeiten der Kybernetik und der Computer wahrhaftig grenzenlos seien. Bis zum Jahr 2020 wird der Mensch dem Computer nun auch sein Bewusstsein geben und sich dadurch praktisch unsterblich machen. Der Mensch wird beginnen zu fühlen, dass er er selbst ist und gleichzeitig eine Maschine. Es wird zu einer Bewusstseinsspaltung kommen“ (G. Maksimowitsch, „Gespräche mit dem Akademiemitglied V. Gluschkow“ M., „Molodaja Gwardija“, 1976).

Interessant ist auch, dass Herr Lapschin, auch in unseren Gesprächen, ständig dieses ukrainische Akademiemitglied zitierte. Es scheint, dass die Idee des Biocomputers eben hier entliehen wurde und nach einer gründlichen Überarbeitung in „Massenproduktion“ ging. Und das Rad begann sich zu drehen: „Im Laufe der elektronischen Zivilisation wird der höchste Verstand entstehen. Und dieser höchste Verstand wird jener Gott werden, der nicht nur einen Planeten, sondern das ganze Universum real steuern wird“ („Narodnaja Gaseta“, 11.07.95).

Und vor einigen Jahren sorgte eine Erklärung des hervorragendsten Theoretikers der modernen Wissenschaft, Stephen William Hawking, in der wissenschaftlich-technischen und politischen Elite der führenden Länder für Erschütterung, dass nämlich der Homo sapiens in den nächsten dreißig Jahren, als die intellektuell beherrschende Art, aus der Zahl der Lebensformen unseres Planeten verschwinden wird. Seine Schlussfolgerungen gründeten sich auf der Annahme, dass sich die Biosphäre der Erde, einschließlich des Menschen, bereits in einer Periode intensiver Anagenese befindet, das heißt, einer Periode des Erscheinens von Individuen und Populationen mit neuen Merkmalen.

Hawkings Annahme ist durchaus kein Tribut an das öffentliche Interesse für Schauermärchen. Im Verlauf der Evolution entstehen ständig verschiedene Disharmonien und Instabilitäten. Wenn sie nicht kompensiert werden, so stürzen die biosensorischen Systeme unvermeidlich ein und werden zu Bauschutt, aus dem dann die Fundamente neuer antichaotischer Systeme geschaffen werden.

Stephen Hawking hat nach der Analyse der Situation die Schlussfolgerung gezogen, dass eine Fortsetzung unserer Evolution nur dann möglich erscheint, wenn es aufgrund der Errungenschaften der Kybernetik, der Mikroelektronik und der Gentechnik gelingt, ein neues Wesen, den künstlich-unsterblichen Übermenschen zu konstruieren, der alle veralteten Formen des Lebens aus der neuen Subkultur verdrängen wird.

Es wird nicht einfach eine subjektive Zukunftsvision vorgeschlagen - es ist ein alternativloses, mathematisch geprüftes Ideal, in dessen Zentrum die Symbiose des Menschen und des Computers steht, als einheitlicher unsterblicher Organismus - der Herrscher über das Universum. Diese Tatsache gibt der Angelegenheit einen wichtigen sozialpolitischen Status, so dass der Vortrag von Stephen Hawking im Weißen Haus als das grundlegendste Endwicklungsprojekt zur technogenen Zivilisation im 21. Jahrhundert betrachtet wird.

Die Voraussage hat auch deshalb schockiert, weil sie von einem Menschen gemacht wurde, der im gewissen Maße bereits die künftigen Veränderungen verkörperte: Durch Krankheit gelähmt, hat Hawking sich praktisch mittels seines Supercomputers tatsächlich mit dem „denkenden Ozean“, dem Internet vereinigt, wo er seine eigene virtuelle Welt geschaffen hat.

Die Schlussfolgerungen des genialen, mit dem Computer verschmolzenen Gehirns über die Unabwendbarkeit des Erscheinens eines „künstlichen Supermenschen“ waren so überzeugend, dass die USA sofort begonnen haben eine Analyse sozial-ökonomischer Folgen dieses Prozesses durchzuführen und die Ausarbeitung eines neuen Konzeptes der zukünftigen Subkultur in Angriff genommen haben.

Die Presse „erfreut“ uns schon mit Mitteilungen, dass bald ein Hightech-Helm für den Kontakt mit der virtuellen Welt des Internets auf den Markt kommen wird und ein Spezialkostüm, eine Art Raumanzug, der die Lebenstätigkeit des Organismus gewährleisten kann – es wird den Körper von Schweiß, Exkrementen, Spermien und weiblichen Absonderungen reinigen (kurz gesagt, von allen Abfällen, die das Leben in der „Virtualität“ begleiten werden).

In nicht so fernen Zeiten, so versprechen Computergenies, werden unsere Körper auf riesigen Felsen untergebracht, wo Maschinen ihre Lebenstätigkeit erhalten werden. Die Menschen werden sich in dieser Zeit in einem neuen von ihnen selbst gewählten Körper befinden, um in der virtuellen Welt, wie in der realen Welt zu leben. Dort wird man alles finden können, was man im Leben braucht: Liebe, Mord, Geld, Zigaretten, Whisky… Aber das Wichtigste ist, dass es dort reale Bilder der Städte und der Natur, der Gefühle, Gerüche usw. geben wird. Die virtuelle Welt wird die Materialisten blamieren: Alles wird sehr realistisch erscheinen, aber die Ereignisse werden sich nicht auf der Erdoberfläche abspielen, sondern nur in unserem Bewusstsein.

In der folgenden Etappe werden die Menschen lernen, sich aus phantastischen virtuellen Welten Realitäten zu erschaffen, die aus ihren Lieblingsromanen, Fantasy-, Action-Filmen, Horrorfilmen, Liebesgeschichten usw. entlehnt sind. Man wird sich nicht einfach eine kurze virtuelle Sitzung für eine Stunde oder ein Wochenende auswählen können, sondern eine, die das ganze LEBEN dauert, ein Leben nach eigenem Geschmack.

Und die virtuelle Realität wird helfen, das Problem der Unsterblichkeit zu lösen. Wenn der Mensch alle Möglichkeiten der Verjüngung ausschöpft, die ihm die Medizin der Zukunft gewähren kann, wird er sich einen virtuellen Körper auswählen, sich vom physischen Körper verabschieden und für immer in die neue Welt übergehen. Dort wird er so lange leben, solange der Computer und das Programm existieren, die diese Existenz unterstützen. In gewisser Weise wird die Situation jener ähneln, über die Okkultisten schon immer sprachen: Der Mensch wird nicht sterben, er wird aus einem Zustand in einen anderen transferieren. Aus der groben physischen Welt wird er in die feinstoffliche, unsichtbare Welt übergehen. Er wird es machen, ohne nachzudenken, und den Theoretikern bleibt die Aufgabe, herauszufinden, wie die virtuelle Welt und das Jenseits (astrale Welt) zueinander stehen. Ist es ein und dasselbe oder zwei unterschiedliche Sachen?

Eigentlich besteht die Frage darin, wie die Menschheit sich weiterentwickeln wird.

Der Menschen wird aller Wahrscheinlichkeit nach an den Straßenrand des Weges in die heile Zukunft gedrängt und was geschieht dann...

Im Übrigen ist leicht zu erraten, was dann geschehen wird. Konflikte der Menschen mit Robotern sind in vielen Fantasyromanen beschrieben. Erinnern Sie sich an die Geschichte des Diebes von Bagdad und seiner mehrhändigen mechanischen Puppe für den Sultan. Früher wurde so etwas als Märchen aufgefasst und jetzt teilt die amerikanische Zeitschrift „Future Sex" mit, dass eine künstliche Frau geschaffen worden sei, mit der man reden und sexuelle Spiele treiben kann. Der Sexroboter kann sich alle Vorlieben und Launen seines Besitzers merken. Der Arbeitsspeicher des Hauptprogrammes beträgt 7 bis 10 Megabyte.

Die neuen Sexprogramme werden als ein sehr lukratives

Geschäft betrachtet. Die Hersteller wollen die Einwände derer nicht hören, die meinen, dass diese gefährliche Neuheit die traditionellen Beziehungsgrundlagen zwischen Mann und Frau schnell zerstören wird. Einen furchtbareren Schlag gegen die Grundlage der menschlichen Gesellschaft, die Familie, kann man sich doch kaum vorstellen. Denn es wird der Selbstreproduktionsmechanismus des Lebens verletzt, der früher als störungsfrei galt.

Die Sexwelten - eine ausufernde Unterhaltungsindustrie in den reichen Ländern einerseits und der Absturz und die allumfassende Verwilderung in den armen Ländern andererseits, sind vollkommen wahrscheinliche Szenarien der Selbstvernichtung der Menschheit. Beunruhigend wirkt die zunehmende Häufigkeit der Nachrichten darüber, dass Computer immer öfter aus der Kontrolle geraten, sich eine neue, eigene Wirklichkeit schaffen, beginnen sich wie die Kipling-Katze („Die Katze, die für sich blieb"), die alleine spazieren geht, zu benehmen.

Heute dringen aber eben die Rechenmaschinen immer mehr in die Bereiche vor, wo wichtige Entscheidungen gefällt werden. Sogar die Steuerung nuklearer Sprengköpfen wird der Elektronik überlassen.

Wer weiß schon, wie sich die Halb-Mensch-Halb-Computer aufführen werden, die aus denen geschaffen wurden, die eine Aussicht auf Quasi-Unsterblichkeit fasziniert und auf wessen Seite sie in dem neuen historischen Widerstand stehen werden? Dass die Chancen der Menschen auf den Sieg in einer solchen Situation nicht sehr hoch stehen, ist offensichtlich. Aber die Dynamik der selbstständigen Weiterentwicklung treibt uns unerbittlich zur Bildung einer neuen Art, des technogenen Menschen. Die Vordenker in dieser Richtung meinen, dass eine Symbiose der Menschheit und des wissenschaftlich-technischen Fortschritts nur auf diese Weise möglich sei.

Die moderne „Frankenstein-Theorie“, nach Hawking, macht den Menschen eigentlich nur zu einer biologischen Komponente des neuen Computerprogramms der technischen Evolution. Nach Meinung von Andrej Platonow haben wir uns „die ewige Trennung von der glänzenden Kraft des Lebens“ selbst zugefügt. Produktionsstrukturen, wie Atomkraftwerke, Computersysteme, Roboter werden immer stärker komprimiert und durchorganisiert und entwickeln sich zu Superstrukturen, die ein technogenes Kollektivbewusstsein bilden eine eigene Qualität der Selbstentwicklung und Selbsterhaltung. Sie verwandeln sich in ein Superindividuum von planetarem Ausmaß. Der neue technogene, computerbasierte und unsterbliche Superorganismus entwickelt sich genau für diese Aufgabe.

Zurzeit konzentriert sich die westliche Wissenschaft vollständig auf phantastische Ereignisse aus dem eigenen Bereich. Es ist nachvollziehbar, was Hawking bewegt: Er will die „Entropie-Falle“ vermeiden, in der alle Bemühungen der Wissenschaftler im Labyrinth der Kommunikation hoffnungslos untergehen würden. Der Umfang des Wissens ist bereits so groß, dass seine Aneignung viel mehr Zeit erfordert, als dem Menschen zur Verfügung steht. Schon heute werden die Computer der nationalen amerikanischen Raumfahrtagentur NASA mit einer Verspätung von acht Jahren mit Informationen gefüttert. Eine solche Sachlage entzieht den Wissenschaftlern die Initiative, verwandelt den Schöpfer ins passive Objekt des technischen Supersystems.

Aber jede neue Technologie gestaltet nicht nur aktiv unser Leben um, sondern auch die Weise, wie wir die Welt wahrnehmen.

Computer und Fernseher treten in der Rolle des Organisators eines glücklichen Konsumbewusstseins auf. Der „dumme Kasten für einen Idioten“ (nach einem passenden Ausdrucks eines Dichters) ist durchaus in der Lage, die Hauptkonturen der Realität zu ersetzen. Aber es ist sehr gefährlich, die Menschen auf eine solche Konsumentenweltanschauung vorzubereiten. Uns steht ein schwerer Existenzkampf bevor, in dessen Verlauf die Probleme gelöst werden, die mit den Veränderungen in der organischen Welt des Planeten zusammenhängen. Wir sollten uns den Sinn des Lebens und die innere Ausgeglichenheit zurückholen. Das Gehirn des Menschen hat unbeschränkte Möglichkeiten der Selbstentwicklung. Und es ist besser, die Bemühungen der Gesellschaft vorzugsweise in genau diese Richtung zu lenken.

* * *

Inzwischen hat der Kremlvulkan die nächste Portion Asche in den einheimischen Himmel hinausgeschleudert.

In meinem Berufszweig gab es wieder eine Revolution. Am 6. Juli 1999 ist die Verordnung des Präsidenten „über die Vervollkommnung der staatlichen Steuerung auf dem Gebiet der Massenmedien und der Massenkommunikation" erschienen; infolgedessen wurde der Verlag Goskompetschat (Staatliche Druckerei) abgeschafft. An seine Stelle trat das Ministerium der Russischen Föderation für Presse, Telerundfunk und Mittel der Massenkommunikation. Zum Minister wurde M. Lessin ernannt.

Alle drei Jahre wird diese Behörde mit einer manischen Hartnäckigkeit seitens des Staates umgestaltet: Mal wird aus „Komitee" „Ministerium" (zugunsten der Vereinigung mit dem Fernsehen), dann wieder das Gegenteil, und die Druckerzeugnisse werden wieder vom Fernsehen getrennt. Der erste Eindruck - derselbe Rechen, auf den man schon mehrmals getreten ist.

Dann kommen die Zweifel: Wer ist darauf getreten? All diese Umgestaltungen betreffen hauptsächlich die Unternehmen dieses Wirtschaftszweiges. Denen, die sie beschließen, ist es in der Regel egal. Es erweist sich einfach als nützlich, für die Mannschaft, die ans Ruder kommt, hilft ihnen irgendwelche persönlichen Probleme zu lösen, wonach sie wieder spurlos im Nichts verschwinden.

Ich muss zugeben, dass die letzte Verwaltung des Goskompetschat, angeführt von Iwan Laptew, eine der Besten war. Vielleicht wurden deshalb fast alle Finanzierungsquellen eingefroren. Das Finanzendefizit wurde allerdings durch herzliche, freundschaftliche Beziehungen zu den Leitern der Unternehmen ausgeglichen, es wurde Verständnis für die schweren Arbeitsbedingungen gezeigt, die oftmals absichtlich vom Staat geschaffen wurden. Und es kostete auch nicht viel - nur Anteilnahme, Rat, Unterstützung.

Sofort nach Inkrafttreten der Verordnung bin ich zum stellvertretenden Vorsitzenden der Goskompetschat, Wladimir Scharkow gegangen, um die letzten Neuigkeiten in Erfahrung zu bringen, die diese neue Umgestaltung betrafen. Ich habe ihn beim Packen angetroffen. Auf seinem Tisch türmten sich Büchern und Anderes. Überall standen Umzugskartons herum.

„Was ist geschehen?"

Wladimir Scharkow lächelte verlegen.

„Das war´s, Arcady. Ich habe so viele Jahre in diesem Amt gearbeitet und habe nicht einmal ein „Danke" bekommen. Meinem Sekretär wurde bereits heute Vormittag mitgeteilt, dass ich das Kabinett gegen Mittag geräumt haben sollte. Jetzt wirst du einen neuen Kurator bekommen Grigorjew. Der von „Wagrius", der es auf den Direktorposten beim „Chudlit" abgesehen hat. Du hattest ihn damals bei der Ausschreibung überholt. Verstehst du…

„Haben die sich denn noch nicht einmal mit ihnen getroffen, um alles zu besprechen? Sie sind doch der stellvertretende Minister!"

„Wer sind „die"? Wenn unser Staat mit den Hinterfüßen schlägt, so denkt er an die glänzende Zukunft und nicht ans Opfer.", sagt Wladimir Scharkow ratlos. „Das ist doch die neue Pepsi-Generation. Sie haben keine Zeit zu reden. Sie haben die Wahl Jelzins gewährleistet und haben jetzt das Recht auf die Beraubung des in Ungnade gefallenen Bojaren… Sie sind in Eile, es gibt ja so viel, was man sich noch aneignen möchte. Es müssen Pläne ausgearbeitet werden, wie der föderale Buchdruck-Verlag am besten privatisiert werden könnte. Der juristische Hintergrund muss vorbereitet, die Mannschaft aufgestellt werden. Das Finanzministerium wird ihnen nichts abschlagen können. Man gehört ja schließlich zur Familie."

„Und Iwan Dmitriewitsch?"

„Dasselbe. Er soll seinen Platz so schnell wie möglich räumen.

„Telefonisch?"

„Selbstverständlich. Die Burschen haben keinerlei Komplexe. Nur gut, dass er keinen Tritt in den Allerwertesten bekommen hat."

Einige Wochen später bekam ich die Benachrichtigung aus dem Ministerium von der Kündigung meines Vertrages. Es wurde darauf verwiesen, dass die Kündigung „der Sicherstellung des normalen Organisationsablaufes" diene. Mit diesem Brief wurde mir vorgeschlagen, die Pflichten des Direktors noch vorübergehend weiter zu erfüllen. Nach Monaten der „vorübergehenden Erfüllung" war immer noch nichts passiert. Ich wurde nicht angerufen, nirgendwohin zitiert, niemand hat sich für mich interessiert.

Parallel zu diesen realen Ereignissen entwickelten sich andere, die man als virtuell bezeichnen könnte. Sie geschahen plötzlich und vermittelten ein so starkes Gefühl der Realität, als würde mir jemand gerade durch mein Bewusstsein heimlich etwas außerordentlich Wichtiges mitteilen wollen. Und es wurde mir immer bewusster, dass diese Visionen nicht zufällig geschahen, sondern dass sie wirklich auf eine unbegreifliche Weise zu meinem Schicksal, meinem Leben gehörten.

Es schien, dass mein Gehirn die neuen Kraftlinien der Raum- und Zeitkoordinaten resorbierte, sie entzifferte und sich dazu in seltsamen Bildern einer neu geschaffenen Welt äußerte. Man musste Mut fassen, um zu erkennen: Was für eine Welt das ist und zu welcher Zeit?

Trotz alledem arbeite ich sehr viel. Ich habe eine Idee, wie man mit Hilfe des Bildschirmes des inneren Sehens und der steuerbaren Hellsichtigkeit auf die energie-informative Matrix (den individuellen Plan, nach dem der Mensch geschaffen wurde) einwirken kann und so beliebige Krankheiten heilen könnte. Aber das ist nur der Anfang - es zeichnet sich bereits die Möglichkeit ab, Zellengewebe zu erneuern und sogar entfernte oder beschädigte Organe zu regenerieren. Es stellte sich heraus, mittels des Bildschirms des inneren Sehens, dass jedes Organ über besondere Zellen verfügt, die sogenannten „Führer"-Zellen. In ihnen sind Informationen zum ganzen Organ gespeichert, darüber, wo und wie jede Zelle angesiedelt sein soll, unabhängig davon, zu welchem allgemeinen System sie gehört. Diese besonderen Zellen wissen alles über die Funktion und Bestimmung der übrigen Schwester-Zellen. Und falls sie den Impuls zur Realisierung der Reservefunktionen bekommen, so treten sie ihre Arbeit an. Äußerlich ähnelt das der Teilung von Krebszellen, ich meine, im Hinblick auf die Geschwindigkeit; die Wiederaufbauprozesse verwirklichen nicht kranke, sondern gesunde Zellen. Ein wesentlicher Unterschied, nicht wahr?

Es ist bekannt, dass bei einigen Menschen, die hundert und älter werden, wieder Zähne wachsen. Auf dem Bildschirm des inneren Sehens ist es leicht zu verfolgen, wie in diesem Fall im Knochen die Zellen aufwachen, deren Kern die Informationen über die bevorstehende Rekonstruktion des Kausystems enthält. Die Zellen beginnen sich zu teilen und bilden wieder neue Schichten des Zahnschmelzes, des Dentins, der Pulpa und Zahnrinde, direkt vom Zahnhals an.

Natürlich ist das ein sehr ungefähres Schema. Ihre praktische Realisierung erfordert nicht nur die sichere Beherrschung der Technik der feinstofflichen Prozesse, sondern auch das Wichtigste – ein gutes Instrument. Und das Instrument ist in diesem Fall der Mensch, der in Jahren schwieriger Bewusstseinsarbeit nun im Stande ist seinem Bewusstsein den Zutritt zum Bewusstsein eines anderen Menschen zu gewähren, um damit zu arbeiten. Es ist eine große Verantwortung und jener, der sie übernimmt, muss seine oberflächlichen Wünsche bändigen, er ist verpflichtet, ständig nach Selbstvervollkommnung zu streben, in sich die Bereitschaft zur Selbstaufopferung für andere Menschen zu entwickeln. Erinnern sie sich, Jesus Christus half anderen Menschen, sich von ihren Leiden zu befreien und verwendete sehr vorsichtig das Wort „Wunder". Er vollbrachte keine Wunder, sondern half Menschen. Weil ihn das Wort „Wunder" sofort auf einen Sockel gestellt hätte. Und Gott auf einem Sockel ist schon ein Problem, ein großes Problem der Welt. Wozu etwas anstreben, etwas erreichen wollen? Gott wird schon sagen, was man tun muss. Wir werden uns um Ihn herum setzen, wir werden warten, was Er befiehlt.

Es scheint, dass die Hellsichtigkeit ein universeller Weg ist, einen uneingeschränkten Zugriff auf Informationen zu erhalten. Natürlich ist er fest mit dem Prozess der Selbstentwicklung verbunden. Wie oft habe ich schon das Regenerationsschema meiner Gallenblase erstellt. Sie wurde vor 10 Jahren wegen eines Gallensteinleidens entfernt. Zuerst fand die Arbeit auf der informativen Ebene statt. Ich brauchte Monate, bevor ich gelernt hatte, das informative Skelett des fehlenden Organs aufzubauen. Zwei Monate später gelang es mir, in diesem Skelett eine energetische Struktur zu starten. Voller Erstaunen kamen viele Hellseher zu mir: „Wie haben sie das gemacht?“ Das Organ selbst gab es noch nicht, aber gleichzeitig war es da und erfüllte bereits zwei seiner drei Hauptfunktionen.

Aber den Prozess der Zellteilung zu starten, den ich theoretisch beherrschte, gelang mir in der Praxis einfach nicht. Es fehlte immer etwas. Jenes, was fehlte, zeigte sich immer mehr, jedoch in strenger Übereinstimmung mit dem verborgenen Prozess der inneren Evolution. Als ob mich jemand necken wollte: Was du willst, ist schon nahe, arbeite aber noch ein bisschen an dir. Ich arbeitete. Und im Laufe der Arbeit bekam ich nicht nur Angenehmes zu sehen.

Ich wollte keine unheilverkündenden Voraussagen machen. Aber es ist wohl auch falsch, über solche offensichtlichen und bedrohlich nahen Probleme der Menschheit zu schweigen. Die Welt erwartet entweder einen Kollaps der gesamten Weltwirtschaft als Folge ökologischer Katastrophen oder eine Richtungsänderung der Entwicklung.

Zeitschriften schreiben darüber bereits. Hier ein Beispiel einer solchen Verallgemeinerung, die sich in Moskau als eine Art selbstveröffentlichtes Manuskript verbreitet hat:

„Das homöostatische Gleichgewicht ist gestört - das ist offensichtlich. Aber solange wir Debatten über ökologische Probleme führen, so lange werden wir die größte Gefahr nicht erkennen, die auf uns zukommt, nämlich die Unfähigkeit, mit der Energie und den Informationen zu arbeiten.

Die Menschheit hat einen ganz neuen Lebensraum geschaffen und nur wenige verstehen, in welcher Situation wir uns jetzt befinden. Wir verfügen über keinen Schutzmechanismus in Bezug auf den neuen superdynamischen Lebensraum und erweisen uns als Geiseln unserer eigenen Schöpfung.

Der Prozess wird wegen des Anstiegs neuer Probleme im Menschen erschwert: der Unfähigkeit zur Informationswahrnehmung notwendiger Qualität und Umfanges sowie der Entwicklung einer Technik mit einer hohen Organisationsebene, deren Zugang der Mehrheit der Bevölkerung Schwierigkeiten bereitet. Es wächst die Unvereinbarkeit der Menschheit und des wissenschaftlich-technischen Fortschritts. Es führt zur Anbahnung globaler Krisen, zu einer Gesellschaft des 21. Jahrhunderts von geistig Kranken, die kaum in der Lage sein werden, die Evolution des Menschen, als selbständige Art, fortzusetzten.“

Das Problem ist durchaus nicht erdacht. Ausnahmslos allen physischen Erscheinungen und Prozessen liegen allgegenwärtige informative Felder zugrunde. Und die Alternative zur technogenen Unsterblichkeit, die von Steven Hawking vorgeschlagen wurde, ist ganz klar die Unsterblichkeit, die mit der Fähigkeit des Menschen verbunden ist, seine biochemischen Prozesse mit Hilfe des Bewusstseins so zu steuern, dass ein Körper einer höheren Entwicklungsebene erschaffen wird.

* * *

Ich habe einen neuen Schüler - Igor Arepjew. Er ist irgendwie zufällig, auf eine seltsame, unbegreifliche Weise gekommen. Jedenfalls kann er es sich selbst nicht erklären. Was hat ihn, einen Bewohner der provinziellen Kreisstadt Trosna im Gebiet Orjol, plötzlich dazu bewogen, sein Haus, seine Arbeit in der Bezirksabteilung für innere Angelegenheiten aufzugeben? Denn er sollte buchstäblich zwei Wochen später das Amt des stellvertretenden Abteilungsleiters einnehmen und sein nächstes Offizierssternchen bekommen. Doch er entschloss sich plötzlich, sein Glück in Moskau zu suchen.

Einen formalen Anlass gab es aber doch. Ohne geht's bekanntlich nicht, oder? Igors Vater (ich kannte ihn seit langem) half mir die elektrische Installation in meinem neuen Haus, was ich gerade baute, vorzunehmen. Er kam von Zeit zu Zeit vorbei und brachte, was er konnte, auf meiner langjährigen Baustelle, die sich wegen Mangels an Mitteln schon fast über zehn Jahre erstreckte, in Ordnung. Dieses Mal hat Igor entschieden, sich dem Vater anzuschließen. Sein Entschluss war weder logisch noch vernünftig: so einfach, die Arbeit hinzuwerfen und zum Geldverdienen nach Moskau zu fahren, zu einem Fremden, den man noch nie zuvor gesehen hat. Aber hier ist er. Hat gesagt, dass er seinem Vater helfen wolle. Und ging auch sofort an die Arbeit. Mit einer großen Hingabe, ohne Raucherpausen und müßige Gespräche. Also er hat einen guten Eindruck auf mich hinterlassen. Und ich weiß selbst nicht warum ich ihm eines Tages gesagt habe: „Es gibt da so eine Methodik: Wir öffnen uns den Zugang zur Hellsichtigkeit. Es ist die Tür in eine andere Welt, die wir in der Regel nicht sehen, aber diese Welt hat einen sehr starken Einfluss auf unsere Welt, was hier geschieht. Willst du diese Tür öffnen?"

Igor stimmte zu und wir fingen an zu arbeiten. Ich zeigte ihm zuerst eine Übung, dann eine zweite, eine dritte. Und er ging mit Ernsthaftigkeit an die Sache. An den Abenden, in seiner Freizeit, wiederholt und lernt er. Und es waren keine drei Wochen vergangen, als er plötzlich sagt:

„Arcady Petrov, bei ihnen hat sich eine Bandscheibe verschoben. Lassen sie mich das korrigieren."

„Woher weißt du das?"

„Ich sehe es."

„Hat sich bei dir der Bildschirm geöffnet?"

„Ja, schon vor einer Woche", antwortet Igor, „ich habe mich ihm einfach angepasst. Jetzt sehe ich ihre Aura, ihre Organe und ihre Zellen. Lassen sie mich ihre Wirbelsäule richten und die Energie wiederherstellen."

So hat es bei uns angefangen: Ich unterrichte ihn und er trainiert seine Kenntnisse an mir, mit einem Nutzen für meine Gesundheit. Und es ist rechtzeitig geschehen, fristgerecht, da die Umstände auf der Arbeit sich schon zu einem reinen Nervenkrieg entwickelt hatten.

Die neue Führung des Ministeriums hat sich erinnert, dass es höchste Zeit ist, sich mit etwas Großartigem, Historischem zu beschäftigen. Verschiedene Gedanken fingen an auf den stellvertretenden Minister Grigorjew einzuströmen: Wie könnte man den föderalen Geldfluss so steuern, dass das Geld rechtzeitig und auf einer von Grigorjew im Voraus selbst bestimmten Stelle ankommt? Wie könnte eine strukturelle Umgestaltung des Zweiges durchführt werden, damit an der Spitze ruhmreicher Verlage nur ihm persönlich nützliche Menschen stehen und andere ganz vom literarischen Olymp verschwinden? Und diese Gedanken waren durchaus logisch. Denn Grigorjew war immer noch Regent des Verlages „Wagrius", auf dessen Emblem, dem Herrn geistig nahe, ein Esel prangte. Und seinen Esel soll man bekanntlich füttern. Und es würde außerdem nicht stören, jeden Konkurrenten im Voraus vom Markt zu entfernen. Vor einiger Zeit wurde eine föderale Kommission gegründet, die bestimmt, welche Buchverlagsprojekte finanziell unterstützt werden sollten. Dreimal wurde uns munter mitgeteilt, dass die Kommission die Finanzierung unserer Projekte bewilligt hat und dass unsere Projekte unter den Besten seien, wir wurden sehr gelobt. Aber? Dreimal hat der stellvertretende Minister Grigorjew eigenhändig „Chudlit“ aus der Liste gestrichen. Und das ein Jahr vor dem Jubiläum des Verlages, so zu sagen zu Ehren des 70jährigen Bestehens.

Oder ist es eine Neuerung, die vorigen Verträge aller Direktoren der staatlichen Verlage zu annullieren und ein ganzes Jahr lang keine neuen abzuschließen? Sie waren einfach neugierig, ob das die Arbeitsproduktivität in den von ihnen geleiteten Verlagen positiv oder negativ beeinflussen würde. Einfach ein Experiment…

Und für die Dümmsten, die dem Gedankengang des neuen Verlagsmoguls auf keinen Fall folgen können, werden im Ministerium jede Woche neue Dekrete und Verordnungen erlassen. Und diese Dokumente wurden nicht einfach so zugestellt, sondern per Kurier, mit dem strengen Hinweis, dass die Antwort morgen zu erfolgen hat. Nach der Analyse ihrer Psychologen wird für einhundertzwanzig Dollar monatliches Gehalt kaum jemand einem solchen moralischen Druck standhalten können. Der ehrenwerte Direktor des größten Verlagshauses, übrigens ein korrespondierendes Mitglied der Russischen Akademie der Wissenschaften, konnte die Zustände nicht länger ertragen und ist zu Grigorjew gegangen, um mit ihm darüber zu sprechen. Unser Esel-Liebhaber hat den verdienten Kulturschaffenden des Landes vier Stunden lang in seinem Vorzimmer warten lassen. Und hat ihm dann später einen fünfzehnminütigen Vortrag gehalten, wie man einen Verlag zu leiten hat. Der Vorlesung folgte ein Wink mit dem Zaunpfahl, dass nämlich eine solche Offenbarung großes Geld kostet.

Das korrespondierende Mitglied hat aus lauter Verlegenheit

angefangen zu stottern. Die Erkenntnis darüber, welcher „Riese des Gedankens“ gekommen war, um die Verlage Russlands zu steuern, trieb ihm die Blässe ins Gesicht und er fragte leise:

„Geld, versteht sich, wollen sie es im Voraus?“

So sind die Heilfähigkeiten meines neuen Schülers rechtzeitig gekommen. Und wenn die ministerielle Zumutung im Laufe eines Tages meinem Nervenkostüm zugesetzt hatte, stellte Igor Arepjew es am Abend wieder her. Wobei es ihm von Tag zu Tag immer besser gelang. Man konnte buchstäblich dabei zusehen, wie er in nur einigen Wochen seine Ausbildung absolvierte, wofür andere Jahre brauchen, und zu einem herausragenden Medium wurde.

Kaum hatten wir angefangen zusammen zu arbeiten, als auch schon die ersten Wunder geschahen. Wir saßen in meinem Haus im Kabinett im zweiten Stockwerk. Es ist der angenehmste Platz für diese Beschäftigung: Über uns ist eine Kuppel, deren Geometrie einen steigenden energetischen Strom bildet, wie in der Kirche. Diesmal wollte ich mit Igor das Programm der Farbvisualisierung von Formen durchnehmen. Im Übrigen ist es keine komplizierte Aufgabe: Wir schalten den Bildschirm des inneren Sehens an und auf mein Zeichen stellen wir uns verschiedene Bilder vor. Wir erhalten so etwas wie ein Kino. Man kann in einem Raumschiff in den Kosmos fliegen, man kann auf den Mount Everest steigen. Aber diesmal kam ein Anderer, um uns zu leiten. Wir haben die Bildschirme eingeschaltet und sind kaum dazu gekommen, ein Wort zu sagen, als sich plötzlich alles verwandelte. Ich sehe Igor an und traue meinen Augen nicht: Er trägt ein Kettenhemd und einen Helm. Auf dem Rücken ein roter Umhang, im Gürtel ein Schwert, in der Hand ein Speer. Und das Gewand war nicht wie bei einem gewöhnlichen Ritter. Ein Rubin auf dem Helm - was allein der schon kostet. Ein wahrer Fürst.

Igor starrt mich an. Man kann ihm seine starke Verlegenheit ansehen.

„Was ist geschehen?“, frage ich besorgt, dabei habe ich schon erraten, dass auch meine äußere Gestalt Veränderungen erfahren hat. Igor antwortet nicht, sondern stellt eine Gegenfrage.

„Hast du das gemacht?“

„Was?“

„Also das - mit mir und mit dir?“

„Nein“, gestehe ich ehrlich ein, obwohl es für eine Minute schmeichelhaft gewesen wäre, sich als Zauberer zu fühlen.“

„Weißt du, wer du jetzt bist?“ Mit offenbarer Aufregung in der Stimme verschärft mein Freund die emotionale Komponente der Situation.

„Auch ein Kämpfer?“, versuche ich zu erraten.

„Nein“, verneint Igor und ist mit der Notwendigkeit konfrontiert, mir die tatsächliche Sachlage vor Augen zu führen. „Du bist jetzt ein Pferd mit Flügeln.“

„Pegasus etwa?“, rate ich.

„Kann sein“, stimmt mit einigem Anteil Zweifel der neue Fürst Igor zu. „Es ist weiß, mit großen Flügeln. Auf der Stirn hast du einen kostbaren Stein. Aus ihm heraus glänzen Strahlen. Fühlst du etwa nicht, dass du ein Pferd geworden bist?“

Ich drehe mich um mich herum, versuche das Äußere meiner neuen feinstofflichen Konstruktion zu betrachten. Der erste Gedanke, als ich die Hufe, den Schweif und die Flügel sehe, ist bitter: „Warum?“

Ich war ein Mensch. Habe niemandem etwas Schlechtes getan. Arbeitete bis zum Umfallen. Was ist geschehen? Igor ist ein Fürst und ich ein Pegasus? Ein Mittel für die Fortbewegung, ein Hilfstransportmittel aus Fleisch und Blut? Nur eine Freude: Es gibt einen Rubin in der Stirn. So etwas passiert nicht einfach so. Vielleicht verstehe ich etwas nicht und bin voreilig in meinen Schlussfolgerungen?

Plötzlich fällt ein Strahl vom Himmel und eine mächtige, befehlende Stimme ertönt:

„Folgt dem Strahl."

Igor sieht mich an. Ich verstehe seine stumme Frage. Ich stimme zu:

„Setze dich, wenn man schon so entschieden hat."

Igor versucht auf meinen Rücken zu kommen. Und hat es nach einigen Schwierigkeiten geschafft. Er kommt vielleicht aus der Provinz, ist früher aber scheinbar weder auf den Orlower Trabern, noch auf einem gewöhnlichen Dorf-Gaul geritten. Deshalb bemühe ich mich, mich vorsichtig zu bewegen, damit er nicht aus Versehen stürzt. Ich fliege hinter dem Strahl nach oben. Die Flügel habe ich aufgeschwungen, mit den Hufen stoße ich mich ein wenig von den Wolken ab und wie ein Vogel fliege ich, immer höher und höher. Wobei ich bemerke, dass ich schneller als ein Flugzeug fliege. Mit einer sehr hohen Geschwindigkeit. Ein Sprung und Häuser unter mir sind wie kleine Steine, noch einer - und sie sind ganz verschwunden. Nur Felder und Wälder kann man aus dieser Höhe erkennen.

Wir sind hinter dem Strahl viel höher hinaufgestiegen, als Flugzeuge fliegen können. Er hat uns zu einem seltsamen Bogen gebracht. Ein Eingang dorthin, wo wir nie zuvor waren. Wir fühlen, dass wir hineingehen sollten. Seltsamerweise, natürlich in Raum, und darin ist der Bogen kaum sichtbar. Wir sind jedoch hineingegangen.

Der Ort, an dem wir uns wiedergefunden haben, ähnelte einem senkrechten Tunnel oder einem Schacht. Von innen ist er silbern. Im Zentrum gibt es einen Strahl, der uns wie der Ariadnefaden führt. Ich reite ihm nach oben hinterher. Seitlich gibt es irgendwelche Ebenen, so etwas wie Stockwerke. Den Eingang zu ihnen verschließt ein Tor. Rechts und links sind Tore. Ich zähle die Ebenen: eins, zwei, fünf, neun. Wie aus einem Märchen, also lügen Märchen nicht. Rechts, links und in der Mitte sind drei Räume. Wir multiplizieren es mit neun Ebenen - was erhalten wir? Rechts sitzt ein junger Mann im weißen Leinenhemd, sieht uns freundlich an und lässt weiße Tauben los. Die Tauben fliegen nach oben, dem Strahl hinterher. Und unter ihnen ist plötzlich aus dem Nichts heraus eine Armee erschienen. In Reih und Glied, Kavallerie und Infanterie. Und die Armee wird von einem Reiter angeführt, der auf einem geflügelten Pferd sitzt. Wir haben uns das Ganze genauer angeschaut und begriffen - das sind doch wir, die das himmlische Heer anführen. Warum, wofür solch eine Ehre? Ich habe sofort alle Fragen, anlässlich meiner vierfüßigen Lage, vergessen. Ein Gefühl des Stolzes, des Auserwähltseins hat angefangen mich einzunehmen.

Im Kopf ertönte jemandes Stimme wie ein Dämpfer der neuen herzlichen Aufregungen: „Man kann Stolz empfinden, aber man darf sich nicht brüsten."

Die Armee ist an uns vorübergegangen und verschwand. Und der junge Mann mit den Tauben ist auch verschwunden. Wohin jetzt? Und Igor stöhnt:

„Die Energien wiegen schwer auf mir, lass uns umkehren."

Seltsamerweise fühle ich mich auf diesen Ebenen gut, als ob ich hier früher schon einmal gewesen wäre. Mir kommt hier alles sehr bekannt vor. Aber wenn es Igor schlecht geht, sollte wir lieber zurückkehren.

Wir sinken. Wir gehen aus dem Bogen hinaus. Ich sehe mich um. Neben dem Eingang brennen in rotem Neonlicht Familiennamen irgendwelcher Menschen. Wahrscheinlich derer, die vor uns hier gewesen sind. Ich konnte der Versuchung nicht widerstehen. Habe aus dem Rubin auf meiner Stirn einen roten Strahl ausgesandt und mit Buchstaben, kilometerweiter Größe, meinen Vor- und Nachnamen eingraviert. Die Schrift ist im Himmel unbeweglich erstarrt.

„Was denkst du, wird es in Tibet zu sehen sein?“, frage ich Igor.

Er äußert sich mit kaum hörbarer Stimme:

„Ja, wird es. Flieg mich schnell nach Hause. Mir geht’s nicht gut.“

* * *

Unerwartet kam die Einladung von Lapschin: sich zu treffen und zu versöhnen. Es gab einen Anlass für das Treffen: In Moskau, unweit von der Metrostation Malenkowskaja, wurde der globale Klub Lapschins eröffnet. Die Einladung hat, wie üblicherweise in solchen Fällen, Professor Bereschnoj überbracht. Die verhärteten Fronten zweier Hauptgründer der Akademie schienen ihm aufs Gemüt zu schlagen und so hat er mit Enthusiasmus die Rolle des Friedensstifters übernommen. Er wollte mir in einem langen, methodischen und durchaus verständlichen Vortrag beweisen, dass wenn ich mit etwas nicht einverstanden bin, ich es innerhalb der Akademie klären könnte und nicht ganz Moskau unsere gegenseitige Missgunst demonstrieren sollte.

„Schließlich ist das ganze Präsidium der Akademie auf deiner Seite“, versuchte er mich zu überzeugen. „Lass uns doch zusammenkommen, seinen Bericht anhören, ihm unsere Ansprüche anmelden, ihn in seiner Entscheidungsfreiheit einschränken. Er wird sich unterwerfen müssen.“

„Aber du weißt doch, welchen Unsinn er in Hinblick auf seine Mission, die Erde zu steuern, erzählt“, habe ich ihm widersprochen. „Es ist eine ausgemachte Sauerei.“

„Also, wieder die gleiche Leier, über das Gute und das Übel, über die Finsternis und das Licht“, sagt mir Anatolij verärgert. „Verstehe doch, wenn der Schöpfer sowohl das Eine als auch das Andere geschaffen hat, so bedeutet das, dass er seine unbekannten Gründe hatte. Man darf es nicht so emotional nehmen. Es ist doch eine Konstruktion des universellen Mechanismus. Ein Pluspol kann ohne Minuspol keinen Strom erzeugen. Denn das Feuer wird vom Zusammenstoß der Gegenteile erzeugt.“

„Ich verstehe“, muss ich zustimmen, in mir das tiefe Gefühl der Missgunst gegenüber Wjatscheslaw überwindend. Aber einen Augenblick später bringe ich wieder neue Argumente gegen ihn an: „Gerade weil das Böse nicht die Oberhand gewonnen hat, kann man sagen, benimmt es sich adäquat, passt seine Absichten an die Stärke des Widerstandes an. Und wenn es keine Widerstände geben wird, wird das Böse seine Anpassung schnell über Bord werfen.“

„Dann bau einen Widerstand auf, wer verbietet es dir?“, lächelte Bereschnoj wie eine alte weise Schlange.

„Das mache ich. Habe mein eigenes Zentrum geschaffen. Wir öffnen das innere Sehen und machen dadurch die Menschen mächtig genug, um den Machenschaften des Übels entgegenzutreten. Wenn sie zu einem System angeschlossen werden, so kann ihnen niemand Schaden zufügen. Außerdem werden sie selbst zu einer vollkommen reale Kraft, um jedem Übel aktiv zu begegnen.“

„Vielleicht sollten wir versuchen, es innerhalb der Akademie zu machen?“, bietet Bereschnoj an. „So zu sagen auf der ersten Verteidigungsfront. Vielleicht ist Lapschin gar nicht so ein übler Mensch, wie es dir scheint. Er ruft dich doch zu einem Treffen. Das bedeutet, dass ihm der Streit keine Ruhe lässt. Vielleicht findet in seinem Inneren auch ein kleiner Krieg statt und das Gute siegt? Hast du daran nicht gedacht?“

Wie kann man da noch widersprechen? Theoretisch ist so etwas möglich. Ob sich das im Leben ergeben wird, weiß nur Gott.

Der globale Klub Lapschins hat sich in zwei kleinen Zimmern eines werkseigenen Kulturhauses eingerichtet. Für die feierliche Eröffnungsveranstaltung wurden der Saal und das Foyer zur Verfügung gestellt.

Faxe, die in hunderte von Organisationen ausgesandt wurden, versprachen eine Demonstration der Phänomene, eine Vorführung des virtuellen Zirkus, versprachen auch das Geheimnis des Sehens mittels des Biocomputers (sie setzten es nach dem Beharren Lapschins hartnäckig fort, die Hellsichtigkeit so zu nennen) durch eine Reihe angesehener Gelehrter näher zu erläutern. Am Ende ein großer Andrang von Menschen. Die Presse und das Fernsehen gaben dem Ereignis den Glanz, der einer angestrebten planetarischen Solidität gebührt.

Im Saal hat uns ein Weggefährte Lapschins empfangen, der 16jährige Junge Kirill. Ein seltsamer Junge. Wir haben uns früher schon mal getroffen und wenn er anfing zu sprechen, so blieb nichts anderes übrig, als zuzuhören. Nicht, weil man ihn nicht unterbrechen konnte. Einfach deshalb, weil er Dinge sagte, die in keinem Buch geschrieben stehen. Sein Wissen und die Redekunst übertrafen offenbar die Möglichkeiten des Präsidenten der Akademie, aber er bevorzugte es, sich im Hintergrund zu halten und war auch nicht auf irgendwelche administrativen Ämter aus.

Und das ganz und gar nicht wegen seines Alters. Schließlich wusste und verstand er wirklich mehr als jedes Mitglied der Akademie. Er wollte es einfach so. Und wenn er etwas wollte, so ergab sich das auch.

Als er uns sah, entstand ein großes Lächeln auf seinem Gesicht.

„Für sie hat Wjatscheslaw Lapschin Plätze in der Mitte der ersten Reihe freigehalten. Ehrenplätze", hat er bedeutsam betont. „Gehen wir, ich werde sie hinführen."

Die Bühne schmückte ein riesiges Transparent „Der globale Klub Lapschins". Der globale Lapschin saß darunter, umgeben von neuen Aktivisten und Verehrern. Sein Gesicht trug einen sehr strengen und bedeutsamen Ausdruck. Er hat starr die Stuhlreihen des Saales betrachtet, sah uns mit Anatolij und hat kaum merklich mit dem Kopf genickt. Er billigte also sozusagen meine Anwesenheit. Und sein zäher Blick galt wieder den Gesichtern der Menschen, die den Saal ausfüllten.

Es traten Vertreter verschiedener akademischer Filialen, Wissenschaftler, Pädagogen auf. Alle sprachen von der Genialität Lapschins, darüber, welchen großen Beitrag seine Methodik für die Entwicklung des Menschen des neuen Jahrtausends leistete.

Und später, nach allen Reden über das weltweite Ereignis, das bald, auf jeden Fall, den Lauf der weltweiten Geschichte beeinflussen wird, wurde Anatolij und ich in ein Zimmer hinter der Bühne geladen, wo uns auch bald der Präsident der Akademie in Umgebung seiner Kampfgenossen Gesellschaft leistete.

Er war in bester Laune und scheinbar darauf eingestimmt, den verlorenen Sohn, das heißt mich, öffentlich in die Umarmungen der neuen glücklichen Ordnung der Dinge, die er auf diesem Planeten verkörperte, zu schließen.

„Also, lass uns einander die Hände reichen“, bot Lapschin an. Es in diesem Moment abzulehnen, erschien irgendwie unpassend. Das Programm für Kinder von sieben bis siebzig Jahren hat sogar auf mich eine Wirkung gezeigt. Kann es vielleicht wahr sein, dass die napoleonischen Ambitionen Lapschins ein nicht zu hoher Preis dafür sind, dass diese talentierten Kinder so glücklich sein können?

* * *

Kurz vor dem Jahr 2000 ist Boris Orlow zu mir nach Hause gekommen. Wie immer spät. Sein Gesicht dunkel, entkräftet. Es war ihm anzusehen, dass er wohl keine zwei, drei Tage am Stück durchgeschlafen hat. Seine Augen waren tief eingefallen, man konnte die Trauer und die Hoffnungslosigkeit, die sich in ihnen zeigte, nicht übersehen. Ich habe sofort verstanden: etwas Schlimmes musste geschehen sein.

Wir sind ins Haus gegangen. Boris war nicht alleine, mit ihm war sein Freund Edik Grischenko. In letzter Zeit arbeiteten sie zusammen und kamen häufig zu zweit bei mir vorbei, um über, für sie neue, esoterische Materien zu reden. Dieses Thema beschäftigte besonders Edik. Er war Sportler, ein Karate-Kämpfer, und geheimes Wissen war seiner Bestimmung nach das Objekt seiner Aufmerksamkeit. Besonders das astrale Karate. Er war bereit stundenlang über dieses Thema zu reden, nicht bemerkend, dass die Zeiger auf der Uhr schon weit nach Mitternacht zeigten. Im Übrigen bemerkte auch ich nicht immer wie die Zeit verging: Beide waren sehr interessante Gesprächspartner. Sie wissen viel, verstehen viel, sind ständig im Bilde über alle Neuheiten. Im Allgemeinen war ein Gespräch mit ihnen – immer ein Vergnügen.

Aber dieses Mal hat sie nicht der freundschaftliche Wunsch zu diskutieren, zu mir gebracht, sondern ein ernsthaftes Problem. Und es schien, dass sie schon wussten, wie sie die Sache am besten darlegen sollten.

Wir sind in die Küche gegangen. Ein gewöhnliches Ambiente: Tee und eine Schale mit Keksen. Diesen unermüdlichen Arbeitsmenschen ersetzt der Jeep, mit allen Bequemlichkeiten, das Haus, und sie haben wahrscheinlich nicht mal eine Pause gemacht um eine Kleinigkeit zu essen.

„Arcady", hat Boris mit einem seltsamen, strengen, fast offiziellen Ton begonnen zu sprechen. „Ein Freund von Edik und mir, den wir noch aus Taschkent kennen, ein Mitglied unserer Mannschaft, im Grunde genommen unser Bruder, hatte einen Autounfall. Er wurde beim Zusammenstoß der Wagen förmlich zerdrückt. Die Ärzte haben keine Hoffnung.

Jetzt ist er auf der Intensivstation des Botkinsker Krankenhauses. Und wir haben verboten, die Geräte der Lebenserhaltung abzuschalten. Es ist so: Wenn das, was uns über deine Möglichkeiten bekannt ist, auch in diesem Fall funktioniert, so stehen wir für den Rest unseres Lebens in deiner Schuld. Bitte rette Denis. Alles, was du dafür brauchst, werden wir dir zur Verfügung stellen. Du trägst keine Verantwortung, wenn etwas nicht gelingen sollte. Wir verstehen, dass man nach der Einschätzung der Ärzte nur auf ein Wunder hoffen kann.

„Was ist mit ihm? Und wenn möglich, beschreibt mir das bitte ausführlich."

„Es ist einfacher aufzuzählen, was nicht beschädigt ist", seufzt Boris und beginnt aufzuzählen: „Die Leber ist in einem sehr schlechten Zustand, die Nieren arbeiten fast nicht, die Rippen sind gebrochen, die Därme sind auch gerissen. Sie wurden ein wenig repariert, aber es gibt sehr viele innere Blutungen. Die Ärzte sagen, dass sie nicht täglich zehn Operationen an einem Menschen durchführen können, um mit den Folgen dieser Blutungen fertigzuwerden. Unter diesen Bedingungen, wenn sich die Chemie des Blutes verändert, werden die Därme einfach verfaulen und den ganzen Organismus vergiften. Noch ein sehr ernstes Hämatom gibt es wegen des Schädelhirntraumas. Und die Kehle ist von Glas durchschnitten.

Sie haben sieben Gründe aufgezählt, nach denen Denis eigentlich auf dem Friedhof liegen sollte, und keinen einzigen dafür, dass er leben könnte.

„Lass morgen früh einen Wagen kommen“, stimme ich zu. In meinem Kopf gibt es keinen einzigen Zweifel, ob ich das tun sollte. Mich hat ein Freund um Hilfe gebeten und ich werde alles versuchen, was in meiner Macht steht. Nicht deshalb, weil ich in dieser extremen Situation die neue Technik erproben will. Nein. Einfach weil mein Leben, alles was ich erlebt und erlitten habe, mich zu einer Reihe von Überzeugungen geführt hat. Die Wichtigste ist: Einem Freund, besonders wenn er in Not ist, niemals die Hilfe verwehren. Meine Aufgabe ist zu helfen. Selbst wenn es scheint, dass es vergeblich sein wird, sollte man dennoch versuchen, alles Mögliche daran zu setzten, nahestehende Menschen, die auf deine Hilfe angewiesen sind, nicht zu enttäuschen.

Am nächsten Tag habe ich zwei Mädchen aus der Puschkin-Filiale des Zentrums mitgenommen. Sie wohnten in benachbarten Häusern und es war bequem aus ihnen eine Rettungsmannschaft zu bilden. Edik und Boris kamen pünktlich um 9 Uhr, obwohl sie mein Haus erst um drei Uhr nachts verlassen hatten.

Wir jagen in das Botkinsker Krankenhaus. Beim Eingang der Reanimationsabteilung stehen mehrere Wagen. Es sind Freunde und

Partner von Edik und Boris. Sie warten auf unsere Ankunft. Einige waren die ganze Nacht hier.

Wir gehen auf die Station. Der Arzt, der Denis operiert hat, wirkt verdutzt. Er versteht nicht, was ein Akademiker eines anderen Wissensgebietes ausrichten kann, wenn es sich um das Schicksal eines Menschen handelt, der tatsächlich schon zum Tode verurteilt wurde. Trotzdem gibt er uns Krankenhauskittel und erlaubt, ein bis zwei Minuten am Bett des Kranken zu verweilen. Ein schrecklicher Anblick. Ich habe Angst um die Mädchen: Ist es für sie nicht furchtbar, das anzusehen? Nein, sie halten sich tapfer. Die Stimmung ist gut, sie denken an die Arbeit.

Wir gehen aus dem Zimmer hinaus, wieder nach unten. Der Arzt begleitet uns. Boris hat ihn gebeten, nach Möglichkeit, den Hellseherinnen Hilfestellung zu leisten. Die Hellseherinnen sind unsere Mädchen, so nennt Boris sie.

Wir setzen uns in den Jeep. Die „Hellseherinnen" ziehen eine Binde über die Augen, wir beginnen mit der Arbeit.

Wir betrachten die Energetik. Das Herz-Chakra ist geschlossen. Die anderen arbeiten kaum noch außer der Muladhara im unteren Dreieck der Kräfte. Sie ist rot und nach wie vor aktiv. Alles ist auf sie konzentriert. Über dem Kopf gibt es ein fliederfarbenes Leuchten, das heißt die Energetik hat sich vollständig auf das Astral-Niveau umgeschaltet.

Die Mädchen sehen mit dem inneren Blick und erzählen mir, was sie sehen. Der Arzt hört von Chakren, Energetik. Er erträgt es nicht. Ihn interessiert nur das Soma (der physische Körper).

„Ich weiß nicht, was sie da machen, ich weiß nicht, wie es Denis helfen soll. Aber wenn sie wirklich Zauberer sind, schließlich wurden sie hierher gebeten", sprach er taktvoll, aber mit offensichtlichen Andeutung darauf, dass man ihn einer absurden Veranstaltung aussetzt, „versuchen sie die Arbeit der Leber zu normalisieren. Wenn man es in den nächsten zwei bis drei Tagen nicht schafft, wird er sterben.“

„Dann“, fuhr der Arzt fort, „muss die Funktion wenigstens einer Niere wiederhergestellt werden. Uns gelingt es nicht. Wir haben keine Zeit. Weiter: der Dickdarm und Zwölffingerdarm. Dort gibt es Hämatome. Genauer gesagt, beide Organe sind ein einziges Hämatom. Ich ergänze: Wenn die Hämatome nicht aufgelöst werden, wird er sterben. Die Lunge ist in einer kritischen Verfassung – dort beginnt eine Entzündung des Herzen. Und es gibt noch ein sehr gefährliches Hämatom im Kopf. So sieht das Programm der Rettung aus. Wenn sie wirklich der Meinung sind, dass sie ihn retten können, wenn sie wirklich verstehen, was sie da machen, so werde ich es nicht wagen, sie dabei zu stören.“ Mit den letzten Worten hat der Arzt die Tür des Wagens geöffnet und ist ausgestiegen.

Es war ganz offensichtlich, dass er vom ganzen Gesehenen außerordentlich entmutigt wurde. Er konnte einfach nicht verstehen, wie normale Menschen sich mit solchen Dummheiten beschäftigen können. Dass an der Sache ein Akademiker teilnahm, gab der Prozedur ganz und gar einen schizophrenen Charakter. Hellsichtige Mädchen mit Binden vor den Augen, die angeblich Organe eines Menschen betrachten, der sich hinter dicken Wänden der Reanimationsabteilung befindet... In der benachbarten psychiatrischen Abteilung gab es ähnliche Typen. Und warum stehen neben ihnen normale erwachsene Menschen, die bei diesem Zirkus vollkommen ruhig bleiben? Auch noch ein Akademiker, der Dokumente vorlegte, deren Authentizität unmöglich angezweifelt werden kann, und der vor einer halben Stunde mit seinem Buch „Der Schlüssel zum Superbewusstsein“ ankam. Wie soll man das verstehen?

Vielleicht sind in der Wissenschaft wirklich revolutionäre Veränderungen eingetreten, die er übersehen hatte? Denn die Zeitungen sind ja voll von Berichten über Psychoeinwirkungen, die aus der Ferne vorgenommen werden. Wer weiß schon - vielleicht ist da ein Fünkchen Wahrheit dran?

All diese Zweifel standen in seinem Gesicht geschrieben. Außerdem war es nicht schwer, sie in seinem Bewusstsein zu lesen.

Er ist weggegangen, doch die Mädchen haben ihre Arbeit fortgesetzt. Sie verstanden natürlich nichts von Medizin. Dafür wusste ihr geheimnisvoller Helfer alles: wie die Zelle (die komplizierteste biologische Konstruktion des menschlichen Organismus) aufgebaut ist, wie man durch ihre Manipulation einen Regenerationsmechanismus starten kann, wie man ihre Ressource wiederherstellen kann, wie man die negativen Einwirkungen entfernen kann, wie man das informative Programm der Lebenserhaltung korrigieren kann. Und vieles, vieles mehr.

Die Mädchen sehen durch den Bildschirm des inneren Sehens das ganze erschreckende Bild der Zerstörung innerhalb des Körpers von Denis. Leber, Niere, Darm, gebrochene Rippen, Ödeme in den Lungen, die bald eine Entzündung hervorrufen werden, sie sehen weiße Behälter vom Hals bis zum Gehirn. Letzteres beunruhigt sie besonders. Die Zellen bekommen wegen der Verletzung der Kapillargefäße keine Nahrung. Sie sterben. Hinter der Kontur des Körpers von Denis gibt es zwei Schatten: einen weißen, wie ein unscharfes Bild eines Mensch und einen schwarzen. Der zweite Schatten, rechts, befindet sich ein bisschen höher als der andere. Er deutet auf den Prozess der Dekonstruktion der energetischen Systeme des Organismus, sie werden vom Strom getrennt, die Feldern der Ernährung und die Steuerungsstrukturen werden abgestellt.

Das Bewusstsein von Denis hat sich vollständig abgeschaltet. Es will den Schmerz nicht ertragen, er will nicht leben, er weiß nicht, wofür er leben soll. Man kann ohne Übertreibung sagen, dass er zu 99 Prozent tot ist. Nur die Geräte der Lebenserhaltung, die unter dem Druck von Boris nicht abgeschaltet wurden, sein Geld und seine mächtige Mannschaft, die einen 24-Stunden-Dienst in der Abteilung der Reanimation leistet, halten das Bewusstsein gewaltsam im Körper fest.

Das bedeutet, das erste, was man machen muss, ist seiner Existenz einen Sinn zu geben, damit er selbst um sein Leben kämpft.

Wie kann man das erreichen? Im Bewusstsein von Denis leuchtet ein Bild auf: ein kleiner Säugling. Wir vergrößern das Bild. Vor kurzem hat Denis eine Tochter bekommen. So wird das eben das Ziel seines Lebens, seiner Existenz. Wir verstärken das Hologramm mittels Energie.

Der Bildschirm des inneren Sehens zeigt das Kardiogramm und das Enzephalogramm. Die Gehirnimpulse haben sich verstärkt. Denis fing an zu weinen. Seltsam, dass ein Mensch, der sich im Koma befindet, weinen kann.

Es kommt zu einer sehr starken Kompression der Gefäße. Wir müssen die Energiewelle, die wir hervorgerufen haben, abschwächen, wir müssen langsamer arbeiten. Ein zu hohes Arbeitstempo kann einen gefährlichen Energiewirbel verursachen. Wir regulieren die Gehirnaktivität und glätten die energetischen Ausbrüche. Wir stellen den Fluss der Sonnen- und Erdenergie wieder her - sehr vorsichtig, zuerst nur im Alpha-Rhythmus.

Denis beruhigt sich. Wir arbeiten an seiner Wirbelsäule. Hier gibt es unzählige Energiestaus. Mit einem silbernen Strahl bearbeiten wir alle dunklen Bereiche. Wir arbeiten an den Hämatomen, der Leber, den Nieren, den Ödemen in der Lunge. Wir öffnen das Herz-Chakra, das schon vollständig geschlossen war. Mit einem Strahl gehen wir sehr vorsichtig über die Hämatome im Gehirn.

Das ist alles, mehr kann man nicht machen. Bei Hirnverletzungen gibt es nur eine begrenzte Anzahl von Möglichkeiten. Seine Neuronen werden bald wieder die Kontrolle der Organe übernehmen und diese Schmerzen wird er wahrscheinlich nicht ertragen können. Das kann zu einem Schock führen. Der Bildschirm hält unsere Einwirkungen an.

Die nächste Sitzung führen wir am Abend durch. Dafür müssen wir aber nicht unbedingt ins Krankenhaus fahren. Der Bildschirm hat sich die Aura von Denis eingeprägt. Sie gilt nämlich auch als ein System zur Identifizierung der Persönlichkeit. Es genügt, sie am Bildschirm des inneren Sehens aufzurufen, und die Daten aus den feinstofflichen Strukturen der Erde, wo die Informationen über ein beliebiges Bioobjekt unseres Planeten gespeichert sind, werden dem Operator zur Verfügung gestellt.

Es beginnt die mühsame Arbeit der Wiederherstellung des Organismus. Im Grunde genommen wird Denis von neuen zusammengesetzt – Zelle für Zelle. Einige Tage später hat Boris mir von der Reaktion der Ärzte erzählt. Gelinde gesagt, sind sie sprachlos. Zuerst nahm eine Niere ihre Arbeit auf, später die zweite. Die Hämatome haben sich aufgelöst, die Ödeme in der Lunge sind einfach verschwunden. Mit dem Kopf wird auch alles immer besser. Alle sieben Gründe, nach denen Denis, nach den Gesetzen der medizinischen Wissenschaft auf dem Friedhof liegen sollte, hängen nicht mehr so absolut über dem Bett ihres Patienten.

Noch eine Woche verging und Boris kam zu mir mit einem glücklichen Ausdruck auf dem Gesicht.

„Ich war eben bei Denis“, er begann mir bereits vor dem Hauseingang sein Glück mitzuteilen. „Ich habe ihm erzählt, was geschieht, dass sich unsere Leute große Sorgen um ihn machen. Und er drückte mit seinen Fingern meine Handfläche! Er hört mich. Ich garantiere zu hundert Prozent, dass er mich hören kann. Ich bat ihn speziell darum, mir meine Hand zu drücken, wenn er mich verstehen kann. Und er hat mir meine Handfläche genau dann und genau an der Stelle gedrückt, wo ich ihn darum gebeten hatte. Arcady, ihre Methoden funktionieren! Sie beeinflussen wirklich alle Prozesse im Organismus aus einer beliebigen Entfernung und auf eine mächtige Art und Weise. Der Arzt, der Denis behandelt, zweifelt schon fast nicht mehr daran. Er bat mich, dir zu übermitteln, dass du noch mit der Leber arbeiten solltest. Verstehst du, was das bedeutet? Er bittet dich um Hilfe. Das bedeutet, dass er weiß, wem die stetige Genesung Denis' zu verdanken ist. Und das Herz beunruhigt ihn auch."

Es sind noch ein paar Tage vergangen. Denis fing an seine Augen zu öffnen. Er kann noch nicht sprechen, aber mit seinen Augen und seinem Händedruck bestätigt er, dass es ihm jetzt viel besser geht.

Einmal fingen wir an mit Denis zu arbeiten und sahen, wie ihm mit einem Skalpell ein Schnitt gemacht wurde, um einen Katheter herauszunehmen. An der Stelle des Schnittes gab es so etwas wie eine kleine Explosion, die Wunde hat sich entzündet, sie ist rot aufgeflammt. Der Bildschirm des inneren Sehens hat es sofort bestätigt: Die Wunde ist infiziert, es kann sein, dass das Immunsystem nicht damit zurechtkommt. Das Leben von Denis war wieder in Gefahr.

Wir riefen sofort Orlow an, um ihm von dem Vorfall zu erzählen. Nach einer glücklichen Fügung des Schicksals war er gerade in der Nähe der Reanimationsstation. Boris stieg sofort aus seinem Wagen aus und lief ins Krankenhaus. Der Arzt, der ihn mit einem versteinerten

Gesichtsausdruck zurückkommen sah, verstand sofort: Etwas ist vorgefallen.

„Wie geht es Denis?“, fragte Boris streng.

„Du bist doch gerade erst gegangen“, wunderte sich der Arzt. „Was konnte in diesen fünf Minuten geschehen?“

„Habt ihr etwas mit Denis gemacht?“

„Wir haben den Katheter entfernt. Alles ist gut, er braucht ihn nicht mehr.“

„Ihr habt gerade eine Infektion verursacht. Wer hat den Schnitt gemacht?“

Der Arzt wurde bleich.

„Der Schnitt wird gemacht, damit der Katheter leichter entfernt werden kann. Bei uns ist alles steril, eine Infektion ist ausgeschlossen. Ich bin absolut davon überzeugt.“

„Es ist zu einer Infektion gekommen. Ich wurde eben aus Puschkino angerufen. Sie haben gesehen, wie es geschehen ist.“

Der Arzt schwieg. Er war verblüfft, dass jemand, der sich fast 50 Kilometer vom Krankenhaus entfernt befand, Ereignisse auf der Intensivstation sehen konnte.

Am Abend ist Denis‘ Körpertemperatur heftig in die Höhe gestiegen und eine neue Etappe des Kampfes um sein Leben begann. Die Mädchen haben einen Dienstplan aufgestellt und ihn keine Minute alleine gelassen. Sie unterstützten Denis mit Energie, um ihm zu ermöglichen, mit der Infektion zu kämpfen.

Zum Monatsende konnte Denis schon aufstehen und er wurde aus dem Krankenhaus nach Hause entlassen. Der Leiter der Reanimationsabteilung gestand beim Abschied von Boris Orlow, der schon zu einem Freund geworden war, so zu sagen freundschaftlich ein:

„Der Fall ist unerklärlich, aber die Reserven des menschlichen Organismus wurden auch bisher wenig untersucht. Und wir haben ja, wie du gesehen hast, auch mit aller Kraft versucht, sein Leben zu retten."

Ich konnte mich ein weiteres Mal überzeugen: Selbst wenn Jesus Christus wieder auf die Erde kommen und Tote auferwecken sollte, werden unsere Ärzte nur mit den Schultern zucken und sagen: „Was es nicht alles gibt!"

Kapitel 8

Ich wurde eingeladen, mich mit dem Akademiemitglied Grigori Grabovoi zu treffen. Es ist irgendwie unerwartet geschehen, ich würde sogar sagen, es war seltsam. Iwliew, der bei mir im Zentrum stellvertretender Direktor war, Doktor der psychologischen Wissenschaften und Akademiemitglied, interessierte sich in letzter Zeit sehr für alles, was mit diesem geheimnisvollen Menschen in Verbindung stand. Er erzählte mir von ganz unglaublichen Rettungsaktionen, die aus einer großen Entfernung durchgeführt wurden und von den Techniken, die Grigori Grabovoi dabei anwendete. Jeder dieser Fälle wurde von kompetenten Fachkräften dokumentiert, von einem Notar und durch schriftliche Aussage der Menschen, denen Hilfe geleistet worden war, beglaubigt.

Die erste große Sensation betraf die Vorhersage, die Grabovoi während einer Pressekonferenz in Bulgarien betreffs der Zukunft des Koslodujewsker Atomkraftwerkes gemacht hat. Es wurde eine Katastrophe prophezeit. Unser Landsmann versicherte: „In den nächsten beiden Jahren droht keine Explosion des Kernreaktors. Das Einzige, was man vor Ablauf der zwei Jahren gemacht haben sollte, ist, eine Prophylaxe im System der Abkühlung durchzuführen". Alles, was Grabovoi ankündigte, hat sich erfüllt. Zwei Jahre später wurde in der Zeitung - „Rossijskaja Gaseta" (Nr. 18 vom 30. Januar 1998), die von der Regierung herausgegebenen wurde, unter der Rubrik „Leise Sensation" der Artikel „Katastrophen von Morgen sind abgesagt" veröffentlicht. Es wurde von höchster staatlicher Ebene versichert und durch Tatsachen belegt, dass Grigori Grabovoi den Defekt an dem Atomkraftwerk

Koslodujewskij in Bulgarien aufgedeckt hat, der zu einer Katastrophe, wie der von Tschernobyl, hätte führen können. Die Katastrophe, die Grabovoi abwenden konnte, hätte für die ganze Welt verheerende Folgen gehabt: Wissenschaftliche Berechnungen hatten ergeben, dass Erdschichten mit erhöhter elektrischer Leitfähigkeit, die sich in der Nähe der AKWs befinden, bei einer solchen nuklearen Explosion zum Entstehen eines Vakuumflusses geführt hätte, der die Erdatmosphäre eingezogen hätte. Dieser Fluss hätte wegen der hohen Geschwindigkeit des Teilchenstroms den Planeten bis zum Jahr 2000 in eine Staubwolke gehüllt, und es wäre unmöglich gewesen, den Prozess der Zerstörung mit modernen technischen Mitteln aufzuhalten. Für die Abwendung realer Katastrophen, globaler Ausmaße, wurde Grigori Grabovoi mehrfach von Regierungs- und gesellschaftlichen Organisationen vieler Länder ausgezeichnet.

Iwliew gab mir über Grabovoi etwas zu lesen, was für mich einer Entdeckung gleichkam, wir gingen offensichtlich, wie es heißt, auf parallelen Wegen. Da Grigori Grabovoi eine entscheidende Rolle in meinem Leben gespielt hat, sollte ich ihn meinen LeserInnen ausführlicher vorstellen. Am besten beginne ich mit Auszügen aus dem Buch von Wladimir Sudakow „Grigori Grabovoi, das Phänomen des Jahrtausends", es wurde im Jahr 1999 von Kalaschnikow herausgegeben.

„Im Jahre 1996 wurde Grigori Grabovoi 33 Jahre alt, man sieht ihm das Alter aber nicht an. Seine Erinnerung an sich selbst beginnt im Wickelalter: Er konnte noch nicht sprechen, da verstand er bereits, worüber sich die Erwachsenen unterhielten (auch jetzt versteht er Ausländer auf der Ebene der Gedanken). Seit er fünf Jahre alt ist, kann er Ereignisse im Voraus sehen, zum Beispiel wenn seine Mutter ihn

mit dem Fahrrad auf den Markt schickte, um hausgemachten Käse zu kaufen, da sagte er: „Dort gibt es keinen Käse“ Und dann kam auch schon die aufgebrachte Nachbarin hereingestürmt. Es zeigte sich, dass die Polizei alle Händler seit dem Vormittag vertrieben hatte, und daher gab es dort tatsächlich keinen Käse...

Er selbst hat seinen Fähigkeiten damals natürlich keine Bedeutung beigemessen, er dachte, dass das nichts Besonders sei, umso mehr, da niemandem von seinen Altersgenossen aus dem kasachischen Dorf Bogara, der Siedlung Kirow, je in den Sinn gekommen wäre, ihren Freund als Phänomen zu betrachten. Und doch begann Grigori mit etwa zwölf zu verstehen, dass er nicht so wie alle anderen war. Wie haben sich seine Fähigkeiten sonst noch ausgewirkt, möchte man fragen? Wenn ihm ein unangenehmes, unausweichliches Treffen bevorstand, so begann er darüber nachzudenken, dass sein Gegenüber andere, wichtigere Sorgen ablenken könnten, das heißt, er wechselte die Gedankenebene, fixierte seine Aufmerksamkeit auf alternativen Details. Und es geschah so, wie er es wünschte.

Grigori verstand von Kindheit an die Absichten der Tiere und konnte ihr Verhalten mittels Telepathie steuern.

Ich sollte erwähnen, dass in der Kindheit und Jugend niemand Grigori etwas Böses getan hat, es hat ihn niemals jemand gekränkt. Nicht, weil er Karate beherrschte oder weil im Turnen niemand an ihn herankam oder weil er mit dem Fahrrad als „Sporttourist“ bei einer Wette ein Auto überholt hat. Nein, man hat ihm wahrscheinlich aufgrund der „friedliebenden energetischen Hülle“, die ihn umhüllte, niemals etwas Böses getan. Oder vielleicht deshalb, weil er schon als Jugendlicher eine unbekannte riesige Kraft in sich empfand und sich vorgenommen hat, künftige Unannehmlichkeiten zu erraten und vor ihnen eine Barriere zu errichten.

Das ist nach wie vor sein Credo. Und die extrasensorische Kraft hat, wie er selbst zugibt, seit dieser Zeit weder zugenommen, noch hat sie sich verringert; er fing mit zunehmendem Alter einfach an mit seinem inneren Schatz vorsichtiger umzugehen, ihn nicht für Kleinigkeiten zu vergeuden, sondern nur im äußersten Notfall anzuwenden, zum Beispiel wenn ein Mensch Hilfe brauchte. Und in den letzten Jahren spricht Grigori immer öfter darüber, wie man nicht nur einzelne Menschen, sondern die ganze Welt vor einer Katastrophe retten kann.

Darauf, diese Mission umzusetzen, kam Grigori bei der Arbeit im Taschkenter Konstruktionsbüro für Maschinenbau, welcher er durch seine Universität zugeteilt wurde. Dort wurde an Technik geforscht, die für Flüge in den Kosmos bestimmt war, und Grigori beschäftigte sich außerdem noch mit der Theorie der Katastrophen. In ihm reifte eine eigene Konzeption heran, wie diese Katastrophen verhindert werden könnten.

...Einmal, als Student, ich bereitete mich gerade auf eine Prüfung vor und war in ein Buch vertieft. Als plötzlich eine unerklärliche Vibration durch meinen gesamten Körper ging. Vor meinem geistigen Auge tauchte ein Atomkraftwerk auf, dann Rauch, Feuer, hin und her laufende Menschen. Das war einen Monat vor der Tschernobyl-Katastrophe. Drei Tage vor der Tragödie wiederholte sich die Vision: Es brannten die Graphitstäbe. Und ihm erschien die visuelle Darstellung der Schrödingergleichung, die die Gesetze des Mikrokosmos betraf: Ein Tunnel (Begriff in der Quantenmechanik) und ein silbernes Stäubchen, die Energie des Elektrons versucht erfolglos von einem Zustand in einen anderen überzugehen. Grigori zuckte zusammen: Es wird sehr bald zu

einer Explosion kommen, der Graphitgehalt liegt weit über der Norm!

Dies alles ist Grigori auf der Ebene der Hellsichtigkeit erschienen. Und ich habe ihn gefragt: „Warum hast du nicht alles stehen und liegen gelassen, bist losgerannt, hast Alarm geschlagen?" „Ich habe damals durch Ferneinwirkung versucht die Folgen der Katastrophe zu minimieren, weil Beamte damals, auf dem Ohr, wenn es Hellsichtigkeit betraf, taub waren", sagte er betrübt. Denn wenn Grabovoi auf einen einsichtigen Beamten gestoßen wäre, so hätte man das Ereignis verhindern können. Grigori Grabovoi ist aber keiner, der an verschlossene Türen klopft. Er handelt selbständig und zählt nur auf seine Fähigkeiten die globale Bedrohung der Zerstörung von der Welt abzuwenden. Nach Möglichkeit bemüht er sich die Situation zu klären, bildet andere Menschen in seinem System der Rettung aus.

Und die Menschheit wird noch lange mit den Folgen der Tschernobylexplosion zu kämpfen haben: „Ich habe gesehen, wie nach allen vier Seiten, über die gesamte Erdkugel stärkste Neutrinoströme ausgestoßen wurden. Sie können sich bereits nach 120 Jahren in der Genetik des Menschen manifestieren."

Die Zeit verging. Grabovoi demonstrierte im geheimen Konstruktionsbüro Wunder, gab Antworten auf nicht gelöste Frage, sagte voraus, was geschehen würde, wenn dieses und jenes nicht gemacht werden würde, und hatte immer Recht. Und er wurde von Ganij Rafikow, dem Leiter der Usbekischen Steuerung der zivilen Luftfahrt in das Amt des Flugsicherheitsinspektors und gleichzeitig als Fachkraft für extrasensorische Flugüberwachung berufen. Das zweite Amt verpflichtete ihn, Unsichtbares zu sehen, das erste gab ihm das Recht Flüge abzusagen. Was er auch tat, wenn vor seinem „dritten Auge" abgerissene Leitungen oder andere Defekte im Inneren des Passagierflugzeuges erschienen. Er sagte Abflüge von Präsidentenmaschinen ab und agierte damit quasi als irdischer Schutzengel.

In den Händen des Brasilianers Carmin Mirabelli wurden feste Gegenstände flüssig. Die Analyse der metallischen Ruten, die durch den Willen des Israeli Uri Geller gebogen werden, weisen auf eine Veränderung ihrer molekularen Struktur hin... Wie sie es machen, ist dem Verstand unbegreiflich, und es wird kaum gelingen, von ihnen eine Erklärung zu bekommen, nicht nur, weil sie weit weg sind: der eine in der Zeit, der andere im Raum; ihre Geheimnisse sind auch deshalb verborgen, weil beide Objekt einer grausamen Hetze waren: Beide wurden für Betrüger erklärt...

Und Grigori Grabovoi – hier steht er vor uns, und der Vorhang der Geheimhaltung, scheint mir, kümmert ihn wenig; und er wiederholt sein Credo: „Jedes beliebige Ereignis kann verändert werden. Meine Prognosen sind nicht fatal, ich versuche immer auf eine konstruktive Weise vorzuwarnen. Ich verändere nicht das Objekt, sondern die Situation um das Objekt."

Nach der Tschernobyl-Katastrophe dokumentiert Grabovoi vorsorglich all seine Prophezeiungen. In seinem Archiv gibt es hunderte von Akten, die durch Unterschrift und Siegel maßgeblicher Spezialisten beglaubigt sind. Hier möchte ich einige von ihnen erwähnen.

Das Flugzeug IL-86 Nr. 86052. Der Extrasensoriker Grabovoi hat einen Defekt im 4. Triebwerk vorausgesagt. Möglicherweise infolge eines Zusammenstoßes mit einem Vogel. Das Ergebnis: Nach 7 Tagen, am 27.01.92, ist beim Landeanflug eine Krähe in den Trakt des 4. Triebwerks geraten. Der Flugzeugkapitän kannte die Prognose und hat es geschafft den Luftstrom auszugleichen und das vollbesetzte Flugzeug sicher zu landen. Es war der Lufteinlauf verstopft. Das Triebwerk wurde außer Betrieb genommen.

Das Flugzeug IL-62 Nr. 86704. Der Extrasensoriker Grabovoi hat einen Materialfehler in der Brennkammer des Triebwerks Nr. 3 festgestellt. Nach 11 Tagen, laut der Aufzeichnung im Logbuch, wurde ein Durchbrennen der Düsenkammer festgestellt, die sich in der Brennkammer des Triebwerks Nr. 3 befand. Das Triebwerk wurde vorzeitig außer Betrieb genommen.

Das Flugzeug IL-86 Nr. 86056. Der Extrasensoriker Grabovoi stellte Informationen zur Verfügung, die eine ungenügende Installation der vorderen Toiletten betreffen. Aus dem Logbuch: „22.01.92 In der vorderen Toilette fließt Wasser aus dem Paneel. Das Wasser wurde während des Fluges abgeschaltet. (Man braucht kein Hellseher zu sein, um zu erkennen, was passiert wäre, wenn das Wasser ins Steuersystem des Flugzeuges geraten wäre: Die Elektronik zeigt fälschlicherweise einen Ausfall der Triebwerke an, die Piloten schalten sie ab...) Als Ergebnis hat das Konstruktionsbüro, wo die IL-86 konstruiert wurde, die Verschalung der Toiletten verstärkt.

Ich wiederhole, von solchen offiziellen Berichten gibt es hunderte. Undjedes endet mit der Phrase: „Die Informationen des Extrasensorikers Grabovoi haben sich vollständig bestätigt." Es bleibt nur sich darüber zu wundern, warum die Flugleiter, die die Warnungen bekommen haben, nichts unternommen haben; sie haben gewartet, bis sich die Prognose bewahrheitet... Im Übrigen wunderten sich die Vorgesetzten über etwas anderes: Wie schafft es ein so junger Mann, der kein Spezialist im Flugzeugbau ist, aus der Entfernung in das Innere des Flugzeuges zu sehen, ja sogar zu bestimmen, was dort fehlerhaft ist: der Computer, das Fahrgestell, der Transformator, die Ölzufuhr? Denn dieser noch unerfahrene Mensch stellt Defekte fest, ohne aus dem Zimmer zu gehen, für ihn reicht es aus, nur die Nummer des Flugzeuges zu wissen – dies wurde im Vertrag mit dem sowjet-amerikanischen Joint-Venture „Ascon“ festgehalten...

Auch in Fergane haben hohe Luftfahrtleiter eine „experimentelle Prüfung“ der Möglichkeiten des Extrasensorikers vorgenommen. Sie riefen eine Kommission ins Leben, zu der Spezialisten des wissenschaftlich-technischen Komplexes für Luftfahrt O.K. Antonow und des Ferganer mechanischen Betriebes gehörten. Sie haben Grabovoi beauftragt, im Laufe von 2 bis 3 Sekunden aus einer Entfernung von 25 m eine Prognose für das Flugzeug An-12 Nr. 1901, der bulgarischen Fluggesellschaft „Air Sofia“, abzugeben. Ich zitiere das Protokoll.

„Grabovoi benutzte für die Diagnose keinerlei Geräte und hatte aufgrund der Zeitbeschränkung keine Möglichkeit, den Zustand des Flugzeuges zu erfragen... Bis zur Diagnose wusste niemand von den Defekten, auf die er hingewiesen hat und die später von der Kommission gefunden und in den Akten beglaubigt wurden. Defekte wurden nur dort gefunden, wo Grabovoi sie angegeben hat, obwohl mit den Geräten das ganze Flugzeug geprüft wurde.“ (Und es gelang, nicht mehr und nicht weniger, als eine Korrosion der Holme im Bereich des 62. Querträgers aufzudecken ...). Bei dem daneben stehenden Flugzeug An-12 Nr. 1204 hat Grabovoi unter denselben Bedingungen Risse auf der oberen Verkleidung einer Tragfläche entdeckt, wonach das Flugzeug in die Reparatur gegeben wurde. Mit der physischen Sehkraft hätte man diese Defekte nicht aufspüren können.

Das war einer der Fälle, bei denen Grabovois Wahrnehmung der zukünftigen Ereignisse half, bis zum Flug Vorkehrungen zu treffen. Und über Grabovoi brach eine Lawine von Bitten herein, die Gründe von „Flugzwischenfällen“ zu analysieren. So hat Grabovoi in der freien ökonomischen Gesellschaft „Rampa" per Ferndiagnose festgestellt, was sich bei dem Flugzeug An-12 Nr. 113337 am 14.03.95, auf dem Gelände des Bakinsker Flughafens, zugetragen hatte. Alles, was der Extrasensoriker später im Laufe der Untersuchung nach der Notlandung zu Protokoll gab, hat sich bestätigt: sukzessiver Ausfall zweier Triebwerke, Defekt der Elektroenergetik, Überschreitung des zulässigen Gewichts des Flugzeuges, technische Störungen aufgrund falscher Bedienung durch die Besatzung...

Ich gestehe, dass auch ich überprüfen wollte, inwiefern die Angaben von Grabovoi stimmen. Habe meine Uhr von der Hand genommen und ihm angeboten, mir zu sagen, woher ich sie habe. „Sie wurde dir vor 3 Jahren von einem großen weißen Mann geschenkt". Ich war mehr als erstaunt: Tatsächlich, es war ein Geschenk eines arabischen Scheichs mit grauen Haaren, groß, in einem weißen Gewand...

Ich berichte deshalb so detailliert über die Psychodiagnostik, die von Grabovoi durchgeführt wird, damit die Leserin und der Leser sich das Ausmaß seines Talentes vorstellen kann. Die menschliche Fernortung von Objekten wurde schon früher praktiziert: Im Auftrag der Leningrader Kriegsmarinebasis bestimmten hellsichtige Operatoren mit Hilfe einer Seekarte die Lage von Vermessungsschiffen im Ozean. Aber die Genauigkeit der Vision von Grabovoi übertrifft alle denkbaren Parameter. So ist die Frage berechtigt, um was für eine Intuition es sich bei diesem Menschen handelt. „Es ist keine Intuition, sondern Hellsichtigkeit", sagt Grigori Grabovoi, „denn ich kann sogar das winzigste Detail von allen Seiten betrachten. Die Vision läuft in realer Zeit ab und ist zu 100 % fehlerfrei. Es ist etwas anderes in die Vergangenheit oder die Zukunft zu sehen. Bei einer solchen Arbeit ändere ich die Ereignisse zum Besten“.

Dazu braucht man, wenn ich es richtig verstehe, den sechsten Sinn. Davon ist auch das Akademiemitglied W. Wernadskij ausgegangen: „Man muss den tatsächlichen Einfluss des menschlichen Bewusstseins berücksichtigen, das heißt das Verhalten von etwas Lebendigem auf eine Erscheinung, die sich im realen Lebensraum des Naturalisten abspielt.“

Am 6. Juni 1995 wurde Grabovoi um 15.00 Uhr zum Zentralenstab der militarisierten Berg-Rettungs-Truppe der Kohlenindustrie gerufen. In dem Schacht „Workutinskaja“ hatte sich eine Katastrophe ereignet und es musste feststellt werden, wo unter der Erde sich die Menschen befanden. Im Folgenden gebe ich das Protokoll wieder, das von den Stellvertretern des Chefingenieurs des Zentralstabes, A. Kusnezow und A. Scholusom, unterschrieben wurde:

„Grabovoi hat auf extrasensorische Weise, ohne dass ihm irgendwelche Informationen zur Verfügung standen, in Sekundenbruchteilen den Brandherd, die Position der zwei Verschütteten im Ventilationsschacht und die Störung der Lüftung im Notschacht richtig bestimmt... Grabovoi hat die extrasensorische Diagnostik anhand eines Schemas durchgeführt. Er verfügte über keinerlei Information bezüglich des Grubenstandortes im Gelände, d. h. er hatte nur ein Blatt Papier...“

Jene zwei konnten gerettet werden. Nichtsdestoweniger kommen immer wieder Bergarbeiter ums Leben. Die Ursachen dafür liegen in der moralischen und physischen Verfassung der Kumpel, dem Abnutzungsgrad der Ausrüstung, der Unvollkommenheit der Rettungstechnik. Vor solchen Faktoren muss der Mut und Heroismus eines jeden Retters zwangsweise kapitulieren.

Grabovoi wartet noch immer auf die allgemeine Karte aller Gruben des Landes, die ihm vom Zentralstab versprochen wurde, um Aussagen über deren Zukunft machen zu können. Wenn es keine Karten gibt, so gibt es auch keine Prognose, wo die nächste Überraschung erwartet werden kann...

...Es scheint, dass es für Grabovoi keine „kleinen" Probleme gibt. Wenn ein Mensch zu ihm kommt, so muss es sich um etwas Wichtiges handeln. Und er schaltet sein inneres „Arbeitsorgan" an.

...Ich denke, das reicht aus, um sich einen ersten Einblick über das Ausmaß der Arbeit von Grigori Grabovoi zu verschaffen... Und doch wäre das Bild unvollständig, wenn ich ein so breites Interessengebiet, wie Business und Banken, nicht erwähnen würde. Ich werde einfach zitieren.

„Ich, Joseph Dantschenko, der in Gomel wohnhaft ist, bestätige, dass ich mich am 25. März 1995 an Grigori Grabovoi bezüglich meines Geschäftes gewandt habe. Grabovoi hat die Namen der Personen bestimmt, die mit meinen Partnern inoffiziell zusammenarbeiten."

„Ich bestätige, dass das Medium Grabovoi mir während des Treffens am 4. August 1995 von großen Problemen berichtet hat, die nach dem 23. August im Banksektor zu erwarten seien, und hat empfohlen, am 22. und am 23. August prophylaktische Maßnahmen nach dem Interbankengeschäft vorzunehmen. Die Prognose wurde durch den „schwarzen Donnerstag" (am 24. August) bestätigt, als dutzende Banken ihren Verpflichtungen nicht nachkommen konnten. W. Serebrjakow, der Abteilungsleiter des Devisenmarktes der Bank Nationaler Kredit."

Es gibt zahlreiche Berichte über die Genauigkeit der Diagnostik von G. Grabovoi auf dem Gebiet der Software. Wir schauen uns einen von ihnen an, unterschrieben vom Generaldirektor des Joint-Ventures

„Ascon" I. Chamrakulow:

„Beim Kopieren einer Programmdatei von einer virenverseuchten Diskette auf die Festplatte war während der extrasensorischen Einwirkung von G. Grabovoi die Programmdatei, die auf der Festplatte gespeichert wurde, zehnmal kleiner als die Datei auf der Originaldiskette. Beim Kopieren sollte das Virus DIR von der Diskette auf die Festplatte übertragen werden, aber dazu ist es nicht gekommen, was von dem Antivirusprogramm ANTI-DIR bestätigt wurde. Also ist das Virus beim Überspielen der Datei von der Diskette auf die Festplatte zerstört worden."

Aber das sind nur Kleinigkeiten. Der Programmierer des Informationszentrums der Flugtechnischen Basis, Radik Waletow, berichtet von Fällen gedanklicher Einwirkung, seitens G. Grabovoi, auf den Computer und die Peripheriegeräte. In einer Entfernung von zwei Metern hat er dem Computer „befohlen", Informationen einer Datei auf die eingelegte Diskette zu überschreiben...

Es sind Fälle im Westen bekanntgeworden, wo Banksysteme blockiert waren, weil der Arbeitsspeicher von einem Virus infiziert wurde. Hunderttausende Investoren waren betroffen. Noch unangenehmer sind Computerstörungen, die die Steuerung eines Transportmittels betreffen, eines Kernkraftwerkes oder eines Systems, das der Beförderung von Erdöl, Erdgas dient. In jedem dieser Fälle wirkt das Phänomen Grabovoi wie ein Rettungsring.

Lidija Tschernjak arbeitet im Raumfahrtzentrum. Auch sie verfügt über mediale Fähigkeiten, bleibt aber in der Bewertung dieser bescheiden. Als sie von Grabovoi erfahren hat, wand sie sich mit einer Bitte an Gott, dass nämlich jener ihre Bekanntschaft ermöglichen solle. Und so kam es auch zu einem Treffen, welches im Raumfahrtzentrum stattgefunden hat. Dorthin war Grigori Grabovoi für die Diagnostik der internationalen Raumstation „Mir" eingeladen worden. Das Medium stellte in Anwesenheit einer der Leiter eine Störung in der Wärmeisolierung der äußeren Verkleidung der Raumstation fest, bestimmte die Stelle in der Rakete, an der ein Übergewicht herrschte und wo es Risse und Kratzer gab. Auf Bitten der amerikanischen Teilnehmer des Experimentes wollten die Wissenschaftler probehalber einen Nachbrennschub der Bordtriebwerke einleiten, damit die Station ein bisschen „ins Schaukeln" kommt. Grabovoi hat auf die Gefahren eines solchen Experimentes hingewiesen, die wegen des Vorhandenseins der Risse im Körper unausweichlich schienen. Ein Nachschub, hat er erklärt, kann nur bei äußerer Kontrolle eines jeden Konstruktionssegmentes verantwortet werden... Außerdem hat Grigori Grabovoi die Verschlechterung des Befindens der Kosmonauten während des Bogens über der geopathogenen Zone Brasiliens vorausgesagt... Schließlich hat er auch noch ungünstige Veränderungen in der Atmosphäre der Station „gesehen": Unter der Einwirkung von Wärme und Feuchtigkeit haben sich dort neue Bakterienstämme gebildet, die sich negativ auf die Gesundheit der Kosmonauten auswirken können.

„Die Möglichkeiten dieses Menschen sind so einzigartig und unglaublich", hat L. Tschernjak gesagt, „dass Russland berechtigter Weise, auf solche Menschen wie ihn stolz sein kann, solche Menschen sollte man sich bewahren." Wenn man von Grabovois Möglichkeiten spricht, so sollte man eine weitere, anscheinend ganz phantastische, aber nichtsdestoweniger dokumentarisch festgehaltene Tatsache nicht vergessen - die Fähigkeit Tote wieder ins Leben zurückzuholen. Ich zitiere aus demselben Buch von Wladimir Sudakow:

„Der Anruf eines „Arbeitskollegen" hat Grabovoi weit nach

Mitternacht aus dem Schlaf gerissen: Eine Frau hat ihren 12jährigen Sohn als vermisst gemeldet und es gibt Hinweise darauf, dass der Jungen zerstückelt wurde. Vor den Augen Grabovois ist eine in Stücke zerlegte Leiche erschienen. Nachdem er einige Fragen gestellt hatte, versicherte er dem Anrufer: „Geben sie mir drei Tage, ich werde ihn wieder „aufbauen“ und richten sie der Mutter aus, dass sie ihren Sohn bald heil und unversehrt wiedersehen wird. In der Zeit zurückgehend, begann er ein positives Bild der Zukunft zu kreieren. Man muss das Problem UMGEHEN, man muss einen anderen, günstigen Lauf der Ereignisse herbeiführen...

Nach drei Tagen hat die vor Kummer vergehende Mutter ihren Sohn „zufällig“ auf dem Kasaner Bahnhof ganz und unversehrt wiedergefunden, er konnte sich nur an nichts erinnern, was in den letzten Tagen, an denen er nicht zu Hause war, geschehen ist...

Ein weiterer Fall: ...Die besten Detektivagenturen und staatlichen Sonderdienste haben auf Bitten einer Frau festgestellt, dass ihre Tochter verbrannt worden war. Mit Hilfe seiner medialen Kräfte hat Grigori Grabovoi den Körper des Mädchens wiederhergestellt, während er hunderte Kilometer von der Stelle der Verbrennung entfernt gewesen ist...

Grigori Grabovoi kann Menschen in verschiedenen Situationen ins Leben zurückholen: Er hat eine Frau in Anwesenheit von Ärzten wiederbelebt, einen Mann in Anwesenheit eines Kindes und eines Erwachsenen...

Wie kann es sein, dass der Lauf der Dinge verändert werden kann? Ich hakte ebenso beharrlich bei Grabovoi nach. Völlig gelassen begann er es zu erklären:

„Es liegt an den parallelen Zeitlinien. Wenn ein Heiler ohne Skalpell

operiert, dringt er mit seinem Finger in eine andere Zeit, die andere Hand bleibt in der Realität. Bildlich gesprochen hat er mehrere Hände, wie Krishna. Genauso gehe ich mit einem Teil meines „ichs" in ein anderes Zeitfeld, an einen beliebigen Punkt, um die Schicksalslinie zu verändern. Man kann sagen, Gott selbst schickt mich auf eine Bewährungsprobe. Wenn es sich um einen Auftragsmord handelt, so erfährt man es schnell aus der Presse, dann gibt es noch eine andere Variante: Der Verstorbenen kann nur an den Ort lebendig projiziert werden, wo niemand von ihm weiß. Die optimale Variante ist die Abwesenheit von Zeugen des Todes oder solche Zeugen, die einige Zeit nichts von der Wiederbelebung erzählen. Für diejenigen, die es unbedingt ausposaunen müssen: Hier, er ist lebendig und war vor kurzem tot! - muss eine Erklärung und Neutralisation aufgebaut werden. Es versteht sich, dass ich niemanden umbringe, es ist gegen die christliche Moral. Deshalb schaffe ich schöpferische Ereignisse für alle Seiten. Erst nach dieser Prozedur fange ich an einen alternativen Lauf der Ereignisse zu konstruieren, das Opfer aus dem Tod herauszuziehen. Ich motiviere die Tatsache der Auferweckung mit Bezugnahme auf die logischen Schlüsse, dass die Auferweckung die Unzweckmäßigkeit der Entwicklung verschiedener Vernichtungsmittel zeigt, da alles wiederhergestellt werden kann. Die Auferweckung wird immer von allen Menschen, wenn auch unbewusst, unter dem Aspekt der Unsterblichkeit des Geistes begrüßt. Der unsterbliche Geist einiger ist in der Unendlichkeit der Zeit offensichtlich in der Lage zur Erhaltung eines positiven Bildes der Entwicklung der Welt beizutragen. Die Materialisierung eines beliebigen Gegenstandes ist mit dem Prozess der Auferweckung gleichzusetzten. Mit einem allgemeineren Wort wird es als Wiederherstellung bezeichnet. Die Wiederherstellung der positiven, schöpferischen Struktur der Welt. In diesem Kontext wird die Zerstörung als absolut unzweckmäßig betrachtet, folglich als das überwindbare Hindernis zur Realität des Seins.

Vielen wird die Möglichkeit einer solchen Prozedur wahrscheinlich als unglaublich erscheinen. Ich habe jedoch den Eindruck, dass die Methode vollkommen zeitgemäß ist, um den tatsächlich schöpferischen Weg der Entwicklung aufzuzeigen, der wirklich und für immer die Vernichtung der Welt verhindern kann. Der Mörder lebt, obwohl er nicht ahnt, dass er in einer anderen Vergangenheit von Kräften der Vergeltung möglicherweise bereits zerstört wurde. Das ist die Art und Weise wie das Leben aller Seiten erhalten werden kann, was notwendig ist für die Annahme der schöpferischen Gesetze der Entwicklung durch die Gesellschaft. Das unschuldige Opfer weilt wieder unter uns und niemandem wird in den Sinn kommen, dass ihm eine Tragödie widerfahren ist. Und die Familie ist wieder vereint.

Ich kann mir ausmalen, dass die Veränderung bereits eingetretener Ereignisse eine Sache von höchster esoterischer Stufe ist und nicht weniger schwierig. Wesentlich bequemer ist es, das Unglück zu verhindern, was auch Grabovoi mit großem Enthusiasmus macht.“

Alles, was Iwliew mir über diesen Menschen erzählt hatte, was mir gelungen ist, über ihn zu lesen, hat mein Weltbild erschüttert. Ich mühe mich immer noch mit der Regeneration der Gallenblase ab und jemand holt, mir nichts dir nichts, Verstorbene ins Leben zurück. Wobei ich auch sehen konnte, dass unsere Techniken einander ähnlich sind. Und warum macht die Russische Akademie der Wissenschaften wegen Grabovoi nicht den Mund auf? Die Wissenschaft nähert sich doch schon lange dem Verständnis an, dass das planetarische Bewusstsein im Universum eine gewisse Einheit bildet, die als SUPERVERSTAND oder als

Bewusstseinsfeld bezeichnen werden kann. Konstantin Ziolkowskij trat mit der Behauptung über die Existenz der „kosmischen geistigen Kräfte" und des „kosmischen Gehirns" auf. „Ich bin nicht nur ein Materialist, schrieb er in diesem Zusammenhang, sondern auch ein Panpsychist, der die Sinnhaftigkeit des ganzen Universums anerkennt. Ich halte diese Eigenschaft für untrennbar von der Materie." Der Gedanken über die Existenz einer „geistigen Kraft", die im Kosmos präsent ist, ist am Ende seines Lebens auch Albert Einstein gekommen, der, wie bekannt ist, die Seite des naturwissenschaftlichen Materialismus vertrat.

Das moderne Wissen wird immer mehr zu diesem Gedanken hingezogen. Nach Meinung des bekannten sowjetischen Philosophen I. Aktschurin kann infolge einer kritischen Überprüfung des naturwissenschaftlichen Weltbildes sogar an Stelle der klassischen mechanistischen Vorstellungen von der Welt, wie über ein großes und kompliziertes „Uhrwerk", ein neues Paradigma treten - in dem die Welt als ein lebendiger Organismus betrachtet wird. Auf jeden Fall, so schreibt er, beschäftigt sich eine ganze Reihe von Naturwissenschaftlern „mit der ernsthaften Untersuchung dieser Möglichkeit".

Zu diesem Schluss, in dieser oder jener Form, kamen auch andere Forscher. Hier ist ein Beispiel, wie es der amerikanische Philosoph Samuel Kram formulierte. „Das Universum", schreibt er, „ist so majestätisch, dass es schwierig ist anzunehmen, dass da kein einheitlicher Verstand existiert, der die Bewegung von Milliarden Lebewesen auf allen für das Leben brauchbaren Planeten fühlt, ebenso wie der Mensch einen schwachen Kopfschmerz empfindet… Sterne oder sogar Galaxien – sind nur „Neuronen" eines solchen Gehirns"."

Der Journalist und Populist A. Gorbowskij hat sehr interessante Fakten bezüglich der Idee des lebendigen Weltalls in der Broschüre

„Im Kreis der ewigen Rückkehr“ (Ausgabe „Snanije“, Moskau, 1989) zusammengetragen. In dieser Arbeit widmet er sich einer Reihe von Entdeckungen:

„Vor einiger Zeit haben Astronomen, als sie Spektren einiger galaktischer Quellen untersuchten, im offenen Weltraum Ameisensäure entdeckt. Auch Spuren von Weinspiritus und Holzspiritus konnten nachgewiesen werden. Und in einer Entfernung von über zwei Millionen Lichtjahren haben Mitarbeiter des westdeutschen Max-Planck-Institutes eine Wasserdampfwolke entdeckt. Inzwischen sind bereits Dutzende organische Moleküle bekannt, die im Kosmos existieren. Sie füllen Gaswolken gigantischer Ausmaße, die sich über Lichtjahre erstrecken. Das sind Abermilliarden Tonnen von organischem Material. Das korrespondierende Mitglied der UdSSR V. Goldanskij hält „sogar die Bildung von kompliziertesten Molekülen bis hin zu Eiweißketten“ im Kosmos für möglich.

Die Astrophysiker Chandra Wickramasinghe und Fred Hoyle haben, als sie im Sternstaub entdeckte organische Moleküle, organische Basen, untersuchten, den Gedanken geäußert, dass im Kosmos Mikroorganismen auf Zellenniveau existieren könnten. Ihre Masse ist, ihrer Ansicht nach, riesig - allein in unserer Galaxie existieren zehn solcher Zellen. Was es für eine Lebensform ist, welche Prozesse sich in ihrem Inneren abspielen, wie sie sich auf den nicht lebendigen Kosmos auswirkt – das wissen wir nicht und können es noch nicht einmal erahnen.

Bis vor kurzem war es üblich davon auszugehen, dass die kosmische Materie - Sterne, Galaxien - sich im Raum auf eine systemlose Weise verteilt. Offenbar ist das nicht so. Zu dieser Schlussfolgerung sind estnischen Astronomen aus dem Institut für Astrophysik und atmosphärische Physik gekommen. Hier ist, was J. Ejnasto, Doktor der physik-mathematischen Wissenschaften, dem Korrespondenten der Nachrichtenagentur TASS erklärt hat:

„Galaxien und Galaxiengruppen erinnern in ihrer Anordnung an riesige Bienenwaben. Und dort, wo diese Waben grenzen, ist die Materie höher konzentriert."

Zu dieser Schlussfolgerung kamen die Forscher, die die Masseverteilung der Galaxien: Perseus, Andromeda und Pegasus aufmerksam studiert haben. Es stelle sich heraus, dass an der Grenze einer solchen „Wabe" die Oberflächendichte der jeweiligen Galaxie und Galaxiengruppe viermal so hoch ist, wie in ihrem zentralen Teil. Das Bild, das sich den amerikanischen Astrophysikern nach der Bearbeitung der Daten mehrerer Millionen Galaxien durch den Computer zeigte, bestätigte eine wabenartige Struktur des Universums. Charakteristisch ist, dass sich im Inneren der Waben fast gar keine Galaxien befinden, sie sind alle an den „Wänden", die die Waben voneinander abgrenzen, konzentriert. Die Größe der Waben beträgt 100 bis 300 Mio. Lichtjahre. Laut B. Komberg, einem wissenschaftlichen Mitarbeiter des Institutes für kosmische Forschung der UdSSR: „Wenn sich ein solcher Standpunkt für die großräumige Struktur des Universums bestätigt, dann kommen wir zu einem skurrilen Bild eines wabenartigen Weltalls…"

Welchen Kräften, welchen Faktoren ist es zu verdanken, dass eine so symmetrisch geregelte Struktur entstehen konnte?

Die Entdecker dieses Phänomens, die estnischen Astronomen M. Jyjevaer und J. Einasto äußern sich wie folgt dazu: „Numerische Experimente haben gezeigt, dass die Wabenstruktur auch aufgrund einer zufälligen Anhäufung entstehen kann. Wir gehen davon aus, dass die Struktur primär ist und sich vor den Galaxien und Galaxiengruppen gebildet hat…“

Kann man vermuten, dass die lebendige Materie des Kosmos, ein geistiger Impuls ist, der auf die Massenverteilung der Materie einwirken kann? Kann man einen solchen Einfluss auch in anderen, komplexeren Erscheinungen der uns umgebenden Welt suchen?

Eine Zeit lang herrschte in der Wissenschaft die Meinung, dass die Entstehung des Lebens auf der Erde zufällig geschehen ist. Heute allerdings, ausgehend von modernen wissenschaftlichen Erkenntnissen, stellt sich eine zufällige Synthese der Moleküle RNA und DNA, der Grundlage des Lebens, als wenig wahrscheinlich dar. Darüber hinaus wäre selbst die lange Existenzdauer des Universums zeitlich für das Entstehen des Lebens auf Zufälligkeiten basierend nicht ausreichend.

Wenn in einer beliebigen Wabe des Raumes im Umfang eines Elektrons jede Mikrosekunde eine Variante erprobt würde, so lautet eine der Berechnungen, so wären in 100 Mrd. Jahren (das Universum existiert aber erst 15 bis 22 Mrd. Jahre) nur 10 Varianten durchgespielt. Diese Zahl ist geradezu winzig im Vergleich zu den notwendigen $4^{1000000} \sim 10$ - so viele Kombinationen aus den 4 „Buchstaben“ des genetischen Codes müssten geprüft werden, um jene zu bilden, aus der Leben entsteht. Nach den Berechnungen des bekannten amerikanischen Astronomen Jr. Holding würde eine solche Wahrscheinlichkeit 1 zu $1{,}3 \cdot 10^{30}$ betragen.

Wenn man mit der Methode der zufälligen Kombinationen versuchen würde selbst das einfachste, primitivste Eiweißmolekül zu bilden, so wäre in der ganzen Existenzzeit des Universums nur ein unbedeutend kleiner Teil dieser Varianten durchgespielt. Zu dieser Schlussfolgerung sind die deutschen Wissenschaftler M. Eigner und R. Winkler gekommen. (Nach den Berechnungen der Astrophysiker Chandra Wickramasinghe und Fred Hoyle reicht auch die Existenzdauer der Erde nicht aus, um aus den zweitausend Fermenten, die von den Erdorganismen genutzt werden, ein System hervorzubringen, das auf Evolution basiert.

Also konnte das Leben, laut den neusten wissenschaftlichen Erkenntnissen, nicht einfach aufgrund eines Zufalls entstehen.

Die Abwesenheit eines Zufalls bemerkte seinerzeit W. Wernadskij. „Die irdischen Wesen“, so schrieb er, „sind Ergebnis eines komplexen kosmischen Prozesses, eines notwendigen und gesetzmäßigen Teiles des in sich geschlossenen kosmischen Mechanismus, wo es, wie wir wissen, keine Zufälle gibt.“ Und tatsächlich, wie das Beispiel der Erde demonstriert, ist die Bedingung der Existenz von Lebensformen eine eigenständige Neuschöpfung ihrer selbst. Man kann vermuten, dass dieses Gesetz auch in den Maßstäben des Universums gilt. Wenn man diesen Gedanken weiterentwickelt, so erscheint es logisch, dass auch die lebende Materie des Kosmos fortwährend nach der Bildung neuer Herde des Lebens strebt. Es geht um eine gesteuerte Einwirkung auf tote Materie, um ihre Organisation, um das Schaffen von Bedingungen, die zum Entstehen des Lebens führen.

„Das Antlitz der Erde“, so äußerte sich W. Wernadskij zu diesen Kräften, „wird durch sie in bedeutendem Ausmaß verändert und modelliert. Es ist nicht nur die Reflexion allein unseres Planeten, ihrer Elemente, ihrer Energie, es ist gleichzeitig eine Kreation äußerer kosmischer Kräfte.“ Es handelt sich um eine allgegenwärtige gesteuerte Einwirkung „der äußeren Kräfte des Kosmos“, für die der Raum und vielleicht auch die Zeit kein Hindernis darstellen. „Die Biosphäre der Erde“, so Wernadskij weiter, „ist eine Quelle der Veränderungen des Planeten durch äußere kosmische Kräfte.“

Im Folgenden führt A. Gorbowskij einen durchaus passenden

Kommentar an:

„Der englische Physiologe K. Bert geht davon aus, dass es außer dem uns bekannten physischen Universum gewisse Kraftfelder gibt, die so etwas wie ein „psychisches Universum“ bilden.“ Es sind Felder oder bestimmte Areale des Bewusstseins, die über die Fähigkeit der „Strukturierung der Realität“ verfügen und „auf die Materie und den Raum einwirken“.

Sowohl der amerikanische Astrophysiker Freeman J. Dyson als auch seine Kollegen schließen „a priori die Möglichkeit nicht aus, dass der Verstand und das Bewusstsein in der Struktur des Universums denselben Status haben wie die Materie und die Energie“.

Darüber, dass eine Einwirkung des Bewusstseins auf die Materie möglich ist, sprechen auch einige Laborversuche der letzten Zeit, die überzeugende, statistisch relevante Ergebnisse geliefert haben. So musste, nach den Bedingungen eines der Experimente, ein Teilnehmer den Knopf eines Gerätes drücken, das einen Spielwürfel auswarf. Dabei sollte er einen gedanklichen Impuls aussenden und sich wünschen, dass eine bestimmte Zahl gewürfelt wird: „eine Sechs“, „eine Zwei“ usw. In den Laboren der Pittsburgh-Universität (USA) wurde 170.000 Mal auf diese Weise gewürfelt. Die Experimente wurden auch in anderen wissenschaftlichen Zentren durchgeführt. Es wurde festgestellt, dass die Menge der „gewünschten“ Ergebnisse deutlich über dem statistischen Durchschnitt lag, und es viel noch eine weitere Gesetzmäßigkeit auf: Die Zahl der „gewünschten“ Ergebnisse erwies sich gegen Ende einer Versuchsserie als wesentlich niedriger als am Anfang. Die Wahrscheinlichkeit einer solchen Verteilung liegt bei 1 zu 30.000.000.

Einen weiteren Beweis für die Möglichkeit einer Beeinflussung der materiellen Welt mit Hilfe eines Gedankenimpulses stellen die

Experimente zur Entstehung des „Josephson-Effekts“ dar (das Fließen eines supraleitenden Stromes durch eine dünne dielektrische Schicht). Der Testperson wurden Ausganswerte (Impulssignale) des Magnetrons am supraleitenden Bildschirm gezeigt und er wurde geben, mittels seiner Gedanken auf das magnetische Feld einzuwirken. Infolge der Einwirkung wuchs die Ausgangsfrequenz bereits nach dreißig Sekunden auf das Zweifache an.

Und es gibt noch viele solcher Geschichten. So können auch die Experimente von Willy Schneider (zwanziger Jahre des 20. Jahrhunderts) erwähnt werden, der Kraft seiner Gedanken Gegenstände bewegte, in Anwesenheit einer Kommission aus 54 Universitätsprofessoren, die die Wahrhaftigkeit des Phänomens bestätigten. Zu dieser Kategorie von Erscheinungen muss auch eine Episode aus dem Leben von Charlie Chaplin gezählt werden, die er in seiner Autobiographie erwähnt. Als er einmal mit seinen Freunden in eine Bar ging, wo es drei Roulettetische gab, verspürte er plötzlich eine seltsame Kraft in sich und sagte, dass er die Kugeln beeinflussen könne - die erste wird auf „9“ springen, die zweite auf „4“, die dritte auf „7“. „Und die erste blieb auf der 9, die zweite auf der 4 und die dritte auf der 7 stehen. Und es war doch eine Chance eins zu einer Million.“, so Chaplin.

Eine Erwähnung ähnlicher Phänomene - der Einwirkung eines Gedankenimpulses auf materielle Gegenstände - kann man auch bei einigen Autoren des Altertums finden. Eine dieser Erzählungen stammt von Joseph Flawi (1. Jh. nach Christus). Er berichtet von einem gewissen Eleasar, der bei der „Austreibung böser Geister“ befahl, unweit des Kranken einen Becher mit Wasser oder einen Behälter für das Waschen der Beine zu stellen.

Als er den Körper des Kranken verließ, warf „der böse Geist“ auf seinen Befehl den Behälter um. Es geschah in Anwesenheit des Kaisers Vespasian, seiner Söhne, vieler römischer Feldherren und einer Menge von Legionären."

Das, was G. Grabovoi macht, reiht sich durchaus bei den von der Wissenschaft bereits angesammelten Fakten und Hypothesen ein, mit dem Unterschied, dass eine solche extrasensorische Macht und Kraft in einem einzelnen Menschen früher nicht beobachtet wurde.

Das Phänomen des Akademiemitgliedes Grabovoi passt ganz und gar nicht ins Prokrustesbett der orthodoxen Wissenschaft. Er behauptet nicht nur, dass im Universum verschiedene Realitäten existieren, einschließlich der geistigen, unsichtbaren, sondern er demonstrierte auch vollkommen überzeugend, wie sie unser Leben beeinflussen. Materialisierung und Dematerialisierung von Gegenständen, Telepathie, Heilung hoffnungslos Kranker sogar von Krebs und AIDS, das Wiederbeleben von Verstorbenen, das in Anwesenheit von Experten geschah, Regeneration fehlender Organe – das sind keine bloßen Hirngespinste von Menschen mit einer großen Fantasie, sondern die alltägliche Arbeit dieses außergewöhnlichen Menschen, der niemals anstrebte im Fernsehen aufzutreten oder im Rampenlicht zu stehen. Grabovoi schuf einfach eine neue Realität in einem Wissensbereich, wo Wissenschaft und Religion einander nicht im sinnlosen Streben gegenüberstanden, alleine das Recht auf die Wahrheit zu beanspruchen, sondern sie durch gemeinsame Bemühungen erreichten.

Die Tatsache der Widerauferstehung, und ich betone es noch einmal, die auf entsprechende Weise registriert wurde, hat praktisch das ganze materialistische Weltbild ins Wanken gebracht. Die Vorkommnisse erschütterten jeden, der eine Beziehung zur Wissenschaft hat, dass selbst die Kommission für die Aufdeckung solcher unerklärlichen Phänomene, die von der Russischen Akademie der Wissenschaften speziell dafür geschaffen wurde, geführt von Akademiemitglied Krugljakow, auffällig leise geworden ist, weil sie anlässlich dieser ungewöhnlichen Erscheinungen weder „ja“ sagen wollten, noch die Möglichkeit hatten „nein“ zu sagen. Denn es gab noch kein einziges Lebewesen, das nach dem Tod ins Leben zurückgekehrt war und von der anderen Seite des Daseins erzählen konnte. Aber jetzt gab es solche Menschen und nicht nur einen.

Und jetzt hatte ich nicht nur die Gelegenheit mich mit diesem einzigartigen Menschen persönlich zu treffen, sondern ihm auch über die Errungenschaften unseres Zentrums zu erzählen, ihn um Rat zu fragen und neues zu lernen.

Zum ersten Treffen mit Grigori Grabovoi bin ich ohne Igor gefahren. Das Büro von Grabovoi lag in der berühmten Moskauer Straße Soljanka, in der Nachbarschaft befand sich auch das Gebäude des Präsidiums der Russischen Akademie der medizinischen Wissenschaften. Eine bedeutende Nachbarschaft. Den Eingang ins majestätische Gebäude des Präsidiums schmückten antike Säulen. Die Monumentalität der Letzteren zeugte von der Unerschütterlichkeit, der Gründlichkeit und der beherrschenden Macht der Institution. Und im Nebengebäude, welches von der Fußball-Liga genutzt wird, das kleine – aus nur zwei Zimmern bestehende - Büro des berühmten Wundertäters, der fähig ist fehlende Menschenorgane zu regenerieren, ohne jegliche Medikamente Diabetes, Krebs und AIDS zu heilen. Diese Ergebnisse wurden festgehalten und bewiesen. Grigori Grabovoi hat zum Beispiel mehrmals die Regeneration fehlender Organen im Operationssaal in Anwesenheit von erstaunten Ärzten eingeleitet. Und nun? Der erste Eindruck von den Vorgängen hat sich ein wenig geglättet. Ärzte, die verschiedenen medizinischen

Beamten vergeblich etwas zu erklären versuchten, waren es leid mit dem Kopf gegen die Wand zu schlagen und begannen selbst daran zu zweifeln, dass wirklich ein Wunder geschehen ist. Vielleicht war es ein Traum oder eine Sinnestäuschung? Oder haben wir vor der Operation etwa zu viel über den Durst getrunken? Das alles ist bis zum geht–nicht-mehr bekannt.

Bei mir war es genauso: Ich habe Walerij Schanzew, dem Stellvertreter der Moskauer Stadtverwaltung, einen Brief über die Möglichkeiten unserer Technologien geschrieben. Er gab sofort einigen Kliniken und Instituten die Anweisung, mit mir in Kontakt zu treten und eine Expertise der bezeichneten Möglichkeiten durchzuführen. Nach anderthalb Monaten erfahre ich, dass alle Kliniken und Forschungsinstitute entsprechende Expertisen durchgeführt haben und dass deren Antworten negativ ausfielen. Wo haben sie ihre Expertisen durchgeführt? Wie? Dies ist ein großes Geheimnis. Es hat sich weder mit mir, noch mit meinen Mitarbeitern je einer der Experten getroffen oder uns in diesem Zusammenhang telefonisch befragt. Sie wollten anscheinend weder ihre, noch die Zeit anderer damit vergeuden und so haben sie einfach geschrieben: So etwas kann es nicht geben, da es den strengen Normen unserer Wissenschaft widerspricht. Und eine andere Wissenschaft kennen wir nicht. Deshalb hat niemand ein Recht darauf, etwas zu behandeln, was wir selbst nicht zu behandeln verstehen. So ist die Position dieser Menschen.

So war es seinerzeit auch mit der Akupunktur. Erinnern Sie sich? Man verurteilte die Ärzte bis zum Äußersten, die es wagten Akupunktur anzuwenden. Man nannte sie Scharlatane, Betrüger, die des hohen Titels eines Arztes nicht würdig sind. Und was ist das Ergebnis? Es zeigte sich, dass eine solche Wissenschaft existiert und auch fähig ist den Menschen wirksame Hilfe zu leisten.

Mit solchen bitteren Gedanken ging ich an dem Präsidium der Russischen medizinischen Akademie vorbei, die mit ihrer ganzen vereinigten Macht noch keinen Menschen vor AIDS retten konnte. Ich ging in das Souterrain, in das Büro von Grabovoi, wo alles, was die offizielle Medizin nicht verstand und nicht machen wollte, ruhig und bescheiden geschah. Es geschah jeden Tag mit demselben positiven Ergebnis.

Grigori Grabovoi wartete auf mich und zwar, wie es sich nachher zeigte, seit langem, noch vor unserer Bekanntschaft. Der Mensch, den die ganze Welt kannte und der von den offiziellen Beamten Russlands gar nicht gerne gesehen war, erwies sich als ein junger Mann, angenehm nicht nur in seinem Äußeren, sondern auch im Gespräch. Nach nur einer Stunde des Gesprächs wusste ich (mehr Zeit konnte er leider wegen den im Korridor wartenden Patienten nicht entbehren), dass unser Treffen eigentlich vorbestimmt war und dass wir von nun an zusammen arbeiten werden. Ich, Igor und Grigori Grabovoi gehören jetzt zu einer Mannschaft, obwohl jeder auf seinem Gebiet weiterhin selbständig handelt.

Wir waren uns in allem einig. Es begann eine neue Ausbildungsphase, die schon bald auf radikalste Weise mein Schicksal und das Schicksal von Igor verändern sollte.

Mit Grigori Grabovoi zu arbeiten, war nicht nur schmeichelhaft, sondern auch sehr nützlich. Die Technik der steuerbaren Hellsichtigkeit, die Grabovoi entwickelt hat, erschien Igor und mir als ein glänzender Gipfel. Und wir waren verpflichtet, diesen Gipfel zu erreichen, umso mehr, da sein Besitzer entgegenkommend zugestimmt hat, auf dem schwierigen Wege unser Lehrer zu sein. Er wusste, dass wir in jenem Raum wie Pferd und Reiter sind. Er erklärte: „Ihr wurdet in die Gestalt des Heiligen Georg eingeführt. Das ist eine große Ehre."

Am 18. April um 21 Uhr, wie im Voraus vereinbart, stellten wir eine telepathische Verbindung mit Grigori Grabovoi her. Wir trafen ihn im Büro an, begrüßten ihn und haben an sein Einverständnis erinnert, uns in sein Bewusstsein zu lassen, um einen Zugang zu de dort gespeicherten Informationen zu erhalten.

Er lächelt und sagte:

„Geht ruhig hinein, ich habe ja schließlich zugestimmt."

Wir versuchen hineinzugehen. Es gelingt uns nicht. Den Kopf von Grigori Grabovoi schützt eine Kugel, die helle Fäden umspannen. Vom Hals bis zum Boden gibt es so etwas wie einen Rock mit leuchtenden energetischen Schutzstreifen. Und… jetzt sehen wir, dass es nicht Grigori Grabovoi selbst ist, sondern sein Hologramm. Er arbeitet durch einen Vermittler mit uns.

Wir nähern uns. Grigori Grabovoi hat eine zweite Sphäre gebildet und uns leicht auf die Ausgangsposition verschoben. Oben über die Abwehr stellt er ein Dreieck und noch eins auf – es hat sich eine doppelte Pyramide ergeben. Sie besteht aus Spiegeln. Der Schutz langt bis zum Boden hinunter. Als Ergänzung stellt er ein Quadrat auf, das alle Schutzvorrichtungen bis zum unteren Ende der Beine zusätzlich schützt. Es ist wie Glas. Man sieht es nicht. Es geschehen neue Transformationen: Das Quadrat entfaltet sich zu einem Kubus. Der Kubus macht jeden beliebigen Schutz unsichtbar. Er ähnelt einer Zauber-Tarnkappe.

„Versteht ihr?", fragt Grigori Grabovoi.

„Ja", bestätigen Igor und ich einträchtig und beginnen sofort auch für uns einen solchen Schutz zu konstruieren. Es ist uns gelungen. Wir sind jetzt unerreichbar.

„Um die Abwehr zu verlassen, muss man es so machen“, ruft Grigori Grabovoi und hat unsere volle Aufmerksamkeit. Mit einigen feinen Pirouetten, Drehungen und Pässen entfernt er zuerst den Kubus, dann die Pyramiden, dann den übrigen Schutz.

„Die Energie sammeln wir im Sushumna“, sagt er und zeigt, wie die energetischen Fäden in seinem Steißbein verschwinden.

„Das nächste Mal zeige ich euch den Schutz vor den Geistern der Toten und den energetischen Strömen“, verspricht er und verschwindet.

Wir sind alleine geblieben. Ganz außer uns vor Glück.

„Was machen wir nun?“, fragt Igor.

Unerwartet biete ich an:

„Lass uns Herrn Lapschin in St. Petersburg besuchen. Ein wenig mit dem Schutz arbeiten.“

„Ja, lass uns das machen“, stimmte Igor zu.

Wir steigen hinauf und fliegen über die Erde. Unten sind Felder, Wälder, Städte. Unter uns ist Russland. Wir fliegen wie Vögel. Zwei, drei Minuten und schon sind wir in der Stadt an der Newa. Etwas führt uns fehlerfrei genau zum Ziel unserer Bestrebungen.

Und schon sind wir im Saal eines Restaurants. Ein großer Tisch, Musik, es gibt viele Menschen. Wir sehen Herrn Lapschin, er sitzt in der Mitte des Tisches. Neben ihm zwei Generäle und auch Menschen in Zivil. Sie trinken Champagner. Wjatscheslaw Lapschin erklärt ihnen, dass er durch Wände sehen und in einer großen Entfernung Gespräche hören kann.

Und was machen wir jetzt – sehen wir denn nicht, hören wir denn nicht?

Lapschin sagt, dass er Dokumente lesen kann, die weit entfernt auf einem Tisch liegen.

Einer der Generäle sagt gönnerhaft:

„Das wird uns nützlich sein."

Der zweite denkt: „Ich sollte ihn bitten, dass er meiner Frau nachspioniert."

Offiziere, verdammt noch eins, denkt ans Vaterland! An die Heimat!

Lapschin fühlt plötzlich, dass Igor und ich bei ihm im Kopf herumkramen. Er ist offensichtlich beunruhigt. Entschuldigt sich und steht vom Tisch auf. Er hat sich hinter eine Säule gestellt, er entfaltet plötzlich seinen energetischen Schutz. Es ist einem gitterartigen Schild ähnlich, der mit gelblichen Fäden verstärkt ist. Vier längslaufende, vier querlaufende. Eine Spiegeloberfläche. Er hebt den Schild, versucht den Überfall abzuwehren.

Igor und mir erscheint es lächerlich. Wir nehmen seinen Schutz in die Hände, wir ziehen ihn ab und umgeben Wjatscheslaw mit einem unsichtbaren Kubus. Das ist alles, er sitzt in der Falle. Er schlägt mit seinem Schild wild um sich. Er ist sehr beunruhigt, er ist sogar erschrocken.

Lapschin sieht jetzt nichts mehr. Fieberhaft wälzt er die möglichen Varianten im Kopf durch. Aber er hat eine starke Intuition. Er hat sich plötzlich mein Haus vorgestellt. Versucht sich ihm zu nähern. Und wofür ist der unsichtbare Würfel? Seine Angst wächst. Er fragt:

„Arcady Petrov, sind sie das?"

Wir schweigen.

Er hat Panik. Geht zum Tisch. Zur seiner Frau.

„Ljusja, kann ich dich kurz stören?“

Was macht er da? Er reißt seine Frau aus dem höchst interessanten Gespräch mit der Nachbarin über Damenunterwäsche.

„Was ist denn?“, fragt sie unzufrieden.

„Komm kurz mit“, bittet er sie.

Sie steht unwillig auf und sie gehen weg.

„Ich habe ein Problem“, erklärt er, „der Biocomputer geht nicht an. Petrov macht irgendetwas. Ich sehe weder ihn, noch sein Haus. Er hat einen mächtigen Schutz aufgebaut. Es muss Petrov sein, ich bin mir sicher.“

„Und wer könnte von unseren Leuten sonst noch auf so einem Niveau arbeiten?“, fragt sie gelangweilt. Es scheint, dass die Probleme ihres Mannes sie nicht besonders interessieren. „Katja?“

„Natürlich nicht!“

„Nadja?“

„Rede keinen Unsinn. Es ist Petrov. Arcady Petrov, was machen sie bloß?“

„Wir sind unartig“, lachen Igor und ich.“

„Natürlich, es ist Petrov“, erklärt Lapschin laut. „Wann habt ihr das gelernt?“

Schweigend entfernen wir den unsichtbaren Kubus, wir befreien Wjatscheslaw aus der Gefangenschaft, wir gehen zur zweiten Stufe über.

Ein aufregendes Abenteuer - es jauchzt das Herz, die Seele jubelt.

Am nächsten Tag benutzten wir wieder den Schutz von Grigori Grabovoi und beschließen, die weiteren Niveaustufen zu untersuchen.

Wir beginnen mit der dritten Stufe. Links und rechts waren Tore. Der

Eingang in die astrale Welt des immateriellen Raumes.

Wir haben uns entschieden, nach links zu gehen. Wir gehen hinein. Es ist kalt, ein modriger Geruch liegt in der Luft. Wir sehen Menschen. Sie sind leicht, wie Ballons. Es ist das Reich der Toten. Sie sind in dunkle Kittel gekleidet. Ihnen ist schlecht, es ist ungemütlich hier. Sie sehen uns nicht, wegen des Schutzes, der sich um uns befindet. Lange möchte man sich hier nicht aufhalten.

Wir haben uns entschieden, unsere Forschungsrichtung zu ändern. Wir betreten den Bardo-Kanal. Gegenüber von uns sind weitere Tore. Wir gehen hindurch. Ein geradezu gegensätzliches Bild. Es riecht nach Frühling. Alles hier sieht aus wie auf der Erde. Die Menschen scheinen fast leiblich anwesend. Sie arbeiten hier wie auch zu Lebzeiten. Irgendwann werden sie wieder auf die Erde zurückkehren und vergessen, dass sie je in dieser Welt gewesen sind. Die Schlinge der Unendlichkeit in Form einer Acht. Das Band des Möbius.

Wir kehren wieder in den Bardo-Kanal zurück. Wir steigen senkrecht auf die nächste, die vierte Stufe hinauf.

Wir blicken nach links – da sind Berge, Meere, die sich ins Unendliche erstrecken. Über ihnen hängen schwarze gewittrige Wolken, Luftwirbel, Wirbelstürme. Sehr seltsame Wirbelstürme! Wir wissen nicht, woher die Antwort plötzlich kommt. Es sind harmonielose Menschenseelen. Die Antwort drang einfach durch unser Bewusstsein. Es hörte sich fast so an, als würde jemand unsere Gedanken lesen und bereit sein, uns notwendige Antworten auf die Fragen zu liefern, die sich im Verlauf dieser ungewöhnlichen Exkursion zwangsweise stellen werden.

Wir verlassen diese Stufe wieder und überqueren den Bardo-Kanal. Es scheint, dass die rechte Seite des Systems den Menschen wohlgeneigter ist als die linke. Wir sehen die Weiten des Ozeans. Die Strahlen der Sonne wärmen uns sanft. Ein leichter Sommerwind umspielt unsere Gesichter. Das ist die Grenzenlosigkeit des Schönen. Wir hören in uns wieder diese geheimnisvolle Stimme, die uns erklärt, was wir hier gerade betrachten: An diesem Ort kann das Wissen und das Talent für den Gesang, das Zeichnen, die Dichtkunst und vieles mehr geschöpft werden. Das ist das Haus der Musen, die Quelle der Eingebung.

Wir kehren auf die erste Stufe zurück. Irgendwie haben wir den gleichen Gedanken: Wir könnten doch wieder Herrn Lapschin besuchen!

Er versuchte uns den ganzen Tag auszuspionieren. Es ist ihm nicht gelungen. Einen solchen Schutz, wie unseren, wird er nicht umgehen können. Er ist beunruhigt und zeichnet irgendwelche Schemata, um mich zu erreichen. Sein einziger Gedanke: „Es ist Petrov".

Ich fahre in ihn. Ihm wird schlecht. Wir ziehen uns wieder zurück. Zusammen mit Igor schaffe ich für ihn eine positive Aura, wir lindern die Krämpfe.

Lapschin fühlt sich besser. Er ist ans Fenster getreten, atmet.

„Arcady Petrov, sind sie das?"

Ich schweige.

„Wie haben sie das geschafft? Wann ist es in ihnen erwacht? Sind sie das wirklich?"

In seinem Kopf herrscht Verzweiflung und Leere. Er strebte sein ganzes Leben danach, das zu erreichen und ihm ist es nicht gelungen.

„Arcady Petrov, ich muss eingestehen, dass ich in einigen Sachen Unrecht hatte."

Er hat Tränen in den Augen.

Schweigend stimme ich zu und gehe weg. Igor ist neben mir. Wir kehren nach Moskau zurück.

In der Nähe des Hauses empfinden wir eine undefinierbare Schwere. Wir bleiben stehen, sehen uns aufmerksam um. Über der Schutzatmosphäre des Hauses kreist ein großer schwarzer Rabe. Ein immaterieller.

Aha, der Astral ist also nervös geworden! Jetzt ist es schon zu spät sich aufzuregen. Igor und ich transformieren uns. Ich bin ein Schimmel in Panzerung, auf mir der Reiter mit Speer und Schild – der Heilige Georg. Er schnappt sich das Schwert und nähert sich dem Raben. Wir haben uns entschlossen, zuerst eine weiche Art der Konfrontation zu wählen, wie Grigori Grabovoi es uns gelehrt hat. Die Frage „Warum?“ formen wir so um, dass sie mehr zu unserer Gestalt passt:

„Was willst du, dich ein bisschen warmlaufen, kämpfen?“

Der Rabe gerät in Panik. Er sieht einen riesigen Reiter, dessen Kopf über die Wolken hinausragt. Er weiß, was es ist. Das geflügelte Pferd ist der Kosmos. Der Reiter ist die Kraft und der Verstand der Gesellschaft, der ganzen Menschheit. Jetzt zu dieser Zeit wurden sie uns übergeben. Und der Rabe weicht zur Seite und verschwindet. Die harte Phase der Konfrontation wurde in eine weiche umgewandelt. Der heilige Georg braucht nicht unbedingt hinter jeder Krähe nachzujagen. Natürlich ist nicht jeder Rabe gleich, genauso wie sich eine alte Legende von einer modernen Müllhalde unterscheidet, so haben wir den Feind mit diesem Vergleich gedemütigt. Die Situation hat ein Gesicht bekommen. Jetzt wissen sie, wo sie uns finden können. Nun ist es an der Zeit, ihnen ein wenig den Kopf zu lüften. Danach werden sie nicht mehr wissen, ob es tatsächlich hier ist oder vielleicht doch wo anders. Wir verspüren die Notwendigkeit einen Trick anzuwenden, die uns von der vorhergehenden

Phase suggeriert wird. Wir präzisieren.

„Wovor fürchten sich Raben?“, frage ich Igor.

„Vor einer Vogelscheuche.“

Wir haben uns an die Hologramm-Kopie von Grigori Grabovoi erinnert. Jetzt wird die Hologramm-Kopie des Heiligen Georg auf den Posten neben das Haus gestellt. Wenn sich jemand mit bösen Absichten dem Haus nähert, wird uns die Kopie benachrichtigen und wir werden augenblicklich reagieren können, von einer beliebigen Entfernung aus. Außerdem kann der Schild selbständig handeln, allerdings nicht ganz so frei, wie Igor und ich.

In uns ertönt wieder jemandes Stimme: „Fürchtet euch nicht, es ist unmöglich das zu verhindern. Es wird wieder eine Abtastung des Raumes vorgenommen, zwecks positiver Rekonstruktion“.

„Wir fürchten uns nicht“, antworten wir laut, „weil unsere Handlungen nicht vom Schöpfer getrennt sind, der diese Handlungen erzeugt.“

Wir sind über die Synchronität der Antwort erstaunt und tauschen mit Igor Blicke aus.

„Ihr müsst euch die Technik der Lenkung aneignen“, hören wir die Stimme, „ihr müsst bestimmen, welche Bewusstseinszustände, vom Standpunkt der Seele, ohne eine Lenkung durch Logik eine gesteuerte Phase schaffen. Versucht es bei der Arbeit mit dem materiellen Raum nachzuvollziehen. Die Lenkung realer Ereignisse kann man sich nicht sofort aneignen, dennoch ist eine Ereignislenkung wichtig.“

Also eine Aufgabe haben wir schon mal. Sie ist klar und deutlich, wie die unvergessliche Losung von Lenin: „Lernen, lernen und nochmals lernen!“

Am Morgen des nächsten Tages, um punkt acht Uhr, sitzen Igor und ich, wie man es von gewissenhaften Schülern erwarten kann, bereits auf der Schulbank. Wir schalten die Bildschirme des inneren Sehens ein und finden uns sofort als Pferd und Reiter wieder. Scheint fast so, als würde man uns auf einen Krieg vorbereiten. Wir betrachten unser Äußeres genau.

Das Pferd ist durch einen Kettenpanzer geschützt. Über den Augen sind metallische Klappen angebracht, die im Kampf hinabsinken und die Augen schützen. Das ist Pegasus. Der Reiter trägt links einen länglichen geschmiedeten Schild, rechts ein sehr langes, dunkles Speer. Die Beine sind durch Kettenpanzer und Kniestücke geschützt. Die Stiefel sind mit Metall beschlagen, die Stiefelspitzen sind nach oben gebogen. Am Gürtel hängt ein Schwert, sein Griff ist mit Edelsteinen bestückt. Ein sehr großer rosafarbener Stein schließt den Griff ab. Am Sattel sind Pfeil und Bogen befestigt. Die Pfeile befinden sich im Köcher. Es sind genau sieben Stück und unterschiedlicher Farbe: gelb, violett, grün, blau, braun, schwarz, weiß. Hinter dem Gürtel des Reiters steckt ein Stab. Sein Griff ist gebogen, auf dem Griff gibt es eine Aufschrift: „Rette und bewahre!“

Der Helm ist mit einem Kettenpanzer-Schleier umrahmt. In seinem Zentrum, über der Nasenwurzel, brennt ein riesiger Rubin. Um die Schultern trägt der Reiter einen sehr langen roten Umhang. Auf dem Kragen des Umhangs steht auch etwas geschrieben. Rechts am Sattel hängt eine kräftige Keule. Noch einmal sehen wir uns den Schild an. Darauf gibt es eine Zeichnung: Der Reiter bezwingt mit seinem Speer einen Drachen. Genau wie auf dem Wappen Moskaus.

Jetzt können wir aufbrechen. Nach ein paar Sprüngen befinden wir uns schon auf der zweiten Niveaustufe links, auf einem

Gefechtsübungsplatz.

Wir probieren den Stein auf dem Helm und auch den auf meiner Stirn aus. Von ihnen gehen Strahlen aus. Wir steuern den Strahl mit Hilfe des Bewusstseins. Wir wissen nicht, woher die Information kommt, was und wie wir es machen sollen. Es fühlt sich so an, als wäre das Wissen bereits in uns selbst verborgen gewesen und hätte nur auf den richtigen Augenblick gewartet, um sich uns zu offenbaren. Und jetzt strömt es aus den Tiefen unseres Wesens.

Mit dem Strahl zeichnen wir eine Wiese, auf der ein prunkvolles altes Schloss steht. Wir bedienen uns dabei der gelben Farbe und prüfen: Kann man es wieder rückgängig machen? Der Strahl wird violett und löscht alles Gezeichnete. Mit der grünen Farbe holen wir das Schloss näher zu uns heran, mit der blauen Farbe rücken wir es von uns weg und verkleinern es. Was für eine schlaue Farbe! Mit ihrer Hilfe kann man einen Riesen in einen Zwerg verwandeln. Das muss ich mir merken, obwohl sich die Gelegenheit, es anzuwenden, wohl kaum bieten wird. Wir sind der Heilige Georg! Und das ist eine große Verantwortung. Wir sind schließlich ein Ritter!

Nun nehmen wir die schwarze Farbe. Das Schloss drehte sich zur linken Seite und wurde unsichtbar. Wir drehen es nach rechts und es wird wieder sichtbar.

Ein brauner Strahl: Das Schloss ist kleiner geworden und wie ein Luftballon nach oben geflogen. Wir drehen es gegen den Uhrzeigersinn – es kommt wieder und stellt sich auf die vorige Stelle.

Mit dem weißen Strahl ergreifen wir es und ziehen es hinter uns her, wohin wir wollen.

Jetzt werden wir den Bogen austesten. Wir legen den Pfeil auf die Bogensehne, zielen auf das Schloss und schießen. Das gibt's nicht…

das Schloss ist eingestürzt, als wäre eine Interkontinentalrakete eingeschlagen. Wir nehmen den Speer. Wir zeichnen uns einen Schutz wie bei Lapschin: ein Quadrat, das mit gelben Linien in Sektoren eingeteilt ist. Wir schlagen mit dem Speer darauf: Der Schild zerfließt und läuft zu Boden, wie aufgetautes Speiseeis.

Wir fühlen uns angespornt. Jetzt brauchen wir einen aktiven Gegner. Wir erschaffen einen Drachen. Igor schnappt sich das Schwert, schwingt es, schlägt auf den Hals, noch bevor der Drache seinen Rachen aufmachen kann, um uns mit seinem Flammenwerfer zu wärmen. Der Kopf fliegt wie ein Kohlkopf zu Boden.

Das hätten wir geschafft. Wir machen die Aufgabe komplizierter und zeichnen einen dreiköpfigen Drachen. Aus irgendeinem Grund wissen wir ganz genau, dass sein linker Kopf die dunkle Kraft verkörpert, der zentrale Kopf das Wissen, die Macht, die Geschicklichkeit und die Gerissenheit. Der rechte Kopf ist der gefährlichste. Man muss ihn zuerst abschlagen.

Ein Schlag – es rollt der rechte Kopf weg. Der mittlere Kopf spuckt Feuer auf uns. Eine unglaubliche Hitze. Igors Umhang und meine Pferdedecke retten uns vor der Perspektive, zum Frühstück verspeist zu werden: Ein Braten aus Georg, dem Pechvogel. Igor hat wieder sein Schwert geschwungen und der zweite Kopf ist abgefallen. Der Drache hat ein wenig sein Gleichgewicht verloren. Der linke Kopf überwiegt und er schafft es nicht mehr uns zu schaden, versucht uns mit seiner Pfote zu erreichen, um uns mit dem Schwanz zu erschlagen, aber es gibt Probleme mit dem Gleichgewicht. Und Igor nimmt die Gelegenheit wahr und schlägt mit dem Schwert auf den Hals. Das war's: Der Drache ist erledigt.

Von den Waffen ist einzig die Keule nicht zum Einsatz gekommen.

Wir zeichnen einen riesigen Berg. Igor schlägt mit Inbrunst auf den Gipfel des Berges. Das ist vielleicht eine Macht - der ganze Berg zerfällt in kleine Stücke. Nur ein kleiner Hügel ist übrig geblieben.

Wir erproben die letzte Gabe des Himmels - den Stab.

Wir zeichnen einen Menschen. Aus dem Stab geht ein Strahl zu ihm aus, trifft direkt auf den Scheitel und verschwindet mit einem hellen Blitz im Sushumna, im zentralen Kanal. Der Mensch lebt auf, sieht sich um, ihm wurde Leben gegeben und er versucht zu verstehen, was das ist.

Wir wischen den Wissbegierigen weg. An seiner Stelle zeichnen wir einen schwarzen Vogel. Der Strahl schlägt ihm in den Schwanz und in den Kopf - der Vogel wird heller.

Wir wischen den Vogel weg und zeichnen einen Hasen. Wie kann man ihn beleben? Wir wirken mit einem Strahl auf die Beine und den Kopf ein, später berühren wir mit der Spitze des Stabes die Darstellung, wir materialisieren ihn. Es gelingt uns. Das bedeutet, die Reihenfolge ist jetzt klar: zuerst die Idee, dann die Energie, dann die Materie.

Interessant. Wir räumen hinter uns auf und kehren auf die erste Stufe zurück.

Wir stehen auf der Erde und sehen, wie sich um uns herum Familiennamen, Formeln, geometrische Figuren tanzen. Es sieht aus wie Milliarden von Fäden. Wir schnappen uns einen von ihnen und nehmen ihn in uns auf. Jetzt ist es wie ein Filmstreifen. Flugzeuge, Hubschrauber, Schiffe, Vulkanausbrüche, Katastrophen, Taifune – das ist jetzt alles in uns.

Wir fangen einen anderen Faden. Wir sind unter Wasser. Um uns herum gibt es Fische, Korallenriffe, wir sehen, was dort lebt, sich entwickelt, stirbt.

Ein anderer Faden - eine Stadt, Autos, Computer, Netzstörungen, Ökologie, eine sehr angespannte Lage.

Wir wechseln das Band – jetzt sind da Sterne, der Mond, Satelliten, Raketen. Wir werden über eine mögliche Gefahr informiert, die eine Kollision der Erde mit einem Asteroiden betrifft. Vom Stoß wird die Erde anfangen sich schneller zu drehen. Es kommt zu einer furchtbaren Katastrophe.

Die Informationen laufen sehr schnell, in Form von Zahlen. In uns ertönt eine Stimme, dass wir die Zweiten sind, die den Zutritt zu dieser Information erhalten haben und dass das der Anfang der zweiten Etappe unseres Lebens ist.

Und wenn wir es schaffen diese Etappe zu bezwingen und die Erde zu retten, kommt die wichtigste Etappe, die dritte.

Einer der Informationsfäden beginnt unruhig zu vibrieren. Wir fangen ihn auf. Wir sehen ein Haus, so etwas wie einen selbstgemachten Altar. Ein Tisch. Darauf liegt ein Amulett, es brennen Kerzen und auf dem Tisch steht mein Foto. Neben dem Tisch steht eine Frau. Sie ist etwa fünfzig Jahre alt. Sie ist füllig, unter dem linken Auge hat sie ein Muttermal. Ihr Haar ist schwarz und lang und die Wimpern wie angeklebt.

Die Frau spricht eine Beschwörung aus. Es ist ein Ritual und es ist konkret gegen mich gerichtet. Das Ziel des Rituals ist die Kodierung der Information.

Igor nimmt einen Pfeil und schießt ihn in den Tisch. Es scheint, als hätte dort ein Erdbeben begonnen. Alles schaukelt, fällt runter. Die Kerze hat das Foto in Brand gesteckt, eine Ecke ist verbrannt. Die Frau gerät in Panik. In ihrem Bewusstsein gibt es Angst. Sie hat verstanden, dass sie es mit etwas zu tun bekommen hat, dass viel mächtiger ist, als sie. Sie lischt fieberhaft die Kerzen. Wir werden hoffen, dass ihr dies eine gute Lehre sein wird. Adieu, du hausbackene Hexe.

Wir steigen in den Bardo-Kanal hinauf, um das Studium der Niveaustufen zu beenden.

Das fünfte Niveau links: Finsternis, Orkane, Wirbel, Blitze, der Zustand des Menschen und der Natur. Da fliegt eine riesige Biene: die eine Seite gestreift wie bei einer Hummel. Es handelt sich um Hypnose.

Rechts das genaue Gegenteil: blauer Himmel, leichte Wolken, Frühlingsgewitter. Sonne, ein zarter Wind, Birken. Aber das ist auch Hypnose.

Mal sehen, wie es wirkt. Wir reiten zum Platz. Wir zeichnen zwei Häuser. In jedem lebt eine Familie. Wir beleben das Bild. Wir reiten nach oben. Wir nehmen uns zwei Beutel der hypnotischen Träume. In den einen legen wir den Wind, die Dunkelheit, die Feuchtigkeit. In den anderen die zarte Frühlingsbrise, die Landschaften mit den Birken. Wir schütten den Inhalt aus dem ersten Beutel über dem Haus aus: Etwas zerbricht, etwas gelingt nicht, alle in der Familie streiten sich, können sich nicht einigen. Wir schütten den zweiten Beutel über dem zweiten Haus aus. Dort lachen alle, strahlen, arbeiten. Die sechste Niveaustufe links. Hier spielt sich ein Schöpfungsprozess ab, aber ein irgendwie seltsamer: Talentlosigkeit, Graphomanie, vergebliche Anstrengungen. Rechts - große Eingebungen genialer Menschen. Hier holen sich die Künstler ihre Inspiration her, um ein Buch zu schreiben, um ein Bild zu malen. Ich fühle mich hier wohl, es ist angenehm, man will gar nicht mehr fort. Aber Igor ist schon müde. Wir müssen zurück.

* * *

Das Wissen über die Lenkungsstruktur der Erde hat wiederum eine Kaskade neuer Informationen hervorgebracht. Sie sind sofort als Eingebung in meinem Bewusstsein erschienen – woher und warum ist mir unbekannt. Ich wusste einfach, dass die Niveaustufen durch die Erddrehung um die eigene Achse entstehen, infolge einer elektromagnetischen Aufspaltung. Und jeder Planet des Sonnensystems hat einen bestimmten Einfluss auf diesen planetarischen Lenkungsmechanismus. Wobei die Niveaustufen nicht nur als eine Art Pyramide über den Nordpol ragen, es gibt auch welche, die zum planetarischen Kern führen. Es handelt sich eigentlich um zwei Pyramiden, die mit ihrer Grundfläche auf der Erdoberfläche zusammentreffen.

Ich habe diese Struktur akkurat auf einem festen Blatt Zeichenpapier aufgezeichnet. Es ist ein sehr interessantes Bild entstanden. Der helle, silberfarbene Bardo-Kanal geht als Schnitt von oben nach unten durch. Ein zweiter Kanal kreuzte in einem rechten Winkel den ersten. Es erschien ein deutliches Kreuz. „Und Gott schied das Licht von der Finsternis". Womit hat er es getrennt? Es ist also so, dass der Bardo-Kanal, der mit der geheimnisvollen silbernen Farbe gefüllt war, eine Art göttliches Trennwerkzeug darstellte. Und sein Name ist der Heilige Geist.

„Und Gott hat zwei große Himmelskörper geschaffen: einen großen Himmelskörper für die Lenkung am Tag und einen kleinen Himmelskörper für die Lenkung in der Nacht und die Sterne". Mit dem großen Himmelskörper war alles mehr oder weniger klar. Die Sonne ist der Stern unseres Planetensystems. Der kleine Himmelskörper rief Unverständnis hervor: Wo ist es? Denn es geht hier nicht um die Sterne

- sie gelten extra. Vielleicht der Mond? Sein Einfluss auf die Ereignisse unseres Planeten ist sehr groß. Aber die Zweifel quälten mich. Ich fühlte, dass ich die Antwort auf diese Frage finden sollte, umso mehr, da Lapschin mehrmals von einer geheimnisvollen Sonne Nr. 2 gesprochen hat. Er verband damit mehr oder weniger die Pläne seiner Finanzmacht. Ich musste es in Erfahrung bringen. Und je schneller, desto besser.

An dieser Stelle möchte ich die unerfahrenen Leser unter ihnen vor einer Besonderheit der Hellsichtigkeit warnen.

Zuerst ein einfaches Beispiel. Wenn jemand Schmerzen in der Brust hat, wird ein Kardiogramm erstellt. Dabei wird natürlich nicht die ganze komplexe Tätigkeit unserer „Pumpe“ abgebildet, aber man erhält eine Vorstellung ihrer Arbeit. Für die Ärzte ist so eine Darstellung oft nicht nur notwendig, sondern auch ausreichend.

Wir wissen noch nicht, wie jene feinstofflichen Geschöpfe, mit denen die Hellseher arbeiten, in Wirklichkeit aussehen. Diese Geschöpfe wollen aber von sich aus mit den Menschen kooperieren. Deshalb nehmen sie für den Hellseher eine Gestalt an, die seiner gewohnten Kultur und Erziehung entspricht und kommunizieren mit ihm in der ihm vertrauten Sprache, indem sie z.B. Ausdrücke verwenden, die er seit der Kindheit kennt.

Jemand hat Schmerzen in der Brust und wendet sich an einen Hellseher und dieser sieht ein kleines Teufelchen, das die Aorta zudrückt. Kein Kardiogramm, sondern jenen, den wir aus den Märchen kennen. Der Hellseher kann wirklich mit ihm reden - nicht laut, sondern gedanklich, aber sie verstehen einander. Und übrigens kann dieses Teufelchen, wobei es unbedeutend ist, welche Gestalt angenommen wurde und aus wessen Phantasie es entsprungen ist, viel besser das Wesen der Krankheit des

Patienten darstellen, als das vom Gerät gezeichnete Kardiogramm.

Ich glaube, dass das menschliche Gehirn, wenn seine Kapazität zu 50 % genutzt wird, und nicht wie üblicherweise zu drei bis vier Prozent, sich beliebige Prozesse, Zustände, ja sogar abstrakte Begriffe eben gerade in einer sichtbaren Form vorstellen kann. Und dabei gibt es beim Drachen und bei dem obenerwähnten Teufelchen nur zwei bis drei Funktionen und eine durchaus klare, ziemlich primitive Bestimmung. Ein Zerberus isst nicht, trinkt nicht, läuft den Frauen nicht nach, bewacht nur den Eingang der Höhle.

Der Mensch ist multifunktional und besitzt viele Freiheiten. Gerade sein Bewusstsein erschafft unsere Welt, weiter oben wurde schon darüber gesprochen. Deshalb sind alle diese Gestalten, Geschöpfe, oder wie auch immer man sie noch bezeichnen mag, nur die Art, wie die rechte Gehirnhälfte jene natürlichen Erscheinungen interpretiert. Die linke Gehirnhälfte würde viele Jahre brauchen, um sie zu begreifen.

Ein einfaches Beispiel: Vor ungefähr einhundert Jahren haben Physiker die Tür zu einem früher der Menschheit unbekannten Land des Mikrokosmos, zur Welt des Atoms geöffnet. Die Wissenschaftler haben seit dieser Zeit dieses winzige „unteilbare“ Teilchen ziemlich aufmerksam und detailliert studiert, haben Erkenntnisse gesammelt über seine Bestimmung, seine Rolle in unserer Welt, bei dem Aufbau der Materie und der physischen Realität. Es stellt sich jedoch die Frage, ob Max Planck und andere die Ersten waren, die auf dem Grund der materiellen Welt das Atom gesehen haben.

Jeder, der die Geschichte des Altertums studiert hat, weiß, dass es den Philosophen Demokrit gab und vor zweieinhalbtausend Jahren sprach auch er über Atome und hat uns eine Beschreibung dieses Teilchens hinterlassen. Das interessante dabei: Die Beschreibung des

Atoms, die uns die moderne Physik vorstellt und die Beschreibung des Philosophen Demokrit aus der historischen Stadt Abdera sind tatsächlich identisch. Aber alleine Max Planck hatte Zugriff auf Theorien, die sich in Hunderten von Jahren angesammelt hatten, Forschungsergebnisse anderer Wissenschaftler, ein gewisses Fundament des materialistischen Begreifens der Wirklichkeit; Domokrit hatte das alles nicht. Der Eine kannte Geräte, Experimente, bei dem Anderen gab es noch nicht einmal Mikroskope, ganz zu schweigen von molekularen Mikroskopen. Und nichtsdestotrotz hat er es auf irgendeine Weise gesehen und hat es - bedenken Sie: schon vor zweieinhalbtausend Jahren - ich wiederhole, genau gesehen. Im Grunde gab es auch keine Abweichungen zu der modernen Vorstellung vom Atom. Das bedeutet, dass er den Zugang zu diesem Wissen auf einem anderen Weg erhalten hat, durch Erleuchtung, Intuition oder man könnte es auch Hellsichtigkeit nennen. Es verfügen bereits heute nicht nur einzelne, sondern sehr viele Menschen über dieses Instrument oder diese Möglichkeit, sich in die Prozesse einzuschalten, die innerhalb des Organismus ablaufen, innerhalb der Zellen, innerhalb der Chromosomen. Und es gibt sogar Menschen, die über die Veranlagung verfügen, negative Ereignisse in positive umzukehren, dadurch nicht nur die Genesung herbeiführen, sondern in vielen Fällen sogar den Ablauf der Ereignisse verändern können.

Wie geschieht das? Wahrscheinlich gehören derartige Erscheinungen in eine Welt, die dem Erdbewusstsein grundsätzlich unbegreiflich bleiben, darauf geht auch Simon Franck in seinen Büchern ein. Aber ich erinnere noch einmal daran, dass wir auch das Wesen der Elektrizität bis heute nicht ganz durchschaut haben, was uns aber nicht daran hindert, die Elektrizität zu verwenden. Warum sollte man also jene Gestalten, die sich dem Hellseher zeigen, nicht für eine gute Tat verwenden?

Engel und Heilige sehen wir so, wie sie auf den Heiligenbildern dargestellt sind, deshalb erkennen wir sie leicht. Dank den Regeln der Ikonenmalerei können wir sie voneinander unterscheiden. Genauso verhält es sich auch mit historischen Persönlichkeiten, deren gemalte Porträts uns bekannt sind. Einige Porträts beruhen auf der Phantasie des Malers, warum auch nicht?

Und hier entsteht noch eine Bedingung: Je gebildeter der Hellseher ist, desto mehr sieht er. Um in einem alten Mann Sokrates zu erkennen, muss man wissen, dass es einen solchen Philosophen zu damaliger Zeit gegeben hat. Ein Hellseher, der als Bergbauingenieur arbeitet, sieht die Welt der jenseitigen Geschöpfe anders als z.B. ein Agrarwirt. Und wenn sie zusammenarbeiten, so wird ihr gemeinsames Arsenal der kulturellen Vorstellungen zum Einsatz kommen.

Hieraus ergeben sich durchaus sehr viele interessante Probleme. Und es ist schade, dass sich niemand mit der Geschichte der Hellsichtigkeit, der vergleichenden Analyse unserer Auffassungen und ihrer Abhängigkeit von der Persönlichkeit des Mediums befasst.

Das Jenseits wünscht also unsere Mithilfe, es braucht die Menschen. Was das Endziel dieser Zusammenarbeit ist, weiß ich nicht. Aber ich glaube fest daran, dass ich meine menschlichen Werte dabei nicht opfern muss.

Natürlich bin ich nicht der erste, der die Möglichkeiten der feinstofflichen Welt und seiner Verbindung mit der physischen Realität zu studieren und zu verstehen versucht. Mein Vorteil besteht nur darin, dass ich gleichzeitig sowohl der Forscher als auch ein Teilnehmer dieses Prozesses bin. Selbst in der ehemaligen UdSSR haben es viele Wissenschaftler gewagt, Meinungen auszusprechen, die im totalen

Gegensatz zur damals vorherrschenden marxistisch-leninistischen Ideologie standen. Einer davon war das korrespondierende Mitglied der sowjetischen Akademie der Wissenschaften, W. I. Siforow:

„Je weiter der Horizont des Wissens wird, desto stärker treten die Beschränkungen der kognitiven und intellektuellen Möglichkeiten des einzelnen Menschen zutage. Die fachbezogene Spezialisierung und die verschiedenen Fachrichtungen, die es in der Wissenschaft gibt, sind Resultat einer Bestätigung dieser Tatsache. Aus heutiger Sicht bestand das Wissen über das Universum aus einer relativen Wahrheit, gemessen an der Aufmerksamkeit, die Lenin dem Wissen schenkte. Ich bin davon überzeugt, dass wir im Kosmos auf viele Überraschungen stoßen werden, einschließlich sehr „wunderlicher" Formen von Materie. Ein intensiveres Studium des Raum-Zeit-Kontinuums, die Annahme einer Diskontinuität des Raum-Zeit-Kontinuums wird unseren Wissenshorizont enorm erweitern und uns solche Erkenntnisse liefern, an die wir heute nicht einmal im Traum denken und die aus heutiger Sicht verrückt und unsinnig erscheinen. Genauso, wie es einst den Physikern verrückt erschien, dass an der Energieübertragung Quanten beteiligt sind. Je verrückter und paradoxer eine Idee erscheint, desto näher an der Wahrheit liegt sie meist. Dieses Paradoxon hat seinerzeit Niels Bohr abgefasst: „Vor uns haben wir eine wahnsinnige Theorie. Die Frage besteht darin, ob sie wahnsinnig genug ist, um richtig zu sein".

Alles hier Gesagte steht in direkter Beziehung zur Hypothese des „denkenden Universum". Die Betrachtung des Universums als ein System, das sich selbstständig verändert, das über gewisse Attribute verfügt und gewisse Ziele umsetzt, sprengt den Rahmen unseres jetzigen relativen Wissens. Womöglich ist das jene Situation, wo die Intuition der Wissenschaft zu Hilfe kommen kann.

Gerade zu der Zeit, als wir uns bei meiner Arbeit im Verlag „Chudlit“ einigermaßen aus dem Schuldensumpf herausgekämpft hatten und ein solides Wachstum aller Kennziffern vorweisen konnten, wurden wir von den strukturelle Umgestaltungen erfasst, die der stellvertretende Minister Grigorjew für diesen Wirtschaftszweig angedacht hatte. Bei dieser Neuverteilung spielten sich um uns herum schreckliche Szenen ab, deren Ziele sich vollkommen deutlich abzeichneten: eigene Leute auf Schlüsselpositionen setzten und die Anderen in die großen Ehrengräber der Holdinggesellschaften werfen, die dann schon von alleine vom Markt verschwinden würden. Das führte dazu, dass im Zentrum von Moskau eine große Zahl prestigeträchtiger Gebäude frei wurde, deren geschickte Verteilung nicht so sehr dem Staat, sondern vielmehr den Beamten, die dem Staat vorstanden, sehr solide Provisionen versprach, diese Tatsache gesellte sich zu den bereits bekannten Vorzügen. Im Grunde genommen wurde ein großes Spiel gespielt und da wollte eben niemand als Spielverderber erscheinen. So, wie einst die ehemaligen Leiter der Goskompetschat (staatliche kommunistische Druckerei) aus ihren Büros geworfen wurden, so erging es auch denjenigen, die einzig und allein ihr Unternehmen vor dem endgültigen Niedergang bewahren wollten. Das Tragischste an ihrer Lage war, dass der Staat sie nicht brauchte und sie trotz jener schrecklichen Bedingungen, die ihnen zugemutet wurden, weiterhin existierten: Ihnen wurden die Umlaufmittel entzogen und von Zeit zu Zeit wurde alles von ihren Bankkonten abgehoben, was diese Menschen erwirtschaftet hatten. Sie mussten im Wettrennen mit den kommerziellen Unternehmen bestehen, ohne einen Tropfen Benzin im Tank zu haben. Denn die Umlaufmittel sind jener Treibstoff, ohne den kein Projekt – sei es kommerziell oder staatlich - realisiert werden kann.

Ein Privatunternehmen kann die Rückgabe der Leihmittel durch Aktien oder Immobilien den Banken garantieren, was aber können staatlichen Unternehmen als Pfand anbieten? Sie haben ja nichts Eigenes.

Wir haben mit Anteilnahme und Kraftlosigkeit verfolgt, wie vor unseren Augen ein hervorragender Verlag nach dem anderen dem Boden gleich gemacht wurde. Der Redakteur der Zeitung „Knischnoe obosrenie" wurde entlassen, als er gerade krankgeschrieben war. Die Direktorin des erfolgreichen Kinderbuchverlages „Detskaja literatura", Jelena Norzow, wurde innerhalb von zwei Wochen aus ihrem Amt entlassen. Sie hat geklagt, gewonnen und konnte trotzdem nicht auf ihren früheren Arbeitsplatz zurückkehren. Die Nerven ihrer Mutter haben das nicht ertragen, sie erlitt einen Herzinfarkt. Im Krankenbett flehte sie ihre Tochter an: „Lena, sie werden dich töten! Siehst du denn nicht, was das für Menschen sind? Gehe weg, wenn du mich retten willst. Ich kann so nicht leben, wenn ich weiß, dass du die ganze Zeit in Gefahr bist."

Vor solch ungünstigem Hintergrund - bei der Arbeit, in der Branche - haben sich im Folgenden dramatische Ereignisse entwickelt. Ungeachtet der unglaublichen psychologischen Schwierigkeiten fanden Igor und ich die Zeit uns dem weiteren Studium des sich uns neu eröffneten Märchenlandes zu widmen.

Auf der siebten Niveaustufe rechts und links fanden wir das aus Märchen bekannte lebendige und tote Wasser. Wir traten nur einen Schritt von den Eingangstoren vor und schon haben die märchenhaften Sujets plötzlich einen realistischen Schein angenommen. Wir wussten, wenn wir den Weg einschlagen, der sich uns öffnet, dass möglicherweise Jahrzehnte nicht ausreichen würden, um alles zu sehen, was es dort gab.

Auf der achten Niveaustufe sahen wir lebensspendende und

totbringende Kreuze.

Auf der neunten Stufe waren das biblische Paradies und die Hölle angesiedelt. Jedes beliebige Tor öffnet sich vor uns, aber vorerst können wir nicht alles erforschen, was sich dort versteckt. Wir fürchteten uns zu verlaufen.

Einmal haben wir im Bardo-Kanal einen großen schwarzen Raben gesehen. Da wir in der Schutzhülle waren, deren Gebrauch Grigori Grabovoi uns gelehrt hatte, hat er uns nicht bemerkt und ist einfach an uns vorbeigeflogen. Wir entschieden uns, ihm zu folgen und sind im Galopp hinterher. Eigentlich reichte ein Sprung aus, um ihn auf der dritten Niveaustufe einzuholen, wo er ins Reich der Toten hineingeflogen ist. Es war das linke Tor. Uns hat niemand zurückgehalten, als wir nach ihm hineingegangen sind.

Der Rabe setzte sich auf die Erde. Jetzt ist er ein halber Mensch. Und wir erkennen ihn: Lapschin. Jetzt wissen wir, mit wem er sich rumtreibt und woher er sein Wissen und seine Kraft nimmt. Er ist kein Mensch. Von der Seite ist er ein Vogel und von hinten ein Teufel mit Schwanz und Hufen. Er wird von einem großen schwarzen Menschen empfangen, der eine Kapuze trägt, die über den Kopf gezogen ist. Wir können nicht sehen, ob es sich um einen Mann oder eine Frau handelt. Auf der Schulter trägt er eine Sense. Es ist der Tod. Sie stellten sich einander gegenüber. Sie unterhalten sich mittels Telepathie. Wir können die Informationen nicht lesen, andernfalls würde man uns bemerken. Wir sehen nur, wie sich aus der Brust des Todes ein schwarzer Energiestrom entlädt und in die Brust, den Kopf und die Lenden dieses Geschöpfes, halb Teufel halb Vogel, fährt. Also hier sind sein Haus und seine Verwandtschaft angesiedelt. Wir müssen verschwinden, bevor er uns bemerkt. Wir sind noch nicht in der Lage, um uns dem Tod entgegenzustellen. So schleichen wir uns besser weg, besonders, weil sich in einiger Entfernung gerade ziemlich viele Tote versammeln.

Am Abend haben wir uns entschieden, Lapschin einen Besuch abzustatten. In letzter Zeit arbeitet er offenbar gegen mich. Viele meiner Bekannten sehen im Traum jetzt häufig brutale Vergewaltigungsszenen. Diese schrecklichen Geschichten geschehen offenbar nicht zufällig. Besonders wenn man die Arbeit mit den Niveaustufen kennt und selbst Ähnliches herbeirufen kann. Obwohl es zwischen „kannst“ und „machst“ eine tiefe Kluft gibt. Lapschin hat, wie es scheint, diese Kluft überwunden. Das bedeutet also, dass wir alle Höflichkeiten beiseitelassen können.

Wir fanden unseren ehemaligen Lehrer in Moskau wieder. Er befand sich in der Wohnung eines Bewunderers. Er konnte dort bleiben, so lange er wollte. Er liest ein Buch. Er fühlt sich ausgezeichnet! Macht nichts, seine gute Laune wird gleich vergehen. Ohne den Schutz zu entfernen, verschaffen wir uns Zutritt zu seinem Bewusstsein. Wir wissen, was wir suchen. Die Informationsfäden sind wie Filmstreifen. Wir sehen sie durch. Hier sind sie doch – die Toten des Totenreiches. Er kommt selbst von da. Seine Aufgabe besteht darin, die Energie derer zu sammeln, die ihm geglaubt haben und diese Energie durch das Egregor in das Reich der Toten zu pumpen. Er nährt die Toten mit Energie, auf Kosten der Lebenden. Und hier schafft er Gedankenformen des Horrors und schickt sie anderen Menschen. Ein interessantes Hobby hat er da. Wer hätte gedacht, dass im zwanzigsten Jahrhundert – dem Jahrhundert des Materialismus - ein solches Geheimwissen nicht nur möglich ist, sondern auch aktiv unter den leidenschaftlichsten Atheisten wirkt. Wahrhaftig, die Wege des Herrn sind unergründbar.

Lapschin fühlt, dass jemand in sein Bewusstsein eingedrungen ist. Umso mehr, da unsere helle Energie für seine dunkle Seele wie Weihwasser ist. Sie verbrennt ihn. Er steht auf, aktiviert seinen Biocomputer (da es sein Terminus ist, soll er doch sein Bewusstsein nennen, wie er will). Er steigt die Niveaustufen hinauf. Er versucht zu sehen, woher die Einwirkung kommt.

Aber er kann unseren Schutz nicht durchdringen. Seine Frau fragt:

„Was ist mit dir?"

„Stör mich nicht, es scheint, dass Petrov wieder was im Schilde führt", antwortet der Hexenmeister bissig.

„Petrov hier, Petrov da, du bist ja völlig auf ihn fixiert", keift Ljusja gereizt und wendet sich ab.

Lapschin hat sich mit seinem Gesicht zu uns gewandt. Sein scannender Strahl konnte unseren Schutzkubus nicht durchdringen. Er hat sich auf der Oberfläche gebrochen und ist nach beiden Seiten herumgegangen. So wird er nichts sehen können. Igor und ich gehen ein Stück nach links, er sieht nach rechts. Er ist nervös. Ihm entgleitet das Buch und fällt auf den Boden, er zuckt unwillkürlich zusammen.

Wir nehmen den Stab und zeichnen mit roter Farbe einen Kreis um das Buch. Lapschin sieht einen brennenden Kreis. Seine Beine werden weich. Er fällt in den Sessel.

Seine Frau meldet sich wieder zu Wort:

„Was ist mit dir?"

„Ich bin müde, gestresst. Meine Beine sind wie Watte, ich will nichts mehr." Er schläft langsam ein. Wir haben ihn in Schlaf versetzt.

„Sollen wir ihm vielleicht einen Horrorfilm zeigen?", frage ich Igor.

„Das macht doch keinen Sinn, er liebt so was doch", widerspricht mein Kampfgefährte.

Seine Frau steht auf, rüttelt ihn ein wenig.

„Schläfst du wirklich?“

Er lehnt sich in den Sessel zurück, bittet mit schwacher Stimme:

„Gib mir was zu trinken.“

„Geh‘ zum Teufel“, schimpft sie und geht in ein anderes Zimmer.

Wieder kriechen wir in seinen Kopf hinein und sehen nach, was er sich zuletzt ausgedacht hat. Er hat an seinem Schutz gearbeitet. Er ist unkompliziert. Verschiedene Figuren, die von Menschen erfunden wurden: Pyramiden, Quadrate, Kugeln, die wie fliegende Untertassen verbunden sind. Wir gehen tiefer. Mein Gott! In seinem Inneren ist er sehr alt! Einige Millionen Jahre!

Wir hinterlassen eine Nachricht von uns in seinem Unterbewusstsein: „Bereue! Denke über Gott nach! Beschäftige dich nicht mit dunklen Geschäften.“

Jetzt kann man sich ruhigen Gewissens zurücklehnen. Wir verlassen diese Sphäre und sind wieder in meinem Büro. Lächelnd blicken wir einander an. Wir sind glücklich wie Kinder.

* * *

Das, was wir im virtuellen Raum gemacht haben, wirkte sich plötzlich auf eine ganz bestimmte Weise auf die materielle Welt aus. Es hat uns unerwartet eine nahe Vertraute von Lapschin, die ihn fast seit dem ersten Tagen begleitet hatte, in unserem Zentrum besucht. Die Frau war offensichtlich besorgt und sogar erschrocken. Sie erzählte mir, dass bei den Kindern, die nach der Methoden Lapschins unterrichtet werden, gehäuft Fälle von psychischen Erkrankungen auftreten, und dass sie diese Tatsache zunehmend beunruhigte. Sie fand den Mut ihn anzurufen und ihm ihre Befürchtungen und sogar Einwände auszusprechen.

Und am nächsten Tag kam eine Frau aus Donezk ins Zentrum. Sie leitete dort eine Filiale der Akademie und trainierte drei Kindergruppen nach der Methodik Lapschins. Ein Kind nach dem anderen zeigte dort dieselben Symptome, die auch schon bei den anderen Kindern beobachtet wurden. Und ebenso wie meine Kinder wurden sie von Alpträumen und Friedhofsthemen gequält.

Leider konnte ich sie nicht persönlich treffen. Mit ihr hat unsere Geschäftsführerin gesprochen. Sie hat dem Gast aus Donezk vieles erklärt. Ich hoffe, dass es ihr helfen wird, sich in der Situation zurechtzufinden.

Als Igor und ich das nächste Mal in den immateriellen Raum eingetreten sind, wurden wir bereits erwartet. Es erschien ein Engel mit großen glänzenden Flügeln und hat uns zu sich nach oben gerufen. Augenblicke später befanden wir uns bereits mit ihm zusammen irgendwo über den Niveaustufen. Wir blieben auf einer Wolke stehen, die sich wie Erdboden unter unseren Füßen anfühlte.

Über uns schwebten weitere Wolken. Sie ballten sich, so dass fast kein Licht zu uns durchdrang. In einer Spalte bildete sich ein Fenster, durch das sich ein heller, blendender Strom ergoss. In diesem Strom hat sich zuerst eine geometrische Figur gebildet: ein Kreis, in dessen Mitte ein mit Goldfäden gezeichnetes Dreieck war. Daneben materialisierte sich eine mit Edelsteinen verzierte Ikone mit dem Antlitz Christi und begann sich der geometrischen Figur zu nähern. Sie platzierte sich im Zentrum des Dreieckes, hat sich dort zu einer goldenen Medaille verhärtet und schwebte plötzlich zu uns. An dem Medaillon hat sich aus dem Nichts eine goldene Kette gebildet und sich um den Hals von Pegasus gelegt. Aus dem Licht folgte ein Mann, der die Mütze des

Monomachs trug. Nach ihm traten Heilige und Kämpfer hinaus. Derer gab es sehr viele. Sie gehen an uns vorbei. Sie drehen sich zu uns, schauen streng, aufmerksam, versuchen uns zu studieren. Dort, woher sie kommen, erkennen wir Mauern einer altertümlichen Stadt. Sie sind hoch und schneeweiß.

Aus dem Licht erscheint ein Mensch in einer langen weißen Kutte mit Flügeln auf dem Rücken. Er schwebt über dem Heer und den Heiligen. Er lächelt uns an.

Wir versuchen scheu zu erraten:

„Erzengel Michael?“

„Ja! Habt ihr mich denn nicht erkannt?“

Es kommen noch mehr Menschen, sie halten mit Gold und Silber verzierte Kirchenfahnen in den Händen. Dann wieder Kämpfer in Kettenpanzern und Helmen. In ihren Reihen gibt es auch Heilige der orthodoxen Kirche und Priester. Die Wolken ziehen noch weiter auseinander. Unter ihnen ist ein Meer entstanden, der Sturm wirft ein altes Boot von einer Welle auf die andere, der Wind zerreißt das alte Segel in Fetzen. Es stehen Menschen an Deck, die sich jedoch nicht fürchten. Der Strahl, der vom Himmel geschickt wurde, führt das Schiff.

Das Bild verschwindet. Jetzt sehen wir einen riesigen Menschen. Es ist ein Schmied. Er schmiedet ein reckenhaftes Schwert mit einem großen Stein in der Fassung, zwischen Klinge und Griff. Er reicht es uns. Igor nimmt es und küsst die Klinge.

Ich habe plötzlich aufgehört Pegasus zu sein. Ich stehe neben Igor in einem akademischen Talar.

Jemand steht neben mir, auch ein Riese in einem Priestergewand, hat uns mit einem Pinsel aus einem goldgelben Kübel bespritzt. Wir werden mit einem riesigen Kreuz getauft, und küssen das Kreuz drei

Mal. Der Segnende legt uns abwechselnd die Hand auf die rechte Schulter.

„Jetzt habt ihr die wahrhafte heilige Taufe empfangen. Im Namen des Vaters, des Sohnes und des Heiligen Geistes, amen!“

* * *

Natürlich konnte ich so etwas nicht einfach nur als eine Tatsache hinnehmen, ohne darüber nachzudenken und einer Expertise des Bewusstseins zu unterziehen. Ich hatte keine Möglichkeit das Geschehene zu leugnen, da ich auch nicht der einzige Teilnehmer dieses Ereignisses war, aber ich wollte unbedingt eine Bestätigung, Deutung zu den unglaublichen Vorfällen finden. Derselbe Journalist A. Gorbowskij hat in einem anderen Buch „Andere Welten“ (Moskau, 1991) etwas meiner jetzigen Wahrnehmung Ähnliches untersucht. Erlauben Sie mir, ihn zu zitieren:

„Der Gedanke an Wesen, die neben uns leben und von unseren Sinnen nicht wahrgenommen werden, war im menschlichen Bewusstsein tatsächlich schon immer vorhanden. Diese Vorstellung ist Teil eines jeden Glaubens, einer jeden weltweiten Religion und der mythischen Systeme verschiedener Völker. Man kann mit aller Gewissheit behaupten, dass es in der Geschichte der Menschheit keine Zivilisation gegeben hat, die nicht an solche Elemente geglaubt hätte. Die Ansichten der Theologen, der Philosophen und Mystiker aller Zeiten im Hinblick darauf, was diese Geschöpfe darstellen, können auch jenen dienlich sein, die in der heutigen Zeit versuchen solche Phänomene zu verstehen.

Einige große Denker haben in einer Reihe von Zeugnissen ihre Ansichten hinterlassen, die dem ähneln, worüber ich jetzt spreche.

Aristoteles ging davon aus, dass außer den Menschen, Vögeln, Tieren und anderen wohlbekannten Lebensformen auch andere Geschöpfe existieren, die von unseren Sinnesorganen nicht wahrgenommen werden können, weil sie über einen feineren, ätherischen Körper verfügen, die aber genauso substantiell sind wie jene, die wir sehen. Aristoteles und andere Philosophen verschiedener Epochen, die diese Überzeugung teilten, vertraten diesen Standpunkt, ohne sich zu bemühen irgendwelche Beweisargumente zu finden. Sie haben sich nicht vorgenommen, jemanden zu überzeugen. Außerdem gehört das Wissen über diese andere Realität, die Empfindung ihres Daseins, vielmehr in ein Gebiet der tiefen Intuition als der logischen Berechnungen und rationalen Konstruktionen. Jene Feststellung trifft dann auf Resonanz und Verständnis bei demjenigen, der mit einer solchen Intuition ausgestattet ist. Das bedeutet nicht, dass jemand besser ist und jemand schlechter. Es bedeutet einzig und allein, dass jemand sich als Teil einer umfangreichen, multidimensionalen Realität empfindet und ein anderer nicht.

Dieser Logik bedienen sich die Denker, die ihre Überzeugung zwar angesprochen haben, aber nicht begründeten. „Ich gestehe ein", schrieb Kant, „dass ich geneigt bin die Existenz von immaterieller Wesen in unserer Welt zu bestätigen."

Ich denke, ausführlicher als alle anderen hat es K. E. Ziolkowskij beschrieben. Er glaubte, dass ganz zu Beginn der Existenz des Universums gewisse „Wesen entstanden sind, die nicht so wie wir gestaltet waren", schrieb er, „zumindest aus unvergleichlich weniger geladener Materie als wir". Während der Milliarden Jahre ihres Daseins konnten diese Wesen, nach Meinung des Wissenschaftlers, die Stufe ihrer Vollkommenheit erreichen. „Haben sie vielleicht bis in unsere Zeit überlebt und leben sie unter uns, für uns unsichtbar bleibend?", hat sich

Ziolkowskij gefragt.

Unsere Unfähigkeit diese feinen Strukturen anderer Geschöpfe wahrzunehmen ist möglicherweise vergleichbar mit der Unfähigkeit der Insekten oder, sagen wir, der Bienen, die Existenz des Menschen wahrzunehmen. Die Menschen beschäftigen sich mit der Bienenzucht mehr als 10.000 Jahre. Seit zehn Jahrtausenden werden die Bienen verändert und studiert, es werden Artikel und Monographien über sie geschrieben. Aber dabei zeigt sich, dass der Mensch für die Bienen hinter der Barriere ihrer Wahrnehmung bleibt. Ihre Sehkraft ist so gestaltet, dass sie ihr nur erlaubt, verschwommene Konturen naher Gegenstände zu unterscheiden. In diesem schwankenden Dunst der nebligen Umrisse sind die Konturen des Menschen, der Bäume oder der Statuen, die zu Ehren irgendwelcher Ereignisse unserer Welt errichtet wurden, für sie gleichermaßen nicht zu unterscheiden und gleichgültig. Die Bienen, so der bekannte französische Forscher Rémi Chauvin, ahnen nicht einmal die Existenz eines solchen Wesens wie des Menschen. In jener Realität, in der sie sich aufhalten, gibt es weder Menschen noch die Menschheit.

Genau so, wie Bienen oder Insekten, die in unserer Welt leben, nichts von der Existenz des Menschen erahnen, genauso nehmen wir andere Geschöpfe nicht wahr, die möglicherweise in unserer Mitte sind. Wir können zumindest manchmal den Gedanken zulassen, dass es sie gibt. Aber welches Dasein diese Geschöpfe führen, welche Motive und Ziele sie haben, wenn sie denn welche habe, das können wir möglicherweise nicht einmal erahnen. Woher sollen wir wissen, ob sie die Menschheit nicht genauso züchten, wie wir die Bienen. Im Übrigen ist es vielleicht besser, dass wir es nicht wissen.

Und hier noch eine Meinung, die des bekannten Neurophysiologen und des Nobelpreisträgers John Carew Eccles (1903 – 1997, Australien):

„Ich bin davon überzeugt, dass die Ausgangsrealität der Wahrnehmung des „Ichs“ nicht durch das Gehirn, die Neuronen, die Nervensignale oder die Raumwahrnehmung bestimmt werden kann. Ich kann mir nicht vorstellen, dass das Bewusstsein nicht noch eine andere Möglichkeit der Existenz kennt, vielleicht auch unter sehr schwer für uns vorstellbaren Bedingungen. Jedenfalls behaupte ich, dass die Möglichkeit einer Weiterexistenz aus wissenschaftlichen Gründen nicht abgelehnt werden kann.“

Seinen Worten nach existiert eine gewisse Komponente des menschlichen „Ichs“ in der Welt, „die der Desintegration nach dem Tod nicht unterworfen ist“.

Und jetzt bin ich persönlich und direkt mit den Wesen in Berührung gekommen, die unsichtbar unter uns leben und konnte den neuen Aspekt meiner eigenen Existenz erfahren. Und gewiss war die seltsame und unerwartete Einbeziehung ins Ritual der heiligen Geheimnisse ein Teil des Vorhabens, bei mir als auch bei Igor Arepjew verschiedene Strukturen der Persönlichkeit mit dem Bewusstsein zu verbinden. Denn es war bereits Paracelsus davon überzeugt, dass jeder Mensch zwei Körper hat: den physischen und den geistigen. Und er war schließlich ein Hellseher. Also was geschieht mit uns - das Aufspalten oder die Synthese dieser beiden Körper?

* * *

Meine Schülerin Tamara, die ich schon in diesem Buch erwähnt hatte, leidet an starken Kopfschmerzen. Die Angriffe auf ihre Gesundheit bringen mich stark aus der Fassung. Auch Tamara kann dieses endlose Unwohlsein kaum noch ertragen. Sie muss ständig mit Nervenzusammenbrüchen kämpfen.

Ich rufe Igor. Wir müssen dieses Problem irgendwie lösen. Diese Zottel (so nennen wir mit Igor diese durchtriebenen Kreaturen der Unterwelt) sind kaum mehr zu ertragen.

Wir haben uns entschieden, zu dritt zu arbeiten. Wir gehen in den immateriellen Raum. Über dem Kopf von Tamara hängt eine Kugel mit leuchtenden Äderchen. Wir lokalisieren den Angriff und folgen dem Strahl, um herauszufinden, woher er kommt. Der bekannte Vogel mit Schwanz und Hufen.

„Nun werden wir dich erwürgen, du Zottel!“, schreit Igor wütend und greift an.

Der Vogel verwandelt sich in einen riesigen wütenden Wolf. Ich sehe seine Augen mit dem gelben Schein des Hasses, das Fletschen der Zähne. Aber der Wolf ist ein wenig verloren. Ein Duell mit dem Heiligen Georg, damit hat er scheinbar nicht gerechnet. Er will zuschlagen. Zu spät. Igor trifft ihn mit seinem Speer.

Der Wolf verwandelt sich vor unseren Augen in einen Fuchs. Auch eine große Unverschämtheit. Direkt vor meinen Augen. Ich trete ihn mit den Hufen. Aus dem Fuchs ist ein Rabe geworden, der dann auf eine der Niveaustufen geflüchtet ist.

Bezüglich Tamara müssen wir schleunigst etwas unternehmen. Ihr geht es immer schlechter. Wir jagen nach oben, holen von dort das lebensspende Kreuz und stellen es vor Tamara hin. Von oben kommt ein mächtiger Strahl. Wir stellen das Kreuz in den Strahl und nun ist der warme Wind auf Tamara gerichtet. Sie ist gänzlich von diesem Strom eingenommen. Sie wird von göttlicher Energie durchflutet. Der Schmerz verschwindet. Ihr geht es jetzt viel besser. Wir fügen noch Energie aus dem Stab hinzu. Sie erholt sich direkt vor unseren Augen.

Über uns erscheint eine weiße Taube. Wir werden nach oben gerufen. Tamara verlässt den immateriellen Raum und wir fliegen der Taube hinterher. Auf dem Gipfel der Niveaustufen gibt es eine Treppe. Auf ihr sitzt der Heilige Georg. Wir knien uns vor ihm nieder. Er ist so riesig, dass wir kaum bis zu seinen Knien reichen.

„Worum wollt ihr bitten?“, fragt er.

Wir antworten, dass wir um Unterstützung bitten in der Schlacht gegen die dunklen Kräfte und bei guten Taten.

Er streckt uns die Hand mit einem Ring auf dem Finger entgegen:

„Berührt den Ring.“

Wir berühren den Ring und fühlen, wie wir an Kraft gewinnen.

Jetzt müssen wir Lapschin finden, ihn zur Strecke bringen.

Wir gehen auf das Erdniveau herunter und machen seine Wohnung ausfindig. Sie ist mit einer dunklen Hülle umgeben. Der neue Schutz. Wie sollen wir ihn entfernen? Mit einem Strahl schneiden wir ein Fenster heraus, wir blicken hinein.

Eine Küche. Er sitzt neben seiner Frau am Tisch. Hat einen verlorenen Ausdruck im Gesicht und wirkt sehr müde. Er ist nur noch der Schatten eines Menschen.

Wir dringen in sein Bewusstsein ein und spielen die Informationen des gestrigen Tages ab. Lapschins Gehirn besteht aus zwei Kugeln. Sie werden durch Energie und Informationen zusammengehalten. In der Mitte seiner Strukturen sind Quadrate. Es gibt zehn Stück davon, sie sind sehr aktiv. Der Strahl führt durch den Bardo-Kanal auf die dritte Niveaustufe. Ein weiterer Impuls führt zur sechsten Niveaustufe, zur Traumwelt. Dort herrscht noch immer das gestrige Bild, das heißt jener Moment, als er sich darauf vorbereitet hat uns anzugreifen. Hier ist er im Reich der Toten. Von der Seite gesehen ist er ein Vogel, von hinten ein Teufel. Er trägt einen Ledergürtel. An seinem Gürtel sind magische Instrumente befestigt: eine Kerosin-Lampe und ein Becher. Daneben steht eine uns bekannte Person mit einer Sense im schwarzen Kittel. Und wieder wird aus der Brust des Todes schwarze Energie in die Brust von Lapschin gepumpt.

Er verwandelt sich in einen riesigen Raben. Unter ihm ist eine schwere schwarze Plattform mit einem geschmiedeten Ring in der Mitte. Er ergreift den Ring mit den Klauen, hebt die Platte in den Himmel und trägt sie durch den Bardo-Kanal auf das Erdniveau. Er findet mein Haus und senkt die Platte von oben herab. Es erscheint ein Reiter - unser Schutz. Er hält die Platte mit seinen Händen fest, so dass sie nicht herabstürzen kann. Aber der Vogel ist gerissen und macht es ihm nicht leicht. Er wartet darauf, dass jemand ins Haus geht, schickt diesen eintretenden Menschen einen Impuls, schafft eine Resonanz und drückt diese Menschen mit der Platte nieder. Daraufhin fühlen sich alle im Haus niedergeschlagen.

Jetzt sind Igor und ich erschienen. Wir beginnen mit ihm zu kämpfen. Wir sehen jene gestrige Schlacht. Wir bezwingen den Wolf und das schwarze Vögelchen flüchtet und versteckt sich auf der dritten Niveaustufe. Das bedeutet also, dass der Wolf eine Illusion, ein Hologramm ist. Wir haben nicht mit einem echten Wolf gekämpft, sondern mit einer Trickfilmfigur, die uns geschickt vorgespielt wurde. Obwohl, wenn man nach dem Zustand von Lapschin urteilt, er doch was abbekommen haben muss. Der Heilige Georg ist nicht irgendeine Hexe auf ‘nem Besen. Es besteht der Wunsch Lapschin etwas auf den Hals zu hetzten, mit dem er nicht gerechnet hat. Aber er sieht allzu traurig aus. In Russland tritt man niemanden, der bereits am Boden liegt. Wir gehen raus, gehen weg. Er soll sich erholen, dann sehen wir uns wieder.

Wir sind in unser Büro unter der Kuppel des Turmes zurückgekehrt. Der Bildschirm des inneren Sehens lief noch, wir waren gerade dabei ihn auszuschaltet, als plötzlich ein Informationsstrom in uns eingedrungen ist und sich entfaltete, es war fast so als würde eine Stimme zu uns sprechen: „Messt die Zeit der Ereignisse in der virtuellen Welt der vorgegebenen Realität. Das Ereignis ist eingetreten. Die Veränderungen haben begonnen. Die Realität beginnt sich zu verändern. Lapschin hat angefangen sich für diese Richtung zu interessieren, entsprechende Texte zu lesen, Bücher zu studieren. Euer Eingreifen hat das überlagert, so dass ein wichtiger Abschnitt seines Lebens ausgetauscht wurde. Ihr habt keine Zeit mehr, um die volle Ausbildung zu durchlaufen, weil sich ein sehr wichtiges Ereignis nähert, wir müssen schnell handeln. Lapschin überholt euch ein wenig. Ihr seid im Prozess seiner Beziehungen zu Grabovoi entstanden. Ihr seid stark, aber ihr unterschätzt, mit wem ihr es zu tun habt. Die dunklen Mächte haben an Stärke gewonnen und wollen gegen das Reich Christi in den Kampf ziehen. Das Millennium ist ein Jahr der Veränderungen. Das Gesetz erlaubt, Christus zu Hilfe zu kommen. Ihr macht es richtig, dass ihr den Menschen aus Lapschins Umgebung versucht die Augen zu öffnen, aber das ist nicht genug – seine ganze Kraft befindet sich in ihm, wie eure Kraft sich in euch befindet.

Seine Gruppe hängt von ihm ab.

Eure Gruppe hängt von euch ab.

Endgültig wird sich alles in einem persönlichen Kampf entscheiden. Er ist ein sehr ernstzunehmender Gegner. Er sieht die Todesursache des Gegners. Das Wichtigste ist: Wer stirbt welchen Todes?

Ihr kämpft oben. Aber die Ereignisse entwickeln sich auch am

Boden. Er will euch aus seiner Akademie vertreiben und ihr wollt ihn aus eurer vertreiben. Macht es ihm klar. Rekrutiert Menschen für eure Armee. Bald müsst ihr sie führen sowohl hier im Reich Gottes als auch unten auf der Erde.“

* * *

Am nächsten Tag sind Igor und ich zu Grigori Grabovoi gefahren. Er begrüßte uns mit einem Lächeln und war über die im immateriellen Raum geschehenen Ereignisse bereits im Bilde.

„Also, so etwas kommt vor. Man hat euch belogen. Hauptsache ihr zieht die richtigen Schlüsse aus den Vorgängen. Den Sieg wird jener erlangen, der die richtigen Schlüsse zieht. Überlegt, wie man jetzt mit Träumen und Hologrammen kämpfen sollte, wie man hinter diesen Trickfilmen den wahren Gegner erkennt. Lasst uns an die Arbeit gehen“, bot er an, „schaltet eure Bildschirme ein und schon kann's los gehen.“

Er konzentrierte sich.

„Die Erfahrung der Komprimierung des Raumes in das Ausmaß der eigenen Seele. Was machen wir zuerst? Wir beschränken den Raum um uns herum und ziehen ihn in uns hinein.“

Merkwürdig, im Unterschied zu den senkrechten Aufstiegen durch den Bardo-Kanal sind wir jetzt direkt oben angekommen. Wir sind fast so etwas wie ein Dschinn, der aus seinem Fläschchen befreit wurde. Um uns herum ist die Grenzenlosigkeit des Kosmos. Alles ist sehr deutlich sichtbar: Sterne, Spiralnebel unserer Galaxie, andere Galaxien in weiter Ferne. Und unten ist unser Fläschchen, das die ganze Welt fasst. Eine zweite Plattform, auf der wir stehen, ist wahrscheinlich der Pfropfen dieses Behälters. Dieser Korken ist jetzt etwas angehoben, aufgrund dessen hatten wir die Möglichkeit in die Freiheit auszureißen. So sieht also unsere Welt aus, wenn man sie von außen betrachtet.

Hier gibt es nichts – weder einen zentralen Kanal, noch links oder rechts. Es macht keinen Sinn, nach oben zu streben. Diese Grenzenlosigkeit bedrückt, aber wir überwinden die Angst. Das ist wahrscheinlich der erste Spaziergang des Menschen im freien Weltraum ohne einen Astronautenanzug. Obwohl, eher nicht. Ähnliche Zeugnisse findet man zum Beispiel auch im tibetischen Totenbuch. Aber vielleicht sind die Autoren dieses Buches dann doch nicht so weit vorgedrungen.

Wir werden irgendwohin gezogen. Und unser Weg, auch wenn durch nichts markiert, ist kaum zufällig. Diese unsichtbare kosmische Strömung zieht uns buchstäblich in die Tiefen des Weltalls hinein. Die Erde und das Sonnensystem sind seit langem nicht mehr zu sehen.

„Versucht stehenzubleiben", hören wir die Stimme von Grigori Grabovoi.

Wir bleiben stehen. Vor uns flammt so etwas wie ein großer Bildschirm auf, auf dem mit großen Buchstaben ein Text erscheint. Das hat Ähnlichkeit mit einer Vorlesung. Wir lesen:

„Das Leben ist die Unendlichkeit und die Unendlichkeit ist das Leben. Doch Unendlichkeit gibt es nicht in jedem Leben. Wer diese Unendlichkeit erkennt, jener erkennt auch das Leben.

Unendlichkeit gibt es in jedem von uns, in eurer Seele. Wenn ihr diese Unendlichkeit entfaltet, dann erkennt ihr das wahrhafte Leben, wie auf Erden so auch im Kosmos. Die Unendlichkeit kann nicht unterbrochen werden und das Leben ist genauso unendlich wie der Kosmos.

Das Leben ändert sich, genauso wie der Kosmos. Und eben der Kosmos beeinflusst euer Leben. Alles, was ihr im Leben macht, ist kosmisch und ist den Gesetzen des Kosmos auf der Erde eigen.

Der Kosmos spendet Leben, wie auf der Erde so auch auf anderen Planeten. Es ist falsch zu behaupten, dass jemand die Erde geschaffen hätte. Der Kosmos hat das Leben durch die höchste geistige Kraft geschaffen.

Die kosmische Energie ist in jedem von euch. Er müsst nur lernen, sie zu benutzen und dann erkennt ihr das wirkliche Leben, wie auf der Erde so auch im Kosmos.

Dieser Schatz wird nicht jedem zuteil. Und nicht jeder, der darauf vorbereitet wurde, kann diese Energie auch steuern. Lebt in Harmonie, wie auf der Erde so auch im Kosmos - und ihr werdet das ewige Leben finden.

Der Kosmos ist Ausdruck eurer selbst und ihr seid Ausdruck des Kosmos. Nehmt das, was euch zusteht. Gestaltet sowohl das irdische als auch das kosmische Leben, da ihr bis dort gekommen seid, wo ihr gerade steht. Euer einziger Helfer ist der Glaube.

Alles Kosmische ist euch nicht fremd. Es ist euch verwandt, obwohl es nicht jeder erkennen kann. Nur Auserwählte können die Energie von dort nutzen, wo ihr euch gerade befindet. Der Kosmos hat euch das Leben geschenkt, so lehnt es nicht ab. Erinnert euch - ihr lebt nach den Gesetzen des Kosmos. Eure Taten - das ist der Kosmos.

Ihr erfindet nichts Neues, sondern lest im Buch des Lebens jenes Alte, was dort bereits geschrieben steht.

Beeilt euch! Alles, was in der Spirale geschieht, kommt auch zu einem Ende. Aber es ist ewig, weil es zugleich von vorne beginnt.

Das Leben ist nicht das, wofür ihr es laut eurer Weltanschauung haltet. Das Leben ist ein Raum, der durch kosmische Gesetze bestimmt ist. Nichts kann sich chaotisch, spontan von sich aus entwickeln. Es entwickelt sich alles nach einer bestimmten Ordnung.

Das Leben ist nach den Gesetzen des Kosmos aufgebaut und es ist falsch zu behaupten oder anzunehmen, dass ihr etwas entdeckt oder erfindet. Das ist alles schon früher geschehen und die Menschen stehen erst auf der ersten Stufe ihrer Entwicklung. Und die Treppe des Wissens führt weit nach oben. Um Zugriff auf das unendliche Wissen zu erhalten, muss die Seele im vollen Einklang mit dem Kosmos sein. Es ist falsch davon auszugehen, dass ihr nach dem Tod verschwindet oder an einem bestimmten Tag etwas Neues entdeckt. Das Leben ist unendlich und eure Entdeckungen sind auch unendlich. Sie sind bereits in der Vergangenheit und auch in der Zukunft geschehen.

Jene, die durch ihre Seele ihren Gott erkennen, jene werden auch den Zugang zu dem Gesetz des unendlichen Kosmos bekommen. Sie werden das Wissen nutzen können, das sie so weit nach vorne bringen wird, dass das gegenwärtige Bewusstsein es sich weder vorstellen, noch in seinen Verstand einordnen kann. Sie werden im Endeffekt auch der himmlischen Strafe für ein falsch geführtes Leben entgehen.

Die Gesetze des Lebens sind sehr einfach, aber jeder, der sie letztendlich im Buch des Wissens lesen wird, sollte auf eine Sinnerfassung und ein vollständiges Begreifen bereit sein und sich bewusst machen, dass auf ihm die Verantwortung der Ausführung dieser Gesetze ruht.“

Das war so was Ähnliches wie ein Vorwort. Dann begann das erste Kapitel.

„Die Wechselwirkung der negativen
und der positiven Energien

Negative und positive Energien sind untereinander äquivalent. Es kann aber auch vorkommen, dass entweder die negative Energie überwiegt oder die positive. So etwas geschieht im Falle einer Wechselwirkung der energetischen Kräfte und des Kampfes der guten Kräfte mit den bösen oder der bösen Kräfte mit den guten.

Dort, woher ihr gekommen seid, besteht fast immer ein Gleichgewicht, da die Ereignisse und das Leben nach den Gesetzen des Kosmos ablaufen. Um eine Situation zu verändern und euer Leben selbst zu steuern, ist eine dritte Energie vonnöten, die es an jener Stelle, wo ihr seid, nicht gibt. Um die Ereignisse und den Lauf des Lebens zu ändern, muss man die Energie aus der Quelle des Lebens nehmen, die sich höher, über euch befindet. Eben über jener Stelle, wo ihr arbeitet.

Aber ihr müsst die Kraft der verwendeten Energie einzuschätzen wissen, da ihr nicht nur den Lauf der Ereignisse und die Lebensqualität ändert, sondern auch die Gesetze des Daseins und die Gesetze des Kosmos, an jener Stelle, wo sie unabhängig von euch und vom Willen der dort Lebenden gelten. Ihr müsst euch das Ausmaß der verwendeten Energie deutlich vor Augen führen und euch die Folgen der Anwendung dieser Energie deutlich vorstellen, und bedenkt, von wem ihr diese Energie nehmt.

Nutzt die Kraft, die euch für gute als auch für andere Absichten gegeben wurde, bei der Errichtung des energetischen Kanals vernünftig! Seid euch bewusst, dass die Kraft, derer ihr euch bedienen wollt, in der Welt, in der sie zur Anwendung kommt, um ein Vielfaches größer ist als andere Kräfte.

Nach der Prüfung wird diese Kraft in euch gefestigt sein. Aber bedenkt, dass sie weder der Anfang noch das Ende ist, sie ist nur eine der Kräfte, zu derer Verwendung ihr zugelassen seid.

Nach eurem Schaffen wird euch gegeben.

Im Namen des Vaters, des Sohnes und des Heiligen Geistes, amen!

Die Ankunft Gottes

Bereitet euch auf die Ankunft Gottes vor, weil Gott auf jene Stelle herabsteigen wird, woher ihr selbst gekommen seid. Und diejenigen, die in das Schaffen Gottes nicht eingeweiht sind und die keine Kraft Gottes haben, werden umkommen.

Die Kraft Gottes ist in eurer Seele, findet den Glauben in eurer Seele! Dann werdet ihr Ruhe und Eintracht in eurem Dasein finden.

Wisset, dass jeder die Kräfte Gottes nutzen kann, die viel größer sind. Und fürchtet euch nicht, diese Kräfte zu nutzen, da ihr zu ihnen zugelassen wurdet.

Wisset, dass die gegebenen Kräfte sowohl die Welt, in der ihr euch befindet, als auch das Leben, die Natur und alles, was euch umgibt, ändern können.

Bezweifelt die Richtigkeit eurer Entscheidung nicht, da es eure Entscheidung ist und es ist genauso der Wunsch einer höheren Macht. Handelt im Einklang mit dem Glauben und eurer Seele, so wie es euch vorgesagt wird. Weil ihr die Verkörperung der Hand Gottes seid, die sowohl im Kosmos als auch in dem Leben dort, von wo ihr gekommen seid, lenkt. Euch wird die vierte Kraft nicht irdischer Herkunft zur Verfügung gestellt. Sie ist wie eine Mauer □ ohne Anfang und ohne Ende. Niemand ist fähig sie zu bezwingen. Ihr werdet sie brauchen, wenn es darauf ankommt, etwas einzugrenzen, einzuschränken.

Nehmt diese Kraft für gute, vernünftige Absichten her und vergesst nicht, dass die Kraft, die euch gegeben wurde, an jener Stelle, von der ihr gekommen seid, um ein Vielfaches zunehmen wird.

Vergesst bei der Anwendung der Kraft und der Fähigkeiten, mit denen ihr ausgestattet wurdet, nicht, dass ihr dabei niemals alleine seid. Hinter euch steht Gott. Und jene Kräfte, die sich euch entgegenstellen, stammen von einem verirrten Wesen, das versucht sich dem Zorn des Schöpfers entgegenzusetzen.

Sie sollen eure Größe erkennen und euch von da an dienen. Wie es auch in der Vergangenheit, der Gegenwart, der Zukunft vorbestimmt war. Bewahre euch Gott und die ganze himmlische Kraft!"

Das war alles. Der Bildschirm ist erloschen und verschwand. Wir sind in der Unendlichkeit des Kosmos ganz alleine. Wohin sollen wir reiten?

Plötzlich kommt uns von weitem ein Wagen, der von drei Schimmeln gezogen wird, entgegen. Er glänzt. Er wird von einem riesigen bärtigen Mann gelenkt. Er hat eine große Ähnlichkeit mit dem, den man auf Heiligenbildern sieht - Gott.

„Was, habt ihr euch verirrt?", donnert eine rollende, betäubende Stimme durch den ganzen Kosmos.

„Vater! Hilf uns die Erde zu finden!", flehen wir.

Er lacht. Der Wagen wird gewendet.

„Hakt euch hinten ein!"

Igor hält sich mit der Hand an dem goldenen Wagen fest. Sie rauscht durch die Unendlichkeit. Wir sind an der Sonne vorbeigeflogen.

„Da ist unsere Erde."

Gott der Vater wirft einen Blitz nach ihr.

„Wir danken dir, Gott.“

„Ich werde auch Vater genannt“, lacht er.

„Wir danken dir, Vater.“

„Also, endlich habt ihr es begriffen.“

„Können wir dich berühren?“

„Nein. Sonst werdet ihr verbrennen.“

Der Wagen wird gewendet und irgendwohin in die Tiefe der Galaxis fortgetragen.

Wir betreten die Niveaustufen. Das war’s, wir sind wieder auf der Erde. Grigori Grabovoi sieht uns mit verwundertem Blick an.

„Wisst ihr, wer das war?“

Igor und ich schauen uns an.

„Der Schöpfer“, und fügt etwas bekümmert hinzu, „ mit euch wird es wohl nie langweilig. Ich sehe so etwas selbst zum ersten Mal, dass der Schöpfer höchstpersönlich jemanden im Kosmos begleitet.“

* * *

Igor und mir ging alles auf einmal viel leichter von der Hand als früher. Wir gelangen jetzt schneller auf die richtige Ebene, können Krankheiten besser diagnostizieren und heilen - bei uns selbst und bei anderen. Wenn wir etwas nicht wissen, wenden wir uns sofort an Grigori Grabovoi. Er hat auf der zweiten Niveaustufe links, sein eigenes Haus – einen kleinen Palast mit Pfauen im Hof. Auch Igor und ich fingen an über etwas Ähnliches nachzudenken. Aber bis jetzt können wir uns nicht so recht entscheiden.

Die Arbeit im Zentrum läuft ohne besondere Vorkommnisse. Es

kommen Menschen. Aber hauptsächlich sehr arme, die weder für die Ausbildung noch für die Behandlung bezahlen können. Wir schicken sie trotzdem nicht weg. Wir brauchen die Bestätigung des Erfolges unserer Handlung. Und jede komplizierte Erkrankung, die wir mit Hilfe der uns gegebenen Techniken bewältigen können, ist ein großes Fest für uns. Es kommen Menschen mit Diabetes zu uns und bekommen die erwartete Hilfe. Es kommen Menschen mit Krebs - und es zeigt sich, dass auch der Krebs gezwungen ist zurückzuweichen.

Manchmal sehen wir in der Aura des Menschen eine deutliche Anwesenheit fremder Wesen. Das sind Dämonen, wie man sie im Volksmund nennt. Wir können sie entfernen, aber zuerst schicken wir den Menschen in der Regel in das Sergius-Dreifaltigkeits-Kloster zu Vater Germann. Der Sünder soll verstehen, dass nicht alles im Leben so einfach ist, dass der Tag kommt, an dem abgerechnet wird. Vater Germann wäscht ihnen den Kopf. Er ist ein strenger Priester und wir haben eine besondere Beziehung zu ihm. Als die heilige Armee, die uns vorgestellt wurde, an uns vorübergegangen ist, haben wir ihn unter den Segnenden gesehen. Wenn Gott selbst ihn in seine Welt, in sein Reich lässt, so bedeutet es, dass er jemand ist, dem man vertrauen kann. Wir konnten bei seinem Gottesdienst schon oft beobachten, wie aus den Menschen energetisch-informative Geschöpfe der dunklen Welt, also Teufel, hinausgefahren sind. Manchmal drangen sie sofort in jemand anderen ein, der in der Nähe stand. Aber normalerweise wurden sie nach oben, in den steigenden energetischen Strom unter der Kuppel der Kirche fortgezogen, sie quälten sich im Heiligen Geist, wurden deformiert, lösten sich auf und verdunsteten in der Höhe.

Wir gerieten in die Versuchung uns Vater Germann erkennen zu geben, aber wir konnten ihr widerstehen. Er hat ja keinen Zugriff auf den Bildschirm des inneren Sehens und kann selbst nicht wissen, dass er Gott nahesteht. Das Wissen und die Fähigkeit Teufel auszutreiben, bekam er über die Intuition. Deshalb waren wir bei ihm, wie auch die anderen Laien, um sich nach stundenlangem Knien den priesterlichen Segen abzuholen. Und anderen empfahlen wir, das bei erstbester Gelegenheit auch zu tun.

Als wir einmal von einem anstrengenden Gottesdienst von Vater Germann zurückkamen, haben Igor und ich uns an unseren früher einmal geschlagenen Gegner, Lapschin, erinnert.

Es war Mitte Mai. Die Tage waren warm, sonnig und lang. Wir setzten uns wieder in mein Kabinett unter die Kuppel, wo wir eine energetische Säule haben, ähnlich der in der Kirche bei Vater Germann. Dank dieser Säule brauchten wir nur zu wünschen und waren bereits im immateriellen Raum und bereit für die Arbeit.

Und irgendwo in Moskau ist unser Freund Lapschin. Ah ja, hier ist er! Er geht hin und her in seinem Büro. Der Tisch befindet sich hinter dem Fenster. Er ist aus Feodossija zurückgekommen. Wir spulen den Film zurück. Was hat er dort gemacht? War auf dem Friedhof. Hat Blumen gebracht. Ein großes Grab, eine Bank, er setzt sich. Baut mit der dritten Niveaustufe eine Verbindung auf. Rechts steht jemand von seinen Verwandten. Sein Vater. Der beschimpft ihn. Lapschin hört ihn nicht. Von links gesehen ist er ein halber Vogel, hinten hat er einen Schwanz. Um ihn herum sind viele Tote. Für sie ist er der Hoffnungsträger, ein Retter, es gibt Tausende von ihnen. Sie geben ihm ihre Energie. Sie sagen ihm, dass er unbesiegbar sei.

Wir reisen zu ihm und setzen uns neben ihn. Unter uns ist alles schwarz. Der Kanal hat sich geöffnet. Wir fliegen durch ihn hindurch. Die erste, zweite, dritte Niveaustufe. Tore! Sie öffnen sich. Skelette in schwarzen

Kitteln. Sie bilden eine dunkle Kugel. Lapschin treibt sie sich in die Brust. Auch er trägt eine Rüstung. Der Säbel oder das Schwert hängt aus irgendeinem Grund rechts. Einen Kettenpanzer hat er jetzt auch. Und einen Schild, genauso wie bei uns. Nur ist alles dunkel. Auf dem Schild erscheinen abwechselnd - mal ein Vogel, mal der Teufel. In der Mitte des Schildes ist ein Stein angebracht. Der Speer ist lang und vollkommen analog zu unserem, nur schwarz. Die Wahrheit ist nur äußerlich. Sein Wesen ist anders - der Vogel ist dazu da, um zu entkommen, der Teufel, um zu kämpfen. Man bereitet ihn auf uns vor. Sie haben den Prototyp des Schwarzen Ritters geschaffen. Diese Ausrüstung ist gerade erst erschienen. Sie verleiht ihm mehr Möglichkeiten.

Rechts von ihm steht sein Vater - nicht groß, mager, graues Haar. Er sagt: Haltet ihn auf, unsere Nachfahren werden unter seine Taten leiden müssen. Der Vater hat normale Gedanken, der Sohn nicht. Der denkt nur, wie er sich die Welt unter den Nagel reißen kann.

Ihn stören solche Zentren wie unseres, andere Schulen, andere Akademien. Wir sind für ihn gefährlich, andere, nichtorganisierte Extrasensen beunruhigen ihn nicht. Lapschin wendet Hypnose an. Wir haben ihm einen Spiegel aufgestellt. Er sieht hinein und spiegelt sich darin wider. Jedoch weiß er von uns und ist zu allem bereit. Überhaupt hat er ein hundertprozentiges Selbstbewusstsein.

Wieso arbeitet sein System unabhängig?

Lapschin strengt sich anscheinend nicht an und den Menschen geht es trotzdem schlecht! Man muss herausfinden, wo der Faden von ihm hinführt. Wir sehen es. Zu einer schwarzen Pyramide aus Kugeln. Von ihr laufen die Fäden zu denjenigen, denen er schaden will. Alles läuft völlig automatisch ab. Was für ein durchtriebenes Geschäft! Wenn man dasselbe gegen ihn versuchen würde? Auf uns drückt eine schwarze Pyramide, so wird auf ihn also eine helle drücken.

Wir schaffen über der dritten Niveaustufe eine Pyramide aus goldenen Kugeln und speisen sie mit der Energie des Heiligen Georg. Wir zielen auf Lapschin. Ja! Der hat sich gut vorbereitet! Sofort erscheint um ihn herum ein Schutz in Form eines Kubus. Wie sollen wir ihn erreichen? Wir schlagen ihn mit dem Speer. Es kommen drei Vögel. Sollen wir sie verfolgen oder nicht? Er hat uns schon mal auf diese Weise ausgetrickst. Als wir mit dem Hologramm-Wolf gekämpft haben, ist er auf das dritte Niveau ausgewichen. Jetzt wird er nicht entkommen können. Selbst die Vögel nicht - die goldene Pyramide ist im Weg. Die Toten auf der linken Seite ärgern sich, schimpfen. Aber was hat es für einen Sinn zu schimpfen?

Man muss sich daran erinnern, wie es in den Märchen zugeht. Nicht umsonst las Lapschin in letzter Zeit Märchen. Die Pfeile für Aasgeier verschwenden? Wird nicht passieren! Wir lassen lieber unser geliebtes Vögelchen, den zweiköpfigen Adler auf ihn los.

Wir erschaffen ihn mit dem Strahl und beleben ihn. Das war's schon, der mächtige Adler ist fertig und bereits in der Luft. Er lässt die Vögel links liegen. Das bedeutet also, dass sie wirklich nicht echt waren! Wieder ein Täuschungsmanöver. Das macht man nicht…

Unser Adler ist nach unten, in das Büro von Lapschin geflogen. Und dort hat sich ein seltsamer Würfel in der Mitte des Zimmers gebildet. Hier steck er also. Wir bitten den zweiköpfigen Vogel, zur Seite zu treten, und hauen mit ganzer Wucht mit dem Knüppel auf den Würfel, von dem selbst Berge zerspringen, und so zerspringt auch der Würfel. Lapschin ist mit seinem Kopf auf dem Tisch aufgeschlagen. Am Hinterkopf hat sich ein Luftwirbel gebildet. Der Computer hat hier seinen Ein- und

Ausgang. Wir schrauben ihn gegen den Uhrzeigersinn ab. Er zieht sich zu einem Punkt zusammen, ist aber eine Sekunde später wieder wie früher, wiederhergestellt. Wir wiederholen es. Dasselbe Ergebnis! Wir kreisen die Stelle mit einem braunen Strahl ein und ziehen das dumme Bewusstsein aus dem kranken Kopf. Was für ein großes Loch da in seinem Kopf entstanden ist!

Aber die Natur erträgt bekanntermaßen keine Leere. Wir füllen die Leere mit guten Absichten, Barmherzigkeit und Bereitschaft kranken Menschen und Armen zu helfen. Wie lange das wohl hält? Seine alten Freunde und Herren werden wahrscheinlich schnell dahinterkommen, dass etwas nicht stimmt und konstruieren diesen guten Menschen ganz schnell wieder zu höllischem Dreck um. Vielleicht hat er ja ein oder zwei Wochen. Und wir können uns ein wenig von ihm erholen.

Am nächsten Tag planen wir ein Mädchen auf die höchste Niveaustufe zu heben, jenes Mädchen, das einmal beim Hexensabbat in Feodossija die ganze Vorstellung zerstört hat. Bei ihr arbeitet der Bildschirm des inneren Sehens gut, aber nur auf den unteren Stufen, so wie es Lapschin seinerzeit bestimmt hat. Sie hat Talent und es ist einfach der Wunsch da sie auf den hellen Weg zu Gott umzustellen. Auch deshalb, weil es ihr bestimmt war, das wichtige okkulte Mysterium Lapschins zu stören. Das einzige, was mich bei ihr stört, ist ihr übertriebenes Selbstbewusstsein und ihre Arroganz. Ich denke, wenn sie jemandem aus der göttlichen Hierarchie begegnet, es ihr helfen könnte sich im Leben zurechtzufinden.

Nun ist der langersehnte Augenblick da. Das junge Medium zieht eine dunkle Maske über die Augen, öffnet den Bildschirm. Wir versuchen sie auf das zehnte Niveau zu heben. Bei ihr läuft alles wunderbar. Es gibt keine Probleme mit dem Aufstieg. Sie trägt einen silbernen Anzug mit breiten Hosen. Mächtige Schuhe mit Flügelchen wie bei Hermes. Sie bewegt sich sehr schnell und frei im Raum. Auf dem Kopf trägt sie eine Binde wie bei japanischen Ninjas.

Was für ein superfortgeschrittenes Kind!

Wir fliegen durch den zentralen Bardo-Kanal. Es gibt keine Schwierigkeiten. Das Mädchen fühlt sich hier wie ein Fisch im Wasser. Wir steigen nach oben hinauf.

Eine Fläche. Überall Nebel, keiner kommt zu unserer Begrüßung. Das Mädchen ist unten und wirkt unglaublich klein. Wir fragen, wie sie uns sieht.

„Ihr reicht mir nur bis zur Brust“, antwortet sie.

Etwas stimmt nicht – wir können aber nicht verstehen, was genau nicht stimmt.

Wir gehen die Treppe hoch. Wir sind ein wenig hinaufgestiegen und die Stufen sind verschwunden. Es herrscht eine völlige Leere. Es ist offensichtlich ein Hinweis darauf, dass wir umkehren müssen. Wir kehren zurück und schlagen einen anderen Weg ein. Der Teenager hat eine Schleife gezogen und ist auf die Ausgangsstelle zurückgekehrt.

Wir nehmen eine andere Treppe. Dort ist eine Pyramide, hinter ihr ein Berg. Zwei Greise. Sie sind sehr groß.

Wir fragen die Superwoman: „Siehst du sie?“

„Ja, ich sehe sie. Sie sind sehr klein“, antwortet sie. „Ich schaue auf sie herab.“

Die Greise wenden sich ab. Sie demonstrieren offenbar ihre Unlust, sich zu unterhalten.

Warum sieht sich das Mädchen selbst als so groß, dass sie auf alles herabsehen muss? Es scheint, dass in diesem Raum ihre ernsten persönlichen Probleme mit der Selbsteinschätzung auf eine solche allegorische Weise aufgezeigt werden. Die übertriebene Einschätzung ihres Selbst, ihrer Stellung im Leben… Wenn sie kein Kind gewesen wäre, wäre das Treffen viel problematischer verlaufen.

Doch das Mädchen verzagt nicht. Wendet sich einfach von den göttlichen Greisen ab und klettert leichtsinnig auf den Berg.

Den Weg versperren zwei Figuren - das Leben und der Tod. Sie sehen sie an, sie sieht sie an.

Meiner Meinung nach pfeift sie auf alles. Sie denkt einfach nur daran, wie sie dieses unerwartete Hindernis überwinden könnte. Sie kommt sich nach wie vor groß vor. Das Leben und der Tod wenden ihr den Rücken zu und demonstrieren so offenbar, wie sie zu dem unvernünftigen Mädchen stehen.

Sie will weitergehen. Ich protestiere. Das ist kein Zirkus und kein Zoo. Man muss das alles sehr ernst nehmen. Wir müssen gehen. Man will sie hier nicht sehen.

Und uns, den Erziehern, ist es auch eine gute Lehre. Natürlich öffnet sich der Bildschirm des inneren Sehens bei Kindern schneller als bei Erwachsenen, sie begreifen die Weisheiten der feinstofflichen Welt schneller. Doch auch Übermut aufgrund der Erfolge entsteht bei ihnen leicht. Sie entwickeln schnell einen Drang mit ihren ungewöhnlichen Fähigkeiten, dem Auserwähltsein zu prahlen! Das haben wir später auch bei einigen anderen Schülern bemerkt. Man sollte sie also öfter daran erinnern, dass sie diese Gabe wertschätzen sollen und nicht vergessen dürfen, dass sie diese Gabe nicht von Igor und mir bekommen haben, sondern von ganz oben. Nicht eitler Stolz darüber, wie großartig du bist, sollte im Herzen sein, sondern der Stolz auf jene Kräfte, die du repräsentierst.

* * *

Immer mehr Menschen hören von unseren ungewöhnlichen Möglichkeiten zu heilen. Fast jeden Tag kommen sie zu uns, mit der Bitte ihnen zu helfen. Die Komplexität der Erkrankungen wächst ebenfalls. Es ist eine Frau mit Brustkrebs gekommen. Ihr Name ist Tatjana Wladimirowna. Sie unterrichtet eine Fremdsprache am Gymnasium. Sie wurde von einem unserer Bekannten zu uns geschickt.

Was sollen wir machen? Wir hatten es noch nie mit Krebsgeschwüren im fortgeschrittenen Stadium zu tun. Des Weiteren bestand ihr Arzt auf einer sofortigen Operation. Der Röntgenapparat hat zahlreiche Metastasen in den Kanälen der Milchdrüsen gezeigt. Erschwerend kommt hinzu, dass sie an unsere Hilfe glaubt und auch wieder nicht glaubt. Sie greift einfach danach, wie nach dem letzten Strohhalm. Diese Unbestimmtheit ihres Bewusstseins stört die Arbeit sehr.

Igor und ich schalten die innere Vision ein. Wir betrachten den Organismus von innen. Es ist kein fröhliches Bild: Es findet eine Verseuchung des Blutes statt und das Immunsystem wird unterdrückt.

Wir filtern das Blut. Das Blut zirkuliert, fließt durch die Nieren. In den Nieren gibt es viel Cortisol. Wir haben die Zellen eingesammelt, die nicht durch den Filter gelangt sind - sie sind wie Glassplitter. Wir lassen sie in die Harnblase fallen und filtern noch einmal und klären mit Hilfe der Nieren und der Harnblase. Und wiederholen das Ganze.

Die Verbindung geht vom Kopf bis zum Geschwür. Wir dringen zu den Zellen vor, in denen die Krankheit ausgebrochen ist. Wir arbeiten mit den Metastasen. Die Flüssigkeit in den Zellen – ist die eines Toten. Sie zersetzt den Organismus an der Stelle des Geschwürs. Wir programmieren die Zellen positiv um. Die Metastasen schneiden wir auf der Ebene der Informationen ab und bringen sie in einer Schachtel unter - jetzt werden sie nicht mehr genährt, sie sind abgeschnitten. Und die ursprüngliche Zelle beginnt wie eine gesunde zu arbeiten. Sie hat ihr Gedächtnis zurückbekommen.

Das reicht für heute, mehr kann man in einer Sitzung nicht machen. Mit der Hauptgeschwulst werden wir das nächste Mal arbeiten.

Wir haben die Arbeit mit ihr beendet, wollten eben den Bildschirm des inneren Sehens ausschalten... Und plötzlich finden wir uns im Kosmos wieder. Es ist eine Kugel. Wir befinden uns innerhalb dieser Kugel, im Halbdunkel. Die Sonne hängt da. Wir lassen sie in uns hinein. Wir spielen mit ihr wie kleine Kinder. An den Wänden ist etwas geschrieben. Die Buchstaben sind uns unbekannt. Die innere Stimme sagt uns, dass der Text von der Schöpfung des Menschen handelt. Es wird präzisiert: von den Stufen der Evolution. Links sind die Tiere, rechts ist der Mensch. Ihre ganze Entwicklung. Danach der Mensch und die Technik.

Auf dem Boden gibt es eine Aufschrift und eine Vertiefung, innerhalb der Vertiefung ist ein Pentagramm. Das gleiche an der Decke. Es ist ein Stern - die Formel des Lebens. Man kann sie mit den Strahlen und der Hand starten. Wir berühren ihn - er ist kalt und rutschig. Doch plötzlich entspringt ihm ein Energiestrom. Es bildet sich ein Regenbogen. Wir steigen zum Stern an der Decke hinauf. Wenn man ihn mit der linken Hand berührt, geht Wärme von ihm aus. Wenn man ihn mit der rechten Hand berührt, geht etwas Faszinierendes hinein. Wir stellen uns auf den Stern. Der Strahl geht durch uns hindurch. Wir haben keine besonderen Empfindungen. Aber der Strahl fließt. Vor uns erscheint das Porträt der Gottesmutter. Die Kugel beginnt sich zu drehen. Der Stern dreht sich zusammen mit uns. Wir dürfen uns nicht rühren. Wir müssen der Gottesmutter Achtung zeigen.

Aber etwas ist geschehen. Es schaukelt. In diesem Energiegeiser ist ein Mensch mit Flügeln erschienen, er geht auf uns zu. Es hat sich sofort alles verändert. Die Sonne, eine Taube, ein weißes Fenster ist erschienen. Es wird ein Bild gezeigt: Himmel, Weizen, ein Feld. Der Mensch mit den Flügeln steht uns gegenüber. Wir besinnen uns. Nebenan gibt es eine zweite Kugel. Wir müssen da hineingehen. In ihr laufen Teufel herum. Wir fürchten uns aber nicht. Eine junge Frau ist aufgetaucht – sie ist hübsch, aber sie verwandelt sich sofort in etwas Furchtbares. Überall sind Teufel, die springen und schreien.

An den Wänden stehen menschliche Sünden: Gier, Völlerei, Trunksucht, Hurerei, Neid, Verrat.

Vor dieser Wand sitzen vier riesige Teufel - die Monster der Menschen. Sie verkörpern die Gier, den Neid, die Hurerei, den Verrat.

„Was macht ihr mit den Menschen?“, fragen wir sie streng.

Sie fletschen die Zähne, lachen.

„Nun, was ihr seht, das machen wir auch.“

„Und warum?“

„Damit es Frieden auf der Erde gibt.“

„Kann es denn dadurch Frieden geben?“

„Was, meint ihr nicht?“

„Dient ihr dem Schöpfer?“

Sie lachen:

„Wir dienen dem Schöpfer, alle auf unsere eigene Art.“

Die Teufel nebenan ersticken vor Boshaftigkeit. Eine Schar kleiner Teufel will uns angreifen. Aber um uns herum erstrahlt ein Licht, das sie nicht überwinden können.

Wir gehen weg.

Noch eine Kugel. Das Haus der Heiligen. Man kann hineingehen. Dort ist es hell und es riecht gut. Es ist so, als würden von beiden Seiten Engel erscheinen. Sie haben Flügelchen. Heilige Frauen und Kinder laufen nackt herum. Es sieht aus wie ein Zimmer. Die einen fliegen, die anderen laufen, andere sitzen auf Wolken. Alle lächeln und sehen uns an. Wir spüren eine energetische Krafteinwirkung. Es ist ein heiliger Greis erschienen. Wir sind kleiner als sie. Jemand sagt:

„Ihr solltet euch daran erinnern, wer ihr seid."

Wir strengen unser Gedächtnis an. Es erscheint eine Vision – ein Pferd mit einem Reiter. Auf dem Kopf - eine weiße Kugel. Mit einem Heiligenschein in der Mitte – etwas Weißes, ein Kreis, ein Regenbogen. Und Igor und ich sind wieder Pegasus und der Ritter.

Um uns herum verändert sich alles, die Natur, Flüsse, Meere, Berge, Wälder.

Wir fragen:

„Könnt ihr uns die Struktur des Heiligen Georg zeigen?"

Uns werden Gesichter gezeigt, alle haben einen Heiligenschein. Im Zentrum ist Jesus Christus. Eine Zeichnung: sechs männliche Energien und sechs weibliche Energien. Die Frau ist links, der Mann ist rechts. Es erscheinen Sternzeichen.

Jetzt ist der Kosmos Christus, das Pferd die Zeit, der Zugang zum Kosmos. Der Reiter ist die Gesellschaft. Es ist der letzte Teil der Spirale, die, nachdem sie den Raum durchdringt, befreit wird.

„Die Natur ist die Welt, die uns umgibt. Aber für euch ist es nicht die einzige Welt", lässt jemand Unsichtbares verlauten. „Nur wenige Auserwählte haben außer euch den Zugang bekommen."

„Was sollen wir auf der Erde machen?"

„Die Aufgabe ist, zu heilen und das Vaterland zu schützen, den Menschen zu helfen. Ihr sammelt euch zu einer Kraft. Ihr werdet eure Individualität bewahren, aber auch zu einer Einheit werden."

„Wo ist die Stelle, die die Kraft bewahrt?", frage ich.

„Suche danach! Alles ist in der Macht Gottes, in deiner Macht", antwortet der unsichtbare Gesprächspartner zweideutig.

Der Bildschirm ist verschwunden, wurde ausgeschaltet.

Wir kehren auf die Niveaus zurück.

Wir steigen über dem Platz hinauf. Haben uns entschieden ein wenig zu experimentieren. Graue Farbe. Wir zeichnen einen weißen Strich, er färbt sich schwarz und verschwindet.

Wir zeichnen ein Quadrat. Es wird wieder gelöscht. Stur zu bleiben, macht keinen Sinn. Wir sehen einen Eingang. Wir gehen hinein. Es ist ein Tunnel. Es gibt sechs Flächen. Wieder eiserne Türen, sehr stabil. Noch eine Fläche. Wir stellen uns darauf - es fühlt sich an, als wäre es irgendein dünnes Material. Eine Art Folie. Sie trägt uns ohne Probleme. Da ist etwas um uns herum, aber es ist nur zum Teil sichtbar. Man braucht eine andere Sehkraft. Wir sehen nur Bruchstückweise, mal ein Ohr, dann wieder ein Stück des Kleides. Jene, wem sie gehören, müssen riesig sein.

Wir sind noch höher gestiegen. Gelbe Farbe. Blaue Farbe. Wir zeichnen auf der blauen Fläche ein gelbes Quadrat. Es wurde real. Hat sich nach links gedreht, dann nach rechts und ist davongeflogen. Wir löschen es mit violetter Farbe.

Wir sind langsamer vorwärts gekommen. Jemand versucht uns zurück und nach unten zu stoßen. Doch wir brechen unseren eigensinnigen Weg nicht ab. Ein Platz. Igor hakt sich mit einer Hand an dem Rand ein, der so fein ist wie eine Schneide, mit der anderen zieht er mich am Sattel nach oben. Er ist so scharf, dass man sich schneiden könnte. Wir werden von oben niedergedrückt, man lässt uns nicht hinein. Igor hat sich mit dem Schild eingehakt, wir kommen sehr langsam voran. Wir werden mit etwas Weißem umrundet. Rechtzeitig, denn anders hätten wir die Hitze, die um uns herum herrscht, nicht ertragen können. Es ist immer noch kaum erträglich, wir sehen uns um. Überall Sternzeichen. Zwölf Stück. Mal haben wir Sicht, dann wieder nicht. Es ist sehr schwierig etwas im Detail zu sehen.

Oben ist ein roter Kreis. Mit einem Strahl schneiden wir ein Loch hinein. In dem roten Kreis entsteht ein schwarzes Loch und zieht sich zusammen. Wir zeichnen eine grüne Kugel - sie bringt Bäume und Tiere hervor.

Wir steigen noch höher hinauf. Der Kreis ist in der Nähe. Die Ebene ist weiß und es sind wieder Sternzeichen zu sehen. Dort leuchtet alles golden. Wir kriechen nach oben und werden von dort wie von der Sonne geblendet. Ein Druck wird spürbar und wir hängen in der Luft. Wir schaffen es nicht auf den Platz zu kommen. Goldenes Eis hat sich gebildet. Wir müssen gehen, es scheint, dass wir hier vorerst nicht erwünscht sind.

Wir bitten um Entschuldigung für die Hartnäckigkeit, dass wir ohne Einladung hochgeklettert sind.

„Ihr seid nicht geklettert, ihr wurdet geführt“, wird aus dem Kosmos geantwortet.

„Aber wieso gab es einen Widerstand?“

„Was habt ihr denn erwartet? Ihr habt euch doch entschieden, ein bisschen zu trainieren. Das habt ihr getan. Und wieso nicht bis zum Ende?“

„Wir wollten nicht unhöflich sein“, antworte ich schüchtern für uns beide.

„Ja, ja wir haben eure Höflichkeit gesehen.“

„Wir haben ja nur trainiert“, rechtfertigen wir uns.

„Ja, schon gut“, stimmen sie zu. „Geht mit Gott.“

Wir finden den Ausgang, steigen herab und fliegen davon. Der Weltraum, die Sterne, und da ist auch der Kanal. Die Milchstraße befindet sich unter den Hufen des Pferdes. Wir sehen die Erde. Wir landen auf dem Platz. Unten werden wir von vierundzwanzig Greisen erwartet. Wieder bitten wir um Entschuldigung für unsere Hartnäckigkeit.

„Das ist keine Hartnäckigkeit, sondern der Wille“, trösten sie uns.

Wir steigen auf die Erde hinunter.

Jetzt wissen wir: Der Heilige Georg ist der Verteidiger der russischen Erde. Es ist das System des lebendigen Gottes. Die zweite Ankunft Christi.

Wer sind wir in diesem System? Jene die handeln, oder durch die gehandelt wird?

Fragen über Fragen.

Kapitel 9

Zu uns ins Zentrum ist eine neue Mitarbeiterin gestoßen – Tatjana Nikolajewna. Sie wurde uns von Olga Kojekina empfohlen, die selbst beim Forschungsinstitut für traditionelle Behandlungsmethoden beschäftigt ist. Da war ihre Empfehlung natürlich entsprechend hoch gewichtet. Und Tatjana Nikolajewna machte selbst einen angenehmen Eindruck, sie war von rundlicher Statur, immer lächelnd. Sie kannte viele alte Beschwörungsformeln, besonders solche, die mit Wasser zu tun haben. Der Bildschirm des inneren Sehens öffnete sich bei ihr bereits nach zwei Wochen. Sie ist fast vom Stuhl gekippt, als es geschah.

Ihr ganzes Leben lang hat Tatjana Nikolajewna an ihrer Fähigkeit gearbeitet, die Aura des Menschen, sein Biofeld wahrnehmen zu können. Sie schaffte es ihr Wahrnehmung noch stärker zu verfeinern und bis zur Perfektion zu bringen. Jetzt war es ihr möglich ohne besondere Anstrengung Erosionen und Unregelmäßigkeiten im Biofeld aufzuspüren und später die entstandenen Löcher mit Hilfe der Energie ihrer Hände auszufüllen und zu verschließen. Solch eine Einwirkung kann dem Menschen für eine gewisse Zeit tatsächlich helfen. Doch das, was sie bisher nur nach Gefühl gemacht hat, konnte sie plötzlich sehen, sie sah die Aura, mit ihrer inneren Sehkraft. Die Aura der Menschen und den Einfluss, den sie auf sie ausüben konnte. Sie war von den neuen, früher unbekannten Möglichkeiten ihrer bioinformativen Fähigkeiten, die ihr nun völlig neue Perspektiven eröffneten, förmlich erschüttert.

Ihr erschloss sich eine neue, unsichtbare Welt, mitsamt ihrer Ebenen, Strukturen, Datenbanken und Programmen zur Einwirkung und

Steuerung. Der Bildschirm des inneren Sehens hat sich als Tür in ein unsichtbares Universum erwiesen, das schon immer da gewesen ist, auf uns gewartet hat, das uns schaden, aber auch helfen kann.

Zur Einweihung haben wir uns entschieden sie auf die obere Ebene des Bardo-Kanals zu führen. Sie hatte sich vorbereitet und trug nun eine kokette schwarze Maske mit dem silbernen Zeichen des Heilers. Diese besondere „Ausrüstung“ interpretieren wir als den Wunsch, mit uns zusammenzuarbeiten.

Wir schalten den Bildschirm des inneren Sehens ein. Der Aufstieg gestaltete sich unglaublich einfach. Das Erdniveau liegt nun hinter uns, wir sind bereits im Bardo-Kanal, auf dem Weg nach ganz oben. Es vergehen nur zehn Minuten, da sind wir auch schon auf der höchsten Plattform. Tatjana sieht alles klar und deutlich, ihr Glück ist ihr förmlich ins Gesicht geschrieben. Wir führen sie über die Treppe hinauf zu den göttlichen Greisen. Ihre Erscheinung ist rundum lobenswert.

Die Greise sitzen an einem Tisch – unerschütterlich, majestätisch, die Ruhe der Ewigkeit ausstrahlend und losgelöst von der irdischen Eitelkeit. Wir erklären ihnen unseren Besuch und wen wir mitgebracht haben, halten so etwas wie eine Fürbitte ab.

Tatjana Nikolajewna war zuerst wie erstarrt. Sie konnte es immer noch nicht glauben – war es Realität oder doch nur eine Sinnestäuschung ihres Gehirns. Wenn sie alleine gewesen wäre - sie hätte nicht daran geglaubt.

Die Greise waren wohlwollend. Sie wollen wissen, warum sie gekommen ist, was sie sucht.

„Ich möchte die Menschen mit Wasser heilen“, antwortet sie etwas verlegen, aber durchaus genau. Ihr wird eine Schale mit Wasser gereicht. Man warnt sie: „Verschütte es nicht.“

Wir fliegen zurück, Tatjana hält die Schale mit Wasser fest im Griff. Ohne etwas zu verschütten, kommen wir auf der Erde an, direkt in der Nähe eines Sees.

„Jetzt kannst du alles, was du willst, in dieser Schale sehen“, ertönte von irgendwoher eine Stimme.

Es gibt die Möglichkeit dies zu überprüfen. Besuch hat sich für heute angekündigt.

Wir beginnen mit unserer Patientensprechstunde. Tatjana Nikolajewna arbeitet mit uns.

Zu uns kommt ein Mann mit einem Glaukom. Wir schreiten zur Tat und begeben uns auf die dritte Unterebene der ersten Erdenebene. Tatjana begleitet uns. Anhand der von uns aufgerufenen Informationsmatrix können wir sehen, dass die Krankheit in einer Verbindung zum Herzen steht. Grund des Glaukoms ist sehr starker Stress. Der Mann kann unsere Diagnose bestätigen. Auf der Arbeit hat sich eine sehr unschöne Situation entwickelt, erzählt er uns, ein Konflikt mit dem Vorgesetzten, von Angesicht zu Angesicht so zu sagen. Wir arbeiten mit dem Auge und schalten das Programm der Genesung ein. Aber in naher Zukunft ist wieder Stress bei ihm einprogrammiert – sehr gefährlich für ihn in seinem Zustand. Da ist etwas, was seine Frau ihm einfach nicht verzeihen kann und weswegen sie ständig Druck auf ihn ausübt.

Seine Frau wurde aus diesem Grund in seinen Genesungsprozess miteinbezogen. Wir haben sie im Hinblick auf die Beziehung zu unserem Mandanten neu eingestellt. Jetzt sollte sie gutmütiger werden.

Bei dem nächsten Patienten handelt es sich um eine Frau, die sehr krank ist. Es gibt nichts, was ihr nicht weh tut. Wir sehen eine kranke Milz, eine kranke Leber, krankes Blut. Darüber hinaus Krebs im Anfangsstadium. Außerdem gibt es im Harnleiter eine große Narbe.

Wir fragen, was geschehen ist. Sie antwortet, dass sie dort operiert worden ist. Wir gehen wieder auf die dritte Unterebene, erschaffen im informativen Raum ihr Skelett, ihre Organe und ihr Gewebe. Alles ist schwarz. So kann man überhaupt nicht arbeiten. Von oben drücken unerwartet aufgetauchte schwarze Wolken. Es wird klar. Sie ist Kundin der „dunklen Kräfte" von unten. Etwas reift in ihr heran, was die dunklen Geschöpfe nicht gleichgültig lässt. Wir halten den Schild über unsere Köpfe, versuchen uns zu schützen.

Gleichzeitig versuchen wir mit der Frau zu arbeiten, obwohl wir eigentlich keine Lust haben, da sie keine von uns ist, kein Mensch des Lichtes. Tatjana Nikolajewna schlägt sich tapfer. Sie arbeitet von unten. Macht alles sehr sachkundig. Igor und ich sind in der Gestalt des Heiligen Georg, um ihre Arbeit zu schützen. Aber der Druck von oben wird immer stärker und stärker. Warum bloß?

Plötzlich entweicht aus der Frau ein schwarzer Drache, der vor unseren Augen anfängt zu wachsen. Auch wenn wir schon größere gesehen haben, Tatjana Nikolajewna ist geschockt. Sie sieht so etwas zum ersten Mal und war moralisch einfach noch nicht vorbereitet. Dafür springt sie umso flinker auf das Pferd, das heißt auf mich und versteckt sich hinter dem Schild von Igor. Wir liefern uns mit dem Drachen einen Kampf. Irgendwie gelingt es ihm immer wieder dem Speer auszuweichen. Aber schließlich schaffen wir es doch ihn direkt ins Maul zu treffen. Er löst sich auf und verschwindet. Das war die erste Feuertaufe nach unserem „Spezialprofil".

Der Druck von oben war augenblicklich verschwunden. Wir setzen unsere Arbeit mit der Frau fort und hüllen sie in ein helles Licht. Es fragt sich nur, wie lange die Wirkung anhalten wird? Schließlich handelt es sich hierbei um Besessenheit. Einer ist von einem Drachen besessen, ein

Anderer vom Teufel und ein Dritter von Gott weiß was. Selbst bei mir hat sich da was Unerklärliches im Schutzquadrat auf dem Mast eingenistet. Als was es sich in Zukunft erweisen wird – weiß nur Gott. Aber bis jetzt ist es anscheinend ein friedvoller Drache, er schadet nicht, sondern hilft mir sogar. Bedeutet es, dass wir zusammen auskommen werden?

* * *

Da haben wir's, die Liebe unseres Ministeriums hat nun auch uns ereilt. Diese Liebe nennt sich – strukturelle Umgestaltung der Branche. Vom Klang her natürlich verlockend: alle staatlichen Verlage sollen, nach Spezialisierung, zu großen Holdinggesellschaften zusammengeschlossen werden. Doch das steht lediglich auf dem Aushang, was steckt wirklich dahinter?

Wenn Verlage ohne Umlaufvermögen, ohne eine Möglichkeit der Finanzierung ihrer Verlagsprogramme durch Anleihen staatlicher Fonds (wo sind überhaupt diese Fonds?) vereinigt werden, so wird das nur zu einem führen – Etatkürzungen. Diesen neuen Holdinggesellschaften fehlt es an Entwicklungspotential (das war ja auch gar nicht vorgesehen). Sie verwandeln sich in abgestandene Sümpfe und große Ehrengräber des einheimischen staatlichen Bücherverlages.

Hinter all diesen Ideen stecken ambitionierte, kommerzielle Verlage, die sich dadurch besserer Perspektiven ausrechnen, vor allem der Verlag „Wagrius“. Das fleißige Eselchen (Symbol dieses Verlages) hat beschlossen mit seinem Kraftfutter alles im Bereich der Branche zuzuschütten, was noch nicht zerstampft und von vorhergehenden Reformen nicht zerdrückt worden war. Eine vollkommen klare Perspektive – eine ruhige, grüne Wiese für ein einziges Vieh. Und hinter all den erklärten Reformen trat dieses Vieh vollkommen deutlich hervor.

Hier ist sie, die Erdverkörperung der astralen Projektionen. Etwas sehr Wichtiges wird sich ereilen. Das Bevorstehende wird zuerst sinnbildlich gezeigt, wie ein Film. Jetzt hebe im realen Leben dein Kreuz, ziehe es den Berg hinauf, halte dein Versprechen, welches du am Grab deines Freundes Boris Moschaew gegeben hast: Ich werde „Chudlit“ retten. Für seine Worte muss man gradestehen. Trage dein Kreuz, trage es.

Anlässlich der bevorstehenden Reorganisation wurde eine Versammlung des Kollektivs abgehalten. Es sind alle gekommen, sogar die vom Bulletin. Alle wissen, dass nichts Gutes vom Einfall der neuen Leiter des Ministeriums zu erwarten ist. Es sind bekannte Akteure. Die Presse ist voll von ihren administrativen und strafrechtlichen Heldentaten – Durchsuchungen, Verhaftungen, Beschlagnahmung von Geld in Millionenhöhe (Dollar) in Privatwohnungen. Hier reiht sich auch die Anordnung des russischen Präsidenten Jelzin ein, die Verfolgung der Freunde seiner Familie einzustellen und Regierungsämter neu zu besetzen, aber die Recherche der Journalisten setzt sich trotzdem fort. Es werden überzeugende und beweiskräftige Belege zusammengetragen, über die Mitwirkung der Führung des Ministeriums bei verschiedenen größeren Verbrechen.

Die Mitarbeiter des Verlages „Chudlit“ fürchten sich vor diesen Reformatoren und sind einstimmig gegen irgendwelche Holdinggesellschaften. Man will ja sein schwer erkämpftes Recht auf Existenz nicht verlieren. Und noch eine für mich sehr angenehme Zeile des Beschlusses, die einstimmig übernommen wurde: „Der Verlag sollte von denselben Menschen geleitet werden, die ihn vor dem Bankrott bewahrt haben.“ Das heißt ich und meine Mannschaft. Es war ein wichtiges Zeichen der Billigung unseres Kurses. Im Übrigen ist diese Reaktion vollkommen logisch. Uns ist es gelungen, langsam aber stetig, die Kennzahlen der Rentabilität in die richtige Richtung zu lenken.

In diesen Tagen hat in der Mai-Ausgabe der Zeitschrift „Markt der Urheberrechte" die Journalistin Olga Peskowa eine ausführliche Analyse der Sachlage beim „Chudlit" vorgenommen. Ich werde sie im Folgenden zitieren:

„In der Enzyklopädie „Das Buch" wird angegeben, dass im Jahre 1996 der Verlag 38 Bücher herausgebracht hat. Dabei blieb ein Umstand, den man nicht als nebensächlich bezeichnen kann, außen vor: Die Schulden des Verlages betrugen Ende 1996 4,5 Mrd. nichtdenominierte Rubel. In der Bilanz von 1997 betrugen sie aber bereits 0 Rubel, 1998 gab es einen Gewinn von 50.000 Rubel, 1999 – 300.000 Rubel. Voraussichtlicher Gewinn für das Jahr 2000 – 6 Millionen Rubel. Das sind die Zahlen. Sie zeigen, unter anderem, die Krise, die der Verlag Mitte der neunziger Jahre bewältigen musste. Nein, eigentlich noch früher. Das sagen einem die Zahlen auch noch. So hat der Verlag 1991 277 Bücher herausgebracht, in einer Gesamtauflage von etwa 38 Mio. Exemplaren, 1994 – 58 Bücher in der Auflage von 2 Mio. Exemplaren und 1995 – kein einziges Buch. 1996 waren es 38 Bücher in einer Auflage, die kaum 0,5 Mio. Exemplare überschritt hat. Sie sehen die Kurve des Niederganges. Und wie die Finanzlage des Verlages war, habe ich Ihnen schon dargelegt. Und wie es heute aussieht, wurde auch schon gesagt.

Bei einer solchen Dynamik ist es eigentlich nicht schwer die weitere Entwicklung vorauszuahnen: die Einstellung der Veröffentlichungen und der Bankrott des Verlages. 1997 entwickelte sich die Situation genau nach diesem Drehbuch – es wurden nur 25 Bücher in einer

Auflage von 235.000 Exemplaren herausgebracht. Der Verlag war dabei zu verschwinden... Aber wie schon erwähnt wurde: Die Schulden sind in diesem Jahr beglichen worden.

Innerhalb von drei Jahren ist der Verlag aus seinen Schulden herausgekommen und hat durch die Wiederauflage verschiedener mehrbändiger, einheimischer wie auch ausländischer Literaturklassiker den normalen Produktionsprozess wieder aufgenommen. Vor allem die nächsten Bände von Andrejew, Kuprin, Graham Green, Maugham, Hoffmann, Hamsun, auf die die Abonnenten bereits seit langem warteten. Schließlich hat sich „die schöngeistige Literatur" auf die Herausgabe von Sammelwerken spezialisiert. Für diese Arbeit wurden die größten russischen und ausländischen Fachkräfte herangezogen: Philologen, Historiker, Archivare, Bibliografen, Übersetzer, Textkritiker, Künstler und Literaturschaffende. Dadurch hat der Verlag auch seine Berühmtheit erlangt. Vieles von dem, was verlegt wurde und jetzt von anderen Verlagen verlegt wird, ist alter Wein in neuen Schläuchen - „Chudlit"-Ausgaben früherer Jahre."

Und doch, als wir uns gerade noch selbständig vor dem Abgrund des Nichtseins retten konnten, tat sich vor uns eine neue Bedrohung auf. Der „Chudlit", der gerade dabei war aufzustehen und an Kraft gewann, schien jemandem gar nicht in den Kram zu passen. Der gefährliche Konkurrent musste beseitigt werden. Nicht umsonst gestand der ehemalige Direktor des „Chudlit" Verlages, Georgij Andschaparidse, der heute einer der Mitarbeiter des „Wagrius" Verlages ist, ohne Bescheidenheit im Kreise der neuen Gleichgesinnten ein, dass er stolz auf seine Rolle ist, die er in der Vernichtung des Verlagsgiganten „Die schöngeistige Literatur" gespielt hat. Es scheint, dass einigen Menschen jeder beliebige Ruhm recht ist, sogar die Reputation eines Herostratos.

Doch jetzt weiß ich, welchen starken Einfluss der informative Plan, oder das informative Feld der Erde auf die geschehenden Ereignisse ausgeübt hat. Ich weiß es, aber kann das neue Wissen noch nicht nutzen. Das bedeutet, dass man es lernen muss. Jetzt wandern wir zu dritt auf den Niveaustufen umher. Mit dabei ist Tatjana Nikolajewna. Sie hat sich bereits auf den unteren Niveaus dem virtuellen Plan des Daseins angepasst. Wir haben uns dazu entschieden, sie dem näher zu bringen, was wir selbst uns schon angeeignet haben. Die Exkursion beginnen wir auf der zweiten Niveaustufe, im Palast von Grigori Grabovoi.

Wir treten in den Bardo-Kanal ein. Das zweite Niveau. Wir biegen links ab. Der Palast von Grabovoi ist schnell gefunden. Er wird von einer Mauer umgeben. Wir sehen große Tore, die von einem Wächter bewacht werden. Er trägt einen Umhang und eine Rüstung. Wir haben auch Rüstungen an – besser gesagt Igor. Tatjana sitzt auf dem Sattelbogen, das heißt auf mir. Ich habe mich schon an die Funktion des Pferdes gewöhnt und diese Rolle verwirrt mich überhaupt nicht mehr. Ich weiß, dass Pegasus das Lieblingspferd des Vaters aller Götter ist. Das bedeutet, dass es eine große Ehre ist – in eine solche Rolle einzugehen.

Der Wächter ist uns nicht feindlich gesinnt und über unser Aussehen in keiner Weise verwundert. Ihn interessiert lediglich der Grund unseres Besuches.

„Wir wollen unseren Lehrer, Grigori Grabovoi besuchen.“

Der Wächter geht zur Seite und lässt uns passieren:

„Er erwartet euch bereits.“

Wir gehen über den Hof durch einen sehr schönen Garten, in dem Pfauen flanieren. Wir steigen die Treppe hinauf, betreten den Palast. Hier gibt es riesige Säle, viele Gemälde und antiquarische Möbel. Es wirkt vielmehr wie ein königliches Prunkgemach, als die Behausung eines russischen Gelehrten.

Auf unserem Weg durchschreiten wir einige Säle. Am Ende der Enfilade ist ein helles Zimmer. Hinter einem Tisch mit eingelegten, feinen Einschüben sitzt ein Mann mit dem Rücken zu uns.

„Grigori Petrowitsch, entschuldigen sie, dass wir so uneingeladen erscheinen, aber wir hatten den großen Wunsch, die Räume des Palastes bewundern zu können“, sage ich Igor vor, welche Worte er wählen soll. Er wiederholt es mit Ausdruck.

Grigori Petrowitsch wendet sich zu uns:

„Wenn ihr ungeladene Gäste wärt, so hättet ihr es kaum geschafft bis hierhin zu kommen. Bin ich euch unhöflich begegnet? Hat euch jemand daran gehindert einzutreten?“

„Wir kommen mit herzlich guten Absichten.“

Grigori Petrowitsch stößt urplötzlich einen Strahl aus seiner Stirn aus und neben uns entsteht plötzlich ein Bild – das Bild eines Rehs.

„Ihr Fräulein ist wie ein Reh“, sagt er.

Also, was das Reh betrifft, so ist das wohl Ansichtssache. Eigentlich ist Tatjana eher füllig, obwohl man ihr die Attraktivität nicht absprechen kann. Die Komplimente beflügeln sie sichtlich. Noch zwei-drei ähnliche – und ich befürchte, dass sie aus unserer Mitte in den Palast mit den Pfauen laufen wird. Die Befürchtung ist nicht aus der Luft gegriffen. Die Stimmung von Tatjana spricht Bände. Sie ist schon vom Sattelbogen hinuntergestiegen und hat sich dem Herrn der Märchenwelt genähert.

Ich flüstere Igor, was er sagen soll. Er wiederholt es:

„Wir würden mit ihnen gerne einen beliebigen Tag auf der Erde verbringen, um alles zu besprechen und einander besser kennen zu lernen.“

„Ich werde euch anrufen“, verspricht Grabovoi.

„Dein Traum wird sich erfüllen – du wirst deine Märchenhütte bekommen“, jetzt wand er sich direkt an Tatjana.

Er zeigt auf einen sehr hohen Baum. Eichenholz.

„Darauf steht dein Haus.“

Wir setzten Tatjana vorsichtshalber wieder auf den Sattelbogen. Grigori Petrowitsch lacht.

„Ja-ja, gebt Acht auf euren Schatz. Ihr werdet die Prinzessin, wie es bei Helden so üblich ist, früher oder später retten müssen.“

Er verabschiedet sich von uns, worauf hin wir den Palast verlassen.

Wir reiten nach rechts. Informatives Niveau. Auf der Weggabelung sitzt eine Eule. Sie ist groß und hat riesige Augen. Wir gehen weiter. Es ist ein Zauberwalt, aus dem man erst einmal herausfinden muss. Aber wir kennen den Weg aus irgendeinem Grund. Wir sind überhaupt nicht umher geirrt. Wir sind einfach nur geradeaus gegangen und sind herausgekommen. Ein heiliger Baum. Unter ihm verläuft ein Weg. Man stellt uns eine riesige Kutsche zur Verfügung, einfach so aus dem Nichts. Wir steigen ein. Sie wird in rauschender Geschwindigkeit nach oben getragen. Ein heller Tunnel. Der Halbmond.

Jemand verfolgt uns. Es ist ein Wolf. Unser alter Bekannter. Der Raum hat eine silberweiße Farbe angenommen. Igor steigt auf das Pferd um. Es gelingt uns den grauen Spurenleser abzuhängen. Wir sehen einen Platz, um ihn herum sind Felsen. Vor uns tauchen grüne altertümliche Zeichen auf. Wir vergrößern sie und holen sie näher heran. Es handelt sich um den Schützen, das Sternzeichen von Igor, Ingwar, was ein und dasselbe bedeutet. Jetzt der Steinbock. Er trägt eine Glockenblume. Jetzt wird etwas Furchterregendes sichtbar. Eine Schlange mit Flügeln. Sie ist lebendig. Wir haben sie beseitigt. Uns erscheint das nächste Zeichen.

Ein Mensch versperrt uns den Weg und lässt uns nicht durch. Er trägt eine Feder auf dem Kopf.

Das nächste Zeichen. Diesmal sind es zwei Menschen, die uns nicht passieren lassen wollen. Mit ihren Bögen und halbnackt sehen sie aus wie Indianer. Jetzt ist ein Löwe erschienen. Er ist sehr schön. Sein Fell glänzt. Er bittet uns ihn zu streicheln, zu kraulen. Wir streicheln ihn. Er mag das.

Das nächste Zeichen ist eine Kuh, oder vielmehr ein Stier. Jetzt erscheint ein Krug – aus ihm fließt Wasser. Dieses Sternzeichen ist aus Marmor. Das Wasser ist echt. Man will es trinken. Über dem Zeichen erscheint ein Vogel, er trägt eine Krone. Es ist ein Phönix. „Wenn du das austrinkst, schläfst du ein", wie ein leichter Lufthauch erreichen uns jemandes Worte. So werden wir den Rat besser befolgen und es nicht trinken. Jetzt ist ein Mensch mit einer Schaufel aufgetaucht. Er sagt:

„Fangt an zu graben! Dort unten liegt ein Schatz, der von einem Drachen bewacht wird."

„Ein anderes Mal vielleicht, wenn wir mehr Zeit haben", schlagen wir das Angebot aus.

Jetzt noch das letzte Zeichen: ein lebendiger Skorpion. Er trägt eine grüne Maske. Etwas wird mit Flügeln verdeckt. Wir entfernen uns und reiten schnell in den Tunnel hinein. Die dritte Niveaustufe. Nach links. Kälte umweht uns, es ist feucht. Wir sehen einen Graben, Schädel, Knochen. Um uns herum - Tote. Tatjana fürchtet sich, wir beruhigen sie: keiner von denen kann uns sehen. Vergeblich: Ein gelber Fleck scheint uns zu beobachten. Uns zeigen sich altertümliche Hieroglyphen. Wir treten heran und vergrößern sie. Außer den Hieroglyphen erkennen wir noch zwei Blitze – kreuzweise, darüber ein Schädel. Daneben stehen riesige Betten, wie in einem Krankenhaus. Auf ihnen liegen Menschen, aufeinandergestapelt. Bei ihnen ist alles verbunden. Wir wissen, wir befinden uns in der historischen Heimat von Lapschin, es ist sein Reich. Wir kehren um.

Jetzt schlagen wir den Weg zur rechten Seite ein. Vögel fliegen um uns herum. Blauer Himmel, leichte Wolken. Überall herrscht Freude. Wir sehen Gebäude, Wagen, alle Autos sind mit geöffnetem Verdeck. Eine Säule in Form eines Menschen trägt einen Balkon, an der Seite hängen Weintrauben herunter, überall festlich gekleidete Kinder mit Kränzen auf dem Kopf. Es sieht aus wie eine moderne Stadt. Es ist zwar das Reich der Toten, aber hier sind auch gute Menschen versammelt, die auf ihre neue Aufgabe vorbereitet werden. Sie lernen auf dem Weg zur Gottgleichen Gestalt aus ihren Fehler, die sie in ihrem früheren Leben auf der Erde begangen haben. Wenn sie ihr Karma gereinigt haben, so werden sie in die Epoche der Unsterblichkeit gelangen. Es ist schon bald soweit.

Viertes Niveau. Links. Wir sehen weiße, fliegende Wesen. Vor uns steht eine Laternensäule. Sie ist lebendig und sieht uns durch ihr Glas an. Sie ist freundlich gestimmt. Auch eine Kuh mit leuchtenden Augen betrachtet uns. Wir spüren nichts Feindliches. Die Menschen tragen merkwürdige Kleidung – die einen stehen, die anderen liegen. Daneben steht so etwas wie ein Tempel. Jetzt erkennen wir, dass es sich gar nicht um Menschen handelt. Es sind einfach nur Kleidungsstücke, hohl im Inneren. Unverwirklichte Seelen. Wir sehen Fresken. Auf ihnen befindet sich eine Abbildung: Ein Pferd und ein Reiter, der einen Drachen tötet. Die Fresken hängen irgendwie in der Luft und wiegen sich hin und her. In einer Art gasförmigem Zustand, nicht vollständig materialisiert.

Wir halten uns rechts. Dort steht ein Tempel, der in einem sehr interessanten Baustil ausgeführt ist. Alles ist verflochten – die Säulen, der Bogen, die Friesen. Wir treten ein und sehen einen muschelähnlichen Thron, jemand sitzt darauf.

Wir grüßen. Uns wird geantwortet, aber es ist schwer zu sagen, ob es sich um einen Mann oder eine Frau handelt. Auf dem Kopf trägt die Person eine Mondsichel. Uns schwimmt ein goldenes Fell entgegen. Ein Geschenk für uns. Wir nehmen es dankbar an. Mein Gott! Das goldene Vlies! Igor gibt das Geschenk an mich weiter und bedankt sich. Der Schenkende ist auch erfreut darüber, dass wir das Geschenk angenommen haben. Wir fragen ihn, ob wir ihm behilflich sein können.

„Sie haben mir schon geholfen!"

Er segnet uns und fordert uns auf, wieder zu kommen wenn wir Hilfe brauchen. Er macht uns noch ein Geschenk: Aus der Luft schwebt ein Zepter in Igors Hand. Der Herr warnt uns, dass man es gut festhalten muss.

„Achtet gut darauf", wiederholt er und warnt uns noch einmal: „Man muss das Zepter fest in den Händen halten."

Das fünfte Niveau. Links tobt ein Sturm, ein Gewitter. Das Wetter spiegelt den Zustand des Menschen und der Natur wider. Dann geschieht etwas Hypnoseartiges: Es fliegt eine Biene an uns vorbei, aber ist es wirklich eine Biene? Die eine Seite ist gestreift, wie bei einer Hummel und auch das Summen ist irgendwie gespalten. Von Felsen fallen Steine herab. Wir waren hier schon mal mit Igor. Tatjana reicht es fürs erste.

Rechts sehen wir Dickicht, Birken, der Himmel ist hell, es ist warm, auf einem Feld wächst Weizen. Daneben liegen Säckchen, in die man Heilkräuter sammeln kann. Moos kann man unterwegs immer gebrauchen. Das Säckchen schwebt zu uns, fordert uns auf, es zu füllen. Dann wird uns gesagt, dass man es ins Wasser legen und nass machen soll. So verheilen Wunden schneller.

Das sechste Niveau. Rechts sind Felsen, ein Meer, ein Ozean. Wir gehen ans Wasser. Tatjana sieht, wie das Wasser von den Bergen hinunterläuft. Hier fließen die Talente. Wir werden uns dort die Hände waschen. Das Wasser rinnt über die Finger. Licht fällt von oben herab, wir fühlen uns wunderbar. Das Pferd wurde getränkt. Das heißt ich. Ehrenwürdig. Der beste Freund des Ritters ist – das Pferd. Uns wurde so viel Licht gegeben. Großmütig, in aller Freundschaft! Danke.

Das sechste Niveau links symbolisiert die Talentlosigkeit. Alles steht auf dem Kopf, nichts passt zusammen. Aufgaben, die man begonnen, aber nicht zu Ende geführt hat. Ein Ort für Pechvögel.

Das siebte Niveau links – totes Wasser. Menschen graben in schmutziger, feuchter Erde, im schlammigen Lehmboden. Kellen, die an Schnüren befestigt sind und eine Grube mit Sumpfwasser. Auf der Kelle steht etwas geschrieben. Sie ist zerbrochen, hat einen Riss. Auf der einen Seite sehen wir die Darstellung eines Menschen, der in einem Rollstuhl sitzt. Klar, das heißt also: wenn du Invalide werden willst – dann nimm einen Schluck des Sumpfwassers.

Rechts – das Wasser des Lebens. Die Menschen sind warm gekleidet. Überall sieht man Eis, Schnee, Eislöcher. Die Kelle sieht aus wie eine Ente.

Das achte Niveau rechts. Das lebensspendende Kreuz. Das Gras um das Kreuz herum fängt ganz plötzlich an zu wachsen. Dort sind Menschen mit Bärten. Die Bärte sind lang, sie reichen bis zur Erde. Sie verweisen auf die Langlebigkeit durch ein Leben mit dem Glauben an Gott. Das Kreuz ist sehr schön. Oben sieht man eine Art Schleife. Von ihm geht ein gefächerter Lichtstrahl aus. Die Wolken schwimmen über den Himmel. Vorne sind Berge. Ein Kreuz, das über ihnen hängt, spendet ihnen Licht. Das Licht fällt auf alles: sowohl auf die ägyptischen Pyramiden als auch auf die russischen Gotteshäuser, die katholischen Kirchen und östliche Minarette.

Links sieht man das todbringende Kreuz. In seiner Umgebung ist alles ausgebrannt, vertrocknet. In der Ferne ist eine Sphinx zu sehen. Sie hat eine wallende Mähne, die einer Welle gleicht. Überall liegen Steine. Was hier noch lebt, das stirbt oder vertrocknet. Wir entfernen uns.

Das neunte Niveau – das Paradies und die Hölle. Dorthin werden wir heute nicht gehen, beim nächsten Mal vielleicht. Über dem neunten Niveau gibt es einen Platz. Dort sind die Greise, der Heilige Georg, das Leben und der Tod. Man darf da nicht einfach aus Neugierde auftauchen – das könnte ein böses Ende nehmen. Bestenfalls wirst du hier einfach niemanden antreffen, im schlimmsten Fall aber, wird sich die Irrenanstalt über einen neuen Patienten freuen. So etwas ist schon einmal vorgekommen. Das ist kein Spiel und kein Trickfilm, es ist ein Weg. Ein bedeutender Weg, der entweder in Demütigung endet oder zur Unsterblichkeit führt.

Igor steigt vom Pferd ab und hilft dann Tatjana abzusteigen. Er nimmt sie an der Hand. Alles um den Platz herum dreht sich unentwegt. Tatjana sieht mit Helm und Kettenpanzer sehr imposant aus. Wir gehen hinauf. Überall liegen Steinblöcke, auf denen die Greise sitzen. Sie sehen uns an und warten gespannt, was wir wohl zu sagen haben.

Noch einmal bedankt sich Tatjana für die Gabe, für ihre Schale.

Einer der Greise erinnert Tatjana daran, dass es keine einfache Schale ist, sondern eine, die ihr einmal von Nutzen sein wird. Er sagt, dass ihr bald ein Treffen mit einem Ritter am großen See bevorsteht. Das klingt irgendwie nach einem Lebensrätsel. Macht nichts, Tatjana wird es schon lösen.

Wir gehen eine andere Treppe hinauf. Der Eingang hat die Form eines Halbkreises. Im Inneren sehen wir zwei Vögel. An den Türflügeln sitzt jeweils ein Engel. Wir gehen weiter. Auf uns fällt weiches, nicht blendendes Licht. Es leuchtet uns den Weg aus. Vor uns ist Wasser, es glänzt. Wir gehen über das Wasser, genau wie Christus, und haben es bald überquert. Jetzt liegt es hinter uns. Das Licht wird stärker und erschwert die Sicht, wir müssen die Augen zusammenkneifen, was keine große Abhilfe schafft. Tatjana führt das Pferd. Von oben werden wir in goldenes Licht getaucht. Dadurch wurde uns irgendein Schutz verliehen. Oben erscheint ein Kopf mit einem großen Bart. Wir wissen, wer es ist – der Vater aller Götter. Er sieht liebevoll aus. Wir begrüßen einander.

Er fragt Igor:

„Wer ist bei dir? Kommt sie in Frieden?

„Natürlich in Frieden."

Er streckt eine kräftige Hand aus. Wir müssen ihm etwas schenken. Das Vlies etwa? Tatjana ziert sich. Es ist ihr zu schade. Ich und Igor zweifeln nicht daran, dass Gold bei unserer Mission nicht die Hauptrolle spielt. Wir werden auch ohne das Vlies auskommen. Wir geben es weg. Sofort hat das Licht aufgehört, die Augen zu blenden. Es war eine Opfergabe. Uns sollte Gold nicht an sich binden und wir sollten uns nicht an Gold klammern. Wir können weiter ziehen. Das Pferd wurde ganz golden, der Reiter auch. Jetzt können wir handeln, wie uns beliebt.

Wir wissen, hätten wir das goldene Vlies behalten, so wäre uns das goldene Kalb wohlgeneigt. Aber wir haben eine andere Entscheidung getroffen – und bereuen es nicht. Der Vater aller Götter fragt uns, was unser Ziel ist.

„Wir wollen unsere Mission auf der Erde erfüllen."

„Gut“, stimmt der Vater aller Götter zu. „Ich werde euch auch noch die Freiheit geben, damit die Seele wachsen kann. Eure Seele wird sehr groß werden.“

Wir bedanken uns und kehren um. Wir waren plötzlich viel größer, als wir vorher waren. Es schien, als wären wir von innen mit etwas aufgefüllt worden.

Neue Stufen. Auf ihnen erscheint der Heilige Georg. Er ist riesig – sein Kopf ist von Wolken umgeben, ein schönes Bild. Der Heilige Georg nimmt Tanja auf seine Handfläche. Er hat den Finger mit dem Ring ausgestreckt: soll heißen, lies. Aber ihr gelingt es nicht. Der Recke fühlt, dass sie sich ein wenig fürchtet. Der Heilige Georg erklärt:

„Auf dem Ring steht geschrieben: „Die Ehre und die Würde.“ Er lässt Tatjana wieder hinab. „Und jetzt geht. Ich fühle mich müde.“

Wir steigen hinunter.

Wieder Stufen. Rechts, ein Tunnel, wir betreten ihn. Menschliche Überreste. Hier wollen wir nicht bleiben. Wir gehen in einen anderen Tunnel. Wir erkennen große Zähne, einen Rachen. Wir befinden uns im Inneren eines Rachens.

Tatjana zieht mich irgendwohin, ich gehe hinter ihr her. Sie wird von der weiblichen Neugierde geführt und nicht von der Intuition, wie sie selbst sagt. Sie hat uns zum Wasser gebracht. Es fließt ein Fluss von oben runter zu den Beinen. Da wächst Farnkraut aus dem Mesozoikum. Das Wasser ist sehr kalt. Wir nehmen ein bisschen von diesem Wasser. Wir haben uns eine Flasche erschaffen, sie mit Wasser gefüllt und zugedreht. Wir nehmen noch eine Flasche – und legen sie auf den Sattel des Pferdes. Auf der Flasche steht „Auf den Sieg“.

Tatjana führt uns weiter. Wir befinden uns inmitten des kreisrunden Platzes. Vor unsere Augen erscheint ein Feld. Aber es ist kein gewöhnlicher Platz. Es ist ein Schlachtfeld. Wir sammeln Nüsse vom Boden auf. Was sollen wir nun mit ihnen machen? Sie knacken und essen. Wir haben sie geknackt. Wir haben uns hingesetzt – gegessen und Wasser getrunken. Das hat uns gestärkt. Das bedeutet also, dass es ein Kampf geben wird.

* * *

Von den ungewöhnlichen Ereignissen im informativen Raum war Tatjana dermaßen ergriffen, dass sie sich entschieden hat, ihre beste Freundin zu uns zu schicken. Die Situation war die, dass wir zum ersten Mal um Hilfe gebeten wurden, nicht um ein gesundheitliches Problem zu lösen, sondern in einer familiären Situation zu beraten, in einer komplizierten Beziehungen zwischen Mann und Frau. Uns interessierte natürlich sehr, wie wohl das informative Feld der Erde auf die sehr private Ehekriese reagieren würde.

Die Freundin hieß Olga. Sie arbeitete beim Obersten Gerichtshof. Dass ein Beamter von solch hohem Dienstgrad bereit war sich vor das höchste Gericht des noosphären Geistes zu stellen, vertrieb alle negativen Gedanken, die ich im Hinblick auf die Zukunft des Landes hatte.

Olga kam pünktlich, so wie wir es mit ihr vereinbart hatten. Außer Tatjana nahm am Experiment noch einer meiner Schüler teil, ein sechzehnjähriger Junge namens Jurij. Sein Bildschirm des inneren Sehens funktionierte sehr gut, so sollte er den Prozess als unabhängiger Beobachter begleiten.

Wir haben die Bildschirme des inneren Sehens eingeschaltet und sind die informativen Niveaustufen hinaufgestiegen. Die Analyse begann. Auch dieses Mal hatte sich der planetarische Geist dazu entschieden, mit uns durch verschiedene körperliche Gestalten zu kommunizieren. Über dem Kopf von Olga befindet sich eine Krone, aber sie fühlt sich unbehaglich. Die Krone abgeben will sie aber auch nicht, da es niemanden gibt, dem man sie geben könnte, außerdem würde das die Familie auseinander reißen. Ihre Lebenslinie hängt sehr stark von äußeren Umständen ab. Welche sind das? Wir sehen einen Mann, der sich an einen Sessel, in dem er sitzt, geklammert hat. Es ist ihr Ehemann. Er ist der Direktor einer großen Fabrik. Will er vielleicht sein Amt nicht abgeben?

Wir vergrößern das Bild. Was ist das: Ist er etwa an diesen Stuhl gefesselt? Seine Hände sind hinter seinem Rücken mit einem Seil zusammengebunden, ein Ende ist am Querbalken des Stuhles festgezurrt. Hinter ihm sehen wir zwei Figuren – einen Mann und eine Frau. Die Frau wirft irgendeinen Sack oder eine Kapuze über ihn. Sie ist sehr entschlossen – sie hat eine gute Figur, langes Haar, sieht sehr schön aus. Wir fragen Olga, wer das sein könnte und beschreiben ihr Äußeres.

Olga antwortet, dass es die Geliebte ihres Mannes sei. Sie ist Anwältin und half ihm dabei verschiedene Gerichtsprozesse zu gewinnen.

Das Bild wird größer. Es wird deutlich, dass sich dem gefesselten Man auf dem Stuhl ein Zug in rasender Geschwindigkeit nähert. Es fehlt nicht mehr viel – und der Zug wird ihn überrollen, zerdrücken. Die Frau und der Mann weichen zur Seite aus. Was sollen wir machen? Wir halten den Zug an. Wir müssen das klären.

Jurij schlägt vor:

„Lasst uns den Mann befreien."

Tanja widerspricht:

„Wir müssen zunächst einmal verstehen, was vor sich geht."

Es wird eine Kuh gezeigt und der Mann, der auf dem Stuhl sitzt, sieht seinen Doppelgänger neben ihr stehen. Wir haben die Kuh gemolken. Die Kuh steht symbolisch für eine Situation, mit der wir einmal gut fertig geworden sind. Die Milch – das ist Geld und zwar ziemlich viel Geld. Der Mann muss sich entscheiden, was mit diesem Geld geschehen soll.

Von seiner Entscheidung hängt sein Leben ab, und zwar bereits in den nächsten Tagen.

Nein, er will kein Geld, er verzichtet darauf. Und sofort erlangt er seine Kräfte zurück. Er reißt das Seil ab, mit dem er an den Stuhl gefesselt war, und steht auf. Er ist sehr entschlossen und tritt den Stuhl weg. Damit hat er das Geschäft mit der Bank ausgeschlagen, die ihm für den Verkauf seiner Fabrik Schmiergeld in Höhe von vierhunderttausend Dollar angeboten hatte. Die hatten seine Geliebte, die Anwältin, auf ihre Seite gezogen. Sie brauchte Geld und hat dafür ihren Chef und Liebhaber verraten.

Der Mann ist entschlossen seine Fabrik und sein Kollektiv nicht zu verkaufen. Er hat viele gute und viele schlechte Seiten an sich, aber so etwas wird er nicht tun. Es steht endgültig fest. Aber seine Hände sind nach wie vor zusammengebunden. Er kann sich nicht vollständig befreien. Was ist die Ursache dafür?

Es erscheint ein Haus. Sein Haus. Er weiß nicht, wohin er gehen soll, er kann sich nicht entscheiden. Er bleibt stehen, um zu überlegen. Und fast endlich einen Entschluss: Er geht zum Haus. Es ist die richtige Entscheidung, weil er zur Familie zurückkehrt. Tatjana bindet seine Hände los. Igor löscht den Zug. Die Situation als solche wurde gelöst, aber einige bedrohliche Faktoren stehen nach wie vor im Raum. Jetzt hängt alles von seinem weiteren Handeln ab. Wir wissen jetzt: Das, was auf der informativen Ebene geschieht, wird sich auch in der Realität so abspielen. Olga kann es nicht fassen. Diese Allegorie entspricht voll und ganz ihrer Lebenssituation. Sie will noch nicht gehen. So bleibt sie noch ein wenig, um mit uns Tee zu trinken. Unsere Enthüllung hat sie erschüttert. Von den Verhandlungen wusste niemand, keiner ihrer Verwandten und auch nicht Tatjana.

Wir bekommen Besuch von Kirill, einem von Lapschins Spionen. Er sagt, dass die Moskauer Abteilung der Akademie genug von der Bevormundung durch Lapschin hat. Er ist gekommen, um uns um Hilfe zu bitten, weil die Mitarbeiter Angst vor Lapschin haben.

Er lügt. Das sieht man durch die Hellsichtigkeit. Aber warum? Was will er? Wonach strebt er?

* * *

Igor hat Moskau für eine Woche verlassen. Nun arbeiten wir zu dritt – ich, Tatjana und Jurij. Wir haben uns entschlossen die Datenbanken des großen planetarischen Computers näher zu betrachten. Uns interessiert das Programm der Magie. Ich habe den Zutritt zu allen Datenbanken, deshalb bin ich davon überzeugt, dass wir hier nach Herzenslust studieren können.

Wir wählen uns ins Programm ein. Hier sind alle Bücher über Magie aufgeführt. Wir schauen sie durch. Das erste, das zweite, das dritte Buch legen wir wieder zurück. Aus irgendeinem Grund hat das neunte Buch unsere Aufmerksamkeit geweckt.

Auf dem Umschlag ist ein Schild und ein Schwert abgebildet. Die Gestalt des Heiligen Georg, der den Drachen bezwingt. Der Umschlag ist aus Metall. Wir schlagen das Buch auf.

Uns wird ein Feld gezeigt. Dort spielt sich irgendwas ab. Eine Szene - jemand wird zu einer Schlacht verabschiedet. Eine Frau gibt uns den zweiköpfigen Adler. Er ist lebendig. Daneben links ist ein Löwe. Posaunen erklingen, rufen uns. Tatjana setzt sich aufs Pferd, Jurij sitzt hinten. Der Heilige Georg wünscht uns auf unserem Wege viel Erfolg. Er überreicht uns Waffen – sein riesiges Schwert. Wie Tatjana dieses Schwert schwingen soll – ist noch nicht klar. Wir hören ein Klopfen. Es versammelt sich ein Heer. Ein großes Heer, das sich zu einer Kolonne verdichtet. Man sieht überall nur Helme, Speere, Schilde.

Musik ertönt. Das Heer marschiert los. Der Löwe läuft links neben dem Pferd her, das heißt, neben mir. Tatjana und Jurij werden plötzlich riesengroß.

Vor uns liegt eine Stadt, wir sehen viele Häuser. Es ist eine unheilverkündende Stadt. Rechts davon liegen Berge und Felsen. Eine wenig einladende Landschaft. Der Himmel ist mit dunklen Wolken bedeckt. Ein Blitz bricht vor uns durch die Finsternis. Die Wolken verdichten sich. Vor uns steht jemand in einem dunkelroten Kittel. Ein Gewitter, ein Sturm bricht los. Die Umhänge werden vom Wind ungnädig hin und her gerissen, sie peitschen auf die Augen. Die Stadt ist verschlossen, alles was sich innerhalb dieser Stadt befindet, wirkt wie in Gefangenschaft. Wir sollten die Menschen dort befreien. Die Zahl der Gegner wächst – sie sind von gewöhnlichem Wuchs, vielleicht sogar etwas kleiner als normal. Sie wirken ruhig und marschieren auf uns zu. Unser Heer baut eine Wand auf. Aber unsere Gegner sind keine gewöhnlichen Menschen. Ich bin beunruhigt: Etwas stimmt hier nicht. Ich begreife den Ernst der Lage. In diese Schlacht hätten wir zusammen mit Igor ziehen müssen. Wir haben etwas sehr Gefährliches zugelassen.

Unsere Gegner – das sind Untote aus der Unterwelt. Hierher sind also die Energien von Lapschins Schülern geflossen.

Auf uns wurde irgendein Vogel gehetzt. Jurij hat mit dem weißen Pfeil auf ihn geschossen und getroffen. Der Vogel fiel und löste sich im Gewitter auf. Jetzt wird aus dem Schloss irgendeine Vorrichtung gerollt. So etwas wie ein Hubschrauber mit einem großen Propeller. Mit diesem Propeller werden Wolken zusammengetrieben, diese werden immer mehr. Das, was um uns herum geschieht, geht unheimlich auf unsere Substanz. Was haben wir da nur losgetreten? Wir müssen den Gang der Ereignisse stoppen. Ich fordere Tatjana und Jurij auf, das Buch zu verlassen und es zu schließen. Von oben fällt auf uns ein leichtes, rotes

Seidentuch herab. Es ist eine Decke. Sie legt sich über uns, von einer Frauenhand geleitet. Tatjana erklärt, dass es sich um den Schutz der Gottesmutter handelt.

Die Folgen der Schlacht mit den Untoten, in die wir so unvorbereitet geraten sind, ereilten uns bereits einige Tage später, in Form von großen Unannehmlichkeiten für alle daran Beteiligten. Wie aus heiterem Himmel verschlechterte sich unser aller Befinden, gesundheitliche Probleme brachen wie ein Lavastrom über uns herein. Tatjana bekam Husten, ihre Augen waren gerötet und ihre Nase lief. Jurij zeigte Symptome einer akuten Atemwegserkrankung. Mich hatte es noch schlimmer erwischt: Halsschmerzen, Probleme mit der Leber und den Nieren, alles zur selben Zeit. Dazu kamen auch noch schreckliche Kopfschmerzen. So hundeelend habe ich mich schon lange nicht mehr gefühlt. Und niemand da, der uns helfen konnte. Die Bildschirme des inneren Sehens sind bei unserer ganzen Mannschaft zugleich trübe geworden. Arbeiten konnte kaum noch jemand, nur im Notbetrieb. Sowohl Dina als auch Nina

Andrejewna, Swetlana Nikolajewna und all die Anderen aus unserer Mannschaft – sie alle haben sofort nach uns ihre Kräfte verloren.

Ein schicksalhafter Fehler – und alles steht vor dem Abgrund. Da sieht man mal, was passieren kann, wenn man leichtsinnig mit Magie umgeht. Wir wurden ja gewarnt, dass Magie nicht unser Mittel ist. Sie ist eine Waffe des Gegners. Gott selbst verleiht uns diese Kraft und wir gehen so unbesonnen damit um. Genauer gesagt – ich. Die Übrigen tragen keine Schuld. Sie sind mir gefolgt, ich habe sie geführt. Durch meine Führung wurde ihre Gesundheit in Mitleidenschaft gezogen. Wenn doch nur Igor schneller zurückkehren würde.

Ich bin zu Grigori Grabovoi gefahren, um ihn um Rat zu fragen. Er war schon im Bilde über die Ereignisse. Er sieht mich teilnahmsvoll an.

„Und hast du nun genug gekämpft?"

„Ich wollte im Kampf einfach nur die Möglichkeiten des Gegners studieren", versuche ich mich zu rechtfertigen.

„Ich verstehe", antwortet Grabovoi und zuckt mit den Schultern. „Aber überlege mal selbst, was geschieht, wenn ein Pferd ein Heer ohne seinen Reiter in die Schlacht führen will? Gut dass du draufgekommen bist, die Schlacht aufzuhalten. Es hätte auch leicht passieren können, dass du aus der Schlacht in eine andere Welt übergegangen wärst. Wann werdet ihr endlich die Bedeutung des Wortes „Verantwortung" verstehen? Alles, was dort passiert wird sich auch unbedingt hier realisieren."

„Was soll ich machen?", fragte ich verzweifelt.

„Ihr müsst die harte Phase der Konfrontation beenden, die Ereignisse zurückdrehen, solange sie sich noch nicht in der Realität manifestiert haben. Alles muss an jenen Punkt zurückgeführt werden, als noch keine

Kämpfe bestanden. Nehmen sie die nötigen Veränderungen anhand der Datenbank vor, indem sie die Zeit zurückdrehen."

Zum Glück ist am nächsten Tag Igor zurückgekehrt. Mit seiner Hellsichtigkeit war alles ok! Man konnte an die Arbeit gehen. Wir haben uns zusammengesetzt, das magische Programm gefunden und das neunte Buch herausgezogen. Es hat sich auf jener Seite geöffnet, auf der wir die Ereignisse angehalten hatten. Das Heer steht unbeweglich da, die Untoten treiben mit ihrem Propeller die Wolken zusammen. Wir beginnen mit dem Zurückdrehen der Zeit. Geschafft, diese Lumpen ziehen ihren schädlichen Apparat rückwärts, zurück in die Stadt. Für einen Augenblick leuchtete in ihren Reihen der Schwarze Ritter auf dem schwarzen Pferd auf. Wie konnte ich ihn beim letzten Mal nur übersehen?

Jetzt weichen ihre Truppen zurück. Und da sind wir zu sehen, wie auch wir uns rückwärts in Bewegung setzen. Es erscheint die Verabschiedungsszene, wir sehen den Heiligen Georg – alles läuft rückwärts bis zu der ersten Seite. Das Buch hat sich geschlossen. Wir haben es wieder zu der Datenbank hinzugefügt. Über dem Ausgang des Bardo-Kanals leuchten neben meinem auch noch andere Familiennamen auf. So etwas wie Autogramme, die vom Bergsteiger auf dem bezwungenen Gipfel hinterlassen werden: Tschumak, Kaschpirowskij, eine gewisse Mirsojewa. Die größten Unterschriften stammen von Dschun und mir, sie messen beinahe einen Kilometer.

„Lass sie uns abnehmen", schlage ich Igor vor.

„Warum?", fragt er.

„Wir sollten den falschen Stolz abnehmen", erkläre ich. Er hat es verstanden und stimmt mir zu. Wir nehmen mein indiskretes Schild ab. Richtig, sagt Igor: „Man sollte sich nicht zu wichtig nehmen!"

Wir studieren die Niveaus. Was sehen wir? Neun Niveaus, jedes von ihnen hat drei Unterebenen. Hier ist das Märchenreich! Die zehnte Ebene sieht aus wie ein Pfropfen, der die Flasche des bestraften Dschinn verschließt. Wer hier begrüßt wird, der hat die Weihe erhalten. Wie es sich schon gezeigt hat, trifft das nicht auf jeden zu. Wer geweiht ist, braucht den Pfropfen der Flasche nicht mehr.

Auf den linken Ebenen liegt die Vergangenheit. Auf den Rechten die Zukunft. Und im Zentrum, wo sich Vergangenheit und Zukunft treffen, das heißt im Bardo-Kanal – dort ist die wahrhafte Zeit, die gegenwärtige Vergangenheit. Die Ebenen verlaufen auch nach unten, unter die Erde. Zum planetarischen Kern – der zweiten Sonne unserer Erde. Hat Lapschin nicht eben diesen Kern als Sonne Nr.2 bezeichnet und große persönliche Pläne geschmiedet, die von einer besonderen Beziehung zu diesem unterirdischen Himmelskörper sprachen? Die dunklen unterirdischen Ebenen sind ebenfalls mit Informationen, Kraft und Wissen gefüllt. Aber alles läuft anders ab – durch Verlockung, Gier, Schwindeleien, Diebstahl, Verrat, Neid, Versündigung. Man muss sich das noch einmal durch den Kopf gehen lassen. Darüber hinaus muss man dahinter kommen, wie die Niveaus und die oberste Fläche zusammenwirken. Eigentlich ist es bereits deutlich geworden, dass jedes Niveau in Verbindung zu so bedeutenden Teilkomponenten des Kosmos und des Menschen steht, wie dem informativen Wesen, dem Karma, dem Schicksal, der Geistigkeit, des Daseins, des Raumes, der Zeit, der Beziehung zwischen Himmel und Erde und so weiter. Der Wille des Menschen führt ihn durch komplizierte Labyrinthe des Lebens zu sich selbst. Aber wird er sich auch in einer mit gefährlichen Trittbrettern und unvorhersehbaren Tests gefüllten unsichtbaren Matrix des Seins wiederfinden, um auf die Stufen der vollen Befreiung hinaufzusteigen?

Das weiß nur Gott! Ich kenne nur einen solchen Menschen. Er hieß Jesus Christus. Er hat den Weg durch das Labyrinth seines Schicksals, seines Gewissens und seiner Wünsche gefunden.

Man sagt, dass man seine zweite Ankunft erwartet. Vielleicht ist er schon auf der Erde? Wer weiß? Und diese Niveaus, die sind wie Fläschchen des Dschinn. Und wer ist dieser Dschinn? Ein Mensch? Man muss nur das von der Zeit verstaubte Glas abreiben und den Pfropfen herausnehmen. Der Gefangene in der Flasche ist dazu nicht in der Lage. Doch auch der Pfropfen ist nicht leicht zu lösen – vierundzwanzig Greise bewachen den Ausgang aus der Flasche. Die lassen sich nicht betrügen. Sie lesen Gedanken und anstelle des erwarteten Geschenks der Freiheit können sie den Bewerber auch bestrafen oder ablehnen.

Ein Mädchen hat es mal versucht und was ist mit ihr geschehen? Sie wurde abgewiesen und die Greise haben sich von ihr abgewendet. Nur gut, dass sie nicht auch noch bestraft wurde. Ich sage zu Igor:

„Lass uns nach ihr sehen. Sie könnte auch angegriffen werden. Vielleicht braucht sie Hilfe? Immerhin ist sie Mitglied unserer Mannschaft, wir sind für sie verantwortlich."

Wir lassen uns von den informativen Strömen mitreißen und finden unser Ziel ohne Umwege. Das gelingt uns jetzt fast automatisch. Nun befinden wir uns in ihrem Bewusstsein. Wir möchten, dass uns die allgemeine Situation vor Augen geführt wird. Es erscheint eine in zwei Teile geteilte Sphäre. In beiden Hälften wird eine Darstellung des Ozeans gezeigt, jedoch unterscheiden sich die beiden Bilder in der Farbe des Wassers. Links – schwarz, rechts – weiß, in der Mitte gibt es einen Spiegel. Mal schlägt eine Welle von der einen Seite in den Spiegel, ein anderes Mal von der anderen Seite. Diese Schlacht findet in ihrem Bewusstsein statt. Sie versteht das Wesen des Lebens noch nicht, fällt von einem Extrem ins nächste: Sie tut Gutes, denkt aber im nächsten Augenblick wieder an ihre Supermöglichkeiten und wie sie diese Superkräfte für ihre persönlichen Ziele nutzen kann. In ihrem Bewusstsein tobt ein endloser Sturm.

* * *

Es vergeht kein Tag, den wir nicht der Arbeit mit den verschiedenen Niveaus des planetarischen Computers widmen. Unsere Methode kann eigentlich nur für uns sprechen, wenn immer wieder neue Patienten zu uns kommen. Fast zeitgleich sind der Junge Mischa – er ist Autist, spricht überhaupt nicht – und ein Mädchen, besser gesagt, eine junge Frau – Dascha, zu uns gekommen. Dascha ist taub. Sie hat mein Stellvertreter beim Verlag, Sergej Kolesnikow, an uns verwiesen. Davor war sie bereits bei zig Ärzten und Wunderheilern. Das Ergebnis war gleich null.

„Wenn du ihr das Gehör zurückgeben kannst, werde ich der erste sein, der jedem der danach fragt, bestätigen wird, dass du fähig bist Wunder zu vollbringen“, erklärte Sergej. „Dascha war beim besten Logopäden Moskaus. Dieser sagte ihr, dass die Lage aussichtslos sei. Seine Äußerung brach wie ein Urteil über sie herein. Versuche es zu widerlegen.“

In den letzten Jahren driftete Sergej hin und her zwischen der totalen Negation einer Behandlungsmöglichkeit mit Hilfe feinmaterieller Einwirkung durch das Bewusstsein und einer teilweisen Anerkennung, dass Ähnliches immerhin möglich erscheint. Wörter überzeugten ihn kaum, aber einmal, vielmehr in Rahmen eines Experiments, hat er uns gebeten, sein Knie anzuschauen. Eine alte Sportverletzung hat mit den Jahren dazu geführt, dass der Schmerz im Knie wochenlang andauerte.

Sergej quälte sich, bog kaum sein Bein, aber er ertrug es, da die Ärzte keine Wunder versprachen und empfahlen, sich daran zu gewöhnen. Sergej hat uns um Hilfe gebeten und sie natürlich auch erhalten. Wie groß war da sein Erstaunen, als er nach ein paar Tagen auf seiner Datscha, auf Bitten seiner Freunde die Lotus Pose einnahm und seinen Körper auf den Händen anhob und einige kompliziert Yoga- Übungen machte. Aber mit verzögertem Schrecken schoss es ihm durch den Kopf: „Jetzt werde ich gleich vom Schmerz betäubt." Aber es gab keinen Schmerz. Es gab überhaupt keinen Schmerz! Er kehrte weder an diesem Tag, noch am folgenden Tag zurück. Weder diese Woche, noch einen Monat später, als ob er seinen „Kunden" völlig vergessen hätte. Das Ergebnis hat ihn dazu bewogen, seine Meinung bezüglich solcher Techniken zu ändern, nichts desto trotz war der Wunsch da, noch ein weiteres Experiment durchzuführen, mit Hilfe von Dasche.

Mischa und Dascha kamen am selben Tag zu uns. Ein stummer Junge und ein taubes Mädchen. Und auch am selben Tag begangen wir mit ihnen zu arbeiten.

Mischa war ein normaler, gesunder Junge. Aber zwischen der rechten und linken Hirnhemisphäre war so etwas wie eine dunkle Folie zu sehen. Es war wie eine Wand. Der Durchbruch dieser würde sich nicht einfach gestalten, das konnte man jetzt schon sagen. Ähnliche Fälle hatten wir bei uns noch nicht in Behandlung.

Wir forschen nach dem Grund der Erkrankung. Ah ja, es hat etwas mit einem Erbe zu tun. Sehr viel Geld. Uns werden Häuser, Gärten, polnische Kirchen gezeigt. Es scheint sich um Polen zu handeln. Wir sehen einen strengen alten Mann. Er hält eine große Menge Geld in seinen Händen. Aber es gehört nicht ihm, seine Frau hat es mit in die Ehe gebracht. Die Frau, der dieser Reichtum gehörte, lebt aber seit langem nicht mehr mit ihm zusammen und sie will es von ihm zurückhaben. Sie ist vor Gericht gegangen und sollte bald Recht bekommen. Er will das nicht zulassen und ist dabei alles auf seinen Sohn zu überschreiben. Und hasst jenen unbekannten Jungen aus Russland, dem von Gerichts wegen alles zufallen wird. Jene Frau ist Mischas Großmutter. Sie will, dass ihr Enkel all das Geld bekommt.

Wir erzählen Mischas Mutter davon und sie erstarrt förmlich vor unseren Augen: Alles ist wirklich so, wie wir es gesehen haben. Wie wir weiter vorgehen, wissen wir noch nicht und bitten um etwas Bedenkzeit.

Mit Dascha ist auch nicht alles so einfach. Es gibt keinen physischen Grund für ihre Gehörlosigkeit. Aber in ihren Ohren befinden sich zwei informative Ohrstöpsel. Dem sollten wir auf den Grund gehen. Und wieder lassen wir uns vom informativen Strom in die Tiefen der Zeiten treiben. Ihre Großmutter, eine gläubige Frau, hat einst eine Abtreibung durchführen lassen. Die Seele dieses ungeborenen Kindes konnte nicht ins Reich der Toten zurückkehren und hing ruhelos zwischen den Welten. Sie rief ihre Nichte zu Hilfe, die sie wegen ihrer besonderen Sensibilität der rechten Gehirnhälfte hören konnte. Damit diese Stimme aus dem Nichts Dascha nicht um den Verstand bring, wurden ihr auf informativer Ebene eben diese Ohrstöpsel eingesetzt. Wir haben eine Prognose erstellt: Anfang 2001 wird Dascha wieder hören können. Bei der Entfernung der Ohrstöpsel muss aber mit größter Sorgfalt vorgegangen werden. Ihr Gehirn ist noch nicht in der Lage, Laute zu entschlüsseln. Es könnte zu einem Schock führen oder zu einer Blockade das ganzen Steuersystems des Organismus. Wir werden uns langsam vortasten und bei 0,3 – 0,5 Prozent pro Woche beginnen. Es kann losgehen. Der Prozess hat sich in Gang gesetzt! Wir sehen Dascha wie sie in einem Konzertsaal sitzt und sich an der Musik erfreut.

„Dascha! Du wirst Musik hören“, sage ich langsam. Das Mädchen liest von den Lippen ab und nickt mit dem Kopf. Sie hat verstanden.

* * *

Kaum hatten wir die von uns unerlaubter Weise gestartete magische Schlacht angehalten, da hat sich auch schon alles beruhigt. Die Teilnehmer der Schlacht sind wieder gesund und um den „Chudlit“ herum ist auch wieder alles zur Ruhe gekommen. Unsere Kollegen aus den anderen Verlagen hatten leider nicht so viel Glück. Das Ministerium versucht sie mit aller Macht unter Druck zu setzten, stellt Forderungen und ist dabei Eigentum zwecks Neuverteilungen zu beschlagnahmen, zugunsten neuer mopsfideler Burschen, die es sich an der Macht gerade bequem gemacht haben. Um uns herum aber herrscht eine seltsame Stille, als würde jemand von oben uns beschützen und behüten. Wir können uns denken, wer das sein könnte! Wir haben mit ihm gesprochen, wir haben ihn gesehen, wir wissen jetzt, dass Gott existiert!

Natürlich kann ich nicht alle Gewohnheiten des Atheismus sofort ablegen. Aber das Kreuz hängt schon mal an meinem Hals. Und ein anderes brennt in meiner Seele. In meinem alten Leben war ich kaum so viel in der Kirche, wie in diesen letzten Jahren. Obwohl meine Beziehung zur Kirche immer noch gespalten ist. Es gibt dort einfach zu viele konservative, unwissende Menschen. Einige von ihnen wirken so, als würden sie nicht Jesus Christus, sondern seinem Gegenspieler dienen. Und haben denn nicht auch Priester vor zweitausend Jahren seine Ankunft auf Erden bestritten? Natürlich werden heutige Kirchendiener sagen: Das waren nicht wir, sondern die Anderen. Aber jene, die den Gott den Kreuzigungs-Qualen ausgesetzt haben, sahen sich nicht als

„die Anderen". Sie haben **Ihn** als einen Anderen wahrgenommen. Ich hoffe nur, dass die Geschichte sich nicht wiederholt, denn die zweite Ankunft Christi wird bald angekündigt. Wir wissen es, wir sehen es.

In den Glaubenslehren wird die Kirche als etwas Übernatürliches, als der „mystische Körper Jesu Christi" dargestellt. Leider gibt es außer den großen Kirchen auch kleine, die über die ganze Welt verstreut sind. In ihnen treten einfache sterbliche Menschen – Prediger als Vermittler zwischen Gott und der Gemeinde auf. Und sie sind bei weitem nicht immer von Liebe zum Menschen geleitet.

Hier ein Beispiel: Eine kleine Stadt in der Nähe von Moskau, in der Mitte dieser Stadt steht eine kleine Holzkirche. Daneben wird aber bereits ein großer Tempel aus Ziegelsteinen errichtet. Einige eifrige Mitglieder der Pfarrgemeinde mit künstlerischer Ausbildung zeichnen dort Ikonen, sie werden später zugunsten der zukünftigen Kirche verkauft. So arbeiten sie schon seit einigen Jahren umsonst und versagen sich jegliches weltliche Wohl und Freude. Es gibt nicht wenige solch leicht beeinflussbarer Klosterschwestern. Inzwischen hat sich das Oberhaupt des Tempels, der heilige Vater (passender wäre Herr des Hauses) im Laufe dieser Jahre eine zweistöckige Wohnung in einem angesehenen Bezirk zugelegt und beschäftigt eine Hausangestellte, obwohl seine Frau nicht arbeitet…

Ob es wohl der Weg von Christus ist? Vielleicht eher der Weg von Lapschin, der giftig fragte: „Du hättest Gott doch auch nach Geld fragen können."

Mein Sohn Nikolaj ist mit einer Bitte zu uns gekommen. Sein Freund hatte einen Autounfall. Seine Wirbelsäule ist gebrochen, das Steißbein ist zertrümmert. Hoffnungen, dass er nicht zum Pflegefall wird, gibt es nicht.

Einen Tag später bekamen wir ein aktuelles, vor kurzem im Krankenhaus gemachtes Foto von ihm. Ein furchtbarer Anblick. Wir treten in sein Bewusstsein ein. Er wird einzig und allein von einem Gedanken eingenommen: Er will leben aber allem Anschein nach neigt sich sein Leben dem Ende. Er selbst hat nichts Schlechtes gemacht. Er versucht sich an das Leben zu klammern, doch ihm mangelt es an Kraft. Neben ihm stehen Leben und Tod. Über ihm fliegen Tauben. Wir lesen die Information ab. Er ist nicht tot und nicht lebendig.

Er hat Blutungen im Hals. Sein Kopf nimmt eine silberne Farbe an, die Hämatome sind grün. Das Grün wandelt sich zu gelb. Ohne die energieinformative Matrix ist es nicht zu schaffen. Igor hat sie aktiviert, hat das Hologramm gestartet. Wir nehmen uns die Wirbelsäule vor. Wir heben das Hologramm und drehen es mit dem Rücken zu uns, entfernen noch ein Hämatom. Von oben ist zu dem jungen Mann die Gottesmutter herabgestiegen. Sie schaut zu, wie wir arbeiten.

Noch mehr silberne Farbe. Wir richten die Wirbelsäule, festigen und verstärken sie. Die Energie fließt wieder. Jetzt verlagern wir unser Augenmerk auf das Steißbein, auf die Rückenwirbel. Die grüne, weiße und silberne Farbe beginnt zu arbeiten. Die Rückenwirbel kehren auf ihren ursprünglichen Platz zurück! Neben dem Steißbein sind Muskelrisse. Das Steißbein wurde in Ordnung gebracht. Es scheint, dass das alles gewesen wäre. Der Hypophyse erteilen wir den Befehl:

„Hämatome entfernen, Gefäße – wiederherstellen!"

Wir verstärken die Steuerung vom Kopf her und schauen uns die Nerven samt Nervenenden an – die Verbindung zum Gehirn ist wiederhergestellt. Er hat Schmerzen, er schreit. Es ist klar warum – die Nerven senden nun wieder Signale ans Bewusstsein.

Die linke Niere ist fliederfarben. Wir stellen die Norm wieder her.

Die rechte Niere ist rot. Ein Quadrat wird um sie herum platziert, das Hämatom wird entfernt. So sieht der Prozess der Wiederherstellung aus. Von der Niere geht eine Vibration aus. Das heißt, dass sie wieder ihre Funktion aufnimmt und sich ihre Form normalisiert.

Unter dem Herzen befindet sich ein schwarzer Fleck. Wir bestrahlen ihn mit weißem Licht. Die Norm des Herzen ist wiederhergestellt. Der Kopf leuchtet silberfarben. Die silberfarbene Energie wird von uns durch seinen gesamten Körper geschickt. So entsteht eine Energiesäule.

Durch den Bildschirm des inneren Sehens haben wir eine Prognose angefordert. Der Patient wird uns an Krücken gezeigt. Die Arbeit des rechten Beines konnte nicht wiederhergestellt werden. Ein roter Zeiger markiert den Grund dafür: Der Nerv ist eingeklemmt.

Wieder aktivieren wir den Normalzustand und übertragen ihn auf die betroffene Stelle. Wir vergrößern den Energiestrom, der bereits auf den Patienten gerichtet ist. Er braucht jetzt Energie. Energie ist Leben. Wenn die Ärzte nur das sehen und wissen könnten, was wir jetzt sehen und wissen! Aber sie halten sich an ihren Skalpellen, Geräten, Tabletten fest. Wie es aussieht, sollten sie selbst behandelt werden. Und sie scheinen das auch selbst schon zu merken.

Wir sehen uns wieder die Prognose an. Der Bursche sitzt auf einer Bank und raucht. Bei ihm ist alles gut. Die Ärzte werden mit ihrer Arbeit zufrieden sein. So etwas zu vollbringen ist noch niemandem gelungen: zertrümmertes Steißbein, Wirbelsäulenbruch und der Bursche ist schon jetzt so gut wie neu.

Wir wollten die Ebene gerade verlassen, als uns plötzlich etwas auffiel. Unten ist der schwarze Ritter mitsamt seinen Truppen aufgetaucht. Er führt direkt vor unseren Augen Reiterkunststücke vor. Offenbar mit der Absicht unsere Aufmerksamkeit zu erregen. Wir steigen zu ihm auf die zentrale Kreuzung des Bardo-Kanals hinunter. Sofort ist unsere Armee erschienen. Woher ist sie gekommen? Aber wir haben keine Zeit uns darüber zu wundern.

„Also, was willst du?“, fragen wir.

„Ich will kämpfen!“, antwortet er freundlich, ohne Groll in der Stimme.

„Um zu kämpfen, haben wir noch Zeit, lass uns zuerst reden. Wie lange kämpfen wir schon miteinander, weißt du das?“

„Vom ersten Tag an“, antwortet der schwarze Ritter.

„Und was haben wir erreicht?“

Er lacht und stolziert mit seinem Pferd vor uns auf und ab:

„Ich kann alles, ihr müsst es erst noch lernen.“

„Und was willst du noch erreichen?“

Er lässt uns wissen, dass er durch einen Sieg an Größe gewinnt und sich die Kraft einverleibt, die in uns ist und alles bewirken kann. Er deutet wohl an, dass man Welpen ertränken muss, wenn sie noch klein sind.

„Vielleicht können wir dasselbe durch Zusammenarbeit erreichen?“

„So etwas wurde von Menschen noch nicht erfunden“, und er ergänzt, dass wir für ihn kein ebenbürtiger Gegner sind. Wir betrachten ihn genauer und sehen, dass es nicht Lapschin ist, sondern jemand anderes.

Wir schalten die vierte Kraft ein. Umringen ihn. Es gelingt uns nicht. Er fällt durch die Erde und erscheint erneut – auf einer anderen Stelle. Er verfügt auch über eine Kraft, die wir noch nicht kennen. Woher auch immer er sie hat, wer hat ihm das Recht gegeben auf unserer Erde umherzureiten.

„Ich mache das, weil ich es kann“, schreit er aufhetzend, „aber würdet ihr ins Reich der Finsternis gehen?

„Ich fürchte mich nicht davor“, antwortet Igor.

Er lacht:

„Ich weiß. Ihr seid mutig, aber vorsichtig – eben eine Hybrid! Sogar die Tatsache, dass ich hierher komme, ist für mich schon ein Sieg. Ihr würdet ja nicht auf die Idee kommen mich unten zu besuchen.“

„Du willst also nur kämpfen, einfach nur kämpfen - und das ist alles?“

„Nein, will ich nicht“, er wurde ernster, „aber nur so kann ich erkennen, was es auf der Erde gibt. Ich habe das Wissen der Jahrtausende, aber ihr habt neue Informationen.“

„Vielleicht sollten wir das Wissen gegen die Informationen tauschen?“, schlage ich Igor vor.

Der schwarze Ritter wurde nachdenklich und drehte sich schon nicht mehr mit seinem Pferd.

„Ich bin dafür, aber eine solche Entscheidung könnt ihr nicht selbständig treffen“, sagt er.

„Ja, das stimmt, deshalb brauchen wir Zeit.“

Er wendet sich ab und seine Armee entfernt sich mit ihm.

Die Säule des Bardo führt nach unten, in die Erde. Dort sind Niveaus wie unsere zu sehen.

Wir müssen nach oben gehen und fragen, was wir tun sollen. Neben uns erscheinen kleine Kinder mit Flügeln. Das sind Engelchen. Es gibt viele von ihnen. Unsere Armee zieht noch nicht ab. Wartet. Wir gehen nach oben, in den zentralen Strom. Uns hebt der steigende Strom im Bardo-Kanal empor, es ist wie ein Aufzug. Die Erd-Niveaus, ein goldener Platz. Igor steigt vom Pferd herab. Nebenan flattern die Engelchen.

Der Schöpfer sitzt uns gegenüber. Igor kniet nieder, nimmt seinen Helm ab und betet.

„Stehe auf, mein Sohn“, spricht Gott.

„Ich bin ein Mensch.“

„Du warst ein Mensch und jetzt bist du mein Sohn.“

Er lehrt uns, sehr vorsichtig zu sein. Die dunklen Kräfte sind tückisch. Jenes, worüber der Schwarze Ritter gesprochen hat – es ist die Wahrheit. Sie wollen Verhandlungen. Aber kann man denn jenen vertrauen, die einen schon oft betrogen haben?

„Seid vorsichtig“, warnt er uns noch einmal.

„Sollten wir vielleicht lernen, wie man Verhandlungen führt?“, fragt Igor.

„Ja“, stimmt der Schöpfer zu. „Ihr könnt euch in die Unterwelt begeben und euch wird nichts geschehen. Aber dort wird es schrecklich sein. Hier gibt es nichts, was dem nahe kommen würde.“

Neben uns ist der Heilige Georg. Er wirkt riesig. Er spricht mit dem Schöpfer über uns, aber wir können dieses Gespräch aus irgendeinem Grund nicht hören. Rechts sehen wir viele Heilige. Sie sollen etwas entscheiden. Sie sprechen über die Apokalypse - etwas ganz Schreckliches, viele Tränen und die Veränderung des Menschen.

Georg spricht auch mit ihnen. Die Priester und Heiligen – sie stehen. Der Schöpfer sitzt. Einer der Heiligen fragt Igor:

„Bist du bereit? Weißt du, was mit dir geschehen wird?“

„Wir wissen nicht, was mit uns geschehen wird, aber wir haben den Eid geleistet, Gott zu dienen.“

Christus steht neben dem Schöpfer. Er bemüht sich diese Entscheidung zu unterstützen:

„Mach dir keine Sorgen, bereite dich gut vor, du hast ein Geschenk Gottes erhalten, deine Kraft. Aber verwende sie nur für das Gute.“

„Können wir uns nach unten begeben?“

„Es ist nicht verboten, aber ihr solltet verstehen, was euch erwartet. Euch wurde alles mitgeteilt, was erlaubt war."

Wir werden gesegnet, vor der Schlacht wird noch ein Gebet gesprochen, über das ewige Leben, über den Ruhm im Himmel. Alle um uns herum bekreuzigen sich. Eine leuchtende Hülle ist entstanden. Eine andachtsvolle Stille hält Einzug. Wir werden gereinigt. Georg gibt uns seine Hand. Der Schöpfer hat mit seinem Stab geklopft und wir haben uns unten wiedergefunden.

„Das Heer ist mit euch", donnert die Stimme vom Himmel. „Es wird nach dem ersten Ruf erscheinen."

Die Kinder heben Igor und setzen ihn aufs Pferd. Er hat überhaupt keine Kräfte mehr. Er ist fast ohne Bewusstsein. Schweißtropfen laufen von Stirn und Wangen herab.

* * *

Bereits am nächsten Tag erscheint Kirill wieder in unserem Zentrum. Dieser seltsame Junge, der von seinem Intellekt und Wissen her jeden beliebigen Professor in die Tasche stecken könnte, ist zu uns gekommen, um sich bei uns um einen Arbeitsplatz zu bewerben. Ich wusste, dass bei ihm der Bildschirm des inneren Sehens sehr gut arbeitet, er kennt die Technologie der bioinformativen Einwirkung gut, aber mich verwirrt seine seltsame Beziehung zu Lapschin. Im Umfeld des Magiers hatte er einen besonderen Platz. Ich habe bemerkt, dass Lapschin, der zu jedem seiner Mitarbeiter sehr grob sein konnte, eben mit ihm aus irgendeinem Grunde niemals stritt. Obwohl es Anlässe genug dafür gab: Kirill machte einfach niemals etwas. Er trank den ganzen Tag .entweder Tee oder Kaffee, schwatzte mit den Mädels, ignorierte offen seine beruflichen

Pflichten. Wenn Lapschin ihn beim Müßiggang ertappte, so beschimpfte er jemand anderen, aber bloß nicht den Schuldigen selbst.

Und hier steht Kirill und redet etwas Unverständliches:

„Also, ihr wolltet doch Wissen austauschen."

„Bist du wegen dem Austausch gekommen", hat Igor erraten.

„Ja", bestätigte Kirill die Situation, die nur uns klar erschien. „Außerdem versucht Nina Andrejewna seit langem mich zu überzeugen, zu euch zu wechseln. So bin ich nun hier." Und lächelte dabei von einem Ohr zum anderen.

„Und wen sollen wir von uns rüber schicken?", will Igor wissen.

„Entscheidet selbst", antwortet Kirill und es passt wieder zum Thema. Es scheint, dass er über alle Ereignisse des Jenseits im Bilde ist.

Wir fingen an zusammen mit Kirill zu arbeiten. Er beherrscht eine ganz andere Technologie. Eine nicht weniger wirksame, aber eine ganz andere. Wir haben sehr große Zweifel daran, ob es überhaupt zu unserem Wohl ist, diese Technologie zu verwenden. Aber eine Vereinbarung ist eine Vereinbarung: Er zeigt uns seine Möglichkeiten, wir zeigen ihm unsere. Aber ehrlich gesagt, übertreibt Kirill manchmal. Plötzlich, aus einem unerfindlichen Grund ist Tatjana Nikolajewna mit allen aus dem Zentrum aneinander geraten. Bald darauf hat sie uns ganz verlassen, obwohl der äußere Anlass ganz unbedeutend erschien. Sie hat wahrscheinlich selbst gefühlt, dass etwas sie dazu gebracht hat, von sich aus Streit anzufangen. Später, als wir uns die Ereignisse in einer Rückblende angeschaut haben, wurde Kirills Einfluss deutlich. Er hat alle Mitarbeiterinnen des Zentrums geschickt gegeneinander ausgespielt. Er hatte von Anfang an alle Fäden in der Hand, obwohl man es ihm ganz und gar nicht ansehen konnte.

Wir sind noch nicht dazu gekommen Kirill offiziell einzustellen. Er hatte so etwas wie eine Probezeit. Mit seiner Einstellung wollten wir noch so lange warten, bis wir das Geschenk des Schwarzen Ritters einer genaueren Betrachtung unterzogen haben. Ansonsten könnte es leicht passieren, dass wir am Ende ganz ohne Mitarbeiter dastehen.

Inzwischen entstanden ständig irgendwelche Neuerungen. Igor und ich brauchten den Bildschirm des inneren Sehens nicht mehr. Auch ohne ihn konnten wir alles deutlich sehen. Wir gehen in den betreffenden Raum hinaus und beobachten mit Hilfe unserer riesigen Statur das Festland, die Ozeane. Wir sehen Flugzeuge, Raketen, Satelliten. Manchmal fliegen sie durch uns hindurch, ohne irgendwelche katastrophalen Folgen zu hinterlassen. Jeder Tag bringt etwas Neues. Und das Wichtigste ist – es wird von Tag zu Tag interessanter.

Mit Grigori Grabovoi tauschen wir fast täglich telepathisch Nachrichten aus. Wir konsultieren ihn ständig – und es scheint, dass wir ihn mit unseren Fragen schon gewaltig auf die Nerven gehen. Manchmal sagt er ganz direkt:

„Freunde, ihr könnt doch alles schon selber. Ich habe doch zu arbeiten."

Wir entschuldigen uns und weichen auf andere Niveaustufen aus. Diese sind sehr merkwürdig: Manchmal reichen einigen Minuten aus, um sie komplett zu erkunden, und ein anderes Mal erscheinen 10 Jahre zu wenig, um sich nur einen Sektor näher anzuschauen. Aber bald haben unsere Forschungsveranstaltungen ein Ende.

Am Morgen, kaum sind wir in den Raum hinausgegangen, da sind auch schon Gesandte auf uns zugekommen. Es waren zwei Engel. Bei unserem Anblick haben sie das Armageddon ausgerufen und uns aufs Schlachtfeld berufen.

Igor und ich waren wie versteinert. Wir fühlten die enorme Last der Verantwortung in diesem Moment auf unseren Schultern, nicht nur für uns, sondern für die ganze Erde. Und wir wussten auch, dass wenn wir die Schlacht verlieren, unser Tod nicht illusorisch, sondern vollkommen real sein würde. Und aller Wahrscheinlichkeit nach, augenblicklich eintreten wird. Sie finden uns in meinem Kabinett, wo wir saßen, zwei merkwürdig verdrehte Körper und bringen uns ins nächste Krankenhaus, um zu verstehen, wieso diese zwei gesunden Männer beide plötzlich gestorben sind. Es wird für alle interessant sein.

Aber wir wussten, worauf wir uns einließen, als wir den Schöpfer um die Ehre baten, die Erde vor ihrem vorausgesagten, traurigen Schicksal zu bewahren. Wir haben dieses Recht bekommen und sind verpflichtet, zu beweisen, dass wir aus tiefstem Herzen und tiefster Seele handelten.

Die Engel haben uns in den Bardo-Kanal gebracht, wo uns auf der Kreuzung beider Welten, auf der Grenze der oberen und unteren Niveaus, bereits der Schwarze Ritter und seine Armee erwarteten. Offenbar hat ihn der Waffenstillstand gelangweilt. Er geht außerdem davon aus, dass wir mit dem Wissensaustausch nur Zeit schinden wollten, weil wir noch nicht im Besitz unserer vollen Kräfte sind. „Welpen sollte man ertränken, wenn sie noch klein sind.“ Diese Prozedur wollten sich scheinbar viele bekannte Persönlichkeiten nicht entgehen lassen, was ihr zahlreiches Erscheinen erklären würde.

Hinter den Reihen der dunklen Kämpfer stehen drei Throne. Der größte – des Königs der Finsternis, daneben – die seiner zwei Mitstreiter. Es waren viele niedere Persönlichkeiten anwesend. Hinter den Thronen erstreckte sich ein imposantes Bauwerk: zwei schwarze Kreuze auf speziellen Sockeln. Ein Element um jemanden psychisch unter Druck zu setzen. Leicht zu erraten, für wen sie bestimmt waren.

Also wenn wir schon kämpfen sollen, dann kämpfen wir auch. Sie haben selber angefangen. Mit Kraft der Gedanken drehen wir unsere Kreuze auf der Brust um. Wir wissen, dass uns die Aufschrift „Rette und bewahre“ im Kampf beschützen wird. Wir sind auch nicht allein. Hinter unserem Rücken steht die siebzehnte Legion des Schöpfers. Er selbst befindet sich über uns mit der Gottesmutter. Sie haben sich in Sphären eingerichtet, inmitten von Engeln und Heiligen. Sie segnen uns vor der Schlacht und erklären uns, dass von dem Ausgang der Schlacht das Schicksal der Erde für die nächsten eintausend Jahre abhängt.

Igor und ich tragen eine Panzerung, wir sind voll bewaffnet. Er ist der Reiter, ich bin – das Pferd, Pegasus wie üblich. Auf Igors Schulter setzt sich der zweiköpfige Adler, der Löwe steht an meiner Seite.

Zwei große Kräfte, deren Kampf die Menschheit ursprünglich auf die Spirale der Evolution gestoßen hat, begegnen sich nun in einer tödlichen Schlacht um die Erde.

Über den Reihen der dunklen Kräfte ist ein riesiger Rabe emporgestiegen. Ihm entgegen flog unser Adler. Sie stießen im Zentrum des Bardo-Kanals aufeinander. Funken schlugen beim Aufprall der beiden Vögel, als wären sie aus Eisen geschaffen. Die Schlacht um das Himmelreich hat nicht allzu erfolgreich für den Adler begonnen. Er schwächelte und drohte in die Tiefe zu stürzen. Igor hat ihm seine Kraft und Energie zu Hilfe geschickt. Der schneeweiße Vogel ist aufgelebt und hat sich in die Schlacht geworfen. Mit seinen Schnäbeln (ein zweiköpfiger Adler!) und seinem Flügelschlag machte er sich daran den Feind zu bekämpfen. Der Kampf der beiden Vögel dauerte lange, der helle Vogel musste erst einmal eigene Kräfte sammeln. Als sich dann aber eine Gelegenheit geboten hatte, ergriff er die Chance und setzte zum finalen Schlag an. Der Adler hat den Raben so stark verletzt, dass jener kopfüber nach unten geflogen ist. Der schwarze Ritter war über diesen Verlust ziemlich verärgert, dachte aber auch nicht daran, seinem Helfer etwas von der eigenen Kraft abzugeben. Für ihn zählte nur sein eigenes Duell, er wollte seine Macht nicht für einen nebensächlichen Kampf vergeuden. Und der Rabe, der bis zum Zentrum des Kreuzes geflogen war, ist aufgeflammt und verbrannt.

Und die Macht über das Himmelreich blieb beim Schöpfer.

Jetzt kam aus den dunklen Reihen ein riesiger Wolf hervor □ der Wächter der Höllentore. Ihm kam mit mächtigen Sprüngen der kräftige Löwe entgegen. Auch sie sind aufeinandergeprallt und der Löwe ist vom Zentrum des Kreuzes weggeflogen. Der Wolf wirft sich auf ihn, drück ihn nieder, versucht ihn mit seinen Zähnen zu zerreißen. Und hinter dem Wolf, Schritt für Schritt rücken die dunklen Kräfte heran.

Igor hat sich wieder entschlossen, den Freund mit seiner Energie zu unterstützen. Die Tiere schlagen sich mit wütendem Gebrüll, versuchen einander zu zerreißen, und die Situation fängt an sich langsam zu verändern. Jetzt bedrängt der Löwe den Wolf und dieser läuft weg, versteckt sich in den Reihen der Untoten. Der Löwe springt im Eifer des Gefechts hinter ihm her.

Einen Augenblick später kehrt er siegreich zurück. Doch seine mächtigen Sprünge geben Anlass zur Besorgnis. Denn vor einem Augenblick noch war er entkräftet, schwach. Wenige Meter vor unseren Reihen senkt Igor vor ihm die Wand der vierten überirdischen Kraft. Als der Löwe gegen sie stößt, verwandelt er sich zurück in den Wolf. Und fast zeitgleich reißt aus den Reihen des Feindes der echte Löwe aus, jagt dem Gegner nach und wirft ihn von den Beinen. Wütend ob des unritterlichen Verhaltens des Feindes beißt er den vom Zusammenstoß benommenen höllischen Abkömmling mit unglaublicher Kraft in die

Kehle. Er beißt sich am Wächter der Höllentore fest, zieht ihn über den Boden und schleppt ihn schließlich auf die Seite der dunklen Reihen. Nachdem er eigene Kräfte gesammelt hat, schleudert er den verletzten Feind hinauf, vor die drei schwarzen Throne.

Ihr Duell ist entschieden. Der Wolf darf nicht getötet werden, um das Gleichgewicht der ursprünglichen Kräfte nicht zu stören. Jetzt bleibt das, was unter der Erde ist, im Besitz des Wolfes und das, was auf der Erde lebt, wird sich dem Löwen unterwerfen.

Nicht, dass die zwei vorhergehenden Siege nicht wichtig wären, aber jetzt wird die Hauptschlacht beginnen. Igor gab seine Kraft und seine Energie schon zweimal dem Adler und dem Löwen als Hilfe ab. Ich weiß, dass er richtig gehandelt hat. Wir konnten unsere Kampfgefährten nicht einfach im Stich lassen. Aber ob jetzt unsere Kräfte ausreichen, um den mächtigen und erfahrenen Schwarzen Ritter zu bezwingen?

Nun ziehen wir aufeinander los. Zusammen mit einem gegnerischen schwarzen Pferd umkreisen wir das Kreuz und schlagen mit den Hufen einen Kreis in den sandigen Boden.

Kaum einer auf der Erde war sich dieser Schlacht bewusst. Denn auch wenn im Himmel bereits das Armageddon ausgetragen wurde, eilten die nichts Böses ahnenden Menschen weiter zur Arbeit oder irgendwo anders hin. Und nur wenige wussten davon, wie sich im informativen Feld der Erde die Hauptströme der künftigen Ereignisse umformierten.

Dem Schwarzen Ritter gelang es Igor einen Schlag zuzufügen und sein magisches Schwert hat Funken auf der Panzerung geschlagen. Der Schutz hat es ausgehalten, aber Igor kam ins Wanken und hätte beinahe das Bewusstsein verloren. Sofort hat auch das schwarze Pferd, das durch schwarze Magie aus einer Krähenschar geschaffen wurde, seinen Druck verstärkt. Es stößt mich, versucht mich aus dem Kreis zu bewegen.

Mich packt die Wut. Ich stoße zurück. Es scheint, dass Igor sich wieder gefangen hat. Im Geiste ist es ihm gelungen seinen Kampfesmut zu entfachen und dadurch dem Gegner eine Reihe kräftiger Schläge zu erteilen. Die Schwerter klingen, schlagen auf die Panzerung, auf die Schilde. Und schon bohrt sich das Schwert in den schwarzen Körper des Pferdes und bleibt darin stecken, damit die Krähenschar nicht aus dem zerhauenen Leib herausfliegen kann, um sich wieder neu in ein Untier, das Raum und Zeit frisst, zu verwandeln. Das Pferd fällt, der Reiter ist von ihm abgesprungen.

Und dann hat sich der Schwarze Ritter in einen Drachen verwandelt. Wieder ist die alte Legende aufgelebt und der Weg, der dem Menschen von Christus gezeigt wurde, war wieder von dem giftigen Maul der ursprünglichen Schlange versperrt. Im Kreis, wo sich im Zentrum des Kreuzes vier Wirbel des Himmels und der Erde getroffen haben, fanden die Ereignisse des altertümlichen Mysteriums statt. Igor schlägt den Drachen mit seinem Speer. Aber es ist sehr schwierig seine Panzerung zu durchbrechen. Igor stößt mit letzter Kraft. Nur die Wut und der Eifer eines Kämpfers treiben ihn weiter an. Er hat sich in den Steigbügeln erhoben und mit der Schwere seines Körpers den Speer in den geschlagenen Tierkörper gerammt. Mit dem Schlag des Speers, der anstelle des Stahls als göttlicher Blitz gedient hat, wurde der Weg der ursprünglichen Schöpfung, des Himmels auf Erden, frei gemacht. „Und die verendende Natter hat dem weißen Pferd einen Biss zugefügt, ist dann in den höllischen Flamme aufgegangen und in die Unterwelt hinabgestürzt, wo sie von den Ihren zerfetzt wurde, die ihre Kraft und Unsterblichkeit fraßen.“ Schön formuliert, nicht wahr? Im Geiste der altrussischen Tradition. Jedoch, das weiße Pferd bin ich. Aber ich spüre aus irgendeinem Grund den Schmerz des giftigen Bisses nicht. Doch das ist Nebensache. Jetzt bin ich von Freude und Jubel erfüllt. Mit dem Sieg über den Drachen wurde eine wichtige Etappe der menschlichen Evolution beendet und der Tag der zweiten Ankunft Christi rückt näher!

Das Übrige war nicht schwer vorauszusehen. Als die zwei Armeen aufeinanderstießen, blieb kaum ein Drittel der Untoten unversehrt.

Die siebzehnte Legion der Macht, Engel, Heilige – alle jubeln. Helme fliegen durch die Luft. Die Kämpfer schreien: „Gloria!" Und Gott selbst wischt sich eine Träne der Freude von der Wange. Das Armageddon, von dessen Ausgang der Lauf der Ereignisse für die nächste eintausend Jahre abhing, ist mit dem totalen und absoluten Sieg der hellen Kräfte beendet worden.

Von oben fällt auf mich und Igor ein goldenes Licht. Etwas geschieht. Gott selbst ist aufgestanden und wartet auf etwas. Wir stehen neben dem Zentrum des Kreises, dort wo wir gekämpft haben. Die Hauptsäule des Lichtes fällt ins Zentrum des Kreuzes. Dort ist etwas erschienen. Im Umkreis, wo wir mit dem schwarzen Pferd den Kreis gekennzeichnet haben, sind Tierkreiszeichen entstanden. Das erste Sternzeichen – der Schütze. Von ihm erstreckt sich ein Energiestrahl zu Igor. Igor steigt von Pegasus ab. Ihn zieht das Sternzeichen des Schützen an. Ich verliere die Gestalt des Pferdes und werde wieder zu einem Menschen im Talar.

Von mir läuft ein Energiestrahl ins Zentrum. Und zwar von mir aus und nicht zu mir hin. Er entsteht in der Mitte meiner Brust und erstreckt sich ins Zentrum des Kreuzes, wo im Strom des von oben fallenden Lichtes ein mächtiger zweiköpfiger Mensch – ein Androgyn erscheint. Er hat den Oberkörper eines antiken Gottes, ein Kopf ist männlich, der andere ist weiblich. Er verkörpert die Harmonie zweier großer universaler Anfänge und den Anfang des goldenen Zeitalters, einer scheinbar vor langer Zeit verlorenen und seit langem von der Menschheit ersehnten Epoche. Neben ihm flammt die unheilverkündende Zahlen 666 auf. Einen Augenblick brannte sie deutlich, unbeirrt, doch plötzlich hat sie sich gedreht, den neuen Sinn der Vorgänge bezeichnend. Jetzt brennen in der Mitte des Kreises mächtig, sicher und majestätisch drei Neunen – 999. Zum ersten Mal verbinden sich zwei Gegenteile der Welt harmonisch zu einem archetypischen Symbol, das den Lauf der künftigen Ereignisse auf Erden vorherbestimmt.

Der Androgyn ist aufgestanden und alle Niveaustufen wurden zugleich umgewandt. Das Dunkle war oben, das Helle – unten. Noch eine Wendung – die rechte Seite war jetzt links und die linke – rechts. Das Dunkle wird momentan vom Heiligen Geist erhellt.

Alle um uns herum jubeln wieder und werfen in die Luft, was sie haben.

Der neue Mensch-Gott blickt zu unserer Seite und Igor und ich tauschen Blicke aus. Unsere Größe empfinden wir als sehr feierlich, wir sind wie Riesen.

Der Androgyn spricht zu uns:

„Ihr habt die Mission erfüllt, welche euch der Gottvater, der Sohn und der Heilige Geist auferlegt haben. Ihr habt alles ehrlich erreicht, ehrenhaft, ohne Ausflüchte und Betrug. Dafür werden euch göttliche Kräfte verliehen, und niemand zweifelt daran, dass ihr diese Kraft im Namen der Rettung der Erde und für das Wohl der Menschen nutzen werdet.“

Seine Stimme rollt wie Donnergrollen durch den gesamten Weltraum.

„Jetzt verbinden uns unzertrennliche Bande, ihr könnt mich jederzeit um Hilfe bitten. Ihr seid dieser Ehre und dieses Ruhmes würdig. Auf euch wartet viel Arbeit und ihr müsst viel lernen. Ich glaube, dass ihr euch vor den bevorstehenden Gefahren nicht fürchten werdet. Ich segne euch für euer Schaffen."

Wieder jubeln und schreien alle: „Gloria!" Etwas ergreift uns von oben und beginnt uns zu sich heranzuziehen. Wir fliegen zu den Engeln, auf einer Wolke steht der Schöpfer selbst. Aus seiner Hand fiel eben der Strahl von oben auf uns herab. Wir knien uns vor dem Schöpfer nieder. Er setzt sich auf den Thron.

Die Engel halten eine goldene Waschschüssel mit Wasser und ein goldenes Handtuch bereit. Wir waschen die Beine des Schöpfers vorsichtig mit heiligem Wasser und trocknen sie mit dem goldenen Handtuch ab. Er lächelt, sieht auf Igor und mich wie auf seine Söhne herab. Er ist jenen Darstellungen ganz ähnlich, die wir früher in Kirchen und auf Ikonen gesehen haben. Natürlich wurde der Schöpfer im Laufe der Jahrtausende von verschiedenen Malern unterschiedlichen Talents – immer wieder leicht verändert dargestellt. Aber hier ist Er vor uns und wir erkennen, dass in jeder einzelnen Darstellung – das wahrhafte Antlitz offenbart wird.

Der Schöpfer streckt uns seine Hand entgegen und wir küssen beide nacheinander den Ring, der von einer Menge von Farben durchzogen ist.

„Ihr könnt jetzt an meine rechte Seite treten", befiehlt uns der Schöpfer.

Wir stehen auf und gehen dorthin, wohin es uns aufgezeigt wurde, und ungeachtet unserer Größe, reichen wir dem, der dort steht kaum bis zu seinen Knien. Wir sind noch klein. Und dieses Wort „klein" wiederholen mit zarter Anteilnahme all jene, die neben Gott stehen und es dringt in unser Bewusstsein ein. Wir verstehen, dass die Größe in dieser Welt reale Taten und Schaffen bezeichnet. Wann werden wir wachsen?

Der Schöpfer ist uns wohlgeneigt:

„Von nun an könnt ihr euch hier, wie zu Hause fühlen. Und ihr könnt auf der Erde sein."

Igor antwortet für uns beide:

„Wir müssen das erfüllen, was wir versprochen haben."

Der Schöpfer ist mit dieser Antwort zufrieden.

„Verkündet den Menschen die Wahrheit", gibt er uns mit auf den Weg. „Habt keine Zweifel."

Wir küssen die Hand, das Kreuz. Der Schöpfer selbst hat uns mit dem Kreuzzeichen gesegnet.

Wir danken ihm und kehren auf die Niveaustufen zurück. Dort gibt uns jemand den Rat das totbringende Wasser und das Lebenswasser anzuwenden, um den giftigen Biss zu neutralisieren.

Dazu begeben wir uns auf die siebte Niveaustufe. Wir bitten um die Erlaubnis, uns mit dem totbringenden Wasser zu waschen. Es wird uns gestattet. Igor begießt meine Hüfte, wo der Drache mich gebissen hat, mit dem totbringenden Wasser. Aus der Wunde rollen sechs schwarze Kügelchen heraus, die sich im Totenwasser auflösen. Das war's, ich konnte mich aus den Fängen der unheilverkündenden Sechsen befreien, den sechs Köpfen des Drachen und meiner zweideutigen Rolle beim Geduldspiel der dunklen Mächte entkommen. Ich habe meinen Drachen in der Mitte des Labyrinths, an der Grenze der Welten besiegt. Von nun an wird mich niemand mehr beanspruchen. Nur mein Herz, meine Seele, mein Bewusstsein sollen von jetzt an meine Handlungen und Taten bestimmen sowie das so wichtige Wort „Verantwortung". Meine Taten sollen jener Macht entsprechen, die mir geschenkt wurde. Igor hat es in dieser Hinsicht leichter – er hatte keine sechs schwarzen giftigen

Kügelchen in seinem Körper. Und die sechs Drachenköpfe sind auch nicht über ihm gewachsen.

Aber nur in dieser Beziehung einfacher. In allem Übrigen haben wir nach dem Willen des Vaters, des Sohnes und des Heiligen Geistes – dasselbe Schicksal und dieselbe Verantwortung erhalten. Weder er, noch ich fürchten diese. Wir wissen, dass der Vater, der Sohn und der Heilige Geist ab jetzt immer bei uns sind. Sie mit uns und wir – mit ihnen. Amen!

* * *

Jetzt konnte man das Erlebte gedanklich noch einmal durchgehen. Das, dessen Zeugen und Teilnehmer wir wurden, entsprach der Jahrtausende alten Prophezeiung, dass Russland im Jahr nach dem Ende der Zeiten zum Schlachtfeld der Götter wird. Das Ende der Zeiten – 1999, das Ende des kosmischen Zyklus. Und die Finsternis, die über uns kam, hat es dem Weltall und allen verkündet, die in die alte Prophezeiung eingeweiht waren. Das Ende der Welt – das Jahr 2000, das Jahr des Millenniums, das Jahr der Veränderungen, das viele als einen unmittelbaren physischen Prozess wahrgenommen haben, hätte vollkommen anders ausgehen können, wenn die Ereignisse anders verlaufen wären. Der Ausgang des Armageddon hat alles entschieden.

Hunderte Jahre haben sich die dunklen und die hellen Kräfte auf diese entscheidende Schlacht vorbereitet. Auf der Erde wurden Menschen sorgfältig ausgewählt, bei denen durch eine Serie fortlaufender Reinkarnationen bestimmte Charakterstärken ausgearbeitet waren. Es waren Menschen, die in die Geschichte eingegangen sind und die sehr bemerkenswerte Spuren hinterlassen haben. Ihre Namen kennt ein jeder

– Monarchen, Heerführer, hervorragende religiöse Persönlichkeiten, Gelehrte, Schriftsteller. Die heutzutage lebenden Menschen wurden im Durchschnitt bereits 13 Mal wiedergeboren und so legte sich auf ihre Stirn die unheilverkündende Zahl 666. Die Frist der Sühne Christi war abgelaufen und die durch seine Leiden, mit Blut und Leben befreite Erde war wieder in Gefahr.

Die dunklen Mächte – frech und selbstbewusst, weil sie das letzte Armageddon für sich entscheiden konnten, zweifelten nicht daran, dass sie auch dieses Mal das Schlachtfeld als Sieger verlassen würden. Sie verfügten über das Wissen und alle Errungenschaften der Zivilisation, die schwarze Magie und die Energie der Menschen, die sie ohne geistige Entwicklung moralisch verdorben haben.

Russland stand Anfang des 20. Jahrhunderts eine neue, außerordentlich wichtige Reinkarnationsphase bevor. Und nach der äußerst schwierigen Geburt durch die blutigen Ereignisse der Revolution konnte sie sich doch noch erfolgreich vollenden. Laut den Prophezeiungen sollte der neue Gottesmensch genau zu dieser Zeit erscheinen. Eben hier erfüllten sich die Prophezeiungen von Wladimir Solowjew, Jewgenij Trubezkij und Anderen, die sich der Suche nach der Wahrheit widmeten.

Anlässlich seiner Geburt war von der Heiligen Dreifaltigkeit die spezielle geistige Struktur des Heiligen Georg geschaffen worden, der das Nationale Symbol Russlands wurde.

Und die Prophezeiung hat sich erfüllt. Der Leitgedanke, der in den Ring des Heiligen Georg graviert war, „Ehre und Würde“, leuchtete auf über Russland. Es war der majestätische Vogel Russlands – der zweiköpfige Adler – der sich neben dem Gotteskrieger geschlagen hatte. Der große Sieg wurde im Bardo-Kanal des feinmateriellen Raumes errungen. Dank der Söhne dieses Landes hat sich die unheilverkündende

Zahl 666 umgewandt und bezeichnet jetzt den neuen Kode der Menschheit - 999.

Das Böse ist gebändigt, aber es liegen noch einige gefährliche Jahre vor uns. Die Fühler des Bösen sind zu tief in die Seelen der Menschen eingedrungen, sie abzuschlagen ist nicht so einfach. Denn die Freiheit des Denkens ist dem Menschen geblieben, nur er selbst kann sich entscheiden – den Siegern beim schwierigen Weg des Aufstieges zu folgen oder mit jenen zu verbleiben, die mit den menschlichen Schwächen nachsichtig waren – wie Lüsternheit, Trunksucht, Neid, Gier, und die Verrat und Hochmut lehrten, dazu aufhetzten, gegebene Versprechen zu brechen und in allem eine Rechtfertigung für sich zu finden.

Die letzte aus den oben genannten Versuchungen – ist wohl die tückischste! Wie sehr es uns doch missfällt Kritik, Belehrungen oder sogar unbedeutende Bemerkungen anzuhören! „Wer ist er, um mich zu belehren? Kann er etwa meine Seele, mein Leiden, mein Verlangen verstehen?“ – das ist noch die schwächste Ausrede. Sogar einer, dessen Seele von Lügen zerfressen ist und dessen geistige Fähigkeiten schwach entwickelt sind, findet dass er durchaus das Potenzial hätte, Herrscher über die Erde zu werden. Zum Erfolg hat nur ein wenig Glück gefehlt und es gab zu viele Neider in der Nähe. Und dann ist die Zeit der jetzigen Generation unpassend, weil wieder Betrüger den Ton angeben. Eine äußerst tröstliche Lage! Aber ihre Tücke besteht darin, dass die Resignation nur die Kehrseite derselben Medaille, derselben Sünde, des Stolzes ist. Unsere Vorfahren wussten es und haben eine genaue Formel dafür gefunden: Duldsamkeit ist schlimmer als Stolz.

Die wahre Persönlichkeit kennt ihren Platz im Leben, ihren Wert. Michail Lomonosow schrieb seinem Gönner Schuwalow (der Brief ist mit dem 19. Januar 1761 datiert): „Ich will weder am Tische vornehmer

Herrn, noch bei irgendwelchen weltlichen Herrschern als Dummkopf dastehenden, aber noch weniger möchte ich mir vor Gott die Blöße des Unwissens geben. Von ihm habe ich den Verstand, er kann ihn mir auch nehmen.“ Was ist Stolz, Gotteslästerung? Nein, das ist eine positive Eigenschaft eines Werktätigen, der vom Schicksal auserwählt wurde, es ist der Stolz auf seine Mission, seine Vorbestimmung. Ohne eine solche Beziehung zum Lebenswerk kann es im Leben keine Meisterleistungen geben. Nicht umsonst geht man davon aus, dass diesen Brief von Lomonosow ein anderes russisches Genie auswendig kannte – Puschkin.

Deshalb betrachte ich die feinmateriellen Ereignisse, die sich mir und Igor Arepjew durch Hellsichtigkeit eröffneten, noch im gewissen Maßen als Lehrprozess, mit dessen Hilfe wir den Zutritt zum Geheimwissen erhalten haben. Und, offenbar kann man es auf keinem anderen Wege erlangen – nur dadurch, dass man innerhalb der Spiegelkugel des eigenen Bewusstseins auf die Probe gestellt wird.

Aber ich wiederhole noch einmal, solange sich der Mensch innerhalb der Kugel befindet und keine Möglichkeit hat die Grenzen des dreidimensionalen Raumes hinter sich zu lassen – so lange wird er damit niemals alleine zurechtkommen, ganz ohne Hilfe und spezielles Wissen. Nur wer die Kugel der dreidimensionalen materiellen Welt verlässt, kann sein Bewusstsein von außen, wie eine Spiegelkugel betrachten. Er kann herausfinden, womit sie gefüllt ist, welche Probleme es dort gibt, was sonst noch im Kopf herumspukt und sich unter der Oberfläche verbirg, vielleicht irgendwelche kleinen weißen Mäuse. Können Sie sehen, was für Mäuse es bei Ihnen sind? Natürlich nicht im wörtlichen Sinn. Es ist selbstverständlich eine Allegorie. Mäuse im Kopf zu haben – bedeutet, dass man eine Erkrankung hat, hier tut was weh und da tut was weh oder man hat eine gewisse Anfälligkeit für bestimmte Krankheiten – Salzablagerungen in den Gefäßen zum Beispiel. Eine solche Überzeugung gerät auf einen gewissen Reflektor des Bewusstseins, es wird ein Problem erschaffen und auf sich selbst projiziert und schließlich äußert sich diese Symptomatik auf der Ebene des Körpers. Und tatsächlich, auf der Haut der einen oder anderen Frau entstehen in der Tat irgendwelche Flecken, die Schutzbarriere der Haut wird zerstört und es wird dadurch Mikroorganismen ermöglicht, in den Organismus einzudringen. Das Gleiche findet auf der planetarischen Ebene statt. Was geschieht mit der Noosphäre? Hier formiert sich das Bewusstsein dessen, was existiert und über ein Bewusstsein verfügt – und dazu gehören die Mineralien, Tiere, Pflanzen und natürlich der Mensch selbst. Der Mensch sogar in erster Linie. Es werden gewisse Ebenen aufgebaut, die eine recht stabile Form haben. Wie ich bereits erwähnt hatte, handelt es sich um Bewusstseinsebenen. Aber die materielle Struktur ihrer Erscheinungsform gewährleisten informations-energetische Tori, welche aufgrund elementarer Teilchen entstehen, die sich um die eigene Achse drehen. Solche Tori werden von Wasser, Schnee, Eis und mineralischen Kristallen – Sand eingeschlossen – aktiviert.

Die erste Ebene ist das alltägliche Bewusstsein. Die nächste Ebene kann man auch als „Wunderland" bezeichnen.

Das „Wunderland" stellt eine gewisse Wegstrecke dar, die der Mensch bereits beschritten hat, gewissermaßen sein weltanschauliches Niveau, als jeder Bach, jeder Baum, jedes Ereignis, alles - mit geistigen Kräften in Verbindung gebracht wurde und eine Personifizierung in den Göttern, in den Mythen, in allem Möglichen fand. Hier auf diesen Ebenen kann man „alles Mögliche" finden. Wenn Ihr Bewusstsein hierher gerät, warten auf alle Fälle irgendwelche Treffen auf sie. Genauer gesagt, Ähnliches zieht sich hier an. Zum Beispiel, wenn Sie einen kämpferischen Charakter haben, so wollen Sie sich mit jemandem messen – und dann werden Sie hier auch all diese Abenteuer finden. Wobei, wenn Sie griechische Mythen mögen, es passieren kann, dass sie auf einen Zyklopen oder ein anderes Ungeheuer ähnlichen Typs stoßen. Wenn Sie sich mehr für russische Volksmärchen interessieren, dann stehen Ihnen alle Wesen und Persönlichkeiten aus eben diesen Märchen zur Verfügung. Dabei möchte ich, dass Sie mich richtig verstehen. Ich will nicht, dass der Eindruck entsteht, dass es sich um eine gewisse Virtualität handelt, dass es in keiner Beziehung zur Realität steht. Warum? Weil ab dem Moment, wo ihr Bewusstsein mit dem Wunschbild in Kontakt gekommen ist, es bis zu einer gewissen Zeit wirklich nur ein Wunschbild ist und weiter nichts, einen Moment später hört es aber auf einfach nur ein Wunschbild zu sein, es wird Ihnen eine gleichwertige, handelnde Person jenen Lehrprogrammes, in das Sie geraten. Im Prinzip ist das auch ein Lehrprogramm, wie überhaupt die Erde selbst und alles, was auf ihr geschieht. Es dient der Menschheit als Lehrprogramm.

Aber die Geschehnisse sollte man nicht oberflächlich, auf der Ebene der äußeren Ereigniskette betrachten. Nehmen wir z.B. die neue handelnde Person unserer Geschichte – den Androgyn. Wieso ist er erschienen? Wofür? Ist er der Schlüssel für einige Ereignisse, ist er eine archetypische Gestalt?

Es gibt eine alte Legende über den Androgyn, die besagt, dass diese allegorische Gestalt ein Wesen darstellt, das in sich den männlichen und den weiblichen Anfang kombiniert. Es wird behauptet, dass der Androgyn harmonisch und einheitlich war, dass er ungewöhnliche Kräfte und Möglichkeiten besaß. Aber eines Tages hat Gottvater Zeus das Schwert in die Hände genommen und ihn in zwei Teile geteilt. So sind der Mann und die Frau entstanden und die Ganzheit des Menschen war verloren.

Wie sollte diese Legende gedeutet werden – als eine schöngeistige Geschichte oder als eine gewisse Kosmogonie, hinter der sich eine vollkommen reale Bedeutung und ein Sinn verbirgt? Ich persönlich bevorzuge das Letztere. Ich sehe in dieser Legende die Darstellung eines bestimmten Verfahrens der Schöpfung des Menschen und der Welt. Lassen Sie mich näher darauf eingehen.

Der Anfang des menschlichen Lebens wird von zwei Elternzellen bestimmt – Eizelle und Spermatozoon. Durch ihre Verschmelzung entsteht ein eigenständiger Organismus. In alten Quellen wird diese embryonale Zelle durch einen Kreis symbolisiert, der in zwei Hälften geteilt ist. Ein Teil dieses Kreises ist dunkel, der andere hell. Dabei handelt es sich um ein Mikroniveau. Auf dem Mikroniveau - entsteht der Erste seiner Art. Noch ist es eine Art Kluft, über der gerade erst ein Übergang entsteht. Wobei die dunkle Hälfte des Kreises – nichts Schlechtes bedeutet. Es ist die weibliche Energie. In diesem Teil findet die Ansammlung wichtiger Qualitäten und Merkmale, für die zukünftige Entwicklung statt, die zur Weitergabe an den Tochterorganismus bestimmt sind.

Im Altertum war die Vorstellung verbreitet, dass die embryonalen Zellen bereits das Urbild des zukünftigen Kindes enthalten und auch dessen zukünftiger Kinder.

Nikolaj Kusanskij – einer der scharfsinnigsten Philosophen des Mittelalters untersuchte in seinem Werk „Über die gelehrte Unwissenheit“ (M., 1979, Bd.1, S. 50-95) den Begriff der Dreieinigkeit in der Einheit und verwies auch auf den folgenden seltsamen Umstand: „Der Vater ist nicht vor dem Sohn und der Sohn ist nicht nach dem Vater; der Vater ist nur in dem Sinne vor dem Sohn, dass der Sohn nicht nach dem Vater ist. Wenn der Vater die erste Person ist, so ist der Sohn die zweite Person, aber nicht nach ihm, doch so wie der Vater – die erste Person ohne Vorzeitigkeit ist, so ist der Sohn – die zweite Person ohne Ordnung; und gleicherweise die dritte Person - der Heilige Geist."

Wie können wir das auf unsere Forschung übertragen?

Es ist bekannt, dass das Programm des Lebens weitervererbt wird. Durch die Gene als Träger dieser Information. Die Gene sind gesonderte Einheiten, sie vermischen sich niemals untereinander. Das ist eine sehr wichtige Eigenschaft, die vieles erklärt. Mit der primären Stammzelle beginnt der Aufbau des Organismus. Aber zuerst muss in ihr selbst die DNA-Spirale aufgebaut werden, die in verschlüsselter Form alle genetischen Informationen enthält, die für die Aufrechterhaltung und Fortsetzung des Lebens notwendig sind. Eben dieser Moment des DNA-Aufbaus der Protozelle wird in der Legende über den Androgyn widergespiegelt – der geschlossene Körper, aus dem die zwei DNA-Stränge der Doppelhelix gebildet werden. Bei der Differentialfärbung erscheinen auf den Chromosomen querlaufende Streifen, die sogenannten Discs oder Bands, mit ihrer spezifischen Information. Sie sind wie Perlen auf den DNA-Fäden.

Diese Fäden werden von vier stickstoffhaltigen Bindegliedern gehalten, die als Basen bezeichnet werden und die eben die endlose Leiter unseres Lebens bilden. Ist es nicht genau das, wovon die oben erwähnte Arbeit von Nikolaj Kusanskij handelt, indem er sich sowohl auf den Mikrokosmos des Menschen als auch den Mikrokosmos des Universums bezieht: „Wenn ich sage", dass „die Ganzheit das Maximum ist", so äußere ich bereits die Dreieinigkeit. Denn indem ich „Ganzheit" sage, benenne ich den anfangslosen Beginn. Wenn ich „Maximum" sage, benenne ich den ursprünglichen Anfang; sowohl das Eine als auch das Andere mit dem Bindeglied „ist“ festhaltend. Ich benenne etwas, das von dem Einen und von dem Anderen ausgeht. Das Maximum ist ganzheitlich, weil das Minimum, das Maximum und die Verbindung vom Wesen her einst sind, so dass die Ganzheit selbst gleichzeitig minimal, maximal und einheitlich ist…“

Und er fügt eine weise Deutung bei: „Das sichtbare ist in Wirklichkeit die Gestalt des Unsichtbaren… einen Schöpfer kann man wahrhaftig anhand seiner Werke wie im Spiegel betrachten“. Weil „jede Gestalt offenbar danach strebt, seinem Urbild zu entsprechen.“

Wie viele Jahrhunderte hat man gebraucht, um hinter den Mythen, Legenden, Allegorien die Symbole und Zeichen zum Vorschein zu bringen, die zur Wahrheit führen? Und das Labyrinth einer anderen Mythologie, über den Minotaur, ist es denn keine Reflexion unserer endlosen Suche nach uns selbst in den Spiralen der DNA? Wir untersuchen die endlose Jakobsleiter gründlich – wir betasten, wir messen, wir wiegen ihre Elemente ab, und verstehen trotzdem nicht, dass Minimum und Maximum – unendlich sind, dass sie außerdem einheitlich sind, und dass dem Wissen, das auf diese Weise gewonnen wird, nur im Land der Blinden Glauben geschenkt wird. Doch dieses Land geht schon heute in die Vergangenheit über. Beeilen Sie sich zu verstehen und zu sehen.

Dem ist nichts mehr hinzuzufügen, vielleicht nur noch der folgende Appell: „Wacht auf, Schlafende des Schattenlandes! Die Prophezeiung hat sich erfüllt. Und jeder kann sich jetzt selbst entscheiden, wer er sein will - ein Mensch oder nur der Schatten eines Menschen, der sich lediglich für gottesähnlich hält. Im Übrigen ist der Weg zu dem wahrhaften Gottesmenschen jetzt offen, aber es ist ein Weg des Dienens, des Schaffens und der Geistigkeit. Die wahre Gottesähnlichkeit muss man sich erst verdienen!

* * *

Am nächsten Tag öffnete sich bei mir der Bildschirm des inneren Sehens nicht mehr. Es war seltsam, denn ich hätte gerade mit dem Gegenteil gerechnet. Igor und ich haben uns entschieden, meine Schülerin Tamara zu Hilfe zu rufen, um das wieder zurechtzurücken. Ich saß niedergeschlagen neben ihnen und rätselte, was ich wohl angestellt hatte.

Auf den Niveaus geschieht etwas Unverständliches. Mal schwebt irgendeine Kugel vorbei, mal ein hüpfender Frosch mit einer Krone. Igor und Tamara erzählen mir, was sie sehen. Auf ihren Bildschirmen des inneren Sehens bin ich mit ihnen zusammen. In einem Talar, mit einem akademischen Hut auf dem Kopf. Ich selbst sehe nichts, deshalb hält mich Igor an der Hand, Tamara begleitet mich in einiger Entfernung, sie sichert mich ab.

Auf einmal begann um mich herum ein Zeiger zu laufen, wie im Zentrum des Zifferblattes. Was für Andeutungen. In etwa: Die Zeit läuft und was macht ihr? Ein schwarzer Vogel kam von irgendwoher angeflogen. Von den Niveaustufen fließt Matsch herab. Warum sollte man sich wundern, denn gestern noch hat hier die Teufelei regiert. Igor und ich werden vom Schmutz in irgendeine Grube gespült. Wir strampeln darin, wie sollen wir hier wieder rauskommen? Igor hält mich fest, lässt mich nicht los.

Da ist noch jemand, der mir seine Hand ausstreckt. Igor warnt mich:

Nimm sie nicht, da sind Krallen dran, das ist irgendein Untier. Tamara pflichtet von oben bei:

„Das ist irgendein Teufel."

Igor bringt es fertig auf die Hand mit den Krallen zu schlagen und der Teufel zieht diese mit Geheule weg. Tamara schafft durch Gedanken ein Seil und lässt es zu uns in die Grube hinab. Sie zieht uns nach oben. Der Dreck fließt von uns herunter. Wir müssen zum Toten- und Lebenswasser gehen, um uns zu reinigen. Auf unserem Weg kommt uns eine Schar Dämonen und Teufeln entgegen. Wir sind von Kopf bis Fuß schmutzig und so beachten sie uns nicht weiter. Einige fragen:

„Ihr habt nicht zufällig den Hellsichtigen gesehen? Wir müssen den Hellsichtigen finden. Wir können noch alles verändern."

Ich bin nach wie vor blind. Igor zieht mich an der Hand. Was für einen Hellsichtigen suchen sie? Vielleicht mich? Aber ich bin blind. Warum bin ich heute blind?

„Damit sie dich nicht finden", sagt mir Igor.

„Ich werde gesucht? Ich bin Hellsichtig?"

„Wer denn sonst, ich bin´s ja nicht", antwortet Igor ein bisschen schnippisch, aber gutmütig. „Wieso handle ich hier wohl so sicher – weil ich mittels Telepathie Informationen von dir bekomme. Ich weiß nicht wieso, aber du bist in diesem Raum wie ein Fisch im Wasser. Du weißt alles, als ob du hier geboren wärst."

Wir treffen wieder auf eine Schar von Teufeln, die nach unten absteigen, auf ihre neuen Niveaus.

„Der Sehende, wo ist der Sehende?", wird lautstark untereinander gefragt.

Wir schweigen, wir keuchen, wir stoßen, wir gehen gegen den Strom und Tamara fliegt über uns, wie ein Schutzengel. Endlich, wir haben es geschafft, wir sind im Bardo-Kanal. Sofort fühlen wir uns befreiter. Wir steigen auf das siebte Niveau hinauf und fragen um Erlaubnis, das Wasser zu benutzen. Es wird uns gestatten und wir waschen uns. Tamara schaut auf uns herab. Sie sagt, dass wir wieder klein sind. Dieser satanistische Schmutz hat sich als sehr schädlich für uns erwiesen. Wir müssen die Säuberung auch auf dem Erdniveau vollziehen.

Noch am selben Tag fahren wir zu dritt in das Kloster der Dreifaltigkeit und des Heiligen Sergius. Wir gehen in das Gotteshaus zum Heiligem Sergius Radoneschskij und stellen Kerzen auf. Danach gehen wir zur Quelle des heiligen Wassers gegenüber der Uspenskij-Kathedrale. Und zum Schluss in die Kirche im Hofgebäude zu Vater Germann, wo wir mehrere Stunden kniend verbringen.

Als wir das Gotteshaus verließen und das Kreuz küssten, wollten wir Vater Germann über das Armageddon berichten. Aber die Menge drängelte von allen Seiten. Und überhaupt, wie sollten wir ihm von unserer Freude im Vorbeigehen erzählen? Wird er uns denn überhaupt glauben, uns verstehen? Auch wenn wir ihn in den Reihen der Priester gesehen haben, die die Armee auf die Schlacht begleiteten und Igor und mich mit heiligem Wasser weihten, er selbst konnte nichts von seinem Auserwähltsein wissen. Er hat keinen Bildschirm des inneren Sehens. Er hörte nur die Stimme in sich und vertraute ihr. Und ob ihm wohl etwas über uns gesagt wurde? Es könnte albern klingen, also gingen wir, ohne diesem guten Menschen auch nur ein Wort zu sagen.

Am nächsten Tag beschlossen wir, der Sache mit den Niveaus auf den Grund zu gehen. Kirill schloss sich uns an. Über die Ereignisse ist er bereits im Bilde und demonstriert verstärkt seine Loyalität.

„Lapschin – ist ein Idiot. Er hatte alles in seinen Händen, wollte nichts abgeben, ist davon ausgegangen, alles alleine zu schaffen", beschuldigte Kirill den ehemaligen Chef.

„Hast du keine Angst, ihn zu beschimpfen?", frage ich den Jungen interessiert, der mindestens fünf Millionen Jahre alt ist.

„Ich habe mehr Macht als er", antwortet Kirill bissig. „Ich bin vom Anfang der Anfänge, vom Geist."

Er machte ein wichtiges Gesicht, trieb seinen Wert sozusagen in die Höhe.

„Von welchem Geist? Dem Heiligen?", versuche ich zu klären.

Er schweigt und schaut sich, in die Ecke getriebenen, verstohlen um. Wir entschlossen uns dennoch ihn auf die Niveaus mitzunehmen. Schließlich ist das jetzt ein fremdes Territorium. Wir hatten erst einmal genug vom ganzen Schmutz. Er soll mal lieber selbst schauen gehen und wir folgen ihm, in sicherer Entfernung, durch seinen Bildschirm des inneren Sehens.

Gut, wir beginnen. Kirill wird durch den Bildschirm seines inneren Sehens von sechs Schülern von mir begleitet, damit er keine Dummheiten macht. Kirill betritt sein ehemaliges Element und berichtet:

„Die Niveaus sind jetzt ganz anders aufgeteilt. Zwei Pyramiden sind auf dem Erdniveau zusammengekoppelt. Eine Diagonale weist die Form einer Acht auf – oben sind neun Niveaus, unten auch. Die andere Diagonale das Zeichen der Unendlichkeit, sechs Niveaus führen jeweils nach oben und nach unten. Im Zentrum sind sie durch ein Kreuz verbunden.

Bei dem Wort „Kreuz" legt er seine Stirn ein wenig in Falten, aber er reißt sich zusammen.

„Womit werden wir das Studium beginnen?"

„Lass uns mit den neuen, sechs Niveaustrukturen beginnen“, antworte ich. „Die neunstufigen Niveaus kennen wir schon.“

Kirill geht ergeben über den Bardo-Kanal in die sechsstufige Niveaustruktur über. Das erste obere Niveau ist das informative. Zwölf Tore. Alle mit dem Siegel des Schöpfers versehen.

„Ich werde nicht dorthin gehen“, erklärt Kirill, um so mit aller Kraft seine Loyalität zur legitimen Macht des Kosmos zu demonstrieren.

„Niemand bittet dich darum“, antworte ich, um seine Zweifel zu zerstreuen.

„Das zweite Niveau“, fährt er mit seiner Exkursion fort, „männliche und weibliche Energie. Dort gibt es vier Türen. Das eine Energiepaar – ist hell, das andere Paar – dunkel. Eine Wechselwirkung gibt es noch nicht. Die Tore sind versiegelt.

Wenn die Tore versiegelt sind – dann ist alles klar. Dort werden wir nicht hineingehen.

„Auf dem dritten Niveau gibt es zwölf nicht sehr große Tore, sie überschneiden sich durch Zeichnungen, wie Sanduhren. Es sind die Tore der Sternzeichen.“

„Geh höher“, fahre ich den gezähmten Teufel an.

„Das vierte Niveau – jeweils drei Türen links und rechts. Sie sind auch versiegelt. Hier herrscht jeweils eine dunkle und eine helle Energie.

„Höher“

„Das fünfte Niveau – drei Tore. Ein Tor ist weiß, das zweite schwarz, das dritten silbern. Das sind die drei Farben des Schöpfers, wie auf seinem Stab und den Siegeln auf den Toren. Außerdem gibt es hier noch heilige Zeichen und einen Regenbogen.“

Wieso weiß er über den Stab des Schöpfers Bescheid?

„Das sechste Niveau ist wie ein Startgenerator. Es hat die Form eines Kolbens und steht über allem. Wenn man ihn anlässt – fangen die Niveaus an zu arbeiten. Und er wird von einem Strahl gestartet. Nur wer hat diesen Strahl?“, fragt Kirill giftig.

Wir kommen auf einen Platz. Es erscheint ein riesiger Bildschirm. Darauf zu sehen: Rechts – der Teufel, der Antichrist und der Wolf. Der Wolf ist Lapschin. Sein menschliches Gesicht erscheint ab und an auf seinem wölfischen Grinsen. Der Antichrist müsste auf der Erde erscheinen, aber es ist nicht einfach in die irdische Welt zu gelangen. Der geplante Weg ist jetzt zerstört. Er wird anonym erscheinen und man wird ihn nur im persönlichen Gespräch erkennen können.

Die Karte Russlands ist erschienen. In ihrem Zentrum ist ein Stern und in ihm steht angenehmerweise der neuen Kode des Menschen – 999 - geschrieben. In Moskau gibt es bereits tausende Menschen mit diesem Zeichen. Und in ganz Russland – hunderttausende. Es gibt sonst nirgendwo auf der Welt so viele Menschen mit dem neuen Kode des Menschen. Sie werden die Menschheit retten.

Der Antichrist soll sie bei ihrer Arbeit stören. Die Berechnung beruht darauf, dass irdische Probleme die Hauptziele der Gottes-Menschen zu Nichte machen könnten, und mit ihnen die Kräfte dieser Menschen. Vieles hängt davon ab, wer sie leiten wird. Alle warten auf den General, den Kämpfer, dem die Menschen folgen werden. In der Welt gibt es sieben Kräfte, jede von ihnen leitet der Auserwählte. Welche von ihnen wird die Menschheit leiten?

Kirill erzählt alles, was er sieht, fleißig und detailliert, ohne zu betrügen.

„Es wird drei Menschen geben, die leiten werden, und die in sich drei Kräfte verkörpern“. Plötzlich beginnt seine Stimme zu zittern. „Ich wusste es. Lapschin – dieser Narr. Ich habe es ihm ja gesagt... Hat nur an sich gedacht.“

Er schimpft, aber jene, die ihn durch den Bildschirm des inneren Sehens begleiten, sagen, dass sie auf dem großen Bildschirm meine und Igors Darstellung sehen. Wer der Dritte ist – ist noch nicht zu erkennen. Das Geschimpfe des Dämons zeugt deutlich von der Ernsthaftigkeit seiner Probleme.

Jemand von euch beiden sollte der Anführer werden. Und es gibt ja auch noch – den Antichristen. Noch hat er den Kampf nicht abgesagt. Deshalb ist es noch zu früh, Rückschlüsse zu ziehen. Was ist, wenn es zu einem Streit um die Macht kommt?

Darin, wie er es sagte, lag noch so viel Hoffnung auf einen ähnlichen Ausgang, dass er Igor und mir leidtat. Warum glaubt er, dass der dritte der Antichrist sein wird? Ja vielleicht Christus? Das wäre zumindest für uns irgendwie logischer. Und warum sollen wir Anführer werden? Wie kommt er darauf? Vielleicht versucht er uns wieder vom Weg abzubringen?

Der Ausflug ist beendet. Wir bitten alle, uns im Zimmer alleine zu lassen und danken für die Hilfe. Wir müssen die Information durchdenken, besprechen.

Als alle gegangen waren, ist Igor plötzlich anstatt das Gesehene zu diskutieren, wieder ins Regime der Hellsichtigkeit übergegangen.

„Wir werden gerufen“, hat er lediglich kurz erklärt.

„Dort ist ein Kreis“, erzählt er mir, was er sieht. „Im Kreis sind drei Neunen, unten sehe ich ein Zeichen, das dem Buchstaben T ähnelt. Du bist wieder bei mir, trägst deinem Talar mit dem Hut.

Er sagt, dass ich auch da bin, aber ich kann nach wie vor nichts sehen. Bei mir stellt sich die Hellsichtigkeit nicht ein.

„Du musst ins Zentrum des Kreises gehen. Dort ist der Androgyn. Ich führe dich an der Hand."

„Führe mich", willige ich ein.

Er führt mich in die Mitte des Kreises.

„Was geschieht?"

„Du hast dich mit dem Androgyn vereint. Um euch herum sind Sternzeichen. Ich bin ins Zeichen des Schützen eingegangen. Sie alle drehen sich um euch."

Unten sind die Niveaustufen. Dort erscheinen die Informationen und die Energie. Sie füllen alles aus. Dort steht auch noch ein Baum. Wir treten in ihn ein und werden nach oben durch den Stamm gezogen, bis in die Krone. Wir stellen irgendeine Figur dar. Es handelt sich um die Acht. Dieser Apfelbaum symbolisiert die Teilung der Welt in dunkel und hell, in die drei Dimensionen des Raumes – den Vater, den Sohn und den Heiligen Geist.

Bezüglich der Zeit - die Ereignisse laufen dort so schnell ab, dass Igor kaum hinterherkommt, sie wiederzugeben.

„Wir haben jetzt unseren eigenen Apfel in diesem Baum."

Jetzt befinden wir uns wieder auf dem Platz. Jemand Riesiges kommt auf uns zu. Hinter seinem Rücken hängen an Schnüren, wie Luftballons, zwei Kugeln – die Sonne und der Mond. An seiner Hand trägt er den bekannten Ring. Es ist der Schöpfer. Igor sagt, dass Er das Kreuzzeichen über uns gemacht hat. Wir gehen in die Knie.

„Haben wir alles richtig gemacht?", frage ich.

„Ja, ihr habt alles richtig gemacht", antwortet der Gottvater – Vater aller Götter. „Ihr habt bereits den Heiligen Geist an eurer Seite, der euch half den Weg zu bezwingen. Für euren Sieg sollt ihr belohnt werden. Ihr könnt selbst auswählen: Wissen oder Kraft, was wählt Ihr?

„Wissen“, sage ich Igor vor. Und er stimmt mir zu.

„Von nun an sollt ihr mit dem Heiligen Geist und dem Wissen erfüllt sein. Sie werden euch begleiten, solange das dritte Ereignis noch nicht eingetreten ist. Wiegt die Kraft, die euch gegeben ist und die Verantwortung ab, die ihr für die Menschen und die Erde übernommen habt“, sagt der Schöpfer feierlich, als ob das Geschehende eine globale, für uns noch unklare Bedeutung hat, die Er im Voraus mit dieser Intonation betonen will.

„Euch wird das Wissen und die Fähigkeiten, die für die Erdmenschen ungewöhnlich sind, verliehen. Mit der Kraft eurer Gedanken werdet ihr in der Lage sein schwerste Gebrechen zu heilen, Ereignisse vorauszusehen und zu erkennen, wo das Gute liegt und wo das Schlechte. Gehet hin und verkündet den Menschen die Wahrheit, wie Ich sie euch eröffnet habe. Mögen die Kräfte euch niemals verlassen und euer Kopf stets klar sein. Lernt alles kennen, was es in Meinem Reich gibt. Von nun an ist jedes Tor für euch geöffnet. Ich segne euch, macht euch auf den Weg.“

Er hat sich umgedreht. Igor ruft ihm hinterher:

„Vater, können wir mit Dir gehen?“

„Der Schöpfer bleibt stehen, dreht sich um und beugt sich zu uns aus seiner unvorstellbaren Höhe herab:

„Ihr geht die ganze Zeit mit Mir, Meine Kinder und Ich gehe fortwährend mit euch. Fürchtet euch nicht. Es umgibt euch immer Mein Schutz. Ihr solltet arbeiten, lernen, neues Wissen begreifen. Gehet hin. Auch Christus und der Heilige Geist behüten euch.

Igor kommt aus der anderen Welt zurück.

„Lass uns Tee trinken“, sagt er. Sein Gesicht ist blass, müde.

Im Korridor hat Kirill schon auf ihn gewartet:

„Ich möchte mit euch reden, es ist sehr wichtig.“

Wir gehen in ein anderes Zimmer, solange die Frauen den Tee vorbereiten und den Tisch decken.

„Und, welche kosmischen Probleme haben sich aufgetan?“, frage ich.

Kirill sitzt uns gegenüber, sein Gesicht ist ernst.

„Ihr denkt wahrscheinlich, dass ich von den dunklen Mächten komme?

„Bist du denn von den Hellen?“, frage ich höhnisch.

„Ihr habt doch gesehen, dass ich mich im Bardo-Kanal frei bewegen kann.

„Lass uns diesen Kinderkram beiseitelassen“, bitte ich ihn. „Du bist doch fünf Million Jahre alt. Es ist höchste Zeit, erwachsen zu werden.“

„Fünfeinhalb“, präzisiert Kirill.

„Umso mehr“, bemerkt Igor mit ernstem Ausdruck.

„Gut“, stimmt Kirill zu. „Ihr seid jetzt zu zweit. Nach den Bedingungen des Spieles braucht ihr einen Dritten. Ich biete mich an.“

„Welche Gründe sollten wir dafür haben?“

„Jetzt habt ihr alles, aber etwas fehlt doch noch. Ihr wisst nicht, wohin ihr gehen sollt. Ihr seid Alpha und Omega. Zwischen euch ist die Unendlichkeit. Wer von euch weiß, wie man sie bezwingen kann?“

Igor und ich sehen uns an. Ein sehr amüsanter Junge, sehr amüsant, aber er hat Recht: Wir wissen es nicht. Noch wissen wir es nicht. Aber ob wir einen solchen Dritten brauchen?

„Willst du etwa nur rechtzeitig auf den Zug aufspringen?“

„Genau“, bestätigt er. „Es gibt da noch ein Problem, von dem ihr nichts wisst.“

„Nun?“

„Die Konföderation.“

„Was ist das?“

„Kennt ihr Star-Wars etwa nicht?“

„Doch, schon.“

„Das kommt dem sehr ähnlich. Die kosmische Flotte, Laserwaffen. Ich habe den roten Knopf um die Flotte zu holen. Sie sind bereit sich einzumischen. Ihnen passt solch ein Lauf der Ereignisse nicht. Ich kann zu jeder Zeit auf diesen Knopf drücken.“

„Schau dir nur an, was für ein sympathisches Kind“, ich bin gerührt… und wende mich an Igor. „Er kann aus der Tasche seines Säuglingshemdchens also jederzeit den roten Knopf zur Vernichtung der Erde hervorholen. Und er droht ernsthaft damit, ihn zu drücken, wenn wir ihn nicht in unserem Abteil mitfahren lassen. Kannst du dir vorstellen, dass da ein sechszehnjähriger Bube vor dir sitzt, der einem Akademiemitglied droht, die Erde zu sprengen. Kann man denn einen alten schwachen Menschen so erschrecken?“

„Alt und schwach?“, Kirill geht zum Angriff über. „Ob hundert oder hundert Milliarden Jahre – das macht für sie keinen Unterschied mehr! Selbst ihre Hände sind jetzt stärker geworden. Schwach?“, wiederholte er noch einmal. „Und den schwarzen Ritter, wer hat ihn umgelegt?“

„Nein, nicht ich“, hebe ich protestierend die Hand, obwohl durch die Erinnerung an unseren Sieg wieder das Gefühl dieser positiven Mattigkeit durch meinen Körper fließt. „Es war Igor. Er war so ungebändigt...“

Aber jetzt im Ernst, worüber spricht dieser seltsame Junge? Welche Milliarden Jahre?

„Also jetzt hat sich alles geändert: das Steuerungssystem, die Niveaus. Man muss sie noch hochfahren. Die Erde kann doch nicht im Ungleichgewicht verbleiben. Jederzeit kann ein nuklearer Krieg oder noch irgendeine globale Katastrophe beginnen. Wisst ihr, wie man sie in Gang bringen kann? Und welche Position für die Steuerung eingenommen werden sollte – rechts, links, unten, oben?“

„Wir haben sie schon gestartet“, ich konnte mich nicht zurücknehmen, damit zu prahlen. „Und in deiner Auflistung hast du aus irgendeinem Grund das Zentrum vergessen, zwischen den oberen und unteren Ebenen.“

Kirill ist bleich geworden und hat sofort seine Hellsichtigkeit aktiviert und die Sache mit den Niveaustufen geprüft.

„Ja, der Prozess wurde gestartet“, stimmte er widerwillig zu.

Es hat an die Tür geklopft. An der Schwelle stand Nina Andrejewna.

„Jungs, lasst die Sitzung. Der Tee wird kalt.“

Was für interessante Dinge jetzt zur Sprache kommen. Die Ereignisse stören offenbar jemanden, irgendeine Konföderation. Was ist das für ein Pickel auf dem Körper des Weltalls? Vielleicht eine schädliche galaktische Zivilisation? Ich ahne, dass wir von ihr noch hören werden und nicht nur dieses eine Mal.

Kapitel 10

Wie der Schöpfer versprochen hatte, standen uns sämtliche Tore offen. Und in jedem von ihnen empfing uns ein heiliger Mensch. Tore gibt es viele. Heute wählten wir dasjenige aus, auf dem eine Sonne gemalt war. Es war ein großes Eisentor. Daneben steht ein alter Mann mit einem Stab und wartet. Ich trage wieder den akademischen Talar. Igor trägt ein weites weißes Hemd.

Wir begrüßen ihn. Wir knien nieder, und er segnet uns.

„Weshalb seid ihr gekommen?“, fragt er.

„Um Wissen zu erlangen“, antworten wir.

Der Greis sagt, dass wir in das Reich Gottes kommen können, da der Schöpfer selbst uns hier hineingelassen hat. Wir gehen durch das Tor. Dort ist ein Garten. Wir bleiben an einer Wand stehen.

„Wir brauchen Kenntnisse in der Medizin“, präzisieren wir.

„Euch ist die Gabe Gottes gegeben, und ihr handelt direkt mit Gottes Kraft“, erinnert er uns.

„Uns interessieren Krebserkrankungen. Wie kann man Tumore neutralisieren, wenn sie schon metastasieren?“, fragen wir und begreifen erst im Nachhinein, dass unsere Frage die Möglichkeiten herabwürdigt, von denen man uns ohne Umschweife erzählt. Doch der heilige Mensch diskutiert nicht, obwohl ihm deutlich anzusehen ist, dass ihn unsere Begriffsstutzigkeit bekümmert.

„Schaut auf die Wand“, sagt er. An der Wand erscheint ein Bildschirm. „Der Krebs ist wie eine artfremde Zecke, die im Organismus sitzt. Man muss diese Zecke herausziehen, ihren Körper, jedes einzelne Bein. Dann muss man sie neutralisieren. Dann jede einzelne Zelle heilen“, erklärt der Greis, und an der Wand erscheinen Abbildungen, die zeigen, wie der Heilungsprozess verläuft.

„Da ist der Kehlkopf, da ist die Zecke. Ein Tumor wie Sauerteig. Rechts ist die Norm. Links das Kranke. Machen wir diese Zecke durchsichtig. Sie zerstört zuerst die kleinen Zellen, dann die großen. Auf der Informationsebene ist das wirklich eine Zecke. So spritzt sie ihren Mist in den Kern. Und die Zelle verliert die Steuerung.

Eure Aufgabe ist es, mit der göttlichen silbernen Farbe das Krebsgeschwür farblos zu machen. Habt ihr es farblos gemacht? Jetzt sehen wir einen kleinen Spinnfaden, einen kleinen Kern, eine Flüssigkeit. Füllt sie jetzt mit Energie, füllt sie wieder.

Bindet jetzt ihr eines Bein mit einem Faden zusammen und zieht sie zu euch heran, damit sie sich nicht an einer anderen Zelle festkrallt. Genauso machen wir es mit den anderen Beinen auch. Wie ziehen die Zecke auf der Zellebene, der Informationsebene und der Energieebene heraus. Habt ihr sie herausgezogen? Wir binden sie mit einem silbernen Faden zusammen und vernichten sie. Mit einem Silberstrahl bearbeiten wir jede der geschädigten Zellen. Punktuell. Das Rote, das noch nicht bearbeitet ist, leuchten wir mit der Norm aus. Wir bearbeiten sie. Wir kontrollieren wieder die Norm - wieder finden sich rote Zellen. Wir bearbeiten sie noch einmal, das ist uns die Mühe wert. Noch einmal legen wir die Norm an. Das Rote ist nicht völlig entfernt. Wir bearbeiten sie wieder.

Noch einmal legen wir die Norm an. Irren dürfen wir uns nicht. Die Norm muss verstärkt werden. Seht her: Die Zellen sind gesunden Zellen identisch geworden. Gebt dem Organismus Zeit, gesund zu werden, sagen wir, einen Monat, und danach legt noch einmal die verstärkte Norm an.“

„Wie viel Zeit wird für die Genesung benötigt?“

„Normalerweise 2-3 Wochen. Legt noch einmal die verstärkte Norm an, damit vernichtet ihr die Krebszellen, die sich verborgen hatten. Manchmal verstecken sie sich sehr geschickt. Deshalb muss man es kontrollieren.“

„Und wie wird die Regeneration der Organe durchgeführt?“

„Seht her“, führt der Alte seinen Vortrag fort. „Nehmen wir zum Beispiel die Zelle. Das Erste ist, das Zusammenwirken der Zelle mit dem Urogenitalsystem und den Nebennieren wiederherzustellen. Man nimmt die verstärkte Norm und legt sie an Man nimmt den silbernen Faden und wirkt direkt auf die Nieren ein. Darauf setzt man das Programm der Genesung und der Heilung. Dann verkleinern wir mit silberner Farbe die Steine und führen sie durch das Ausscheidungssystem in die Harnblase.

Jetzt kommt der wichtigste Teil… Mit einem silbernen Faden stellen wir die Zellen in der Niere wieder her. Es sollen sich neue, junge Zellen entwickeln. Die alten Zellen sterben ab, neue werden gebildet. Wir schaffen sie neu, versteht ihr? Wir nehmen die verstärkte Norm und legen sie auf die Pathologie. Wir sehen in der rechten Niere das Absterben der Zellen. Wir stellen die Zellen wieder her und legen die verstärkte Norm an. Jetzt nehmen wir den silbernen Faden und starten den Prozess der energetischen Reinigung.

Nach einer Woche sehen wir es uns wieder an. Es gibt noch Probleme. Wieder nehmen wir die verstärkte Norm Wir legen das Programm zur Genesung und zur Heilung an. Wir arbeiten ein bisschen mit dem Silberfaden. Das ist alles. Habt ihr noch Fragen?“

„Können Sie uns noch etwas über die Gallenblase erzählen?"

„Über die Gallenblase, die du nicht hast", präzisiert der Alte und zeigt mit dem Stock auf mich. „Rechts wurde die Gallenblase entfernt. Wir nehmen die verstärkte Norm und setzen den Silberfaden an. Über die Hypophyse schalten wir das Programm zur Genesung und Heilung ein. Jetzt müssen wir die äußere Form schaffen, das ist das Hologramm. Nun die innere. Man muss den Prozess der Zellteilung starten, damit neue Zellen die neue Form ausfüllen. Ich wiederhole es noch einmal: Mit der rechten Hand nehmen wir den Silberfaden und schaffen die äußere Hülle. Das haben wir gemacht. Wir nehmen die Norm. Unten ist eine Lücke. Wir stellen sie wieder her. Wir nehmen die verstärkte Norm.

Mit einem Strahl schaffen wie die innere Struktur. Wie legen die Norm an und kontrollieren. Wir stellen die Gallenflüssigkeit wieder her. Wir legen die Norm an, die Gallenflüssigkeit reicht nicht aus. Wir nehmen die Norm, legen sie an und überprüfen. Das ist alles. Das Programm zur Genesung und Heilung läuft über die Hypophyse. Die Frist beträgt 15 Tage. Wir nehmen die verstärkte Norm und legen sie an. Es sind Lücken vorhanden. Wir stellen sie wieder her. Wir verstärken mit dem Silberfaden. Wir legen die Norm an. Das Zusammenwirken funktioniert. Das Programm ist ausgeführt."

Ein weiterer Greis ist daneben aufgetaucht. Wir schauen auf seine Hand und sehen den bekannten Ring. Wie knien nieder. Er bedeutet uns aufzustehen. Dann führt er die Vorlesung scheinbar fort. Er sagt, wie wir mit Geld umzugehen haben, mit der Macht, mit der Gesundheit. Er rät uns, dass man zu jeder Frage seine eigene Meinung haben soll, dass man jede Situation bewerten und lösen soll, ohne an den eigenen Handlungen zu zweifeln.

„Ihr sollt nicht stolz sein", belehrt Er uns. „Eure Zukunft darf euch nicht blenden. Man muss immer alles von drei Seiten bewerten: von links, von rechts und aus der Mitte. Dann muss man eine Entscheidung treffen – das ist die vierte Handlung.

Wir küssen Seine Hand. Er schlug ein Kreuz über uns. Dann war er verschwunden. Wir stimmen dem zu, was Er gesagt hat.

Eine sonderbare und ungewöhnliche Lehrstunde. Und man muss nur überlegen, wer uns da belehrt hat! Jeder Mediziner, der diese Seiten liest, wird sagen: Das ist Unsinn. Aber Igor und ich empfangen zweimal in der Woche Menschen mit eben jenen Erkrankungen, die uns in der himmlischen Akademie beigebracht werden. Und was das Eigenartige ist: Sie werden wirklich geheilt.

Weder Igor noch ich haben jemals auch nur das kleine Einmaleins der Medizin erlernt. Und kann man das überhaupt eine Therapie nennen? Wir tasten den Körper doch nicht einmal an, wir schneiden nicht, wir berühren nichts, wir verschreiben keine Tabletten. Wir schauen einfach nur, sehen, wie der Organismus eines anderen Menschen funktioniert, geben dem Organ Kommandos, und es gehorcht uns. Die Menschen werden geheilt, selbst Gehörlose und Blinde. Sie bleiben dann in unserem Zentrum, als wäre es ihr eigenes Haus, und versuchen, wenigstens irgendwie zu helfen. Die Angehörigen der Geheilten und auch sie selbst schicken uns jeden Tag Kuchen, Obst und andere Geschenke. Sie wissen: wir haben ihnen das Leben wiedergegeben, worauf ihnen die Medizin den Anspruch abgesprochen hatte, indem sie machtlos mit den Schultern zuckte.

Wie viele Menschen sterben in Krankenhäusern, und die Mediziner übernehmen für nichts die Verantwortung! Und hier haben wir völlig hoffnungslose Diagnosen – und eine schnelle Heilung. Uns kann man überhaupt nichts vorwerfen, da all diese Menschen bereits ihr offizielles Todesurteil bekommen haben. Uns kann man nur ignorieren, was die Schulmediziner auch tun. Hier ein typisches Beispiel aus unserer Praxis: Anastassija Kwakowa ist ein 18-jähriges Mädchen aus St. Petersburg. Die rasante Verschlechterung ihres Gesundheitszustandes zwang sie, zum Arzt zu gehen. Bei der Untersuchung ihres Gehirns wurde ein Tumor entdeckt, weshalb die Ärzte an eine sofortige Operation dachten. Die Angst vor einer notwendigen Schädeltrepanation hielt das Mädchen davon ab, ihr Einverständnis zu geben, obwohl man versuchte, sie dazu zu zwingen. Es wurde Druck auf sie ausgeübt, doch sie hat sich wieder und wieder geweigert, eine endgültige Entscheidung zu treffen.

In der Zwischenzeit war die Krankheit fortgeschritten: Ihr Sehvermögen hatte sich verschlechtert, das Gesichtsfeld war aufgrund von auf den Augäpfeln entstandenen Knoten verengt. Danach begannen die Probleme mit dem Magen-Darm-Trakt. Neue Diagnosen wurden gestellt: ein Zwölffingerdarmgeschwür und ein Magengeschwür. Einige Zeit später traten unerträgliche Schmerzen im Herzen auf, und das Mädchen fiel regelmäßig in Ohnmacht. Der letzte Trost, den die Ärzte Anastassija gaben, war die Mitteilung, dass sie unfruchtbar sei.

Das Mädchen hat sehr unter dieser Reihe von Krankheiten gelitten, die sie ereilten, und war nach ihrer eigenen Aussage dem Wahnsinn nahe.

Es ist schwer zu sagen, wie sich die Ereignisse entwickelt hätten, wenn es nicht ein zufälliges Gespräch mit einer Freundin gegeben hätte, die in einer Zeitung einen Beitrag über unser Zentrum gelesen hatte.

Und so kam Anastassija fast gegen den Willen ihrer Angehörigen nach Moskau, in unser Zentrum. Drei Monate später war der Gehirntumor bei ihr verschwunden. Beide Geschwüre, das Magengeschwür und das

Darmgeschwür, hatten sich in Nichts aufgelöst. Das Herz arbeitete wieder normal, und auch ihr normales Sehvermögen kehrt zurück. Es ist schwer zu glauben, dass einige Seiten dieses Buches eben diese Anastassija Kwakowa in den Computer eingegeben hat, deren Augen nun nicht mehr von den fürchterlichen Knoten entstellt waren.

Es hat sich herausgestellt, dass man das Gehirn von einem Tumor heilen kann, ohne den Schädel aufzumeißeln, und ein Geschwür entfernen kann, ohne den Körper mit einem Skalpell zu berühren. Man kann alles tun, wenn man diejenigen, die es nach dem Willen der Vorsehung machen können, nicht behindert, sondern ihnen hilft.

Jetzt hat sich Anastassija im ersten Studienjahr der juristischen Fakultät der ingenieurwirtschaftlichen Universität Sankt Petersburg immatrikulierten lassen. Und niemand, der dieses fröhliche, kommunikative, hübsche Mädchen sieht, würde mehr sagen, dass sich ihr Leben noch vor einem Jahr stetig auf die Invalidität, auf ein unerträgliches Dasein, vielleicht sogar auf den Tod zu bewegte.

Doch die Ärzte, die das Mädchen zu den Operationen gedrängt haben, wissen nicht einmal, dass entgegen ihren beruflichen Überzeugungen Anastassija Kwakowa ohne Skalpell und Medikamente ihre Gesundheit wiedererlangt hat. Eben diese Gesundheit trennt Anastasia jetzt durch eine unüberwindliche Mauer von denen, die immer noch meinen, dass man einen Menschen nur heilen kann, in dem man seine Organe beschneidet oder den Organismus mit kilogrammweise Medikamenten vergiftet. Man hat den Eindruck, dass in einem Raum zwei parallele Universen koexistieren, und was in dem einen möglich ist, ist in dem anderen völlig unzulässig.

Wir haben begonnen, mit Mischa zu arbeiten, der Autist ist. Jetzt haben wir anscheinend das nötige Wissen. Und es ging los. Die Mutter stellt bei ihrem Sohn immer neue positive Symptome fest. Aber die Arbeit ist auch sehr kompliziert, sie findet auf der Bewusstseinsebene des Menschen statt.

Unser gehörloses Mädchen Dascha kann schon hören. Und sie spricht bedeutend besser. Sie hat das Studium an einem medizinischen College aufgenommen. Es gibt noch eine gute Neuigkeit: Bei ihr hat sich der Bildschirm des inneren Sehens geöffnet. Sie sieht jetzt selbst alles, was wir mit ihr machen, lernt, auf der Feinebene zu arbeiten. Bald wird es in unserem Zentrum einen wunderbaren Spezialisten geben.

Dennoch können wir den Menschen nicht immer so erfolgreich helfen. Manchmal rät man uns einfach, das nicht zu tun. In der Regel betreffen diese Verbote Menschen, die in ihrem Leben viele schlechte, fürchterliche Taten begangen haben.

Doch es gibt auch andere Gründe. Einmal kam eine Frau in unser Zentrum. Sie kam nicht allein, sondern mit ihrem Mann. Sie sind beide wissenschaftliche Mitarbeiter. Sie waren aufs Äußerste angespannt. Sie sprachen sehr streng mit uns, wie Revisoren.

„Was ist das für eine sonderbare Heilungstechnik? Warum haben wir früher nie etwas Ähnliches gehört?" Das fragte sie. Ich hatte das Gefühl, dass sie versuchte, mir mit ihrem von vornherein anklagenden Gesichtsausdruck ohne die Spur eines Lächelns Angst zu machen. „Beweisen Sie mir, dass Sie das können. Ich glaube das nicht. Ich verstehe das nicht!"

Eine ganze Stunde lang hielt ich ihnen einen Vortrag darüber, wie wir arbeiten. Sie tauten ein bisschen auf, wenn auch nicht sehr stark.

Ich entschuldigte mich, dass ich keine Zeit habe, mich nur damit zu beschäftigen, sie weiterzubilden, da ich zu viel zu tun hätte. Sofort erhielt ich eine Abfuhr.

„Wenn Sie wollen, dass wir uns bei Ihnen therapieren lassen, müssen Sie uns beweisen, dass Sie Ihre Arbeit besser verstehen als andere."

Die Situation wurde einfach absurd. Wer weiß, vielleicht würde dieses Pärchen auch in die Kirche gehen und vom Priester verlangen: „Beweisen Sie uns, dass es einen Gott gibt, dann stellen wir für ihn eine Kerze auf und geben ein bisschen Kleingeld für die Erhaltung der Kirche." Ob sich ein Priester auf ein solches Geschäft eingelassen hätte? Wahrscheinlich hätte er ihnen erklärt, wo der Ausgang ist und dass man nur dann in die Kirche kommen sollte, wenn einen die eigene Seele dorthin führt.

Dennoch luden wie die Frau zur Diagnostik ein. Wir schauten sie uns an und stellten kleine Magengeschwüre und eine Ungereimtheit mit dem Auge fest. Nichts Ernsthaftes, was einen extremen Eingriff in ihren Organismus erfordern würde.

„Nein, Sie sehen es einfach nicht! Ich habe Krebs. Ich wurde bereits einmal operiert und soll nochmal operiert werden. Deshalb bin ich zu Ihnen gekommen", „entlarvte" uns die feine Dame.

Wir sahen noch einmal nach und konnten nichts finden. Letztendlich ist hinter ihrem Rücken ein schwarzes Quadrat vorgekommen und hat sie völlig verdeckt und damit unsere Versuche, einen Tumor zu diagnostizieren, zum Scheitern gebracht. Das war ihr Bewusstsein. Sie kam zu uns, um sich helfen zu lassen, doch sie glaubte selbst nicht daran, dass das Hellsehen existiert und dass wir ihr helfen können. Sie hielt uns für Scharlatane. Das war ihre grundsätzliche Position, ihre Überzeugung.

Wie jeder Mensch hat sie das Recht auf eine eigene Meinung und das Recht, dieser Meinung im Leben zu folgen. Wenn es für sie kein

Hellsehen gibt, heißt das, dass zwischen ihrem Bewusstsein und uns eine schwarze Wand auftaucht.

Wir konnten ihr nicht helfen. Sie musste uns zusammen mit ihren Prinzipien, Verdächtigungen, ihrer Missgunst und… dem Krebsgeschwür verlassen. Sie musste in ein normales Krankenhaus gehen – dorthin, wo geschnitten wird, wo immer es geht, und zugenäht, wo immer sie es wünscht. Wir konnten der Dame aus der Parallelwelt nur unser Mitgefühl zollen. Sie hatte nichts Wahrhaftiges mehr. Vielleicht hatte sie auch keine Zukunft mehr. Doch wer war schuld daran, dass sie das Eine wie das Andere mit ihrer einseitigen Wahrnehmung der Realität so hart eingeschränkt hat? Konnten ihr denn diejenigen helfen, denen sie nicht glaubte?

Und wir gehen immer noch in die himmlische Akademie. Uns lehrt man die Arbeit mit dem Sehvermögen, dem Herzen, dem Magen, der Leber, der Prostata und der Wirbelsäule. Einmal wurden wir direkt vom Unterricht auf dem Platz gerufen, an dem die Ebenen enden.

Es ging etwas Ungewöhnliches vor sich. Wieder hatten sich alle hochgestellten Personen von oben und von unten versammelt. Da stand der Schwarze Ritter, den Kopf gesenkt.

„Das ist ein Gericht“, sagte man uns.

Wir knieten gegenüber der Heiligen Dreifaltigkeit nieder. Über uns war irgendeine Energiewolke. Das war die Kosmische Vernunft. Genau sie sollte jetzt das ultimative Verdikt im Zusammenhang mit dem Armageddon verkünden. Die Entscheidung war schon gefallen. Dies hier war nur die Verkündung des Verdikts.

Von oben ertönte eine Stimme. Jeder hörte sie auf seine Weise, doch alle verstanden sie gleich.

Die Stimme sprach vom Schwarzen Ritter. Davon, dass er eine Schlacht verloren hatte, dass er mehrfach die Großen Gesetze des Kosmos verletzt hatte und deshalb für 300 Jahre in der Mitte der Erde eingesperrt werden würde. Der Ort, an dem er sich befinden würde, würde mit einem speziellen Deckel mit dem Siegel des Schöpfers verschlossen werden. Und niemand hätte das Recht, das Siegel zu brechen. Und wer von den Dunklen Mächten auf der Erde anwesend sein wird, um mit den Hellen Mächten zu interagieren, sei noch unbestimmt.

Das Urteil erschien uns nicht ungerecht. Unser Sieg wurde anerkannt. Wir wurden mit Rechten zum Schutz der Erde ausgestattet, und man gestattete uns, immer das zu nutzen, was wir hatten.

Der dunkle Ritter verschwand. Und nach ihm alle anderen. Wir blieben allein auf dem Platz zurück. Wir hatten nicht einmal geschafft, uns bei jemandem zu bedanken, denn wir waren so perplex darüber, was sich hier abgespielt hatte.

Wäre ich allein gewesen, hätte ich gedacht, dass ich verrückt geworden sei! Doch erstens bin ich nicht allein, schon Dutzende von Menschen nehmen aktiv an den Ereignissen teil. Und das, was dort vor sich geht, hat hier ein höchst genaues Echo. Wie können Menschen wirklich in den aussichtslosesten Situationen helfen. Dabei helfen wir, und das ist sehr eigenartig, mehr anderen als uns selbst. Mit uns selbst befassen wir uns eigentlich überhaupt nicht.

Kyrill war sehr nervös geworden. Wieder hat er gefordert, dass man mit ihm verhandelt, und er hat sein Ziel erreicht. Hören Sie sich an, was dieser sechzehnjährige Junge gesagt hat. Ich habe es fast wörtlich aufgeschrieben. Er war schon über sein Urteil im Bilde und sagte gleich, was er darüber dachte.

„Bei euch heißt das göttlicher Plan. Bei uns aber heißt das kosmischer Unsinn.“

Kyrill ist sehr schön, klug und scharfsinnig. Doch er hat auch etwas Dämonisches. Er spricht so, dass man seinen Gedanken nicht folgen kann, wenn man nicht weiß, worum es geht. Doch wir wissen es.

„Das ist schon das vierte Mal“, weiht er uns ein. „Der schwarze Ritter hat es zu eilig gehabt, er hat seine Schlacht ohne Erlaubnis begonnen, auf seine eigene Initiative. Er wollte alles gewinnen. Und hat doch alles verloren. Und was habt ihr gewonnen? Die Erde? Was soll man aber mit ihr anfangen, wer braucht sie? Ihr habt jetzt zwei Knöpfe in der Hand. Der Knopf Nummer eins ist für eine sofortige Vernichtung, der Knopf Nummer zwei ist für eine Hilfe von unbestimmter Dauer. Wem soll geholfen werden? Hier ist nichts mehr übrig, was die Aufmerksamkeit wert wäre. Seht euch diese Missgeburten, Debilen und Junkies an. Niemand der seriösen kosmischen Wesen wollte sich hier herumtreiben. Denn man muss für alles bezahlen, für die Millionen Dollar und auch für die Rettung der Menschheit. Wofür braucht ihr diese Rettung? Vielleicht wollt ihr doch lieber Millionen?“

„Aber womit sollen wir dich bezahlen?“

„Bietet ihr mir Seelen an?“ In seinem Gesicht zeigten sich gleichzeitig Ironie und ein abwartendes Lächeln. Was war er doch für ein sympathischer Junge! Dennoch schien es, als nähme er die Situation nicht ernst. Er machte einfach Witze.

„Werden wir mit unserem Blut unterschreiben?“, fragte ich voller Sarkasmus nach.

Er begriff augenblicklich, dass dieses Thema durch ist, und spornstreichs gibt er dem Dialog eine andere Wendung.

„Es gibt zwei mächtige kosmische Körperschaften: die eine bringt den Regen, die andere die Traufe. Kommen wir also vom Regen in die Traufe. Seien wir sachlicher. Genug der pompösen Positionen."

„Was ist denn eigentlich passiert, das zu Verhandlungen zwingt?", drang ich weiter in ihn.

„Das Jahr des Millenniums, der Wechsel der Befugnisse. Wer keine Befugnis hat, der frisst die Energie. Darauf beruhen die Supersysteme."

„Aber der Schwarze Ritter hat doch verloren? Das heißt, sie haben keine Nahrung mehr", wandte ich gewohnheitsgemäß ein.

„Dieser Planet hatte eine Bestimmung. Sie wollten hier so etwas wie einen Kindergarten künftiger Schöpfer aufbauen. 144.000 neue Schöpfer sollten am Ende der Zeiten in andere Räume übergehen und neue Universen entwickeln. Die Erde war ihre Meisterklasse. Aber die Sache wurde grottenschlecht durchgeführt. Dreimal wurde alles vernichtet. Alles wurde bis zum Wahnsinn getrieben. Die Menschen erfuhren von der Apokalypse. Wozu müssen die Menschen das wissen? Was haben sie davon? Die Dimension des Raumes von Null bis zur Unendlichkeit. Auf allen Ebenen ist Leben. Wozu also die Schwerter kreuzen? Was ist die Erde? Ganz besonders jetzt! Wer hat es auf sie abgesehen? Kommt zu Besuch und esst uns alles weg. So ist es doch?"

„Und die Bestimmung, von der du gesprochen hast?"

Kyrill sah mir fragend in die Augen.

„Ergebene Diener des Herren... Diener, die vom Herrn verraten wurden", sprach er deutlich aus. „So, ihr macht also alles, wie es vorgesehen war, und was kommt dann? Wieder zwei Wege: gehst du nach rechts... gehst du nach links... eine Acht, die Unendlichkeit. Wollt Ihr euch immer weiter in dieser Spur im Kreis drehen?"

„Machen wir denn alles richtig?", fragte ich nach.

„Richtig“, bestätigte Kyrill. „Aber wird das richtig sein, was ihr tut? Nach rechts, nach links… Wenn sich die Seele mit dem Ego vereinigt, erscheint Archont. Wenn er Archont ist, heißt das, dass er niemandem die Seele verkauft hat, weder den Dunklen, noch den Hellen. Das ist auch eine Variante. Strahlen können verschieden sein, dunkel oder hell, doch sie streben immer der einen Sonne zu, im Zentrum des Universums.“

„Woher weißt du das?“

„Weil ich niemand bin. Die Luft, der Wind, versucht, mich zu fangen. Ich habe doch gesagt, dass ich ein Geist bin!“ höhnte der Junge ganz offen. Er machte sich über uns lustig, aber selbst hatte er Angst.

„Warum sollten wir dich fangen, Luft?“

„Du willst doch atmen, oder?“

„Was sollen wir also tun?“

„Das richtige Benehmen lernen. Alle haben hier gemacht, was sie wollten. Und jetzt haben sie sich an ihre Bestimmung erinnert. Allzu hohe Wesen haben sich an die Arbeit gemacht. Der Schöpfer selber hat sich an die Arbeit gemacht. Und auch andere…“

„Dann sind wir also höhere Wesen?“

„Ihr seid sowieso nur zufällig hier. In der Schlange zu Georg dem Drachentöter wart ihr der 1205. und der 1206. Ganz am Ende der Schlange. Aber ihr wart einfach genau zur richtigen Zeit am richtigen Ort. Und natürlich hattet ihr Glück, dass die Schlacht nicht verloren wurde.“

„Was jetzt?“

„Jetzt habt ihr eine Kraft, doch ihr wisst nicht, was wir damit anfangen sollt. Und ich habe das Wissen, habe aber nicht die Kraft. Ich kann euch den Weg zeigen. Wollt ihr ins Fegefeuer; dort gibt es gigantische Energien, die noch von niemandem eingenommen worden?

Warum solltet ihr 144.000 versammeln? Lieber weniger, dafür von besserer Qualität, stimmt's?"

„Zu dritt und für jeden die Hälfte?", fragte Igor.

„Für jeden die Hälfte!", bestätigte Kyrill.

„Zu dritt wird es nicht klappen, dass jeder die Hälfte bekommt."

„Dann müsst ihr selbst entscheiden, wer der Zweite ist", stimmte Kyrill gnädig zu.

„Wir zwei sind eine Einheit", gab ich zu bedenken. „Und außerdem, was ist mit unserem Gewissen? Sollen wir alles über Bord werfen und nur uns selbst Gutes tun? Was ist mit den anderen?"

„Was nervt ihr mich mit diesem Gewissen", heulte der Junge auf. „Ihr habt schließlich noch das Jüngste Gericht vor euch", machte er uns Angst. „Ihr werdet von A bis Z auseinandergenommen, und es ist noch nicht heraus, wie das alles ausgeht. Und jetzt habt ihr eine Fahrkarte zu jedem beliebigen Punkt des Universums, es wäre dumm, sie nicht zu nutzen. Auch die siebzehnte Legion der Macht. Und die achtzehnte, wisst ihr, wer sie hat? Luzifer! Und es gibt zwei Wege: den dunklen nach vorn, der euch zurückführt, und den hellen zurück in die Zukunft, woher ihr gekommen seid. Warum wollt ihr wieder dorthin? Es gibt nur zwei Türen, und es gibt nur zwei Wege. Die Position Gottes ist, aus diesem System auszusteigen. Steigst du also nicht aus dieser kleinen Acht aus, kommst du in die große. Und so immer weiter bis zur Unendlichkeit. Was ist also?"

„Es gibt noch eine Position des Schöpfers."

„In euren Händen liegt jetzt die absolute Macht. Wenn ihr wollt, wartet vor der Tür ein Mercedes auf euch, und der Präsident der Erdkugel selbst wird euch die Tür öffnen. Versteht ihr?"

„Wo ist dein Interesse dabei?"

„Ihr braucht doch einen Dritten?“

„Um die Universen aufzuteilen?“, fragte ich zurück.

„Um Mercedes zu fahren“, korrigierte mich Kyrill, der fassungslos war über unsere Begriffsstutzigkeit. Er wirkte wie ein Küken im Inkubator, ohne Eltern, ohne Angehörige. Als Incubus wurden im Mittelalter Dämonen männlichen Geschlechts bezeichnet.

„Aber jetzt fahren wir mit der S-Bahn, ja, Igor?“, fragte ich meinen Freund.

„Ja, mit der S-Bahn ist es ruhiger.“ Und wieder zu Kyrill gewandt, fügte er hinzu: „Und Sie, junger Mann, sollten bescheidener sein. Bescheidener. Denn Sie und Lapschin haben denselben Wahn, Sie wollen das Weltall regieren. Das scheint eine Epidemie in Ihrer Akademie zu sein.“

* * *

Igor und ich haben uns gewöhnlich bemüht, am frühen Morgen mit dem Bildschirm des inneren Sehens zu arbeiten. Das war sehr bequem. Wir haben es geschafft, in dieser Zeit zu lernen und mit den Kranken zu arbeiten. Manchmal blieb uns noch Zeit, irgendwelche Probleme zu besprechen.

Häufig wurden wir gerufen. Manchmal haben wir selbst wichtige Ereignisse initiiert und sind in die Welt der Feinmaterie gegangen.

Dieses Mal wollten wir uns mit den Kriegern der siebzehnten Legion der Macht treffen. Denn sie waren mit uns in den Kampf gezogen und hatten ihre unsterblichen Seelen riskiert. Wir aber hatten sie nur als Reihen von Kriegern gesehen. Doch Reihen bestehen doch aus Persönlichkeiten. Wer ist also mit uns in den Reihen derer, die der Herr in 1000 Jahren in seinem Heer versammelt hat, in den Kampf gezogen? Und gibt es darunter auch unsere Landsleute, russische Menschen?

Gemeinsam mit Igor habe ich einen neuen Raum betreten. Kaum waren wir in dieser Welt angelangt, strukturierten wir uns wieder in das Bild von Georg dem Drachentöter, von dem wir in der letzten Zeit etwas entwöhnt waren. Wir kamen durch den Bardo-Kanal empor. Hier war der Platz, wo die Schlacht mit dem Schwarzen Ritter stattgefunden hatte, hier war auch das Kreuz. Plötzlich tauchte unsere Legion auf. Igor saß von seinem Pferd, also von mir, ab. Ich wurde sofort zivil: die schwarze Robe eines Akademikers und die viereckige Mütze mit der Quaste.

Igor kniete nieder. Ich tat es ihm nach. Und die ganze Legion sank unserem Beispiel folgend auf ein Knie.

Wir dankten den wunderbaren Kriegern dafür, dass sie furchtlos und tadellos mit uns in die Schlacht gezogen waren, dass sie nicht an uns gezweifelt hatten. Wir dankten unserem Schöpfer dafür, dass Er uns gesegnet und gestärkt und uns den Geist gegeben hatte. Wir dankten Russland dafür, dass es uns solche Krieger gegeben hatte.

Außerdem baten wir unseren Herrn, uns zu segnen und uns Kraft zu geben und uns vor dem Bösen zu schützen, das um uns herum ist.

„Im Namen des Vaters, des Sohnes und des Heiligen Geistes, Amen!“

Auf dem Platz erschienen mit einem Mal Heilige und der Herr selbst. Wir dankten Ihm persönlich und baten Ihn, Seine Söhne zu segnen und uns vor dem bösen Blick, der Verdammnis und anderen Heimsuchungen zu bewahren.

„Geheiligt werde dein Name, Herr, dein Reich komme!“, skandierte das Heer.

Der Herr schlug ein Kreuz über jedem von uns und über uns allen zusammen. Er dankte uns für unseren Glauben. Und er sagte, dass er uns nie im Stich lassen werde, wie wir Ihn nicht im Stich gelassen haben. Und niemand von uns solle an der Ehre und Würde jedes einzelnen in unserem Heer zweifeln. Von nun an würden wir und das Heer unzertrennlich sein und gefeit gegen Unglück und alles Böse.

Alle Heiligen schlugen ein Kreuz über uns und segneten uns für die Schlacht mit den dunklen Mächten. Jetzt waren wir ein Ganzes und standen Schulter an Schulter mit jedem einzelnen in der Legion der Macht. Und unsere Kraft stieg um solch ein Vielfaches, wie viele Krieger in unserem Heer waren.

Wir erhielten den Ring „Für Ehre und Ruhm". In diesem Ring verbargen sich neun Farben und der Übergang aus einer Welt in eine andere, von einem Tor in ein anderes. Niemand konnte diesen Ring aufhalten. Denn das war der Ring des Herrn! Man kann ihn weder kaufen noch verkaufen. Er ist mit uns eins in seiner Größe, seiner Klugheit, seinem Verstand und seinem Wesen. Er hat keinen Namen, keine Bezeichnung und keine Definition. Man kann ihn weder messen noch tasten, wieder teilen noch mit etwas anderem verbinden. Er unterwirft sich keinen Mächten und gehört keinen Mächten, sondern nur uns und unserem Heer. Seine Macht ist grenzenlos.

„Wenn euch aber der Böse in Versuchung führt", erhob der Herr seine Stimme, „wird dieser Ring alle und jeden bestrafen, die an der Kraft Gottes zweifeln. Denn er ist das göttliche Feuer! Und er ist das göttliche Gericht!"

Wir waren gerührt von dieser Großherzigkeit und darüber, dass der Herr selbst sich so um uns sorgte.

Es kamen die Priester, und unter ihnen sehen wir wieder Vater German aus dem Dreifaltigkeitskloster von Sergijew Possad. Sie benetzten und segneten uns. Ab jetzt würden wir ein Geist sein, ein Glaube mit unserem Heer. Wie wurden mit der strategischen Kraft und dem Wissen jedes Kriegers ausgestattet. Außerdem erhielten wir die Verbindung zu all unseren früheren Leben in sämtlichen vergangenen und gegenwärtigen Welten.

Wir bedankten uns. Der Herr und sein Gefolge verschwanden wieder. Igor und ich standen von den Knien auf und schritten die Reihen der Krieger ab. Unter ihnen waren viele Menschen aus einer anderen Zeit als wir und aus anderen Ländern. Aber es waren auch viele, die man einfach erkennen muss. Kiewer Fürsten, Heilige, Dmitri Donskoi und Alexander Newski.

Jede Reihe bestand aus großen Kriegern, deren Glauben unverrückbar und sehr stark war. Dort stand der bekannte russische Reformator Stolypin. Neben ihm war Nikolaus II., der letzte Zar aus der Dynastie der Romanows.

Igor und ich sahen ihm ins Gesicht, und von irgendwoher ertönte eine Stimme:

„Nikolaus II. wusste seit 1901, welche Heldentat als Märtyrer ihm bevorstand. Denn am 100. Jahrestag des Mordes an seinem Vorfahren, dem Zaren Paul I., lernte er die Weissagungen des hellsichtigen Mönches Abel kennen."

Ich wusste von Abel. Der Bauer Wassili Wassiljew (1757 – 1841) hatte unter dem Namen Abel die Mönchsweihe angenommen. Er hat Katharina der Großen, Paul und Alexander das Schicksal vorausgesagt. All diese Herrscher sperrten ihn ein, auch gestorben ist er im Gefängnis. Insgesamt hat Abel 21 Jahre in Gefängnissen zugebracht.

Als Paul sich mit dem Hellseher unterhielt, befragte er ihn nicht nur zu seiner Herrschaft, sondern auch zum weiteren Schicksal des Geschlechts der Romanows in Russland und überhaupt. Die Weissagung Abels wurde niedergeschrieben und in einer besonderen Schatulle verwahrt mit dem Hinweis, sie dem herrschenden Nachkommen in 100 Jahren zu eröffnen. Die Schatulle wurde im Schloss von Gattschina aufbewahrt. Dass er von ihrem Inhalt erfuhr, änderte die Denkweise und das Verhalten des Zaren grundlegend, von diesem Zeitpunkt an erwähnte er das Jahr 1918 mehrmals als Schicksalsjahr sowohl für die Dynastie als auch für ihn persönlich.

Die Weissagungen Abels wurden von anderen Hellsehern bestätigt. Im Sommer des Jahres 1903 wurde dem Zaren in Diwejewo ein Brief ausgehändigt, den ihm der Heilige Seraphim von Sarow (1759 – 1833) kurz vor seinem Tod geschrieben hatte. Der heilige Pater warnte Nikolaus vor den ihm bevorstehenden Prüfungen und festigte ihn im Glauben. Es sind auch andere Überlieferungen zu diesem Thema bekannt.

Wieder ertönte eine Stimme:

„Nikolaus II. kannte sein Schicksal und hat sich bewusst für sein Land geopfert. Er hätte kleinmütig einen anderen Weg suchen können, und um ihn herum hat es nicht wenige gegeben, die sich darum rissen, ihm dabei zu helfen. mit seiner Familie ein glückliches Leben zu führen. Doch der Zar ging bewusst in den Tod, mit dem Glauben an Gott. Damit hat er sich Ehre, Ruhm und den Titel eines heiligen Märtyrers verdient.

Die Vorhersehung hat sich für ihn erfüllt. Viele haben in der Folge ihre Taten bereut. Und das Volk, das undankbar und pflichtvergessen ist, wird sich dessen bewusst, dass es dem Zaren allein die Bürde der Verantwortung für den allgemeinen moralischen Verfall und die eigene Gesetzlosigkeit auferlegt hat. Der Zar hat die Last fremder Sünden angenommen und sie tapfer getragen.“

Als die Stimme verklungen ist, sehen wir den Hof des Ipatjew-Hauses in Jekaterinburg und einen Wagen. Irgendeinen Steinhaufen, auf dem der Zar sitzt. Daneben sind Holzscheite, dunkel und nass. Ein großes Tor mit einem Vordach. Zwei Soldaten mit Gewehren sind auf dem Posten.

Mädchen und ein Junge laufen über den Hof. Der Junge ist sehr krank. Er hustet, und im Tuch bleiben Blutspuren zurück. Er ist lungenkrank. Nikolaus hört das Lachen der Kinder. Er weiß, dass sie bald alle umgebracht werden, und denkt über die Möglichkeit nach, seine Liebsten zu vergiften, damit sie im Schlaf sterben und nicht das Grauen sehen, das ihnen bereitet wird. Er wollte nicht, dass sie erschossen und so getötet werden, wie man auf der Jagd Hasen tötet.

Er weiß, was Ehre und Würde bedeuten. Wir sehen heute, dass er durch seinen Märtyrertod über Russland den Kanal des Heiligen Geistes erhalten hat, der sich hätte ausdehnen können von dem im Bürgerkrieg vergossenen Blut Unschuldiger und den anschließenden furchteinflößenden Experimenten der Bolschewiken.

* * *

Auf einmal rumorte es wieder um den Belletristikverlag „Chudoschestwennaja literatura“. Im Ministerium wurden wieder einmal Dokumente für eine Reorganisation vorbereitet und gesichtet. In den Zeitungen erschienen Artikel von Grigorjew über die strukturelle Umgestaltung, über die Notwendigkeit einer Konzentration der finanziellen Ressourcen in den neu zu gründenden Holdings. Gleichzeitig wurde dort, wo die Holdings bereits gegründet waren, über das Fehlen der versprochenen staatlichen Finanzierung von Projekten gestöhnt.

Die Gehälter der Menschen wurden um keinen einzigen Rubel erhöht. Und neue schwindelerregende Effekte von Büchern waren nicht zu beobachten. Jetzt wurde besonders deutlich, welches Trachten sich hinter der hübschen Fassade verbarg. Die kommerziellen Verlage beräumten mit ihren Schützlingen den künftigen Marktraum. Und dort, wo trotz alledem zweckgebundene Zuwendungen aus der Staatskasse zu erwarten waren, brachten sie ihre Vertrauten in die notwendigen Positionen.

Was für eine Kurzsichtigkeit! Denn die staatlichen Verlage nehmen sich der wissenschaftlichen und textlichen Vorbereitung literarischer Werke an und haben einen professionellen Zugang zum Prozess der Herausgabe eines Buches. Die kommerziellen Verlage beschränken ihre professionellen Interessen im Wesentlichen auf den Reibach und geben ohne besondere Gewissensbisse einfach Nachauflagen der von uns vorbereiteten Bücher heraus. Ohne unsere solide Schule sind sie zum Aussterben verurteilt. Auf sämtlichen Bücherwühltischen findet man die Actionserie über die Abenteuer eines Mannes, der sein Gedächtnis verloren hat, ein endloses Projekt des Verlages Vagrius, von dem gesagt wird, dass jedes der Bücher innerhalb eines Monats oder etwas mehr von einer Brigade alter Griesgrame unter den Literaten geschrieben wird. Was für eine Pfuscherei! Hier muss der Leser sein Gehirn nicht anstrengen. Für solche Bücher gibt es immer eine Nachfrage. Denn sie sind assoziativ verbunden mit den unendlichen Actionserien im Fernsehen und setzen in den Seelen der Menschen dieselbe zerstörerische Arbeit fort.

Aber ist die Nachfrage vielleicht eine Rechtfertigung? Auch für Wodka gibt es eine Nachfrage. Und für Drogen. Im Übrigen sind derartige Bücher keineswegs besser als Drogen. Denn sie sind imstande, mit einem einzigen Pinselstrich in den Seelen der neuen Generation sämtliche Errungenschaften der Evolution zu streichen, Millionen menschlicher Schicksale in den Abgrund einer geistlosen Entwicklung zu werfen.

Und dann sind da noch die Belletristikverlage wie unserer, die nach wie vor Klassiker herausgeben! Wenn man also den Belletristikverlag irgendwie niederdrücken könnte und mit dem Vehikel Vagrius in die Rolle des Aschenputtels bringen könnte! Doch hier sind die dem Leser bekannten Schwierigkeiten aufgetreten. Der Direktor war dagegen, das Team war dagegen, die öffentliche Meinung zwar dagegen, nur das Vehikel war dafür. Es kamen nicht genügend Stimmen zusammen.

Und wieder haben sich diese Schlauberger mit dem Brillen hingesetzt, um für einen Apfel und ein Ei Schemata zu malen und sich Plakate auszudenken. Und in den Zeitungen erschienen Fotos von Grigorjew mit den vielsagenden Unterschriften „Grigorjew weiß Bescheid!“, „Grigorjew kann das!“„Würde man doch Grigorjew lassen!“. Was soll man ihn denn machen lassen, wenn er sowieso stellvertretender Minister ist? Es ist fast wie in dem Spruch der Halbstarken: Ich bin selber groß, ich kann das alleine, ihr müsst mich nicht belehren.

Grigorjew hat sich selbst mit den Direktoren der größten Verlage in anderthalb Jahren nicht einmal getroffen. Und wenn er sich mit jemandem getroffen hat, dann nur dafür, um ihm seine Entlassung mitzuteilen. Na gut, dann haben sie ihn entlassen, wir sitzen alle nicht ewig auf unseren Posten. Und wer kommt stattdessen? So sieht es also aus mit dem Ziel, die Arbeitsproduktivität zu erhöhen!

Ich schreibe diese Zeilen, und mir gehen Zeilen aus einem Lied von Wladimir Wyssozki im Kopf herum: „Jeder legt es darauf an, Zauberer zu bestrafen“. Wissen Sie noch, wie es weitergeht? Ja, ja, schon gut: Wo nichts ist, hat der Kaiser sein Recht verloren.

Im Zentrum laufen die Dinge immer besser. Igor und mir genügen inzwischen zwei bis drei Minuten, um die Probleme eines Menschen zu sehen, und noch einige Minuten, um ihm zu helfen. Das ist das Ergebnis unserer neuen Weihen. Wir haben schon festgestellt, dass, wann immer wir uns mit dem Schöpfer treffen, unsere Möglichkeiten rapide ansteigen.

Aber nicht nur angenehme Überraschungen erwarten diejenigen, die in die verborgene Welt vordringen dürfen. Einmal wurden Igor und ich bin einen großen energetischen Krater gezogen. Wir begriffen, dass diese Gefahr keine vermeintliche, sondern eine echte war, und wir hatten fast keine Zeit, eine Entscheidung zu treffen. Aus der Tiefe des Wesens kam die Entscheidung, die Legion der Macht zu rufen. Denn der Herr hatte gesagt, dass wir von nun an ein einheitliches Ganzes seien.

Igor telepathierte den Aufruf, und die Legion war augenblicklich bei uns. Im allerletzten Moment, als wir fast schon ins Zentrum des energetischen Wasserwirbels gezogen wurden, stellten sich die Krieger der Religion in einer Reihe auf, fassten sich fest bei den Händen, und der äußerste Krieger ergriff mit seiner Hand Igors Hand. Es entstand eine lebendige Kette aus Menschen. So sehr auch der Abgrund heulte, so sehr er versuchte, uns unseren Freunden zu entreißen, es gelang ihm nicht. Wir schlingerten, wurden geworfen und geschleudert, doch die lebendige Menschenkette war stärker.

Es sind hohe Energien, mystische Handlungen, doch das Ergebnis hängt vom elementaren gegenseitigen Beistand ab, wie in einem alten russischen Dorf. Davon, ob einem jemand eine Hand zur Hilfe reicht oder nicht.

Kurze Zeit später materialisierte sich neben uns auch unser Lehrer, Grigori Petrowitsch. Er sah Igor und mich erstaunt und begeistert an.

Dann lachte er auf: „Ihr seid klasse!“ Später erklärte er uns ernsthaft:

„Die Energie dieses Abgrundes unterwirft sich niemandem. Dort, im Tunnel, sind Vertiefungen in der Wand. Das sind Magier oder Eingeweihte, die in den Krater gezogen wurden und die an seinen Wänden zerschellt sind. Es sind ihre Spuren. Von dort ist noch niemand zurückgekehrt, ihr seid die ersten.“

Wir sind die Ersten, weil uns die großen Krieger der Legion nicht im Stich gelassen haben. Schließlich hätte uns der Krater alle verschlingen können. Doch sie haben nicht an sich, sondern an uns. Das ist eine Lehre, die wir unbedingt bedenken müssen.

Dank dir, oh Herr, für diese Lehre!

Wir haben uns entschlossen, die niedrigeren Ebenen zu erforschen. Wir haben zehn Spiegelsphären und drei Scankugeln geschaffen. Wir lassen die Spiegel durch den Bardokanal hinab. Anschließend die Scankugeln. Entstanden ist ein Spiegelpfad zu unserem Computer. Er wird die Informationen sammeln, analysieren und auf dem Bildschirm wiedergeben.

Die erste Ebene. Im Bardokanal sind außer dem Tor irgendwelche eigenartigen seitlichen Öffnungen. Sie ähneln schwarzen Gängen. Von hier kommen „die aus Mohair“ auf die Erde, wenn sie keine Aufmerksamkeit erregen wollen. Das ist sicherlich nützliches Wissen. Es ist also so, dass sie außer denjenigen, die sie laut Vertrag zur Arbeit zu einem bestimmten Zeitpunkt auf die Erde schicken müssen, durch die schwarzen Gänge außerhalb dieser Norm schicken, wen sie wollen.

Plötzlich schreit Igor vor Verwunderung auf:

„Seht nur, sie haben auch ein Paradies und eine Hölle.“

Ganz genau, die haben sie! Nur sind deren Plätze im Vergleich zu den höheren analogen Einrichtungen vertauscht. Oben liegen sie richtig, unten sind sie vertauscht. Jetzt machen sie sich ihre Verteidigung.

Wir lassen eine Scankugel in das Paradies zu den Dunklen hinunter. Der Tunnel führt in die Tiefe. Ein Saal, darin ein Podium, und auf dem Podium liegen Bücher. Das Buch in der Mitte ist geöffnet. Auf den Seiten befindet sich ein Lesezeichen. Darauf ist eine Schlange mit einer Krone auf dem Kopf abgebildet. Am Schwanz der Schlange befindet sich eine Kugel. Das spitze Schwanzende schaut etwas aus der Kugel heraus. Man sollte meinen, dass sie sich so auch die Erdkugel vorstellen – am Schwanz einer Schlange.

Was sind das also für Bücher? Wir vergrößern die Darstellung. Links „Die weiße Magie“, rechts „Die schwarze Magie“ und in der Mitte „Die wahre Magie“. Das ist also die Antwort darauf, wem die weißen Magier dienen und wem die schwarzen. Wie auch immer man diese Verschiedenfarbigen nennen möge, ihr Herr ist doch derselbe. Der Gehörnte mit dem Schwanz.

Plötzlich fliegt unseres Scankugel splitternd auseinander. Sie hat den niedrigen Vibrationen und den hohen Temperaturen nicht standgehalten. Wir lassen eine zweite hinunter.

Das linke Zimmer ist vollgestellt mit Waffen: Schwertern, Bogen, Pfeilen, Beschwörungen, Amuletten. Es gibt auch noch Ketten und Ohrringe – alles, was man sich nur vorstellen kann, interessante Hilfsmittel, um Erfolg in der Liebe, im Geschäftsleben oder in der Politik zu haben. Ein schwunghafter Handel. Jeder kann bekommen, was er möchte. Doch womit sollen wir bezahlen?

Igor sieht sich eine Kette an. Sie besteht aus kleinen Steinen, über die ein dunkler Streifen verläuft.

„Siehst du“, sagt er. „Sie ist genau wie die von Kyrill. Hier wurde der Junge also ausstaffiert.

Ein weiterer Scanner zerbirst. So könnten wir uns bis ans Ende aller Zeiten quälen. Es ist eine unproduktive Technik. Wir müssen uns etwas anderes ausdenken. Umso mehr, als wir in der Regel immer zu wenig Zeit haben. So müssen wir auch jetzt das einmal Begonnene abbrechen. Es ist Zeit, zur Arbeit zu fahren.

Heute wird ein schwerer Tag, denn bald beginnt die internationale Buchmesse auf der Allunionsausstellung, und die Druckereien halten die Auflagen der Bücher zurück. Außerdem wird der Belletristikverlag „Chudoschestwennaja literatura“ bald 70 Jahre alt. Es wäre schön, wenn uns etwas einfiele, damit man dieses Ereignis beachtet. Igor fährt ins Zentrum. Es gelingt ihm bereits sehr gut, selbst wenn er allein ist. Ich habe noch anderes zu tun.

Bis zum Mittag habe ich mit meinem Stellvertreter Kolesnikow, der für die Finanzen zuständig ist, geklärt, was wir uns leisten können. Wir hatten die Idee, zehn Abzeichen „Goldener Pegasus“ zu bestellen und damit die ältesten Mitarbeiter des Verlages auszuzeichnen. Das ist wie ein Äquivalent zu den Auszeichnungen, die die vorhergehende Leitung des Staatlichen Komitees schon fast zu unserem Jubiläum bereitgestellt hatte – fünf Orden und sieben Medaillen. Doch die Umstrukturierung der Branche und die Umwandlung des Staatlichen Komitees in ein Ministerium haben es nötig gemacht, die Dokumentation für die Auszeichnungen noch einmal neu anzulegen. Natürlich hat die zukünftige Auszeichnung bei dem neuen Stellvertretenden Minister keinerlei Enthusiasmus hervorgerufen. Statt der Orden hatte es wieder eine Verzögerung mit dem Abschluss seines Vertrages gegeben, auch wenn er das Recht hatte, bis zu einer außerordentlichen Entscheidung als

Direktor zu amtieren. Die Monate vergingen, doch eine außerordentliche Entscheidung wurde nicht getroffen. Die Rentabilitätsparameter des Verlages wuchsen ständig, und im Ministerium beabsichtigte niemand außer vielleicht Grigorjew, unseren Verlag plattzumachen.

Nach dem Mittag kam ein Anruf aus der Hauptverwaltung für Buchverlage. Im Hörer ertönte die klangvolle Kommandostimme von Irina Jakowlewna Kajnarskaja.

„Was soll ich dir sagen, Arcady? Ich kann dir nichts Gutes sagen, aber auch nichts Schlechtes. In Bezug auf euren Verlag haben wir den Mittelweg gewählt, die Konsolidierung. Hast du das verstanden? Keine Holding, wir alle rundherum getönt haben, sondern eine Konsolidierung."

„Was soll das heißen?"

„Wir schlagen euch zwei oder drei Verlage mit Redaktionsrechten zu. Alles Weitere müsst ihr selbst mit ihnen klären. Und auf finanzielle Hilfe braucht ihr nicht allzu sehr zu hoffen.

Sie hatte natürlich Recht: Das war nicht die schlechteste Variante, auch wenn sie drohte, uns das Leben erheblich zu erschweren. Der Lohnfonds würde steigen, und die Umlaufmittel, die wir in den letzten Jahren so mühsam aufgebaut hatten, würden sich reduzieren.

Schnell rufe ich die Direktion zusammen. Wir diskutieren und wägen die Möglichkeiten ab.

Inara Stepanowa, unsere Hauptbuchhalterin und glänzende Finanzexpertin, hat schnell auf dem Computer überschlagen, wie sich die Hautparameter ändern könnten. Dabei kam heraus, dass wir diesen Mittelweg, wenn wir noch einige Monate das Tempo und die Dynamik des Wachstums halten könnten (und wir kamen schon sicher auf 300.000 bis 400.000 Rubel Gewinn pro Quartal), zwar mit Schwierigkeiten, aber dennoch verkraften könnten.

Die Hauptverhandlungen zu diesem Thema hatte Frau Kajnarskaja für die Tage der Messe auf der Allunionsausstellung anberaumt. Wir entschieden uns, Gegenvorschläge auszuarbeiten.

Abends fuhren Igor und ich zu Grigori Petrowitsch Grabovoi. Im Vorzimmer von Herrn Grabovoi waren viele Menschen. An der Wand stand eine schlanke, gut gekleidete Frau. Ich weiß nicht, warum, doch sie erregte unsere Aufmerksamkeit. Wie sich später herausstellte, war das kein Zufall.

Wir wurden ziemlich schnell in das Büro von Grigori Petrowitsch gebeten. Er empfing uns an der Tür, schüttelte uns die Hand und lächelte.

„Da kann ich euch ja zum Ring des Herrn gratulieren", zeigte er noch vor Beginn des eigentlichen Gesprächs, das er erstaunlich gut über ein Ereignis informiert war, über das wir uns mit ihm bisher noch gar nicht ausgetauscht hatten. Doch Igor und ich hatten schon vor langer Zeit aufgehört, uns über seine Fähigkeiten zu wundern. Mehr noch, auch bei uns selbst stellten wir mehr und mehr sonderbare Fähigkeiten fest, die über die Grenzen des gewöhnlichen Bewusstseins hinausgingen.

„Aber die niedrigeren Ebenen lassen sich mit euren Scannern nicht besonders produktiv erforschen. Aber zumindest ist es sicher", bemerkte Grigori Petrowitsch.

„Wie wir es eben können", versuche ich, mich vage der Kritik zu entziehen.

„Ich möchte euch um Hilfe bitten", sagte Grigori Petrowitsch.

Das war eine unerwartete Wendung. Gewöhnlich quälen wir ihn damit, dass er uns helfen soll. Zeit, ein bisschen vorzufühlen.

„Ich habe ein Buch vorbereitet", fährt Grigori Petrowitsch fort. „Der

Titel ist sehr konkret: , Die Auferweckung von Menschen und das ewige Leben – von nun an unsere Realität'. "

Für Igor und mich ist es ein innerer Vorbeimarsch. Sollte es wirklich so weit gekommen sein: Man erlaubt uns nicht nur, Organe zu regenerieren, sondern auch Menschen wiederzuerwecken? Denn so gibt man uns im Prinzip in diesem Moment den Zugang zu diesem Programm.

„Das ist kein Buch über mythische Möglichkeiten, sondern über eine völlig realistische Praxis, die ich sogar selbst durchführe. Doch die Menschen sind noch nicht bereit, das Wort „Auferweckung" im direkten Sinne wahrzunehmen, wie es in der Realität wahrgenommen werden muss. Obwohl die Fakten der von mir durchgeführten Rückführungen toter Menschen ins Leben durch offizielle Dokumente bestätigt und notariell beglaubigt sind, auf Filmmaterial festgehalten wurden, ist das Bewusstsein des modernen Menschen noch nicht in der Lage, derartige Ereignisse als Realität wahrzunehmen, als etwas, das ihm selbst widerfahren kann."

„Ist das Buch schon geschrieben?", frage ich zurück.

„Im Großen und Ganzen ja", bestätigt Grigori Petrowitsch. „Und heute übergebe ich es euch. Es fehlt nur noch das vierte Kapitel. Ich brauche anderthalb bis zwei Monate, um es fertigzustellen. Denn ihr seid die Verleger. Ich denke, dass wir gemeinsam den Leuten erklären können, wie sie die Epoche der Unsterblichkeit betreten können."

„Wir werden Ihnen gern helfen."

„Habt ihr übrigens auf die Frau in meinem Empfangszimmer geachtet", fragte Grigori Petrowitsch weniger, als dass er es feststellte. „Seht ihr, sie ist eine von diesen Auferweckten. Sie hatte Selbstmord begangen, hat sich die Pulsadern aufgeschnitten. Dann hat sie neun Stunden im Bad gelegen. Als man sie fand, brachte man sie ins Leichenschauhaus.

Danach wandten sich ihre Angehörigen an mich. Sie hatten irgendwo gelesen, dass ich mich mit einer solchen Praxis befasse. Einige Tage vergingen für die Ausfertigung der Dokumente. Und jetzt steht sie hier und ist höchst lebendig. Ihr könnt übrigens auch anfangen, nach diesem Buch zu arbeiten. Das Vorwissen habt ihr schon."

Als wir aus dem Büro von Grigori Petrowitsch kamen, sahen wir uns die Frau an der Wand noch einmal genau an. An ihren Handgelenken waren deutlich die Spuren der Rasierklingen zu sehen.

Am nächsten Tag, der ein Samstag war, machten Igor und ich es uns in meinem Büro gemütlich und begannen mit der Arbeit an dem Manuskript von Grigori Petrowitsch. Wie lasen sehr schnell, da uns das Thema des Buches im Wesentlichen bekannt und im Zusammenhang mit unseren eigenen Forschungen in der unbekannten Welt verständlich war. Wir spürten, dass wir, obwohl Grigori Petrowitsch sich schon lange mit Übersinnlichem befasst, und fast seit seinem dritten Lebensjahr den Bildschirm des inneren Sehens beherrscht, seinen Möglichkeiten wirklich nahe gekommen, und ihm, wie es so schön heißt, auf den Fersen sind. Es war sportlicher Eifer, obwohl derjenige, den wir versuchten einzuholen, gleichzeitig unser Lehrer war und alles tat, um uns dabei zu helfen, uns diesen sehnlichen Wunsch zu erfüllen. Herr Grabovoi hatte tatsächlich keine Angst davor, dass wir tun könnten, was er vermag. Im Gegenteil, er wünschte es sich. Wie im Rausch lasen wir die in Papierform dargelegten Erfahrungen dieses einzigartigen Menschen, der möglicherweise auf der ganzen Welt seinesgleichen sucht. In diesem Buch brachte er seine Gedanken klar und einfach zum Ausdruck. Überhaupt nicht so wie in vorangegangenen Arbeiten, die voll waren von komplizierten mathematischen und physikalischen Formeln, von Definitionen physikalischer Konstanten des Weltalls. Ich kann der

Versuchung nicht widerstehen, ihn zu zitieren, umso mehr, als sich seine Arbeit durch das fehlende vierte Kapitel verzögern kann. Die Menschen sollen wissen, dass eine große Entdeckung bereits vor der Tür steht.

„Das Hellsehen ist eine universelle Methode des Zugangs zu Informationen. Womit könnte man einen solchen Erhalt von Informationen vergleichen? Es gibt tatsächlich schon etwas Ähnliches in unserem modernen Leben. Das ist das globale Netz des Internets. Mithilfe dieses Netzes kann man jede vorhandene Information von jedem beliebigen Punkt der Erde erhalten. Und so stellte sich heraus, dass es so etwas Ähnliches wie ein kosmisches Netz gibt, dass Daten über überhaupt alles enthält Den Menschen kann man dabei mit dem Operator vergleichen. Dann ist das Hellsehen eine Methode für den Operator, mit einer Anfrage in das kosmische Netz zu gehen. Und die Zugriffsgeschwindigkeit ist dort so hoch, dass man die Antwort augenblicklich erhält.

Hier stellt sich eine interessante Frage: Wie werden Entdeckungen gemacht? Entdeckungen, und bisweilen herausragende, werden in verschiedenen Lebensbereichen gemacht. Das sieht man vor allem am Beispiel der Wissenschaft, doch auch in anderen Bereichen sind sie natürlich vorhanden, zum Beispiel irgendeine Veränderung in der Verfahrenstechnik eines Werkes oder in der Gesellschaft. Neue Kenntnisse und Fertigkeiten, das ist überhaupt eine der Erscheinungen unseres Lebens, obwohl Entdeckungen natürlich wohl am anschaulichsten am Beispiel der Wissenschaft zu sehen sind.

Hier stellt sich die nächste Frage: Was kann man von dem zur Diskussion stehenden Standpunkt aus über die Entdeckungen von Menschen sagen, die das Hellsehen nicht beherrschen?

Wenn einem Menschen ein glänzender Gedanke kommt und er

eine Entdeckung macht, dann kommt dieser Gedanke, diese Antwort auf seine Suche, natürlich aus eben dieser Datenbank des kosmischen Netzes. Und in gewisser Hinsicht findet er diese Antwort nicht zufällig, nicht zufällig in dem Sinne, dass sie häufig im Ergebnis von jahrelanger Suche und hartnäckiger Arbeit gewonnen wird. Und man kann niemals vorhersagen, wann diese Antwort kommt und ob sie überhaupt kommt. Deshalb muss man akzeptieren, dass dieses Vordringen zu der Datenbank leider trotz alledem zufällig ist, denn es ist nicht kontrollierbar und nicht steuerbar.

Man kann einen solchen Vergleich anbringen. Nehmen wir an, es gäbe zwei Menschen, die Wasser brauchen. Einer von ihnen legt seine Hände zusammen, streckt die Arme aus und steht in Erwartung des nächsten Regens da, um etwas Wasser aufzufangen. Der andere weiß, dass es ein Wasserleitungsnetz gibt. Mehr noch, er versteht es auch zu benutzen. Deshalb geht er, wenn er Wasser braucht, einfach zum Wasserhahn und öffnet ihn. Dort holt er sich Wasser für ein Glas, einen Eimer oder einen ganzen Tank, soviel er eben braucht.

Man muss also das Standardprocedere des Zugangs zu Informationen beherrschen. Es gibt nämlich sehr viele Fragen, doch zu wenig zufällige Vorstöße zu den Antworten.

Zu dem bisher Gesagten ist eine wichtige Anmerkung zu machen. Die Nutzung des Hellsehens habe ich der Anschaulichkeit halber mit dem Zugang zum kosmischen Netz verglichen, in dem man eine Antwort auf jede Frage finden kann, die einen interessiert. Dieser Vergleich reflektiert mehr die äußere Seite der Erscheinung, in ihm kommt nicht ihre wirkliche Tiefe, ihre Vielschichtigkeit zum Tragen, und deshalb ist es nötig, einige Präzisierungen vorzunehmen.

Man kann natürlich, wie schon gesagt, um eine Information zu erhalten, mit einer Anfrage in das allgemeine kosmische Netz gehen. Man kann aber auch anders vorgehen. Man kann sich die Information unmittelbar von dem Ort holen, an dem der Sensor steht, der diese Information bereitstellt. Mehr noch, und auch das ist wichtig, die Information existiert bereits im Status dessen, der die Frage stellt, d.h. in Form direkten Wissens, wenn sie in noch nicht dechiffrierter Form, noch nicht vom Menschen erkannt, bereits sein Verhalten bestimmt. Damit diese Informationen verständlich sein und gleich vom Menschen dafür genutzt werden kann, sein Verhaltensmuster zu bestimmen, ist ein hohes Niveau der Bewusstseinsentwicklung nötig, und genau das ist das Ziel, von dem ich bereits gesprochen habe.

Im vierten Kapitel werden wir auf die neue Medizin zu sprechen kommen, die Medizin der Zukunft und auch schon der Gegenwart. Die Grundlage dieser Medizin bildet die Praxis der Auferweckung. Gerade die Praxis der Auferweckung definiert die Prinzipien einer neuen Medizin und vor allem das Prinzip der völligen Wiedererschaffung von Materie. Diese neue Medizin hat bereits mit der Lösung ihrer Hauptaufgabe begonnen. Diese Aufgabe ist das Nichtsterben der Lebenden.“

Im Gegensatz zu Igor und mir ist Grigori Petrowitsch ein Spezialist genau in jenen Wissensgebieten, die besonders unmittelbar an das Thema des Hellsehens angrenzen, er hat sich in den physikalisch-mathematischen und biologischen Wissenschaften habilitiert. Seine hohe Begabung reicht ihm nicht aus, er hat sein ganzes Leben gelernt. Hilf dir selbst, dann hilft dir Gott!

Dass gerade ein Mensch, der das System der traditionellen Weltanschauung gut beherrscht, erstaunliche und von allen anerkannte Ergebnisse auf dem Gebiet der Esoterik und des Übersinnlichen erreicht hat, zeugt unbestechlich davon, dass die materialistische Weltanschauung in jenem vulgären Verständnis, das der modernen wissenschaftlich-philosophischen Konzeption der Weltauffassung eigen ist, sich bereits im Zustand einer tiefen, unüberwindlichen Krise befindet. Dieser Prozess verläuft zwar vielleicht langsam, aber sicher. Vor 150 Jahren hat Engels die Vulgärmaterialisten Carl Vogt und Jakob Moleschott kritisiert. Jetzt steht eine neue Umbewertung der Werte bevor.

Denn schon Engels hat zu seiner Zeit vorhergesagt, dass sich die Philosophie mit jeder großen wissenschaftlichen Entdeckung ändern müsse. Heute steht es uns bevor, sehr viele neue Entdeckungen nachzuvollziehen und darauf eine neue „Dialektik der Natur" aufzubauen. Die Grundfrage der Philosophie ist ganz von selbst entfallen – die Frage nach dem Primat des Materiellen oder des Ideellen. Wird sie etwas ersetzen? Und bedarf es eines Ersatzes? Und weiter – was ist das Leben? Ist es nur „eine Existenzform von Eiweißkörpern", oder sind ihr andere Formen eigen? Wenn man zum Beispiel davon spricht, dass irgendeine Idee „sich überlebt hat", ist das dann eine verbreitete Metapher oder ein weiteres Zeugnis vom ewigen Kampf des Lebens mit dem Tod? Und so weiter.

In den letzten Jahrhunderten hat die Wissenschaft zu kategorisch die „gespenstischen jenseitigen Bereiche" von sich gewiesen. Es ist verständlich, warum. Die Fragen von Licht und Dunkelheit, Gut und Böse, Gott und dem Teufel haben die Weltreligionen monopolisiert, deren Diener alle zornig verfolgt haben, die geistliche Probleme selbstständig erforscht haben, um hierzu ein neues Wort zu sagen. Die „Dissidenten", die unorthodoxes Wissen suchten, zogen es deshalb vor, das heimlich zu tun, sie chiffrierten ihre Texte in derartigen Metaphern, dass kein Dante sie je auflösen könnte. Die Schriften der Alchimisten, Astrologen,

Rosenkreuzer und anderer Freimaurer sind vom historischen Standpunkt aus höchst interessant. Doch in ihnen das Körnchen Wahrheit zu finden, das den Menschen in ihrem Unglück entscheidend helfen könnte und nicht nur einen Trost darstellt, das ist so, wie eine Perle im Ozean zu suchen. Die gewollte Abgeschlossenheit, Heimlichkeit und hermetische Abriegelung dieser Richtungen, Schulen und Lehren stört dabei. Vielleicht ist auf einem bestimmten Niveau in irgendwelchen Werken auch das Geheimnis des Seins enthalten. Noch ist es zu früh, darüber zu sprechen. Vielleicht ist es aber auch schon zu spät, weil neues Wissen kommt. Klar ist eins: In der Erkenntnis des Menschen, der Natur, der Vergangenheit und der Zukunft sind die uns bekannten Esoteriker nicht über die Grenzen der Vorstellungen der Wissenschaft ihrer Zeit hinausgegangen.

Wir werden uns nicht in die Tiefen der Geschichte begeben. Hier ein Beispiel vom Ende des 19. Jahrhunderts: die Theosophie, die den Anspruch auf eine allumfassende Erkenntnis Gottes erhob, auf die Erarbeitung einer universellen Konzeption, die Natur und Wissenschaft miteinander verbindet. Namen, die man in der ganzen Welt kannte, waren: Helena Blavatsky, Rudolf Steiner und Jiddu Krishnamurti. Eine Ansammlung von Lehren, aus denen anscheinend „das Beste" genommen wurde: der Hinduismus, der Brahmanismus, der Buddhismus… Ich möchte es gleich vorwegnehmen: Ich bin kein Gegner der Theosophie. Mehr noch, durch den Mechanismus des Hellsehens wird sichtbar, wie viel die Theosophen richtig verstanden und erraten haben. Doch heute ist das durch sie errungene Wissen leider aufgrund der nicht vorhandenen Bereitschaft des gesellschaftlichen Bewusstseins zu seiner Wahrnehmung von keinerlei praktischem Wert und interessiert höchstens die exaltiertesten Persönlichkeiten. Nicht umsonst hat in der

Phase der größten Popularität der Theosophie der russische Philosoph Gustav Spet geschrieben: „Ein Philosoph ist ein Reisender durch alle Religionen, Wissenschaften und Sachgebiete. Er fährt in jeder Kutsche, der religiösen, der mystischen, der naturwissenschaftlichen, der philosophischen, der okkulten und der telepathischen. Eine wirkliche Verbindung zu ihnen hat er jedoch ebenso wenig wie jeder beliebige Reisende zu der von ihm gemieteten Kutsche."

Genau um diese Verbindung geht es. Die Wahrheit muss man nicht suchen, sie ist seit langem bekannt. Man muss in der Wahrheit leben. Erinnern Sie sich an die biblische Geschichte von der Jakobsleiter? Jeder muss seine eigene Leiter zu Gott schaffen. Oder eine Leiter finden, die jemand anderes geschaffen hat, und sie nutzen. Zu Gott führen viele Leitern. Man darf nur nicht mehrere gleichzeitig erklimmen. Das Leben ist keine Zirkusnummer, und man lebt nicht für den Applaus der Zuschauer.

Jede wissenschaftliche Theorie, jede religiöse Lehre hat ihren Wert in dem Maße, in dem sie dem Menschen hilft, seine Jakobsleiter zu finden und sich auf ihr dem Schöpfer zu nähern. Genau von diesem Standpunkt aus lasen wir das Buch von Grabovoi.

Wir lasen das Manuskript von Grigori Petrowitsch und begriffen, dass das nicht einfach ein Buch vor, sondern ein besonderer Reiseführer durch ein uns vorher unbekanntes Zauberland. Jeder Buchstabe, jedes Wort war hier der Schlüssel zu neuen, vorher unbekannten Kenntnissen. Doch man darf es nicht nur mit den Augen lesen, sondern eher über den Bildschirm des inneren Sehens. Wir beschlossen, sofort mit diesem wunderbaren Experiment zu beginnen.

Zuerst lasen wir einen Abschnitt des Buches laut, dann schalteten wir den Bildschirm des inneren Sehens ein und schauten, was passierte. So schreibt zum Beispiel Grigori Petrowitsch darüber, wie Vögel fliegen:

„Wir beobachten von Kindheit an, wie Vögel von Ast zu Ast, von Baum zu Baum flattern. Wir bewundern die Leichtigkeit und ungezwungen, mit der sie das tun, oder wie sie hoch oben am Himmel flattern.

Dennoch gibt es im Flug der Vögel viel Überraschendes. Die Wissenschaft weiß zum Beispiel noch nicht, dass die Vögel nur teilweise durch ihren Flügelschlag fliegen. In ihrem Flug spielt die von ihnen geschaffene Antigravitation eine wesentliche Rolle. Bei einer Taube beträgt zum Beispiel die Gravitation im Kopf nur ein Zehntel der Gravitation in der Schwanzspitze, d.h. sie kann die Gravitation aufteilen, und dadurch entsteht eine andere Flugdynamik. Bei verschiedenen Vogelarten finden die Veränderungen der Gravitation und ihre Aufteilung im Körper auf verschiedene Weise statt. Und auch der Flug selbst kann auf der Grundlage eines anderen Prinzips stattfinden: So ist zum Beispiel bei der Eule, einem Nachtvogel, das Prinzip des Fluges ein anderes als bei Vögeln, die tagsüber fliegen.

Am interessantesten ist der Fall des Adlers. Auch er verfügt über die Fähigkeit, eine Antigravitation zu erzeugen, doch er hat auch noch die Fähigkeit zur Entmaterialisierung. Wenn man einen Adler beobachtet, wenn er zum Angriff übergeht, so scheint es, als würde ein kleiner runder Klumpen fliegen. Man könnte meinen, dass er so klein geworden wäre, weil er so fest zusammengedrückt wurde. Man muss jedoch berücksichtigen, dass ein Adler sein Volumen um ein Vielfaches ändern kann. Es ist also keine Kompression, obwohl eine Kompression natürlich auch vorhanden ist, aber die hauptsächliche Verringerung des Volumens findet aufgrund der Entmaterialisierung einiger Körperregionen statt. Der Adler kann auch die Form seines Körpers in Abhängigkeit davon verändern, welche Aufgabe ihm gerade bevorsteht. Dem Adler kommt in seinen Fähigkeiten teilweise nur der Falke nahe.

Der Adler verfügt auch noch über andere erstaunliche Fähigkeiten... Nicht umsonst haben die Urvölker der ganzen Welt das Bild des Adlers mit dem Schöpfer in Verbindung gebracht. Kein Zufall ist auch, dass man das Bild des Adlers auf den Wappen einer Reihe von Staaten sehen kann. So sehen wir das Bild des Adlers auch auf dem Wappen Russlands. In diesem Fall ist es ein Doppelkopfadler. Ein Adler mit zwei Köpfen – das ist das Zeichen einer konstanten günstigen Zukunft."

Nun ja, wir werden sehen. Igor geht in jenen Raum über, lässt das Bild eines fliegenden Adlers erstehen und materialisiert sich in ihm. Er ist ganz eins geworden mit seinem Körper, seinen Gedanken, seinen Wünschen.

„Was will er, wohin fliegt er?", frage ich.

„Er will einen Ziesel finden", antwortet Igor. „Das ist sehr interessant. Er hat in seinen Federn Informationskanäle, und all diese Kanäle wirken auf das Gehirn. Die Federn können Wellen aufnehmen und ausstrahlen. Das ist ein Radar! Jedoch ist es kein räumlicher Radar, sondern ein zeitlicher. Verstehst du, er fühlt die Zeit. Er sieht sie nicht einmal, er scannt sie. Rechts ist kein Ziesel. Links ist kein Ziesel. Und jetzt ist etwas da. Die Flügel und der Kopf senden Strahlen aus, und schon ist der Ziesel im Fokus. Bis zu ihm sind es fünf Minuten. Er wird noch näher heranfliegen. Der Adler sieht sein Opfer. Er stürzt herab und teleportiert sich direkt am Boden. Er braucht einen Moment, um die Korrelation der Zeit herzustellen. Er ist einfach für einen Augenblick in einen anderen Raum eingegangen, und aufgrund dessen hat er sein Ziel genau erreicht. Das ist auch dafür nötig, dass ihn das Opfer nicht sieht. Das ist toll. Jetzt ist klar, warum er der König der Vögel ist. Er beherrscht die Teleportation und sieht die Zukunft.

Das ist noch ein Thema, das im Verlauf der Durchsicht des Buches von Grabovoi zu Tage getreten ist. Doch zuerst ein kleines Zitat, das die Ideologie des Prozesses verdeutlichen soll. Damit jedem klar ist, warum das global in philosophischer Hinsicht nötig ist:

"In weiteren Büchern werden wir auch solche Erscheinungen wie die Levitation, die Materialisierung und Entmaterialisierung, die Telepathie, die Telekinese, die Teleportation und andere behandeln. Über lange Zeit waren uns diese Erscheinungen ein Rätsel. Jetzt ist es an der Zeit, die Antworten darauf zu geben.

Die Menschheit ist zu einer qualitativ neuen Etappe ihrer Entwicklung gekommen: auf der Tagesordnung steht das Nichtsterben der Lebenden und die Auferweckung derer, die von uns gegangen sind. Und diese Frage ist bereits nicht mehr theoretischer, sondern schon praktischer Natur. Jetzt ist sie endlich lebendige Realität. Die lebendige Realität der tatsächlichen Rettung aller.

Wir merken an, dass die Tatsachen die Auferweckung die Wiederherstellbarkeit von Materie beweisen, was seinerseits von der Unsinnigkeit und nicht vorhandenen Logik jeglicher Zerstörung zeugt.

In unserem Zeitalter der Ansammlung von Massenvernichtungswaffen ist die Praxis der Auferweckung eine Methode der Erlösung. Sie zeigt einen alternativen Weg der Entwicklung der Zivilisation.

Die Entwicklung der Regenerationsmechanismen, der Wiederherstellungsmechanismen, ermöglicht es uns, zur Lösung der Aufgaben der Schöpfung ohne Zerstörung überzugehen. Das Prinzip der Wiederherstellung kann man leicht auf sämtliche Sphären der menschlichen Tätigkeit ausdehnen. Es kann auch als Grundlage für die Entwicklung eines Schöpfungsdenkens künftiger Generationen dienen.

Jedes so genannte aggressive Milieu kann bei diesem Ansatz umgewandelt werden und in der umgewandelten Form bereits als nicht aggressives Element des primären Milieus auftreten. Im Ergebnis dessen kann man eine effektive Verhaltensstrategie finden, die es ermöglicht, eine ökologische Katastrophe zu vermeiden und eine künftige Entwicklung ohne die Zerstörung der Umwelt zu gewährleisten. Denn es ist zu berücksichtigen, dass die Wiederauferstehung de facto die Steuerung des gesamten äußeren Raumes ist.

Die größte Harmonie mit der Umwelt kann man gewährleisten, indem man zum Beispiel Materialien schafft, die keinem Verschleiß unterliegen, oder Maschinen, deren Betrieb keine wesentlichen zusätzlichen Ressourcen erfordert. Und all das ist völlig realistisch. Genauso wie die Auferweckung. Das alles liegt in unseren Händen.

Und man muss sich immer nur einer einfachen Wahrheit erinnern: Der Mensch wird geboren für die Freude, das Glück und ein vollwertiges unendliches Leben.“

Das also ist die Philosophie – die Philosophie der Erlösung, die Philosophie des Erlösers. Sie widerspricht weder dem wissenschaftlichen noch dem religiösen Kanon, da ihr Ergebnis die Rettung sowohl des Menschen als auch der Natur sein wird, die ihn umgibt. Wie geht also die Auferweckung vor sich?

Hier wieder einige Zitate. Die Texte der hier angeführten Erklärungen entstammen dem Buch: Grigori Grabovoi „Praktika upravlenija, put‘ spasenija“ (Grigori Grabovoi „Die Praxis der Lenkung, der Weg der Erlösung“), Bd. 3, Seite 756 – 757. Das Buch ist 1998 in Moskau im

Verlag „Sopritschastnost“ erschienen.

Erklärung von Emilija Alexandrowna Russanowa vom 27.05.1996:

„Am 25. September 1995 habe ich mich bei einem persönlichen Treffen mit Grigori Petrowitsch Grabovoi mit der Bitte an ihn gewandt, meinen Sohn A. E. Russanow, geboren am 22. August 1950 und verstorben am 16. Juni 1995 vollständig wiederzuerwecken. Mein Sohn ist in Moskau geboren und auch in Moskau gestorben. Bis ich mich an Grigori Petrowitsch gewandt habe, war ich völlig verzweifelt und habe einen Herzinfarkt erlitten. Nachdem ich mich an Grigori Petrowitsch gewandt habe, irgendwann Anfang Oktober 1995, kam mir die Hoffnung auf eine Rückkehr meines Sohnes, und ich begann, seine (geistige) Anwesenheit im Haus zu spüren. Ich fuhr auf den Friedhof, und als ich an das Grab meines Sohnes kam, sah ich, dass sich durch das ganze Grab eine tiefe Furche zog und dass sich in der Mitte ein Krater gebildet hatte, als hätte man von innen Erde nach außen geworfen.

Irgendwann gegen Mitternacht sah ich (mit geschlossenen Augen) ganz deutlich, wie sich von meiner Brust aus zwei weiße Schnüre zum Grab meines Sohnes zogen, zu dem Krater, der sich dort gebildet hatte, und dann zog ich diese Schnüre gleichsam an mich, wobei ich eine große Schwere verspürte. All das dauerte einige Sekunden. Mein Sohn ist auf dem Wostrjakowskoje-Friedhof begraben, und meine Vision von seinem Grab fand auf der Ebene des Fensters meiner Wohnung statt, die sich in der siebten Etage befindet.

Als ich mich Mit der Bitte um die Erweckung meines Sohnes A. E. Russanow an Herrn Grabovoi wandte, habe ich mich darüber mit der ehemaligen Frau meines Sohnes, Tatjana Iwanowna Koslowa, ausgetauscht, zu der ich auch nach ihrer Scheidung ein freundschaftliches

Verhältnis pflegte, sie war auch bei seiner Beerdigung anwesend. In der Folgezeit erzählte mir Frau Koslowa von Oktober bis Februar in unseren Gesprächen mehrfach, dass sie auf Straßen in Kaliningrad und Moskau wiederholt Menschen getroffen habe, die meinem Sohn, A. E. Russanow, ähnlich gesehen haben. Anfang Februar 1996 fuhr sie mit dem Zug „Bernstein" von Moskau nach Kaliningrad an der Ostsee, und mit ihr im Abteil fuhr ein Mensch, der meinem Sohn, A. E. Russanow, sehr ähnlich gesehen habe. Er ähnelte ihm sowohl äußerlich als auch in seinem Auftreten, seinem Verhalten, seinen Gesten, seinem Blick, doch er war irgendwie abwesend und wirkte verloren. Er fuhr mit einem Menschen, der ihn gleichsam begleitete, ihn lenkte, ihn dabei jedoch nie mit seinem Namen ansprach. Frau Koslowa war erstaunt, als mein Sohn, A. E. Russanow, beim Anblick von Geld (1000 neue Rubel) zum Ausdruck brachte, dass er dieses Geld überhaupt nicht kannte."

Erklärung von Tatjana Iwanowna Koslowa vom 27.05. 1996.

„Von Dezember 1975 bis Oktober 1982 war ich mit A. E. Russanow verheiratet. Nach der Scheidung von A. E. Russanow pflegte ich zu seiner Mutter, Emilija Alexandrowna Russanowa, weiterhin ein freundschaftliches Verhältnis. Während eines Treffens mit ihr (26. September 1995) teilte sie mir mit, dass sie sich mit der Bitte um die Wiedererweckung ihres Sohnes, A. E. Russanow, an Grigori Petrowitsch Grabovoi gewandt habe. Э. (A. E. Russanow war laut seiner Sterbeurkunde am 16. Juni 1995 in Moskau verstorben.) Danach habe ich mit dem Wissen darüber, dass Grigori Petrowitsch Grabovoi an der Wiedererweckung von A. E. Russanow arbeitet, begonnen, im Zeitraum von Oktober 1995 bis Februar 1996 auf der Straße Menschen zu beobachten, die A. E. Russanow äußerlich ähnelten, und bei einer Reise nach Kaliningrad im Gebiet Kaliningrad fuhr mit mir im Zugabteil

ein Mensch, bei dessen Anblick sich der Eindruck aufdrängte, das er aus dem Jenseits zurückgeholt worden sei. Dieser Mensch, der in das Abteil gekommen war, entsprach A. E. Russanow nach folgenden Kriterien: Augenfarbe, Haarfarbe, äußeres Erscheinungsbild und Gesichtsform.

Die Verhaltensweise desjenigen, der in das Abteil gekommen war, entsprach genau der Verhaltensweise von A. E. Russanow. Charakterzüge stimmten dabei ebenfalls überein. Er hatte dieselben Angewohnheiten (Schweigsamkeit, Leidenschaft fürs Lesen, einen Großteil der Zeit las er eine Zeitung). Sein Begleiter war ein mittelgroßer Mann, der ihn die ganze Reise über kein einziges Mal beim Namen nannte. Und als dieser Mann Geld zeigte, war der Mensch, der Russanow entsprach, verwundert, als er 1000 neue Rubel sah, woraufhin ihm sein Begleiter erklärte, dass das neues Geld sei. Es entstand der Eindruck, dass er (begleitet von dem Mann) einige Zeit vom realen Leben isoliert gewesen war. Dabei hatte er offensichtlich seine beruflichen Fähigkeiten behalten, denn sein Begleiter sagte, dass die Maschinen überführten.

Das oben beschriebene Treffen fand am 2. Februar 1996 während meiner Fahrt auf der Strecke Moskau–Kaliningrad im Zug „Bernstein" statt.

Das also ist die Beschreibung des Falles, die von seinen unmittelbaren Beteiligten gegeben wurde. In diesen Beschreibungen ist eine Reihe wichtiger Momente enthalten, die wir genauer untersuchen werden. Beginnen wir die Untersuchung mit der Erklärung von Emilija Alexandrowna, der Mutter des Verstorbenen.

Fast ganz zu Anfang der Erklärung spricht Emilija Alexandrowna davon, dass sie nach dem Beginn meiner Arbeit zur Wiedererweckung ihres Sohnes das Gefühl hatte, er wäre im Haus geistig anwesend.

Es ist so, dass, selbst wenn bei einem Menschen der biologische Tod eintritt und er die Phase der Beerdigung durchläuft und sich in einem konkreten Grab befindet, in seinem Bewusstsein nach wie vor sein ganzes erworbenes Wissen erhalten bleibt, und er seine Verbindung mit dem Körper bewusst wahrnimmt, in dem das Leben, oder, genauer gesagt, das, was man gewöhnlich Leben nennt, fehlt. Und in diesem Zusammenhang reagiert ein Körper, selbst wenn er keine Lebensprozesse mehr im Organismus hat, im vorliegenden Fall der Körper des Sohnes, wenn die Mutter ihr Bewusstsein auf ihn fixiert, adäquat auf die Berührung des äußeren Bewusstseins, auf die Informationen, die im Impuls des äußeren Bewusstseins vorhanden sind, und deshalb kommt es dementsprechend zu einer adäquaten Antwort. Hieraus wird ersichtlich, dass man, wenn man sich einen Körper vorstellt, der Seele das Wissen über die Auferweckung übertragen kann.

Im weiteren Verlauf, bereits nach der Auferweckung, zeigte sich bei der Befragung des konkreten Auferweckten, dass er zu dem Zeitpunkt, als sich das äußere Bewusstsein an ihn wandte, all das real wahrnahm und seinen physischen Körper mit seinem eigenen Ich in Verbindung brachte, obwohl sich dieser physische Körper im Grab befand und natürlich in vielerlei Hinsicht in seinen Möglichkeiten eingeschränkt war. Mehr noch, der Zurückgekehrte spricht davon, und das ist eine bekannte Tatsache, dass sein Dasein auf der allgemeinen Informationsebene gezeigt hat, dass sein physischer Körper weiterhin existiert und alle möglichen und notwendigen Merkmale dafür hat, um weiterhin ein Teil des allgemeinen Soziums zu sein, ein Teil der Gesellschaft, wobei es wichtig ist zu bemerken, dass dieses Wissen sowohl die vorherige Information, die mit den vorherigen Funktionen des konkreten physischen Körpers in Verbindung zu bringen war, als auch die neue Information enthielt, die bereits mit seinem biologischen Tod in Verbindung stand.

Lesen wir die Erklärungen weiter. Als Emilija Alexandrowna auf den Friedhof kam und an das Grab ihres Sohnes ging, sah sie, dass sich durch das ganze Grab eine tiefe Furche zog und dass sich in der Mitte ein Krater gebildet hatte, als hätte man von innen Erde nach außen geworfen.

Die Erklärung dafür ist folgende: Die erwähnte Stelle, an der Erde von innen nach außen geworfen zu sein schien, ist als primäre Materialisierung des Bewusstseins zu betrachten, jenes Bewusstseins, das sich in dem physischen Körper befand. Nach Beginn meiner Arbeit zur Wiedererweckung fanden die primäre Materialisierung dieses Bewusstseins in einer kugelartigen Form und sein Herausführen in den Informationskanal des Planeten statt. Danach beginnt die Phase der Schaffung einer materiellen Struktur um die Seele, jener Struktur, die für gewöhnlich sehen, wenn wir Menschen anschauen. Man kann sagen, dass sowohl theoretisch als auch praktisch ein Mensch als eine Struktur des Bewusstseins angesehen werden kann, die die jeweilige körperliche Hülle hat.

Dabei möchte ich noch etwas bemerken. Ich sprach von der primären Materialisierung des Bewusstseins in kugelartiger Form. Nachdem diese Sphäre also den Informationskanal des Planeten durchlaufen hat, kann ihre Projektion entweder in die nächste Frucht (dann wird ein Kind geboren) erfolgen, oder ihre Projektion erfolgt in der Struktur der Wiedererweckung. Das heißt, dass derselbe Körper wiedererschaffen wurde, dass derselbe Mensch wiedererschaffen wurde. Hier wurde also dasselbe getan, was Jesus Christus getan hat, als er Lazarus wiedererweckte. Nur waren im vorliegenden Fall nach dem biologischen

Tod nicht einige Tage, sondern einige Monate vergangen.

Weiterhin schreibt Emilija Alexandrowna, dass sie eines Tages gegen Mitternacht bei geschlossenen Augen deutlich gesehen habe, wie sich von ihrer Brust aus zwei weiße Schnüre zum Grab des Sohnes zogen, zu dem Krater, der sich dort gebildet hatte, und dass sie dann diese Schnüre gleichsam an sich zog und dabei eine große Schwere spürte. All das dauerte einige Sekunden. Aus der weiteren Beschreibung geht hervor, dass der Sohn von Frau Russanowa auf dem Wostrjakowskoje-Friedhof begraben ist und dass ihre Vision von seinem Grab auf der Ebene des Fensters ihrer Wohnung stattfand, die sich in der siebten Etage befindet.

Die oben beschriebenen zwei Schnüre kennzeichnen die Übergangsphase. Die erste Schnur ist bei der Geburt des Kindes durch die Mutter entstanden, das ist die Struktur der Geburt ihres Sohnes. Die zweite Schnur ist die Struktur einer möglichen Prolongation, einer Verlängerung, einer Fortführung seines Bewusstseins oder seines Wesens. Weiter oben sagte ich, dass nach dem biologischen Tod eines Menschen zwei Varianten möglich sind: entweder die Geburt in einem anderen Kind und dementsprechend eine Reinkarnation oder die Wiederauferstehung und dementsprechend die Auferweckung ein und desselben Körpers, wobei es dabei nicht nur um die Wiedererschaffung früherer Materie, sondern auch jeglicher Bewusstseinsstrukturen geht. In diesem Fall wird aufgrund der äußeren Lenkung die Variante der Wiedererweckung durchgeführt.

Das Auftreten der zwei Verbindungsschnüre und die Wahrnehmung des Grabes des Sohnes und der Wohnung, die sich in der siebenten Etage befindet, auf einer Ebene bedeuten die Verbindung der

Bewusstseinsstrukturen des Sohnes und der äußeren Umwelt.

In der Praxis der Wiedererweckung gibt es ein recht sonderbares Moment, das die Anbindung des Körpers an die Struktur, den Ort charakterisiert, an dem sich dieser Körper nach dem biologischen Tod befindet. Das heißt, der Ort, an den der Körper verbracht wird, ist der Ort seiner Anbindung. Die primäre Anbindung befindet sich in einem Radius von ungefähr zwei Metern um den physischen Körper. Der gesamte Anbindungsbereich existiert in einem Radius von ungefähr 50 Metern vom Grab, und danach beginnt das Heraustreten in das Informationsgerüst der äußeren Welt. Das Wissen um die Anbindung und die damit verbundenen Momente ist wichtig für die Prozedur der Wiedererweckung, da der Rückübergang durch den biologischen Tod tatsächlich auch den Übergang durch die Anbindungsstruktur bedeutet. Auch der Wiederzuerweckende selbst muss natürlich darauf orientiert werden, aus dieser Anbindung herauszutreten. Wenn man die Beschreibung der Vision, die Emilija Alexandrowna gegeben hat, von diesem Standpunkt aus interpretiert, kann man sagen, dass sie die Form des Grabes als eine Variante der Anbindung des biologischen Körpers an den fixierten Ort gesehen hat.

Weiter stützt sich der Text in der Erklärung von Frau Russanowa auf die Informationen, die sie von Frau Koslowa erhalten hat (Daher kann man die Beschreibung der weiteren Ereignisse von beiden nehmen).

Aus dem Text wird deutlich, dass, nachdem sich Emilija Alexandrowna mit der Bitte um Wiedererweckung ihres Sohnes an mich gewandt und diese Information mit der ehemaligen Frau des Sohnes, Frau Koslowa, geteilt hat, diese auf den Straßen von Kaliningrad und Moskau immer wieder Menschen begegnet ist, die ihrem ehemaligen Mann ähnlich sahen. Später, als sie mit dem Zug „Bernstein" von Moskau nach

Kaliningrad an der Ostsee fuhr, begegnete sie einem Menschen, der sämtliche Merkmale Russanows aufwies, bereits aus nächster Nähe, direkt in ihrem Zugabteil.

Liest man die Beschreibung dieser Begegnung, die Frau Koslowa gegeben hat, so kann der Eindruck entstehen, sie habe sich zu passiv verhalten. Stellen Sie sich vor, dass Sie selbst Zug fahren, und im Abteil plötzlich einem Menschen begegnen, der einem Angehörigen von Ihnen, den Sie einige Monate zuvor zu Grabe getragen haben, gleicht wie ein Ei dem anderen. Dabei beachtet dieser Mensch Sie überhaupt nicht. Was meinen Sie, wären Sie zu ihm hingegangen und hätten gesagt: „Hallo! Was ist los, erkennst du mich nicht?" Oder wären Sie vielleicht vor Verwunderung erstarrt, unfähig, auch nur ein Wort herauszubringen, und hätten nicht einen Schritt tun können, weil Ihnen die Knie weich geworden wären? Und obwohl Tatjana Iwanowna nichts über ihre eigenen Gefühle bei dieser Begegnung schreibt, kann man sich doch vorstellen, welcher Strudel verschiedenster Emotionen sie erfasst haben muss: Erstaunen, Verstörtheit und Verwirrung und gleichzeitig trotz allem das Bewusstsein einer realen Auferweckung. Trotz allem, weil in der heutigen Zeit eine Auferweckung von vielen noch als ein Wunder wahrgenommen wird, weil die Mehrheit bisher keine echte Ahnung davon hat, dass in der Wirklichkeit eine Auferweckung eine Standardprozedur ist und dass bald eine Auferweckung schon als etwas Natürliches angesehen und zur Norm des Lebens werden wird.

Doch noch kann ein Mensch, der plötzlich in einem Zugabteil neben sich einen zu Grabe getragenen Verwandten erkennt, keinerlei Schlüsse ziehen, weil er das mögliche Wunder nicht gleich akzeptiert oder sich fürchtet, etwas falsch zu machen. Man muss also beim Lesen der Erklärung den Zustand eines Menschen in einer solchen Situation berücksichtigen. Das vorliegende Buch bringt den Menschen dazu, sich echter Realien bewusst zu werden, und ermöglicht es ihm, sich darin zurechtzufinden, wie man sich unter derartigen Umständen zu verhalten hat.

Kommen wir auf die Erzählung von Frau Russanowa und zu der Stelle zurück, an der sie davon spricht, dass zunächst Frau Koslowa begonnen hatte, Menschen zu begegnen, die Herrn Russanow ähnelten, und anschließend während der Fahrt von Moskau nach Kaliningrad einem Menschen aus der Nähe, direkt in ihrem Abteil, begegnet war, der sämtliche Merkmale Russanows aufwies.

Im Zusammenhang mit dieser Erzählung ist zu sagen, dass Verstorbene oder, in diesem konkreten Fall besser gesagt, Zurückkehrende den Zustand der Menschen sehr genau wahrnehmen, zu denen sie zurückkehren, und dass sie diesen Menschen auf keinen Fall zusätzlichen Stress zufügen können. Deshalb hatte Russanow zunächst damit begonnen, seiner ehemaligen Frau in einiger Entfernung zu erscheinen und sie auf diese Weise an die Akzeptanz heranzuführen, das seine Rückkehr möglich wäre, umso mehr, als Frau Koslowa schon wusste, dass der Prozess der Auferweckung im Gange war.

Darum hat sie, als sie schreibt, dass sie Menschen beobachtete, die ihrem ehemaligen Mann ähnlich sahen, in Wirklichkeit schon den real wiedererweckten Russanow gesehen.

Man kann klärend hinzufügen, dass Wiedererweckte sich deshalb so vorsichtig und verständnisvoll verhalten, weil ihrem Bewusstsein diese Elemente der Wiedererweckung übertragen wurden. Und im Zusammenhang damit, dass ihnen die Elemente übertragen wurden, entsteht bei ihnen eine andere psychische Struktur zur Wahrnehmung der Realität. Sie glauben zum Beispiel, und das bestätigt ihre eigene

Erfahrung, dass das Leben ewig ist. Sie entwickeln auch ein besonderes Verhältnis zu den Gesetzen des Makrokosmos. Viele Gesetze sind für sie absolut genau, und sie übertreten sie niemals.

Sie wissen auch von der Existenz der 50 Meter langen Anbindung, und bei der Rückkehr auf die physische Ebene halten sie sich einige Zeit lang in mehr als 50 Metern Entfernung von den Menschen, zu denen sie zurückkehren.

Nach der ersten Phase des Kontaktes, bei dem der Zurückkehrende auf der Gefühlsebene wahrgenommen wird, erfolgt der Übergang zur zweiten Etappe, der Phase der Visualisierung, in der der Wiedererweckte beginnt, in näheren Kontakt mit den Lebenden zu treten. Sie sehen, dass Russanow bereits in unmittelbarer Nähe zu seiner ehemaligen Frau, im Zugabteil, auftaucht.

Achten Sie bitte darauf, dass hier bei dem Wiedererweckten eine Beherrschung der Technik des Lenkens auftritt, in diesem Fall, eine Situation zu lenken. Diese Technik wird dem zu Erweckenden bei seiner Wiedererweckung mitgegeben. Im Ergebnis kann er bereits selbstständig Situationen finden oder sie schaffen, die dafür nötig sind, den Kontakt zu denjenigen herzustellen, die er kannte und zu denen er zurückkehrt.

Über den Eindruck, den ihr Sohn im Zugabteil auf seine ehemalige Frau machte, schreibt Emilija Alexandrowna das Folgende: „Er ähnelte ihm sowohl äußerlich als auch in seinem Auftreten, seinem Verhalten, seinen Gesten, seinem Blick, doch er war irgendwie abwesend und wirkte verloren. Er fuhr mit einem Menschen, der ihn gleichsam begleitete, ihn lenkte, ihn dabei jedoch nie mit seinem Namen ansprach."

Hier sehen wir in den Handlungen des Wiedererweckten noch ein Element des Wissens, und zwar sein Verständnis für den Zustand des Menschen, der ihn kannte. Wäre er allein aufgetaucht, hätte die

Konzentration der Aufmerksamkeit seiner früheren Frau auf ihm so hoch sein können, dass es ihr die fließende Adaptation erschwert hätte und den vorhergesehenen Verlauf der Ereignisse hätte verhindern können.

Deshalb wird in die Situation ein Element eingeführt, das die Aufmerksamkeit von Frau Koslowa teilweise ablenkt, ein Mensch, der den Wiedererweckten begleitet. Dabei muss dieser zweite Mensch nicht unbedingt ein realer Mensch im herkömmlichen Sinne sein, in Wirklichkeit kann er lediglich eine visuelle Natur haben, doch diese technischen Details werde ich jetzt, im ersten Buch, zunächst beiseitelassen.

Ich habe bereits über die Existenz einer primären Anbindung im Radius von ungefähr zwei Metern um den physischen Körper gesprochen. Die teilweise oder bedeutsame Konzentration auf den zweiten Menschen entspricht bei der Analyse dieser Ereignisse vom Standpunkt der Feinebene aus der Abkoppelung von der primären Zone, d.h. von der Zone des Grabes selbst, und dem Übergang dieser Zone zu dem Begleiter. Ich möchte bemerken, dass das nicht unbedingt ein Mensch sein muss, es kann auch einfach irgendein Gegenstand sein, zum Beispiel ein Auto, in dem der Wiedererweckte fährt, oder etwas anderes. Wichtig ist das Prinzip, das Prinzip der Abkoppelung des Wiedererweckten von der primären Zone.

Weiter. Der Umstand, dass der Begleiter in Anwesenheit von Frau Koslowa Russanow niemals beim Namen nannte, spricht dafür, dass das in dieser Situation hätte zu einem Schockzustand von Frau Koslowa führen können und infolgedessen zur Zerstörung einiger ihrer Zellen. Doch ich habe bereits gesagt, dass der Wiedererweckte ein gutes Gespür für die Situation und den Zustand seines Gegenübers hat; er hat tiefere Stadien der Destrukturierung und anschließenden Strukturierung des Bewusstseins durchlaufen. Deshalb legt er ein äußerst vorsichtiges

Vorgehen an den Tag.

Man kann auch das nächste grundlegende Moment in der Erklärung von Emilija Alexandrowna betrachten. Nach dem oben angeführten Satz schreibt sie: „Frau Koslowa war erstaunt, als mein Sohn, A. E. Russanow, ...“ Frau Russanowa spricht nicht von einem Menschen, der ihrem Sohn ähnlich sah, nein, sie sagt „...als mein Sohn...“. Hier kann man sehen, dass nach den Erzählungen von Frau Koslowa über die Begegnung mit ihrem Sohn im Zugabteil bei Frau Russanowa eine vollständige Identifikation des Wiedererweckten mit ihrem Sohn stattgefunden hat, der vorher tot gewesen, jetzt aber als Lebender in Erscheinung getreten war. Ich möchte bemerken, dass sich das im Folgenden endgültig bestätigt hat und dass die beschriebene Geschichte zu einem guten Ende kam.

Es ist zu unterstreichen, dass die geistige Identifikation das Hauptkriterium dafür ist, dass die Wiedererweckung genau dieses Menschen stattgefunden hat.

Der nächste Satz in der Erklärung ist folgender: „Beim Anblick von Geld (1000 neue Rubel) brachte er zum Ausdruck, dass er dieses Geld überhaupt nicht kannte.“

Wann hätte ein normaler lebendiger Mensch wohl auf eine ähnliche Weise reagieren können? Wenn er zum Zeitpunkt der Einführung des neuen Geldes beispielsweise im Ausland gewesen wäre. Dann hätte er ebenso seine Verwunderung zum Ausdruck gebracht, als er mit der neuen Realität konfrontiert wurde. Russanow aber befand sich zum Zeitpunkt der Einführung des neuen Geldes im geschlossenen Raum seines Grabes; die Grenzen dieses Raumes waren auch die Grenzen seines Bewusstseins, das sich bei seinem physischen Körper befand. Hieraus wird ersichtlich, dass das Bewusstsein der Verstorbenen, also jener, bei denen der biologische Tod eingetreten ist, praktisch genauso ein Bewusstsein ist wie das Bewusstsein derer, die sich in dem Zustand befinden, der gemeinhin Leben genannt wird. Deshalb ist auch die Reaktion auf ein und dieselbe Situation gleich.

Aus der angeführten Darlegung ist jedoch nicht der Schluss zu ziehen, dass das beschriebene Erweckungsschema ein Standardschema sei. Für diese Zeit ist es tatsächlich recht typisch, was mit der derzeitigen Wahrnehmung der Erscheinung der Wiedererweckung durch die Gesellschaft zusammenhängt. Im Großen und Ganzen widerspiegelt es die realen Gesetze der Erweckung. In der Realität hängt alles in hohem Maße vom Grad der Vorbereitung der Lebenden auf die Rückkehr ihrer Angehörigen und Bekannten ab. Denn der Prozess der Wiedererweckung kann auch in recht kurzer Zeit vor sich gehen. Und in näherer Zukunft, wenn zumindest ein gewisser Teil der Gesellschaft verstehen wird, dass der Prozess der Erweckung eine normale Standardprozedur ist, wird die Erweckung bereits schnell vor sich gehen, da die Gesellschaft darauf vorbereitet ist, diese Erscheinung zu akzeptieren.

Im zweiten Kapitel wird auch davon gesprochen, dass es praktisch möglich ist die Wiedererweckung augenblicklich zu vollziehen, doch dafür muss der zu Erweckende über ein sehr hohes Niveau der geistigen Entwicklung verfügen.

Sehen wir uns diese Situation noch einmal durch die Bildschirme des inneren Sehens an. Wir sehen, wie die Wiedererweckung und die Begegnung mit der ehemaligen Frau im Zugabteil vonstattengegangen sind. Wir verfolgen, wie der Erweckungsprozess von Herrn Russanow verläuft. Grigori Petrowitsch hat so etwas wie ein Analogon der planetaren Lenkungsstruktur geschaffen. Durch sie arbeitet er. Das ist sehr bequem, da der Kontakt mit dem planetaren Computer praktisch sofort hergestellt wird. Schauen wir uns an, wie er über das Bewusstsein beginnt, das Gerüst des Körpers zu formen. Das ist ein sehr wichtiger Punkt, und jeder, der die Technologie kennt, kann das tun. Ein Mensch, der eine Erweckung vollbringt, muss zuerst sein Gehirn, sein Bewusstsein, auf das notwendige Entwicklungsniveau bringen. Nur in diesem Fall kann das Bewusstsein des Verstorbenen von dem ihn Erweckenden einen genügend starken Impuls zum Zweck seiner Wiedererweckung erhalten und ihn annehmen. Danach muss man dem Bewusstsein des zu Erweckenden helfen, das Ereignis seiner Rückkehr in den Kreis der Freunde und Angehörigen so zu gestalten, dass ihre Psyche nicht traumatisiert wird. Außerdem muss er die Ereignisse einholen, die weiter gegangen sind.

Das Formen des Körpers, so scheint es, ist keineswegs ein ernsthaftes Problem. Die Information darüber ist im planetaren Computer immer vorhanden und wird nicht gelöscht. Und das Material für die Formung sind Atome, die nach dem vorgegebenen Programm in der Lage sind, alle beliebigen Organe zu formen. Das Schwerste sind die Zellen. Ihr Aufbau ist der komplizierteste.

Grigori Petrowitsch gibt mit seinem Bewusstsein dem wiederzuerweckenden Menschen einen Impuls zum Starten des Programms für die Regeneration von Organen und Geweben.

Den zweiten Impuls erhält die Seele. Und sie beginnt, mit dem Bewusstsein zu interagieren.

Einen weiteren Impuls erhalten die Verwandten, dass die Information über den Tod nicht zu radikal aufgenommen werden sollte und dass sie mit der Zeit vergessen werden soll wie ein Traum.

Da entsteht die Hülle, dann die Aura, die strukturelle Montage aller

Organe wurde eingeleitet. Es ist eine Furche im Boden entstanden. Das Bewusstsein ist an die Oberfläche getreten, und die Seele beginnt, die Konturen des Menschen mit Zellmasse zu füllen. Sobald die Konturen gefüllt sind, betritt der Mensch mit seinen Füßen die Erde.

Es gibt noch eine Besonderheit: Seine Zellen und seine Aura sind gleichsam gedehnt. Warum? Die Seele war in den Ebenen, und sie hat sie noch nicht wieder vollständig verlassen. Jetzt wird alles mit Informationen gefüllt, und die Zellen nehmen ihre normale Form an.

Die Aufschrift auf dem Grab verschwindet. Das war‘s, es hat keinen Tod gegeben, es gibt die Unsterblichkeit.

Doch wenn so etwas geschieht, wenn es von Filmkameras festgehalten und in Büchern beschrieben wird – warum verbreitet niemand die Nachricht von diesem Wunder überall? Das ist eine interessante Frage, nicht wahr? Es ist so, dass das Informationsfeld der Erde die Reaktionen der Menschen auf eine solche Information gründlich verfolgt und sie in dem Falle, wenn das Bewusstsein der Menschen nicht bereit ist, derartige Ereignisse adäquat wahrzunehmen, gleichsam tilgt. So können es also nur diejenigen sehen und davon etwas wissen, die Ohren und Augen haben. Von welchen Ohren und Augen ich rede? Raten Sie mal!

Auf jeden Fall wächst der ontologische Status des Menschen ganz real. Es beginnt die Verwirklichung „der Philosophie der gemeinsamen Sache“, von der vor mehr als 100 Jahren unser großer Kosmist Nikolai Fjodorow geschrieben hat. Eine seiner Grundideen wird zur Praxis des Lebens. Natürlich wird sie nicht ganz so verwirklicht, wie der ungewöhnliche Bibliothekar des Rumjanzew-Museums es sich erträumt hatte. Doch das ist ja völlig normal: Die Prosa des Lebens ist sowohl langweiliger als auch reicher als unsere Phantasien.

Kapitel 11

Die äußeren Einflüsse auf meine Schülerin Tamara werden immer stärker. Jetzt geht es ihr schon eine ganze Woche schlecht. Ständig hat sie Kopfschmerzen. Igor und ich bieten ihr Hilfe an, doch sie ist sich sicher, dass alles bald vorbeigeht, sie meint, dass der Luftdruck an allem schuld sei. Schließlich hält sie es nicht mehr aus und bittet uns, es uns anzusehen.

Wir setzen uns zu dritt in mein Büro. Tamara ist aufgeregt.

„Ich habe jetzt so ein Gefühl, dass jemand in mir ist und mich die ganze Zeit dazu bringen will, Skandale anzuzetteln und Grundsatzdiskussionen zu führen."

„Sehen wir es uns doch gemeinsam an", schlägt Igor vor.

Wir schalten den Bildschirm des inneren Sehens ein. Tamaras Aura ist aus irgendeinem Grunde grau. Wann hat sie sich so verändert? Wir verstehen gar nichts. Wir versuchen, sie zu scannen, und sehen hinter ihrem Rücken noch eine andere Silhouette. Dort verbirgt sich ein Teufel, und zwar ein sehr großer. Man sieht es sofort: Das ist keine gewöhnliche Bestie, sondern ein Leithammel. Er reagiert ruhig darauf, dass er entdeckt wurde, er fletscht die Zähne, hebt mit seiner krallenbewehrten Klaue Tamara an der Gurgel hoch und dreht sie von einer Seite zur anderen. Tamara geht es sehr schlecht, bereits hier, auf der physischen Ebene. Ihre Augen tränen, sie bekommt keine Luft.

„Lass uns reden", schlägt Igor vor.

„In Ordnung", stimmt der Teufel zu und lockert seinen Griff.

Jetzt kann Tamara wieder atmen, doch schlecht ist ihr noch immer.

„Du hast kein Recht, so mit ihr umzugehen, du verstößt gegen das

Gesetz“, versucht Igor, den Teufel in seine juristischen Schranken zu weisen.

„Ich verstoße gegen gar nichts“, erwidert der Teufel. „Wir haben einen Rechtstitel für sie.“

„Zeig her“, fordert Igor

„Ich habe ihn nicht hier. Es ist alles unten geblieben. Im Büro. Kommt mit hinunter, dann zeige ich es euch.“

Der Teufel ist frech und selbstsicher. Es ist eindeutig, dass er lügt. Er will uns locken.

Igor macht einen Schritt auf ihn zu. Doch der Teufel springt augenblicklich zurück, hebt Tamara an der Gurgel hoch und schwenkt sie, als wäre sie eine Stoffpuppe.

Tamara wird schlecht. Sie greift sich mit den Händen an die Kehle und ringt nach Luft. Ihr Gesicht wird grau. So ein Lump, bringt noch die Frau unter die Erde!

„Was sollen wir tun?“, fragt Igor.

Ich schweige. Ich bin verwirrt. Ich habe Angst, dass der Teufel sie erstickt. Und als ob er die Zweifel in meinen Gedanken gelesen hätte, springt er noch weiter zurück und bewegt sich auf einmal auf den Ebenen nach unten.

Wir gehen natürlich sofort in das Bild von Georg dem Drachentöter und nehmen seine Verfolgung auf. Doch der behände Teufel schlägt mal einen Haken nach rechts, mal einen nach links. Und Tamara hüpft auf seiner Schulter herum wie ein Sack Kartoffeln. Jegliches Gefühl ist aus ihr gewichen. Sie steht völlig neben sich, kann überhaupt nicht verstehen, wohin sie gebracht wird und warum.

So sind wir in die unteren Ebenen gekommen, obwohl wir weder daran gedacht hatten noch es hätten erraten können. Einer gegen

Tausende. Man kann ihnen schließlich nicht entfliehen. Die aus Mohair haben sich selbst aufgedrängt.

Igor zieht sein Schwert heraus, und es ist genau wie im Märchen: schwenkt er das Schwert einmal, kommt eine Straße, schwenkt er es das nächste Mal, eine Gasse. Das Zauberschwert passt sich der Aufgabe selbst an. Wo viel Böses ist, wird es länger und erledigt mit einem mal die eine oder andere Hundertschaft. Wo es weniger ist, wird es kürzer, um den Arm seines Trägers nicht zu überanstrengen. Und auch meine Hufe bekommen die Teufel über die Maßen gut zu spüren. Schließlich bin ich im Vergleich zu ihnen so groß wie ein Elefant gegenüber einer Maus. Außerdem ist der Rubin auf meiner Stirn wie ein Kampflaser. Ich muss nur ein bisschen nachdenken, mich konzentrieren – und schon löst sich das eine oder andere Hundert der Teufel in Luft auf. Drei Ebenen haben wir abgemäht, als hätte es dort niemals einen Teufel gegeben. Und auch die vierte haben wir noch ein bisschen mitgenommen – ungefähr die Hälfte der dort lebenden teuflischen Bevölkerung.

Es ist ein großes Pogrom geworden. Und der Teufel, der Tamara nach unten gezogen hatte, hat von ihr abgelassen und das Weite gesucht. Der Schmarotzer hat begriffen, dass nichts mehr von ihnen übrig bleibt, wenn er mit ihr noch weiter durch seine Ebenen fegt.

Igor hat sie zu sich in den Sattel gehoben, und wir sind nach oben gesprungen, an das Tageslicht.

Wir sind aus diesem Raum herausgekommen, und Tamara liegt fast leblos auf dem Sofa. Man kann sagen, was man will, Igor und ich haben unsere Prinzessin gerettet. Drei Tage hat sie danach gebraucht, um wieder zu sich zu kommen.

Uns war so viel Erholung nicht vergönnt. Bereits am nächsten Tag ging die normale Arbeit weiter.

Nach dem Mittagessen klingelte in der Moskauer Zweigstelle des Zentrums das Telefon. Ein Verwandter rief an und erklärte uns fast unter Tränen, dass sein Auto gestohlen worden sei. Er hatte es erst vor Kurzem gekauft und war sehr stolz auf seinen hübschen roten Volkswagen. Neben uns dreht sich Kyrill.

„Ist etwas passiert?“

„Einem Verwandten wurde das Auto gestohlen“, erzähle ich offenherzig.

„Haben Igor und du euch jemals mit der Suche nach Autos befasst?“

„Nein.“

„Wer hindert euch daran, es zu versuchen?“

Kyrills Vorschlag erscheint mir logisch. Ich rufe Igor, wir setzen uns zu dritt in das Büro und beginnen mit der Arbeit. Uns wird sofort gezeigt, was passiert ist.

Zwei junge Männer haben das Auto gestohlen. Einer von ihnen ist mager und hat einen kurzen Haarschnitt. Er trägt ein weißes T-Shirt und einen Sportanzug, blau mit weißen Streifen an der Seite. Wir versuchen seine Gedanken zu lesen, doch in seinem Kopf herrscht gähnende Leere, ein Null-Bock-Typ. Am rechten Ellbogen hat er eine große Schramme.

Der zweite ist etwas älter, ungefähr 20. Er ist etwas füllig. Er fährt das Auto und hat Angst.

Das Auto war erst vor Kurzem gestohlen worden. Sie halten an einer Tankstelle. Dort ist ein Telefon mit Metalltasten. Hinter ihnen ist die Eisenbahn, links von ihnen der Fluss Utscha, rechts in der Nähe eine Kirche. Das ist Puschkino. Die Diebe rufen irgendein Murmeltier an, das ist wohl sein Spitzname. Sie sprechen darüber, dass sie kommen würden, wenn es dämmern würde. Dass er bereit sein solle. Dann fahren sie parallel zur Chaussee nach Jaroslawl in Richtung Sergijew Possad. Sie halten an einem kleinen Laden. Im Handschuhfach bei dem Sohn lagen Dokumente und Geld. Sie haben das Geld genommen und dafür Bier, Wodka und Bananen gekauft. Auf der Parallelstraße sind sie an einem Posten der Verkehrspolizei vorbeigefahren – auf der Gegenspur. Sie fahren weiter – über Talizy und Rachmanowo. Dann fahren sie in den Wald und stärken sich gemütlich mit dem Bier und den Bananen. Sie warten darauf, dass es dunkel wird.

Die Geschehnisse sind so deutlich zu sehen, als würden wir selbst direkt neben ihnen auf der Chaussee fahren. Für eine Zeit haben wir die Suche eingestellt. Wir haben uns mit unseren eigenen Dingen befasst. Wir haben beschlossen, unseren Arbeitsplatz nicht zu verlassen und die Diebe zu verfolgen. Der Geschädigte ruft fast stündlich an und erkundigt sich nach dem Stand der Ermittlungen.

Als es schon dunkel war, haben wir wieder angefangen zu arbeiten. Die Diebe waren schon unterwegs. Hinter der Siedlung Golygino sind sie direkt auf der Gegenspur zum Abzweig in Richtung Abramzewo gefahren. Sie bewegen sich auf Chotkowo zu. Da sind Garagen. Es sind sehr viele. An der Ausfahrt lesen wir ein Schild „Unternehmensgruppe Der Chemiker“. Das war es, mehr wird nicht gezeigt.

Der Mensch, den sie angerufen haben, das Murmeltier, erwartet sie in einem Haus neben den Garagen. Er steht am Fenster. Das ist sehr nah, ungefähr fünfzig Meter entfernt. Von hier aus ist alles zu sehen. Rechts am Haus ist ein Sportplatz. Etwas weiter links gibt es irgendein Werk. Bei den Garagen, an der Einfahrt, ist ein verlassener oder nicht zu Ende gebauter Betrieb. Wenn wir in die Gegend kommen, die wir gerade sehen, werden wir es nicht schwer haben, uns zu orientieren.

Die Wohnung, in der die Diebe erwartet werden, ist in irgendeiner Oberetage. Das Haus selbst ist nicht besonders hoch, vielleicht fünf Stockwerke.

Igor und ich versuchen, von der Straße aus und vom Treppenhaus aus hineinzusehen, doch es klappt nicht. An der interessantesten Stelle ist die Verbindung abgerissen.

Kyrill schlägt vor, die Technik zu ändern.

„Versuchen wir doch, alles unmittelbar über das Informationsfeld der Erde herauszubekommen. Ihr schaut, ich werde euch führen. Ich werde euch begleiten und absichern."

Wir waren so in unsere Verfolgungsjagd vertieft, dass wir nicht daran dachten, dass die Sache einen Haken haben könnte.

„Dann führe uns."

Augenblicklich befinden wir uns in einem hellgrauen Zimmer. Es ist eine eigenartige Farbe: auf den ersten Blick hell, doch mit irgendwelchem Schmutz vermischt. In der Mitte des Zimmers ist ein dreieckiges Podium. Die Ecken sind abgeschnitten, so dass sich ein Sechseck ergibt. Etwas erhöht, auf einem Sockel, befindet sich ein flaches Pult, das aussieht wie eine Computertastatur.

Kyrill ist nicht mit uns in diesem Zimmer. Er begleitet uns von unten, über den Bildschirm des inneren Sehens.

„Drück auf die linke Taste", sagt er zu Igor.

Igor streckt seine Hand nach dem Pult aus und drückt auf die rote Taste.

Sofort erscheint vor unseren Augen ein Bildschirm: sehr dünn und durchsichtig wie gewöhnliches Glas.

„Drück die rechte Taste und gibt das Passwort ein: ‚Migen'."

„Was ist Migen?", erkundige ich mich arglos, weil ich mich dunkel an etwas Ungutes erinnere, das durch die Assoziation mit diesem Passwort hervorgerufen wird.

„Mein persönlicher Zugangscode."

Igor drückt die Taste und gibt das Passwort ein. Auf dem Bildschirm erscheinen sofort irgendwelche Zahlen und eine Karte der Gegend.

Wir sehen uns die Gegend an. Das ist tatsächlich der Nordwesten des Moskauer Gebietes. Plötzlich kommt mir der Verdacht, dass Kyrill weiß, wo sich das Auto befindet, und dass diese Geschehnisse kein Zufall sind. Meine Zweifel wurden dadurch verstärkt, dass die Wände anfangen zu vibrieren, als ob sie die Illusion ihrer Existenz nur mühsam aufrecht erhalten könnten. Einen Augenblick später sinken sie herab wie schmutzig weiße Papierblätter. Es öffnet sich ein schwarzer endloser Raum. Er war nicht leer. Einige riesige Menge Teufel betrachtete verwundert die ungebetenen Gäste, die wer weiß woher gekommen waren. Unter ihnen waren auch ziemlich gewichtige Teufel. Sie glotzten Igor und mich an und wurden sich träge darüber klar, was vor sich ging. Als sie anfingen zu begreifen, dass ihnen zwei ihrer verhassten Feinde in die Hände gefallen waren, bewegten sie sich sofort auf uns zu. Wir hätten uns nur noch mit ihnen prügeln müssen, doch in diesem Moment tauchte neben uns Kyrill auf und schrie:

„Es ist alles in Ordnung! Das ist Migens Plan! Niemand verlässt seinen Platz."

Die Teufel blieben gehorsam stehen. Und wir bewegten uns durch uns unbekannte unterirdische Ebenen von dannen.

Als wir aus dem Modus des Hellsehens heraus kamen, fragte Igor noch einmal:

„Was ist Migen?",

„Das ist ein Stampfer, ein Stempel im Büro."

„Vielleicht ist es auch der König der Finsternis?“, rät mein Freund plötzlich.

Igor geht es sehr schlecht. Er ist immer noch in Trance.

„Um aus der Trance herauszukommen, muss man sich in den Finger stechen“, sagt Kyrill geschäftig. In seiner Hand taucht, niemand weiß woher, ein Messer auf. Er nimmt Igors Finger und sticht ihn mit der Spitze. Im letzten Moment schafft es Igor, seine Hand ein wenig wegzuziehen um, den Stich abzuschwächen.

„Blutet es?“, erkundigt sich das Teufelchen mit aufgeregter Stimme.

„Nein“, antwortet Igor. Er befindet sich immer noch im Zustand der Prostration.

„Dann lass uns noch einmal stechen.“

„Vielleicht ist das auch nicht nötig?“, mische ich mich in ihren Dialog ein.

„Es ist nicht nötig“, bestätigt Igor. „Das vergeht wieder.“

„Wie habt ihr es nur geschafft, dort, in der Finsternis, einen weißen Raum zu schaffen?“, erkundige ich mich.

„Man kann alles machen, wenn man über die nötigen Kenntnisse verfügt“, verplappert sich Kyrill, enttäuscht über seinen misslungenen Versuch, Igor in den Finger zu stechen.

„Was soll‘s, der Punkt geht an dich“, erkenne ich seinen hinterhältigen Erfolg an.

Jetzt weiß ich, warum das Auto verschwunden ist. Nun interessiert es mich nicht mehr.

* * *

Anscheinend hat Lapschin nicht umsonst angedeutet, dass es umso schwerer wird, mit einem Drachen klarzukommen, je mehr Köpfe ihm wachsen. Irgendwie ist mein Drachen außer Rand und Band geraten, daher reißt er sich auch darum, mit mir irgendetwas Illegitimes anzustellen. So ist es auch dieses Mal. Kaum haben Igor und ich in den virtuellen Raum betreten, werden wir wieder einmal gleich heranzitiert. Die Dunklen haben sich beim Schöpfer über Igors und meine Gesetzlosigkeiten beschwert. Sie haben uns denunziert, dass wir unsere Kompetenzen überschritten hätten. Wie sie selbst die Situation heraufbeschworen haben, haben sie natürlich verschwiegen.

Zwei Boten rufen uns wieder auf das Schlachtfeld. Jemand kann es sich nicht verkneifen, die Ergebnisse von Armageddon noch einmal in Frage zu stellen, oder er will einfach mit uns abrechnen. Wir gehen in das Bild Georgs des Drachentöters.

Die Situation ist im Großen und Ganzen dieselbe: drei Throne und daneben – aus welchem Märchen mögen sie den nur herausgeholt haben – der echte Drache Gorynytsch aus der slawischen Mythologie. Ein mächtiges Untier, er tritt von einem Bein auf das andere und stößt immer wieder Feuer durch seinen Nüstern. Und noch ein weiteres wundersames Wesen, ein nacktes Mädchen auf einem schwarzen Pferd. Ihre Augen sind schmal und böse. Es ist kein Mädchen von uns, sondern ein asiatisches. Auch ihr Schwert ist nicht von uns. Es ähnelt denen aus Polowez. Den Speer hält sie noch in der Hand.

Das Mädchen ist kämpferisch gestimmt, und es ist ihr deutlich anzusehen, dass sie Igor und mich nicht leiden kann. Sie hat den Speer provokativ gesenkt, und ihre Augen sind noch stärker zusammengekniffen, obwohl es scheint, als ginge es nicht stärker. Ihr Pferd kommt in unsere Richtung. Doch sie wird von hinten gerufen und angehalten. Der König der Finsternis Migen hatte sie heute anscheinend nicht als Gegnerin vorgesehen. Gegen den Drachen zu kämpfen ist natürlich ekliger. Doch wir gehorchen einem Befehl, nicht für Geld und Orten sind wir schließlich angetreten, die Erde zu retten. Deshalb sind wir seelenruhig und voller Klarheit.

Der Herr setzt sich auf den Thron hinter uns. Es stellt sich heraus, dass die Ebenen, die wir zerstört hatten, dem Drachen und diesem asiatischen Mädchen gehören.

„Seid ihr bereit, eine zweite Prüfung eures Glaubens auf euch zu nehmen?“, werden wir gefragt.

„Wir sind bereit“, antwortet Igor.

„Dann wisset“, sagt der Herr, „dass ihr damit den Menschen helft, die zu mir kommen. Ihr helft eurer Erde. Ihr helft eurer Familie und euren Angehörigen, denjenigen loszuwerden, der sie piesackt.“

Er schlägt ein Kreuz über uns.

„Geht mit Mir… Hegt keinerlei Zweifel… Das, was ihr tut, das ist die Wahrheit.“

Wir danken Ihm und machen uns auf den Weg zum Schlachtfeld. Die Legion steht bereits in ausgerichteten Reihen. Wir fahren die Reihen ab und sehen jedem in die Augen. Eine Schlacht ist eine Schlacht, und es ist niemals überflüssig, vorher in dir lieb gewordenen Gesichter deiner Mitstreiter anzusehen, die sich gemeinsam mit dir schon mehrmals dem Tod entgegengestellt haben. Wir wissen, dass die Krieger uns glauben und uns nicht fürchten sollen. Denn ein Krieger, der seinen Kommandeur fürchtet, kann morgen schon vor dem Feind erschrecken.

Wir sagen ihnen, dass sie nicht an ihrem Mut zweifeln sollen, weil wir für unser Volk kämpfen werden, für unsere Erde, für unseren Herrn, die niemand unterwerfen kann.

Um das Kreuz in der Mitte des Feldes herum entsteht ein Flammenkreis. Wer aus ihm heraustritt oder vom Feind herausgedrängt wird, verliert seine Kraft, sein Wissen, seinen Verstand. Noch einmal schreiten wie die Legion ab und geben jedem einen Teil der russischen Erde aus unserem Amulett. Dafür gibt uns jeder aus seinem Amulett ein Krümchen der Erde seiner Heimat. Jetzt haben wir eine gemeinsame Erde und eine gemeinsame Sache.

Wir holen den Flakon mit dem Zauberwasser heraus. Darauf steht geschrieben „Auf den Sieg!". Jedem Krieger geben wir drei Schluck zu trinken.

Jetzt können wir die Schlacht ziehen. Wieder bin ich das Ross und Igor der Reiter. Der Drache scharrt vor Ungeduld schon mit den Pfoten. Er ist riesengroß – größer als wir und wahrscheinlich auch stärker. Doch, wie sagte Alexander Newski, „in der Wahrheit liegt die Kraft". Und die Wahrheit ist auf unserer Seite. Deshalb fürchten wir den verfluchten Drachen auch nicht, sondern gehen ihm ruhig und mutig entgegen, ohne den Hauch eines Zweifels in der Seele.

Wir teilen den Kreis in zwei Hälften. Wir sind noch nicht damit fertig, ihn zu teilen, als uns der Drache schon mit Feuer überzieht. Was sind schon moderne Flammenwerfer im Vergleich zu diesem Apparat! Ein fürchterlicher Gestank kommt auf, er besprüht uns mit Schwefelwasserstoff. Igor schafft es, sich mit dem Schild zu bedecken. Mich schützt die Zauberdecke. Dennoch ist es heiß, schlimmer als in der Sauna, und Igor muss auch noch das Schwert schwingen. Was tut dieser Parasit aus dem Märchen – er hat den Kreis noch nicht einmal betreten und bedrängt uns schon voll und ganz mit seinem stinkenden Schwefelwasserstoff. Macht nichts, wir werden es aushalten. Mit dem Schwarzen Ritter war es nicht einfacher. Igor gibt mir mit einer

Handbewegung zu verstehen, dass wir von der Seite um den Feind herum reiten müssen. Ich werfe mich zur Seite, so schnell ich kann. Der Drache schafft es nicht einmal, seine ganzen Köpfe in unsere Richtung zu drehen. Sie stoßen gegeneinander und behindern sich gegenseitig beim Feuerspeien.

Jetzt sind noch zwei Kämpfer - wer weiß woher - gekommen. Ein Rabe kommt von der Seite geflogen. Igor holt ihn im Flug mit einem Silberpfeil herunter. Ein Wolf reißt sich darum, unter meinen Beinen hindurch zu tauchen. Doch auch das klappt nicht. Igor macht ihn geschickt mit dem Speer fertig. Das war's, das letzte Stündlein des grauen Untiers hat geschlagen Eine Stimme klingt in uns: „Ein Rabe – das ist der ewige Tod. Und ein Wolf ist der ewige Tod. Zwei ewige Tode habt ihr gerade getötet“.

Der Drachen ist schließlich mit seinem Krokodilköpfen klargekommen. Nun ist er wieder bereit, uns mit seinen Flammenwerfern zu traktieren. Mit den Steigbügeln gibt Igor das Kommando, direkt auf ihn los zu fliegen.

Wir stürzen ihm entgegen. Es sieht so aus, als hätte er eine solche Frechheit von uns nicht erwartet. Eine große Körpergröße ist eben nicht immer von Vorteil. Sie führt häufig zu viel Überheblichkeit im Kopf. Und wenn man nicht nur einen Kopf hat, sondern gleich drei, ist das schon kein Problem mehr, sondern eine Diagnose. Irgendetwas an Igor und mir hatte der Drachen unterschätzt. Er schaffte nicht einmal zu blinzeln, da flog auch schon der rechte Kopf von dem langen Giraffenhals, danach der mittlere und dann, als ich mich von seinem Wanst Weg drehte, um seitlich um ihn herumzulaufen, schlug ihm Igor mit dem Schwert auch noch ein Stück vom Schwanz ab. So hat er den Drachen innerhalb weniger Minuten zum Krüppel gemacht.

Dennoch hat der uns mit dem verbliebenen Kopf, wenn auch in letzter Minute, so aber doch erwischt. Mit den toten Zähnen konnte er uns nicht mehr greifen, doch mit seinem Kopf stieß er mir in den Hintern. Kopfüber fliegen wir von ihm herunter. Bloß gut, dass es unser eigenes Territorium innerhalb des Kreises ist.

Wir sehen Sterne, eher schon die ganze Milchstraße. Der Drache hat Igor und mich erwischt, da ist nichts zu machen. Aber er hat auch mit sich genug zu tun: die Köpfe und der Schwanz sind ab. Er will einen Schritt auf uns zu gehen, doch er kann nicht – mal fällt er zur Seite, mal hat er durch den letzten Kopf Übergewicht nach vorn. Er sieht schon ganz schlecht und verkrüppelt aus.

Igor hat weniger abbekommen. Er kommt als erster auf die Beine und beginnt, mir aufzuhelfen. Die Sterne in meinem Kopf haben sich etwas beruhigt. Ich stehe und schwanke. Doch wir müssen noch in die Schlacht. Igor klettert auf mich herauf. Er ähnelt jetzt mehr Don Quijote, nachdem er mit Steinen beworfen wurde. Er hat keine Kraft mehr, muss sich aber prügeln. In uns klingen die Worte Alexander Newskis: „In der Wahrheit liegt die Kraft!“ Das stimmt. Kraft haben wir keine, aber die Wahrheit ist auf unserer Seite. Und mit dieser unserer Wahrheit werden wir den Drachen den Garaus machen. Wir nehmen alle unseren Geist zusammen und greifen wieder an. Auf ihn zu springen ist schon nicht mehr möglich. Doch auch dem Überrest dieses Feuerspuckers geht es nicht besser. Vielleicht geht es ihm sogar schlechter. Ich habe mich an seinen Wanst geheftet, dicht an den letzten Kopf heran, damit Igor ihm den Rest geben kann.

Ich spüre, wie sich mein Recke anstrengt. Er hebt das Schwert und schlägt zu. Es ist ihm nicht gelungen, den Kopf abzuschlagen. Und die Wunde heilt sofort wieder zu. Noch einmal schlägt er zu, und das

Schwert fiel ihm aus der Hand. Doch geistesgegenwärtig gibt er dem Schwert das gedankliche Kommando, in seine Hand zurückzukehren. Es ist kein gewöhnliches Schwert, es versteht auch Kommandos. Wieder holt Igor zum Schlag aus, mit dem Zorn des Kriegers, dem Glauben an den Herrn, für die russische Erde.

Der letzte Kopf des Drachen ist abgeschlagen. Doch Igor kann sich im Sattel nicht halten, er fällt direkt unter den Kopf, den er selbst abgeschlagen hat. Und dieser ist so groß wie eine Scheune, nicht kleiner. Er drückt ihn so hinunter, dass er nicht aus eigener Kraft heraus kam. Igor verliert völlig den Kopf unter dieser Last, er wälzt sich hin und her, kann sich aber nicht befreien.

Ich kralle mich mit meinen Zähnen in seine Kleidung und ziehe an ihm. Mit den Hufen stütze ich mich ab. So ziehe ich meinen Recken doch noch unter dem Kopf hervor.

Schwankend kommt Igor auf die Beine. Und noch einmal durchschneidet er mit seinem Schwert kreuzweise den Drachenwanst. Dann geht er, sich mühsam am Sattelbogen haltend, zu jenen dreien, die in stummer Verwunderung ihren drohenden ihren vormals unbesiegbaren Drachen Gorynytsch ansehen.

„Wer das Schwert gegen uns erhebt, wird durch das Schwert umkommen“, sagt Igor fest und sieht die dunklen Herrscher finster an. Dann fügt er mit einem Seitenblick auf die nackte Schöne hinzu: „Das gilt für alle, auch für Frauen.“

Wir drehen uns um und kehren in die eigenen Reihen zurück. Der Herr spricht:

„Folgt Mir in Mein Reich.“

Dann ist er verschwunden. Wo aber ist es, dieses Reich?

Wir sehen uns um: Tausende und Abertausende Menschen gehen

irgendwohin. Nun sind wir nicht mehr Ross und Recke, sondern so wie alle anderen. Wir tragen Leinenhemden, die in der Taille von einer Kordel zusammengehalten werden. Wir haben uns eingereiht und laufen dorthin, wohin alle Menschen schlendern. Wir laufen langsam, denn wir haben keine Kräfte mehr.

Plötzlich erscheinen am Wegrand fünf Greise. Jeder hat einen Apfel in der rechten und in der linken Hand.

„Nehmt nur", sagen sie, „dann kommt ihr wieder zu Kräften."

Wir sehen uns die Äpfel an, und sie sind irgendwie eigenartig, sie drehen sich wie Kreisel.

„Nein, wir brauchen eure Äpfel nicht."

„Nehmt nur", versuchen uns die Greise zu überreden. „Der Herr hat euch verraten, er hat euch die Äpfel der ewigen Jugend nicht gegeben."

„Hinfort mit euch", befiehlt Igor, „sonst werdet ihr euch für eure Worte zu verantworten haben."

Sie sind verschwunden. Doch am Wegrand warten neue Verführer. Frauen mit Äpfeln. Sie sprechen gegen den Herrn und führen uns mit ihren Reizen in Versuchung.

Igor hat in seiner Hand das Schwert materialisiert, und sofort sind sie verschwunden. An ihrer Stelle tauchen fünf Kinder auf. Sie halten halbe Äpfel in den Händen.

„Nehmt nur", bitten sie, „so erwerbt ihr das ewige Leben. Der Herr wird es euch nicht geben"

„Geht weg", befiehlt Igor. „Unsere Kinder könnten nicht so sprechen."

Wir schlendern bis zum Tor. Das Tor ist groß und mit Metall beschlagen. Die Mauern sind hoch und weiß. Hinter ihnen liegt eine schneeweiße Stadt. Am Eingang warten andere Greise.

Das Tor öffnet sich, und dahinter ist ein gepflasterter Weg, der in einen Garten führt. Der Herr selbst erwartet uns und lächelt. Neben ihm steht ein Kübel mit Wasser.

Wir knien vor ihm nieder. Er nimmt einen Schöpflöffel und übergießt uns mit Wasser. Als er uns das erste Mal übergießt, kehren unsere Kräfte zurück, als er uns das zweite Mal übergießt, heilen unsere Wunden, als er uns das dritte Mal übergießt, fällt alles Unreine vom Blut des Drachen von unserem Körper und unsere Seele ab.

Er wäscht uns mit Wasser und gibt uns drei Äpfel aus Seinem Garten.

„Einen werft auf die Erde, damit die Ernte gut wird", gebietet er. „Den zweiten gebt den Menschen, damit sie die Kraft haben, noch bis zu Meiner Ankunft auszuharren. Den dritten teilt miteinander, mit eurer Familie, mit euren Freunden."

Er segnet uns.

Wir treten vor das Tor und tun, wie uns der Herr geheißen. Einen Apfel werfen wir zu Boden. Den zweiten geben wir hellen Menschen. Den dritten teilen wir untereinander mit unseren Familien, mit unseren Freunden, und mit den Kriegern der Legion waren das viele.

Wir kehren auf das Schlachtfeld zurück. Wir nehmen das Kreuz, konzentrieren unseren Willen darauf und verschieben damit den Wanst des Drachen in den Bardo-Kanal der unteren Ebenen. Das war's, wir haben unser Territorium gesäubert. Nur die Information ist übrig geblieben, die Spur der Anwesenheit der Dunklen. Wir nehmen einen weißen Strahl und machen eine weiße Wolke. Damit säubern wir den Raum.

Es tauchen Heilige Alte auf.

„Euer Weg ist richtig, zweifelt nicht daran", sagen sie. „Für den

Sieg, den ihr errungen habt, wird euch die Energie des Absoluten zuteil. Der Herr dankt euch dafür, dass ihr nicht gezweifelt hat, dass ihr nicht auf diejenigen gehört habt, die Ihn gelästert haben. Euch steht der Weg zum Wissen offen. Nehmt es in seiner Tiefe und nicht oberflächlich an. Zwischen der dritten und vierten Ebene liegt ein Wagen. Ihn müsst ihr umdrehen. Der Herr sei mit euch!"

„Und wir sind mit ihm", antworten Igor und ich gemeinsam.

Wir steigen in den Bardo-Kanal hinab. Zwischen der dritten und vierten Ebene steht ein riesiger Mensch mit einem Dreizack in der Hand. Das ist ein neuer Gott, Androgyn. Er schaut und wartet.

Neben ihm liegt ein riesiger Wagen auf der Seite. Er ist wesentlich größer als wir.

Doch wenn der Herr es uns befohlen hat, heißt das, dass er unsere Kräfte kennt. Igor und ich machen uns gemeinsam an die Arbeit und drehen den Wagen ohne besondere Anstrengung um. Die Äpfel haben also gewirkt. Wir treiben Pfropfen hinein.

Neben uns sind auf einmal drei feurige Rösser aufgetaucht. Sie haben sich selbst vor den Wagen gespannt. Gott ist auf den Wagen gestiegen. Er lächelt.

„Ihr seid auf dem richtigen Weg, und nicht viele können ihn sehen!" Seine Stimme ist donnernd und tosend. „Helft den Menschen, fürchtet euch vor nichts. Nicht einmal vor der Treibjagd auf der Erde, die euch bevorsteht. Man muss alles durchmachen, alles aushalten. Teilt das Helle und das Dunkle. Euch wurde das Recht gegeben, ein Urteil zu fällen. Niemand kann sich euch in den Weg stellen, doch viele können euch auf eurem Weg noch stören und behindern. Ich sage es noch einmal: Zweifelt nicht. Euer Weg ist von Jenem vorgegeben, den niemand hindern kann."

Er ist so riesig, dass wir ihn nur bis zur Taille sehen. Doch der Ring an seiner Hand ist unverwechselbar. Er ist der Schöpfer selbst, der Vater der Götter.

Wie kommt es, dass archaische Gestalten auf einmal unmittelbare Beteiligte an Ereignissen der Gegenwart werden, mehr noch, dass sie auf das Aktivste nicht nur beeinflussen, was mit mir und meinen Angehörigen vor sich geht, sondern auch die Möglichkeiten der persönlichen Entwicklung, der physischen wie der geistigen?

Die Wissenschaftler Witali Jurjewitsch und Tatjana Serfimowna Tichoplaw aus St. Petersburg haben in ihrem Buch „Die kardinale Wende" besonders interessantes Material vorgestellt, das diese Geschehnisse in gewissem Maße erklärt.

„Heute bemühen sich die Spezialisten aus dem Institut für Quantengenetik, den rätselhaften Text in den DNA-Molekülen zu dechiffrieren. Ihre Erkenntnisse überzeugen einen immer mehr davon, dass im Anfang das Wort war. Nach Meinung der Wissenschaftler ist die DNA genau so ein Text wie der Text eines Buches, doch man kann an jedem beliebigen Buchstaben beginnen, ihn zu lesen, weil es keine Zwischenräume zwischen den Wörtern gibt. Liest man diesen Text immer wieder vom jeweils folgenden Buchstaben an, entstehen immer wieder neue Texte. Dabei kann man den Text auch rückwärts lesen, wenn es eine glatte Reihe ist. Und wenn die Kette des Textes im dreidimensionalen Raum angelegt ist wie in einem Würfel, so lässt sich der Text in allen Richtungen lesen. Dieser Text ist nicht stationär, er bewegt sich ständig, verändert sich, weil unsere Chromosomen atmen und schwanken und so eine große Vielzahl von Texten hervorbringen.

Die Arbeit mit Sprachwissenschaftlern und Mathematikern der Moskauer Lomonossow-Universität hat gezeigt, dass die Struktur der menschlichen Sprache, eines Buchtextes und die Sequenzstruktur der DNA sich mathematisch nahestehen, d.h. dass es wirklich Texte in uns bisher unbekannten Sprachen sind. Die Zellen unterhalten sich wirklich untereinander, wie wir es jetzt mit Ihnen tun, der genetische Apparat verfügt über eine unendliche Vielzahl von Sprachen.

Das Programm, das in der DNA aufgeschrieben ist, konnte nicht im Ergebnis der Darwinschen Evolution entstehen. Um eine solche Informationsmenge aufzuschreiben, braucht es eine Zeitspanne, die die Zeit des Bestehens des Universums um ein Vielfaches überschreitet.

Der bekannte Mikrobiologe Michael Danton schreibt: „Seit 1859 ist keines der beiden grundlegenden Axiome der Darwinschen Theorie der Makroevolution ... durch irgend eine Beobachtung oder Errungenschaft der Wissenschaft belegt worden." Wie bekannt wurde, hat Charles Darwin im Alter, als er den Aufbau der Elemente eines lebenden Organismus untersuchte, erklärt, dass ihm der kalte Schweiß auf die Stirn tritt: Solche Organismen können sich nicht von selbst bilden, sie müssen einen Höheren Schöpfer haben.

Zum selben Thema schreibt Charles Texton: „Verfügen wir über Daten, die davon zeugen, dass der Ursprung allen Lebens der Vernunft geschuldet ist? Ja! Ein solches Zeugnis ist die Analogie zwischen der Sequenz der Nukleotide in der DNA-Kette und der Abfolge der Buchstaben in einem Buch… es gibt eine strukturelle Identität zwischen dem DNA-Code und der Schriftsprache." Die Analogie zwischen den menschlichen Sprachen (die alle ausnahmslos Produkte des Intellekts sind) und der DNA kann als Grundlage für die Schlussfolgerung dienen, dass die DNA ebenfalls Ergebnis der Tätigkeit der Vernunft ist."

Es ist schon klar, dass die wellenförmigen Genome der Tier- und Pflanzenwelt durch denselben universellen Mechanismus gesteuert werden – durch eine Sprache, deren Fragmente die Forscher gelernt haben, im Modell darzustellen. Im Ergebnis langjähriger intensiver Forschungen hat man überzeugende Beweise dafür gefunden, dass die Entwicklung der Sprachen und der menschlichen Sprachfähigkeit denselben Gesetzen unterliegt wie die Genetik! Die Texte der DNA, die Schriftsprache der Menschen und die mündliche Rede erfüllen dieselben Steuerungs- und Regulierungsfunktionen, wenn auch in unterschiedlichem Maßstab und mit verschiedenen Anwendungsbereichen. Die Texte der DNA funktionieren genetisch auf der Zell-und Gewebeebene, während die menschliche Sprache bei der Kommunikation verwendet wird."

Es sieht so aus, dass die Kosmische Vernunft gewisse Kopien von sich selbst herstellt und entwickelt. In der ersten Phase können sie noch nicht in komplizierten Programmen verwendet werden. Und die wichtigste Aufgabe solcher Organismen ist es, nachdem sie die Prüfungen ihrer Überlebensfähigkeit unter den Bedingungen der Selbstständigkeit und der eigenständigen Entwicklung durchlaufen haben, die moralischen Gesetze des sozialen Zusammenlebens zu beherrschen. In den nächsten Phasen wird das Programm komplizierter: Der unter den Bedingungen der irdischen Evolution unausweichliche Kampf muss nicht mehr nur die persönliche Weiterentwicklung des Individuums berücksichtigen, sondern auch seine geistige Orientierung auf die Ideen des Soziums oder, was noch wichtiger ist, auf das höchste Ideal, das im Bild des Schöpfers festgehalten ist.

Dann kommt es sowohl innerlich, im Bewusstsein, wie auch äußerlich, im gesellschaftlichen Leben, zur Konfrontation mit den unsterblichen Bösewichten und Drachen. Und in diesem völlig realen Kampf vollzieht sich der Prozess der Reinigung der Seele von der negativen Vergangenheit, wird das Niveau ihrer Qualitäten und ihrer Entwicklung geprüft.

Eben dieser Drache Gorynytsch verkörpert eine bestimmte historische Vergangenheit der Erde, die Epoche der Dinosaurier. Das Rückenmark des Menschen wird bis heute als Reptil-Komplex bezeichnet. Und das ist kein Zufall. So war zum Beispiel bei einigen Dinosauriern der gesamte Denkprozess im Rückenmark auf der Höhe des Kreuzbeins angelegt. Das heißt, sie hatten zu Lebzeiten, wenn man das so sagen kann, eine Reaktion von hinten. Können Sie sich vorstellen, wie viel passieren kann, bis so ein Signal den Hals erreicht, den Kopf und wieder zurückkommt, damit man auf ein Ereignis reagieren kann? Da kann man glatt den Kopf verlieren. Beim Menschen ist so etwas schon nicht mehr möglich, denn er hat zwei Gehirne – im Rückenmark und im Kopf. Natürlich nur, wenn Letzteres auch funktioniert. Deshalb ist es so, dass, wenn die Zeit kommt, von dem einen Gehirn auf der Höhe des Kreuzbeins zu dem überzugehen, das auf dem Hals sitzt, gewissermaßen eine Abschlussprüfung stattfindet. Und davon, wie Sie diese Prüfung meistern, hängt Ihre Weiterentwicklung in Richtung eines für die Menschheit deutlich markierten Ideals ab.

* * *

Nach den geschilderten Ereignissen haben sich unsere Fähigkeiten zu heilen um ein Vielfaches verbessert. Wir haben das Gefühl, dass nicht mehr viel fehlt, und wir werden Menschen nicht nur von unheilbaren Krankheiten heilen, sondern sie auch auferwecken können. Auf jeden Fall wissen wir schon, wie das zu machen ist. Wir müssen es nur noch in der Praxis probieren. Doch man braucht das Einverständnis der

Angehörigen, das Einverständnis der Seele des zu Erweckenden und eine Analyse jener Leben, die der Verstorbene bis dahin gelebt hat. Die Menschen sind schließlich verschieden. Man möchte vor allem dem Guten helfen, jenen, die auch anderen geholfen haben.

Mit Kyrill geht etwas Eigenartiges vor sich. Er kommt früher als alle anderen ins Büro und geht, wenn alle schon weg sind. Er bemüht sich so, dass es den Anschein hat, als könnte er allein die ganze Arbeit schaffen. Er schimpft auf Lapschin und teilt uns bei jeder sich bietenden Gelegenheit mit, dass er fest entschlossen ist, mit uns gemeinsam zu gehen. Doch wie sieht er diesen Weg? Und wie sehen Igor und ich ihn? Ich glaube nicht, dass wir dasselbe sehen. Haben ihn Millionen Jahre wirklich nicht von dieser Umtriebigkeit befreit und ihm keine Weisheit gegeben? Manchmal bricht es aus ihm heraus:

„Ihr seht doch, dass ich jetzt in der Luft hänge. Ich habe es schwer. Ihr müsst mir helfen."

„Wir sind es dir also schuldig?"

„Ihr versteht das nicht: ich bin der allerallerletzte meines Geschlechts"

„So ist das also!", wundert sich Igor. „Du bist nicht nur der Letzte, sondern der Letzte zum Quadrat."

„Ja, das war meine einzige Chance, einen Sohn zu haben!", sagt Kyrill. Aus seiner Stimme klingt Verzweiflung. „Ich war bereit, für ihn die gesamte Erde zu vernichten. Wenn ich keinen Sohn haben werde, werde ich niemals wieder zu einer Inkarnation kommen."

„Für deinen Sohn bist du also bereit, alles zu vernichten. Und Milliarden anderer Leben, ist das nichts?", frage ich unerbittlich nach. „Und Millionen anderer Kinder? Nur du und dein Sohn!"

„Die Menschen sind so ein Geschmeiß!“, zischt der Junge Kyrill böse, und seine dunklen Augen blitzen für einen Moment wie ein Abgrund. Darin war nichts: kein Licht, kein Leben, keine Erde.

Er begreift alles. Doch er krallt sich an seine letzte Chance. Die letzte Chance zum Quadrat.

„In Ordnung, ich fahre zu Lapschin nach Feodossija. Ich werde erkunden, was dort vor sich geht, und es euch dann erzählen.“

Igor und ich zucken mit den Schultern.

„Fahr, wohin du willst, du bist frei wie ein Vogel.“

„Ich lasse euch mein Zeichen hier“, sagt Kyrill, und in seiner Hand erscheint ein rundes Stück Papier mit gezeichneten Figuren darauf. „Damit könnt ihr euch jederzeit telepathisch mit mir in Verbindung setzen.“

Er steckt es in meinen Notizenordner, der auf dem Tisch steht.

Abends, als Igor und ich mit der Vorortbahn nach Hause fahren, kommt mir das Papier wieder in den Sinn.

„Lass uns nachsehen, was er uns da untergeschoben hat.“

Igor schaltete den Bildschirm des inneren Sehens an und scannte das Papier.

„Das ist das Siegel des Königs der Finsternis Migen“, erhielten wir umgehend zur Antwort. „Dadurch kann er ständig alles sehen, was ihr macht.“

Alles klar. Wir zerreißen das Papier und werfen es aus dem Fenster. Ein reizender Junge, dieser Kyrill. Er mag also Kinder. Allerdings nicht alle auf einmal, sondern nur seine eigenen, die es noch nicht gibt.

Am nächsten Tag ist Kyrill wirklich nach Feodossija gefahren. Wie er sich ausdrückte, auf Erkundungstour. Der reinste kleine Kundschafter und nicht etwa ein Dämon der Finsternis!

Doch was soll's, ohne ihn atmet es sich freier. Wir beschlossen, die Ebenen anzusehen. Doch schon in der ersten Ebene war da so eine Unruhe, das Gefühl einer unklaren Besorgnis. Zwölf Türen. Hinter ihnen befinden sich die Energien der Tierkreiszeichen, mit deren Hilfe man heilen, regenerieren und wieder erwecken kann. An einer der Türen ist das Siegel des Schöpfers zerbrochen. Irgendjemand ist eingedrungen.

Schnell nehmen wir aus der achten Ebene das Kreuz und treten mit ihm durch die Tür. Die Energie, die sich im Raum befindet, geht in das Kreuz ein. Und jetzt kann der Herr selbst durch das Kreuz sehen, was hier geschieht.

In einer Ecke versucht ein riesiger Teufel, mit der Finsternis eins zu werden. Er ist erschrocken; er begreift, dass diese Begegnung für ihn kein gutes Ende nimmt. Er kommt genau aus jenen Ebenen, in denen der Drache Gorynytsch geherrscht hat. Da ist eine Stelle frei geworden, und er hat beschlossen, sich anzudienen. Er hat, wie man so sagt, die Initiative ergriffen. So so…

„Warum bist du hergekommen?“, fragt Igor.

Als ehemaliger Angehöriger der Miliz versteht er es, taktische Fragen zu stellen. Nur wenige Wörter, aber da sind auch noch die Intonation und sein Blick… So etwas hält nicht einmal ein Teufel aus, erst recht nicht, wenn er mit einem Kreuz in die Ecke gedrängt wird.

„Der König der Finsternis hat den Befehl gegeben, hier einzudringen und diese Energie zu nehmen“, gab der Teufel offenherzig zu.

„Und warum hast du sie nicht genommen?“

„Sie ist mir immer wieder entwischt. Ich jage sie schon seit einer ganzen Stunde.“

„Und wie bist du hier hergekommen? Der Durchgang durch den Bardo-Kanal ist doch mit dem Siegel des Schöpfers verschlossen.“

„Wir haben Geheimgänge“, sagt der Teufel. Ich kann mir vorstellen, wie es dem Herrn jetzt gefallen wird, so ein Geständnis zu hören.

„Und wer ist Lapschin?“, sage ich die Frage vor, und Igor wiederholt sie streng.

„Der König der Finsternis benutzt ihn, um künftige Gegner zu erkennen. Er wusste, dass ihr kommen würdet. Nach den Bedingungen seines Vertrages mit dem Schöpfer hatte er das Recht auf den ersten Zug. Er wollte ihn wirkungsvoll einsetzen.“

„Warum hat er ihn dann nicht eingesetzt?“

„Dieser Lapschin…“, der Teufel erstickt fast vor Missbilligung, „bildet sich eindeutig zu viel ein. Er hat nur an sich gedacht und wollte das Wissen, das ihm eröffnet wurde, nur für seine persönliche Macht nutzen. Er musste euch entdecken und euch entweder auf seine Seite ziehen oder unsere Leute in der Regierung über euch in Kenntnis setzen.“

„Ihr habt eigene Leute in der Regierung, wen denn?“, fordert ihn Igor mit bedrohlicher Intonation in der Stimme auf, Namen zu nennen.

Der Teufel windet sich und sucht dann sein Heil in einem Spruch:

„Einer redet, der Andere verhandelt, der Dritte hat Geld, und der Vierte weiß alles.“

„Los, los, die Namen!“

„Ich kenne sie nicht. Ich bin der oberste Teufel über den niederen. Von oben jagen sie mir Schrecken ein, nach unten beschimpfe ich alle. Wer sollte mir so etwas sagen?“

„Wie sollen wir sie denn finden?“, dringt Igor weiter in ihn. Der Gefangene windet sich. Er legt sein fürchterliches Schweinemaul in Falten. Doch das Kreuz des Herrn übt Druck auf ihn aus und zwingt ihn, die Wahrheit zu sagen.

„Ihr kennt sie alle, drei haben dunkle Haare, vorn eine Glatze, es ist, als hätten sie alle dasselbe Gesicht. Sie sind sehr behände in ihrem Verhalten.“

„Und der Vierte?“

„Er hat keine Glatze und ist wortgewandter als alle anderen.“

„Und die Dame, die mit eurem König bei der letzten Schlacht war, wer ist das?“

„Die Göttin der Lüsternheit“, sagte Teufel. „Sie hat keine Wirkung, wenn ein Mensch sie nicht beachtet. Man kann sie mit Gleichgültigkeit besiegen. Schenkt man ihr Aufmerksamkeit, kann man tagelang mit ihr kämpfen. Das wäre genauso, als würde man sich selbst bekämpfen.“

Aus dem Kreuz donnert die Stimme des Herrn:

„Du wirst alles sehen, aber du wirst nichts sagen können. Geh in das Reich, das ihr euch selbst geschaffen habt.“

Wir treten zur Seite, und an uns vorbei entschwindet der Teufel.

„Die Türen, die versiegelt waren, könnt ihr öffnen“, sagt der Herr. „Das wird eure Schule sein. Schickt eure Anhänger hierher. Die Heiligen werden sie lehren, wie man sich und andere heilt. Nur von euch aus können die Menschen hierher kommen, um Wissen zu erlangen. Ihr könnt von dieser Seite aus auch in alle anderen Ebenen gehen, aber sonst führt niemanden dorthin. Ich segne euch!“

Wir danken dem Herrn. Wir bringen das Kreuz an seinen Platz zurück. Dann verlassen wir die Ebenen.

* * *

Am darauffolgenden Freitag versammeln wir abends im Zentrum unserer besten Schüler, diejenigen, bei denen der Bildschirm des inneren Sehens gut funktioniert. Wir sagen ihnen, dass von nun an in unserem Zentrum eine ungewöhnliche Meisterklasse eröffnet wird, in der Heilige unterrichten werden.

Die Schüler sehen uns verwundert an, obwohl sie sich hier schon an vieles Ungewöhnliche gewöhnt haben. Ruhig legen sie die Bänder an, schalten die Bildschirme des inneren Sehens ein.

Alle sind bereit. Wir bitten sie, sich an den Händen zu fassen, damit sie sich nicht in den unendlichen Räumen der anderen Welt verlieren. Sie sehen sich um, das erscheint ihnen sonderbar. Schließlich haben wir früher individuell oder in kleineren Gruppen gearbeitet. Jetzt waren wir viele, wir waren zusammen und führten die Menschen in eine Schule, die der Herr uns erlaubt hatte zu führen. Das war der Moment der Wahrheit: Würden auch andere die Schule sehen, die Igor und ich sahen? Und würden sie in sie eintreten können, wenn wir nicht in der Nähe wären?

Doch alles verlief besser, als wir erwartet hatten. Als wir unseren Schülern den Weg zeigten und sie in die Schule brachten, wurden wir schon erwartet. Die Klassentüren waren geöffnet, und wir führten jeden dorthin, wo seine gesundheitlichen Probleme gelöst werden konnten.

„Seid höflich und dankbar“, gaben wir jenen mit auf den Weg, die auf unsere Empfehlung hin das Recht erhalten hatten, eine neue Stufe ihrer Entwicklung zu erklimmen. „Denkt daran, dass euch Heilige neues Wissen geben werden.“

Nach dem Unterricht erzählen sich Kinder und Erwachsene überschwänglich gegenseitig, wie sie die Ausbildung am eigenen Körper erlebt haben. Ihnen wurden die Krankheiten gezeigt, die sie haben, und es wurde ihnen beigebracht, wie sie zu heilen wären.

Das Wichtigste war, dass sie nun zu jeder beliebigen Zeit in die Schule kommen konnten, wenn es notwendig wäre. Sie konnten das tun, wo immer sie wollten: zu Hause, bei der Arbeit, auf einer Reise.

In dieser Schule haben unsere Schüler zum ersten Mal erfahren, welche Rolle im Leben auf der Erde das kollektive Bewusstsein spielt, die kollektive Seele, die kollektive Energie. Dass das keine Hirngespinste verrückt gewordener Esoteriker und Idealisten waren, sondern die reinste Realität. Übrigens war auch die Kommunistische Partei sehr stolz auf ihre kollektive Vernunft gewesen. Man sieht, dass ihren Chefs die Mystik nicht fremd war.

An dieser Stelle möchte ich noch ein Zitat aus dem Buch von Grigori Petrowitsch Grabovoi „Die Auferweckung von Menschen und das ewige Leben – von nun an unsere Realität" anführen, das besonders unmittelbar diese Geschehnisse kommentieren kann. Denn die Erhöhung des Bewusstseinsniveaus ist die richtige Methode, um sich und seine Umwelt zu verändern.

„Gegenwärtig existiert die Meinung, dass die Umwelt nicht von uns abhänge, dass sie eigenständig existiere, sozusagen objektiv, und dass der Mensch diese Welt nur beobachten und ihre Gesetzmäßigkeiten erforschen könne, damit man sie zum Wohl der Menschen nutzen könne.

Denken wir in der Wirklichkeit darüber nach, wie die Menschen zu dieser Vorstellung gekommen sind. Der Mensch sieht, dass die Sonne jeden Morgen aufgeht und abends untergeht, dass sich der Wechsel der Jahreszeiten regelmäßig vollzieht, wobei sie einander in ein und derselben Reihenfolge ablösen, dass man am Himmel an ein und demselben Ort immer den Polarstern finden kann, und wenn man einen Gegenstand fallen lässt, fällt er immer nach unten wie der berühmte Apfel bei Newton. All diese Erscheinungen gehen ständig immer wieder vor sich, und der Mensch gewinnt den Eindruck, dass sie unabhängig von seiner Existenz vor sich gehen, dass sie gewisse objektive Erscheinungen sind, die nicht seinem Willen unterliegen. Das heißt, er hat es mit einer objektiven Welt zu tun, die unabhängig von ihm existiert. Und genau das ist ein großer Irrtum des Menschen.

Um herauszufinden, wie die Situation tatsächlich ist, müssen wir den Begriff des kollektiven Bewusstseins einführen. Das kollektive Bewusstsein ist das vereinigte Bewusstsein aller Menschen. Später werden wir noch sehen, dass in das kollektive Bewusstsein auch das Bewusstsein anderer Wesen eingeschlossen werden muss, zum Beispiel von Tieren. Und überhaupt das Bewusstsein alles Existierenden.

Im kollektiven Bewusstsein gibt es feststehende Vorstellungen. Diese Vorstellungen sind feststehend, weil sie ein Durchschnittswert sind, also etwas, das als Mittelwert der gesamten Menschheit gebildet wird.

Um besser zu sehen, worum es geht, wenden wir uns konkreten Beispielen zu. Stellen wir uns vor, dass wir eine Münze werfen. Kann man genau sagen, was das Ergebnis dieses Wurfes sein wird: Kopf oder Zahl? Wenn es eine normale Münze ist, kann man nicht vorhersagen, auf welche Seite sie fällt. Und wenn wir diese Münze beispielsweise siebenmal werfen? Das ist dasselbe. Sie kann manchmal auf den Kopf fallen, es kann aber auch anders kommen, dass sie zum Beispiel siebenmal auf die Zahl fällt. Wenn wir zahlenmäßig ins Verhältnis setzen, wie oft wir den Kopf und wie oft die Zahl gesehen haben, können wir in den angeführten Fällen, ohne das Hellsehen anzuwenden, diesen Wert nicht vorhersagen, wir können nicht sagen, wie dieser Wert beispielsweise aussieht, nachdem wir die Münze siebenmal geworfen haben.

Wirft man aber eine Münze mehrere 1000 Mal, kann man von vornherein sagen, dass das zahlenmäßige Verhältnis von Kopf zu Zahl gegen 1:1 gehen wird. Wenn man diese Münze mehrere Millionen Mal wirft, wird das Verhältnis praktisch 1:1 sein. Man kann also bei einer großen Anzahl von Würfen das Ergebnis vorhersagen. Und das ist kein Zufall. Es ist nämlich so, dass bei einer großen Anzahl von Versuchen, bei einer großen Zahl von Fällen die so genannten statistischen Gesetzmäßigkeiten auftreten. (Die Rede ist von dem bekannten Gesetz der großen Zahlen. – **A.** P.).

Bei einigen einzelnen Versuchen wird es also nicht möglich sein, eine Gesetzmäßigkeit zu erkennen, und das Ergebnis bleibt zufällig. Wenn jedoch die Anzahl der Fälle sehr groß wird, treten Gesetzmäßigkeiten auf, die man als statistisch bezeichnet.

Von diesen Gesetzmäßigkeiten gibt es sehr viele in unserem Umfeld. Sehen wir uns zum Beispiel die Computertastatur genauer an. Hier kann man sehen, dass die Buchstaben auf der Tastatur nicht in alphabetischer Reihenfolge angeordnet sind. Sie sind auf ihre eigene Weise angeordnet, offensichtlich irgendeiner Regel folgend. Aber welcher?

In der Mitte der Tastatur befinden sich die am stärksten gebräuchlichen Buchstaben, an den Rändern die weniger gebräuchlichen. Es ist klar, dass es einfacher ist, mit dem Zeigefinger zu arbeiten, als mit dem kleinen Finger, deshalb wurden die gebräuchlichsten Buchstaben in der Mitte angeordnet.

Wie kann man herausfinden, welche Buchstaben die gebräuchlichsten sind? Man kann zum Beispiel einem Computer den Befehl geben, viele Bücher zu lesen und herauszufinden, welche Buchstaben am häufigsten auftreten, welche seltener und welche ganz selten. Der Computer kann für jeden Buchstaben die Wahrscheinlichkeit seines Auftretens im Text berechnen. Die Buchstaben mit der größten Wahrscheinlichkeit des Auftretens im Text wurden also in die Mitte der Tastatur gelegt.

Beachten Sie folgendes: Wenn wir uns für die Wahrscheinlichkeit des Auftretens irgendeines Buchstaben, sagen wir, des Buchstaben A, in einem zufällig aus einem Text herausgerissenen Wort interessieren, wird es uns nicht gelingen, eine Antwort auf diese Frage zu erhalten. Wenn wir aber viele Bücher nehmen, in denen viele Wörter und damit auch viele Buchstaben enthalten sind, werden die statistischen Gesetzmäßigkeiten auftreten, und wir können für den Buchstaben A die Wahrscheinlichkeit seines Auftretens im Text bestimmen.

Diese Daten kann man in Druckereien für die Zusammenstellung von Setzkästen verwenden. Es müssen nicht alle Buchstaben des Alphabetes in derselben Menge gegossen werden. Man kann die Buchstaben in Mengen herstellen, die proportional zur Wahrscheinlichkeit ihres Auftretens im Text sind.

Dieselbe Idee wird auch für die Erstellung von Häufigkeitswörterbüchern in der Sprache genutzt. Ein Computer kann nach dem Lesen vieler Bücher, insbesondere der Werke von Klassikern, eine Liste der am häufigsten gebrauchten Wörter erstellen. Derartige Wörterbücher sind sehr nützlich beim Erlernen einer Fremdsprache. So bestehen zum Beispiel in der englischen Sprache 90% des Textes in der Belletristik aus den 3000 gebräuchlichsten Wörtern. Das große Wörterbuch von Webster enthält übrigens mehrere 100.000 Wörter. Wir sehen, wie die Nutzung statistischer Gesetzmäßigkeiten das Erlernen einer anderen Sprache vereinfachen kann. Ganze 3000 Wörter, allerdings die gebräuchlichsten, und schon können Sie lesen und kommunizieren.

Kommen wir zu unserem Ausgangsthema zurück. Jeder Mensch hat seine Vorstellungen, seine Vorstellungen von allem, und sie können sich von den Vorstellungen eines anderen Menschen unterscheiden. Doch wenn man alle Menschen nimmt, und das ist eine sehr große Zahl, findet die Bildung eines Mittelwertes dieser Vorstellungen statt. Im Ergebnis der Bildung dieses Mittelwertes existiert im kollektiven Bewusstsein eine bestimmte feststehende Vorstellung über verschiedene Dinge. Und eben diese kollektive Vorstellung von verschiedenen Dingen wird von den Menschen als objektive Realität wahrgenommen. Die Illusion entsteht gerade durch die Nachhaltigkeit dieser resultierenden Vorstellung, obwohl das nur ein Resultat der Bildung eines Mittelwertes anhand einer großen Menge von Objekten ist, im vorliegenden Fall ist es das Resultat der Bildung eines Mittelwertes anhand der Vorstellungen, die im Bewusstsein der Menschen existieren.

Wenn ich zum Beispiel einen Menschen diagnostiziere, der mich um Hilfe gebeten hat, dann sehe ich, wie sich der Zustand seines Organismus unaufhörlich verändert. Und zwar immer wieder in sehr hohem Maße. Wenn man aber diesen Menschen beispielsweise sofort zum Röntgen schickt, wird man auf dem Bildschirm des Apparates ein feststehendes Bild beobachten. Es ist nämlich so, dass die Geräte Angaben liefern, die mit den Vorstellungen des kollektiven Bewusstseins über die jeweilige Situation zusammenhängen.

Nun sind wir schon so weit, eines der wichtigsten Prinzipien zu formulieren:

UNSER BEWUSSTSEIN NIMMT DAS ALS REALITÄT WAHR, WAS IN UNSEREM BEWUSSTSEIN EXISTIERT.

Wenn Sie denken, dann ist das, woran Sie denken, für Ihr Bewusstsein bereits eine eben solche Realität wie das, was um Sie herum geschieht, wie das, was Sie beispielsweise mit den Augen, also mit dem normalen Sehvermögen sehen.

Das ist ein Grundprinzip, denn wenn Sie das, woran sie denken, mit dem, was in der äußeren, scheinbar objektiven, Realität geschieht, in Verbindung bringen, und wenn Sie das auf der Handlungsebene in Verbindung bringen, dann können Sie Objekte materialisieren, Sie können wiedererwecken.

Es gibt sozusagen zwei Realitäten: die Realität im Bewusstsein – das ist das Eine, und die Realität außerhalb des Bewusstseins – das ist das Andere, das, was als etwas Feststehendes wahrgenommen wird.

Und dabei muss man verstehen, dass sämtliche Objekte der Umwelt, sagen wir, ein Tisch, ein Stuhl, ein Auto, all diese Gegenstände, jede Partikel von ihnen, jedes Element der Welt auf dem gesamten Bewusstsein der lebenden Menschen aufgebaut ist. Wenn also nur ein Teil des Bewusstseins geändert wird, beginnt die ganze Welt, sich zu verändern. Deshalb ist es übrigens notwendig, zu verändern, ohne zu zerstören, sondern durch das Schaffen auf der Grundlage schöpferischen Wissens. Wenn wir uns also die Umwelt ansehen, schauen wir in Wirklichkeit nicht auf etwas tatsächlich Feststehendes, sondern auf das Ergebnis der Bildung eines Mittelwertes, auf den bequemsten Raum für alle Lebenden mit sämtlichen darin befindlichen Objekten. Genauer gesagt, wie nehmen die kollektive Realität in Raum und Zeit wahr. Und darum sind unsere Erde oder zum Beispiel physikalische Körper einfach eine Folge der Vereinigung des gesamten Bewusstseins der Menschen oder, genauer gesagt des gesamten Bewusstseins überhaupt. Sowohl der Menschen als auch anderer Wesen.

Wenn wir dieses Prinzip kennen, kann man sagen, dass die Auferweckung einzig und allein die richtige technologische Ergänzung zu den Strukturen allgemeiner Verbindungen ist.

Also noch einmal: Alles, was um uns herum existiert – die Erde, die Sonne, die Sterne, der Raum, die ganze Welt – all das basiert in der Wirklichkeit auf der Struktur des Bewusstseins, einschließlich des Bewusstseins des Schöpfers. Deshalb können wir, wenn wir wissen, was der Geist ist, was das Bewusstsein ist, wiedererwecken, wir können Räume schaffen, wir können eine Welt aufbauen, wir können überhaupt jegliche schöpferischen Handlungen ausführen.

Praktisch ist die Veränderung der Realität deshalb möglich, weil seinerzeit die Realität dadurch geschaffen wurde, dass mit dem Bewusstsein jeder Persönlichkeit und dem Bewusstsein jedes Informationsobjektes eine Entscheidung getroffen wurde.

Das heißt, damit man wiedererwecken und die Unsterblichkeit haben kann, damit jedem ein glückliches Leben garantiert ist, muss jeder diesen Standpunkt annehmen. Jeder muss eine Entscheidung über einen solchen Weg treffen. Und je mehr Entscheidungen darüber getroffen werden, einen solchen Weg zu wählen, den Weg des ewigen und glücklichen Lebens, und umso schneller wird sich die Realität in dieser Richtung verändern."

Und so hat Jewgeni Jewtuschenko Recht mit seiner Formulierung im Gedicht über den Erlenohrring: „Wenn wir uns verändern, verändert sich die Welt". Das ist ein erschöpfender Kommentar zu den Geschehnissen. Alles gibt es auf dieser Welt – sowohl den Schöpfer als auch den Heiligen Geist als auch Jesus –, weil es das in unserem Bewusstsein gibt. Genauso wie auch uns. In ihrem Bewusstsein! Es gibt alles in allem… Das, was oben ist, und das, was unten ist… Diese Gedanken sind eigentlich nicht neu. Nur das Niveau ihrer Wahrnehmung ist ein qualitativ anderes. In der In Antike war die Weltanschauung der Massen eine magische. Die Priester vertraten die Wissenschaft und bewahrten ihre Geheimnisse.

Warum gewann die rationale Richtung die Überhand, warum hat in 2000 Jahren das aristotelisch-kartäusische Weltbild gesiegt? Haben sich die oberen Träger des Wissens versündigt, indem sie die allgemein menschlichen Aufgaben für ihre eigenen egoistischen Ansinnen verraten haben? Oder ist in der Entwicklung der Vernunft der Welt diese Wendung in der Entwicklung der Wissenschaft objektiv nötig gewesen – hin zum Triumph des mechanistischen Denkens, hin zum Atheismus?

Bei aller Übermacht des so genannten Materialismus und der Rationalität hat sich in den Menschen der Glaube an das nichtkonventionelle Wissen gehalten. Im Volk gibt es Wunderdoktoren und Hexen, in den aufgeklärten Schichten die Astrologie, die Suche nach dem Stein der Weisen, nach dem Elixier der Unsterblichkeit. In der ernsthaften Wissenschaft gibt es Jakob Böhme, Emanuel Swedenborg, Franz Anton Mesmer und andere wissbegierige Geister. Dieser Glaube spiegelt sich wider in Epen und in der Literatur. Zwar ist die russische Literatur vergleichsweise jung, doch auch hier gibt es viele Werke, die den Versuchen gewidmet sind, übernatürliche Erscheinungen zu verstehen. Es geht hier nicht um Gogol oder Odojewski mit ihren fantastischen Werken, sondern um andere Autoren, die vielleicht weniger bedeutsam sind, dafür aber einen Hang zur Wissenschaft haben. Der dicke Roman „Die Freimaurer“ von Alexej Pissemski, die „Mystische Trilogie“ von Mitrofan Ladyschenski, die „Briefe aus dem Jenseits“ von Slutschewski, „Der Feuerengel“ von Brjussow, die historisch-mystischen Romane von Wsewolod Solowjow und Michail Wolkonski – alles kann man gar nicht auf einmal aufzählen. Und trotzdem hatte die kollektive Vorstellung einen Hang zur mechanischen Realität. Jesus wurde am meisten von Gedanken gequält wie „wer nicht betrügt, kann auch nicht verkaufen“

und „mit ehrlicher Arbeit kann man nicht reich werden". Aber fast alle wollten genau das, reich werden. Nicht in der Askese leben, sondern zufrieden und begütert.

Falschheit und Doppelmoral auf allen Ebenen des Soziums. In dem Roman „Zwei Magier" von Wolkonski beschuldigt ein Zauberer den anderen: „Anstatt die dir zugänglichen Kenntnisse zum Guten und für die Wahrheit zu nutzen, zum Wohle anderer Menschen, aus Barmherzigkeit zu ihnen, hast du angefangen, für dich selbst Gewinn daraus zu ziehen und dich nur noch um dich selbst zu kümmern... Und deine Kraft ist schwächer geworden." Doch diese Worte gelten auch für die ganze Menschheit in ihrer Masse, im kollektiven Bewusstsein. Sonst würde sie nicht wie das alttestamentarische Israel das goldene Kalb anbeten, andere Götzen und Idole.

„Wer Ohren hat, soll hören." Ist die Bevölkerung Russlands und anderer Länder bereit für die Wahrnehmung der neuen Situation in der Welt? Und umso mehr für ihre Erschaffung? Erinnern wir uns, dass in den Jahren der Sowjetmacht eine gesunde Lebensweise verstärkt propagiert wurde. Das betraf in erster Linie den Sport, das Erlernen elementarer medizinischer Fertigkeiten, ein harmonisches Verhältnis innerhalb der Familie und die Ordnung an öffentlichen Plätzen. Es gab eine Vielzahl wissenschaftlicher und Lehrinstitute, eine Armada von Instrukteuren in den Betrieben, Sanatorien und Erholungsheimen und manchmal auch am Wohnort. Sie haben Alt und Jung mit ihren Bewegungen erfasst, doch wie hoch war der Wirkungsgrad tatsächlich? In ihrer Masse zogen es die Leute vor zu leben wie seit alters her. Die Zeitungen überschlugen sich mit Berichten über Helden, die ihre Leiden überwunden und phänomenale Resultate erzielt hatten: über Dikul, Schawarsch Karapetjan und viele andere. Otto Normalverbraucher las diese Nachrichten, war begeistert und neidisch („so etwas müsste mir mal passieren“), doch über die guten Vorsätze kam er nicht hinaus. Im gesellschaftlichen Leben war es genauso, sei es nun bei Fragen der Selbstverwaltung, der Arbeit in den Gewerkschaften und so weiter und so fort. Eigentlich verstehen alle die Worte aus Goethes Faust „Nur der verdient sich Freiheit wie das Leben, der täglich sie erobern muss“. Aber im richtigen Leben erwarten sie mit aufgesperrten Mündern das Himmelsbrot, entweder von Gott oder aus dem Kreml. Versuchen Sie selbst, das zu verstehen. Und wer weiß, vielleicht können Sie eines Tages einen lieben und Ihnen nahestehenden Menschen zum Leben erwecken.

Ich habe mir schon zwei ausgesucht, meine Mutter und Boris Andrejewitsch Moschajew. Ich war bei ihnen in der dritten Ebene und bin ihnen begegnet. Wir konnten nicht nah aneinander herangehen und uns umarmen. Wir unterhielten uns auf die Entfernung, um mit einem unmittelbaren Kontakt nicht ihre dortigen Körper zu schädigen. Meine Mutter hat mehr geschwiegen, Boris Andrejewitsch aber beschwerte sich:

„Man gestattet uns nur sehr selten nachzusehen, was dort, auf der Erde, vor sich geht. Manchmal verzichten wir auch selbst darauf nachzuschauen. Was wir sehen, tut uns in der Seele weh.“

Er trägt einen kurzen grauen Mantel. Er weiß, dass er, nachdem er in unserer Welt gestorben war, in Wirklichkeit nicht gestorben ist, sondern gleichsam ins Spiegelland zurückgekehrt – ans andere Ende der Acht, des Symbols für die Unendlichkeit. Dort schafft ihr kollektives Bewusstsein ebenfalls alle Bedingungen für das Leben – Arbeit, Autos, Häuser. Für uns ist das eine Illusion. Für sie ist es Realität. Doch sie wissen, dass sie noch auf die Erde zurückkommen müssen, die Inkarnationsprogramme abarbeiten. So weiß auch Moschajew, dass er, wenn mein Plan funktioniert, zuerst, ohne dass sein Gedächtnis gelöscht wird, also mit der Erfahrung sämtlicher Informationen, herauskommt.

Er versteht überhaupt nicht, warum ich so ein großes Tier in der noumenalen Welt geworden bin, wie ich frei über diese Themen sprechen kann. Doch er muss meinen Worten einfach glauben. Umso mehr, als neben ihm ein heiliger Mensch sitzt, der der wichtigste auf ihrer Ebene ist.

„Über die Enkel weiß ich Bescheid. Wenn Du Milda siehst, sagt ihr: Ich kann mich erinnern, wie wir 1956 zusammen in den Urlaub gefahren sind. Das war sehr lustig. Der Herbst, die Verwandten. In unserem Zimmer gab es ein eisernes Einzelbett und einen Ofen. Wir haben diesen Ofen gemeinsam mit Ton abgerieben.

Es war Herbst, und wir sind in den Park spazieren gegangen. Die Lausitz. Ich hatte Schlaghosen. Sie schleiften über den Boden. Wir träumten von Kindern und machten Pläne für das Studium und die Arbeit. Ich denke an mein Sofa. Das war schon in den letzten Jahren, in Moskau. Ich hatte ein Lieblingsbuch mit einem roten Umschlag. Ich sage dir das, damit sie dir glaubt. Sonst denkt sie, dass du das alles geträumt hast."

Und wieder drängt es ihn in der Hitze des Gesprächs zum Allgemeinen:

„Es ist eine Sauwirtschaft bei euch, Leute. Alle betrügen sich gegenseitig."

Danach wollte ich seine Witwe, Milda Emiljewna, anrufen. Doch wie sollte ich ihr von so etwas berichten? Sie würde denken, ich hätte geträumt, und das wäre noch die beste Variante. Ich warte noch ein bisschen, bis das Buch erscheint. Im allgemeinen Kontext wird es leichter zu verstehen sein, für Milda Emiljewna und alle anderen.

Als ich mit Boris Andrejewitsch gesprochen habe, hat sich meine Mutter an irgendetwas aus unserem Leben erinnert, aus der fernen gemeinsamen Vergangenheit, und Igor, der ihre Gedanken lesen konnte, fragte mich danach:

„Habt ihr wirklich so ärmlich gelebt, dass du nicht mal einen Schlitten hattest?“

„Ärmer ging es gar nicht“, bestätigte ich. „Meine Mutter war Sekretärin im Werk ‚40 Jahre Oktoberrevolution‘. Sie hat auf einer Schreibmaschine getippt. Ihr Gehalt waren 40 alte Rubel in der Währung vor der Reform von 1961. Und drei Kinder hingen ihr am Rockzipfel. Sie hat uns schließlich allein großgezogen. Sie kam immer erst nachts ins Bett, denn vorher musste sie waschen und kochen. Und morgens, so gegen fünf, war sie schon wieder in der Küche, um uns etwas zu essen zu geben und uns in die Schule zu schicken.“

„Du hattest also wirklich nicht mal einen Schlitten?“, lässt sich Igor nicht von seinem Gedanken abbringen. „Hattet ihr eine Schüssel?“

„Hatten wir. Eine alte, vernickelte. Ich habe sie irgendwo auf der Müllhalde gefunden. An einem Loch habe ich eine Strippe befestigt und sie hinter mir hergezogen. Damit bin ich den Berg hinuntergerutscht. Ich habe mich hineingesetzt und bin hinunter geflogen wie ein Wahnsinniger.“

„Hmm“, brummelt Igor. „Ein Akademiemitglied, aber in einer Schüssel rodeln…“

„Das war eine großartige Erfindung, ich bin darin schneller als alle anderen den Berg hinuntergerutscht“, erinnere ich mich des vergangenen Vergnügens.

„Mit einer Strippe?“

„Ganz genau, mit einer Strippe. Da war ein Loch in der Schüssel. Ich habe die Strippe selbst befestigt und die Schüssel hinter mir hergezogen. Immer wenn ich durch die Straße gelaufen bin, hat es gescheppert. Es war wunderbar!“

„Das sehe ich“, bestätigt Igor.

„Weißt du, wie toll das war! Sie konnten mich auf ihren Schlitten im Leben nicht einholen.“

„Ich sehe es“, bestätigt Igor wieder.

„Mit der Schüssel konnte man besser rodeln als mit einem Schlitten“, verteidige ich hartnäckig die Vorzüge des Transportmittels meiner Kindheit.

„Ja, ja…“

„Was hat Mama dir noch gezeigt?“

„Die geflickte Kleidung.“

„Ja, Mama hat das alles geflickt. So sah meine ganze Kleidung aus – Flicken über Flicken.“

„Zucker und Fett hat sie mir gezeigt. Du hast das sehr gemocht.“

„Zucker und Sonnenblumenöl?“, frage ich nach.

„Nein. Brot, Butter, und darauf hast du Zucker gestreut.“

„Genau. Zucker mit Butter. Wenn es Sonnenblumenöl war, habe ich Salz genommen.“

„Die Butter ist in das Brot eingezogen, fast wie Wasser, so dass der Zucker immer weiter geschmolzen ist. Dann hat sie mir noch ein völlig abgegriffenes Buch gezeigt… ihr habt nur das eine gelesen, hat sie gesagt, denn andere hattet ihr nicht…“

„Ich habe es bis heute, ich habe es aufgehoben."

„Sie hat mir ihren Kittel gezeigt. Er ist alt. Aber einen anderen hatte sie nicht."

„Wir waren eben sehr arm", erinnere ich Igor. „Sie hat 40 Rubel bekommen und hatte drei Kinder zu versorgen!"

„Ihr habt in einem Zimmer gelebt. Alle in einem Zimmer?"

„Ja. Es war durch ein Sofa geteilt."

„Ein anderes Zimmer, hat sie gesagt, wollte sie nicht. Man wollte ihr ein größeres geben, doch das hatte Ofenheizung. Der Ofen hätte geheizt werden müssen. ‚Wann soll ich das noch schaffen', hat sie gesagt."

„Genauso war es."

„Dann wollten sie ihr ein anderes Zimmer geben, das wesentlich größer war. Doch dort war die Decke schlecht. ‚Ich wollte auch das nicht', hat sie gesagt."

„Sie kam immer erst nachts ins Bett. Und das, was sie gemacht hat, wann hat sie das alles geschafft? Nun hätte sie auch noch einen Ofen heizen sollen. Natürlich hätte sie das nicht schaffen können."

„Außerdem hatte sie noch ein Körbchen oder ein kleines Netz, darin waren Nadeln und Garn..."

„Ja, das hatte sie."

„Das war wie so ein Bastkorb. Sie sagt, sie hätte hier alles aufgehoben."

„Dann hat man mir eine Geige gekauft, doch ich konnte es nicht lernen, ich bekam ein Kissen unter das Kinn gebunden... Ich habe gekratzt und gekratzt, doch es wollte nicht gelingen... Ich hatte einfach nicht die Veranlagung dafür. Aber Bücher habe ich gerne gelesen."

„Das kann es auf der Seelenebene sein. Es ist alles in der Realität. Sie ist sich all dessen bewusst und sieht es. Ich lese das alles einfach von ihr ab. Sie erinnert sich, sie weiß alles. Sie sieht alles ganz genau. Das ist das geistige Sehen. Auf der anderen Seite sehen sie alles wie mit den Augen. Das heißt also, warum es sich vorstellen, sie sehen es mit den Augen, und damit hat es sich. Alles wird anders wahrgenommen. Die Augen haben ja eine Bedeutung. Sie sehen sowohl mit der Seele als auch den Augen. Die visuelle Gestalt sieht man ohnehin, aber die Augen haben die Bedeutung. Sie hat euch überredet, Direktor zu werden, aber ihr habt immer nur geschwiegen… geschwiegen, geschwiegen und geschwiegen…“

„Aber mich kann man doch auch verstehen. Was ist das schließlich für eine Verantwortung?! Und ich war noch klein.“

„‚Was sagst du da, du kannst es schließlich‘, hat euch die Mutter vorgeworfen.“

„Ja, ich konnte es. Zuerst habe ich den einen Verlag hoch gebracht, danach den nächsten. Es ist sehr schwer, ein Unternehmen an die Spitze zu bringen. Und wenn man ganz oben ist, tritt einen irgendwer mit dem Fuß… und alles dreht sich zurück, übrigens sehr schnell.“

„Ja, Moschajew spricht über irgendeinen Film. Ich verstehe es nicht… Boris Andrejewitsch sieht dem Filmhelden nämlich, dem Fjodor aus dem Film. Der Charakter ist der gleiche: Sie haben ihn traktiert und traktiert und am Ende doch nichts erreicht… zuerst wollten sie ihn nicht in die Partei aufnehmen. Dann wollten sie ihn wieder ausschließen. Dann wollten die Leute, die ihm das Leben schwer gemacht hatten, ihn zu allen möglichen Jubiläen einladen und seine Freunde werden. Er sagt: ‚Ich habe überhaupt niemals irgend eine Partei beachtet. Erst sollte ich eintreten, dann wollten sie mich ausschließen… Das hat mich alles nicht berührt.“

„Er war ein sehr weiser Mensch. Und ein unabhängiger. Er hat sich nicht wegen Kleinigkeiten auf irgendein Gerangel mit diesen Schriftstellern in den oberen Etagen eingelassen, sondern die Distanz bewahrt: Guten Tag, auf Wiedersehen, ja ja, nein nein, und das war‘s. Er hat sie nie an sich heran gelassen, hat sich immer von diesen ganzen Intrigen im Sekretariat des Schriftstellerverbandes ferngehalten, wer mit wem gemeinsame Sache macht wer sich gegen wen stellt“, erkläre ich Igor.

„Warum sagt er das alles? Heißt das, dass sie physische Körper sehen wie wir einen lebendigen Menschen?“, fragt Igor.

„Ich schweige, ich denke an das kollektive Bewusstsein.“

Kapitel 12

Jetzt ist es so, dass wir beim Betreten der anderen Dimension augenblicklich dorthin gelangen, wohin wir wollten. Es ist besonders praktisch vom Gipfel der energetisch-magnetischen Konstruktion herunterzublicken, die sich in Form eines Dreiecks über dem Nordpol der Erde erhebt. Von hier sind auch die unteren Ebenen zu sehen. Sie sind noch nicht aufgefüllt nach den neuesten Tumulten, die Igor und ich dort bei der Rettung von Tamara verschuldet haben. Auf der unteren Ebene stehen neben dem brodelnden planetarischen Kern - drei Throne. Zwei davon sind leer. Der Herrscher über die Finsternis scheint Sündenböcke gefunden zu haben. Das kann uns nur recht sein. Jemand muss ja für unseren Unfug die Verantwortung tragen. Der Androgyn erscheint. Wir gehen vor ihm auf die Knie. Er erlaubt, dass wir uns wieder erheben.

„Das, was begonnen wurde, muss zu Ende gebracht werden", sagt er. „Auf der Rückseite des Throns von Migen ist eine Tasche. Darin ist eure russische Erde. Einst vor langer Zeit hatten sie sie geraubt, doch wussten nichts damit anzufangen. Ihr müsst sie zurückholen. Ihr fürchtet euch doch nicht, dahin zu gehen?"

Und der Gott deutete mit der Hand den Weg an, den wir gehen sollten.

„Eure Legion steht schon bereit, auch der Löwe und der Adler. Gott selbst wird auf eure Verhandlungen ein Auge haben. Das Gesetzt besagt, dass sie euch das Land zurückgeben müssen. Sollten sie aber über euch herfallen – und sie sind viele – dann wird es hart für euch werden. Versteht ihr?"

Igor seufzt und zeigt mit einer resoluten Geste der Hand, dass er dennoch entschlossen ist. „Wer sich vor Teufeln fürchtet, sollte nicht in die Hölle gehen.“

„Ja, das stimmt allerdings“, bricht der Androgyn in donnerndes Gelächter aus und der uns schon vertraute Siegelring glitzert an seinem Finger, als er dabei die Hand zum Mund hebt.

Der Androgyn war fort, doch an seiner Stelle war unser ganzes Heer, der Löwe und der Adler auf einmal aufgetaucht. Wir umarmen uns mit den Kriegern und nehmen für alle Fälle Abschied voneinander. Und dann geht's los, hinunter.

Die Teufel waren baff. Migen blickt uns grimmig an. Der stumme Dämon, den wir auf den anderen Ebenen überrumpelt hatten, gibt tierische Laute von sich, zeigt mit seiner Hand oder eher seiner Pfote auf uns, als ob nur er alleine uns erblickt hätte. Und hinter den Thronen, oh mein Gott, Scharen von Teufeln. Sie klettern übereinander, fletschen die Zähne, sind kurz davor uns anzufallen. Aber Migen hat noch kein Kommando gegeben. Er machte seine eigenen komplexen Berechnungen, nämlich über das Hier und Jetzt, das zwischen der Vergangenheit und der Zukunft liegt, über den Schöpfer und unsere Rolle, die wir in dem Gegensatz - Gut und Böse spielten.

„Warum seid ihr hierher gekommen?“, fragt er. Und alles an ihm deutet darauf hin, dass es schwer und lästig für ihn ist, mit uns zu reden, so wie es einem Würdenträger mit einem Knecht oder einem Kriminellen mit einem Anwalt ergeht.

Igor stellt schweigend das Kreuz auf, das er sicherheitshalber vor dem Feldzug auf der achten Ebene mitgenommen hatte.

„Wozu habt ihr das Kreuz hierher geschleppt?“, macht Migen ein zerknautschtes Gesicht.

„Gott selbst wird Zeuge, wenn jemand die Gesetze verletzt."

„Wisst ihr, was für eine Macht ich besitze?", beginnt der König der Finsternis vor Ingrimm zu vergehen. „Ein Wink meiner Hand reicht aus, um euch zu Staub zu verwandeln."

„Ja, ja, du bist so schrecklich, dass du dich vor dir selbst fürchtest", bestätigt Igor.

Wir sehen uns um. Die Teufel, vor Zorn schnaufend, scharen schon mit den Hufen und sind bereit, jeden Augenblick auf uns loszustürmen. Und da ist auch wieder die nackte Frau, die Göttin der Lüsternheit, scheint wohl auch von einem näheren Kontakt, einem Handgemenge zu träumen. Was soll man da sagen! Wir sagen das, was unser Herz befiehlt und unsere Seele sich wünscht:

„Unser Glaube ist stark. Was unsere Furchtsamkeit angeht, das kannst du dir wohl selber denken. Also, gib uns friedlich das zurück, was wir uns im Kampf ehrlich verdient haben, nämlich unser russische Erde."

„Werdet ihr kämpfen?"

„Auf dem Schlachtfeld des Gottesreiches. So will es das Gesetz, damit der Herr alles sehen kann."

„Was ist denn euer Herr?", fragte er giftig mit Hohn. Wie einst Pontius Pilatus fragte: „Was ist die Wahrheit?"

Igors Antwort kam wie aus der Pistole geschossen, damit der Bösewicht weder an unserem Glauben noch an Gott zweifelte:

„Unser Herr ist unser Glaube, unser Land, unser Volk. Er hat uns niemals im Stich gelassen und wir werden Ihn auch nicht im Stich lassen, wir werden Ihn niemals verlassen."

Die Frau macht Anstalten von hinten über uns herzufallen. Die Augen des Königs der Finsternis spiegeln ihre Gestalt wieder. An

Stelle der Haare erscheinen plötzlich zischende Schlangen. Sie zischen vorsätzlich lauter, damit wir uns umdrehen. Aber wir drehen uns nicht um, denn der stumme Teufel hat uns bereits rechtszeitig davor gewarnt. Sie spiegelt sich ja in seinen Pupillen.

Sie macht einen Schritt, dann noch einen, und - fängt an zu versteinern. Jetzt zeigt sich das Entsetzen in ihren Augen. Anscheinend passiert ihr so was in ihrem schändlichen Leben das erste Mal. Der König der Finsternis ist überrascht, verliert aber noch nicht die Hoffnung, uns überlisten zu können.

„Was stehst du denn da wie erstarrt?“, wendet er sich an Igor. „Schlag sie! Sie wollte doch als erste über dich herfallen!“

„Sie interessiert uns nicht“, antwortet Igor. „Wir sind gekommen, um mit dir zu reden.“

Nach seinen Worten ist die Göttin der Lüsternheit zu Staub zerfallen, als hätte es sie nie gegeben.

„Wir haben diese Erde zurecht bekommen“, antwortet Migen bissig. „Beim letzten Armageddon hatten wir euren Ritter besiegt.“

„Beim letzten schon, bei diesem allerdings nicht.“, widerspricht Igor.

„Nun gut“, stimmt der König der Finsternis auf einmal zu. „Ich habe die Erde hier in einem Tuch. Es gibt aber drei Tücher zur Auswahl. Wer wird es nehmen? Der Gaul mit den Hufen oder du mit der Hand? Sei aber vorsichtig, um nicht alles zu verlieren.“

Da sind drei Tücher, jeweils mit einem Knoten zugebunden. Igor schwankt, versucht sich einzufühlen, welche Erde ihm heimischer erscheint. Ein Tuch streckt sich ihm selbst entgegen – dort sind unsere Birken, unsere Flüsse und Weiten. Die Seele fühlt es. In den zwei anderen herrscht Bosheit und Finsternis.

„Gib mir dieses hier", sagt Igor furchtlos und nimmt das mittlere Tuch.

„Wer kann euch bloß aufhalten?", zischt Migen.

„Nicht du", antwortet Igor frech. Er dreht mich um und wir kehren zusammen mit der Legion, dem Adler und dem Löwen auf unsere Seite zurück.

Der Herr selbst empfängt uns am Ausgang des Bardo-Kanals. Die Heiligen sind auch dabei. Er schlägt das Kreuz über uns und nimmt das Tuch behutsam in die Hand.

„Diese Erde ist viel wert", sagt der Herr.

Man sieht Ihm an, dass er gerührt ist. Alle Heiligen hinter ihm freuen sich.

„Das ist nicht einfach Erde, das ist Meine Kraft! Wenn ihr euch wieder auf einen gefährlichen Weg begeben werdet, so werde Ich euch und eurer Legion eine Hand voll davon mit auf den Weg geben." Er segnet uns und lässt uns gehen.

Er hat Tränen in Seinen Augen. Es fällt Ihm schwer Seine Gefühle zu unterdrücken. Lange, sehr lange hat Er auf diesen glücklichen Augenblick gewartet.

***

Überall wird über den Untergang des besten U-Boot-Kreuzers Russlands, der „Kursk", in der Barentssee spekuliert. Ich und Igor haben uns entschlossen uns das anzusehen und zu prüfen, was wirklich geschah.

Wir haben den Bildschirm des inneren Sehens eingeschaltet. Vom Nordpol aus ist alles gut zu sehen. Der Unglücksort war schnell ausgemacht. Nun sehen wir uns die Ereignisse in ihrem chronologischen Verlauf an. Unsere Information stimmt mit dem, was die Offiziere behaupten, nicht überein. Aber seit wann kann man den offiziellen Presseberichten Glauben schenken? Für Politiker ist die Wahrheit das, was vorteilhaft erscheint.

Folgendes haben wir einige Tage nach der Havarie gesehen…

16.08.2000. 8:30h. Wir sehen das U-Boot, es liegt am Meeresboden. Im mittleren Teil gibt es eine Einbuchtung. Der Bug ist ramponiert.

Die Ursache der Havarie ist ein Zusammenstoß mit einem amerikanischen U-Boot. Das amerikanische U-Boot bewegte sich nicht. Die „Kursk" näherte sich ihm. Wegen der starken Strömung war das Wasser schlammig und die Sicht sehr schlecht. Die „Kursk" stellte sich seitlich zum amerikanischen U-Boot, ordnete sich an die Abschusslinie und öffnete die Torpedoluken. Die Amerikaner begriffen, dass sie zur falschen Zeit am falschen Ort waren. Es gab kein Entkommen. Das amerikanische U-Boot bewegte sich aus unerklärlichen Gründen vorwärts. Wahrscheinlich wollte es unter die „Kursk" tauchen, um aus der Schusslinie zu kommen, schlug aber den U-Boot-Kreuzer gegen die Seitenwand. Der Offizier, der unseren Kreuzer gesteuert hatte, wurde nach hinten geschleudert. Seine Hand stieß auf etwas auf dem Bedienfeld. Die „Kursk" krängt mit dem Bug nach unten. Das amerikanische Boot wird weggeschleudert und stößt mit seinem Heck gegen den Rumpf der „Kursk", und beschädigt dabei die eigene Schiffsschraube. Das rapide Absinken der „Kursk" mit dem Bug voraus endet mit einem Aufschlag auf den Meeresboden. Eine Explosion. Den Amerikaner gelingt es mit Mühe 10-12 Kilometer weiter fort in neutrale Gewässer zu driften. Dabei wird während der Fahrt die Schiffsschraube noch stärker beschädigt. Sie reibt gegen etwas, hält den Belastungen des Arbeitsgangs nicht stand.

Noch etwas ist außer Betrieb. Sie sinken auf den Grund der See. Die Besatzung ist etwa siebzig Mann groß. Es gibt Verletzte und vielleicht auch Tote.

17.08.2000. 21:10h. Die Bergungskapsel versucht an der Bugluke anzudocken. Dort befinden sich zwei Personen. Sie fühlen sich elend, sind übermüdet und der Kabinendruck ist angestiegen. Schlechte Sichtbedingungen und Unterwasserströmungen erschweren die Arbeit ungemein. Das Rettungsteam versucht immer und immer wieder die Luke zu erreichen. Dabei prallen sie auf den Kreuzer und werden wieder zur Seite getrieben. So wird ihnen nichts gelingen.

19.08.2000. 08:10h. Wir befinden uns in den Sektoren im Boot. Einige Seeleute sind noch am Leben. Die Bergungstaucher können nicht in das Boot eindringen und die eingekeilte Luke öffnen, weil ihnen die technischen Fertigkeiten fehlen. Es ist eine entsetzliche Situation. Die Kommandeure maßen sich zu, eine Bergung in einer konkreten außerordentlichen Situation zu üben und glauben dabei an eine lichtvolle Zukunft – was, wenn's doch klappen? Man kann sie nicht als Idioten bezeichnen, aber sie verhalten sich trotzdem nicht der Situation entsprechend.

Die Temperatur sank ab. Die Hälfte derer, die noch am Leben sind, hat das Bewusstsein verloren.

Man hätte eine spezielle Vorrichtung für die deformierte Luke von den Schiffsbauwerken von Sewerodwinsk anfordern müssen. Die Menschen im Inneren des Bootes sind bereits halbtot.

Unsere Technik ist nicht imstande mit diesem Problem fertig zu werden. Wahrscheinlich ist das bekannt, aber man kann sich zu nichts durchringen.

Sie fürchten, dass der Reaktor nicht ausgeschaltet ist!

Sie fürchten ihn zu bergen!

Sie fürchten ihn ans Ufer zu schleppen!

Sie fürchten die Luke zu öffnen: Was, wenn da eine radioaktive Strahlung vorhanden ist!

Sie fürchten irgendeinen Knall aus dem Inneren des Bootes.

Sie fürchten alles!

Wo sind die Taucher? Warum werden sie nicht eingesetzt? Wenn wir keine haben, könnte man doch andere Länder um Hilfe bitten. Nur trostlose Fragen. Als Antwort darauf bekommen wir leere, kalt wirkende Teleportraits der Admirale und Politiker zu sehen, die sich über die Hysterie in der Berichterstattung aufregen.

19.08.2000. 17:30h. Wir befinden uns neben einem Schiff. Gehen tiefer. Die Kapsel hat sich angekoppelt. Die Luke ist offen. Dort unten gibt es Überlebende. Sie liegen im 8. und 9. Sektor. Dort sind scheinbar vier Bergungsleute. Sie sind hinuntergestiegen. Zwei von ihnen stehen an der Tür. Sie haben es nicht geschafft sie zu öffnen. Hinter der Luke ist ein noch nicht überfluteter Sektor. Dort sind die Jungs noch am Leben, wenn auch in einem sehr schlechten Zustand. Der Druck ist extrem hoch. Die Bergungsleute sind längst dort, können aber die Tür nicht öffnen. Sie verwenden irgendeine Vorrichtung mit einem Rohr.

Der Bildschirm des inneren Sehens machte eine Analyse: Die Gefahr, die von der Öffnung der Luke ausgeht, ist tatsächlich groß. Sollte der gewaltige Druck entweichen (eben der Knall, den sie fürchteten), dann würde das Bergungsmodul von der Rampe gerissen und das Innere des Bootes mit Wasser geflutet. Dann kämen auch die Bergungsleute ums Leben.

Die Engländer haben ein U-Boot. Sie fahren von fern mit

hundertprozentiger Sicherheit. Und sie haben aus unbestimmten Gründen auch Taucher und Ausrüstung dabei.

Wie viel Zeit doch verschwendet wurde! Nun werden sie alle davon überzeugen, dass nichts zu machen war.

20.08.2000. 8:20h. Unser Modul versucht zum Heck zu gelangen. Das Wetter ist gut. Im Inneren waren sie bereits, aber die Luke zu den Sektoren wurde nicht aufgemacht. Der größte Aufwand wird der Untersuchung gewidmet. Im Bug gibt es kein Leben mehr. Im Heck glüht noch ein Funken Leben bei zehn oder zwölf Männern.

Unsere Leute tun nichts. Sie sind lediglich dabei die Situation einzuschätzen, zu beobachten und Spionage zu unterbinden. Sie haben die Rolle der Beobachter eingenommen.

Die englischen Bergungsleute gaben unserer politischen Führung unzweideutig zu verstehen, dass sie das Boot zusammen mit den Seeleuten vorsätzlich zugrunde gerichtet haben. Das Bild der Untersuchung verändert sich auch. Die Engländer und Norweger geben das volle Bild der Geschehnisse wider. Sie fragen: „Wolltet ihr einen ganzen Monat damit verbringen nach unten zu tauchen?“ Sie sagen, dass sie von Angesicht zu Angesicht mit der russischen Verantwortungslosigkeit konfrontiert waren. „Ihr habt zu viele Menschen und sie sind euch nichts wert.“

Unten arbeiten jetzt Taucher. Sie gehen rechts und links ums Boot und untersuchen die Außenhülle. In etwa einer Stunde wird das vollstände Bild über das Geschehene sichtbar.

Die Analyse der Situation richtet sich an diejenigen, die noch bedingt am Leben sind. Sie wollen nicht mehr leben. Ein unerträglicher Druck. Atemnot.

17:15h. Die Taucher sind jeweils zu viert hinuntergestiegen. Der vordere Teil ist überflutet. Die Mitte auch, der hintere Teil nicht ganz. Das Wasser drang langsam ein und flutete das Boot auch sehr langsam. Es gab einen Kampf ums Überleben auf dem Boot – man tat alles Menschenmögliche.

19:40h. Es geschieht nichts. Es gibt Wasser, aber keine Leiche im Übergangsrohr. Unsere Leute waren bereits da.

Die Stöße, die bei den Andockungsversuchen der sechzig Tonnen schweren Bergungskapseln verursacht wurden, vergrößerten die Lecke, welche von den Matrosen in den ersten Stunden abgedichtet worden waren. Das Wasser im Boot steigt, von Stunde zu Stunde. Auch da, wo vorher kein Wasser war.

Die Prognose:

Es gibt keine Hoffnung, die Leute zu bergen. Die Situation verschlechtert sich von Minute zu Minute. Das Wasser dringt jetzt schon viel schneller ein.

Das Blut der Männer pulsiert kaum noch, als hätte es sich verdickt. Aber es ist noch warm. Es gab eine Chance sie zu retten, doch da war wiederum der Faktor Zeit. Alles ist getan worden, damit sie für die Bergungsleuten knapp wurde. Die Blutgefäße im Kopf sind bei vielen geplatzt. Dort ähnelt alles einem Brei. Das ist der Preis für die sieben Stunden, in denen keine Rettungsmannschaften zum Boot „Kursk“ herangelassen wurden.

Man kann den Norwegern nichts übelnehmen. Sie haben ihre Arbeit höchstprofessionell durchgeführt und die Deformation behoben. Das Modul kann angedockt werden. Die Gefahr des Innendrucks besteht zwar nach wie vor, doch die Norweger sind bereit das Risiko einzugehen und sie verfügen über die notwendige Technologie.

***

Es war uns möglich das Geschehende zu sehen, weil wir mit einem bestimmten Informationsfaden verbunden waren, der zum Informationsfeld der Erde führt. Dieser Faden kam von jenen Matrosen und Offizieren der „Kursk“, die ums Leben gekommen sind, die aber noch immer an ihren physischen Körper gebunden waren, auch wenn sie bereits als tot galten. Der letztgenannte Umstand hat eine äußerst wichtige Bedeutung. Denn wir sehen ja quasi mit Hilfe ihres Bewusstseins. Sie selber wissen noch nicht, dass sie gestorben sind. Daher können wir, ihnen folgend, die Ereignisse mit einer gewissen Verzerrung wahrnehmen. Sie denken, sie seien am Leben. Und wir nehmen sie folglich als lebendig wahr. Die Wirklichkeit sieht aber ganz anders aus. Ich weiß, meine Worte hören sich unglaublich an. Aber bin ich tatsächlich der Einzige, der das, was ich jetzt geschrieben habe, für möglich hält? Ich werde keine ausländischen Autoritäten anführen, beispielsweise Moody, der das Leben nach dem Tod beschrieben hat. Wie oft passiert es, dass wir unsere eigenen, bei weitem mächtigeren Propheten alleine deshalb nicht erkennen, weil sie in unserer unmittelbaren Nähe leben, buchstäblich Tür an Tür.

Ich nehme wieder Bezug auf das Buch von Grigori Grabovoi. Weil er jemand ist, der nicht nur spricht, sondern seinen Worten auch Taten folgen.

„Im Zustand einer hohen Bewusstseinsebene wird es dem Mensch möglich Handlungen zu verrichten, die dem gewöhnlichen wachen Bewusstseins als unglaublich, unmöglich und fantastisch erscheinen. Nehmen wir als Beispiel den Kontakte zu Dahingeschiedenen. Man

kann sich die Fähigkeit aneignen, Verblichene zu sehen und mit ihnen zu kommunizieren. Und man kann ihnen helfen, hierher zurückzukehren. Denn die Sache ist die, dass es nur wenigen aus eigener Kraft gelingt, in unsere Welt zurückzukehren.

Außerdem sollte man nicht vergessen, dass jene, die wir als Dahingeschiedene bezeichnen, nur aus der Sicht des gewöhnlichen wachen Bewusstseins von uns geschieden sind."

So merkwürdig sich meine Worte für die Verwandten und Nächsten der Seeleute der „Kursk" auch anhören mögen, möchte ich doch zum Ausdruck bringen, dass diejenigen, die ihr für Verstorbene haltet, nicht gestorben sind. Sie sind tatsächlich in eine andere Welt übergegangen. Und diese Welt ist nicht weniger real als unsere.

Und noch eine Lehre im Zusammenhang mit der Katastrophe der „Kursk". Viele haben sie begriffen, unter anderem Militärs, Politiker und Wissenschaftler. Gewiss nicht alle. Wir entfernen uns rasant von der Epoche der UdSSR, als noch galt: „Denke zuerst an das Vaterland und dann an dich selbst" oder: „Heute ist nicht das Persönliche wichtig, sondern Berichte über den Arbeitsalltag". Sicherlich sollte man an das Vaterland denken, allerdings nicht in dem Sinne, dass man dem Staat, also dem Reich des Cäsar dient, sondern sich um das Volk, jede menschliche Seele sorgt und in ihr die Herrschaft des Geistes wiederzubeleben versucht.

Was für ein beeindruckender Unterschied zwischen dem Schicksal der „Komsomolsk", die vor über zehn Jahren gesunken ist und dem der „Kursk"! Der Untergang des Atom-U-Bootes hat die ganze Öffentlichkeit aufgerüttelt. Die Öffentlichkeit zwang den Staat eine menschliche Haltung einzunehmen und die ums Leben gekommenen

Menschen namentlich zu nennen, sich um die Verwandten zu kümmern und schließlich, Hilfe aus dem Ausland anzunehmen. Es scheint, dass diese Bewegung zur Geistigkeit hin nicht nur in Russland stattfindet, da auch in anderen Ländern Trauermessen für die „Kursk“ abgehalten werden.

Die Ära, in der die Gewalt auf dem Planeten vorherrscht, nähert sich ihrem Ende. In den kommenden Jahren wird die Menschheit die Geistigkeit in einem noch rasanteren Tempo erlangen.

***

Zur dreizehnten internationalen Buchmesse kamen in Moskau Hunderte von Teilnehmern zusammen, darunter auch etwa siebzig ausländische Verlage. Wir fertigten ein großes Plakat an, bezüglich des 70jährigen Verlagsjubiläums des „Chudlit“. Es wurde an der Seitenwand des Ausstellungssektors angebracht. Wie in den vorangegangenen Jahren war unser Büro nicht groß, nur neunzehn Meter lang. Das sind allerdings drei Meter mehr als im letzten Jahr. Und auf der Messe im Jahre 1996 hatten wir nur einen sechs Meter langen Sektor. Diese zusätzlichen Meter waren der Verdienst unserer mühevollen Arbeit und gehörten nur uns allein. Niemand hatte dem staatlichen Unternehmen die Hand zur Hilfe gereicht, obwohl die Beamten dauernd auch von unserer Zugehörigkeit zum einheitlichen Staatsteam sprachen. Das Komitee für Pressewesen, das in meinen Vertrag einst eine Klausel über die obligatorische Unterstützung des Verlags eingefügt hatte, war nicht imstande seinen Verpflichtungen nachzukommen. Die neue Leitung des Ministeriums für Pressewesen strich die Spalte „Schöngeistige Literatur“ mit demonstrativer Hartnäckigkeit immer wieder aus der

Liste der Projekte, für die eine finanzielle Unterstützung vorgesehen und von der Föderalen Kommission bereits genehmigt worden war, obwohl es nicht an Geldmitteln mangelte.

Unsere zusätzlichen Meter Ausstellungsfläche zeugten also von einer unablässigen, wenn auch langsamen Rückkehr zum Olymp des Verlagswesens. Es gibt keinen Olymp ohne Pegasus! Was wäre das sonst für ein Olymp?

Auch die Menge an Büchern in unseren Regalen nahm zu. Wir waren z.B. sehr stolz auf die Serie „Goldene Sammlung“. Das ist wahrlich der Gipfel der polygraphischen Kunst: Einbände aus Leder, der Haupttext auf Velinpapier und eine exklusive Gestaltung durch die besten Künstler. Diese Bücher wurden von der Föderalen Kommission für Buchdruck als die besten Bücher des Jahres ausgezeichnet. Dank diesem Projekt war unsere Existenz in der schwersten Zeit nach der staatlichen Zahlungsunfähigkeit, im August 1998, gesichert.

Unser Plakat zog allerdings nicht nur die Aufmerksamkeit wohlwollender Menschen auf sich, welche es um den Verlag „Chudlit“ herum immer viele gibt. Es gab auch jene, die von dem hartnäckigen Widerwillen des Verlages, von der Bildfläche zu verschwinden und nie wieder aufzutauchen, aus unerklärlichen Gründen stark gereizt wurden. Der erste Vorbote eines heraufziehenden Sturmes war die Weigerung von Irina Jakowlewna Kajnarskaja die bevorstehende Vergrößerung des Verlags zu besprechen, die von ihr selbst initiiert worden war.

„Vergiss alles, was ich gesagt habe“, sagte sie. „Der Wind hat sich gedreht. Es könnte sogar sein, dass ihr mit dem Verlag „Zeitgenosse“ zusammengelegt werdet, vielleicht in ein anderes Gebäude ziehen müsst. Meine früheren Worte haben ihre Gültigkeit verloren. Grigorjew entscheidet alles. Wende dich an ihn."

Unmittelbar danach erschien ein zweites ungutes Zeichen. Die Zeitung „Kultur" (Nr.38) hatte einen Artikel ihrer Korrespondentin Grandowa „Die XIII. internationale Buchmesse" veröffentlicht. Unser Verlag wurde in dieser Umschau gesondert erwähnt. Ich würde ja sogar behaupten, mit einer besonderen Voreingenommenheit. Diese stets lebhafte Dame äußerte sich plötzlich recht betrübt: „Mir war unsäglich traurig zumute neben dem Stand des Verlages „Schöngeistige Literatur", der dieses Jahr sein siebzigjähriges Jubiläum feiert und einst die Urmutter der sowjetischen Verlage war.

Laut Aussage eines Redakteurs, der dort viele Jahre lang gearbeitet hat, verheiße die Reform des Verlagswesens dem „Chudlit" nichts Gutes, denn der Direktor bliebe ja der gleiche!

Das ist eben jener Arcady Petrov, der es fertiggebracht hat die bescheidene Summe der staatlichen Geldmittel, welche dem Verlag bewilligt wurden, in eine Geschenkausgabe von Büchern in Ledereinbänden zu „investieren". Diese Bänder – zum Glück keine von Hand geschriebenen – sind immer noch nicht alle verkauft. Aber dem Verlag mangelt es ja an Geldmitteln die Literatur herauszugeben, die in den Jahren der Stagnation begonnen wurde. Hauptsächlich die Klassiker. Da denkt keiner an die moderne Literatur, es sei denn der Autor wünscht, sie auf eigene Kosten drucken zu lassen.

Ganz gewiss weiß der stellvertretende Minister für Pressewesen, der über die Reform des Verlagswesens die Aufsicht führt, über alles Bescheid. Wladimir Wiktorowitsch weiß auch, was zu tun ist, damit der Verlag „Chudlit" uns wieder mit Stolz erfüllt. Wer sonst sollte das wissen, wenn nicht er, denn Wladimir Wiktorowitsch ist ein bekannter Buchverleger und einer der Gründer des berühmten Verlages „Wagrius".

Da geht es wirklich von Jahr zu Jahr bergauf!“

Bei der Eröffnung der XIII. Moskauer Internationalen Buchmesse strahlte Walentina Iwanowna Matwijenko übers ganze Gesicht, als sie den Ausstellungsraum des „niedlichen Eselchens“ betrat und bemerkte voller Lob, dass es „Wagrius“ in den acht Jahren seiner Existenz nicht nur gelang, seinen eigenen Kreis von Autoren aufzubauen, sondern auch eine eigene Ästhetik entstehen zu lassen, welche sich durch die Eleganz der Form und der Gedanken auszeichnete.“

Der Vorwurf, dass ich fertiggebracht hätte, die bescheidenen staatlichen Geldmittel in eine Geschenkausgabe in Ledereinband „zu investieren“, sticht besonders hervor. Wir haben vom Staat noch nicht einmal eine Kopeke dafür bekommen. Und die Hoffnung darauf, dass Wladimir Wiktorowitsch Grigorjew weiß, was zu tun ist, ist kaum begründbar. Auf jeden Fall konnte er sich in den anderthalb Jahren nicht einmal die Zeit nehmen, seine Erfahrungen mit dem Direktor des „Chudlit“ auszutauschen. Mehr noch - er hat sich kein einziges Mal mit ihm getroffen, noch den Wunsch geäußert, dies zu tun.

Die Vertreterin des zweitältesten Berufs log, wobei sie sich dabei nicht besonders gewandt hinter dem Rücken eines anonymen Redakteurs versteckte, der „viele Jahre beim „Chudlit“ arbeitete“. Und mit welcher Entzückung sie den Leiter von „Wagrius“, der nebenamtlich stellvertretender Minister für Pressewesen war, mit Komplimenten überschüttete! Bravo, sie versteht es ihr Fähnchen nach dem Wind zu hängen, genauso gut wie das vorbildliche Eselchen. Dafür wird sie wahrscheinlich in Kürze eine feste Stelle im Team von denjenigen bekommen, die seinen Stall ausmisten.

Sicherlich könnte man Frau Grandowa vorwerfen, dass ihre

eigene Zeitung „Kultur“ ja auch bei weitem nicht mehr einen solch soliden Eindruck wie in den früheren Zeiten macht. Jedenfalls steht sie den Zeitungen „SPID-Info“ oder „Moskauer Komsomolze“ in der Qualität und Auflage sichtlich nach. Doch wir wollen uns lieber auf die Rückschlüsse desselben „Redakteurs, der viele Jahre lang beim „Chudlit“ gearbeitet hat, beschränken. Er sagte: „Ich hätte nie gedacht, dass sich eine Journalistin der Zeitung „Kultur“ daran machen würde, öffentlich mit der eigenen Zeitung das Hinterteil des Eselchens abzuwischen. Auch wenn der antikulturelle Akt nicht das einzige Honorar ist, was sie dafür erhalten hat, tut sie mir sehr leid.“

Mir auch, Frau Grandowa. Aber jeder entscheidet selber, wo und was man abwischt. Sie haben, wie jeder Mensch auf der Erde, das Recht eine Wahl zu treffen. Man kann kaum jemandem raten, ihrer Wahl zu folgen. Sie haben die Wahl getroffen und sie gehört allein euch!

***

Der „Agent“ Kirill ist aus Feodossija zurückgekehrt. In einer Hand eine Torte, in der anderen ein teurer Kognak. Strahlt von oben bis unten. Sagte, Lapschin ließ uns grüßen. Wortwörtlich klang das so: „Ihr werdet von Wasser fortgespült, ich aber werde tausend Jahre lang leben!“

Kirill sagt dies mit einem Schmunzeln. Sicherheitshalber, um nicht falsch verstanden zu werden, fügt er hinzu:

„Ihr wisst ja, das steht mit irgendwelchen Ereignissen in Verbindung.“

Wir haben uns an den Tisch gesetzt.

„Erzähl“

„Ich habe fast keinen Kontakt mit ihm gehabt. Ich traf ihn zweimal.

Meist saß ich aber auf dem Berg Mithridat und grübelte. Lapschin verfügt über absolut keine Perspektive. Er hat da die ganze Zeit Kreise aus Kindern gebildet - aber der Kanal hat sich nicht geöffnet. Ich habe mich fest entschlossen, bei euch zu arbeiten.“

„Aber warum bist du so sicher, dass du im Zentrum aufgenommen wirst?“, will ich wissen.

Kirills Gesicht wird blass. Mal schwindet das Lächeln von seinem Gesicht, mal wird es wieder künstlich aufgezogen.

„Wir haben doch ausgemacht, dass nach meiner Rückkehr… Ihr habt doch versprochen, dass ihr erst mal schauen wollt und dann entscheiden werdet.“

„Das haben wir ja auch gemacht. Wir haben dir damals unsere Hand gereicht und was hast du hineingelegt? Das Siegel von Migen. Siehst du, wie unschön die Sache ist?“

„Ihr begeht einen Fehler“, presst Kirill hervor und fügt nach einer kurzen Pause hinzu, „einen fatalen Fehler.“

„Worin liegt der Fehler?“, nun zeigte Igor Interesse.

„Ihr braucht mich.“

„Wozu?“

„Das wisst ihr selber.“

„Wenn wir es wissen würden, würden wir dich nicht fragen…“

„Ich bin wie eine kleine Wolke“, wie gewohnt beginnt Kirill den Kasper zu spielen. „Man kann mich nicht greifen, anfassen, mich irgendwo einsperren, doch ich werde von allen gebraucht.“

„Wozu braucht man dich?“, Igor will ihm seine Gewohnheit, um den heißen Brei zu reden, ein für alle Mal austreiben.

„Ihr denkt noch immer, dass ich von denen komme“, deutet Kirill mit der Hand nach unten.

„Wo kommst du denn sonst her, du Grundguter, mit dem Siegel des Königs der Finsternis?“

„Vom Heiligen Geist.“

Diese Unverschämtheit bringt uns absolut aus der Fassung.

„Na so was!“, erstaunen Igor und ich irgendwie gleichzeitig und drehen uns synchron, wie auf der Theaterbühne, zueinander.

„In der Früh haben wir uns mit dem Heiligen Geist getroffen und Er hat uns nichts Gutes über dich erzählt“, bemerke ich lässig.

„Ja, der Heilige Geist hat über Seinen neuen Sohn Kirjuscha kein Wort verloren“, bestätigt Igor ernst.

„Ihr begeht einen fatalen Fehler“, versucht uns Kirill wieder einzuschüchtern. „Erstens kennt ihr den Weg nicht, zweitens kann ich die Erde vernichten.“

Ja, die neue Schule hat komische Kinder hervorgebracht. Da steht er, durchaus entschlossen, und droht die Erde zu vernichten. Wir haben in unserer Kindheit solche Spielchen nicht gespielt. Die Zeiten ändern sich, wahrlich. Bestimmt gab es auch früher ähnliche Jungs, wir haben einfach in verschiedenen Cliquen verkehrt.

„Hast du den roten Knopf dabei?“, will ich wissen.

Kirill gerät aus unbestimmten Gründen in Verlegenheit, sagt unsicher in gedehntem Ton:

„Nein“

In seinem Inneren findet ein Kampf statt. Er weiß nicht, wozu er sich entschließen soll.

„Wie unerträglich es doch wegen euch auf der Erde geworden ist.“, klagt er und fügt auf der Stelle inkonsequent hinzu, „Ich liebe euch alle. Ich werde arbeiten, euch dienen.“

Ich erhebe mich vom Tisch.

„Es reicht, Kirill. Wir hatten dir unsere Hand gereicht und was hast du hineingelegt? Bleibe weiter am Fenstersims hängen.“

Ich gehe aus dem Zimmer, wie sich zeigt rechtzeitig, denn Olga Iwanowna Kojokina ist gekommen, ein lieber Mensch. Sie wartet schon seit einer halben Stunde, wollte unser privates Gespräch mit dem Dämon aus Rücksicht nicht unterbrechen.

Wir gehen Arm in Arm in ein anderes Zimmer, sprechen über das weitere Vorgehen bei der Zusammenarbeit mit dem wissenschaftlichen Forschungsinstitut für traditionelle Heilmethoden.

Während unseres Gesprächs streckte Kirill zweimal seinen Kopf durch die Tür. Anscheinend rieb er sich die Zunge wund an der granitartigen Standfestigkeit von Igor und will jetzt auf mein Mitleid setzen. Das ist er, der verhängnisvolle Ruf eines guten Menschen! Es ist Zeit, das Image zu wechseln.

Frau Kojokina hält der frechen Andeutung darauf, dass man hier Schlange steht, nicht stand.

„Man wartet wahrscheinlich auf sie“, bemerkt sie taktvoll, bereit ihr Recht auf das Gespräch abzutreten.

„Dann sollen sie warten“, beruhige ich sie.

Und wir widmen uns wieder dem Programm der Forschungsarbeiten, besprechen es Punkt für Punkt.

Schließlich kommen wir zum Ende. Ich verabschiede mich und gehe in den Flur hinaus. Unsere Sekretärin, Swetlana Iwanowna, hatte für mich einen Tee gemacht. Alle anderen haben ihren schon getrunken. Ich war der Letzte. Ich gehe ins Zimmer des Direktors des Zentrums. Auf dem Tisch steht ein Teekessel und ein Schälchen mit Keksen.

Gleich nach mir kommt Kirill herein, als ob nichts geschehen wäre, und holt seine Tasse aus dem Schrank. Er hat eine besondere Tasse, mit einer speziellen Inschrift darauf. Und setzt sich mir ohne jegliche Hemmungen gegenüber. Schenkt sich Tee ein und legt auf der Stelle los:

„Sie wissen, dass man nach dem Tod gerichtet wird und dass ihr für meine Leiden gerade stehen müsst? Denn mein Leid ist jetzt sehr groß.", und sein Gesicht verändert sich entsprechend seinem Monolog.

„Was haben wir denn damit zu tun?", bekunde ich mein Interesse an der bevorstehenden Gerichtverhandlung.

„Ich habe mich von denen abgewandt", wieder deutet Kirill ausdrucksvoll mit der Hand nach unten, „und ihr wollt mich hier nicht zu euch nehmen."

„Wozu?", versuche ich mit nicht fertig gekauten Keksbröseln im Mund bereits zum wiederholten Male zu klären.

Der Junge schaut mich ausdrucksvoll mit einem für sein Alter untypischen durchbohrenden Blick an. Er dreht mit den Fingern seine Tasse. Auf dem Rand ist eine vielsagende Inschrift: „Herr. Herrscher"

„Wisst ihr, was der Name Kirill bedeutet?", fragt er auf einmal.

„Was?"

Er zeigt mit dem Finger auf die Inschrift der Tasse.

„Na sie mal an!", entzücke ich über diese raffinierte Art, Ansprüche zu erheben.

„Und was bedeutet der Name Arcady?", will ich meinerseits wissen.

„Arkade, Bogen", erklärt Kirill durchaus esoterisch sachkundig.

„Richtig!", bestätige ich. „Ihr hattet einen Bogen durch die sieben Dimensionen. Ihr habt ihn nicht bemerkt. Schau her."

Ich nehme ein Blatt Papier und zeichne.

„Ich und Lapschin wurden im Herbst neunzehnhundertsechsundneunzig zusammengebracht. Stimmt's?"

„Stimmt", bestätigt Kirill.

„Eine merkwürdige Zahl: zwei Neuner und eine Sechs. Der Kode meines Schicksals enthielt auch zwei Neuner und zwei Sechser. Mein Geburtstag ist ja wiederum der 26.08.1946. Lass uns, so wie es sich gehört, die Zahlen der zweiten Stelle addieren: 6.8.9.6. Die Acht ist, wie du weißt, ein symbolisches Zeichen für die Unendlichkeit, Unsterblichkeit, wenn sie sich natürlich etwas neigt. Ihr hattet bereits zwei Sechser und zwar bei Lapschin und einem anderen sehr ernsten Kameraden. Die dritte hat noch gefehlt."

„Das habe ich ihm auch gesagt", brüllte Kirill auf. „Er wollte aber alle überlisten! Sowohl Migen, als auch Gott! Er wollte zu einem unabhängigen Archon werden!"

„Da hast du sicherlich Recht", zeigte ich mein Mitgefühl für Kirill. „Dann ist da noch dieses Geld, das er für seinen Film bei mir geliehen, aber nicht zurückgegeben hat. Ich und Igor sind dem extra nachgegangen. Die Summe beträgt, nach dem heutigen Kurs, genau dreißig Silberlinge. Verstehst du, was für eine geniale Geschichte das ist? Vor zweitausend Jahren ist der Satan während des letzten Abendmahls in Judas gefahren, als der einen Schluck Wein zu sich nahm, und bewirkte so seine Wesensveränderung. Er zwang seinen physischen Körper, sich in das Synedrion zu begeben und Jesus für dreißig Silberlinge zu verraten. Stimmt's?"

„Stimmt", bestätigte Kirill unwillig.

„Aufgrund der Bedingungen eures früheren Sieges beim Armageddon erlaubte euch der Schöpfer den ersten Zug zu machen, deshalb habt ihr das Opferlamm zusammen mit den euch fehlenden Sechsern erhalten. Wohlgemerkt sind es zwei Sechser im Kode eines einzigen Menschen.

Lapschin machte den Fehler von einem zweiten und einem dritten auszugehen. Er wusste nicht, dass zwei Sechser in einem sind. Darauf wäre er nie gekommen. Deshalb schaute er mich zwar irgendwie prüfend an, glaubte aber nicht, dass ich tatsächlich ein fehlendes Bindeglied darstelle."

„Drecksbock", schrie Kirill auf, wobei das gewiss nicht an mich adressiert war.

„Ja, wie war", stimmte ich ihm zu. „Erinnerst du dich, wie es in der Bibel geschrieben steht: „Die dunklen Mächte dienen den Heiligen, denn sie werden vom Heiligen Geist geblendet."

„Und wie geht's weiter?", fragte Kirill fordernd, deutliches Interesse an der Intrige bekundend.

„Bei mir stehen sogar auf der Arbeitszimmertür Ziffern, die für euch durchaus verständlich sind: 2+2+2=6. Und der Drache im Schutzquadrat ist auch zu einem sechsköpfigen gewachsen. Kein einfacher Drache, sondern mit Kronen. Was ist hier noch unklar?"

Kirill schweigt, überlegt.

„Warum zwei Sechser in einem Menschen?", fragt er plötzlich.

„Das werde ich vorläufig noch nicht verraten, es tut mir leid.", entschuldige ich mich. „Sonst seid ihr Jungs immer so flink und gescheit. Was ich sagen kann, sage ich auch. Der Rest kommt irgendwann später."

Kirill widerspricht nicht. Was würde das auch nützen, er kennt meinen Charakter ja bereits.

„Also, jetzt lasst uns wieder zurück zu den Silberlingen kommen. Lapschin hat sie genommen und nicht zurückgegeben. Einerseits stellen sie ein Lösegeld dar. Ich habe mich mit diesem Geld losgekauft.

Andererseits war das die Zahlung für den Verrat.“

„Wen hat er verraten?“, der Junge ist geschäftstüchtig, konzentriert und alles an ihm spricht dafür, dass er nichts vergessen und niemandem verzeihen würde.

„Migen!“, verblüffe ich ihn mit meiner Antwort. „Er hat mit eurer Partei – verzeihe mir diesen Ausdruck – Scheiße gebaut. Er hat sie verspielt. Und nun haben sich meine zwei Sechser umgedreht und wurden Neuner. Die Arkade ist auch an euch vorbeigefahren. Andere gehen jetzt über sie, verstanden?“

„Verstanden“, bestätigte Kirill grimmig.

„Sprecht mich jetzt nur noch direkt mit dem Familiennamen an. Wie lautet mein Familienname?“

„Petrov“, spricht der Dämon.

„Und was bedeutet das?“

„Das heißt: von Peter. Der Stein.“

„Richtig“, bestätige ich. „Der Stein des Anstoßes, wenn die erste Möglichkeit der Arkade nicht realisiert wurde. Also, entschuldige Herrscher, du bist über den Stein gestolpert.“

Kirill wird blass, ihm ist zum Weinen zumute.

„Wollen sie, dass ich auf die Knie gehe?“

Er ist bereit auf den Boden zu sinken. Der beschämende Akt wird ihm allerdings durch den ins Zimmer kommenden Igor erspart.

„Trinkt ihr Tee?“, fragt er und setzt sich zu uns.

„Nein, wir spielen Demokratie. Kirill schlägt vor, dass wir uns in eine Reihe aufstellen und ihm folgen.“

„Genug, genug davon! Ich habe die Nase voll“, protestiert Igor. „Ich geh aufs Klo und komme nicht wieder raus. Soweit werdet ihr es noch mit euren Spielchen treiben.“

Allerdings hat er es sich bereits nach einer Minute anders überlegt und wendet sich an Kirill:

„Wenn ihr es nicht abwarten könnt euch in einer Reihe aufzustellen, dann lasst uns zumindest die Varianten durchgehen.“

„Ja, lasst uns das machen“, freute sich Kirill über die Möglichkeit eines Dialoges.

„Wir nehmen also an, dass ich der Hirte bin und du das Schäfchen. Was wenn ich an den Rand eines Abgrundes trete und herunter springe…

„Von mir aus“, entgegnet Kirill.

„Wer wird daran die Schuld tragen?“

Kirill zuckt mit den Schultern und will wohl damit sagen, dass ihn die Schuldfrage nicht weiter interessiert.

„Gut, nun bist du der Hirte und ich bin das Schäfchen. Wenn ich mich verlaufe, wer trägt in diesem Fall die Schuld?“

„Was habe ich damit zu tun?“, wieder weist Kirill alle Verantwortung von sich.

„Siehst du, du bist immer außen vor, bist an allem unschuldig. Du willst weder Schaf noch Hirte sein. Es gibt noch eine Variante, nämlich des schwarzen Schafes. Dann sei eben bis ans Ende aller Tage das schwarze Schaf. Deine Seele ist kleinmütig und verdorben bis zum geht nicht mehr.“

„Ich kann nicht mehr zurück“, fängt Kirills Gejammer wieder an. „Ich bin der Letzte meiner Art. Ohne einen Sohn werde ich keine Inkarnation mehr durchmachen können.“

„Schon wieder die gleiche Laier. Aber vielleicht kenne ich mich in den Intrigen des Jenseits genauso wenig aus, wie ein Soldat des Feldherren Suworow am Hofe des Imperators. Ich sehe das so: Wenn du tatsächlich ein junger Mann mit einem russischen Pass bist, dann ist es noch früh, an Nachkommen zu denken. Wenn du ein fünfeinhalb Millionen Jahre alter Dämon bist, warum hast du dir dann früher keinen direkten Nachkommen, keine treuen Schüler angeschafft, all das, was historische Unsterblichkeit verspricht? Dann versuche doch einfach wie ein Mensch zu leben, wie alle leben", schlägt Igor vor.

Der Dämon schweigt. Seine Augen verraten seine verzweifelte Lage. Der allerletzte in seinem Geschlecht zu sein, heißt, dass es niemanden mehr geben wird.

„Ich kehre zu Lapschin zurück, wir werden nach Moskau fahren und euch zerschmettern", geht er unerwartet zu direkten Drohungen über. „Wir haben gelernt mit den globalen Elementarwesen zu arbeiten."

„Ich habe keine Angst", antworte ich.

„Ich auch nicht", bestätigt Igor.

„Wir verraten weder unsere Freunde noch fürchten wir unsere Feinde", erkläre ich dem gehörnten Jungen von fünfeinhalb Millionen Jahren. „Und ganz und gar nicht deswegen, weil jemand uns befiehlt treu und mutig zu sein. Das ist schier unser inneres Wesen und das ist nicht zu ändern. Ist das klar?"

„Das ist mein Ende!", schreit er.

„Ach komm. Du solltest studieren, arbeiten, wie alle leben. Wenn du doch fürchtest zu leben, dann verkrieche dich in eine dunkle Ecke und decke dich mit einem Lumpen zu. Versuche irgendwie die Zeit der Veränderungen zu überstehen."

Ich gehe. Ich kann ihn nicht mehr sehen, es widert mich an.

***

Wofür ich aber Kirill, diesem Dämon, der in Versuchung führt, dankbar bin: Er gab mir die Ausgangspunkte, um die Ereignisse, die mich betrafen, einschätzen zu können (zumindest grob). Die Menschheit auf der Erde ist eine Erziehungseinrichtung, ein Kindergarten für das Großziehen von 144.000 Schöpfern neuer Welten…

Der Geist weht, wo Er will, besagt die Bibel. Bei uns ist im Verlauf mehrerer Jahrhunderte ein Begriff entstanden - der Zeitgeist. Das ist eine durchaus mystische Kategorie des Daseins, welche sich einer rationalen Erklärung entzieht. „So war eben der Zeitgeist: Die geheimnisvollste, die indefinabelste, und dennoch eine reale Kraft der Geschichte.“, grämte sich Fedor Stepun, einer der ideologischen Koryphäen der russischen Literatur im Ausland in seinen Memoiren „Vergangenes und Unerfülltes“.

Stepun war ein scharfsichtiger und toleranter Beobachter, liberal gegenüber allen und versuchte stets über den Dingen zu stehen. „Nach meinen Beobachtungen gab es Ende des 19. und im größerem Maße Anfang des 20. Jahrhunderts in jeder russischen Familie, einschließlich der Zarenfamilie, einen mehr oder weniger radikalen Verwandten, einen eigenen Revolutionär. In den konservativen Adelsfamilien waren es gewöhnlich Liberale, in den intellektuell-liberalen Familien Sozialisten und in den Arbeiterfamilien nach 1905 mitunter Bolschewisten. Man kann nicht sagen, dass all diese geheimen Revolutionäre Menschen mit Ideen und Opferbereitschaft wären. Ein beachtlicher Anteil davon bestand aus begabten Pechvögeln, die von den radikalen Winden in die linke Richtung fortgeweht wurden, ambitionierten Faulenzern, verblendeten Schwätzern und verträumten Schürzenjägern. (Linkes

Gedankengut wirkte damals auf Frauen sehr reizvoll)“.

Die Geschichte Russlands der letzten drei Jahrhunderte strotzt in besonderem Maße vor Mystik. „In besonderem Maße“, weil dieses Phänomen in einer Unzahl von Dokumenten niedergeschrieben wurde. Gleichzeitig wurde es durch rational denkende Historiker ziemlich detailliert beschrieben und erklärt. Es gibt aber zu viele Geheimnisse für einen gesunden, gewöhnlichen Verstand. Warum wurde der galante Iwan Kaljajew, Dichter und Übersetzer, zum Bombenwerfer und Mörder? Der vornehme, wohlerzogene und brillant ausgebildete Dmitri Pissarew ist seiner Nachkommenschaft ausschließlich als Nihilist bekannt, als einer, der die moralischen und ästhetischen Prinzipien ablehnte und so zu handeln empfahl, „wie es einem zumute ist, wie es für einen vorteilhaft und günstig erscheine“? Warum wuchs in der Familie des anständigen Beamten Uljanow aus Simbirsk nicht nur der Zarenmörder Alexander, sondern auch der Menschenfresser Wladimir auf? Was ist mit den Frauen-Revolutionärinnen, wie Sofia Perowskaja, Wera Figner und Maria Spiridonowa, wer trieb diese adligen Fräulein in die Welt von Dostojewski?

Opfer des Zeitgeistes waren absolut alle. Nicht ohne Grund bezeichnete Jewgeni Trubetzkoj die russische Revolution als eine nationale Revolution, so etwas „hatte es bis dato nicht gegeben. Alle nahmen an dieser Revolution teil, alle trieben sie voran…, absolut alle gesellschaftlichen Kräfte Russlands“. Darüber schrieb auch ein anderer russischer Philosoph, Georgij Fedotow, in seinem Artikel „Revolution im Gange“, in dem er die Schuld jedes gesellschaftlichen Standes Russlands an der geschehenen Katastrophe nannte und erläuterte.

ieser Zeitgeist weht stetig und unaufhörlich, in diese oder jene Richtung. Es ist gar nicht lange her, als wir der Sängerin Pachmutowa nachsangen: „Unser Heimatland ist unsere Revolution"... Dieser geschichtliche Einfluss entzieht sich einer rationalen, wissenschaftlichen Erklärung. Gustav Späth, dessen Leben in einem stalinistischen Konzentrationslager sein Ende fand, versuchte sich mit dem Begriff „Geist" auseinanderzusetzen. Jemand von seinen Kollegen nannte ihn „Dorian Grey der russischen Philosophie". Solch eine Bezeichnung half ihm allerdings nicht das Wesen dieser Kategorien zu begreifen. In seiner „Einführung in die ethnische Psychologie" analysierte Späth die sechs Bedeutungen des Begriffes „Geist". Seine theoretischen Forschungsarbeiten brachten leider keine neuen Erkenntnisse.

Die moderne Wissenschaft versucht den mystischen Nimbus um den Zeitgeist herum zunichte zu machen. „Der Effekt des hundertsten Affen" ist ihr bekannt. Es geht um Folgendes: Auf einer kleinen japanischen Insel, in einer Affenzucht, kam ein junger Affe auf die Idee, Kartoffeln vor dem Essen zu waschen. Eine gewisse Zeit später folgten diesem Vorbild seine Gefährten in der Affenzucht – zuerst zwei, drei und dann immer mehr. Als sich die Zahl der Sauberkeitsfanatiker der Hundert näherte, bemerkten die Beobachter, dass auf der Nachbarinsel, auf der es auch eine Affenzucht gab, die Affen auch angefangen haben Kartoffeln zu waschen, und zwar in Massen. Nehmen wir an, dass dieses Verhalten auf der ersten Insel nachgeäfft wurde, es ist aber niemand auf die Nachbarinsel gereist, um diese Spitzenerfahrung zu teilen!

Der Geist weht, wo er will. Die Ideen schwirren in der Luft herum.

Aber von welchen Gesetzen und von welchen Luft- oder Geschichtsströmen werden sie getragen?

Aus allen ähnlichen Überlegungen habe ich eine Überzeugung gewonnen: Alles zu seiner Zeit. Man darf einem Affen keinen Nuklearknopf geben. Es ist aber an der Zeit zu lernen, dass man Kartoffeln vor dem

Essen waschen sollte. Die Geschichte der Menschheit ist eine Schule, in der die Gesetze des Weltaufbaus gelehrt werden. Dabei geht es nicht nur um die physischen, materiellen, sondern auch um die moralischen und geistigen Gesetze. Auf den Schulbänken dieser Schule saßen ja nicht wenige durchaus begabte, aber unordentliche und eigensinnige Schüler. Übrigens wird die Prüfung nicht nur von einem Volk oder einer Nation abgelegt. (In der Bibel, im ganzen Alten Testament, wird Israel ganz klar benannt: Das ist eine Geschichte darüber, wie Gott versuchte das unvernünftige, aber von Ihm geliebte Volk zur Vernunft zu bringen). Jeder Mensch macht die Prüfung, jede Person einzeln genommen. Die Gläubigen wissen schon lange, ob der Mensch „gerettet wird" oder nicht. Die Situation ist aber viel ernster.

Unsere orthodoxe Tradition stellt den Gläubigen vor ein Dilemma: ein rechtschaffenes oder sündiges Leben. Danach folgt entweder das Paradies oder die Hölle. In Wirklichkeit ist das Problem komplexer. Das alte Schema passte für unsere wenig gebildeten Großmütter. Unsere Generation befindet sich auf einem anderen Wissensniveau. Und die Anforderungen an uns sind andere. Die sich uns bietenden Perspektiven unterscheiden sich qualitativ von den früheren…

Eine andere Sache ist, dass die Ideale unverändert bleiben. Der Geist weht, wo er will und mit wem er will, er trägt aber die ewigen Prinzipien des Guten und Bösen mit sich. Der Mensch wird sich immer mit der Frage konfrontiert sehen: Womit kannst du entsprechen?

Uns wird das doch bereits von Kindheit an mahnend nahegelegt. Lasst uns Sagen und Märchen als Beispiel nehmen. Wladimir Odojewskij (genannt „russischer Faust") hat ein sehr bekanntes Märchen geschrieben, „Frost Iwanowitsch". Es handelt von zwei Schwestern, die nacheinander in das Zarenreich des Frostes heruntersteigen – die eine war sehr arbeitsam, die andere eine Faulenzerin. Sie wurden dort entsprechend ihren Verdiensten entlohnt. Das Märchen hat einen naiven didaktischen Sinn. Aber darauf kommt es im Grunde an. Das sind die trivialsten, gleichzeitig aber auch die ewigsten und unvergänglichsten Wahrheiten, jene, die von Kindesbeinen an eingeprägt werden. Womit willst du entsprechen? Was kannst du deinem Nächsten geben? Oder bist du nur darauf bedacht, zu nehmen?

Davon hängt ab, ob du eine Persönlichkeit, ein Ebenbild Gottes bist oder nicht. Eine Persönlichkeit ist ein Schöpfer, der sich bemüht etwas für die Menschen zu erschaffen oder ihnen etwas zu geben. Inwieweit es euch gelingt, ist eine Sache der Zeit und der Geschwindigkeit, mit der ihr die Stufen der Jakobsleiter meistert. Eine Persönlichkeit errichtet eine eigene Jakobsleiter und versucht zu einem Ideal hinaufzusteigen. Ein Wesen, das solch eine Leiter nicht errichtet, mangelt es an Persönlichkeit, denn eine Persönlichkeit ist ein Schöpfer. Unser Dämon – der Jugendliche Kirill – ist keine Persönlichkeit. Man kann ihn ja gar nicht als Menschen bezeichnen, er ist bloß ein ruheloses Teufelchen.

***

Immer mehr Menschen kommen ins Zentrum. Das ist erstaunlich, weil wir keine Werbung gemacht haben. Einige Artikel, in denen Journalisten über uns berichtet hatten, wurden nicht veröffentlicht: Die Redakteure glaubten nicht, dass so etwas möglich ist. Sogar der Artikel des Akademiemitgliedes Iwlijew „Asklepios aus dem Zentrum „Noosphäre“ wurde gleich in mehreren Verlagen nicht angenommen. Mich wundert diese Reaktion nicht. Ich hätte vor drei Jahren selbst nicht geglaubt, dass Menschen ohne medizinische Ausbildung schwerste

Krankheiten heilen können.

Diejenigen aber, die geheilt wurden, kann man nicht leugnen.

Dascha Gorochowa, die von Kindheit an taub war, besucht jetzt Vorlesungen an einer Hochschule. Nastja Kwakowa, die wegen eines Gehirntumors fast erblindet wäre sowie ein Magen- und Zwölffingerdarmgeschwür hatte, träumt nun davon zu heiraten und in unserem Zentrum zu arbeiten. Sie tippte bereits einige meiner Artikel am Computer ab, und wer erinnert sich denn noch daran, dass es nicht lange her ist, dass sie blind war und nicht mehr leben wollte? Die Ärzte schweigen oder sagen: Alles kann vorkommen!

Sicherlich kann alles vorkommen, mal hier, mal da, aber warum dann nicht bei ihnen. Wenn aber all das beinahe täglich an einem Ort stattfindet, wie lässt sich das erklären?

Hier ist ein Fall, der vor kurzem stattgefunden hat: Eine Frau bekam auf der Arbeit eine Überdosis an radioaktiver Strahlung ab. Alle Organe waren zerstört, sie hatte Krebs, eine Niere war abgestorben. Das Bewusstsein hat das Nervensystem abgeschaltet, um die unerträglichen Schmerzen nicht aushalten zu müssen. Es blieben ihr keine Monate oder Wochen mehr zu leben, sondern bloß Tage.

Ihr Ehemann kam zu uns, denn keine einzige Einrichtung des Ministeriums für Gesundheitswesen wollte in dieser hoffnungslosen Situation noch etwas unternehmen. Er kam, als ob er durch die Hand der Vorsehung geführt wurde. Zur selben Zeit war mein alter Bekannter, Dmitrij Gawrilowitsch Sokolow, Mitglied der medizintechnischen Akademie, zu Besuch. Er war der Stellvertreter von Michail Iwanowitsch Fomin, des berühmten Autors von „Integrale Medizin“.

Während er der Geschichte unseres Kunden, was mit seiner Frau passierte, zuhörte, holte er auf einmal ein farbiges Schema aus seiner Aktentasche und zeigte es uns.

„Das sind aggressive Radikale“, erklärt er, „eben diese führen anfangs zu einer Schädigung der Zellen im Organismus und nachfolgend zu deren Entartung.“

„Gibt es eine Möglichkeit sie zu neutralisieren?“, frage ich.

„Ja. Im Organismus müsste eine Übersättigung an Elektronen erzeugt werden. Die

Elektronen bewegen sich mit einer extrem schnellen Geschwindigkeit und der dadurch entstehende Elektronenwind kann die Anhäufungen aggressiver freier Radikale sehr schnell zerstreuen. Normalerweise werden in der Medizin in solchen Fällen Antioxidantien verwendet, aber sie gelangen erst über den Verdauungstrakt ins Blut, während die zentralen schädigenden Vorgänge in den Gewebezellen ablaufen. Wenn ihr also einen Elektronenwind im Organismus dieser Frau erzeugen könntet, dann würde es tatsächlich eine Chance geben sie zu retten.“

Dmitrij Gawrilowitsch hat bereits einige Wunderheilungen mitbekommen, die bei uns stattgefunden haben. Deswegen schlägt er sein Schema durchaus ernsthaft vor.

Wir schalten den Bildschirm des inneren Sehens ein. Mit Hilfe eines Fotos der sterbenden Frau, das der Ehemann mitgebracht hat, nehmen wir Kontakt mit ihrem bioenergetischen Feld auf und fangen an ihren Organismus zu scannen.

Die freien Radikale, die radioaktive Teilchen, sind gut zu sehen. Der ganze Körper ist wie von Flammen erfasst: durchgehend rot – er brennt. Er brennt im direkten Sinne des Wortes, denn die radioaktive Strahlung verbrennt ihn. Wir übertragen die elektronischen Teilchen auf den Bildschirm, genauso wie auf dem Schema von Sokolow und starten den Prozess des Elektronenwindes in Realzeit. Und Wunder: Die Elektronen greifen, wie gutmütige Beschützer, die Milliarden der radioaktiven Gegner an, die den Organismus verbrennen, und beginnen sie zu vernichten, indem sie sie neutralisieren, aus den Zellen absaugen, ähnlich einem Staubsauger und dabei neue innere Verbindungen aufbauen.

Bereits zwei Wochen später berichtete uns der Ehemann dieser Frau, dass sich ihr Zustand dermaßen verbessert hat, dass sie schon Bücher liest und den Wunsch äußert, aufstehen zu dürfen. Wir haben ihr verboten, das Bett zu verlassen. Sie muss ihre Kräfte schonen, da ihr eine Wiederherstellung des durch die radioaktive Strahlung zerstörten Gewebes und der Organe bevorsteht. In diesem Kampf ist jedes Quäntchen Kraft kostbar wie Gold. Eine Woche darauf stand sie trotzdem auf. Der glückliche Ehemann brachte uns gleich einen Berg von Torten und stellte sie wie einen Turm aufeinander.

Es gibt aber außer der Arbeit hier, auch eine Arbeit dort. Lapschin erzählte mir in Feodossija, dass der Khan Mamai seinerzeit eines der wichtigsten Sakralattribute, das Goldene Ross, irgendwo auf der Krim versteckt hatte. Wjatscheslaw hatte ein kleines Standbild der Mutter Erde und es wurde ihm der Stab der Macht versprochen. Das dritte Symbol, eben dieses Goldene Ross, wenn er es besessen hätte, hätte ihm angeblich wahrhaft uneingeschränkte Macht auf der Erde verliehen. Wieso werden sie denn alle so vom Gold angezogen? Kann denn das lebendige Ross schlechter sein? Vor Zeiten gehörte das Goldene Ross Georg dem Drachentöter. Dann trat es aber in den Besitz der Mongolen-Horde über. Georg hatte irgendwelche merkwürdigen Beziehungen zu den Khanen vom Wolga Gebiet sowie verstrickte Rechnungen, die mit ihnen zu begleichen waren. So fingen Igor und ich an nach dem Ross zu suchen, um Lapschin zuvorzukommen. Und seltsamerweise haben wir es auch gefunden, allerdings nicht dort, wo wir es vermutet hatten. Das Ross war in einer der Höhlen in der Nähe der Stadt Sudak. Um das Ross über den interdimensionalen Tunnel hinübertragen zu können, mussten wir es zuerst auf eine Informationsstruktur entmaterialisieren. Wir transportierten es auf die Ebenen, wo ein betagter reckenhafter Riese, der bei jedem Volk unter einem anderen Namen bekannt ist, schon seit Jahrhunderten reglos auf den Stufen saß. Wir stellten das Ross neben ihn, und mit Hilfe der Technologien, die wir uns in letzter Zeit aneignen konnten, gaben wir dem Ross einen Impuls, seine ursprüngliche Gestalt anzunehmen.

Das Goldene Ross wuchs direkt vor unseren Augen. Georg sah diesem Wunder mit Staunen zu. Da tritt das Ross schon von einem Bein auf das andere. Es trägt Geschirr, hat Schellen auf der Sattelunterlage und einen roten Sattel. Der Heilige Georg erhob sich mühsam, trat an seinen alten Freund, den er schon Hunderte von Jahren nicht mehr gesehen hatte, heran, nahm ihn mit einer Hand an den Zügeln, fuhr mit der anderen an der Mähne entlang und lehnte dann plötzlich seinen ergrauten Kopf dicht an den des Rosses. Eine Träne lief das durch Falten gezeichnete Gesicht des alten Kriegers hinunter. Das Ross schmiegte sich, als ob es seine Gefühle verstehen würde, mit dem Körper an seinen Herren.

Wir wollten dieses Wiedersehen nicht stören und verschwanden taktvoll von den Stufen des Heiligen Georg.

Dann entzogen wir der Mutter-Erde-Statue von Lapschin, bei der es sich um die Frau handelte, mit der er schamanische Rituale durchgeführt hatte, ihr informatives Wesen und hoben sie auf die oberste Ebene. Dort gibt es einen Berg, auf dem eine Plattform für diese Statue errichtet ist, die einst durch die dunklen Mächte entwendet wurde. Wir stellten sie auf ihren legitimen Platz zurück. Die Sonne erstrahlt hinter ihrem Rücken und durchdring sie, aus der Stirn des Abbildes der Mutter Erde, wo der Ring und der Edelstein ist, bricht ein Strahl hervor und fällt auf unseren Planeten. Der Gegenstand, der bei Lapschin geblieben ist, enthält nun kein informatives Wesen, und er kann ihn nicht mehr für seine eigenen Interessen missbrauchen.

Es bleibt noch ein Gegenstand, der Stab der Macht. Lapschin wurde allerdings lediglich versprochen, dass er ihn bekommt. Und wo ist derjenige, der ihm das versprochen hat?

Einige Tage später haben wir den Stab unter dem Thron des Königs der Finsternis gefunden und ihn samt der Fahne des Apostels Andreas, die dort zusammen mit einem stark verstaubten uralten Buch herumlag, mitgenommen. Durch die Staubschicht kamen die Buchstaben des Titels nur undeutlich zum Vorschein. Wir haben es dabei belassen. Es ist nicht unser Buch, uns steht es nicht zu, darin zu blättern. Niemand wagte es uns bei unserem Unterfangen zu stören, als wir mit Mühe den riesigen Stab durch alle Ebenen auf die obere Ebene schleppten. Es wurde für ihn bereits ein Platz links von der Mutter Erde vorbereitet. Und er fing sofort an seine Arbeit auszuführen. Neben dem Stab wurde die Fahne befestigt, die sich ausrollte und eine Inschrift zum Vorschein brachte: „Für den Glauben an Christus". Hier legten wir auch das Buch ab. In der steinernen Plattform war auch dafür ein Platz vorbereitet.

Das ist keine physische, sondern eine geistige Ebene. Was in der Welt geschieht, findet zuerst hier statt. Und wenn heute die Fahne des Apostels Andreas auf der geistigen Ebene erschienen ist und stolz im Wind weht, dann wird das Glück diesen Staat bald begleiten.

Alles steht jetzt auf dem richtigen Platz und wird von den Strahlen verbunden: die Fahne, das Zepter und die Mutter Erde. Und etwas tiefer auf den Stufen sitzt der alte Georg der Drachentöter, welcher große Ähnlichkeiten mit dem sagenumwobenen Helden Ilja Muromez hat, und blickt auf sein Ross. Das Ross schaut auch ihn an. Sie reichen einander.

***

Nun ist der erste Teil meiner Erzählung zu Ende. Bald werde ich, falls es mir erlaubt wird, mehr erzählen. Dem Leser ist es frei überlassen, dieses Buch als eine Offenbarung oder als ein amüsantes Märchen zu betrachten.

In einem berühmten Drama von Calderón wird der schüchterne Prinz, nachdem er erfahren hat, dass das Leben ein Traum ist, zu einem tapferen Krieger und weisen Herrscher. Ich hoffe, dass mein Leser, nachdem er von einer Relativität des Lebens in *dieser* Welt erfahren hat, es als *eine Etappe* des ewigen Lebens, als eine Prüfung schätzen lernt, für deren Bestehen sowohl die Weisheit als auch der Mut und die Erhabenheit des Geistes erforderlich sind. Das sind nicht bloß große Worte.

Die Menschheit in ihrer Masse ist bis heute der Meinung, dass sie für das Glück geschaffen ist, wie der Vogel für das Fliegen. Sie lässt sich von den Werten der Zivilisation weitaus mehr begeistern als von der Kultur. Manche meinen überhaupt, dass es sich bei der Zivilisation und der Kultur um dasselbe handelt. Der Fernseher ist beispielsweise eine Errungenschaft der Zivilisation und ein Instrument der Kultur.

Dabei besteht dazwischen ein grundsätzlicher Unterschied. Die Zivilisation ist auf der Grundlage der wissenschaftlich-technischen

Elemente aufgebaut, die Kultur allerdings auf der Grundlage philosophisch-ästhetischer. Die Kultur ist menschlich, die Zivilisation ist maschinenartig. Die Kultur ist ideal, die Zivilisation ist utilitaristisch. Die Kultur ist national, eigentümlich, die Zivilisation ist kosmopolitisch, ohne Individualität. Die Kultur ist ein Kult der Tradition, sie tendiert zum Konservatismus. Die Zivilisation ist ein immerwährendes, hastiges Streben nach dem Neuesten, Vollkommensten in technischer oder wirtschaftlicher Hinsicht. Kultur ist meist eine Sache der Alleingänger, Zivilisation ist eine Unifizierung. Das Ideal der Kultur ist die Erkundung verschiedenster Aspekte der menschlichen Seele. Das Ideal der Zivilisation ist totale Macht. Die Dominante der Kultur ist Pflicht. Und die Dominante der Zivilisation schließlich, ist eine Befriedigung von Bedürfnissen.

Wozu erkläre ich diesen Unterschied so langwierig, den die besten Vertreter der Menschheit sehr gut begriffen und gefühlt haben? Weil die komplexe Dialektik des Verhältnisses zwischen Kultur und Zivilisation sich als Barometer erweist, der den Grad der Spiritualität der Gesellschaft anzeigt. Fehlende Spiritualität wirkt sich vernichtend auf das menschliche Geschlecht aus, der Mensch wird von den höheren Aufgaben und Zielen der göttlichen Ordnung zu niederen Ebenen des Daseins bewegt.

Über die Bedeutung des kollektiven Bewusstseins, seine Entwicklung und Veränderung ist genug erzählt worden. Aber ist eine kollektive Geistigkeit einer einzeln genommenen Nation, eines Volkes, der ganzen Menschheit möglich – ich weiß es nicht. Ich denke immerhin, dass die Geistigkeit individuell ist – genauso wie Sünde, Bekenntnis der Sünde und Bestreben sie zu sühnen. Jeder sollte seine eigene Jakobsleiter errichten und sie hinaufsteigen. Und jeder wird nach seinen Verdiensten belohnt werden.

Also, mein Leser, mach Dir keine zu großen Hoffnungen, dass wenn die neue Ära anbricht, Du nur ihre Bequemlichkeiten zu genießen brauchst. Die Ära ist tatsächlich neu, die Verantwortung ist allerdings dieselbe. Allein durch die Bemühung Deiner Seele, durch den eigenen Beitrag zum neuen kollektiven Bewusstsein, kannst Du dir den Zutritt verdienen. Ich wünsche Dir Erfolg auf dem Arbeitsfeld der Ehre.

Das Buch wurde am 06.06.2000 begonnen und am 09.09.2000 vollendet.

Inhaltsverzeichnis

ARCADY PETROV

DIE ERSCHAFFUNG DER WELT

RETTE DICH

Umschlaggestaltung: A.Tomilin

Layout: Marina Werner
www.lichtsteuerung-zentrum.de

www.svet-centre.eu

9 783981 109870